राग दरबारी
आलोचना की फांस

राग दरबारी
आलोचना की फांस

संपादक

रेखा अवस्थी

राजकमल प्रकाशन

नयी दिल्ली पटना इलाहाबाद कोलकाता

ISBN : 978-81-267-2633-2

मूल्य : ₹ 600

पहला संस्करण : 2014

प्रकाशक : राजकमल प्रकाशन प्रा. लि.
1-बी, नेताजी सुभाष मार्ग, दरियागंज
नई दिल्ली-110 002

शाखाएँ : अशोक राजपथ, साइंस कॉलेज के सामने, पटना-800 006
पहली मंजिल, दरबारी बिल्डिंग, महात्मा गांधी मार्ग, इलाहाबाद-211 001
36 ए, शेक्सपियर सरणी, कोलकाता-700 017

वेबसाइट : www.rajkamalprakashan.com
ई-मेल : info@rajkamalprakashan.com

मुद्रक : बी.के. ऑफसेट
नवीन शाहदरा, दिल्ली-110 032

RAG DARBARI : ALOCHANA KI PHANS
Edited by Rekha Awasthi

अप्रतिम कथाशिल्पी
अति स्नेही–परम विरागी
श्रीलाल शुक्ल
को आदर के साथ

भूमिका

राग दरबारी पर एक संकलन तैयार करने की इच्छा संभवतः 2005 में मेरे मन में आई थी। अपनी इस योजना पर जब मैंने श्रीलाल जी से बात करनी चाही तो अपने वीतराग स्वभाव के कारण उन्होंने कोई खास उत्साह नहीं दिखाया पर यदाकदा योजना पर छिटपुट ढंग से बात करते रहे।

जब मैंने यह जिक्र किया कि मेरी योजना महज संकलन तैयार करना नहीं है बल्कि *राग दरबारी* को केंद्र में रखकर समकालीन हिंदी आलोचना की सैद्धांतिक पड़ताल करना है, तभी उन्हें थोड़ी आश्वस्ति हुई कि अब फिर शायद कोई एक रगड़ा *राग दरबारी* के साथ घटित नहीं होगा। ऐसी ही बातचीत के दौरान उन्होंने मुझे लखनऊ आने का निमंत्रण दिया और यह कि *राग दरबारी* की समालोचना से संबंधित जो भी सामग्री उनके पास होगी वे मुझे जरूर उपलब्ध करा देंगे। जब मैं लखनऊ गई तो थोड़ी-बहुत सामग्री उन्होंने मुझे दी अवश्य, साथ-ही-साथ कुछ जानकारियां भी दीं। इस प्रक्रिया में मैं आसानी से यह समझ गई कि श्रीलाल जी उन लेखकों में से नहीं हैं जो अपने ऊपर लिखी गई एक-एक पंक्ति सहेज कर रखते हैं। अधिकांश चीजें वे शोध-छात्रों को बांट चुके थे। पर समाजशास्त्री टी.एन. मदान का अंग्रेजी में लिखित लेख सुरक्षित था और वह मुझे मिल गया।

मुझे इस बात का गहरा दुःख है कि यह संकलन उनके जीवनकाल में पूरा नहीं हो सका। सामग्री खोजने और जुटाने में काफी वक्त लग गया। कुछ मेरा आलस्य और ढीलापन, साथ ही *नया पथ* से संबंधित काम एवं अन्य व्यस्तताओं के कारण ही यह विलंब हुआ।

राग दरबारी के प्रकाशन के 40 वर्ष पूरे होने पर सन् 2007 में प्रकाशित बारहवें संस्करण की प्रस्तावना में श्रीलाल जी ने इस उपन्यास की बढ़ती अद्यतन प्रासंगिकता की चर्चा के साथ ही समीक्षाओं के मतांतर को बड़े ही सकारात्मक ढंग से प्रस्तुत करते हुए यह कहा कि 'एक ही कृति पर कितने परस्पर-विरोधी विचार एक साथ फल-फूल सकते हैं।'

इस संकलन के पाठकों को *राग दरबारी* से संबंधित समीक्षाओं के ऐतिहासिक परिप्रेक्ष्य की जानकारी देने के क्रम में मैं यह उल्लेख करना जरूरी समझती हूं कि इस उपन्यास को किसी ने अधूरा साक्षात्कार बतलाया, किसी ने ऊबाऊ बताया, किसी ने इसमें अंतर्दृष्टि का अभाव देखा, किसी ने उपन्यास और कथाकार के दृष्टिकोण को पूर्णतः नकारवादी बतलाया। इसके अलावा कृति पर यह आरोप लगाया कि इसमें अतिशय कथन, अतियथार्थ, व्यंग्य-लीला और चिबिल्लापन भरा पड़ा है।

कैसी विचित्र सदाशयता है, जिसका परिचय देते हुए श्रीलाल जी ने अपने ऊपर लगाए गए आरोपों को भूलकर हिंदी समालोचना के स्वभाव को जनतांत्रिक माना। यद्यपि एक अलग संदर्भ में वे यह बतला चुके हैं कि 'हमारी बहुत-सी समीक्षाएं कठोर नहीं क्रूर होती हैं।' आलोचक

को अपनी एक टिप्पणी में वे 'अदृश्य चिड़िया' की संज्ञा दे चुके हैं, जिसकी 'चहक' रास्ते से भटकाने में माहिर होती है।

चौतरफा प्रहार और नकारात्मक आलोचनाओं के बावजूद *राग दरबारी* की लोकप्रियता बढ़ती रही। इस बात की पुष्टि *राग दरबारी* के अब तक हुए तीस से अधिक संस्करणों से होती है। चौतरफा भर्त्सना, आलोचना और निंदा अभियान के बावजूद इस प्रकार की अद्वितीय लोकप्रियता अपने आप में एक पहेली प्रतीत होती है। इसीलिए इस संकलन के माध्यम से उल्लिखित पहेली को खोलने और *राग दरबारी* की जन-स्वीकृति के मूल कारणों की खोज करने का मैंने प्रयास किया है।

इस पुस्तक में समीक्षाओं, टिप्पणियों और लेखों का संचयन काल-क्रमानुसार किया गया है। इस क्रम के माध्यम से आलोचना की अराजकता की एक मुकम्मल तस्वीर दिखाई पड़ती है। वैसे तो यों भी कहानी या उपन्यास समालोचना की कोई सुसंगत वैज्ञानिक पद्धति का विकास-परिष्कार अभी तक हिंदी में नहीं हो पाया है। लेकिन प्रतिमानों और विवेचनाविधियों की पूर्णतः अवहेलना करके चाहे तो कुलीनतावादी संस्कारों की छाया में समीक्षाएं लिखी जा रही हैं या व्यक्तिगत राग-द्वेष एवं व्यक्तिगत रुचि-अरुचि के पैमाने से औपन्यासिक कृतियों का आलोचनात्मक विश्लेषण किया जा रहा है। *राग दरबारी* के संदर्भ में ये प्रवृत्तियां खास तौर पर झलकती हैं। कुछ समालोचक तो अरस्तू द्वारा प्रस्तुत ट्रेजेडी-कॉमेडी के काव्य या नाट्यसिद्धांत को मनमाने तरीके से लागू कर आलोचना की अराजकता बढ़ाने में योगदान करते हैं। अगर किसी कृति को ट्रेजेडी बताएंगे तो यह भी निष्कर्ष निकालेंगे कि इस कृति में गहरी अनुभूतियों से रससिक्त संवेदना है और अगर कॉमेडी के खाने में डालेंगे तो यह निष्कर्ष निकालेंगे कि उक्त कृति में अनुभूतियों का उथलापन है। ऐसे अनेक विवेचनों में *राग दरबारी* को 'कॉमेडी उपन्यास' सिद्ध किया गया है। इससे हम हिंदी में मूल्यांकन के स्तर को समझ सकते हैं।

राग दरबारी उपन्यास के मूल में विद्यमान क्षोभ, दुःख और करुणा की भावानुभूति को पहचानने में कुछ आलोचक चूक गए हैं। चूंकि आलोचक का खुद ही राष्ट्रीय विकासनीति और नेहरू के छद्म समाजवाद से मोहभंग नहीं हुआ था, अतः *राग दरबारी* की कथावस्तु के अभिप्रायों को वे लगातार नकारवादी बताते रहे। आलोचक जब स्वयं ही समाजव्यवस्था के वस्तुपरक यथार्थ के प्रति मोहासक्त होगा तो उस व्यवस्था के अंतर्गत पल रही मक्कारी, जनविरोधी प्रवृत्ति और विभिन्न पात्रों के उत्पीड़क सामाजिक आचरण को चित्रित करने वाली कथाकृति को, जाहिर है असंतोष का खटराग बताएगा, महाऊब का महाग्रंथ बताएगा और वस्तुनिष्ठ विश्लेषण का रास्ता छोड़कर आलोचना की अराजकता को फलीभूत करेगा।

राग दरबारी पर पहली समीक्षा नेमिचंद्र जैन ने लिखी थी। उपन्यास की चित्रणशैली में अंतर्भूत अंतर्दृष्टि और यथार्थ के प्रस्तुतीकरण में अंतर्भूत सामाजिक द्वंद्वात्मकता के बजाय नेमि जी *राग दरबारी* में आद्यंत यथार्थवादी सपाटता देखते हैं। 1968 में लिखी गई इस समीक्षा को तत्कालीन विवादों से अलग हटकर पढ़ना उचित नहीं होगा क्योंकि उस समय के कथालेखन में प्रायः मध्यवर्गीय दृष्टिकोण से स्त्री-पुरुष संबंध का अंतर्द्वंद्व प्रस्तुत करने वाली कृतियों को ही श्रेष्ठ माना जा रहा था। बहुत बाद में श्रीलाल जी ने अपना पक्ष रखा और यह बताया कि *राग दरबारी* की रचना का प्रेरणास्रोत भारतीय ग्रामजीवन के अंतर्विरोधों की पहचान में ही निहित हैं। जिन लेखों और टिप्पणियों में श्रीलाल शुक्ल अपना पक्ष प्रस्तुत करते हैं, उन्हें भी मैंने इस संकलन के खंड-3 में शामिल कर लिया है। इस प्रसंग में खास तौर पर मैं दो अन्य लेखों का उल्लेख करना आवश्यक समझती हूं जो इस संग्रह में शामिल नहीं किए जा सके। पहला लेख

है–'तलाश जारी है आम आदमी की' तथा दूसरा लेख है–'मुझे अपने से दूर मत करो, वसुंधरा!'

नेमि जी की समीक्षा के बाद दो युवा रचनाकारों–कमलेश तथा नीलाभ ने *राग दरबारी* के कथ्य के मूल अभिप्राय की विवेचना प्रस्तुत की। आजादी के बाद के हिंदुस्तान में अपनाई गई गलत नीतियों की 'सड़ांध' के प्रति क्षोभ, क्रोध और घृणा का जैसा कथात्मक वस्तुविधान *राग दरबारी* में प्रस्तुत किया गया है, उसे 'तीखे रंगों के यथार्थ' की उक्ति द्वारा उपर्युक्त दोनों रचनाकारों ने अभिहित किया। उपेन्द्रनाथ अश्क द्वारा लिखी गई विस्तृत समीक्षा में यह बताया गया कि इस कृति में यथार्थवादिता के साथ कलात्मकता और वस्तु-निरूपण का अद्भुत सम्मिलन मिलता है। अश्क जी ने कोई अगर-मगर नहीं लगाया। यह समीक्षा थोड़े संक्षिप्त रूप में 'प्रकाशन समाचार' और 'मुक्तधारा' में प्रकाशित हुई थी। यहां यह उल्लेखनीय है कि कमलेश जी ने पहली बार *राग दरबारी* के आलोचकों की सवर्ण मानसिकता पर प्रहार करते हुए यह बताया कि कुछ आलोचकों के सुसभ्य और शिष्ट मन को झटका-सा लगा क्योंकि 'मध्यवर्गीय पाबंदों को *राग दरबारी* के बहुतेरे अंश फूहड़ और अश्लील लगेंगे।' शासक वर्ग ने गांवों में मल विसर्जन की सुविधाजनक व्यवस्था का निर्माण नहीं किया है, अतः *राग दरबारी* में मल विसर्जन के जितने भी वर्णन आए हैं, उन पर अनेक समीक्षकों ने नाक-भौंह सिकोड़ी है। कुंवर नारायण जी ने इसी तरह के वर्णनों के बारे में लिखा है कि 'ऐसे कई स्थल हैं जहां इच्छा होती है कि लेखक यदि इतनी अधिक यथार्थ के पीछे नहीं पड़ता तो अच्छा होता, व्यंग्य के हित में बहुत अच्छा होता।' कमलेश जी ने नवम्बर 1968 के 'दिनमान' में प्रकाशित अपनी समीक्षा में आंचलिक उपन्यासकारों की रूमानी दृष्टि की सीमाओं की आलोचना की है और आंचलिक उपन्यासों में *राग दरबारी* जैसी गैर-रूमानी सौंदर्य-दृष्टि तथा चित्रणविधि के अभाव को रेखांकित किया है।

परमानंद श्रीवास्तव की समीक्षा 'धर्मयुग' में प्रकाशित हुई थी। उक्त समीक्षा में वे यह बताते हैं कि *राग दरबारी* द्वारा प्रस्तुत असलियत का सामना हमारा बुद्धिजीवी समाज नहीं कर पा रहा है। वैज्ञानिक विश्लेषण की दृष्टि से हिंदुस्तानी दिमाग के भीतर मौजूद अवरोध तभी समाप्त हो सकता है जब वह मूल्यहीनता के चित्रण के क्रम में व्यंग्यात्मक प्रहार की निस्संगता के प्रति ग्रहणशील होगा। *राग दरबारी* में तत्कालीन भारतीय गांवों के जीवन यथार्थ के द्वंद्व के चित्रण की प्रासंगिकता और सार्थकता उपन्यास की शिल्पविधि में परिवर्तन पर निर्भर करती है। कथाविन्यास और शिल्पविधि का यह परिवर्तन परमानंद श्रीवास्तव के विश्लेषण का आधार है। इसी बिंदु पर खड़े होकर वे तमाम आरोपों का खंडन करते हैं और संकेतों के द्वारा विभिन्न समीक्षाओं में उठाए गए प्रश्नों के उत्तर बहुत ही सधे तरीके से देते हैं। इसके बावजूद *राग दरबारी* को लेकर विवादों का सिलसिला बंद नहीं हुआ, चूंकि विभिन्न आलोचकों के अलग-अलग किस्म के प्रतिमानों के भीतर जो मतांतर थे, वे मूलतः वैचारिक थे, यहां तक कि यह बहस नाक की लड़ाई और गुटबाजी तक में तब्दील हो गई।

कमलेश, नीलाभ, उपेंद्रनाथ अश्क और परमानंद श्रीवास्तव को दरकिनार कर श्रीपतराय की जो समीक्षा 'कथा' पत्रिका में प्रकाशित हुई उसमें यह बाजाब्ता एलान किया गया कि *राग दरबारी* 'बड़ी ऊब का महाग्रंथ है' है और अपठित रह जाना ही इसकी 'नियति' है। उनके शब्दों में 'अतियथार्थ उपन्यास के आंतरिक स्वरूप को नष्ट करता है।' निष्कर्ष यह कि यथार्थ की प्रेक्षण विधि पर आकर आलोचना अटक गई क्या, वस्तुतः फंस गई। यथार्थ के रूमानी और गैर-रूमानी चित्रण की बहस भी लंबे समय तक चलती रही। 1975 में नित्यानंद तिवारी ने अपनी एक आलोचनात्मक टिप्पणी में *राग दरबारी* के यथार्थ चित्रण की कथनभंगी को

'व्यंग्य लीला' की संज्ञा दी, जबकि 1969 में परमानंद श्रीवास्तव ने इस वैशिष्ट्य को मूल्यहीनता के चित्रण के लिए जरूरी बताया था। कमलेश्वर 1970 में अपनी टिप्पणी में दो टूक शब्दों में लिख चुके थे : 'सचाई यह है कि कथाकार जानबूझकर आघात नहीं पहुंचाता। वह संपूर्ण संदर्भ में कुछ इस तरह प्रेक्षण कर अंतःप्रवेश करता है कि उससे व्यंग्य और उपहास उत्पन्न होता है।'

चंद्रकांत बांदिवडेकर के अकादमिक ढंग के विवेचनात्मक आलेख में तब तक के सभी मतों का समाहार करने का प्रयास देखा जा सकता है। 'कथ्य को प्रस्तुत करने की दृष्टि' से *राग दरबारी* को वे महत्वपूर्ण उपन्यास मानते हैं। पर नेमिचंद्र जैन की तरह वे यह भी कहते हैं कि इसमें 'नए की तलाश नहीं है, वास्तविकता के अनपहचाने, अपरिचित पहलू को अन्वेषित करने का प्रयास नहीं है।' *राग दरबारी* पर इस तरह के आरोप प्रारंभ से ही लगते रहे हैं। यद्यपि नेमिचंद्र जैन 'सर्वसामान्य अनुभव-स्तर का दो टूक प्रस्तुतीकरण' इस उपन्यास की उपलब्धि मानते हुए भी कहते हैं कि 'दीखने वाली जिंदगी पर दबाव डालती नीचे कोई और जिंदगी' नहीं है। इसके साथ-साथ वे यह भी कहते हैं कि 'उसमें न तो कोई द्वंद्व है, न गति'। ऐसी टिप्पणियों के परिप्रेक्ष्य में हमें आलोचना और सौंदर्यबोध की अभिजात, भद्रसमाज की संस्कारवादी अभिरुचि की जांच-पड़ताल करनी चाहिए ताकि यह स्पष्ट हो सके कि विरोध का मूल कारण इस तथ्य में है कि *राग दरबारी* मध्यवर्गीय भाव और विचारबोध पर सीधे-सीधे और बहुत ही दृढ़ता से चोट करता है।

लगभग 12 वर्षों तक आलोचना में जो वितंडावाद छाया रहा, उससे भिन्न किस्म की नई समीक्षाएं 1980 के बाद प्रकाशित होने लगीं। आलोचना के इस नए दौर में अब *राग दरबारी* को लेकर निंदापरक लेख प्रकाशित होने बंद हो गए। नए आयामों को उद्घाटित करने का सिलसिला शुरू हुआ। 1990 के आसपास भूमंडलीकरण और उदारतावाद को लेकर जो भी नई बहसें हुईं, वे सिर्फ राजनीति या अर्थव्यवस्था तक सीमित न होकर साहित्य-संस्कृति के क्षेत्रों में होने लगीं। इस सिलसिले में एक नई पहलकदमी समाजशास्त्री विद्वानों की ओर से शुरू हुई। इन लोगों ने हिंदी उपन्यासों में चित्रित समाज का विश्लेषण ज्ञानमीमांसा के नए औजारों से करना प्रारंभ किया। नतीजा यह कि 1980 के पहले की बहसों को दरकिनार कर असंदिग्ध रूप में *राग दरबारी* को क्लासिक कृति का दर्जा मिल गया।

प्रसिद्ध समाजशास्त्री श्यामाचरण दुबे की निम्नलिखित मान्यता उल्लेखनीय मानी जाती है, चूंकि *राग दरबारी* के सामाजिक अभिप्राय तथा ग्रामीण जीवन के अंतर्विरोधी सारतत्व को उन्होंने हिंदी समालोचकों की तुलना में भिन्न दृष्टि से रेखांकित किया था :

> शिवपालगंज की कहानी परंपरा और प्रगति के मुखौटों की कहानी है, जिन पर लेखक ने निर्मम प्रहार किए हैं, अपने सशक्त पर नियंत्रित व्यंग्य से। गांव के बदलते परिवेश का इतना रोचक विवरण अन्यत्र दुर्लभ है। शैली में न कहीं उलझाव है, न बोझिलता। विराट समाजशास्त्रीय कल्पना वाले बीस विद्वान ग्रामीण यथार्थ के बारे में जो नहीं कह सकते, वह इस एक उपन्यास में श्रीलाल शुक्ल ने कह दिया है। (*परंपरा, इतिहासबोध और संस्कृति*, पृ. 140-41)

दुबे जी की तरह ही प्रसिद्ध समाजशास्त्री टी.एन. मदान भी *राग दरबारी* को अपने अध्ययन की स्रोत सामग्री का आधार बनाते हैं। 1938 में प्रकाशित राजा राव के अंग्रेजी उपन्यास 'कांथापुरा' और हिंदी के *राग दरबारी* (1968) को टी.एन. मदान ने सामाजिक प्रतिरोध आंदोलन का प्रतिनिधित्व करने वाली कृतियों के रूप में अपने विवेचन का विषय बनाया। मुझे इस बात की प्रसन्नता है कि टी.एन. मदान का पूरा लेख अंग्रेजी से हिंदी में अनुवाद कराकर इस संकलन

में शामिल किया जा रहा है। अभी तक यह लेख हिंदी पाठक समुदाय के लिए अनुपलब्ध था। समाजशास्त्रीय समालोचना के सिलसिले की एक महत्वपूर्ण कड़ी के रूप में दलित रचनाकार जयप्रकाश कर्दम का भी लेख इस संकलन में शामिल किया जा रहा है।

राग दरबारी पर चर्चा के क्रम में अंग्रेजी के जिन विद्वानों का नामोल्लेख किया जाता है, उनमें रूपर्ट स्नेल प्रमुख हैं। पेंगुइन से *राग दरबारी* के अंग्रेजी अनुवाद के प्रकाशन के पहले ही 1990 में रूपर्ट स्नेल ने उक्त कृति पर एक लंबा विवेचनात्मक लेख लिखा था। 'तद्भव' के संपादक अखिलेश ने 1999 में जब अपनी पत्रिका का श्रीलाल शुक्ल पर केंद्रित विशेषांक निकाला तो रूपर्ट स्नेल के अंग्रेजी लेख का हिंदी अनुवाद भी प्रकाशित किया था। इस लेख से ही यह पता चला कि *राग दरबारी* पर जर्मन तथा अन्य यूरोपीय भाषाओं में भी चर्चा चल रही है। रूपर्ट स्नेल ने खुद भी अपने लेख में प्रेमचंद और रेणु के गांव से *राग दरबारी* के गांव की भिन्नता रेखांकित की है। उपन्यास के भाषाशिल्प पर उनका ध्यान ज्यादा केंद्रित है। उनकी मान्यता है कि

> यहां यथार्थवाद चरित्र-चित्रण का नहीं व्यंग्य के शस्त्रागार का एक हथियार है। यह स्वच्छंदतावाद के नीचे से नमदा खींच लेने और हर उस चीज, जिसमें कृत्रिम कलात्मकता की गंध आती है, को उघाड़ देने के श्रीलाल शुक्ल के इरादे का अंग है।

'तद्भव' के इसी विशेषांक में वीरेंद्र यादव का एक महत्वपूर्ण लम्बा लेख है जो एकदम बेलाग तरीके से ही नहीं बल्कि नए ढंग से *राग दरबारी* के पाठ की मीमांसा प्रस्तुत करता है, किंतु इसमें कुछ मुद्दों पर नेमिचंद्र जैन और श्रीपत राय की कटूक्तियों की ही प्रतिध्वनियां सुनाई पड़ती हैं। इसके अतिरिक्त वीरेंद्र यादव यह मानते हैं कि श्रीलाल शुक्ल 'अंग्रेजी मुहावरे' के कथाकार हैं :

> अभिजातवर्गीय रुख अपनाते हुए अंग्रेजी मुहावरे में निंदात्मक नकार के जिस धरातल पर खड़े होकर वे भारतीय यथार्थ को देखते हैं, वह रुडयार्ड किपलिंग, ई.एम.फार्स्टर, नीरद सी. चौधरी और वी.एस. नायपॉल के काफी कुछ सन्निकट है।

इसके अलावा वीरेंद्र यादव श्रीलाल शुक्ल और प्रेमचंद के बीच पार्थक्य की स्पष्ट लकीर खींचते हुए इस निष्कर्ष पर पहुंचते हैं कि '*राग दरबारी* ग्राम्य जीवन की अधूरी तस्वीर है।' उनका यह भी मानना है कि समूचे उपन्यास में लंगड़ ही एकमात्र ऐसा चरित्र है 'जो संघर्षशील होने का आभास देता है।' उपर्युक्त टिप्पणियों से यह स्पष्ट हो जाता है कि प्रगतिशील आलोचना-दृष्टि के लिए *राग दरबारी* अब भी एक किरकिरी या फांस की तरह है।

सन् 2000 में 'वर्तमान साहित्य' के शताब्दी कथा-साहित्य विशेषांक में *राग दरबारी* पर मुद्राराक्षस का लेख छपा। यह अजीब बात है कि बीसवीं सदी के मील के पत्थर उपन्यासों की चर्चा के क्रम में *राग दरबारी* को तो उन्होंने चुना है, पर इसके साथ ही इस कृति के वजूद को ही उन्होंने कठघरे में यह प्रश्न उठाकर खड़ा कर दिया कि

> क्या कारण है कि देश में मर्यादा भ्रंश पर लिखे गए इस 'महाभारत' में अपंग, गरीब, लाचार अथवा विष्ठा को हंसी का पात्र बनाया गया? सामंत, सेठ, कोतवाल, लाट साहब या नेता इस प्रहार की सीमा से पूरी तरह बाहर हैं।

राग दरबारी को यथास्थितिवादी कृति बतलाते हुए मुद्रा जी ने यह टिप्पणी की कि 'व्यवस्था के कुकर्मों को अपने आप में निरापद करने का यह एक बड़ा रचनात्मक प्रयास बन गया।' हिंदी आलोचना में कुपाठ की जो परिपाटी है, उसी की एक मिसाल के रूप में मुद्राराक्षस का

लेख पठनीय बन गया है, चूंकि ऐसे लेख सामाजिक संरचना के विभिन्न पहलुओं के उद्‌घाटन की आवश्यकता पर जोर देते हैं और यथार्थ के अंतर्विरोधी पहलुओं की पहचान कराते हैं। इसके ठीक विपरीत 2002 के अंत में *कसौटी* पत्रिका का एक विशेषांक 'बीसवी शती : कालजयी कृतियां' के नाम से प्रकाशित हुआ जिसमें सुवास कुमार का लेख सुचिंतित-संतुलित समीक्षा-पद्धति की मिसाल के रूप में पठनीय है। इस लेख में कमलेश, नीलाभ, अश्क, परमानंद श्रीवास्तव आदि की तर्क-विश्लेषण परंपरा की अटूट कड़ी के रूप में सारे विवादों का मानो समाहार किया गया है। इस लेख का निष्कर्ष उल्लेखनीय है : '*राग दरबारी* में अनेक स्थलों पर असंयमित-सी प्रतीत होने वाली व्यंजक भाषा दरअसल वर्णन की और वर्ण्य वस्तु की मांग है।'

सुवास कुमार यह मानते हैं कि सही सच्चे व्यंग्य की प्रखरता को 'अभिजात रूप' और 'पाश्चात्य मूल्य' से जोड़ा नहीं जाना चाहिए। उनकी यह उक्ति बहुत महत्वपूर्ण है कि 'सच्चे व्यंग्य की मूल प्रकृति देशज होने के बावजूद अनिवार्यतः वैश्विक और मानवीय होती है।'

2005 में श्रीलाल शुक्ल के अस्सी वर्ष पूरे होने पर उनकी कृतियों के सहृदय पाठकों, मित्रों तथा प्रेमियों ने अमृत महोत्सव मनाया और इस अवसर पर 'श्रीलाल शुक्ल : जीवन ही जीवन' नाम की पुस्तक प्रकाशित की गई तो उसमें अनेकानेक महत्वपूर्ण लेखकों के आलोचनात्मक निबंध शामिल किए गए। उक्त पुस्तक के कुछ आलेख इस संकलन में दिए गए हैं। इस पुस्तक के संपादक के नाते अपनी भूमिका में नामवर सिंह ने श्रीलाल जी के संपूर्ण लेखन को, समाज और साहित्य–दोनों में हर तरह के हम्बग के खिलाफ एक सर्जनात्मक 'अभियान' बताया।

> इस अभियान की तार्किक और कलात्मक परिणति के लिए 'सबसे कारगर हथियार यह वक्र और बांकी भाषा' है। विकल्प में या तो आक्रोश की भाषा है या फिर गाली-गलौज। लेकिन इस विकल्प के साथ दिक्कत यह है कि इससे क्रुद्ध लेखक कुछ देर के लिए अपने आपको भले हल्का कर ले, सामान्य पाठक खाली-खाली ही रहता है। इस स्थिति में निश्चित रूप से श्रीलाल की वक्रता कहीं अधिक ग्राह्य है, जिसे पढ़ने में मजा आता है बल्कि जिसे बार-बार पढ़ने को जी चाहता है। और कहना न होगा कि किसी साहित्यिक कृति के अस्तित्व की यह पहली शर्त है, जो दिन-पर-दिन दुर्लभ होती जा रही है।

नामवर सिंह अपने विश्लेषण के द्वारा इस निष्कर्ष पर पहुंचे कि व्यंग्य की अतिशयता और गद्यशैली की वक्रभंगिमा वस्तुतः 'झूठ की खोज' के लिए जरूरी है।

अमृत महोत्सव के समय प्रकाशित उक्त पुस्तक में कृष्ण बलदेव वैद का भी एक लेख है। इस लेख में यह बताया गया है कि ख़ब्त, विक्षोभ और हास्य (व्यंग्य) का अभाव भारतीय उपन्यासों की एक बहुत बड़ी कमी रही है किंतु 'श्रीलाल शुक्ल का शुमार हिंदी उपन्यास में व्यंग्य के उन बहुत ही कम बड़े साधकों में किया जा सकता है जिनके काम में नैतिक और बौद्धिक हंसी को निरंतर सुना जा सकता है।' इस मंतव्य का तार्किक आधार भी कृष्ण बलदेव वैद प्रस्तुत करते हैं :

> बुनियादी तौर पर उनके ख़ब्त की जड़ उस कीचड़ में है जिसे हमारे अधिकतर यथार्थवादी उपन्यासकार अधमुंदी आंखों से ही देखते हैं, नीमजान प्रज्ञा से ही आंकते हैं और उसमें से अपने काल्पनिक कमल खिलाते रहते हैं। श्रीलाल शुक्ल उस कीचड़ को खुली आंखों से देखते हैं, उसका निर्मम भावुकता-मुक्त कलात्मक चित्रण *सूनी घाटी का सूरज* से शुरू कर कमोबेश अपने हर उपन्यास में करते हैं, विशेष तौर पर अपने सर्वमान्य शाहकार *राग दरबारी* में, और उस कीचड़ में से, किसी विचारधारा के दबाव में कोई आशावादी कमल नहीं उगाते।

राग दरबारी के मूल्यांकन से संबंधित हिंदी समालोचना में दो तरह की धाराओं के पीछे कौन-से

कारण क्रियाशील हैं? खासकर कमलेश, परमानंद श्रीवास्तव, अश्क, कमलेश्वर, नीलाभ, शिवकुमार मिश्र, सुवास कुमार, अरुण कमल, पंकज सिंह, शंभुनाथ, लीलाधर जगूड़ी, पंकज चतुर्वेदी, वैभव सिंह आलोचना की जिस कसौटी पर इस कृति को परखते हैं, उसका मूल उत्स कहां है? आपातकाल से लेकर अंतर्राष्ट्रीय वित्तीय पूंजी के आक्रामक दौर के आते-आते, यथार्थ के तीखे अंतर्विरोध के विस्फोट होने के बाद जो समालोचक जीवन को खुली आंखों से देखते हैं, वे इस कृति की प्रासंगिकता और सार्थकता को लेकर पूरी तरह आश्वस्त हैं। इन सभी समालोचकों की समीक्षापद्धति में पुनर्पाठ का विवेचन तर्कातीत नहीं है। पंकज सिंह की यह टिप्पणी बहुत महत्वपूर्ण है कि '*राग दरबारी* के आंतरिक एकालाप में गहरा विडंबना-बोध है और यथार्थ के टुकड़ों की पच्चीकारी के साथ जो तिर्यक व्यंजना रिस-रिस कर आती है, उसमें गहरा विषाद है और उस विषाद का परिप्रेक्ष्य सघन सामाजिक मानवीयता से निर्मित है।' इसी तरह पंकज चतुर्वेदी को यह उपन्यास 'एक नए देश की तलाश का प्रस्ताव प्रतीत होता है।' दरअसल इस कृति में अंतर्निहित अवसाद और करुणा का सांगोपांग विवेचन अनेक कोणों से अनेक लेखों में बहुत ही सटीक ढंग से किया गया है। इस कृति की अंग्रेजी में अनुवादिका गिलियिन राइट ने भी बहुत सारे आरोपों का खंडन किया है। गिलियिन राइट के लेख में स्त्री पात्रों की अनुपस्थिति के बारे में पूछे जाने पर रचनाकार का जवाब भी ध्यान देने योग्य है। इस प्रश्न पर सबसे सटीक विवेचन हिमांशु पांड्या ने किया है। यही नहीं हिमांशु ने लगभग सभी प्रकार की आलोचनाओं का तर्कसंगत जवाब 'अप्रकट करुणा के पक्ष में' में दिया है। दलित और अल्पसंख्यक चित्रणों के संदर्भ में उठे प्रश्न भी हिंदी आलोचना के लिए बहुत महत्वपूर्ण हैं। आलोचना की इस अराजकता में *राग दरबारी* के विवेचन-विश्लेषण की दो धाराएं अभी तक स्पष्टतः दिखाई पड़ती हैं। वर्णन की कला में अंतर्निहित 'बिटविन द लाइन्स' यानी अनकहे को पकड़ने की कोशिश प्रायः नई पीढ़ी के समालोचकों में ही पूरी स्पष्टता से प्रगट होती है। राजेश जोशी के लेख में अनकहे को पकड़ने का सुझाव भी तार्किकता के साथ आया है।

साहित्यिक आलोचना से भिन्न ढंग, शैली और दृष्टि रखने वाले कुछ संस्मरणात्मक लेख भी 'लोकप्रियता और व्याप्ति' के अंतर्गत खंड-2 में शामिल किए गए हैं। इन लेखकों में अष्टभुजा शुक्ल, रवींद्र त्रिपाठी और सूर्यबाला की रचनाएं रागदरबारी पर एकदम नए ढंग से प्रकाश डालती हैं। वस्तुतः आलोचना के नेपथ्य में उपस्थित इन संस्मरणों की जबर्दस्त सार्थकता है। इस उपन्यास पर आधारित गिरीश रस्तोगी के नाटक 'रंगनाथ की वापसी' तथा कृष्ण राघव द्वारा निर्मित टेलीविजन सीरियलों में अनकहे को खोलने की कोशिश क्यों की गई, इसका स्पष्टीकरण दोनों व्यक्तियों ने अपने लेखों में किया है। अतः साहित्यिक समालोचना के साथ-साथ अनुवादक, रंगकर्मी और फिल्मकार के संस्मरण भी पठनीय हैं। इसीलिए मैंने तीनों के लेख इस संकलन में सम्मिलित किए हैं। खंड-3 'बकलमखुद' में *राग दरबारी* से संबंधित श्रीलाल शुक्ल के लेखों को इस परिकल्पना के साथ संग्रहीत कर रही हूँ ताकि *राग दरबारी* पर संपूर्ण सामग्री एक साथ उपलब्ध हो सके।

इस पुस्तक का चौथा और अंतिम खंड 'शख़्सियत' है। इसमें एक लेख और चार संस्मरणों को पढ़कर कोई अपरिचित-अजनबी पाठक भी श्रीलाल शुक्ल के व्यक्तित्व से आत्मीयता महसूस करेगा यानी दोस्ती कर लेगा, ऐसा मेरा विश्वास है।

इस संकलन में सम्मिलित लेखों के रचनाकारों के प्रति मैं आभार प्रगट करती हूं। सामग्री एकत्र करने में स्वयं श्रीलाल जी ने मदद की थी। आज हमारे बीच वे नहीं हैं पर उनकी रचनाएं हरदम हमारे साथ रहेंगी। यह संकलन श्रीलाल शुक्ल की स्मृति को समर्पित कर रही हूं। उनकी

पुत्रवधू श्रीमती साधना शुक्ल को भी सामग्री एवं सहयोग के लिए धन्यवाद। श्री नारायण कुमार, श्री मुरली मनोहर प्रसाद सिंह और श्री वैभव सिंह की आभारी हूं कि इन लोगों ने बहुत कम समय में अनुवाद करके इस संकलन को समृद्ध बनाने में मदद की है। श्री जवरीमल्ल पारख और श्री संजीव कुमार को भी धन्यवाद क्योंकि कुछ सामग्री जुटाने में इन दोनों से भी मदद मिली है। कवि नीलाभ को विशेष धन्यवाद देना चाहती हूँ क्योंकि मेरे अनुरोध पर उन्होंने 40 वर्षों के बाद *राग दरबारी* पर फिर से जोरदार समीक्षा लिखी। सबसे अंत में पुस्तक प्रकाशन के लिए राजकमल प्रकाशन के प्रबंधक श्री अशोक माहेश्वरी का भी बहुत-बहुत धन्यवाद।

रेखा अवस्थी

अनुक्रम

खंड एक : समालोचना

असंतोष का खटराग	*नेमिचंद्र जैन*	19
राजनीति की सड़ांध : शिवपालगंज का हिंदुस्तान	*कमलेश*	23
तीखे रंगों का यथार्थ	*नीलाभ*	27
चालीस वर्ष के बाद...	*नीलाभ*	32
देश का दुखांत	*उपेंद्रनाथ अश्क*	39
ढांचे से बाहर	*परमानंद श्रीवास्तव*	47
ब्रिलिएंट उपन्यास	*ओंकारनाथ श्रीवास्तव*	50
बहुत बड़ी ऊब का महाग्रंथ	*श्रीपत राय*	52
नए आयामों की खोज	*रामदरश मिश्र*	59
यथास्थितिवाद की एक तल्ख़ तस्वीर	*कुमार पंकज*	62
व्यंग्य दृष्टि या व्यंग्य लीला	*नित्यानंद तिवारी*	67
एक नया टेक्स्ट	*नित्यानंद तिवारी*	73
विशिष्ट उपन्यास : जीवंत दस्तावेज़	*चंद्रकांत बांदिवडेकर*	79
राग दरबारी	*कुंवर नारायण*	89
सामाजिक प्रतिरोध के संदर्भ में उपन्यास	*टी.एन. मदान*	92
ग्रामीण विडंबनाएं	*रूपर्ट स्नेल*	102
छुद्रताओं के महावृत्तांत से महानताओं की छुद्रता तक	*वीरेंद्र यादव*	123
कौन किस पर हंसता है?	*मुद्राराक्षस*	139
व्यंग्यव्यंजित आत्म-आक्रोश	*सुवास कुमार*	146
'कस्मै देवाय...' का 'क'	*नामवर सिंह*	157
श्रीलाल शुक्ल की औपन्यासिक हंसी	*कृष्ण बलदेव वैद*	162
यथार्थ का बेधक दस्तावेज़	*शिवकुमार मिश्र*	165
उपन्यास की नई परंपरा	*लीलाधर जगूड़ी*	170
राग दरबारी के पक्ष में गवाही	*अरुण कमल*	180
अंतर्धाराओं के बीच स्थिर प्रकाश	*पंकज सिंह*	184
राजनीति में मनुष्य की वापसी एक स्वप्न है	*शंभुनाथ*	187
एक नए देश की तलाश का प्रस्ताव	*पंकज चतुर्वेदी*	200
शिवपालगंज के लोग	*जयप्रकाश कर्दम*	208

एक कवि की नोटबुक *राजेश जोशी* 217
राग दरबारी का पक्ष और विपक्ष *ज्ञान चतुर्वेदी* 220
व्यंग्य की सान पर सच *वैभव सिंह* 224
हसरते तामीर का दामन भी छूट न जाए कहीं *सुधीर सुमन* 229
रचना-विधि में मूलभूत परिवर्तन *मुरली मनोहर प्रसाद सिंह* 236
अप्रकट करुणा के पक्ष में *हिमांशु पंड्या* 244

खंड दो : लोकप्रियता और व्याप्ति

साहित्य अकादमी पुरस्कार पर एक टिप्पणी *कमलेश्वर* 261
नाट्य रूपांतरण से प्रस्तुतीकरण तक *गिरीश रस्तोगी* 264
दूरदर्शन धारावाहिक की तैयारी के बीच... *कृष्ण राघव* 269
कुछ यादें... *गिलियन राइट* 274
अनुवाद के दौरान बातचीत *गिलियन राइट* 277
जबान मेरी है बात उनकी *अष्टभुजा शुक्ल* 284
डाल्टनगंज में शिवपालगंज *रवींद्र त्रिपाठी* 290
एक बेजोड़ कृति *सूर्यबाला* 294

खंड तीन : बकलमखुद
उपन्यासकार का पक्ष

मेरा लेखन *श्रीलाल शुक्ल* 301
लेखनी-विलास उर्फ़ लिखने की मजबूरी *श्रीलाल शुक्ल* 303
राग दरबारी : संस्मरण *श्रीलाल शुक्ल* 307
कुछ अपनी कुछ आस-पास की *श्रीलाल शुक्ल* 310

खंड चार : शख़्सियत

भली सुथरी जिद *रघुवीर सहाय* 321
वे अपना भी मजाक उड़ा देते हैं *शीला संधू* 323
एक स्वाभाविक गद्यकार *गोविंद मिश्र* 327
श्रीलाल शुक्ल *अखिलेश* 332
शराफत के पचास साल *अरुण प्रकाश* 336

खंड एक

समालोचना

असंतोष का खटराग

नेमिचंद्र जैन

हम सभी जानते हैं कि एक समय हिंदी उपन्यास-कहानी में 'आंचलिकता' का बड़ा जोर था। दिलचस्प बात यह है कि आजकल आंचलिक न होने का आग्रह भी उतना ही मुखर है। इधर कई उपन्यासकारों ने अपने उपन्यासों की भूमिकाओं में, अथवा अन्यत्र, यह बात बड़े जोर से कही है कि उनकी रचना को आंचलिक न समझा जाए, भले ही उसका परिवेश किसी गांव या क्षेत्र-विशेष तक ही सीमित हो। दरअसल, यह तथाकथित 'आंचलिकता' व्यक्ति और उसके परिवेश को उसकी सामान्यता के बजाय विशिष्टता में, उसकी मूर्त्त जीवंतता में, देखने के प्रयास में उत्पन्न हुई थी, और किसी हद तक हिंदी के कथाशिल्पी द्वारा यथार्थ को अधिक सचाई के साथ पकड़ने के बढ़ते हुए रुझान को सूचित करती थी। पर धीरे-धीरे इस रुझान ने एक रीति या रूढ़ि का रूप ले लिया और यह लेखक के अनुभव, अवलोकन और जीवन-दृष्टि के सीमित होने का सूचक जान पड़ने लगा। इस रचना के विशिष्ट और सीमाबद्ध यथार्थ को किसी वृहत्तर परिप्रेक्ष्य से जोड़ने और उसे व्यापक सार्थकता देने की आवश्यकता महसूस हुई। इसके लिए कई प्रकार की ऐसी साहित्यिक युक्तियां अपनाई गईं जिनसे, परिवेश, किसी स्थान या क्षेत्र-विशेष के रहते हुए भी, प्रभाव यह पड़े कि रचना का कथ्य किसी बड़े सत्य को प्रस्तुत या अभिव्यंजित करता है। श्रीलाल शुक्ल का हाल में प्रकाशित उपन्यास *राग दरबारी* कुछ इसी कोटि का प्रयास है। उसमें एक बड़े नगर के आस-पास शिवपालगंज नामक एक बड़े-से गांव की जिंदगी से सारे 'आधुनिक भारतीय जीवन की मूल्यहीनता और संस्कारहीनता' को अभिव्यंजित करने की कोशिश है।

एक हद तक *राग दरबारी* इस प्रयास में सफल भी है। उसमें आजादी के बाद से धीरे-धीरे देश के जीवन में उत्पन्न होने वाली नैतिक गिरावट, स्वार्थपरता, संकीर्ण गुटबंदी, छीना-झपटी, बढ़ती हुई गुंडागर्दी, भ्रष्टाचार और इन सबसे उत्पन्न व्यापक असुरक्षा की भावना की कम से कम एक बिंदु पर बड़ी तीखी तस्वीर है। इस पूरे दौर में राजनैतिक आजादी को लोकतंत्रीय व्यवस्था का रूप देने की हर कोशिश नाकाम रही है, बल्कि उसके बजाय, और उसके कारण ही, सर्वथा आलोकतांत्रिक प्रवृत्तियों और तत्वों का जोर बढ़ा है। लोकतंत्र की हर पद्धति और सुविधा समाज के एक अत्यंत स्वार्थी और उठाईगीर समुदाय के हाथों में पड़कर एक नए और अधिक निर्मम उत्पीड़न और भ्रष्टचार का औजार बन गई है—यह सब एक हद तक इस उपन्यास में उभरता है। शिवपालगंज की कोआपरेटिव यूनियन अपने यहां होने वाले गबन के संबंध में प्रस्ताव पास करती है कि 'सुपवाइजर ने जो हमारी आठ हजार रुपए की हानि की है, उसकी पूर्ति के लिए सरकार अनुदान दे।' इसको स्पष्ट करते हुए यूनियन के प्रधान और स्थानीय नेता वैद्यजी कहते हैं :

> हमने पुलिस में सूचना दे दी है। आगे सरकार का दायित्व है। हमारे हाथ में कुछ नहीं है।... या तो सरकार सुपरवाइजर को बंदी बनाकर हमारे सामने प्रस्तुत करे या कुछ और करे। जो भी हो, यदि सरकार चाहती है कि हमारी यूनियन जीवित रहे और उसके द्वारा जनता का कल्याण होता रहे तो उसे ही हर्जाना भरना पड़ेगा। अन्यथा यह यूनियन बैठ जाएगी। हमने अपना काम कर दिया। आगे का काम सरकार का है। (पृष्ठ 97)

हमारा आज का समाज इसी अद्भुत तर्क से संचालित होता जान पड़ता है। चाहे छंगामल विद्यालय इंटर कालेज की समिति का चुनाव हो, चाहे न्याय-पंचायत, या किसी अदालत में कोई मुकदमा हो या पुलिस द्वारा किसी वारदात की जांच, चाहे कोई मेला हो अथवा किसी संस्था का सालाना जलसा—हर जगह, हर स्थिति में बेधड़क ढोंग, पाखंड, धोखा-धड़ी, बेईमानी और झूठ का बोल-बाला है। सचाई पर, हक पर, ईमानदारी पर, आग्रह न सिर्फ व्यर्थ है, बल्कि मूर्खता का पर्याय हो गया है। छंगामल इंटर कालेज के प्रिंसिपल साहब रंगनाथ से कहते हैं :

> बाबू रंगनाथ, तुम्हारे विचार बहुत ऊंचे हैं। पर कुल मिलाकर उनसे यही साबित होता है कि तुम गधे हो। (पृष्ठ 425)।

इसमें कोई संदेह नहीं कि आज के भारतीय जीवन के इस पक्ष के बहुत-से, विभिन्न स्थितियों के, बड़े प्रभावी चित्र *राग दरबारी* में हैं, जो हमारे अति-परिचित अनुभव को फिर से ताजा कर जाते हैं। एक सर्व-सामान्य अनुभव-स्तर का दो-टूक प्रस्तुतीकरण ही इस उपन्यास की सबसे बड़ी उपलब्धि और विशेषता है। यह उसके विविध प्रसंगों में भी झलकती है और उनसे संबद्ध चित्रों में भी। वैद्यजी एक आदर्श पाखंडी, स्वार्थी और चालाक तथा धूर्त स्थानीय नेता हैं, जिनसे हर आदमी का साबिक़ा अक्सर नहीं तो कभी न कभी जरूर पड़ जाता है। उनका चमचा सनीचर, उनके दोनों प्रायः निकम्मे बेटे, रुप्पन और बद्री, उनके प्रतिद्वंद्वी रामाधीन भीखमखेड़वी, अन्य गांववासी—जोगनाथ, कुसहर प्रसाद, कालिकाप्रसाद, पं. राधेलाल, कालेज के खन्ना मास्टर या मास्टर मोतीराम, या सनकी लंगड़ और दरोगाजी, आदि—सभी जानी-पहचानी दुनिया के जाने-पहचाने लोग हैं। केवल प्रिंसिपल साहब और महाजन-दूकानदार गयादीन ही कुछ कम-पहचाने या थोड़े अप्रत्याशित हैं, क्योंकि न तो इतना फूहड़ और गंवार प्रिंसिपल इतना आम है और न ऐसा तीक्ष्ण, समझदार और बौद्धिक देहाती बनिया ही। इसीलिए दोनों ही पात्रों की, विशेषकर गयादीन की, उनमें आरोपित विशेषताएं कुछ अटपटी लगती हैं। वे शायद दिलचस्पी तो बढ़ाती हैं, पर फिर अंततः निराश भी करती हैं क्योंकि इतने बड़े उपन्यास में भी उनका कोई सार्थक उपयोग नहीं होता। रंगनाथ एक शहरी पर्यवेक्षक के रूप में इस परिवेश में है जो उसमें थोड़ा उलझता तो है, पर कुल मिलाकर फिर भी बाहर ही रह जाता है। अंततः न तो वह कोई रोचक विसदृशता (कंट्रास्ट) उत्पन्न करता है, न किसी स्थिति को उकसाता है, और न स्वयं इस जीवन का एक सार्थक पात्र बन पाता है।

जो हो, एक सामान्य परिचित मानव-समुदाय और परिवेश इस उपन्यास में अवश्य मौजूद है। किंतु परिचय की इस सामान्यता से आगे यदि आपको समकालीन भारतीय जीवन के किसी गहरे अंतर्द्वंद्व की, परस्पर-विरोधी स्थितियों में किसी विस्फोटक टकराहट की, तलाश या अपेक्षा हो तो वह इसमें नहीं मिलेगी। इसके विपरीत इस उपन्यास में प्रस्तुत जिंदगी की तस्वीर में एक तरह की यथार्थवादी सपाटता है, दीखनेवाली जिंदगी पर दबाव डालती नीचे कोई और जिंदगी नहीं। इसी से गति और ठहराव का, अच्छाई और बुराई का, नए और पुराने का, शिक्षा और संस्कार का, आजादी के उभार और उसको दबानेवाली व्यवस्था का, कोई संघर्ष किसी स्तर पर इस उपन्यास में नहीं दीख पड़ता। पिछले बीस वर्ष में हमारे देश में बाहरी परिस्थितियों

में और इन्सानों के भीतर जो कुछ बना और बिगड़ा है, जो कुछ बदला है या बदलने से रह गया है—यह उपन्यास उसकी पूरी तस्वीर तो है ही नहीं, एक सीमा के बाद सच्ची तस्वीर भी नहीं, क्योंकि उसमें न तो कोई द्वंद्व है न गति। सारा जीवन एक ही गहरे धूसर रंग में अंकित है। रंगों की ऐसी छायाहीनता भी एक प्रकार का धोखा या बहकावा ही है जो हमें न तो पुराने के टूटने को ठीक से देखने देता है, न नए के बनने को। पूरा भारतीय समाज और उसके भीतर जीनेवाले इन्सान आज एक ऐसे प्रत्यक्ष अथवा नामहीन अस्पष्ट अंतःसंघर्ष के दौर में हैं जिसे नज़रंदाज़ करके हम कहीं नहीं पहुंच सकते, कम से कम रचनाकार तो उसे अनदेखा करके एक प्रकार की ऊपरी सतही तड़क-भड़क या टीम-टाम में फंसे बिना नहीं रह सकता।

इस उपन्यास का तथाकथित व्यंग्य इसी सतही तड़क-भड़क और टीम-टाम का प्रमाण है, क्योंकि वास्तव में इसकी व्यंग्य-शैली रेखाचित्रों या 'बैठे-ठाले' जैसे पत्रकारीय स्तंभों के लिए अधिक उपयुक्त है। अधिक से अधिक वह छोटे-छोटे अनुभव-खंडों को, छिन्न-छिन्न बदलते यथार्थ की झलकियों को, चुटीले और रोचक ढंग से पेश कर सकती है। एक बड़ी रचना के स्तर पर, जहां बड़े जीवन-पटल को उसकी गहराई में और एकाधिक आयामों में प्रस्तुत करने का उद्देश्य हो, इस प्रकार की व्यंग्य-शैली बाधक ही, अधिक होगी, सहायक नहीं, क्योंकि वह स्थिति के व्यंग्य से अधिक शब्दों और भाषा के व्यंग्य पर बल देती है। *राग दरबारी* में यह दुखद रूप से स्पष्ट है। उसकी लगातार शाब्दिक टिप्पणियों ने स्थितियों को सरल, सपाट और सतही बना दिया है, और अपने अति-कथन द्वारा उनकी क्रूरता और अमानवीयता की धार को भोंथरा और बेअसर कर दिया है। फलस्वरूप उनकी नाटकीय भयावहता नष्ट हो गई है और प्रसंग एक चमकीला वर्णन मात्र लगता है। अपने बेटे से पिटकर आए हुए कुसहर प्रसाद के रोने का वर्णन देखिए :

> उधर बुजुर्ग का 'हाउ'-हाउ' अब द्रुत लय छोड़कर विलंबित की तरफ आने लगा और बाद में बड़े ही ठस किस्म की ताल में अटक गया। ऐसी बात गायकी की पद्धति के हिसाब से उल्टी पड़ती थी, पर मतलब साफ था कि वे उखड़ नहीं रहे हैं बल्कि जमकर बैठ रहे हैं।' (पृष्ठ 115)। या, 'वे सब मेले में जा रही थीं। भारतीय नारीत्व इस समय फनफनाकर अपने खोल के बाहर आ गया। वे बड़ी तेजी से आगे बढ़ रही थीं। मुंह पर न घूघंट था न लगाम थी। फेफड़े, गले और जबान को चीरती हुई आवाज में वे चीख रही थीं और एक ऐसी चिचियाहट निकाल रही थीं जिसे शहराती विद्वान और रेडियो विभाग के नौकर ग्रामगीत कहते हैं।' (पृष्ठ 141)। या, 'आज के कथाकारों ने न जाने किससे सीखकर बार-बार कहा है कि दुख मनुष्य को मांजता है। बात कुल इतनी नहीं है। सच तो यह है कि दुख मनुष्य को पहले फींचता, फिर फींचकर निचोड़ता है, फिर निचोड़कर उसके चेहरे को घुग्घू-जैसा बनाकर उन पर दो चार काली-सफेद लकीरें खींच देता है। (पृष्ठ 55)

सारा उपन्यास बात-बात पर ऐसी फब्तियों और अक्सर चालू किस्म की जुमलेबाजी से भरा पड़ा है। लेखक को शायद भरोसा नहीं कि यथार्थ की जो तस्वीर वह पेश कर रहा है, वह अपने आप बोलती है और उसमें ही पूरी धार मौजूद है। इसलिए वह लगातार अपनी ओर से सच्चाई को और भी पूरी तरह उघाड़ देने के लिए बेचैन दिखाई पड़ता है। जगह-जगह, मौक़े-बेमौक़े, हर तरह के लोगों पर, विशेषकर कवियों और लेखकों पर, 'व्यंग्य' की धाराप्रवाह बौछार है। इस सबमें चतुराई चाहे जितनी हो, रचनात्मक स्तर पर वह अनावश्यक और अप्रासंगिक ही है। उससे उपन्यास की अपनी आंतरिक अन्विति टूटती है और वह बहुत-से एक-आयामी रेखाचित्रों का संग्रह-मात्र रह जाता है और इन रेखाचित्रों में भी विविधता नहीं, प्रत्येक रेखाचित्र पात्र और

भंगिमा बदल-बदलकर एक ही बात, एक ही लहजे में कहता है, प्रत्येक की अपनी संरचना भी प्रायः एक जैसी है। इस घोर एकरसता के कारण, प्रारंभ के कुछ पृष्ठों के बाद जी ऊबने लगता है। जो बात एक-दो व्यंग्य-निंबधों या रेखाचित्रों में अपनी चमक और नवीनता से सचाई की एक झलक-जैसी जान पड़ती, वही उपन्यास के विस्तृत फलक में, पुनरावृत्ति, सतहीपन और एक-आयामिता के कारण, अंतर्दृष्टि और कल्पनाशीलता के अभाव की सूचक जान पड़ती है। दरअसल, कोई अंतर्दृष्टि इस उपन्यास में है भी नहीं, वह एक असंतुष्ट, क्षुब्ध व्यक्ति की बेशुमार शिकायतों और खीझझरे आक्षेपों के अंतहीन सिलसिले जैसा लगता है। इसीलिए वह हमारे निराश और परेशान मन को चाहे जितना बहलाए, कुल मिलाकर वह उतना ही एकांगी और भ्रामक है जितना सरकारी घोषणापत्रों और वक्तव्यों में अपनी सफलता और आत्मतुष्टि का फूहड़ आत्मप्रदर्शन।

अंत में, एक बात उपन्यास के नाम के बारे में। पता नहीं किस रूप में वह कौन-सी 'दरबारी' मनोवृत्ति को पेश करता है। शायद इसमें कहीं कोई सार्थकता हो। पर जहां तक संगीत का संबंध है, इस उपन्यास में बहुत कम ही ऐसा है, जो 'एक कोमल करुण राग' का आभास भी देता हो। इसी प्रकार प्रसिद्ध शास्त्रीय *राग दरबारी* कान्हड़ा की भावभूमि, वातावरण, स्वर-विन्यास, गायन-पद्धति किसी से भी इस उपन्यास के किसी पक्ष की कोई दूर-दूर तक समानता नहीं। इसके शिल्प में एक भी ऐसा तत्व नहीं जो 'इस राग की गायकी की अनुशासित पद्धति का अनुसरण' करता हो। बल्कि संगीत-प्रेमी पाठक को लगेगा कि इस उपन्यास का यह नाम एक सुंदर, गंभीर और अत्यंत अभिव्यंजनापूर्ण संगीत-रूप को अकारण ही भ्रष्ट संदर्भ देता है। यह नामकरण चाहे चतुराई के कारण हो चाहे अज्ञानवश, एक अक्षम्य संवेदनहीनता का सूचक अवश्य है।

1968, साप्ताहिक हिंदुस्तान

राजनीति की सड़ांध : शिवपालगंज का हिंदुस्तान

कमलेश

रंगनाथ प्राचीन भारतीय इतिहास में एम.ए. कर के अब शोध-छात्र हैं। शहर में स्वास्थ्य खराब रहने लगता है, इसलिए शहर से कुछ मील दूर सड़क पर बसे गांव शिवपालगंज में अपने मामा वैद्य जी के पास सेहत ठीक करने चले आते हैं। शिवपालगंज में आठ-दस महीना बिताने से उनके स्वास्थ्य में जरूर फ़र्क पड़ता है, पर स्वास्थ्य बनाते हुए वह अपने विवेक के वशीभूत होकर ठेठ देहात में अपनी नवस्नातक शैली में गंजहों (शिवपालगंज का निवासी गंजहा) की राजनीति में दिलचस्पी लेने लगते हैं। यह दिलचस्पी उनकी आत्मा की पुकार से पैदा हुई है और उनके मामा के पक्ष के विपरीत पड़ने लगती है। तब वास्तविकता का स्वतः निष्फल सामना करने के बजाय वापस शहर लौट कर अपने शोध-कार्य में लग जाना, पलायन करना ही एक उपाय बचता है।

श्री रंगनाथ उपन्यास *राग दरबारी* के नायक नहीं हैं। *राग दरबारी* जैसे कथानक-ढांचे में नायक-नायिका-खलनायक जैसी कोटियां नहीं विकसित होतीं। श्री रंगनाथ इस उपन्यास के कोई दर्जन भर प्रमुख पात्रों में बारहवें पात्र होंगे। वह उपन्यास में शुरू से आख़िर तक हाजिर ज़रूर हैं, घटनाओं में उनका कहीं सीधा योगदान नहीं है। वह घटनाक्रम के ऐसे दर्शक भी नहीं हैं जिन्होंने अपनी त्रिकालज्ञ दृष्टि से देखते हुए शिवपालगंज की सारी कथा बयान की हो। उनके प्रवास के आठ-दस महीनों में हुए पूरे घटनाक्रम का दृष्टा और वक्ता लेखक ही है। लेखक की दृष्टि भले ही सीधी हो उसकी बोली बहुत वक्र है। लेखक श्रीलाल शुक्ल व्यंग्यकार के रूप में सुपरिचित हैं, हालांकि शायद यह परिचय उनके पिछले दोनों उपन्यासों के लिए महंगा पड़ा है। व्यंग्य-लेखक के 'गंभीर' उपन्यासों की ओर आलोचकों-पाठकों की दृष्टि ही नहीं गई लेकिन *राग दरबारी* की बोली पाठकों को मजा देने वाले व्यंग्य की भी नहीं है। *राग दरबारी* में व्यंग्य की बोली उसके मुख्य उद्देश्य की आनुषंगिक है। सही हाथों में व्यंग्य का हमेशा इसी रूप में उपयोग होता है। *राग दरबारी* सोद्देश्य उपन्यास है। उसमें लेखक पाठकों को मजा देने के लिए नहीं उसे खिझाने, उसे अपने और अपने बनाए परिवेश के प्रति जिम्मेदार महसूस कराने, उसमें कुढ़न, जुगुप्सा और क्रोध जगाने के लिए, कुछ करने की कूवत भरने के लिए व्यंग्य का या हर कथा-कौशल का इस्तेमाल करता है। *राग दरबारी* एक क्रुद्ध लेखक की अतिकृति है।

शिवपालगंज भारत माता का 'धूल भरा मैला-सा आंचल' जरूर है, पर *राग दरबारी* का गंज (शिवपालगंज) 'खेतों में फैला है, श्यामल देहात नहीं है।' *राग दरबारी* में जब खेतों पर दृष्टि जाती है तो 'चमकीले पीले फूलों' वाली सरसों बिछी धरती नहीं दीखती। जो दृश्य दिखता है वह विदेशी सैलानियों की आंखों को भले ही साले, उस पर किसी हिंदी कवि-लेखक की नजर नहीं जाती। उपन्यास में कई बार, शायद चार-पांच बार औरतें, मरद और बच्चे, खास तौर पर

औरतें, सुबह या रात को, कभी भी खुले मैदान में, राह के इधर-उधर बड़े इतमीनान से शौच-निवृत्त होते दिखाई पड़ते हैं। इस स्थिति को ग्रामीण समाजशास्त्र या जनस्वास्थ्यशास्त्र सोचना तो दूर आंचलिक उपन्यास लिखने के लिए गांव की सैर पर निकले कथाकारों को गांवों की (हिंदुस्तानी आदमी की) सारी गंदगी, सड़ांध और नीचताएं (उपर्युक्त दृश्य जिसका मात्र एक, पर एक प्राथमिक पहलू है) प्रत्यक्ष ही नहीं हो पातीं। उनके शिष्ट मन को ऐसी बातों का उल्लेख ही अशिष्ट या असभ्य लग सकता है। बल्कि उम्मीद यही है कि इस तरह की नैतिक कल्पनाएं दुनिया पर झाड़ने वाले मध्यवर्गीय पाबंदों को *राग दरबारी* के बहुतेरे अंश फूहड़ और अश्लील लगेंगे। ये लोग शिवपालगंज में हिंदुस्तान के गांवों की और एक तौर पर सारे हिंदुस्तान की जो समस्या 'राग-दरबारी' का विषय है उस पर से ध्यान हटा कर ऐसे नकली, सतही, असंगत, बेकार और गुमराह करने वाले सवाल खड़ा करेंगे।

राग दरबारी का विषय पिछले बीस बरसों में अपने देश में विकसित हुआ आदमी तथा अपने समाज और दूसरे आदमियों के साथ उसके रिश्ते हैं। यह आदमी खुद अपने से और दूसरों से क्या उम्मीदें रखता है। अपने सामने क्या आदर्श रखता है; अपने आचरण से किस नैतिकता की रचना करता है; यह सब किस तरह उसके अपने क्रिया-कलापों में उसकी ठोस तस्वीर बनाता हुआ जाहिर होता है। उस पर पड़ने वाले सामाजिक दबाव उसमें किस तरह की कुंठाओं की सृष्टि करते हैं और ये कुंठाएं किन रूपों में अभिव्यक्त होती है, यह सब *राग दरबारी* के क्षेत्र में है लेकिन *राग दरबारी* में इतना ही होता तो वह भी बहुतेरी (प्रायः विदेशी) नैतिक-मनोवैज्ञानिक कथा-कृतियों की तरह ही तथाकथित 'सार्वभौम' समस्याओं से जूझने वाला वस्तुतः सीमित दायरे की कथा-पुस्तक होती। नैतिकता का, मनोविज्ञान का *राग दरबारी* में बहुत गौण स्थान है। *राग दरबारी* एक खास युग में एक खास देश के बारे में है। इसकी जो स्थिति है वह क्यों है, वह क्यों नहीं बदलती, वह क्या होना चाहिए—ये बातें हमेशा स्पष्ट शब्दों में उचारी नहीं गई हैं, ये लेखक की वर्णन-दृष्टि में निहित हैं। *राग दरबारी* के पात्र इस देश में, इस युग में चलने-फिरने वाले मनुष्य हैं। ये लोग हमारे लोकतंत्र की जीती-जागती रचनाएं हैं। इनको सामने रख कर हम फ़ख्र कर सकते हैं कि आज़ादी के बीस सालों, तीन पांच-साला योजनाओं, अरबों रुपयों और खरबों सपनों तथा उम्मीदों के विनियोग की ये औलाद हैं। *राग दरबारी* इस पूरी स्थिति, इस पूरी व्यवस्था के प्रति अस्वीकार की अभिव्यक्ति है, जो इस तरह के नमूने पैदा करती है। ये नमूने क्या हैं?

राग दरबारी के प्रधान पात्र हैं वैद्य जी। अगर हिंदुस्तान का प्रतिरूप शिवपालगंज है तो शिवपालगंज साकार छंगामल विद्यालय इंटर कालेज की (थोड़ा बहुत गंज की वैद्य जी के ही तत्वावधान में चलने वाली कोऑपरेटिव सोसाइटी और पंचायत की) राजनीति में प्रतिबिंबित है और इस सारी राजनीति का नक़्शा वैद्यजी की बैठक की नियमित भंग-गोष्ठियों में देखा जा सकता है। वैद्य जी का इतिहास, या कहिए प्राक्इतिहास आजादी के पहले का है, जब वह लड़ाई के जमाने में अंग्रेज की वेतनखोर फ़ौज के लिए सिपाहियों की भरती करवाया करते थे।

वैद्य जी कालेज के प्रिंसिपल से मिल कर 'भारतीय शिक्षा' की राजनीति चलाते हैं– कुछ इस तरह कि दूसरे सामुदायिक कार्यों के लिए बनने वाली इमारतें छंगामल इंटर कॉलेज का हिस्सा बन जाती हैं और कॉलेज की इमारत के लिए मिलने वाले अनुदान से वैद्य जी के बड़े पुत्र की आटे की चक्की खुल जाती है। वैद्य जी और प्रिंसिपल साहब के रिश्तेदारों को नौकरी मिलती है, जो कॉलेज में उनके गुट को भी मजबूत करते हैं। दूसरे अध्यापक भी फरमाबरदारी करते हैं। कभी कॉलेज के अध्यापकों के बीच ईर्ष्या-द्वेष उभरने पर प्रिंसिपल को भी उसकी

हैसियत बनाए रखने का, राजनीति, अफसरबाजी और नेताबाजी के दो चार दांव खेलने का मौका मिल जाता है, जो इस तरह की जिंदगी का खास मजा है। स्कूल के भीतर अपनी स्थिति के बारे में अतिशय सतर्क प्रिंसिपल साहब और असावधानी से वाइस-प्रिंसिपल होने की महत्वाकांक्षा व्यक्त कर देने वाले खन्ना मास्टर के बीच चले झगड़े के विकास के साथ ही उपन्यास का विकास होता है और इस झगड़े के अंतिम चरण पर पहुंचते-पहुंचते वैद्य जी के छोटे पुत्र रुप्पन बाबू और वैद्य जी के भांजे रंगनाथ भी खन्ना मास्टर के खेमे में दिखाई पड़ने लगते हैं।

शिवपालगंज के हिंदुस्तान में पिता-पुत्र, भाई-भाई, मित्र-मित्र आदि रिश्तों में भी समय-समय के निजी स्वार्थों के गुल खिलते हैं। वैद्य जी से उनके बड़े पुत्र बद्री पहलवान का रिश्ता एक खास दूरी बनाए हुए उभयपक्षी समझदारी के साथ निभता रहता है। फलस्वरूप जब कोऑपरेटिव सोसाइटी में गबन होता है और कथित अपराधी हमेशा के लिए मंच से लुप्त हो जाता है तो एक दिन मामला वैद्य जी पर आने लगता है। वैद्य जी अपने पर कृपालु अफसर की सलाह मान कर सोसाइटी के मंत्री-पद से त्यागपत्र दे देते हैं, पर साथ ही सहकारी आंदोलन का भार 'नई पीढ़ी' अर्थात् बद्री पहलवान के कंधों पर रख कर निश्िंचत हो जाते हैं।

बद्री पहलवान भी आज के देहात में मिलने वाले खास व्यक्तित्व-प्रकार हैं। वे गांव के लड़कों को कुश्ती लड़ाते हैं। अखाड़े के उस्ताद हैं और उनके शिष्य आसपास 15-20 मील दूर तक गांवों में फैले हुए हैं, जो कभी डाकाजनी में गिरफ़्तार होते हैं, कभी क़त्ल में। बद्री पहलवान पुलिस से लस्तगा रखते हैं। घूम-फिर कर इन शिष्यों की जमानत करवाने का इंतजाम करते हैं, कभी-कभी उनके मुक़द्दमे लड़ने का भी और शायद इन शिष्यों के ख़ास-आम कार्यों में जरूरी मदद पहुंचाने का भी कार्य करते हैं। वह कॉलेज की प्रबंध समिति के निष्क्रिय उप-सभापति और सबसे, खास तौर पर सत्ता वाले लोगों से, मेल-भाव बनाए रख कर हमेशा वित्तीय लाभ पर दृष्टि रखने वाले बनिया गयादीन की जवान बेटी बेला से प्रेम भी करते हैं और उनका प्रेम इतना बढ़ता है कि उनके शादी का हठ करने पर अंततः वैद्य जी को अंतरजातीय विवाह का वकील बन जाना पड़ता है। घर की रूढ़िवादिता के कारण विवाह नहीं हो पाता और सब कुछ पूर्ववत ही रहता है लेकिन इस बीच बेला के मौन प्रेमी रुप्पन बाबू पर जब अपने बड़े भाई की यह गतिविधि प्रकट होती है तो प्रौढ़ होने के मार्ग में उनका भी एक-दो बार भ्रमोच्छेद हो जाता है।

वैद्य जी और उनके दोनों पुत्रों के बीच, दोनों पुत्रों में परस्पर, या कुसहरप्रसाद और उनके पुत्र छोटे पहलवान के बीच जिस स्नेहिल शत्रुता मिश्रित बराबरी के स्तर पर व्यवहार और तर्कों-गालियों का आदान-प्रदान चलता रहता है वह आधुनिकतम युग के पिता—तानाशाही विरोधियों के लिए भी 'आदर्श' ही रहेगा। ये सारे रिश्ते गांव की अजब मौलिकता और वस्तुपरकता लिए हुए हैं। इनकी बातचीत की भाषा भी समयानुसार प्रचारित कुछ अंग्रेजी शब्दों के पुट के साथ मानसिक संलाप के स्तर को बहुत ही वस्तुपरकता से छूती हुई चलती है। उपन्यास की भाषा में ताजगी, बेलागपन और सफ़ाई है, जो अवध के इस खास इलाके की जिंदगी के स्पर्श से बहुत सटीक और निखरी हुई है। *राग दरबारी* अधिकतर साहित्यिक उपन्यासों के विपरीत अत्यंत पठनीय कृति है।

शिवपालगंज के झगड़ों में पुलिस भी खिंचती है, बल्कि वह इन झगड़ों का खास हिस्सा होती है। पुलिस संस्था की सामंती उपादेयता, उसके भ्रष्टाचारी रूप, उसके दलालों से संबंध और गंजहा (दलाल) नेताओं से टक्कर करने पर दारोगा-थानेदारों की दुर्गति की बहुत सच्ची तसवीरें इस उपन्यास में जगह-जगह भरी पड़ी हैं। हमारी एक दूसरी संस्था न्यायपालिका है।

वहां एक लंगड़ा आदमी किस तरह एक सर्वस्वीकृत रिश्वत देते-देते कचहरी के नक़लनवीस से झगड़ पड़ता है और बिना रिश्वत दिए कायदे से नक़ल पाने की कोशिश में 'सत की लड़ाई' चलाता रहता है। उपन्यास खत्म होने तक उसे नक़ल मिलते-मिलते नहीं मिल पाती है, उसे नक़ल नहीं मिल पाएगी। यह नक़ल पांच रुपए रिश्वत देने से ही मिल जाती।

भ्रष्टाचार का यह रूप प्राथमिक संस्था ग्राम पंचायत से ही शुरू हो जाता है। वैद्य जी एक अरसे तक पंचायत की राजनीति और उस संस्था से जुड़े अफसरों को अपनी औक़ात से नीचा समझते रहे। तब तक इस संस्था का लाभ उनका विरोधी गुट उठाता रहता है। जब वैद्य जी को इस संस्था की 'उपादेयता' समझ में आती है तो वह अपने यहां रोज भंग पीसने वाले सनीचर परशाद को सरपंच बनवा देते हैं। सरपंच बनते ही लावारिस से पड़े रहने वाले सनीचर परशाद एक दुकान के मालिक बन जाते हैं, रोज भांग-शराब की दावतें चलने लगती हैं। हर चुनाव की तरह पंचायत का चुनाव भी खास तरीके से जीता जाता है। पुलिस, न्यायपालिका, विकास-कार्य, गांव की और शिक्षा-संस्थाओं की राजनीति का सारा बयान लेखक उपमाओं-व्यंग्यों के जरिए राजधानी, देश की राजनीति, नौकरशाही से जोड़ता रहता है और शिवपालगंज के बहाने पूरे देश की तसवीर सामने आ जाती है।

राग दरबारी अत्यंत प्रतिबद्ध लेखन है। उसका हर पैराग्राफ हिंदुस्तान की हालत के किसी न किसी पहलू की नकाब उतारता है। हिंदुस्तानी असलियत पर साहित्यिकों द्वारा डाला गया रोमानी आवरण हटते ही वे तमाम समस्याएं सामने आ जाती हैं जिनसे निपटना यहां आदमी-आदमी की सभ्य जिंदगी के लिए शुरू से ही जरूरी रहा है और जिसका सामना न करके उस गंदगी, घृणित स्वार्थपरता, कुंठा और गलीज़ राजनीति को जन्म दिया गया जिसे हिंदुस्तान का गांव कहते हैं, या जिसे हिंदुस्तान कहते हैं। *राग दरबारी* आधुनिक सज्जा के साथ आज भी अलापे जा रहे सामंती राग की तस्वीर है।

10 नवंबर 1968, दिनमान

तीखे रंगों का यथार्थ

नीलाभ

हिंदी के सुपरिचित व्यंग्यकार श्रीलाल शुक्ल अपने नवीनतम उपन्यास *राग दरबारी* के नायक रंगनाथ के माध्यम से स्वातन्त्रोतर भारतीय जीवन और उसकी विसंगतियों का अपूर्व हास्य-व्यंग्य-भरा और यथार्थ चित्रण करते हैं, जो पाठकों को हंसाता तो है ही, गंभीरता से सोचने पर मजबूर भी करता है और उदास भी बना जाता है।

श्रीलाल शुक्ल की विषय-वस्तु में अनेकानेक पहलू हैं, जिन्हें विस्तृत रूप से आज तक किसी कथाकार ने चित्रित नहीं किया और चूंकि श्रीलाल अपनी विषय-वस्तु की सारी संभावनाओं को पूरी तरह विकसित करते हैं, इसलिए उनका उपन्यास एक नई दिशा और अनेक अछूते और नए क्षेत्र खोलता है।

श्रीलाल शुक्ल एक लंबे अर्से से व्यंग्य लिखते रहे हैं और उन्होंने दो-तीन उपन्यास भी लिखे हैं, लेकिन उनकी ख्याति प्रमुखतः उनके सूक्ष्म और पैने व्यंग्य के कारण ही रही है। हिंदी में व्यंग्य को एक साहित्यिक विधा के रूप में स्थापित करने, उसके माध्यम से भारतीय जीवन और चरित्र को विश्लेषित करने और उसकी विसंगतियों को सामने लाने और एक जीवनगत दृष्टि की तलाश में हरिशंकर परसाई का योग अप्रतिम है। श्रीलाल शुक्ल अब तक 'साहित्यिक', 'परिष्कृत' और 'सुसंस्कृत' व्यंग्य लिखते रहे हैं और पाठकों के बहुत बड़े वर्ग को उनसे यह शिकायत रही है कि वे व्यापक रूप से भारतीय जीवन को अपनी विषय-वस्तु के रूप में नहीं उठाते।

अब तक श्रीलाल का व्यंग्य परिष्कृत और मंजा होने के बावजूद जीवंत और व्यापक नहीं बन सका था, जैसा कि परसाई का व्यंग्य। इसके पीछे कलात्मक अक्षमता नहीं थी, बल्कि विषय-वस्तु की भिन्नता थी। परसाई अपनी प्रगतिशील दृष्टि और समसामयिक जीवन की पैनी और व्यापक सूझ-बूझ के कारण व्यंग्य को एक सशक्त माध्यम के रूप में सफलता से इस्तेमाल कर सके हैं, जब कि *राग दरबारी* से पहले श्रीलाल का व्यंग्य परिष्कृत और मंजा हुआ तो था, लेकिन उसकी मूल संवेदना वैयक्तिक ही थी।

राग दरबारी में पहली बार श्रीलाल एक सर्वथा नए रूप में सामने आते हैं। अपने व्यंग्य की तमाम कलात्मकता को बरकरार रखते हुए वे अपनी सूक्ष्म और पैनी दृष्टि से समसामयिक भारतीय जीवन का एक व्यंग्य-भरा खाका खींचते हैं और भारतीय व्यवस्था में फैले हुए भ्रष्टाचार और विसंगतियों से भरे परिवेश को बेनकाब कर देते हैं और यों *राग दरबारी* शिवपालगंज की सरहदों में सीमित न रह कर सारे देश का सांगोपांग चित्र और चरित्र पेश करता है।

हाल ही में 'साप्ताहिक हिंदुस्तान' में श्री नेमिचंद्र जैन ने *राग दरबारी* की समीक्षा करते हुए एक प्रश्न यह भी उठाया है कि क्या *राग दरबारी* एक सीमित परिवेश को चित्रित करते

हुए सचमुच किसी बड़े सत्य को प्रस्तुत या अभिव्यक्त करता है? और वे कहते हैं आंचलिक कथा-यात्रा के रूढ़ हो जाने पर 'अब रचना के विशिष्ट और सीमाबद्ध यथार्थ को किसी वृहत्तर परिप्रेक्ष्य से जोड़ने और उसे व्यापक सार्थकता देने की आवश्यकता महसूस हुई। इसके लिए कई प्रकार की ऐसी साहित्यिक युक्तियां अपनाई गईं, जिनसे परिवेश किसी स्थान या क्षेत्र-विशेष का रहते हुए भी प्रभाव यह पड़े कि रचना का कथ्य किसी बड़े सत्य को प्रस्तुत या अभिव्यंजित करता है। *राग दरबारी* कुछ इसी कोटि का प्रयास है।'

हालांकि एक ओर नेमिचंद्र जैन यह स्वीकार किए बिना नहीं रह सके कि *राग दरबारी* में 'आजादी के बाद से धीरे-धीरे देश के जीवन में उत्पन्न गिरावट, स्वार्थपरता, संकीर्ण गुटबंदी, छीना-झपटी, बढ़ती हुई गुंडागर्दी, भ्रष्टाचार और इन सबसे उत्पन्न व्यापक असुरक्षा की भावना की कम से कम एक बिंदु पर बड़ी तीखी तस्वीर है' तो भी उपन्यास में चित्रित जिंदगी उन्हें 'परिचय की सामान्यता' से आगे कुछ नहीं लगती। वे कहते हैं :

> परिचय से आगे यदि आपको समकालीन भारतीय जीवन के किसी गहरे अंतर्द्वंद्व की, परस्पर विरोधी स्थितियों में किसी विस्फोटक टकराहट की तलाश या अपेक्षा हो तो वह इसमें नहीं मिलेगी। इसके विपरीत इस उपन्यास में प्रस्तुत जिंदगी की तस्वीर में एक तरह की यथार्थवादी सपाटता है, दीखने वाली जिंदगी पर दबाव डालती नीचे कोई और जिंदगी नहीं।

इसीलिए नेमि जी को *राग दरबारी* स्वातंत्र्योत्तर भारत की सच्ची तस्वीर नहीं, 'असंतोष का खटराग' लगता है। नेमि जी को इस बात पर एतराज है कि श्रीलाल ने सारा परिवेश और अनुभव और लोग बिलकुल वैसे ही प्रस्तुत किए हैं जैसे कि वे यथार्थ जीवन में हैं।

नेमि जी यह नहीं देख पाए कि *राग दरबारी* की श्रेष्ठता इस बात में नहीं है कि उसका लेखक कोई दूर की कौड़ी लाया हो या उसने कोई मौलिक बात नए ढंग से कही हो, वरन इस उपन्यास की सबसे बड़ी सिफ़त यह है कि श्रीलाल ने पहली बार उन तमाम बातों को एक कथाकृति के माध्यम से और अपूर्व कलाकारिता से कहा है, जिन्हें भारत का हर संवेदनशील और भावप्रवण नागरिक एक अर्से से महसूस करता आ रहा है। इस कार्य के लिए साहस, क्रूरता और तटस्थता की ज़रूरत पड़ती है। बेघरबार होकर खानाबदोशों की-सी जिंदगी बिताने वाले अमरीकी खेत-मजदूरों के जीवन पर जॉन स्टाइनबेक ने एक सशक्त उपन्यास लिखा था 'ग्रेप्स ऑफ रॉथ' और अपार करुणा से उन खानाबदोशों के संघर्ष, कष्ट और दुख का चित्रण किया था। *राग दरबारी* की यथार्थता पर नेमि जी के विचार मुझे कुछ उसी कोटि के लगे, जो 'ग्रेप्स ऑफ रॉथ' पर 'स्क्रीन' और 'फ़िल्म फ़ेयर' का कोई पाठक प्रकट करता।

राग दरबारी की कथा एक यात्रा है। भारतीय जीवन के हर क्षेत्र में—वह चाहे राजनीति का हो या समाज का, शिक्षा का हो या पुलिस विभाग का, साहित्य का हो या संस्कृति का, और इस अत्यंत विशाल कैनवस पर रचा गया यह उतना ही विशाल चित्र, हमारे सामने स्वातन्त्र्योत्तर विघटन का सच्चा और संपूर्ण चित्र प्रस्तुत करता है।

राग दरबारी की कथा एक खास बिंदु से शुरू होती है, जब शहर का एम.ए. पास युवक रंगनाथ स्वास्थ्य-लाभ करने के लिए शिवपालगंज नामक गांव में अपने मामा के पास जाता है और उन तमाम स्थितियों और विडंबनाओं से रूबरू होता है, जो स्वतंत्रता के बाद तेजी से विकसित हुई हैं और जिनके कारण एक ओर प्रगति-विरोधी शक्तियां और भ्रष्टाचार देश में प्रश्रय पा रहा है, और दूसरी ओर हमारे जीवन की हर व्यवस्था का ढांचा निरंतर खोखला और पुसंत्वहीन होता जा रहा है और इस तरह रंगनाथ के माध्यम से लेखक गांव की रोजमर्रा जिंदगी के एक से बढ़ कर एक दिलचस्प और व्यंग्य-भरे चित्र खींचता चला जाता है और एक ऐसे

संसार को हमारे सामने निर्मित कर देता है, जिसकी ओर से हम एक बहुत लंबे अर्से से विमुख होकर अपने नए जनतंत्र की झूठी योजनाओं, भ्रष्ट नेताओं के वाग्जालों और अपने आत्मकेंद्रित स्वार्थी संसार में जीते रहे हैं और तब हमें लगता है कि *राग दरबारी* के रंग तीखे और विचलित कर देने वाले हैं। तब शिवपालगंज, शिवपालगंज नहीं रह जाता, अपनी भ्रष्ट जिंदगी और ढर्रे के साथ सारे देश का एक सटीक और सशक्त प्रतीक बन जाता है।

भ्रष्टाचार को सामने लाने का काम हाल के वर्षों में कई स्तरों पर और विभिन्न लेखकों द्वारा हुआ है। रघुवीर सहाय ने 'आत्महत्या के विरुद्ध' की कविताएं लिखी हैं, हरिशंकर परसाई ने लगातार अपने व्यंग्य-लेखों और स्तंभों में समसामयिक जीवन की आलोचना की है लेकिन श्रीलाल का प्रयास सिर्फ इसीलिए प्रशंसनीय नहीं है कि उन्होंने भी अपने उपन्यास में यह सब किया है। जिस तरह परसाई की रचनाओं में उनकी गहरी सूझ-बूझ, पैनी दृष्टि और भारतीय जीवन की समझ साफ दिखती है, उसी तरह श्रीलाल इसलिए प्रशंसनीय हैं, क्योंकि उन्होंने अपनी कला को हाथ से नहीं जाने दिया। *राग दरबारी* आदि से अंत तक एक उपन्यास है और जैसा कि मैंने पहले कहा, श्रीलाल ने कलाकार के नाते अपनी दृष्टि अपने चारों ओर घुमाई है और अपने आस-पास के जीवन को वस्तु के तौर पर ग्रहण किया है।

नई वस्तु को ग्रहण करने के साथ श्रीलाल को शैली और शिल्पगत परिवर्तन भी करने पड़े हैं। उन्होंने अपने पूर्ववर्ती यथार्थवादी उपन्यासकारों से कुछ न कुछ लिया है और अपने माध्यम 'व्यंग्य' को ही प्रयोग में लाकर अपनी शैली को इस योग्य बनाया है कि वह उनकी वस्तु के साथ तदाकार हो सके। इस प्रकार श्रीलाल एक से बढ़ कर एक प्रसंग और चित्र निर्मित करते चले जाते हैं और स्वातंत्र्योत्तर चरित्र को उसकी सारी विशेषताओं और विसंगतियों के साथ अपने पात्रों के माध्यम से स्थापित कर देते हैं। उपन्यास का कैनवस इतना विशाल है और व्यंग्य के रूप में माध्यम इतना जटिल कि यह ऐन संभव था कि ज़रा-सी असावधानी से उपन्यास हमें ऊबा देता या फिर ऐसे प्रसंग प्रस्तुत करता, जो कथा की सामान्य गति में न अंटते या निरर्थक लगते लेकिन इसका श्रेय कलाकार श्रीलाल की सूक्ष्म दृष्टि और मंजी हुई कलम को जाता है कि नागरिक श्रीलाल की उन्हीं अनुभूतियों और अनुभवों को उपन्यास में स्थान मिला है, जो कथाकृति की आंतरिक आवश्यकता थीं। चूंकि श्रीलाल ने *राग दरबारी* में लगातार बहुत गंभीर बातों, समस्याओं और विचारों को अचूक व्यंग्य के माध्यम से व्यक्त किया है, इसलिए यह खतरा था कि उपन्यास अपनी 'टोन' के कारण एकरस हो जाता लेकिन जिस सूक्ष्मता और बारीकबीनी से श्रीलाल ने उपन्यास में वर्णित प्रसंगों और घटनाओं का चुनाव अपने विविध अनुभवों में से किया है, उसी सूक्ष्मता से काम लेकर उनके कलाकार ने इन प्रसंगों और दृश्यों को उपन्यास में संयोजित और संग्रहीत किया है।

राग दरबारी में सिर्फ़ शब्दों और भाषा का व्यंग्य नहीं है, बल्कि उपन्यास में सामान्य जीवन की अनेक स्थितियां अपने आपमें व्यंग्य और विडंबनापूर्ण बन कर प्रस्तुत हुई हैं। जिस प्रकार रंगनाथ कांस की झाड़ी में गांठ लगाता है और पूछे जाने पर कहता है कि उसे स्वप्न में आदेश मिला है कि इससे हनुमान सिद्ध होंगे और कुछ घंटों बाद जब वह लौटता है तो देखता है कि कांस की सभी झाड़ियों की अधिकांश फुनगियों में गांठें लगी हुई हैं। यह सामान्य जनता के धार्मिक अन्धविश्वासों पर एक अचूक व्यंग्य है। दूसरा उदाहरण वैद्य जी द्वारा बद्री पहलवान को स्कूल की मैनेजिंग कमेटी का अध्यक्ष बना देना है। यह प्रसंग भी नेताओं की चालबाजी और भ्रष्टाचार को बड़े सटीक ढंग से उभारता है। एक तीसरा प्रसंग वह है, जब बेला रात को बद्री पहलवान के कमरे में आती है और रंगनाथ को बद्री पहलवान समझ उससे लिपट जाती

है। रंगनाथ स्थिति की अचानकता में बोल पड़ता है और बेला चौंक कर भाग जाती है। इसके बाद रंगनाथ को जो पश्चाताप होता है, वह पूरी स्थिति के व्यंग्य को उभार कर पाठकों के सामने ले आता है। इस प्रकार अनेकानेक प्रसंग हैं, जो शिवपालगंज और उसके माध्यम से भारतीय जीवन की अनेक विसंगतियों को प्रस्तुत करते हैं।

श्रीलाल शुक्ल ने जीवन को उसकी वास्तविकता यानी फूहड़ता, ग्राम्यता, विसंगति और संघर्ष के साथ चित्रित किया है। ऐसी स्थिति में उन्होंने सामान्य जीवन के प्रसंगों को लिया है और बोल-चाल की भाषा में इन प्रसंगों का चित्रण किया है। यह फूहड़ता और ग्राम्यता उस जिंदगी में ही है, जिसे श्रीलाल ने चित्रित किया है।

एक बात यहां विशेष रूप से ध्यान देने की है कि नेमि जी और अन्य समीक्षकों ने अपने निष्कर्षों में बड़े 'दुख' के साथ यह कहा है कि उपन्यास यथार्थवादी या घोर यथार्थवादी है। मानो किसी उपन्यास का यथार्थवादी होना (यानी जीवन को वैसा ही चित्रित करना जैसा कि वह है) एक दोष है।

यहां यह कहना अप्रासंगिक न होगा कि *राग दरबारी* को पढ़ कर उन सभी लोगों को निराशा होगी, जो लगातार उस भ्रष्ट व्यवस्था में योगदान दे रहे हैं, जिस पर श्रीलाल ने इस उपन्यास में व्यंग्य किया है लेकिन जो लोग सामान्य जनता से कटे नहीं हैं और अपने चारों ओर के समसामयिक जीवन के संघर्ष और दुख-दर्द को समझते हैं, वे निश्चय ही *राग दरबारी* की मूल संवेदना को समझेंगे और उसके द्वारा जो प्रश्न लेखक ने उठाए हैं, उन पर गंभीरता से सोचेंगे और समसामयिक भारतीय जीवन की सच्चाई को प्रस्तुत करने में श्रीलाल की सफलता पर उनकी प्रशंसा करेंगे।

चरित्र की दृष्टि से भी श्रीलाल अपने पहले के उपन्यासों और हाल के वर्षों में प्रकाशित शायद अधिकांश उपन्यासों को बहुत पीछे छोड़ जाते हैं। अपने मंजे हुए कलाकार को पूरी तरह सार्थक करते हुए उन्होंने शिवपालगंज के निवासियों को गढ़ा है। कुछ इस तरह की शिवपालगंजवासियों का यह सारा समुदाय न केवल शिवपालगंज को एक जीता-जागता, स्पंदनशील अस्तित्व प्रदान करता है, बल्कि प्रतीक के रूप में भारतीय जीवन के हर पहलू का प्रतिनिधित्व भी करता है और इसीलिए यह उपन्यास एक सीमित परिवेश के बारे में लिखा होने के बावजूद सारे देश की स्थिति को व्यक्त करता है।

भारतीय जीवन का ऐसा कोई पहलू नहीं है, जिसे श्रीलाल ने न छुआ हो। सरकारी कर्मचारी, अफसर, वैद्य, बनिया, तस्कर, ट्रक ड्राइवर, किसान, अध्यापक, छात्र, पहलवान, कवि, कलाकार, अदालत, पुलिस, युवक, वृद्ध, ब्राह्मण, कायस्थ, ठाकुर, हरिजन, नेता– संक्षेप में ऐसा कोई भारतीय समुदाय नहीं है, जो श्रीलाल की नज़रों से बच सका हो। इतनी व्यापकता के साथ श्रीलाल शिवपालगंज को अंकित करते हैं कि हर क्षेत्र का हर व्यक्ति उसमें प्रतिबिंबित होता है।

भ्रष्ट नेता के रूप में वैद्य जी, भ्रष्ट अध्यापक के रूप में प्रिंसिपल, भ्रष्ट छात्र के रूप में रुप्पन, भ्रष्ट नागरिक के रूप में सनीचर और एक सीधे-सादे सरल और मूर्ख, पढ़े-लिखे शहरी युवक के रूप में रंगनाथ बहुत ही सशक्त बन पड़ते हैं लेकिन लंगड़, कालिका प्रसाद, दारोगा, जोगनाथ, गयादीन, छोटे पहलवान, खन्ना मास्टर और रामाधीन भीखमखेड़वी, आदि दसियों ऐसे सटीक पात्र हैं, जो शिवपालगंज में अभिनीत होने वाले नित नए नाटक में विभिन्न भूमिकाओं को अपना-अपना योग देते हैं। उपन्यास का नायक रंगनाथ एक ऐसा सीधा-सादा शहरी युवक है जो मानो अपनी इस यात्रा के दौरान लगातार हमारी व्यवस्था के भ्रष्टाचार से इंटरव्यू लेता है और इस प्रक्रिया में अपनी सरलता के कारण जिन हास्यास्पद स्थितियों में वह पड़ता है,

उससे वह सामान्य नागरिक के रूप में अपनी सिधाई, मूर्खता और अज्ञान सिद्ध करता है।

रंगनाथ की इस यात्रा का अंत श्रीलाल ने इस खूबी से किया है कि उनका सारा शिल्पगत प्रभाव एक स्थिरता को प्राप्त कर हमें सोचता छोड़ जाता है। पाठक यह निश्चित रूप से नहीं जान पाते कि रंगनाथ अब क्या करेगा। इस भ्रष्ट व्यवस्था से 'लुक' और 'लाइफ़' रविशंकर छाप संगीत, महर्षि योगी छाप अध्यात्म के चिरंतन, स्वप्निल संसार की और भी बड़ी भ्रष्ट व्यवस्था में भाग जाएगा या फिर इसी भ्रष्ट व्यवस्था में शामिल हो जाएगा या विद्रोह करेगा। और यहीं पर अलग से 'पलायन संगीत' शीर्षक देकर श्रीलाल शुक्ल ने 'ब्रेन ड्रेन' का जो चित्रण किया है, वह सुधारकों के बड़े-बड़े लेखों पर भारी पड़ता है।

लेकिन आखिरी अध्याय में प्रिंसिपल के साथ उसकी लंबी बातचीत से हम यही निष्कर्ष निकालते हैं कि वह अंततः खन्ना मास्टर की जगह मास्टरी करने लगेगा। और यों उपन्यास का अंत उस हल्की-सी उदासी में होता है, जो भरपूर हास्यव्यंग्य के बावजूद उपन्यास के संपूर्ण विस्तार में दौड़ती रही है और यह उदासी हमें झकझोर जाती है लेकिन श्रीलाल ने जिस कुशलता से अंत को अस्पष्ट-सा रखा है, उससे पाठक सोचता रह जाता है। पाठकों को आगे सोचने पर विवश करने का यह प्रयास सचमुच लेखक की ईमानदारी का द्योतक है।

राग दरबारी में कहीं-कहीं त्रुटियां न हों, ऐसी बात नहीं लेकिन वे नगण्य हैं। सबसे बड़ी बात यह है कि श्रीलाल ने साहस और गंभीरता से समसायिक यथार्थ को प्रस्तुत किया है और इस बात की बहुत जरूरत है कि उपन्यास को प्रचलित सांचों में नहीं, वरन उसके सही परिप्रेक्ष्य और उद्देश्य को सामने रख कर पढ़ा जाय। इसके साथ ही कलाकार के अभिप्रेत की गंभीरता को नजरअंदाज न किया जाए।

यह कलाकार और नागरिक के रूप में श्रीलाल की सच्चाई और जेनुइननेस का तकाज़ा है।

दिसंबर 1968

चालीस वर्ष के बाद...

नीलाभ

अगर मैं कहूं कि लगभग चालीस वर्ष पहले लिखी गई इस समीक्षा पर दोबारा नज़र डालते हुए एक अजीब-सी अनुभूति हो रही है तो बहुत ग़लत न होगा। इसलिए नहीं कि इन चालीस वर्षों के बाद इसमें व्यक्त विचारों और निष्कर्षों पर पुनर्विचार का कोई ख़याल मन में पैदा होता है, बल्कि इसलिए कि एक तो इसे दोबारा पढ़ते हुए चालीस साल पहले का वह हलचल-भरा दौर दिमाग के पर्दे पर, अपनी तमाम स्पष्ट-अस्पष्ट रेखाओं और रंगों के साथ, कौंध उठता है, जब यह समीक्षा लिखी गई थी; और दूसरे यह कि पीछे मुड़ कर देखते हुए कुछ ऐसे विचार भी मन में उठते हैं जो उस समय या तो अनकहे रह गए थे या फिर पूरी तरह पकड़ में नहीं आए थे, गो उनका उल्लेख *राग दरबारी* के सिलसिले में जरूरी है।

जहां तक मुझे याद पड़ता है, रघुवीर सहाय के कविता-संग्रह 'आत्महत्या के विरुद्ध' ही की तरह *राग दरबारी* ने भी 1968 में प्रकाशित होते ही बड़ी तीखी प्रतिक्रियाओं को जन्म दिया था। हालांकि बहुत से लोगों ने 'आत्महत्या के विरुद्ध' की कविताओं में एक नए मोड़ के संकेत लक्षित किए थे तो भी ऐसे लोगों की कमी नहीं थी जिन्होंने उन कविताओं पर 'अखबारीपन' का आरोप लगा कर उनकी आलोचना की थी। इसी तरह *राग दरबारी* की प्रशंसा में क्या-कुछ कहा-लिखा जा रहा था, यह तो अब याद नहीं, लेकिन उपन्यास के प्रकाशित होने के कुछ समय बाद ही उस पर दो प्रतिकूल और तीखी प्रतिक्रियाएं छपी थीं। पहली 'साप्ताहिक हिंदुस्तान' में नेमिचंद्र जैन की समीक्षा, जिसका जिक्र मैंने अपनी समीक्षा में किया है, और दूसरी 'कथा' में श्रीपत राय की। एक ने इस उपन्यास को 'असंतोष का खटराग' कहा था और दूसरी ने 'ऊब का महाग्रंथ।'

मैं इन दोनों ही समीक्षाओं से सहमत नहीं था। इसीलिए जब 'आकाशवाणी' की ओर से *राग दरबारी* की समीक्षा का प्रस्ताव आया था तो मैंने उसे फ़ौरन, कहा जाय कि ललक के साथ, स्वीकार कर लिया था। आज के अनेक कवियों की तरह मैं भी उन दिनों कविता ही को जीवन का अर्थ और इति समझता था और गद्य को पढ़ लेना ही साहित्य के प्रति अपना कर्तव्य निभाना मानता था। इसके बावजूद यह समीक्षा लिखना मैंने स्वीकार किया तो इसलिए कि एक नए लेखक में जो युयुत्सु भाव होता है, और उन दिनों यह कुछ ज्यादा ही हुआ करता था, उसके चलते बहस के अखाड़े में उतरने का वलवला भी था। बहरहाल, समीक्षा दिसंबर 1968 के अंत में लिखी गई थी और 12 जनवरी '69 को प्रसारित हुई थी। यह कहीं छपी या नहीं, इसकी भी अब कोई स्मृति नहीं रह गई है। अलबत्ता, 'आकाशवाणी' से मिला टाइपशुदा मसौदा आज भी केवल एक स्मृति-चिन्ह की तरह मेरी फाइलों में रखा हुआ है और, इन चालीस वर्षों के दौरान *राग दरबारी* की सफलता, ख्याति और प्रासंगिकता के संदर्भ में इस समीक्षा का

महत्व बस इतना ही ठहरता है कि यह उपन्यास पर लिखी गई पहली-पहली कुछेक समीक्षाओं में से एक है और एक नए-नए लिखने वाले की प्रतिक्रिया है। अगर मैं यह कहूं कि यह *राग दरबारी* के बारे में जितना कहती है, उतनी ही मात्रा में उस समय की मेरी मनः स्थिति को उजागर करती है तो शायद बहुत गलत न होगा।

जाहिर है, समीक्षा में हल्का-सा कच्चापन और एक हिमायती का-सा आवेग-भरा स्वर मौजूद है। बाईस-तेईस की उमर ही कुछ ऐसी होती है कि, मनोहर श्याम जोशी का शब्द उधार ले कर कहूं तो, 'वीर बालकवाद' प्रचुरता से दिलो-दिमाग में समाया होता है। जो चीज़ पसंद आ गई, उसका झंडा बुलंद करना, अपने 'सत' का तकाजा जान पड़ता है। उम्र अगर प्रौढ़ न भी बनाए तो भी इतना जरूर करती है कि थोड़ा सतर्क बना देती है। शायद यही वजह है कि उन्हीं दिनों एक बार जब श्रीलाल जी हमारे घर आए और उनके उपन्यास और उस पर प्रकाशित होने वाली समीक्षाओं का जिक्र हुआ तो मैं उसी तेईस वर्षीय जोश में अपने से आयु में बीस बरस बड़े लेखक से बेसाख्ता यह कह सका कि 'श्रीलाल जी, यह उपन्यास तो अब एक तरह से खुद आपके लिए भी एक चुनौती है।' आज मुझे यह स्वीकार करने में कोई हिचक नहीं है कि इन शब्दों में एक नए लेखक का दुस्साहस और अनुभवहीनता ही बोल रही थी।

श्रीलाल जी ने *राग दरबारी* के बाद और भी कई चर्चित उपन्यास लिखे, जिनमें से *मकान, बिस्रामपुर का संत* और *राग विराग* मुझे आज भी प्रिय हैं, और यह संयोग ही है कि *राग दरबारी* की समीक्षा के बाद मैंने श्रीलाल जी के जिस दूसरे उपन्यास की समीक्षा लिखी , वह *राग विराग* ही है। बाद में इन उपन्यासों में श्रीलाल जी ने मनुष्य और जीवन को सिर्फ व्यंग्यकार ही की आंखों से नहीं देखा, बल्कि उसकी कुछ करुण, मार्मिक और संवेदना-संपन्न छवियां भी अंकित कीं लेकिन चालीस वर्षों के इस अर्से में *राग दरबारी* न केवल श्रीलाल जी की अपनी रचनात्मक यात्रा में, बल्कि हिंदी उपन्यासों के लंबे सिलसिले में भी एक मील का पत्थर बना हुआ है तो इसकी कुछ खास वजहें हैं। पीछे मुड़ कर देखते हुए कुछ चीजें विशेष रूप से ध्यान में आती हैं और *राग दरबारी* के संदर्भ में तो 1968, कहा जाय कि साठ के दशक के उत्तरार्द्ध का दौर, कई कारणों से तहकीकात की मांग करता है। इसलिए भी कि यह अकारण नहीं था कि *अंगद का पांव* और *सूनी घाटी का सूरज* लिखने वाले श्रीलाल जी ने *राग दरबारी* के रूप में जो उपन्यास प्रकाशित किया था, वह उस समय के कथा-साहित्य में एक नई शुरुआत का सूचक तो था ही, खुद श्रीलाल जी की तब तक की रचनाओं से मेल नहीं खाता था।

याद कीजिए, एक ओर यह नेहरू युग से मोहभंग का दौर था तो दूसरी ओर कांग्रेस के वर्चस्व के टूटने का, जो 1969 में कांग्रेस के विभाजन में पर्यवसित हुआ; एक ओर संविद सरकारों के बनने-बिखरने का दौर था तो दूसरी ओर कम्युनिस्ट पार्टी के दूसरे विभाजन और नक्सलबाड़ी के किसान-विद्रोह के रूप में बढ़ते हुए ग्रामीण असंतोष के उभरने का। 1947 से पहले उपनिवेशवादी सत्ता के खिलाफ अपने संघर्ष के दौरान हिंदुस्तान की जनता ने जो थोड़ी-बहुत उपलब्धियां जुटाई थीं, सामाजिक-राजनैतिक विषमता के जिन बिंदुओं को उपचार के लिए चिह्नित किया था—वह चाहे वर्ण-व्यवस्था, जातिवाद, सांप्रदायिकता, दलितों और स्त्रियों के उत्थान का मामला हो या फिर स्वावलंबन, स्व-निर्भरता, भूमि-सुधार और स्वदेशी का—उस सब को धीरे-धीरे किनारे कर दिया गया था। विदेशी माल ही नहीं, विदेशी सोच और 'फॉरेन' की ललक दुगने ज़ोर से हावी हो चली थी। अंग्रेज़ों की जगह अंग्रेज़ियत ने ले ली थी। नए समीकरण बन रहे थे, सामाजिक, राजनैतिक और आर्थिक क्षेत्र में ही नहीं, साहित्य और संस्कृति में भी। नई कविता और नई कहानी ने प्रतिबद्ध लेखन से किनाराकशी करके खुद को मध्यवर्गीय शहरी समाज

के जिस छोटे-से दायरे में सीमित कर लिया था जिसका हश्र अकविता, अकहानी, भूखी पीढ़ी, नंगी पीढ़ी, और इसी किस्म के विचार-शून्य, अराजक आंदोलनों की शक्ल में हुआ था, उस दायरे के भी दरकने के निशान साफ नजर आने लगे थे।

यहां विस्तार में जाने का अवकाश नहीं है तो भी कुछ बातों की याद करना *राग दरबारी* के संदर्भ में उपयुक्त होगा। चौथे आम चुनाव के बाद 'आलोचना' के अप्रैल-जून 1967 के अंक में एक परिचर्चा प्रकाशित हुई थी—'चुनाव के बाद का भारत'। इस परिचर्चा पर आज नजर डालें तो उन तब्दीलियों की एक साफ झांकी दिखाई देती है, जो 1968 में साहित्य के बदले हुए मिजाज की शक्ल में सामने आईं। परिचर्चा के सिर्फ तीन उद्धरण, और वे भी बिलकुल भिन्न प्रकार के लेखकों के, इस सिलसिले में यहां दिए जा रहे हैं :

> हमने अपनी स्वतंत्रता दो अपशकुनों के साथ पाई पहला अपशकुन था देश का बंटवारा दूसरा अपशकुन था अहिंसा के कर्णधार महात्मा गांधी की हत्या। 15 अगस्त सन् 1947 को हमें स्वतंत्रता मिली, और उसी समय देशवासियों का बंटवारा भी हुआ। भयानक आपसी रक्तपात, भयानक पाशविकता यह सब मैंने देखा है। करोड़ों आदमी विस्थापित हुए, लाखों आदमी मारे गए और 30 जनवरी 1948 को महात्मा गांधी की अहिंसा की उनकी हत्या के साथ बलि चढ़ा दी गई। देश का नेतृत्व जवाहर लाल नेहरू के हाथ में आ गया।
>
> चरित्रहीनता और आपसी विग्रह से भरा यह विशाल देश ऐसा लगा कि नई स्वतंत्रता की उमंग में यह चरित्रहीनता दूर हो जाएगी। देश के बंटवारे के साथ यह विग्रह समाप्त हो गया। नवीन सपनों से युक्त जवाहर लाल नेहरू का व्यक्तित्व, जिसके पास गांधी की अहिंसा थी, पश्चिम का समाजवाद था, दिल्ली का सिंहासन था। रंगीन सपनों से युक्त उसका अस्तित्व था, एक ऐसा आकर्षक और सबल व्यक्तित्व, कि उसके सामने आने वाला हरेक आदमी स्वयं ही नत हो जाता था।
>
> देश के दुर्भाग्य की बात यह थी कि लोग यह नहीं समझ पाए कि नेहरू की प्रतिष्ठा और शांति उपार्जित नहीं है, वह उसे गांधी से उत्तराधिकार के रूप में मिली है। मोहक और चुंबकीय व्यक्तित्व लेकिन कहीं भी निर्माण का बल उस व्यक्तित्व में नहीं है। साधनों और उत्साह से युक्त एक महान देश का नेतृत्व अनायास ही उसे मिल गया था और नेहरू की अध्यक्षता में देश का विघटन आरंभ हो गया, यह विघटन नैतिक और आर्थिक दोनों ही था।...
>
> ...अपनी लंबी योजनाओं को कार्यान्वित करने के लिए लंबे कर्ज़ लिए हमने और हमको यह कर्ज़ आसानी से मिला भी। बिना किसी परिश्रम के मिलने वाले कर्ज़ का रुपया बड़ी बेरहमी के साथ खर्च भी हुआ। संपन्न और उन्नत देशों से होड़ करने में हमारे देश के नेता, व्यापारी, सरकारी अफसर और इनकी देखा-देखी सभी लोग लग गए। जो रुपया विकास और निर्माण कार्यों में लगना चाहिए वह लोगों की जेबों में जाने लगा और इस कर्ज़ का परिणाम यह हुआ कि लोग बेईमान और कामचोर बनने लगे। केंद्रीय शासन का एकमात्र काम रह गया कर्ज़ और भीख मांगना और लोगों को वितरित करना; शासन के हर कोने में भ्रष्टाचार और बेईमानी स्पष्ट रूप से आ गई, और धीरे-धीरे इस बेईमानी और भ्रष्टाचार को मानवीय कमजोरी के रूप में खुले आम स्वीकार भी कर लिया गया।
>
> इस कर्ज़ के फलस्वरूप हमारा आर्थिक विकास विदेशियों की आर्थिक गुलामी का रूप ग्रहण करने लगा और भयानक रूप से हमारा नैतिक पतन हुआ। आलीशान नगर बसे, आलीशान महल बने, आलीशान होटल खुले। ऊपर से ऐसा लगा कि देश संपन्नता के शिखर पर पहुंच रहा है, लेकिन अंदर ही अंदर हर तरफ अभाव, हर तरफ दानवता और पशुता, हर तरफ कर्ज़ और भीख का अवलंब। देश का स्वाभिमान मर गया। आसानी से मिलने वाले विदेशी धन के लोभ में बड़े-बड़े बौद्धिक, विचारक और विद्वान तक विदेशियों की मानसिक गुलामी पर उतर आए। अमेरिका और

रूस की गुलामी में देश के विद्वान और कलाकार विभक्त हो गए।

यह विदेशी रुपया, यह विदेशी सहायता, यह विदेशी कर्ज़, इन सबने लूट की भावना भर दी हमारे देश-भर में। ऊपर से नीचे तक कोई भी व्यक्ति इस भावना से अछूता नहीं बचा, ईमानदारी मर गई परिश्रम मर गया, स्वावलंबन मर गया। योजनाएं बनीं लेकिन उत्पादन नहीं बढ़ा। जितना भी औद्योगिक विकास देश में दिखता है, वह देशी अथवा विदेशी पूंजीवाद का विकास भर ही कहा जा सकता है। पूंजी का नग्न ताण्डव देश-भर में फैल गया, और दुर्भाग्यवश अधिकांश पूंजी विदेशी है।...

भगवतीचरण वर्मा

आम चुनाव हो गए हैं। कुछ लोग हार गए हैं, कुछ जीत गए हैं। कुछ राज्यों में कांग्रेसी सरकारें बनी हैं, कुछ में मिली-जुली गैर कांग्रेसी सरकारें। कुछ लोग चुनाव किसी और टिकट पर लड़े हैं, पर देशसेवा की तीव्र लालसावश दूसरे दलों में मिल गए हैं। अभी तक यही हुआ है। नौकरशाही का ढांचा ज्यों-का-त्यों है। गरीबों को रोटी अब भी नहीं मिल पाई है, ईमानदारी के साथ काम करने वाले अब भी सड़क की पटरियों पर आराम कर रहे हैं। विद्रोह को दबाने के लिए अब भी गोलियां चल रही हैं, लूट-खसोट का कारबार अब भी बदस्तूर कायम है, अकाल और भुखमरी का तांडव यथापूर्व चल रहा है। सिनेमा और होटल अब भी उसी तरह जगमगा रहे हैं। राजनीतिक नेताओं के भाषण अब भी सब्ज़बाग़ दिखा रहे हैं। कुछ कुर्सियों पर नए आदमी बैठ जरूर गए हैं पर अभी ऐसा कुछ नहीं दिखता जो विशेष उत्साह-प्रद हो। फिर भी परिवर्तन है। हर परिवर्तन को आदमी कुछ आशा और कुछ आशंका की दृष्टि से देखता है। इसे भी देख रहा है।...

हजारीप्रसाद द्विवेदी

देश की समस्त राजनीतिक पार्टियां यह समझने लगी हैं कि अब अधिक देर तक जनसाधारण के अस्तित्व को अस्वीकार नहीं किया जा सकता। किसी भी कौशल-छल से जनमत को अनुकूल करना इन पार्टियों के अपने अस्तित्व की रक्षा के लिए आवश्यक हो गया है। सूखे और भुखमरी के कारण जनता शासन के तौर-तरीकों से ऊब गई है, आर्थिक विवशताओं ने उसकी मानसिक स्थिति को पहली बार एक सही झटका दिया है।

पूंजीपतियों, नेताओं 'आत्मसुखलीन' बुद्धिजीवियों, सरकारी अफसरों और गैर सरकारी ठेकेदारों द्वारा कानून, टैक्स, पुलिस और सेना की सहायता से असभ्य और 'अपाहिज' जनता पर लादी गई अंकुशहीन शासन-व्यवस्था से जनता ऊब गई है। लेकिन, इस 'महान' ऊब का सारा लाभ देश की प्रतिक्रियावादी संस्थाओं, और दक्षिणपंथी पार्टियों को भी मिल सकता है। जो बात दिल्ली में या मद्रास में हुई है, वह दूसरे राज्यों में भी दोहराई जा सकती है। क्योंकि जनता परिवर्तन चाहती है, जबकि परिवर्तन के रूप की उसे कल्पना नहीं है, और न ही किसी भी वामपंथी राजनीतिक दल के सिद्धांतों और योजनाओं को जनता ने स्वीकार ही किया है। जनता नहीं जानती है कि आर्थिक स्वाधीनता का अर्थ क्या होता है और इसे कैसे प्राप्त किया जाता है।

ऐसी परिस्थिति में, बुद्धिजीवियों का खास कर, लेखकों और कवियों का यह सामाजिक कर्तव्य होता है कि वे जनता को सही जानकारी दें उसकी स्थिति के विषय में और उसकी मुक्ति के विषय में। समाज-जीवन, अर्थ-चक्र, शिक्षा-व्यवस्था, कृषि और उद्योग, संस्कार और संस्कृति के सारे मोर्चों पर क्रांति के लिए, आमूल परिवर्तन के लिए, जनता को प्रस्तुत करना, केवल हम लोगों का कर्तव्य है, क्योंकि, अन्य सभी सामाजिक कार्यकर्ता, अर्थात पत्रकार, उपदेशक, शिक्षक, नेता, संन्यासी और राज्याश्रित बुद्धिजीवी स्वार्थ-लाभ और सत्ता की राजनीति में इस तरह उलझ गए हैं कि खेतों में काम करने वाली जनता और मशीनों में काम करने वाली जनता उनके पास पहुंच नहीं पाती है, और वे लोग जनता के पास जाने की इच्छा नहीं रखते हैं, अब भी नहीं।

मैं, राजकमल चौधरी, अपनी तरफ से जनता के पास वापस चले जाने का वादा करता हूं मेरी सही यात्रा वहीं से शुरू होगी।...

राजकमल चौधरी

'जनता की ओर' लौटने की जरूरत राजकमल चौधरी जैसे कवि-कहानीकार ही नहीं, बल्कि वे साहित्यकार भी महसूस करने लगे थे, जो पिछले दौर की अपनी जन-पक्षधरता से विचलित होकर, कुछ समय ही के लिए सही, विचार-शून्यता और अराजकता की लपेट में आ गए थे। 'जनता की ओर' लौटने के इसी संकल्प ने साहित्यकारों को उन प्रतिज्ञाओं की भी याद दिलाई जो साहित्य की प्रेरक-प्रचालक शक्तियों के रूप में हिंदी की बुनियाद थीं। ये प्रतिज्ञाएं थीं– विषमता और उत्पीड़न के खिलाफ मनुष्य की मुक्ति के अथक संघर्ष की; यथास्थिति से कभी समझौता न करने की; सत्ता और उसके प्रलोभन के प्रतिरोध की; और वास्तविकता की पहचान करके उसे अभिव्यक्त करने की चुनौती का सामना करने की, रचनाकार के आत्म-संघर्ष की।

इन्हीं प्रतिज्ञाओं के तकाजे के तौर पर 1968 में धूमिल की लंबी कविता 'पटकथा'; रघुवीर सहाय के कविता संग्रह 'आत्महत्या के विरुद्ध', 'ज्ञानरंजन की कहानी 'घंटा' के साथ ही *राग दरबारी* भी प्रकाशित हुआ था और 1967 में प्रकाशित संग्रह 'एक सूनी नाव' की कविता 'युद्ध स्थिति' में 'साम्यवाद हो या पूंजीवाद मैं दोनों पर थूकता हूं' लिखने वाले सर्वेश्वर दयाल सक्सेना 1970-72 के बीच 'कुआने नदी' की तीन शृंखलाबद्ध कविताओं में एक बदले हुए तेवर के साथ सामने आए।

1968-70 के उन आवेग-भरे, उद्विग्न दिनों को याद करें तो परस्पर विरोधी अनुभूतियां होती हैं। एक ओर मोहभंग, छटपटाहट और सपने टूटने की खीझ, अवसाद और आक्रोश था, दूसरी ओर एक आशा कि अब चूंकि उस सारे उत्सव का खुमार उतर चुका है, जो 1947 के बाद से चल रहा था तो इसका कोई विकल्प, जन-पक्षधर विकल्प, कोई मुनासिब उपचार भी ढूंढा जा सकेगा। ढाढ़स इस बात का भी था कि साहित्य उस सामाजिक-राजनैतिक संकट को पहचानने में पीछे नहीं रहा, जो देश के सामाजिक-राजनैतिक परिदृश्य पर किसी घिरती हुई आंधी की तरह मंडरा रहा था, और जो साहित्य की इस शिनाख्त को अनदेखा करने की वजह से गहराता गया और पहले चरण में आपातकाल के रूप में सामने आया और अगले चरणों में उत्तरोत्तर बढ़ते हुए जातिवाद, सांप्रदायिक झगड़ों, चौतरफा लूट-खसोट-भ्रष्टाचार-घोटालों और साम्राज्यवादी शिकंजे के रूप में। आज हम जिस मुकाम पर खड़े हैं–झूठी चकाचौंध और दूर-दूर तक पसरे हुए विराट वीराने के बीच, उसकी असलियत को परखते हुए अगर हम पीछे की ओर जाएं तो 1968 ही वह साल है जिससे प्रेतों के इस जुलूस की शुरुआत स्पष्ट रूप से नजर आने लगती है। हालांकि इस के बानक कुछ साल पहले से बनने शुरू हो गए थे। मुक्तिबोध की कविता 'अंधेरे में' इसका एक साक्ष्य प्रस्तुत करती है।

राग दरबारी की यह विशेषता है कि पहली बार और मुकम्मल तौर उन तमाम सामाजिक और राजनैतिक धाराओं-अंतर्धाराओं को समेटने और समग्र रूप में उनकी साखी पेश करने की कोशिश करता है, जो आज के संकट की शक्ल में अपनी तमाम शाखाओं-प्रशाखाओं के साथ और भी नंगे और हिंसक रूप में उभरी हैं। इस क्रम में शहरी हक़ीकत ही नहीं बदली, बल्कि ग्रामीण यथार्थ भी बदलता गया है। यह एक उपन्यासकार के नाते श्रीलाल जी की सजगता है कि उन्होंने 1968 में ही इस सब को काफी हद तक पहचान लिया था। अंततः यह समय ही था जिसने तय किया कि 'असंतोष का खटराग' और 'ऊब का महाग्रंथ' ही ज़माने की सच्चाई है, इसी के कुछ महीने आगे-पीछे प्रकाशित 'अलग-अलग वैतरणी' (शिवप्रसाद सिंह), 'न आने

वाला कल' (मोहन राकेश) और 'मन्त्रविद्ध' (राजेंद्र यादव) नहीं। यही सच्चाई कदम-दर-कदम बढ़ते हुए पुरानी बुराइयों के नए-नए संस्करणों में प्रकट होती रही है। राजनीति का उत्तरोत्तर अपराधीकरण, संगठित माफिया तंत्र का फलना-फूलना, वोट-नोट-खोट के साथ हिंसा की गंठजोड़, ब्रेन-ड्रेन के साथ आउटसोर्सिंग का जाल, विकास का पाखंड और उसके साथ बढ़ता विस्थापन, भ्रष्टाचार और घोटाले, धन और बल का वर्चस्व, सांप्रदायिकता और जातिवाद और इस सब पर किसी विराट काले मेघ की तरह फैली बहुराष्ट्रीय कंपनियां और साम्राज्यवाद–आज के इस यथार्थ की अनेकानेक छवियां अपने प्रारंभिक रूप में हम *राग दरबारी* में देख सकते हैं।

यहीं एक और चीज पर हमारा ध्यान जाता है। आंचलिक होने की कोई घोषणा न करते हुए भी *राग दरबारी* का अधिकांश शिवपालगंज नामक गांव की कथा है लेकिन पहली बार किसी उपन्यासकार ने गांव को उसके तमाम रूमानीपन से रहित करके, विच्छिन्न करके, यथार्थवादी नज़रों से देख कर अंकित किया है। 'अहा ग्राम्य जीवन भी क्या है' का-सा उच्छ्वास तो *राग दरबारी* में नहीं ही है, 'खेतों में फैला है श्यामल, धूल भरा मैला-सा आंचल' की-सी भावुकता भी नहीं है। *राग दरबारी* में ग्रामीण पृष्ठभूमि पर लिखे गए पहले के उपन्यासों की-सी वेदना नहीं है। संवेदना अलबत्ता है, और साथ ही एक चुनौती भी कि यही है 'धूल भरे-मैले-से आंचल' के नीचे गांव के 'पंजर पिंजर' की असलियत जिसे भूदान नहीं, भूमि-सुधार ही बदल सकता है और जिसके लिए समूचे तंत्र को बदलना होगा।

आज, उपन्यास के प्रकाशन के चालीस वर्ष बाद उसे पढ़ते हुए एक कमी जरूर खटकती है। शिवपालगंज, और शिवपालगंज के माध्यम से समूचे देश, का एक जायजा पेश करने के इस उपक्रम में मुस्लिम जन-जीवन गायब-सा है। अब यह तो हो नहीं सकता कि अवध के जिस इलाके का चित्रण *राग दरबारी* में हुआ है, उसमें मुसलमान न बसते हों या उनका बाकी के लोगों से कोई संपर्क, कोई वास्ता, कोई क्रिया-प्रतिक्रिया न होती हो? फिर क्या कारण है कि पूरे उपन्यास में समाज का यह हिस्सा गायब है? इसी से हिंदी उपन्यासों के सिलसिले में एक महत्वपूर्ण प्रश्न उठता है, जिसे कभी सही ढंग से न तो उठाया गया और न उस पर विचार ही हुआ। क्या कारण है कि 1947 के बाद के हिंदी उपन्यासों में यह 'ब्लाइंड स्पॉट' विकसित हुआ जबकि पहले के उपन्यासकारों में ऐसा नहीं है। प्रेमचंद हों या यशपाल, अश्क, अमृतलाल नागर, भगवती चरण वर्मा सभी में एक मिली-जुली आबादी के मिले-जुले पात्र मिलते हैं। यह तो 1947 के बाद हुआ कि यह गंगा-जमुनी कैफ़ियत हिंदी उपन्यासों से गायब होती चली गई। यों गिनाने को शानी, राही मासूम रज़ा, अब्दुल बिस्मिल्लाह, बदीउज़्ज़मां, असग़र वजाहत, मंज़ूर एहतेशाम जैसे उपन्यासकारों के नाम गिनाए जा सकते हैं, लेकिन इससे उस प्रश्न का कोई माकूल जवाब नहीं बन पड़ता कि क्या 1947 के बाद का हिंदी उपन्यास अपनी मूल संवेदना में हिंदू उपन्यास है? यह भी गौरतलब है, और मुझे इस वाक्य के लिए माफ़ किया जाय, कि हिंदी के मुस्लिम कथाकारों में सिर्फ़ मुस्लिम जन-जीवन ही का चित्रण नहीं हुआ है, बल्कि उसमें सभी तरह के पात्र मिलते हैं, जबकि 1947 के आस-पास या उसके बाद लिखना शुरू करने वाले अन्य हिंदी उपन्यासकारों में मुस्लिम पात्र आते भी हैं तो भूले से, अपवादस्वरूप। क्या यह हिंदी उपन्यासों के समाजशास्त्र की तरफ़ कोई संकेत नहीं करता? साम्राज्यवाद अपने सांस्कृतिक निष्कर्षों में भी समाज को बांटने का काम करता है। क्या यही वजह है कि अब उपन्यास जैसी विधा भी खानों में बंट गई है? दलित लेखक दलितों के बारे में लिखेंगे, मुस्लिम लेखक मुसलमानों के बारे में, आदि, आदि?

राग दरबारी का ही संदर्भ लेते हुए एक और सवाल भी मन में पैदा होता है। क्या कारण

है कि आज किसी भी औसत दिन का अखबार उठाने पर हम जिस दुनिया से रूबरू होते हैं, उसका कोई मुकम्मल अक्स, कोई झांई भी हाल के उपन्यासों में नजर नहीं आती? यह हत्या, बलात्कार, घोटालों, माफियाओं, भ्रष्ट मंत्रियों, दमनकारी पुलिस-प्रशासन, सड़ी-गली शिक्षा-व्यवस्था, किसानों की आत्महत्या और मजदूरों के उत्पीड़न, सांप्रदायिक और जातिगत तनावों के शिकार लोगों की दुनिया जितने बड़े पैमाने पर हमारे समाज के अनुभवों का हिस्सा है, उसी अनुपात में वह हिंदी उपन्यासों से क्यों अनुपस्थित है? निश्चय ही, यह अंतर *राग दरबारी* में अंकित वास्तविकता और 1968 के किसी भी औसत दिन के अखबार में प्रकट होने वाले यथार्थ के बीच नहीं था।

और अंत में इस 'पुनश्च' को मैं एक और प्रश्न से समाप्त करना चाहूंगा। *राग दरबारी* जैसे उपन्यासों की लोकप्रियता का एक आधार यह भी बताया जाता है कि वे आज भी प्रासंगिक हैं। इस सिलसिले में मुझे अपने मित्र आलोक राय की एक टिप्पणी स्मरण हो आती है जिन्होंने हाल में प्रेमचंद के बारे में कहा था कि काश प्रेमचंद प्रासंगिक न रह गए होते। यह टिप्पणी अपने निहितार्थ में एक बड़े सत्य की तरफ इशारा करती है और इसकी तस्दीक भी मैंने आलोक से व्यक्तिगत रूप में की थी। उनका आशय यह था कि प्रेमचंद अगर आज भी प्रासंगिक हैं तो इसीलिए कि जिस समाज और जिन समस्याओं का उन्होंने अपने साहित्य में चित्रण किया है, वह अब तक बहुत करके वैसा ही है; जिन सवालों को प्रेमचंद ने उठाया था, वे अभी तक हल नहीं हुए हैं। क्या ही अच्छा होता कि समाज बदल दिया गया होता और प्रेमचंद को हम उसी तरह पढ़ते जैसे हम मिसाल के तौर पर बाल्ज़ाक को, डिकेन्स को, हार्डी को, जोला को, पुश्किन को और फ़्लॉबेयर को पढ़ते हैं। किसी लेखक के प्रासंगिक होने के सिलसिले में दो आभारभूत कारण काम करते हैं। पहला यह कि जो कुछ उसने लिखा है, वह समय और समाज के बदल जाने पर भी हमें कुछ ऐसे जीवनानुभवों से दो-चार कराता है जो महत्वपूर्ण हैं या फिर वह ऐसे समाज की झांकी पेश करता है जो अब इतिहास और समाजशात्रीय अध्ययन का भी विषय है। 'महाभारत' की प्रासंगिकता इसी किस्म की है। दूसरा कारण यह है कि जो कुछ उपन्यासकार ने चित्रित किया है, वह अब भी बहुत करके वैसा ही है। जिन सामाजिक धाराधों, अंतर्धाराओं और शक्तियों ने उपन्यासकार की चेतना और उसकी वस्तु निर्मित की है वे अब भी प्रमुखता से मौजूद हैं और उनसे उत्पन्न प्रश्नों को अभी तक पूरी तरह या आंशिक रूप से सामाजिक-राजनैतिक और आर्थिक स्तरों पर संबोधित नहीं किया गया है। प्रेमचंद के कथा-साहित्य और *राग दरबारी* के संदर्भ में जब प्रासंगिकता की चर्चा होती है तो इसी दूसरे अर्थ में, और यह कहीं न कहीं हमारी सामाजिक-राजनैतिक परिवर्तन की शक्तियों की विफलता की ही निशानदेही करती है। अगर साहित्य का एक उद्देश्य जन पक्षधर सामाजिक परिवर्तन का है, तो फिर *राग दरबारी* की लोकप्रियता पर खुश होने के बावजूद यकीनन न तो श्रीलाल जी और उनके समर्थक यह चाहेंगे कि उपन्यास महज इसीलिए प्रासंगिक बना रहे है कि उसमें वर्णित स्थितियां जस-की-तस हैं या और भी खराब हुई हैं। इसलिए चालीस वर्ष बाद *राग दरबारी* पर दोबारा नजर डालते हुए मार्क्स के प्रसिद्ध कथन 'दार्शनिकों ने अब तक विभिन्न तरीकों से दुनिया की व्याख्या ही की है; असली नुक़्ता तो बहरहाल उसे बदलने का है', की तर्ज पर कहा जाय कि *राग दरबारी* के मूल्यांकन-पुनर्मूल्यांकन की सारी कोशिशें तभी सार्थक हो सकती हैं जब वे सामाजिक-राजनैतिक परिवर्तन की पीठिका और संकल्प की ओर ले जाएं। इसी में *राग दरबारी* की भी सार्थकता है।

सितंबर 2006

देश का दुखांत

उपेंद्रनाथ अश्क

राग दरबारी के संबंध में पहली प्रतिक्रियाएं, जो मैंने मित्रों के मुंह से सुनीं, वे न केवल उपहासात्मक थीं वरन् उपेक्षापूर्ण भी। एक नए कथाकार, जो इधर काफी आगे आ गए हैं और उनके सिवा कोई और भी उच्चकोटि की रचनाएं दे सकता है, जिन्हें यह स्वीकार नहीं, बोले कि *राग दरबारी* में व्यंग्य का ओवरफ्लो है। कोई भी पंक्ति नहीं जिसमें श्रीलाल ने सायास व्यंग्य न प्रस्तुत किया हो। पढ़ते-पढ़ते जी उबिया जाता है।

दूसरे मित्र ने भी जो सुख़नवर तो नहीं, पर सुख़नफ़हम हैं, बड़ी उपेक्षा से कहा कि *राग दरबारी* के लेखक का बड़ा कारनामा यह है कि बार-बार नित्यकर्म से निवृत्त होती हुई औरतों का चित्रण उन्होंने किया है।

एक तीसरे मित्र ने *राग दरबारी* के लेखक से अपनी घनिष्ठ मैत्री का बखान करते हुए और यह जताते हुए कि शुक्ल के उत्थान में उनका बड़ा हाथ है, इस बात पर असंतोष प्रकट किया है कि शुक्ल ने अपनी प्रांजल भाषा तज कर बोल-चाल की भाषा अपना ली है और देहाती गालियों और गंदे मुहावरों का प्रचुर प्रयोग किया है, जिसने सारे उपन्यास को नितांत फूहड़ बना दिया है।

एक चौथे मित्र ने उपन्यास का जिक्र आने पर कहा कि उसमें नया कुछ नहीं, पहली नजर में पढ़ने पर ही उसमें 'गोदान' और 'मैला आंचल' के पात्र मिल जायंगे और चूंकि वे बातें मुझसे कर रहे थे, इसलिए अपनी आवाज को जरा धीमा कर उन्होंने जैसे मेरे कान में कहा, उसका नायक तो आपके 'गिरती दीवारें' और 'शहर में घूमता आईना' के नायक ही का एक कमजोर रूप है और उसका ढांचा तो आपके उपन्यास की 'बड़ी-बड़ी आंखें' की तर्ज पर ही बना है। आपने देवनगर में देश की व्यवस्था के तमाम भ्रष्टाचार और स्वजन-पालन को प्रतीक रूप में रखा है तो शुक्ल ने शिवपालगंज में।

एक पांचवें ने जो श्रीलाल के मित्रों में हैं कहा कि सुकुल ने उपन्यास अच्छा लिखा है, पर उससे पहले शिवप्रसाद सिंह का 'अलग-अलग वैतरणी' और राही का 'आधा गांव' पढ़ लीजिए।

मैंने पूछा, 'कुछ उसका प्रभाव है?' तो बोले, 'बस पढ़ लीजिए।'

केवल रवींद्रनाथ त्यागी ने जो स्वयं भी व्यंग्यकार हैं, कहा कि *राग दरबारी* हिंदी के हास्य-व्यंग्य का क्लासिक है और मेरे लड़के नीलाभ ने जो आकाशवाणी इलाहाबाद के लिए नए उपन्यासों पर समीक्षा लिखने जा रहा था, एक ही बैठक में उपन्यास खत्म कर के कहा कि पापा जी सब काम छोड़ कर आप उपन्यास पढ़िए।

मैं इधर कुछ वर्षों से श्रीलाल शुक्ल की हर रचना पढ़ता आया हूं और उत्तरोत्तर विकसित होते

हुए उनके व्यंग्यकार के प्रति मेरे मन में सहज श्रद्धा रही है। 'हिंदी कहानी : एक अंतरंग परिचय' मैंने लिखा था, वर्तमान हास्य-व्यंग्यकारों में केवल श्रीलाल शुक्ल ऐसे लगते हैं जो अपनी रचनाओं–उनके शिल्प, भाषा, प्रभावान्विति का ध्यान रखते हैं, ऐसे शिल्पकार के यहां व्यंग्य के ओवरफ्लो अथवा फूहड़ता या बेकार की अश्लीलता अथवा दूसरों के ख़जाने से चोरी का होना मुझे संभव नहीं लगा और अपना उपन्यास लिखना छोड़ मैं *राग दरबारी* पढ़ने लगा।

पिछले कुछ दिनों में न केवल मैं *राग दरबारी* को एक बार पूरे का पूरा पढ़ गया हूं और दूसरी बार उसके कुछ विशिष्ट खंड पढ़ गया हूं, वरन मैंने 'अलग-अलग वेतरणी' भी पढ़ा है और 'आधा गांव' भी। यहां इन उपन्यासों का तुलनात्मक अध्ययन करना न अभीष्ट है, न संभव, पर इतना तो मैं निःसंकोच कह सकता हूं कि *राग दरबारी* शायद हिंदी का एकमात्र ऐसा उपन्यास है जिसे एक बार पढ़ने के तत्काल बाद, सारे-का सारा उपन्यास दोबारा पढ़ने की तीव्र इच्छा मन में उठी उस वक्त जब कुछ नए लेखक व्यवस्था के बाहर आकर उसके विरुद्ध जिहाद बोलते हुए, स्पष्ट दृष्टि के अभाव में अधिकांशतः विभ्रम भरा कूड़ा लिखते जा रहे हैं अथवा रुग्ण मानस और आत्म-केंद्रित अहं के धुंधले चित्र उतार रहें हैं या फिर जनता को बाद देकर जिंदगी के ताप से रहित पर्सनल स्थितियों की स्फीति के रसपूर्ण चित्र उतार रहे हैं अथवा अपने-अपने अजनबीपन या आऊटसाइडरपन के पश्चिमी सिद्धांतों को यहां के देहाती अथवा शहरी पात्रों पर आरोपित कर नई बात कहने के दम्भ से अकड़े घूमते हैं, मुझे लगा कि श्रीलाल शुक्ल ऐसे सशक्त लेखक हैं, जिन्होंने व्यवस्था के अंदर रहते हुए भी नितांत निर्मम और निरपेक्ष भाव से उसे बीच बाज़ार में नंगा कर दिया है। वर्तमान विघटित समाज का इतना व्यंग्य भरा चित्रण और व्यवस्था पर इतनी गहरी और करारी चोट, इतने कलापूर्ण और सधे हाथों और तीखे अंकुश ऐसे व्यंग्य के माध्यम से शायद इससे पहले किसी ने भी नहीं की। ऐसी साफ़ दृष्टि, ऐसा तीखा, निर्मम, अचूक और कहीं-कहीं क्रूर व्यंग्य, कला को हाथ से छोड़े बिना व्यवस्था और समाज, उसके हैव्ज़ और हैवनाट्स का इतना सुंदर, यथार्थ, निरपेक्ष और बार-बार हंसाने के बावजूद उपन्यास के खत्म होते न होते उदास कर देने वाला चित्रण स्वातंत्र्योत्तर हिंदी उपन्यासों में लगभग दुर्लभ है।

राग दरबारी प्रकट में उत्तर प्रदेश के एक गांव शिवपालगंज को लेकर लिखा गया है लेकिन यह उस माने में आंचलिक नहीं, जिस माने में रेणु का 'मैला आंचल' अथवा 'परती परिकथा', यह सारे देश का उपन्यास है, क्योंकि इसके माध्यम से लेखक ने जिन बुराइयों पर रोशनी फेंकी है, वे सारे देश में फैली हुई हैं। उपन्यास के अंत में रुप्पन ग़लत नहीं कहता कि 'शिवपालगंज सारे मुल्क में फैला हुआ है।'

श्रीलाल ने यह किया है कि शहर से पंद्रह मील के फासले पर बसने वाले गांव शिवपालगंज को नमूने के तौर पर ले लिया है। शहर में एम.ए. पास कर के रिसर्च करने वाला एक युवक–रंगनाथ। शिवपालगंज में उसके एक मामा रहते हैं जो वैद्य हैं। स्वास्थ्य सुधार के लिए वह उनके पास जा रहा है। यह सोच कर कि स्थानीय पैसेंजर रोज़ की तरह दो घंटे लेट आएगी, वह घर से निकलता है, पर पैसेंजर केवल डेढ़ घंटा लेट होकर चली जाती है और रंगनाथ गाड़ी चढ़ने से रह जाता है और शिवपालगंज जाने के लिए एक ट्रक का सहारा लेता है। चूंकि रंगनाथ सिर से पैर तक खादी के कपड़ों में मलबूस है, कंधे पर उसके भूदानी झोला है और हाथ में अटैची, इसलिए ड्राइवर उसे सी.आई.डी. का अफसर समझता है और आगे की सीट पर बैठा लेता है और उपन्यास शुरू हो जाता है।

लेकिन रंगनाथ अफ़सर नहीं है, इसलिए हक़ीकत खुलने पर ड्राइवर का व्यवहार कैसे बदलता है और जब पीछे से पुलिस की एक स्टेशन बैगन एक चपरासीनुमा अफसर और अफसरनुमा चपरासी को लिए हुए आ जाती है और ट्रक रोक लिया जाता है तो रंगनाथ को पुलिस अफसर के उस चपरासी को दो रुपए देने पड़ते हैं।

लिखने को जितनी सादगी से मैंने यह घटना लिख दी है, वैसी उपन्यास में नहीं है। इसकी पोर-पोर में श्रीलाल का अद्वितीय और पैना व्यंग्य बसा है। वास्तव में यह व्यंग्य सारे उपन्यास में रचा हुआ है और न केवल यह उपन्यास की दिलचस्पी को बढ़ाता है, साधारण घटनाओं को अतिरिक्त महत्व प्रदान कर देता है, वरन् उन स्थितियों और बुराइयों को भी उजागर कर देता है जिन पर लेखक चोट करना चाहता है और जिनसे हम अपने देश की व्यवस्था, समाज, धर्म और परंपरा के संदर्भ में पग-पग पर दो-चार होते हैं।

उपन्यास में कोई रस-भरी कहानी नहीं, न प्रेम का वह आदिम तिकोन जो न जाने कब से कहानियों और उपन्यासों को मनोरंजक बनाती आ रही है और न सेक्स अथवा वैयक्तिक स्थितियों की स्फीति के लोकप्रिय मनोवैज्ञानिक लटके हैं। उपन्यास शिवपालगंज के दैनंदिन जीवन की कहानी कहता है, जिसमें हर सरगर्मी पर गांव के दो नेताओं की छाया मंडराती रहती है। एक हैं रंगनाथ के मामा वैद्य जी जो यों तो गांव में औषधालय खोले हुए हैं लेकिन उनका प्रमुख काम गांव की राजनीति में भाग लेना और अपने साम्राज्य को फैलाना है। अंग्रेज़ों के जमाने में अंग्रेज़ों के लिए श्रद्धा दिखाते थे। देसी हुकूमत के दिनों में वे देसी हाकिमों के लिए श्रद्धा दिखाने लगे। वे देश के पुराने सेवक थे। पिछले महायुद्ध के दिनों में जब देश को जापान का ख़तरा पैदा हो गया था, उन्होंने सुदूर पूर्व में लड़ने के लिए बहुत से सिपाही भरती कराए थे। अब ज़रूरत पड़ने पर रातों रात वे राजनीतिक गुट में सैकड़ों सदस्य भरती करा देते हैं। पहले भी वे जनता की सेवा जज के इजलास में जूरी और असेसर बन कर, दीवानी के मुकदमे में जायदादों के सिपुर्ददार होकर और गांव के जमींदारों में लंबरदार के रूप में करते थे। अब वे को-आपरेटिव यूनियन के मैनेजिंग डायरेक्टर, शिवपालगंज की एकमात्र शिक्षण संस्था छंगामल इंटरमीडिएट कालेज के मैनेजर हैं और सरकार की ओर से गांव की उन्नति के लिए मिलने वाले अनुदान से भरपूर लाभ उठाते हैं। वे गांव सभा की प्रधानी के चुनाव में अपने यहां के एक नौकर-नुमा भांग घोटने वाले पट्टीदार मंगल उर्फ सनीचर को जितवा देते हैं और गांव की हर सरगर्मी पर पूरी तरह कब्जा कर लेते हैं।

दूसरे नेता हैं बाबू रामाधीन भीखमखेड़वी। वे निपट निरक्षर हैं लेकिन उर्दू में शायरी करते हैं। कभी बहुत पहले गांव से भाग कर कलकत्ता चले गए थे। वहां अफीम का कारोबार करने वाले एक सेठ के यहां चिट्ठियां बांटने पर नौकर हो गए फिर उसके पार्टनर बन गए, फिर उन्होंने उसका कारोबार हथिया लिया और अफीम की आढ़त करने लगे। गैर-कानूनी तौर पर अफीम बेचने पर एक बार पकड़े गए। दो साल की सजा हुई। रिहा हुए तो उनका कारोबार उखड़ गया था। वापस गांव आ गए। कुछ खेत खरीदे, किसानी करने लगे। एक कच्चा-पक्का मकान बनवा लिया और चूंकि अफीम की आढ़त नहीं कर सकते थे इसलिए जुआ खेलाने लगे। तभी पंचायतों का चुनाव हुआ। उन्होंने अपने एक भतीजे को उसका प्रधान चुनवा दिया और पंचायत पर कब्जा कर लिया। पंचायत के खाते सरकार से जो अनुदान मिलता था उसके बल पर अपने झोंपड़े के आगे उन्होंने एक बंगला बनवा लिया, जहां अब वे बड़े प्रेम से जुआ खेलवाते हैं।

उपन्यास गांव के इन दो नेताओं की आपसी खींच-तान, गुटबंदी और कालेज की मैनेजरी

और गांव-सभा की प्रधानी के चुनाव को लेकर चलने वाली साज़िशों और उठा-पटक की कहानी कहता है, जिसके माध्यम से श्रीलाल शुक्ल ने गत बीस वर्षों में होने वाली देश की तथाकथित उन्नति का पर्दा ऐन चौराहे में फ़ाश किया है। इस बीच हमारे समाज और व्यवस्था में भ्रष्टाचार और स्वजनपालन जैसे पनपा है, सरकारी योजनाओं का जिस तरह अनुचित लाभ निहित स्वार्थों ने उठाया है और योजनाएं जैसे कागजी होकर रह गई हैं, सरकारी रुपया जनता को रंचमात्र लाभ पहुंचाए बिना जैसे नेताओं और उनके रिश्तेदारों की जेबों में गया है, आजादी के बाद जैसे लुटेरे और गुंडे पनपे और फले-फूले हैं और गुटबंदियां बढ़ी हैं, शिक्षा का जैसे भयंकर ह्रास हुआ है, महात्मा गांधी के नाम पर जैसे हिंसा का बोलबाला हो गया है, सरकारी दफ्तरों, कचहरियों और पुलिस विभागों की जैसी दुर्गति हुई है और हमारे धर्म और परंपराओं ने जैसे इसमें योग दिया है, चुनाव जैसे लड़े और जीते जाते हैं और समाज और व्यवस्था की हर सरगर्मी पर जैसे घोर अवसरवादियों, बददयानतों, अधर्मियों और आदर्शच्युत लोगों का कब्जा है—संक्षेप में स्वातंत्र्योत्तर भारत में गत बीस वर्षों के तथाकथित विकास का, या कहा जाय कि उसके कुत्सित और गर्हित पक्ष का कटु व्यंग्यपरक यथार्थ चित्रण अद्‌भुत कौशल और कलाकारिता से श्रीलाल शुक्ल ने *राग दरबारी* में किया है।

उपन्यास का प्रमुख पात्र रंगनाथ 'गिरती दीवारें' के चेतन की तरह एक कमजोर पात्र है। किसी ने यह गलत नहीं कहा कि वह चेतन की अपेक्षा और भी कमजोर है, लेकिन चेतन ही की तरह रंगनाथ वह कनवास है जिस पर श्रीलाल शुक्ल ने शिवपालगंज के दसियों चित्र हल्के, गहरे और कई बार आंखों को चौंधिया देने वाले रंगों में उभार दिए हैं। हालांकि उपन्यासकार ने स्पष्ट रूप से इसका संकेत नहीं किया, लेकिन उपन्यास के अंतिम कुछ पृष्ठों में ऐसा लगता है कि रंगनाथ अपने तमाम विद्रोह और विरोध के बावजूद अंततोगत्वा खन्ना मास्टर की जगह ले लेगा जिसे प्रिंसिपल और वैद्य जी ने परम अनैतिकता से त्यागपत्र देने को विवश कर दिया और शायद इसीलिए रंगनाथ को लेखक ने वैसा कमजोर पात्र ही बनाया है।... *राग दरबारी*, 'गिरती दीवारें' की तरह प्रमुख पात्र की कहानी कहने के लिए नहीं लिखा गया। न ही उस प्रमुख पात्र के अंदर और बाहर को दर्शाने के लिए! *राग दरबारी* तो शिवपालगंज और उसके नेताओं और उनके पिछलग्गुओं और उनके ज़द में आने वाले गरीब लोगों की कहानी कहने के लिए लिखा गया है और वैद्य जी, उनके दोनों सुपुत्रों (जिनमें बड़े बद्री पहलवान न केवल अखाड़े के वरन डाकुओं के और छोटे रुप्पन बाबू कालेज के छात्रों के नेता हैं) छंगामल इंटरमीडिएट कालेज के प्रिंसिपल, मंगल उर्फ़ सनीचर, छोटे पहलवान, बाबू रामाधीन भीखमखेड़वी और गयादीन की कहानी कहता है और इसमें कोई संदेह नहीं कि इन प्रमुख पात्रों को श्रीलाल शुक्ल ने ऐसे अद्वितीय व्यंग्य और यथार्थ से गढ़ा है कि उन्हें भुला सकना असंभव है।

इन प्रमुख पात्रों के अलावा उपन्यास में सुगढ़ शिल्प से गढ़े गए छोटे-छोटे बेगिनती पात्र हैं, जो शिवपालगंज के उस विशाल चित्र को भरा-पूरा बनाते हैं। उनमें कालिका प्रसाद है, जिसका पेशा सरकारी ग्रान्ट और कर्ज़े को खाना है। वे सरकारी पैसे के द्वारा, सरकारी पैसे के लिए तमाम तरह के छलकपट करते हैं। इस पेशे में उनके तीन सहायक हैं—क्षेत्रीय एम.एल.ए., खद्दर की पोशाक और उनका वह वाक्य, 'अभी तो वसूली की बात ही न कीजिए, आपको कार्रवाई रोकने में दिक्कत न हो, इसलिए मैंने ऊपर भी दरख्वास्त लगा दी है।' उनका पूरा कर्मयोग सरकारी स्कीमों की फ़िलासफ़ी पर टिका है। मुर्गी पालने के लिए ग्रांट मिलने का नियम बनता है तो मुर्गियां पालने का एलान कर देते हैं और चर्म-उद्योग के लिए ग्रांट मिलने की बात उठती

है तो घोषणा करते हैं कि जाति-पांति बिलकुल बेकार की चीज़ है और हम बामन और चमार एक हैं, और चमार देखते ही रह जाते हैं और चमड़ा कमाने की ग्रांट लेकर कालिका प्रसाद अपनी चमड़ी को ज्यादा चिकनी बनाने में खर्च भी कर डालते हैं–खाद के गड्ढे को पक्का करने के लिए, घर में बिना धुंए का चूल्हा लगवाने के लिए, नए ढंग का संडास बनाने के लिए–कालिका प्रसाद यह सब अनुदान लेते हैं और बदले में कारगुजारी की जैसी रिपोर्ट उनसे मांगी जाती है वैसा बिना हिचक लिख कर दे देते हैं।... यही हालत सरकारी कर्ज़ और तकाबियों की है। उनके पास पांच बीघे खेत हैं जो अकेले ही पचासों तरह के कर्ज़े और तकाबियों की जमानत सम्हाले हुए हैं। वे हर स्कीम के भीतर तकावी की दरख्वास्त देते हैं। हर एक हाकिम उनकी दरख्वास्तों की सिफारिश करता है, हर बार उन्हें तकावी मिल जाती है और हर बार वसूली के वक्त कार्रवाई रुकने की कार्रवाई हो जाती है।

जोगनाथ है, जो वैद्य जी का ख़ास आदमी है। गुंडा है, शराबी है, रास्ता चलते मुसाफ़िरों को धर-दबा कर उनका पैसा छीन लेता है, जिस पर हाथ रखते हुए थानेदार भी घबराते हैं और रामाधीन भीखमखेड़वी के चक्कर में पड़ कर जिसे जेल भिजवाने की कोशिश में स्वयं थानेदार का पत्ता शिवपालगंज से कट जाता है और बाद में उस पर आठ हजार का मुकदमा चला दिया जाता है, जिसकी खबर गांव के चिथड़े में मोटी सुर्खियों में छापी जाती है और बेचारा दरोगा वैद्य जी के घर माफ़ी मागंने जाता है। वे उसे गांव-सभा के प्रधान सनीचर की दुकान पर भेज देते हैं। सनीचर गांव सभा का प्रधान होने के बाद अब मंगलप्रसाद हो गया है और उसने गांव-सभा की जमीन हथिया कर एक दुकान खोल ली है जहां प्रकट रूप से तो आटा, दाल, चावल और नमक आदि रखा रहता है पर परोक्ष में स्थानीय अस्पताल से आई दवाइयां और ऐसी ही दूसरी चीजें और भंग, चरस और अफीम बिकता है। जोगनाथ दरोगा को लेकर मंगलप्रसाद उर्फ सनीचर, प्रधान गांव सभा की दुकान पर पहुंचता है। उनको आते हुए देख कर सनीचर पहले कमीज उठा कर पहनना चाहता है (कमीज चुनाव के बाद बनी है और वैद्य जी के हुकुम से खास-खास मौके पर पहनी जाती है)। फिर न जाने क्या सोच कर उसे चावल की टोकरी पर रख देता है। फिर नंगे वदन पर एक बार हाथ फेरता है, चुटिया सर पर अच्छी तरह से छितरा लेता है और अण्डरवियर को ऊपर खिसका कर उसे जांधों के उद्‌गम तक खींच लेता है और इसके बाद अवधूत शैली में वह दरोगा जी का स्वागत करने के लिए तैयार हो जाता है। दरोगा जी को जुर्माने के तौर पर क्या देना पड़ता है यह तो लेखक ने नहीं लिखा है, लेकिन उस दिन शाम होने पर गांव-सभा की ओर से भंग-भोज होता है। देखते-देखते कई बाल्टियां उफना जाती हैं और उसी रात जोगनाथ शराबखाने में खास-खास लोगों को दारू का भोज देता है जिसमें मुख्य अतिथि उस आदमी को बनाया जाता है जो कुछ दिन पहले पड़ोस के गांव में हत्या के जुर्म में बरी होकर वापस आया है।

मास्टर मोतीराम हैं, जो छंगामल इंटरगीडिएट कालेज में विज्ञान पढ़ाते हैं और गांव में आटे की चक्की चलाते हैं, पढ़ाते कम हैं, आटे की चक्की ज़्यादा चलाते हैं। वे वैद्य जी के खास आदमी हैं और जब बाबू रामाधीन भीखमखेड़वी के बहकावे में एक डिप्टी एज्यूकेशन डायरेक्टर जांच करने के लिए जाने की धमकी देता है तो वे ही शहर जाकर उसे समझाते हैं... और विरोधी दल शामियाना लगाए हुए फ़िल्मी गाने बजाता रह जाता है पर एज्यूकेशन डायरेक्टर के दर्शन नहीं होते।

खन्ना मास्टर हैं जिनके घर यों साहित्य के नाम पर चंद जासूसी उपन्यास, गुलशन नंदा की पुस्तकें लगी हैं, पर जवान हैं, खून गर्म है और अपनी योग्यता के कारण वाइस प्रिंसिपल

बनना चाहते हैं। कालेज की राजनीति और इसीलिए अंततः प्रिंसिपल से उलझ जाते हैं। मारपीट की नौबत तो नहीं आती पर रिपोर्ट लिखा दी जाती है और मामला कचहरी तक चला जाता है लेकिन घोर तिकड़मी प्रिंसिपल से आखिर वे मात खा जाते हैं और वैद्य जी अपने तमाम 'एहसानों' के बदले में पूरी अहिंसावादी शैली में उनसे यही मांगते हैं कि वे उनके हाथ में अपना त्यागपत्र रख दें और झख मार कर वे वैद्य जी के 'एहसानों' का बदला त्यागपत्र के रूप में चुका देते हैं।

कुसहर प्रसाद हैं, जो छोटे पहलवान के पूज्य पिता हैं और वंश की परंपरा के अनुसार महीने में एकाध बार अपने पुत्र से एकाध लाठी खाते हैं और फलस्वरूप उनका शरीर राणा सांगा की याद दिलाने लगा है।

और लंगड़ है—गरीब जनता का प्रतिनिधि, जो उपन्यास के शुरू में अपने खेत के मुकदमे में मिसिल चाहता है। क्लर्क पांच रुपए रिश्वत मांगता है। हो सकता है दो रुपए पर मामला सुलट जाता, पर लंगड़ बिना रिश्वत दिए धर्म से मिसिल लेने का हठ करता है और क्लर्क भी कसम खाता है कि वह भी धर्म से ही मिसिल देगा और इसी में लंगड़ मर मिटता है। उपन्यास के अंत में रंगनाथ उससे कहता है, 'देखो, लंगड़, तुम्हारे कायदा कानून जानने से कुछ नहीं होता, जानने की बात इतनी है कि तुम जनता हो और जनता इतनी आसानी से नहीं जीतती।'

मैंने ये पंक्तियां लिखते हुए यथासंभव उद्धरण न देने का लोभ संवरण किया है, क्योंकि यदि मैं उद्धरण देने लगता तो मुझे आधा उपन्यास उद्धृत कर देना पड़ता। उपन्यास में कई ऐसे प्रसंग हैं जिन्हें बार-बार पढ़ने पर भी तबीयत नहीं भरती। शिवपालगंज को जाते हुए ट्रक में रंगनाथ की यात्रा, थाना शिवपालगंज का चित्रण, दरोगा बख़्तावर सिंह की कथा, छंगामल इंटरमीएिट कालेज के अस्तित्व में आने का प्रसंग और उसमें मोती बाबू की क्लास, खन्ना मास्टर और प्रिंसिपल के झगड़े, उसकी प्रबंध समिति की बैठक में वैद्य जी के परम मित्र बलराम सिंह के तमंचे के बल पर मैनेजर के पद पर वैद्य जी का पुनः निर्वाचन, बद्री पहलवान की रिक्शा-यात्रा, रात के अंधेरे में रंगनाथ को बद्री पहलवान समझ कर गयादीन की अनपढ़ लड़की बेला का उससे लिपट जाना और रंगनाथ के 'कौन है?' कहते भाग जाना और बाद में रंगनाथ की घोर अंतःव्यथा, सनीचर द्वारा दुर्बीन सिंह के संस्मरण की कथा, कुसहरप्रसाद, छोटे पहलवान प्रसंग, पंडित राधेलाल प्रसंग, कुसहर प्रसाद छोटे पहलवान के झगड़े में पंचायती न्याय, गयादीन वाद की व्याख्या, चमरही के गांधी चबूतरे के अस्तित्व में आने की कथा और उसके उपयोग का वर्णन, बेला का प्रेम-पत्र, मुनक्के के दाना लेने के लिए बराबर के गांव में रंगनाथ की यात्रा और महावीर के नाम पर बढ़े हुए कांस को गांठ देने के अद्वितीय प्रसंग द्वारा धार्मिक परंपराओं का निरूपण, जोगनाथ के मुकदमे में छोटे पहलवान की अद्‌भुत गवाही, विद्यालय-निरीक्षक का ओजपूर्ण भाषण, खन्ना मास्टर साहब के मामले में मेजिस्ट्रेट का तर्कपूर्ण भाषण, गयादीन के घर में चोरी का प्रसंग, भीखमखेड़वी के यहां ताश के खेल और अंग्रेज़ी से हिंदी में पारिभाषिक शब्दों के अनुवाद की समस्या पर लेखक के विचार, प्रिंसिपल और रंगनाथ की सैर और उसमें वाइस चांसलर, लेक्चरर तथा शिक्षा-संबंधी दूसरे लोगों पर प्रिंसिपल के विचार और कन्फेशन, चुनाव जीतने का तीन तरकीबों का प्रसंग, कालेज के मामले की जांच के संदर्भ में डिप्टी एज्यूकेशन डायरेक्टर के आगमन और स्वागत के लिए सबेरे आठ बजे से शाम के पांच बजे तक शिवपालगंज के डाक बंगले में शामियाने लगाए दोनों दलों की प्रतीक्षा का प्रसंग, अंत में वैद्य जी द्वारा खन्ना और मालवीय मास्टर से त्यागपत्रों की भीख मांगने की कथा। इस जबर्दस्ती पर रुप्पन का क्रोध

और वैद्य जी का अमर्ष भरा भाषण, कालेज की प्रबंध-समिति की जनरल मीटिंग में वैद्य जी द्वारा अपने बड़े सुपुत्र बद्री पहलवान के हक में मैनेजरी का पदत्याग, यह सोच कर कि डाकुओं और लुटेरों से वह आ घिरा है, रंगनाथ की उदासी और ब्रेन डेन के सिलसिले में पलायन संगीत!

याद भर से मैंने इतने प्रसंगों का उल्लेख किया है। पुस्तक में ये आगे-पीछे भी हो सकता है, लेकिन दोबारा पुस्तक उठाने पर मैं इनको फिर पढ़ना चाहूंगा। हमारी व्यवस्था का कोई पहलू नहीं है जो श्रीलाल शुक्ल के व्यंग्यकार की आंख से ओझल हुआ है और जिस पर उसने करारी चोट नहीं की।

श्रीलाल ने कोई मौलिक बातें कही हों—शायद ऐसा नहीं है लेकिन उन्होंने निश्चय ही वे सब बातें कही हैं जिन्हें देश का हर पढ़ा-लिखा, दयानतदार आदमी ही नहीं, बेपढ़ा-लिखा और वर्तमान व्यवस्था और सामाजिक विघटन का मारा हुआ हर व्यक्ति मन ही मन कहता है लेकिन लिखता नहीं और लिखता है तो ऐसे कलापूर्ण ढंग से नहीं लिखता और जिन्हें आज का कोई लेखक ही नहीं स्वातंत्र्योत्तर लिखने वालों में से कोई भी इतने समग्र और सक्षम रूप से नहीं कह पाया। 'कफन' और 'गोदान' से लेकर 'गिरती दीवारें', 'मैला आंचल', 'झूठा-सच', 'अमृत और विष, और 'आधा गांव' तक जो यथार्थवादी धारा अटूट चली आई है, श्रीलाल ने *राग दरबारी* में उसका और भी विकसित और भरा-पूरा रूप प्रस्तुत किया है। ऐसे सुष्ठु और पुष्ट शिल्प और कलापूर्ण व्यंग्य के माध्यम से और इतने निर्भीक ढंग से कि *राग दरबारी* के लेखक के प्रति अनायास मन में आश्चर्य, ईर्ष्या और श्रद्धा के मिले-जुले भाव उमग उठते हैं।

मुझे *राग दरबारी* को पढ़ते हुए लगातार प्रसिद्ध रूसी उपन्यासकार गोगोल के जगत-विख्यात उपन्यास 'डेड सोल्स' की याद आती रही है। गोगोल का यह कमाल है कि उन तमाम घटिया स्थितियों को, जिन्हें सामने देखकर भी लोग अनदेखा कर जाते हैं उसने पैने व्यंग्य के माध्यम से उभार कर रख दिया। *राग दरबारी* में श्रीलाल शुक्ल ने वही काम उतनी ही कलाकारिता से और भी सशक्त ढंग से सरअंज़ाम दिया है। शिल्प उसका 'डेड सोल्स' की अपेक्षा ज्यादा गठा हुआ है और व्यंग्य उतना ही अचूक।

साहित्य में केवल सुंदर और शिव को देखने की कामना करने और असुंदर लेकिन कटु सत्य की ओर से आंखें बंद करने वाले शुतुरमुर्ग वृत्ति के तथाकथित उत्तानभ्रू (स्नॉब) पाठकों को उपन्यास के कुछ प्रयोग गंदे, अश्लील, कुत्सित अथवा वीभत्स लग सकते हैं, लेकिन यह भी सत्य है कि बिना उनके गांव का उतना सच्चा और यथार्थ चित्रण असंभव है। जैसे बात-बात में गीता के श्लोकों का उल्लेख किए बिना वैद्य जी के चरित्र को पूर्णता नहीं प्रदान की जा सकती, उसी तरह अवधी के ठेठ मुहावरों और गालियों बिना प्रिंसिपल, बद्री पहलवान और छोटू पहलवान का उतना सच्चा, सशक्त और जानदार चरित्र-चित्रण और गांव की वास्तविक स्थिति (और उसके माध्यम से देश, समाज और वर्तमान व्यवस्था का वास्तविक स्थिति) का दिग्दर्शन नामुमकिन है। इतना सटीक चरित्र-चित्रण इन सब के योग ही से संभव हुआ है।

लेकिन इन सब का प्रयोग श्रीलाल ने एक बहुत ऊंचे आर्टिस्ट की तरह किया है। यह सामग्री तो गांव से शहर आने वाले हर लेखक के पास है, मार्कण्डेय, शिवप्रसाद सिंह, अमरकांत, भैरव प्रसाद गुप्त, श्रीराम वर्मा, काशीनाथ सिंह, विजयमोहन सिंह, अवधनारायण सिंह, सुरेंद्रपाल सिंह और न जाने कितने अन्य लेखकों के पास... लेकिन स्पष्ट दृष्टि, कला, शिल्प और साहस के अभाव में इनमें से कोई भी इतनी सशक्त, सुंदर और कलापूर्ण रचना नहीं दे सका। कलापूर्ण लेखन और कलाहीन लेखन को जानने के लिए *राग दरबारी* और 'अलग-अलग वैतरणी' को

साथ-साथ पढ़ना ज़रूरी है। रहा 'आधा गांव' तो उसकी वस्तु *राग दरबारी* की अपेक्षा कहीं दिलचस्प और सशक्त है, लेकिन राही के पास न शुक्ल जैसी कला है, न शिल्प और इसलिए उसमें प्रभाव की कमी है। उनके पास वैसा शिल्प होता तो शायद वह उपन्यास गंगोली के शिया समुदाय का महाकाव्य बन जाता। अब उसमें इतनी घटनाएं, इतने किस्से और इतने पात्र याने इतना कच्चा माल शिल्प के अभाव में गडमड कर रख दिया गया है कि सिवा एकाध पात्र के कुछ भी दिमाग के पर्दे पर साफ़ नक्श नहीं हो पाता।... इनकी तुलना में अपनी पहले से चली आने वाली परंपरा से पूरा लाभ उठाते हुए और बाद में में चल निकलने वाली आधुनिक प्रवृत्तियों को आत्मसात कर देशी-विदेशी साहित्य के अद्‌भुत ज्ञान, अपने निजी आर्ट, व्यंग्य और मंजाव से श्रीलाल शुक्ल ने यह परम यथार्थवादी सशक्त और व्यंग्यभरा उपन्यास लिखा है।

लेकिन इसे केवल व्यंग्य का उपन्यास कहना इसके महत्व को कम करना है। श्रीलाल ने व्यंग्य को केवल व्यंग्य के लिए महज़ पाठकों का मनोरंजन करने के लिए इस्तेमाल नहीं किया। उनका व्यंग्य बहुत गहरे वार करता है और बार-बार झुंझलाने और सोचने पर विवश करता है। *राग दरबारी* की पोर-पोर में रचा हुआ व्यंग्य अपने में साध्य नहीं, वरन् वह वर्तमान समाज, धर्म और व्यवस्था की विसंगतियों, कुरूपताओं और धूर्तताओं को उजागर करने का सशक्त साधन है। हिंदी में केवल परसाई के पास ऐसा व्यंग्य है, लेकिन परसाई के पास न श्रीलाल की कला है, न शिल्प, न धैर्य और न संयम!

उपन्यास में कोई दोष न हो, ऐसी बात नहीं। पर उसका उल्लेख ईर्ष्या द्वेष के मारे उनके दसियों समकालीन करेंगे, इसलिए मैं अभी उनका जिक्र नहीं करता। मैं फिर सिर्फ़ यही कहना चाहूंगा कि अपने चंद-एक दोषों के बावजूद यह स्वातंत्र्योत्तर भारतीय समाज का सशक्त, यथार्थपरक, अद्वितीय कलाकारिता और अचूक व्यंग्य से भरा उपन्यास है, जिसने बीच की सारी की सारी पीढ़ी को चुनौती ही नहीं दी, उसका मस्तक भी ऊंचा कर दिया है। श्रीलाल बीच की पीढ़ी के कथाकार हैं, इसलिए मैंने बीच की पीढ़ी को दी गई चुनौती का जिक्र किया है। वरना चुनौती तो यह उपन्यास पुरानों के लिए भी है और नयों के लिए भी और जैसा कि नीलाभ ने श्रीलाल से एक भेंट में कहा खुद श्रीलाल के लिए भी। क्योंकि अपने आगामी उपन्यास का स्तर ऐसा ही बनाए रखना स्वयं उनके लिए आसान नहीं। श्रीलाल सक्षम लेखक हैं और मैं आशा करता हूं कि वे अपनी ही इस चुनौती को स्वीकार करेंगे और *राग दरबारी* को महज़ फ़्लूक की संज्ञा से विभूषित नहीं होने देंगे।

14 जनवरी, 1969

ढांचे से बाहर

परमानंद श्रीवास्तव

कुछ कृतियां ऐसी होती हैं जो किसी विशेष विधा या पद्धति में अधिक सार्थक और प्रासंगिक होने की कोशिश में उसी विधा के स्वभाव या ढांचे से बाहर चली जाती हैं। यह सही है कि साहित्यिक नैतिकता के बद्धमूल संस्कारों के कारण ऐसा अक्सर संभव नहीं होता। अगर उपन्यास के साहित्यिक मानदंडों के सहारे श्रीलाल शुक्ल के उपन्यास *राग दरबारी* की जांच-पड़ताल की जाए, तो यही लगेगा कि यह उपन्यास अधिक प्रासंगिक और सार्थक उपन्यास बनने की प्रक्रिया में उपन्यास के ढांचे से बाहर चला गया है। अब यह बहस करीब-करीब बेमतलब होगी कि यह सफल उपन्यास है भी या नहीं, या इसका मुख्य पात्र रंगनाथ क्यों एक कमजोर व्यक्ति है, जीवंत और ठोस क्यों नहीं है? वह जिंदगी से सीधे उलझता क्यों नहीं, या असलियत का सामना क्यों नहीं करता? यहां तो जिस जिंदगी की असलियत को सामने रखने की कोशिश की गई है, वहां चीजें एक सिरे से दूसरे सिरे तक खोखली होती चली गई हैं, जिन्हें शास्त्रीय ढंग से सोचने वाले लोग 'मूल्य' कहते हैं, दूसरे शब्दों में कहा जाए, यहां जिंदगी के जितने भी पहलू हैं और वे जिन-जिन पहलुओं से प्रभावित हैं, सब में एक-सी संस्कारहीनता या मूल्यहीनता व्याप्त है।

इस जिंदगी के प्रति लेखक का अगंभीर (या कॉमिक-सा) जान पड़नेवाला रवैया इस मूल्यहीनता या संस्कारहीनता पर होने वाले व्यंग्यात्मक प्रहार को तीखा ही बनाता है, कुछ क्षीण नहीं करता और निस्संगता इस व्यंग्य को और भी असरदार बनाती है और आज के हिंदुस्तान की जिंदगी के इस दो-टूक चित्रण को अधिक प्रामाणिक भी, जिसमें व्यंग्य करने वाला भी व्यंग्य सहता चलता है, क्योंकि उसकी नैतिकता अपने को सच्चाई से अलग रखने या संस्कारहीनता और मूल्यहीनता से अपने को बरी करने में नहीं, सिर्फ अपने को इसका एहसास कराने में है कि अपनी तमाम क्षुद्रताओं में जीवित असली जिंदगी यह है, जिससे जानबूझ कर अनजान बने रहते हैं और अपने को उन शब्दों में छिपाते हैं, जिनका कोई अर्थ हमारे लिए शेष नहीं रह गया है। आंचलिक होकर भी यह उपन्यास अनांचलिक इसी अर्थ में है कि इसके व्यंग्य की रोशनी उस पूरे हिंदुस्तानी दिमाग पर पड़ती है, जिसने हर स्तर पर भ्रष्टाचार को स्वाभाविक मान कर स्वीकार कर लिया है।

जो लोग गंभीरता से ही गंभीर सवालों को छिपाने के कौशल में विश्वास करते हैं, आश्चर्य नहीं कि उन्हें यह उपन्यास या उपन्यास-सरीखा यह प्रयोग 'फ्रॉड' लगे, लेखक इस तरह के मनोविज्ञान से अभिज्ञ भी है। उपन्यास के सौंवे पृष्ठ पर दी हुई उसकी यह टिप्पणी इस दृष्टि से उल्लेखनीय है : 'यह फिलासफी लगभग सभी महत्वपूर्ण काव्यों और कथाओं में होती है और इसीलिए अजब नहीं कि इस उपन्यास के पाठक भी काफी देर से फिलासफी के एक लटके

का इंतजार कर रहे हों कि और सोच रहे हों–हिंदी का यह उपन्यासकार इतनी देर से और सब तो कह रहा है, फिलासफी क्यों नहीं कहता? क्या मामला है? यह 'फ्रॉड' तो नहीं है! पर पाठक यदि इस उपन्यास को जिंदगी के समानांतर रख कर देखने के लिए तैयार हो, तो यह 'फ्रॉड' उसे आज की जिंदगी के कहीं अधिक नजदीक और सचमुच बीस वर्षों की प्रगति और विकास के नारों के बावजूद निहित स्वार्थों और अनेक अवांछनीय तत्वों के आघातों के सामने, घिसट रही गांव की जिंदगी के दस्तावेज जैसा दिखाई देगा।

राग दरबारी का शिवपालगंज गांव है, पर शहर के नजदीक और सड़क के किनारे इसलिए बड़े-बड़े नेताओं और अफसरों को वहां तक आने में कोई सैद्धांतिक एतराज नहीं है। रंगनाथ जो प्राचीन इतिहास में शोध कर रहा है, सेहत बनाने के लिए शिवपालगंज चला आया है–उसका कुछ यह हुलिया है : नवकंज लोचन कंजमुख कर कंजपद कंजारुणम, पैर खद्दर के पजामे में, सर खद्दर की टोपी में, बदन खद्दर के कुर्ते में, कंधे से लटकता हुआ भूदानी झोला, आश्चर्य ही क्या कि ड्राइवर की इस झिड़की पर (खद्दर)... 'कोई तुक का आदमी तो पहनता नहीं' उसका व्यक्ति-गौरव समाप्त हो जाता है। ट्रक का ड्राइवर मौका पाते ही उसकी तालीम को भी फटकार जाता है और साबित कर जाता है कि 'वर्तमान शिक्षा पद्धति रास्ते में पड़ी हुई कुतिया है, जिसे कोई भी लात मार सकता है।' शिवपालगंज जाने के रास्ते में यह दृश्य भी आता है : 'थोड़ी देर में ही धुंधलके में सड़क की पटरी पर दोनों ओर कुछ गठरियां-सी रखी हुई नजर आईं। ये औरतें थीं, जो कतार बांध कर बैठी हुई थीं। वे इत्मीनान से बातचीत करते हुए वायुसेवन कर रही थीं और लगे हाथ मल-मूत्र विसर्जन भी।' इस वर्णन को पढ़ कर भी एक गलत किस्म की नैतिकता के पूर्वाग्रह से ग्रस्त पाठक को अरुचि हो सकती है, पर अनैतिकता इस वर्णन में नहीं, इस समस्या को समस्या न मानने और उस पर उंगली उठाने में झेंपने-झेंपने की मुद्रा का प्रदर्शन करनेवाली औसत भारतीय मध्यवर्गीय व्यवहार की असंगति में है।

शिवपालगंज का अपना थाना भी है जहां 'इतना काम है कि सारा काम ठप पड़ा है,' जहां बैठ कर चारों ओर निगाह दौड़ाएं तो मालूम होगा कि 'इतिहास के किसी कोने में खड़ा है,' जहां दारोगा जी के लिए 'साम्यवाद वह है, जिसमें रिश्वत, चोरी, डकैती में भेद नहीं रह गया है।' छंगामल विद्यालय इंटरमीडिएट कालेज शिवपालगंज के लोगों का 'अपना' कालेज है, जहां 'अपनी' पालिटिक्स चलती है और जिसमें हर तरह का 'कमीनापन' भी चलता है। यहां के विद्यार्थियों को नहीं पता कि बिजली क्या है, पक्का फर्श क्या है, सैनिटरी फिटिंग क्या है!

शिवपालगंज की वस्तु पर आधारित इस उपन्यास के पात्र-समुदाय में विविधता की कमी नहीं है–प्रिंसिपल साहब, वैद्य जी, मास्टर खन्ना, रुप्पन, बद्री, गयादीन, लंगड़ व्यक्तियों के साथ ही वर्ग-चरित्र भी यहां उभरते हैं–बॉभन, ठाकुर, चमार–इसी तरह गंजहों का वर्णन अक्सर इस तरह आता है जैसे उनकी अलग जाति हो। एक छोर पर वैद्य जी हैं–सारे छलछंद और चालू अवसरवादिता से युक्त, तो दूसरे छोर पर लंगड़ है जिसकी जिंदगी रिश्वत न देने और नकल कायदे से ही लेने के इंतजार में निकली जा रही है। उसके लिए यह धरम की लड़ाई है और वह इस लड़ाई से ऊबा नहीं है। ऊबना पड़ा है, तो रंगनाथ को, जिसकी आत्मा के तारों पर बजते हुए पलायन-संगीत से ही उपन्यास का अंत होता है। रंगनाथ के चरित्र की यह परिणति आकस्मिक नहीं है, शुरू से ही उसमें एक ऐसी भावुकता है, जो 'कुछ करना चाहिए' की भावना तक ही सीमित रहती है, 'क्या करना चाहिए'– यह रंगनाथ के भावुकता-ग्रस्त मन में कहीं स्पष्ट

नहीं है। यह उसकी नियति की विडंबना है कि परिस्थितियां ही उसके साथ प्रयोग करती हैं, वह परिस्थिति को जरा-भी इधर-उधर नहीं खिसका पाता। पीढ़ियों के संघर्ष में वह रुप्पन के साथ मास्टर खन्ना का पक्षधर होना जरूर चाहता है, पर इससे आगे वह कुछ कर नहीं पाता। उसका पलायन-संगीत यही है :

> तुम मंझोली हैसियत के मनुष्य हो और मनुष्यता के कीचड़ में फंस गए हो? तुम्हारे चारों ओर कीचड़ ही कीचड़ है।
>
> ... कीचड़ से बचो। यह जगह छोड़ो। यहां से पलायन करो, वहां जहां की रंगीन तस्वीरें तुमने 'लुक' और 'लाइफ' में खोज कर देखी हैं, जहां के फूलों के मुकुट, गिटार और लड़कियां तुम्हारी आत्मा को हमेशा नए अन्वेषणों के लिए ललकारती हैं... जाकर वहीं छिप जाओ।
>
> ...अगर तुम्हारी किस्मत ही फूटी हो और तुम्हें यहीं रहना पड़े तो अलग से एक हवाई दुनिया बना लो, उस दुनिया में रहो, जिसमें बहुत से बुद्धिजीवी आंख मूंद कर पड़े हैं।
>
> ...भागो, भागो, भागो। यथार्थ तुम्हारा पीछा कर रहा है।

और रंगनाथ शहर लौट जाता है। 'देश के पंचानबे प्रतिशत बुद्धिजीवियों की तरह जिनकी बुद्धि उनको आत्मतोष देती है... और न करने के मामले में कुछ उनकी भी जिम्मेदारी है, इस बेहूदा विचार को उनसे कोसों दूर रखती है।'

इसमें संदेह नहीं कि आजादी के बीस वर्ष बाद के भारतीत लोकतंत्र के इस कठोर, तटस्थ औपन्यासिक विवरण में सारा ही नैतिक या राजनैतिक अवमूल्यन बड़े ही तीखे ढंग से व्यक्त हुआ है। गबन, भ्रष्टाचार, घूसखोरी, स्वार्थपरता और भारतीय लोकतंत्रात्मक जीवन के कितने ही गिरे हुए हीन पहलू यहां अविकल रूप में सामने आए हैं। लेखक की टिप्पणियां, जिन्हें 'फब्तियां' कहा गया है, इनके प्रति हमारे विक्षोभ को कम नहीं करतीं, न अतिरंजित करती हैं; सिर्फ चित्रों को यहां-वहां से बिखरा देती हैं और उपन्यास की सूत्रबद्धता को छिन्न-भिन्न करके उसे उपन्यास के ढांचे से बाहर निकल जाने की सहूलियत प्रदान करती हैं। ढांचे से बाहर चले जाने का ही परिणाम यह भी है कि पहली बार यह उपन्यास सिर्फ सपाट विवरण लग सकता है, पर हम उपन्यास से संबद्ध अपनी तथाकथित साहित्यिक मांग में कुछ फेर-बदल करने के लिए तैयार हों, तो न यह विवरण सपाट जान पड़ेगा, न अधूरा, न अप्रामाणिक।

17 मई 1969, धर्मयुग

ब्रिलिऐंट उपन्यास

ओंकारनाथ श्रीवास्तव

श्रीलाल शुक्ल के उपन्यास *राग दरबारी* की आजकल काफ़ी चर्चा है। सचमुच यह एक 'ब्रिलिऐंट' यानी चटकीला उपन्यास है, लेकिन हम ब्रिलिऐंट शब्द का ही इस्तेमाल करना चाहेंगे। इसका एक कारण है।

यूनिवर्सिटियों और काफ़ी हाउसों में यह शब्द अक्सर सुनने में आता है। इसका इस्तेमाल उस क़िस्म के विद्यार्थियों के लिए होता है जो न सिर्फ पढ़ने-लिखने में तेज होते हैं बल्कि बात-चीत में भी कुशल होते हैं, जानकारियों के भंडार, बहस करने में माहिर और फ़िक़रे चुस्त करने में बेजोड़। क्लासरूम में उन्हें टीचर की ओर से खास तवज्जोह मिलती है और काफ़ी हाउसों के इंटेलेक्चुअल कहकहे इन्हीं की मेजों से उठते हैं। सचमुच ये 'ब्रिलिऐंट' लोग उस खास किस्म के होते हैं जिनके लिए कामयाबी की राहों में सरक जाना सरल और सहज होता है।

'ब्रिलिऐंट' होने की ये विशेषताएं 'राग-दरबारी' ही की नहीं, उसके लेखक की भी रही हैं। एक अच्छी रचना में लेखक का अक्स होता है सो यहां भी है। अच्छे विद्यार्थी रह चुकने के बाद श्रीलाल शुक्ल एक कुशल प्रशासक बने। इस वक्त वह उत्तर प्रदेश सरकार में एक जिम्मेदार पद पर हैं। लेखक वह पहले भी थे हालांकि आम तौर पर ऐसा नहीं होता। फिर भी प्रशासक बनने के बाद भी वह लेखक बने रहे। बने ही नहीं रहे उस रूप में काफ़ी विकास भी किया, जिसका ताजा सबूत है यह उपन्यास। सुनने में यह भी आया है कि लेखक की विशिष्ट प्रशासकीय स्थिति के कारण इस उपन्यास को प्रकाशन के पूर्व नीतियों के मामले में किसी किस्म की सरकारी जांच से भी गुजरना पड़ा है, मगर उसका कोई वैसा प्रभाव पड़ा हो ऐसा नहीं लगता। दो एक जगह गठन के लिहाज से कुछ झटके जरूर लगते हैं मगर शायद वह लेखक का ही किया हो।

उपन्यास की कहानी शिवपालगंज नाम के एक कस्बे में घटित होती है जो कि किसी बड़े शहर से थोड़ी दूर पर आबाद है। स्थानिक रंगों के आधार पर यह कहा जा सकता है कि यह अवध के बैसवाड़ा क्षेत्र की कहानी है जिसके लोग दबंग स्वभाव के मशहूर रहे हैं, जहां ऊंची जातियों का स्वभाव जमींदाराना रहा है और नीची जातियां काफी सताई हुई रही हैं। इस अंचल का चित्रण निराला ने अपनी 'बिल्लेसुर बकरिहा', 'कुल्ली भाट' और 'चतुरी चमार' आदि कृतियों में किया था। संपूर्ण उपन्यास में यह चित्रण शायद पहली बार *राग दरबारी* में हुआ है।

उपन्यास के नाम से इसकी वस्तु का कुछ संकेत अवश्य मिलता है। फ्लैप पर इसे संगीत जगत के प्रसिद्ध राग से जोड़ने की बेवजह कोशिश की गई है। 'राग दराबारी' का संबंध राग विशेष से उतना ही है जितना बांग्ला-कथाकार बनफूल के उपन्यास 'भीमपलासी' का उस राग विशेष से है, यानी बिलकुल नहीं। गांव के वैद्य महाराज के रोजाना दरबार में झूठ, बेईमानी,

साजिश और सबके ऊपर ढोंग के आवरण का जो अटूट राग छिड़ा रहता है, *राग दरबारी* की मुराद उसी से है। वैद्यजी का भांजा रंगनाथ शहर का पढ़ा-लिखा, रिसर्च स्कालर है, गांव में तंदुरुस्ती बनाने आया है और इस उपन्यास की घटनाओं का लगभग तटस्थ द्रष्टा है।

लेखक ने अपनी सीधी दृष्टि से देखा है इस लिहाज से रंगनाथ इस उपन्यास का पात्र है भी और नहीं भी है। मुख्य पात्र वैद्यजी ही ठहरते हैं जिन्होंने बदलते जमाने से आश्चर्यजनक तेजी के साथ फायदा उठाकर कस्बे के शोषणतंत्र को अपने कब्जे में कर लिया है।

खास फोकस स्थानीय कालेज की राजनीति पर है जिसमें प्रिंसिपल जैसे कार्यसाधक चाटुकारों के कुचक्रों के कारण खन्ना मास्टर जैसे लोगों का निष्कासन होता है। इंसाफ और ईमान की आवाजें उठती जरूर हैं मगर बेरहमी से दबा दी जाती हैं। व्यक्तिगत स्तर पर कोई भी पात्र ऐसा नहीं है जिसके हाथों में इंसाफ और ईमान की बागडोर दी जा सके सिवा एक लंगड़े के जो कानून की लड़ाई में लंगड़ा का लंगड़ा ही रह जाता है।

मगर *राग दरबारी* ने लोगों का ध्यान अपनी कहानी या कथ्य के बल पर नहीं खींचा है। भविष्य में विश्वास खोए हुए ऊंची-नीची और मध्यम सभी श्रेणियों के बुद्धिजीवियों का कथ्य आज कल कुछ ऐसा ही शंकापूर्ण हो गया है जैसा कि इस उपन्यास में देखने को मिलता है। श्रीलाल शुक्ल तो एक कदम और भी आगे बढ़े हैं। उन्होंने किसी विदेशी की इस उक्ति को कि समस्त भारत एक विस्तृत बंपुलिस है चरितार्थ कर दिया है।

इसके मुख्य आकर्षण हैं इसकी रोचक शैली, गांव के मामलों की जानकारियां, बहसों के अंदाज और फिकरे चुस्त कसने का कमाल—एक शब्द में इसका बिलिऐंट होना।

प्रेमचंद ने कहीं लिखा था कि उन्हें 'रंगभूमि' का कथानक एक अंधे भिखारी से मिला था जो तांगों के पीछे दौड़ लगाकर भीख मांगा करता था। वही 'रंगभूमि' का सूरदास बना। श्रीलाल शुक्ल को भी लंगड़े के रूप में, उपन्यास के प्रारंभ में ही ऐसा एक पात्र मिला था मगर वह लंगड़ाता ही रह गया। नहीं तो, उपन्यास 'सेंसिटिव' (संवेदनशील) हो जाता है।

अंत में, यह उपन्यास प्रश्नों-भरी रोचक कथा-सामग्री की वृद्धि करता है जिसकी हमारे साहित्य में बहुत कमी है।

हिंदी ब्लिट्ज, *31.5.1969*

बहुत बड़ी ऊब का महाग्रंथ

श्रीपत राय

मेरे इस कमरे में जहां बैठकर मैं काम करता हूं मेरे ठीक सामने 'निराला' का एक बड़ा चित्र है जिसे मैं निरंतर देखता हूं। चित्र ठीक सामने है और इतना आकर्षक है कि घूम-फिरकर दीठ उसी पर टिक जाती है। जब मैं किसी गंभीर, अबूझ या टेढ़ी समस्या से जूझ रहा होता हूं तो मेरी दृष्टि 'निराला' की ओर बरबस चली जाती है। ऐसे अवसरों पर उनकी शांत-सौम्य मुद्रा, उन्नत ललाट, लंबे केश और सुशोभन आकृति को निरखकर बड़ा आत्मबल, बड़ी शक्ति, बहुत गहरी प्रेरणा मिलती है। ऐसे क्षणों में भासित होने लगता है कि कोई भी समस्या, कोई भी प्रश्न, समझ की परिधि से बाहर नहीं होता। 'निराला' के गद्य का अर्थ-गांभीर्य, जीवन का उनका गहन अनुभव और उनकी मानवता; उनके पद्य की गरिमा मन में एक अदमनीय उल्लास भर देती है जिसके सम्मुख कोई भी संकट दुर्निवार नहीं लगता है। ऊधो, मन नाहीं दस बीस... इस अजेय शक्ति से सज्जित होकर किसी भी न सुलझनेवाली समस्या से उलझा जा सकता है। क्या है जो मानवी मनीषा से परे है? मन को एक अमोघ अस्त्र मिल जाता है और इस प्रकार की खिझाने वाली, रिसाने वाली समस्याओं का समाधान अचानक और अनायास उस नैसर्गिक मुखाकृति में कौंध जाता है और फतेह हो जाती है। ऐसा मेरे साथ अनेक बार हुआ है। कुछ इसी प्रकार का अनुभव अभी हाल में *राग दरबारी* पढ़ते समय हुआ। इसे पढ़ना धैर्य की कठिनतम परीक्षा थी और यदि उस महान् विभूति का संबल मेरे पास न होता तो इस अतिशय उबानेवाली, कुरुचिपूर्ण और कुरचित कृति को कदापि न पढ़ पाता। समीक्षक का धर्म कितना अप्रीतिकर होता है इसका यथेष्ट अनुभव मुझे है। पर हर बार जब ऐसा अवसर आ पड़ता है तो साहस जवाब दे जाता है। पर धर्म-धर्म है। कभी मेरा कोई व्यक्तिगत राग-द्वेष न किसी रचना से, न किसी रचनाकार से रहा है। मैं अपनी जीवन-पद्धति, समाज-विधि और साहित्य के मापदंड से रचना का परीक्षण करता हूं और अपनी बात साफ-सुथरे ढंग से कहने का प्रयास करता हूं। समीक्षा के संदर्भ में शिष्टता, अनिश्चय और द्विविधा को मैं हानिकार समझता हूं। इसे मैं दुर्गुण नहीं मानता कि बात दो-टूक की जाय और ढुलमुल-यकीनी से बचा जाय। द्विविधा मानसिक ढीलेपन का लक्षण है। तथ्यों में कैसी द्विविधा?

मैं मानता हूं कि साहित्य देश-काल सापेक्ष ही नहीं होता, कि वह नियमविहीन नहीं होता। मैं नहीं मानता कि उसकी कोई निश्चित मर्यादा या मापदंड नहीं है, कि वह परिभाषित नहीं किया जा सकता, कि वह अराजक है। ऐसा मानना कलाओं की नींव पर आघात करना है और अज्ञान की पराकाष्ठा है और मतिमंदता का प्रमाण है।

राग दरबारी को उपन्यास मानने के लिए इस विधा की सीमा को रबड़ की भांति खींचना होगा क्योंकि यह सच में निंदोपाख्यान (सैटायर के अर्थ में) है। पर मुझे इसे उपन्यास मान

लेने में कोई आपत्ति नहीं है। इसे कुछ भी मान लेने में मुझे आपत्ति नहीं है। वैसे यह बात गौण भी है। विधा की सीमाओं में रचना को बांधना अनावश्यक भी है, अनुचित भी। इसे किसी भी नाम से पुकारें इसका आंतरिक स्वरूप जितना कुरूप और वितृष्णाजनक है उससे कोई अंतर नहीं आएगा। अभी तक मेरे लिए इस रहस्य के कपाट पूरी तरह नहीं खुले हैं कि *राग दरबारी* अंततः क्यों इतनी खिझानेवाली और अपठनीय रचना है। अपने विचारों को सुनियोजित करने की राह में यह रहस्योद्‌घाटन हो जायगा यह विश्वास लेकर चल रहा हूं।

मैं उपन्यास की शास्त्रीय परिभाषा करने नहीं जा रहा हूं। आज उसका जो स्वरूप है वह बहुत विस्तृत, बिलकुल स्वच्छंद और संगीतमय है। *राग दरबारी* को परखते समय हमें उपन्यास के स्वरूप को स्पष्ट देखना होगा।

उपन्यास-लेखक अपने चरित्रों से एकात्म होता है, उनसे विलग या बाहर नहीं होता। यदि वैसा होता है, यदि लेखक अपने-आपको अधिक चतुर या उत्कृष्ट मानता है तो लेखन निकृष्ट, बनावटी और उथला होता है। इन चरित्रों की मानव-प्रकृति निश्चय ही लेखक की प्रकृति से भिन्न होती है (अन्यथा वे स्वतंत्र चरित्र बन ही नहीं सकते, मात्र अपने सर्जक का प्रतिबिंब रह जायंगे।) पर वे, अपने जनक के साथ ही साथ, मानव-प्रकृति के साथ एकात्म होते हैं। प्रत्येक महान उपन्यास हमारे लिए एक पाठ होता है, शिक्षापाठ नहीं, अच्छा परामर्श भी नहीं, पर इस अर्थ में पाठ कि वह एक मानवीय चिंतन-धारा का प्रतीक होता है, वह विचार-स्फुल्लिंग जो जीवन-दृष्टि से उद्‌भूत होता है।

उपन्यास जीवन की आलोचना नहीं है। बल्कि इसका उद्देश्य अनुभव की जटिलता का पुनर्सृजन है। जैसे जीवन में उलझी हुई जटिल अनुभूतियों का संचरण होता है उसी के अनुरूप उपन्यास में इन अनुभूतियों के अंधकार-आलोक, वृद्धि-अवरोध की गाथा होती है। 'मानव जीवन सबसे बड़ा रहस्य है।' उपन्यास इस रहस्य के उद्‌घाटन में सहायक होता है, यह उसे होना चाहिए। परिपक्व अनुभव के आधार पर लेखक इस रहस्योद्‌घाटन में सहायक हो सकता है। उपन्यास का मूलाधार कभी सामान्य या साधारण अनुभूतियां नहीं होतीं; वह आधार उसे गंभीर आत्मिक तत्वों से प्राप्त होता है। औपन्यासिक वह नहीं वर्णित करता जो मात्र चाक्षुष है बल्कि वह जो कल्पना-दृष्टि से प्राप्त होता है। इस तथ्य को रेखांकित कर लें।

अनुभव गतिशील है और उपन्यास-लेखक का धर्म है कि वह उसे संप्रेषित करे। उपन्यास का सबसे बड़ा गुण और इसीलिए उसका कर्त्तव्य है कि वह अनुभूति के संस्पर्श को अग्रसरित करे और अनेक चरित्रों के जीवन को अनुभव विशेष के स्तर पर एक सूत्र में बांधे। संवेद की संवृद्धि और विकास का उपन्यास में वर्णन होता है और उनके सहारे वह अपने को आगे बढ़ाता है। स्वानुभव क़ो लेखक सार्वभौम अनुभव में बदलता है जो उसका चमत्कार है। इस प्रक्रिया को समझने का बराबर प्रयास होता रहा है। कोई भी कला पूर्णरूपेण समझाई नहीं जा सकती। उसका अस्तित्व मात्र अनुभव करने के लिए, रसास्वादन के लिए होता है। यह रसास्वादन पाठक की संवेदना और उसके रुचि-परिष्कार के अनुपात में होता है। औपन्यासिक का यह विशिष्ट गुण है कि वह अपनी शैली से, भावनाओं के नियोजन से, अनुभव के संपुंजन से अपने निजी अनुभव की एकांतिकता को काटकर उसे सर्वजनीन बनाता है। जितना ही बड़ा स्रष्टा होगा उतना ही वह सामान्य के अंदर से विशिष्ट को जन्म देने में सफल होगा। संपूर्ण उपन्यास-लेखक वह होता है जो मर्म की इस गहराई को छूता है जहां एक का अनुभव अनेक का अनुभव प्रतीत होता है। एक व्यापक स्तर पर उपन्यास को चित्र या संगीत के समकक्ष मानने में किसी प्रकार की बाधा नहीं होनी चाहिए। कदाचित, इसीलिए, उपन्यास को धर्म-ग्रंथ बनने में भी देर नहीं

लगती क्योंकि वह लेखक के जीवन-दर्शन का स्वरूप होता है।

उपन्यास एक आधुनिक विधा है। समकालीन उपन्यास की सबसे बड़ी उपलब्धि यह है कि वह एक व्यक्ति का दूसरे व्यक्ति के साथ जो संपर्क होता है उस समस्या को छूने का, उसे समझने का, उसे विवेचित करने का प्रयास करता है। जहां यह प्रयास सतही होता है, या होता ही नहीं, उस कृति को उपन्यास नहीं माना जा सकता और वह चाहे जो कुछ हो। इसी बात को यदि अतिसंक्षेप में कहें तो यह है कि उपन्यास जीवन का एक अंश नहीं होता, वह और कलाओं की भांति कला का अंश होता है। यह बात सुनने में सरल लग सकती है पर गंभीरता से विचार करने पर इसके अर्थायाम खुलते चले जायंगे। समकालीन हिंदी उपन्यास की सबसे बड़ी कमजोरी यह है कि वह इस विधा को जीवन की एक झांकी, जीवन का एक टुकड़ा, जीवन का एक चित्र मानता है जहां इसका महत्व एक जीवन-प्रणाली के रूप में होना चाहिए। यदि श्रीलाल शुक्ल अपने उपन्यास *राग दरबारी* में इस भ्रांति के शिकार हुए हैं तो वे दया के पात्र हैं। उनसे हमें इतनी महती भूल की आशा नहीं थी। उनके पास बड़ा सशक्त अनुभूति-तंत्र है, बड़ी प्रखर दृष्टि है, भाषा का बहुत बड़ा भंडार है, कहीं भीतर ज्ञान की लौ भी है। पर वे सहज ही आसानी से शिकार हो गए। इस बात का दुःख है। दूसरा रास्ता जिस पर चल कर वे अपनी प्रतिभा को एक कला-कृति के सृजन में लगा सकते थे उससे वे कतरा गए और परिणामस्वरूप एक कुरूप कृति के सर्जक बने। यह न भूलें कि दूसरा रास्ता, आत्मानुसंधान का रास्ता बहुत बीहड़ है और उसमें प्रवेश करना विरल साहस का काम है। समकालीन हिंदी उपन्यासों में यह दोष बहुत मिलता है। अधिकांश उपन्यासकार चतुर यथार्थ-वर्णन को उपन्यास-कला की इति-श्री मान बैठे हैं। इस विषय में इतने विस्तार से जाने की आवश्यकता ही मैंने इसीलिए अनुभव की। आधुनिक हिंदी उपन्यास की परंपरा जितनी गरिमामयी है, उसका ह्रास भी उतना ही दुरारोह है। जन-रुचि और जन-विवेक का स्खलन भी सामान्य दूषण है। उपन्यासों में छाई हुई यह सतही चातुरी चिंतनीय है। इस रोग का निदान तो मैंने किया है पर यह नहीं कहता कि रोग के निदान से स्वस्थ उपन्यास का जन्म होगा। यह दंभ किसी का नहीं है। उपन्यास लिखना बहुत दुष्कर है।

उपन्यास प्रारंभ करने से पहले अनेक ऐसे प्रश्न हैं जो लेखक को अपने-आप से पूछने चाहिए। इन प्रश्नों में मुख्य हैं : कोई इसे पढ़ना चाहेगा? यदि हां, तो क्यों? यदि ईमानदारी से सोचने पर उसे पढ़ने का सुनिश्चित प्रयोजन न मिले तो समय और श्रम का दुरुपयोग न करके उसका लिखना मुल्तवी कर देना चाहिए। यदि यह आयोजित उपन्यास न तो कोई नया जीवनानुभव उद्घाटित करेगा, न संवेद, चरित्र या मनीषा के नए आयाम उजागर करेगा; न विचारोद्दीपन करेगा न विचारोत्तेजक होगा तो मात्र इसलिए कि वह लिखा गया है पर्याप्त कारण नहीं है कि उसे प्रकाशित भी किया जाय। *राग दरबारी* को प्रकाशित करने का उद्देश्य मेरी समझ में नहीं आता। यह और बात है कि बहुत-से लेखन के साथ यही आपदा है। यह उपन्यासी लंतरानी, सस्ती किस्सागोई और रिपोर्ताज के बीच कहीं रखा जा सकता है। यह भी अच्छा होता कि यह अपनी संकरजातीयता तजकर इन तीनों विधाओं में से किसी एक को अपना लेता। पर तब इसका कोई उल्लेख न होता। जिस जाति की किस्सागोई यहां मिलती है वैसी अनेक ग्रामीण किस्सागोई अधिक स्वाभाविक ढंग से कर सकते हैं। उनमें इतना छद्म और इतना दंभ नहीं होता। उस किस्सागोई का भी अपना आनंद होता है। पर यह?

राग दरबारी मूलतः जीवन का हास्य-चित्र है, निंदोपाख्यान (सैटायर के अर्थ में) है। पर सैटायर लिखना तो उपन्यास लिखने से भी अधिक मुश्किल है। मैं नहीं कहता कि सैटायर साहित्य

का बड़ा ही उदात्त रूप नहीं है। वह साहित्य का बड़ा महत्वपूर्ण अंग है। पर सैटायर लिखना प्रारंभ करके उसे हास्य-चित्र (कैरिकेचर) बना देना तो बुद्धिमानी नहीं है। जीवन में हास्य-विनोद के महत्व से किसे आपत्ति होगी? देखना केवल यह होगा कि जीवन के हास्योत्पादक तत्वों का उपयोग लेखक ने क्यों, कितना और कहां किया है। यदि हास्य को उपहास का विशद रूप दे दिया गया तो गरल हो जायगा। *राग दरबारी* का दुर्भाग्य यह है कि वह ईमानदारी के साथ कुछ भी नहीं। चूं-चूं का मुरब्बा है जो कसैला हो गया है।

यदि सैटायर का आदर्श रूप देखना हो तो 'सरशार' का 'फिसाने आजाद' या सर्वांटिस का 'डॉनक्विग्जोट' पढ़ जाइए। तब लगेगा कि *राग दरबारी* कितना निम्नकोटि का सैटायर है। सर्वांटिस ने मानवता का जितना गंभीर अध्ययन इस विधा के माध्यम से किया वह अद्वितीय है। उनका अमर पात्र सैंचो पांजा यथार्थ की अद्भुत समझ रखता है पर उसका कोई आदर्श नहीं। आदर्शविहीन यथार्थवादी का वह प्रतीक-रूप है। दूसरी ओर डॉन क्विग्जोट है जिसमें आदर्श ही आदर्श हैं पर जो सांसारिक दृष्टि से पागल है। मनुष्य के इन दो महान प्रतीक-रूपों को जिस अप्रतिम रूप में लेखक ने रूपायित किया है वह विश्वसाहित्य की अमूल्य निधि है। मैं तुलना नहीं करता। वैसा करना घोर अन्याय होगा। पर सैटायर के स्वरूप की थोड़ी-बहुत समझ की आशा श्रीलाल शुक्ल से करना अन्याय कदापि नहीं है। *राग दरबारी* पढ़ते समय कहीं पर भी हंसी नहीं आती। इस कृति का दूषण इसका बनावटीपन है। लेखक ने अपने को रचना से असंपृक्त रखा है और स्वाभाविक है कि ऐसी दशा में छद्म, असत्य और कुरूपता जन्मे और पोषित हो। इस कृति को लेखक ने इतना अप्रतिबद्ध बना दिया है कि यह आशंका होने लगती है कि कहीं यह स्वतः लिखित या स्वतः चालित तो नहीं है। रचना की यह दुर्दशा सचमुच दुःखद है।

निंदोपाख्यान को समज की कटु आलोचना के रूप में साहित्य में तभी स्थान मिल सकता है, जब वह आलोचना नैतिक आधार पर टिकी हो। श्रीलाल शुक्ल में सैटायर लिखनेवाले के सभी गुण विद्यमान हैं। उनकी अंतर्दृष्टि की प्रखरता स्थानीय रंगों के निरूपण में दिखाई देती है। वेशभूषा का वर्णन, बोली की बारीकियां, मुखाकृतियों और भंगिमाओं के रेखांकन, जनपदीय मुहावरों की समझ अद्भुत है। पर उनको गहरी अनुभूति या समझ के स्थान पर उपयोग में लाना उनकी सबसे बड़ी कमजोरी है। वे मार्ग का संकेत हैं, उनको गंतव्य मान लेना सर्वथा अनुचित है।

राग दरबारी की कथा-वस्तु के विषय में मैंने अभी तक कुछ नहीं कहा है। उस दिशा में अधिक कहने को है भी नहीं। उच्च शिक्षा-प्राप्त, रंगनाथ नामी नवयुवक (जो कदाचित लेखक का प्रतिरूप है) अपनी थीसिस की तैयारी के लिए अपने मामा के घर आता है। ये मामा अवध के किसी बड़े गांव में रहते हैं जिसका नाम शिवपालगंज हैं। ये मामा व्यवसाय से वैद्य हैं, स्वभाव से राजनीतिज्ञ हैं। रंगनाथ इस गांव का सभी कोणों से अध्ययन करता है। उसके अध्ययन से जो चित्र बना है वह *राग दरबारी* है। इस देश में स्वतंत्रता-प्राप्ति के बाद चतुर्दिक बड़े-बड़े परिवर्तन हुए हैं। किसी भी गतिशील समाज में वे होते हैं। उनका आख्यान आज के साहित्य में होना ही चाहिए। रंगनाथ देखता है कि चारों ओर अनैतिकता ही अनैतिकता का साम्राज्य है। यह विषय आज चहुं ओर चर्चा का विषय है और रंगनाथ भी उन असंख्य लोगों मे से एक है जो इस स्थिति का उपहास करता है। वह इससे संघर्ष भी करना चाहता है पर इसे अपनी सामर्थ्य से परे पाता है। यह पुराण सुनते-सुनते हम पागल हो चुके हैं। इसी दलदल में से, जिसे लेखक जीवन मानता है, हमें ले जाया जाता है। मार्ग में हम जो कुछ देखते हैं, अनुभव करते हैं उसी

का विशद वर्णन और विवेचन लेखक ने किया है। कथा-भाग केवल इतना है। शिवपालगंज के अनेक निवासी मूर्तिमान होते हैं, गतिवान होते हैं, क्रीड़ा करते हैं, पर जीते नहीं। उनके साथ न तो इस आख्यान के पाठक का, न तो पात्रों का आपस में ही, कोई रागात्मक तादात्म्य स्थापित होता है। वे सभी पात्र पुतलों के रूप में चीन्हे जा सकते हैं पर उनको मानवों की भांति समझने की कोई सुविधा लेखक ने नहीं जुटाई। जीवन में वह कहीं प्रवेश नहीं करता, मात्र दर्शक बना रहता है। जिस सर्जक को जीवन में प्रवेश की लालासा न हो वह किनारे पर ही खड़ा रह जाता है।

रंगनाथ, अजब नहीं है, कि बाहर से आया हुआ असंपृक्त दर्शक और बुद्धिजीवी है। वह लेखक की अपनी मानसिक स्थिति का मुकुर है। मानवी संवेदना को विद्रूप के माध्यम से कभी नहीं उजागर किया जा सकता। इस प्रक्रिया में आत्मा की मृत्यु अवश्यंभावी है। यही *राग दरबारी* की असफलता का मूल कारण है।

इतना कहने के बाद मन में संशय जागता है कि कहीं मैंने इस रचना के साथ अन्याय या अनौचित्य तो नहीं किया? कहीं मुझमें पूर्वग्रह तो नहीं है? किसी कृति की इतनी निर्मम आलोचना क्षम्य है? मैं मानता हूं कि अनौचित्य का दोषी मैं नहीं हूं, निर्ममता का हो सकता हूं। साहित्य-समीक्षा करते समय उदारता से काम लेना किसी के भी हित में नहीं होता। कृति के साथ तादात्म्य स्थापित करके, अपने निजी अनुभव की परिधि में उसे बांधकर ही उसे समझा जा सकता है। वैसा ही परीक्षण करने का यह प्रयास है। यह विस्तीर्ण दुनिया दोषमय है, थी, और रहेगी, पर इसी में हम सबको जीवित रहना है और जीवन का अर्थ पाना है। इसकी खिल्ली उड़ाना, इस पर फब्तियां कसना या कटूक्तियों से इसे छेद-छेद कर डालना लेखक का काम कदापि नहीं है। उसका तो धर्म ही यह है कि इस सारहीन, अर्थहीन मानव अस्तित्व में से जीवन का नैतिक एवं आध्यात्मिक आधार प्राप्त करे। किसी भी साहित्य-रचयिता के लिए जीवन के मान पुनीत होने चाहिए; हास्योत्पादक अतिरंजना गंभीर अवगुण है और यदि सच्चे मानवी अनुभव के अंतर्ज्ञान का कृति में अभाव है तो यह अवगुण अक्षम्य हो जाता है।

मान लें कि *राग दरबारी* में कथावस्तु बड़ी निकृष्ट कोटि की है तो उसे उबारनेवाली कोई विभावक प्रेरणा क्या लेखक में है? लेखन के स्तर पर, रचना के स्तर पर उसकी क्या स्थिति है?

जहां साहित्य का मूलाधार सदैव जीवन होता है, वहीं उससे निस्संगता भी साहित्य का गुण है। यह अबूझ पहेली या विरोधाभास नहीं है। यह एक अनिवार्य विवशता है साहित्य के लिए।

रचना भाषा के सहारे होती है। भाषा की बनावट शब्दों के बिना नहीं हो सकती। शब्द कई जातियों के हो सकते हैं। जहां शब्द टकसाली या चालू जाति के होते हैं, वहां वे ऊपरी दुनिया में विचरण करते रह जाते हैं। वे गहन अनुभूतियों को वाणी नहीं प्रदान करते। वे मात्र निरंकुश, सैलानी या अपकृष्ट विचारों को मुखर करते हैं। गंभीर विचारों और सहज संवेग के वाहक के रूप में भाषा का स्वरूप अनिवार्यतः जटिलता, दुरूहता और अर्थ-बहुलता की दिशा में जाता है। *राग दरबारी* में कहीं अर्थ-गांभीर्य के दर्शन नहीं होते। जीवन-दर्शन के अभाव में कोई रचना शक्य नहीं है, उपन्यास-रचना और भी कम संभव है।

भाषा की संवेदना अपने आपमें मानवीकरण की पोषिका होती है। यदि वह है तो मनुष्य में एक दूसरा और ऊर्ध्वतर स्वभाव जन्मता है। भाषा के माध्यम से मनुज का विस्तृतीकरण होता है और अपने कर्म के संदर्भ में वह अधिक जागरूक बनता है। भाषा के बल पर मनुष्य

जीवधारी इकाई से ऊपर उठकर ऐतिहासिक व्यक्ति बनता है। जो वाक्य-विधि हम उपयोग में लाते हैं, जो मुहावरे, जो प्रतिमान, वे हमारे चिंतन का आलेख होते हैं और उनके पीछे अनेक पीढ़ियों के चिंतन का योगदान होता है। *राग दरबारी* में प्रयुक्त भाषा भोंडी, कुरूप और संस्कार-च्युत है। मैं अपनी बात के समर्थन में इस पुस्तक से कुछ उद्धरण दे रहा हूं। वे बिना किसी पूर्व-योजना के कहीं से भी उठा लिए गए हैं। और चूंकि पूरी पुस्तक ऐसी ही संस्कारहीन भाषा में लिखी गई है, उसे पढ़ना सचमुच यातना है। समकालीन संवेदना आज के युग की असंगति का आईना है। बाह्य व्यवहार और आंतरिक मनःस्थिति में जो विराट अंतर है वह मुखर हो उठता है और भाषा में ह्रास का अनुभव किया जा सकता है। इस भाषागत अवनति को लेखक सीमित करता है, बांधता है। पर श्रीलाल शुक्ल ने केवल इसे सीमा-बद्ध नहीं किया है, बल्कि और व्यापक बनाया है। जान-बूझकर उन्होंने भाषा को हीनजातीय बनाया है। भाषा की द्रवणशीलता की उन्होंने हत्या की है। भाषा के ये नमूने देखिए :

1. वहीं एक ट्रक खड़ा था। उसे देखते ही यकीन हो जाता था, इसका जन्म केवल सड़कों के साथ बलात्कार करने के लिए हुआ है। जैसे कि सत्य के होते हैं, इस ट्रक के भी कई पहलू थे। पुलिस वाले उसे एक ओर से देखकर कह सकते थे कि वह सड़क के बीच में खड़ा है, दूसरी ओर देखकर ड्राइवर कह सकता था कि वह सड़क के किनारे पर है। चालू फैशन के हिसाब से ड्राइवर ने ट्रक का दाहिना दरवाजा खोलकर डैने की तरह फैला दिया था। इससे ट्रक की खूबसूरती बढ़ गई थी; साथ ही यह खतरा मिट गया था कि उसके वहां होते हुए कोई दूसरी सवारी भी सड़क के ऊपर से निकल सकती है। (पृष्ठ 9)
2. जिनका नाम रुप्पन बाबू था, उसके मन में बेचैनी पैदा होने के दिन एक और घटना हुई थी, पर उस घटना का उस बेचैनी से कोई संबंध न था। उस लड़के को बहुत दिन से एक लड़की की जरूरत थी और इस बात को पहचानकर उसने भूल से यह मान लिया था कि उसे सिर्फ बेला की जरूरत है। उसके बाद, अपनी उस इच्छा को जो कीड़ों-मकोड़ों, चिड़ियों, जानवरों आदि में मौसम के हिसाब से, और आदमी में मौसम हो या न हो प्रकट होती है, उसने 'प्रेम' का नाम दे दिया था, जो हमारे शब्द-कोश में शायद कविता के फरेब से आया है। उस लड़के ने यह सोचना शुरू कर दिया कि वह बेला को प्रेम करता है और पूरे तथ्यों की जानकारी न होने से उसने यह भी सोच डाला कि बेला को उससे भी प्रेम होगा। फिर उसने बेला को एक प्रेम-पत्र लिखा जिसका जवाब बेला ने तो नहीं दिया पर जिसके लिए उसे खुद कई जगह और कई बार जवाब देना पड़ा। उसने जवाब देते वक्त अपनी ऐंठ को कायम रखी पर भीतर-ही-भीतर वह झेंपता रहा, और जिस दिन उसने खन्ना मास्टर से सुना कि बेला और बद्री पहलवान की अपनी सांठ-गांठ है और बद्री उससे शादी करने जा रहे हैं, उसके मन में बड़ी बेचैनी पैदा हुई और पता नहीं कैसे, उसी बेचैनी ने उसे प्रिंसिपल, वैद्यजी, बद्री पहलवान, सनीचर—सभी के बारे में उल्टा-सीधा सोचने के लिए विवश कर दिया। अभी तक वह यथार्थ का प्रदर्शन करता था, अब उसके जीवन में यथार्थ के दर्शन की शुरुआत हुई। (पृष्ठ 310)।
3. गंदगी-प्रसार योजना को आगे बढ़ाने वाले कुछ प्राकृतिक साधन वहां पहले ही से मौजूद थे। अड्डे के पीछे एक समुद्र था, यानी कम से कम झील थी जो बरसात में समुद्र-सी दीखती थी। दरअसल यह झील भी नहीं थी, जाड़ों में वह झील थी, बाद में एक छोटा-सा पोखर बन जाती थी। गंदगी की सप्लाई का वह एक नैसर्गिक साधन था। शाम-सबेरे वह जनता को खुली हवा देता था और खुली हवा के शौचालय की हैसियत से भी इस्तेमाल होता था।

सुबह होते ही, शर्मदार के लिए सींक की आड़ काफी होती है, इस सिद्धांत पर वहां उगने वाली घास के हर तिनके के पीछे एक एक शर्मदार आदमी छिपा हुआ नजर आता था, बहुत से ऐसे भी लोग थे जो, 'भाइयों और बहनों, मेरे पास छिपाने को कुछ नहीं है' वाली सच्चाई से बिलकुल खुले में बैठकर और सींक की आड़ भी न लेकर, अपने-आपको पेश करने लगते थे। इस मौके से फायदा उठाने के लिए शिवपालगंज के सभी पालतू सुअर सवेरे-सवेरे उधर ही पहुंच जाते थे। वे आदमियों द्वारा पैदा की हुई गंदगी आत्मसात करते, उसे इधर-उधर छितराते और वहां की वायु को बदबू से बोझिल बनाने की कोशिश करते। पोखर के ऊपर से उड़कर कस्बे की ओर आने वाली हवा जिसका कभी भवभूति ने 'बीचीवातैः शीकरच्छोद शीतैः' के रूप में अनुभव किया होगा—बस के अड्डे पर बैठे हुए मुसाफिरों को नाक पर कपड़ा लगाए रहने के लिए मजबूर कर देती थी। गांव-सुधार के धुरंधर विद्वान उधर शहर में बैठकर 'गांव में शौचालयों की समस्या' पर गहन विचार कर रहे थे और वास्तव में 1937 से अब तक विचार ही विचार करते आ रहे थे, इधर बस के अड्डे पर बैठे हुए मुसाफिर नाक पर कपड़ा लपेट कर कभी जैन-धर्म स्वीकार करने को तैयार दिखते, कभी सुअरों की गुरगुराहट सुनते हुए वाराह-अवतार की कल्पना में खो जाते। वातावरण बदबू और धार्मिक संभावनाओं से भरा-पूरा था। (पृष्ठ 392-93)।

इन उद्धरणों से यह स्पष्ट है कि इनके लेखक का शब्द-भंडार प्रचुर है, शब्दों का प्रयोग भी वह जानता है। पर उसे जो कुछ व्यक्त करना है उसके लिए तदनुरूप शब्द-चयन उसकी मजबूरी है। मैं यह मानता हूं कि विभावक प्रेरणा यदि दोषी हो तो अपनी वाहिनी भाषा को दूषित किए बिना नहीं रहेगी।

राग दरबारी एक बहुत बड़ी ऊब का महाग्रंथ है। इसके लेखक ने अपनी महती लेखन-क्षमता का दुरुपयोग दुःखद सीमा तक किया है। अतियथार्थ उपन्यास के आंतरिक स्वरूप को नष्ट करता है। उपन्यास-लेखक यदि यह निश्चय नहीं कर पाता कि अपने लेखन में किन तत्वों को विषय-वस्तु बनाए तो अपने हीन लेखन के लिए वह स्वयं उत्तरदायी होगा। इतना विवेक उसमें होना चाहिए। बुद्धि चातुर्य अपने आपमें कोई गुण नहीं है, उसके सहारे अर्थपूर्ण रचना की जा सकती है। इसी प्रकार निंदालेख या व्यंग्योक्ति साहित्य-गुण नहीं है, उसके सीमित उपयोग से साहित्य-सृजन में सहायता मिल सकती है। ये सिद्धांत हैं। इनकी अवहेलना गंभीर जोखिम उठाकर ही की जा सकती है और उसी हालत में जब केंद्रीय मेधा बहुत बलवती हो। श्रीलाल शुक्ल के पास ऐसा कुछ नहीं है, है मात्र अवहेलना।

समसामयिक हिंदी उपन्यास में वाक्चातुरी का बोलबाला है। रचना के मर्म में जाने की न किसी की इच्छा रह गई है, न क्षमता। परिणाम स्पष्ट हैं : निम्नकोटि की सतही, चमकदार, तिमिरगामी रचनाएं जिनका कोई स्थायी मूल्य नहीं होता, जिनका आत्मा से कोई संबंध नहीं होता। ऐसी कृतियां साहित्य की मर्यादा को घटाती हैं और उनको पढ़ना अपने ऊपर अत्याचार करने के बराबर होता है। इसलिए वे पढ़ी नहीं जातीं, उनके पन्ने फड़फड़ा कर संभाव्य पाठक एक अयाचित आनंद पा लेता है। *राग दरबारी* इसी कोटि की रचना है। यह अपठित रह जायगी। यही कदाचित उसकी नियति है।

कथा, सितंबर-नवंबर 1969

नए आयामों की खोज

रामदरश मिश्र

जब किसी शैक्षणिक कार्य की विवशता से मुक्त होकर अपने आनंद के लिए कुछ कृतियां चुनी जाती हैं तो जाहिर है पढ़ने वाले की रुचि ही प्रधान रहती है। इस रुचिभेद से जहां एक तरह का पाठक सस्ती रूमानी कृतियों को चुनता है, वहां दूसरी तरह का पाठक उन रचनाओं को चुनता है जो अपने को किसी भी तरह से रचनाओं की भीड़ से अलगाती हैं और पढ़ने वाले को एक परंपरित आनंद देने के स्थान पर कहीं तोड़ती हैं और कुछ नया जोड़ती हैं। यह नया जोड़ना और तोड़ना संवेदना और चिंतन दोनों स्तरों पर होता है। यानी यों कहा जाए कि कृतियां किसी न किसी अर्थ में विशिष्ट होती हैं और पाठक के बने-बनाए आस्वाद-क्रम और मूल्यांकनकारी दृष्टि को झकझोर देती हैं।

विशिष्टता भी दो तरह की होती है—एक तो यह कि जो कुछ कहा गया है और जिस तरह से कहा गया है, लेखन उन सबसे अलग एक जमीन उभारता है और कहने के ढंग में नई भंगिमा लाता है। यह जरूरी नहीं कि वह यथार्थ के बहुत बुनियादी या गहरे स्तर को उभारता हो। ऐसी कृतियां सामयिक प्रासंगिकता से जितनी जुड़ी होती हैं उतनी मानव-जगत की अंतर-रचना से नहीं। विशिष्टता का दूसरा रूप उन कृतियों में दिखाई पड़ता है जो कोई नई जमीन नहीं तोड़तीं बल्कि परिचित जमीन की एक आत्यंतिक गहराई में धंसकर उसके उस रस को ऊपर उभार लाती हैं जो उस क्षेत्र की अन्य कृतियां नहीं उभार सकी थीं। यानी इनका वैशिष्ट्य न तो कहने की भंगिमा में होता है, न अत्यंत नई बात कहने में, बल्कि मानवीय सौंदर्य, यातना, संगतियों, विसंगतियों के किसी सूक्ष्म कोष या आंतरिक प्रभाव को गहराई से छू देने में होता है। कुछ ही कृतियां ऐसी होती हैं जो वैशिष्ट्य की दोनों छवियों को समेटकर अपने युग की उपलब्धि बन जाती हैं।

बात उपन्यास के संबंध में करनी है, इसलिए हम सीधे उसी प्रसंग में आएं। इधर के सबसे अधिक चर्चित उपन्यास *राग दरबारी* और कुछ वर्ष पहले के चर्चित उपन्यास 'मैला आंचल' को साथ-साथ देखें तो यह अंतर स्पष्ट दिखाई पड़ेगा। 'मैला-आंचल' ने न केवल सारी भीड़ में एक नई जमीन का स्पर्श किया था, वरन् उस जमीन के माध्यम से समस्त लोक-भूमि की गहन मानवीय पीड़ा, शक्ति-अशक्ति, सौंदर्य और कुरूपता के संक्रांत और गहन स्वरूप को उद्घाटित किया था, यानी कि उसका वैशिष्ट्य एक नई जमीन पर फैलने मात्र का नहीं था, उस जमीन में पूरी गहराई से धंसकर उसके आंतरिक स्रोतों को पहचानने का भी था। किंतु *राग दरबारी* का वैशिष्ट्य एक नई जमीन पर फैलने का है। लेखक ने हमारे देश में राजनीति की छाया में उभरनेवाले सामाजिक जीवन की विसंगतियों को बहुत विस्तार से परखा है और इसके लिए उसने प्रतिनिधि रूप में शिवपालगंज को चुना है। इसे प्रकाशकीय विज्ञप्ति में अनांचलिक

कहा गया है, शायद इस बात की ओर बलपूर्वक संकेत देने के लिए कि यह कथा शिवपालगंज की होकर भी शिवपालगंज की नहीं है, पूरे देश की है। अर्थात् लेखक ने किसी भी तरह इस कथा को किसी भू-भाग के वैशिष्ट्य से सीमित न कर इस रूप में रखा है कि वह सारे गांवों की कथा हो जाए। लेखक का यह प्रयास जहां कृति को एक अंचल-विशेष की होने से उबारता है, वहीं अंचल-विशेष के जीवन के गहन परिचय और भोग से उत्पन्न जो गहन मानवीय संवेदना और मूर्त जिजीविषा होती है, उससे रससिक्त भी करता है। वास्तव में आंचलिक उपन्यास जहां एक विशेष भूभाग की भौगोलिक सीमा और ऊपरी सांस्कृतिक गतिविधियों को रेखांकित करने में डूब जाता है, वहां वह एक फूहड़ प्रभाव-भर पैदा कर पाता है। किंतु आंचलिक उपन्यास की सिद्धि तो एक भू-भाग के सारे प्राकृतिक और सांस्कृतिक परिवेश में वहां के संक्रमणशील जीवन मूल्यों, संवेदनों और संबंधों को गहराई से उभारने में है और ये मूल्यों के संघर्ष, संवेदनाएं और मानवीय नियति उस भाग को शेष मानव-समाज से जोड़ती हैं। इसलिए कोई उपन्यास आंचलिक होकर भी अपनी ऊपरी गतिविधियों के कारण कहीं की जमीन से नहीं जुड़ सकता और कोई उपन्यास एक विशेष भूभाग का होते हुए भी अपनी भीतरी प्रकृति के कारण सारी मानवता से जुड़ जाता है।

तो श्रीलाल शुक्ल का *राग दरबारी* (1968) एक विशिष्ट उपन्यास है। यह दो अर्थों में विशिष्ट है। एक तो आज तक के उपन्यासों की परंपरा से आगे बढ़कर या अलग हटकर इसने बिलकुल अरूमानी दृष्टिकोण से आज के भारतीय जीवन की सारी विसंगतियों का उद्घाटन किया है, दूसरे उसने पूरे उपन्यास में व्यंग्यात्मक शैली का उपयोग किया है। इतना ही नहीं, इसमें व्यंग्य और सपाटबयानी का अद्भुत साहचर्य दिखाई पड़ता है। इसकी सपाटबयानी में भी एक व्यंग्य है और व्यंग्य में भी सपाटबयानी है। *राग दरबारी* के लेखक की दृष्टि में कोई 'इल्यूजन' नहीं है और हमारे भारतीय ग्राम जीवन को लेकर भी कोई इल्यूजन नहीं है। लेखक की अनांचलिक दृष्टि ने गांव में उभरे हुए जीवन के नए रूप को (जिसमें कोई नैतिकता नहीं, कोई मूल्य नहीं, कोई सामाजिक संबंध नहीं, कोई आंतरिक मानवीय पीड़ा नहीं) शिवपालगंज के माध्यम से उभारा है। उसने केंद्र में रखा है वहां के एक कालेज को। कालेज की समस्या से अन्य समस्याओं को बड़ी कुशलता से बुन दिया गया है और इन सारी समस्याओं के ऊपर राजनीति की काली छाया मंडराती है। आज की राजनीति ने भारतीय गांव की जिंदगी को कितना तोड़ दिया है, उसमें कैसे-कैसे एकदम अजनबी स्वर उभार दिए हैं, लेखक ने बहुत सहज भाव से इस यथार्थ को मूर्त कर दिया है, हालांकि इस सहजता के पीछे कथा-विन्यास संबंधी एक कुशल प्रयास कार्य करता हुआ लक्षित होता है। इतनी सारी जानी-पहचानी गतिविधियां, इतने सारे प्रसंग, इतनी सारी घटनाएं, रोजमर्रा जिंदगी के इतने सारे व्यापार बिखरकर एक नीरसता, ऊब और वितृष्णा की ही सृष्टि करते, लेकिन ऐसा नहीं हुआ है। यह लेखक की कुशल कथा-विन्यास शक्ति ने सारी बातों को केंद्रवर्ती स्थिति के चारों ओर इस तरह बुन दिया है कि मामूली से मामूली लगनेवाली बात भी उबाने की जगह रमाने लगती है। लेखक की बहुत बड़ी सफलता है।

निश्चय ही यह उपन्यास अपने यथार्थवादी स्वभाव के कारण एक विशिष्ट कृति है जिसमें आज के गांव के सारे मूल्यहीन व्यवहारवाद (जिसमें छोटे से लेकर बड़े तक सभी कहीं न कहीं मुबतला हैं) को बहुत निर्ममता या कलागत निस्संगता के साथ साकार किया गया है परंतु प्रश्न उठता है कि क्या सचमुच गांव में कोई मानवीय संवेदना शेष नहीं रही? यह सच है कि गांव का हर आदमी चालाक है, काइयां है, धूर्त है, स्वार्थी है और मूल्यों में अभी भी जीवित शहरी

रंगनाथ को हर आदमी मूर्ख समझकर झिड़क देता है, किंतु देहात के क्या किसी भी व्यक्ति में सारे मूल्यों के टूटने, स्वार्थ में मानवीय संवेदनों के घिसने, मानवीय रिश्तों के चुकने का अहसास और तज्जन्य अंतर्द्वंद्व शेष नहीं रहा? क्या कोई ऐसा प्रबुद्ध आदमी नहीं बचा जो कम से कम ऊपर लदी इस काली छाया को प्रश्नसूचक दृष्टि से देखे? और कोई नहीं तो क्या लेखक की दृष्टि में भी यह प्रश्न नहीं रहा? क्या वह इन सारी भयावह स्थितियों, विसंगतियों का द्रष्टा-मात्र है? क्या वह कुछ शेष या कहीं-कहीं निहित प्रकाश-किरणों का संयोजन कर इस सारी जड़ता, विसंगति, कुरूपता, विकृतियों के भयानक भटकाव के बीच एक रास्ता नहीं बना सकता? ऐसा करके ही वह समस्त सामयिक और ऊपरी दुनिया के तथ्यों को लेकर एक अंतर्सृष्टि कर सकता था, वरना कृति यथार्थ का प्रस्तुतीकरण भर रह कर शेष रह जाएगी। इसीलिए उपन्यास सामयिक यथार्थ तक अपने को प्रतिबद्ध रखने के कारण और इस यथार्थ के नीचे तड़पती अंतर्निहित मानवीय व्यथा, मूल्य-चेतना और टूटने और न बचने के तीखे द्वंद्व से असंबद्ध होने के कारण आनेवाले कल के लिए हमें विश्वस्त नहीं करता और हमारी मानवीय चेतना को बहुत गहराई तक नहीं छूता। यह भी विचित्र बात है कि मूल्य-चेतना के प्रतिनिधि के रूप में एक निहायत बेवकूफ आदमी लंगड़ को खड़ा कर दिया गया है। लंगड़ में कोई द्वंद्व नहीं है, क्योंकि वह समसामयिक यथार्थ से बेखबर है और अपने समय से कटा हुआ एक 'इल्यूजन' में जीता है। दूसरी ओर रंगनाथ है जो स्वयं स्वास्थ्य सुधारने देहात में आया हुआ है और यहां की परिस्थितियों से आहत होता है किंतु वह मानसिक और व्यावहारिक दोनों स्तरों पर, बहुत निष्क्रिय प्रतीत होता है।

कुछ लोगों ने कहा कि *राग दरबारी* के पोर-पोर में व्यंग्य रचा हुआ है। वास्तव में व्यंग्य की स्थिति दुहरी होती है। एक तो वह विसंगतिमयी स्थिति से पैदा होता है, दूसरे उसमें वचन-वक्रता होती है। स्थिति की विसंगति के बिना वचन-वक्रता से भी व्यंग्य पैदा किया जा सकता है किंतु ऐसा व्यंग्य हमें यथार्थ के निकट न ले जाकर अपनी वक्रता के सुख में उलझाता है और बहुत हलका होता है। *राग दरबारी* में व्यंग्य की दोनों स्थितियां हैं। लेखक ने आज के गांव की अनेकमुखी विसंगतियों को उद्घाटित किया है। उसकी सहज व्यंग्यात्मकता विसंगतियों की तीव्रता का अहसास कराने में सहायक होती है किंतु बहुत जगहों पर, स्थितियों के अतिसामान्य होने पर वचन-वक्रता स्वयं उपहासास्पद बन जाती है और लगता है जैसे लेखक ने कथा की मांग के वशीभूत होकर अनिवार्य भाव से व्यंग्य नहीं किया है, बल्कि ख्वामख्वाह के लिए उसे व्यंग्य करना था। यानी जैसे देहात में कुछ चिबिल्ले चिबिल्लेपन से बात करने की अपनी शैली विकसित कर लेते हैं, उसी प्रकार लेखक को हर बात व्यंग्य में कहनी ही है।

नवंबर 1969, आजकल

यथास्थितिवाद की एक तल्ख़ तस्वीर

कुमार पंकज

अक्सर साहित्य में 'एबसर्डिटी' को उभारने की बात की जाती रही है, लेकिन बात बन नहीं पाई है। इस 'एबसर्डिटी' बनाम 'भदेसपन' को एक वेहद समर्थ शिल्प चेतना अभिव्यक्त करती है–*राग दरबारी* के माध्यम से। *राग दरबारी* हिंदी का पहला एब्सर्ड उपन्यास है।

आजादी हमारे साहित्य में एक विभाजक रेखा का काम करती रही है। यानी आजादी के बाद 'बहुत कुछ' ऐसा हुआ, जो सीधे 'परंपरा' से जुड़ा न था। जिंदगी को देखने-परखने की दृष्टियों में फर्क आ चुका था। 'मूल्य' एक तरफ तो परिवर्तित हो रहे थे, दूसरी तरफ उनके इस परिवर्तन से 'संबंध' नया रूपाकार ले रहे थे। साहित्यकार ने इस 'बदलाव' को स्वीकारते हुए इस 'परंपरा' पर प्रहार भी किया, इसे मजबूत भी बनाया। हर चीज का अवमूल्यन हुआ और ऐतिहासिक पार्श्व में उस 'सड़े गले' को अस्वीकारने की प्रवृत्ति जोर पकड़ती गई। 'अनुभूत जीवन' बनाम 'भोगे हुए यथार्थ' के क्षणों को ही उसकी संपूर्णता में व्यक्त करने की कसम खाई गई। साहित्य को जिंदगी का पर्याय बताया गया है।

देश के रंगमंच पर एक 'समाजवादी नाटक' की शुरुआत हुई। कई योजनाएं बनीं, जनता की हालत को उन्नत बनाने की एक के बाद दूसरी और दूसरी के बाद 'तीसरी कसम' खाई गई। तूफान से निकाल कर लाई गई किश्ती फिर भंवर में फंस गई। देश की हालत बदतर होती गई, हर मोर्चे पर हमने मात खाई, आत्मनिर्भरता के बजाय परनिर्भरता की डगर पर देश बढ़ता गया और हम सत्य-अहिंसा और समाजवाद का ढोल पीटते रहे। भ्रष्टाचार का साधारणीकरण हो गया, प्रजातंत्र या लोकतंत्र सजातंत्र या व्यभिचारतंत्र में तब्दील हो गया। मानवीय मूल्यों की प्रतिष्ठा तो दूर रही उनका उत्तरोत्तर ह्रास होता गया। चारों तरफ एक आपाधापी, एक हड़बोंग मच गया। गैर जिम्मेदाराना समां छा गया।

प्रत्येक व्यक्ति आश्चर्य से यह सब देख रहा था। गांधी टोपियों के नीचे छिपे सिर अपनी असलियत दिखा चुके थे और उनकी बेईमानियां किसी संक्रामक रोग की तरह फैलती जा रही थीं। हालत यहां तक बिगड़ी कि 'लोग' ब्रिटिश शासन की याद में आंसू बहाने लगे। एक जड़ता की स्थिति व्याप्त हो गई।

मोह भंग और पोल भंग

राग दरबारी इसी जड़ता की स्थिति को तोड़ता है। यह आजादी से लेकर आज तक के भारतीय जीवन का कच्चा चिट्ठा है। चाहे भारत की विदेश नीति हो या शिक्षा पद्धति, पुलिस विभाग हो या रेल व्यवस्था, जाति प्रथा हो या देहज प्रथा, देश की शासन व्यवस्था या लालफीताशाही हो या अफसरशाही, न्याय की चकल्लस हो या अदालतें, भारतीय प्रतिभा का निर्यात हो या

आकाशवाणी, आंचलिक कथाकार हों या हिंदी का नवलेखक और प्रोफेसर या जैनेंद्र, अधकचरे आलोचक हों या खोखले बुद्धिजीवी, नई पुरानी पीढ़ी का संघर्ष हो या संबंधों की विकृति, टुच्ची राजनीति हो या सस्ती पत्रकारिता, विश्वविद्यालय हों या इंटर कालेज, वर्ग भेद हो, सूदखोरी या अंधविश्वास हो भेड़ियाधसान, ग्राम सभा हो या न्याय पंचायत, अंग्रेजी या अंग्रेजियत हो या कान्वेंट शिक्षा, चुनावी चक्कर हो या हरित क्रांति, अस्पताल हो या कृषि विभाग कुछ भी श्रीलाल की फब्तियों और पैनी नजर से छूटा नहीं है। उनकी 'रचनात्मकता' अनेक स्तरों पर, अनेक संदर्भों में इन सारे पोल खातों को खोलती है, केवल खोलती ही नहीं, कोंचती भी है और इस बात पर मजबूर करती है कि हम अपना जायजा लें और इस बात को विश्लेषित करने की कोशिश करें कि आखिर इस सब की वजह क्या है? अवश्य ही यह 'हम कौन थे, क्या हो गए है और क्या होंगे अभी' वाली 'आंसूबहाऊ परिणति' नहीं है वरन् अपने को परखने की निरंतर गतिशील 'जीवंत प्रक्रिया बनाम आधुनिकता' है। इसी 'आधुनिकता' को अपना कर हम अपनी 'अनाधुनिक आधुनिकता' को दूर कर सकते हैं।

पूछा जा सकता है कि राग भैरव, राग बिलावल आदि के वजन पर यह *राग दरबारी* क्या है? बेईमानी (जो रेल में रिजर्व सीटों की तरह देश के मानस में आरक्षित हो चुकी है), फिरकापरस्ती, गुटबंदी, चापलूसी, भाई-भतीजा-भांजावाद, इस 'दरबारी' के पर्याय हैं और इन्हीं 'युगधर्मों' का 'साहित्यीकरण' इसमें किया गया है। *राग दरबारी* की शक्तिमत्ता इस बात में है कि पूरे भारतीय जीवन में व्याप्त 'बेहूदेपन' और 'अव्यवस्था' बनाम 'कानूनहीनता' को बगैर किसी लाग-लपेट के उकेर दिया गया है। इसकी बनावट 'व्यंगात्मक पैटर्न' पर है, जो पग पग पर 'शॉक' देती चलती है। ये 'शॉक' गहन से गहनतर होते चले जाते हैं और पूरे माहौल में छाई धुंध का 'विजन' स्पष्ट से स्पष्टतर होता चला जाता है। इस 'बेहयापन' और 'नानसेन्स' को मूर्त करने में श्रीलाल की भाषा उल्लेखनीय योग देती है और प्याज के छिलकों की तरह परत-दर-परत चीजों को उधेड़ती चली जाती है। 'लिबिर-शिबिर', 'टिलौंटिलों, 'टिल्ल टिल्ल', 'चुरैंट' 'फुट्टफैरी', 'तिड़ी बिड़ी', 'टिलिर टिलिर', 'चिरैयामूतन', 'फंटूश', 'डंपलाटी हिसाब'—ये सभी प्रयोग भर नहीं हैं, वरन् 'परिवेश' को एक नई 'अर्थवत्ता' देते हैं और उसे अपनी पूरी 'प्रामाणिकता' के साथ पेश करते हैं।

व्यवस्था विरोध और अस्तित्व की समस्या

राग दरबारी में इस 'यथास्थितिवाद' के खिलाफ दो स्वर भी उभरते हैं। रंगनाथ और रुप्पन जैसे व्यक्तियों में, बावजूद अपनी सारी कमजोरियों के यह सवाल घुमड़ता है। वे इसका जवाब पाना चाहते हैं और चूंकि जवाब पाना चाहते हैं, इसलिए बकौल प्रिंसिपल साहब वे 'बहुत बड़े गधे' हैं। रंगनाथ शत-प्रतिशत 'बांगडू' है क्योंकि वह इन्सानियत और नैतिकता जैसी घिसी-पिटी एवं गिरी हुई चीजों की बात करता है। शिवपालगंज की घिनौनी राजनीति से घबराकर रंगनाथ वहां से भागना चाहता है, लेकिन वह जहां जायगा, वहां उसे ऐसे ही हरामी मिलेंगे। वहां भी उसे किसी खन्ना मास्टर की जगह मिलेगी, क्योंकि सारे मुल्क में यह शिवपालगंज फैला हुआ है। 'गंजहों' से देश अटा हुआ है और ऐसी स्थिति में अगर डा. खुराना विदेश चले जाते हैं (भारतीय प्रतिभा का निर्यात) तथा डा. शाह आत्महत्या कर लेते हैं, तो इसमें आश्चर्य की क्या बात है!

रंगनाथ के अपने काम्प्लेक्स हैं। उसे यह 'यथास्थितिवाद' परेशां तो करता है, लेकिन क्रियात्मक स्तर पर उसकी नपुसंकता आड़े आ जाती है। यह 'नपुंसकता' या 'निष्क्रियता' उस

'बुद्धिजीवी' की है, जो काफी हाउस की मेज पर बहस करता हुआ हाथ तो मार सकता है, लेकिन उन्हीं हाथों का कोई सार्थक उपयोग नहीं कर सकता। और फिर उसके सामने खन्ना मास्टर का 'दृष्टांत' भी तो है। अपने अस्तित्व को बनाए रखने के लिए यह जरूरी है कि या तो हम भी इस 'यथास्थितिवाद' में लिप्त हो जाएं या फिर उससे एकदम निरपेक्ष हो जावें। यदि शिवपालगंज बनाम भारत में रहना है, तो गांधी महात्मा बनने से काम नहीं चलेगा, क्योंकि खुद गांधी महात्मा 'दांत या नाखून या पत्थर' वाली परिणति पर आ चुके हैं। चूंकि शिवपाजगंज बनाम भारत में हमें रहना है, इसलिए किसी एक परिणति को चुनने के लिए हम बाध्य हैं। बकौल प्रिंसिपल साहब चूंकि सब चिड़ीमार हैं, तो तुम्हीं साले तीसमारखां बनकर क्या उखाड़ लोगे, इसीलिए 'इंपला पर सवारी न करना निकम्मी ईमानदारी' बन चुका है। और यदि तीसमारखां बनोगे भी, तो 'सत्यकाम' वाला हश्र होगा, क्योंकि प्रिंसिपल साहब और ठाकुर बलरामसिंह के अनुसार 'समझदार की मौत है।' और चूंकि रंगनाथ इसे अच्छी तरह जान-समझ चुका है एवं 'कांशेस' के अनुसार चलने वाले रास्ते की भयावहता से बखूबी परिचित हो चुका है, इसीलिए उसकी आत्मा के तारों पर 'पलायन संगीत' गूंजने लगता है। बद्री पहलवान ने उसका कैरीकेचर बड़ा सटीक उतारा है और उनका कथन उस जैसे समस्त बुद्धिजीवियों को बेनकाब कर देता है,

> रंगनाथ चाहे जितना गिचिर-पिचिर करे, उसकी फिक्र क्या? शहर का आदमी है। सुअर का सा लेंड़, न लीपने के काम आए, न जलाने के।

गयादीन सामान्य जनता के प्रतीक हैं। वे इस 'खंड खंड पाखंड पर्व' को देख कर यथास्थिति को स्वीकार कर चुके हैं, निरपेक्ष हो चुके हैं, क्योंकि सब कुछ 'खरीदी कौड़ियों के मोल' है। वे स्पष्ट कहते हैं कि जो जहां है उसे वहीं पड़ा रहने दो, कोई कुछ करके नहीं दिखा सकता, क्योंकि जैसे सांपनाथ वैसे नागनाथ (अर्थात् जैसे वैद्य जी, वैसे रामाधीन भीखमखेड़वी, यानी जैसे सत्तारूढ़ दल, वैसे ही विरोधी दल)। और यदि कोई कुछ करके दिखाना भी चाहेगा तो लोग उसे करने नहीं देंगे, क्योंकि सबके अपने-अपने न्यस्त स्वार्थ हैं। गयादीन की यह निराशा भयावहता का चरम बिंदु है।

इस अराजकता और मूल्यहीनता के महासागर में लंगड़ 'सत्त की लड़ाई' बनाम 'धर्म की लड़ाई' लड़ता है। वह खूब जानता है कि पांच रुपए दे देने से कचहरी से उसे नकल मिल जाएगी, लेकिन इसे नकारते हुए वह डटा रहता है। इस 'सत्याग्रह' की तुलना 'रंगभूमि' के सूरदास से कीजिए। दोनों ही 'सत्त की लड़ाई' लड़ते हैं और ढाक के वही तीन पात रहते हैं। लंगड़ की हार अगर उस जैसे हजारों लंगड़ों को 'सत्य' के पथ से विचलित कर देती है, तो यह कोई 'अचम्भे का बच्चा' नहीं है।

मूल्यहीनता और रिश्तों की व्यर्थता

ऊपर कहा जा चुका है कि आजादी के बाद मूल्यों में ह्रास की प्रक्रिया जोर पकड़ रही थी। आज रिश्तों की सार्थकता निरर्थकता में तब्दील हो चुकी है। आदर्शहीनता में पले-बढ़े दिशाहीन और दिग्भ्रमित युवाओं के प्रतिनिधि रुप्पन से उसके बाप वैद्य जी जब कहते हैं कि उन्हें उसके आचरण की पूरी खबर है, तो 'इश्टूडेंट लीडर' सीना तान के जवाब देता है, 'तो मुझे भी आपके आचरण की सब खबर है।' छोटे पहलवान अपने बाप कुसहर की पहले तो खूब मरम्मत करते हैं और फिर अपने कृत्य का स्पष्टीकरण देते हैं, 'गुरु, साला बाप जैसा बाप हो, तब तो एक

बात भी है।' वे भुनभुनाते हैं 'कोई स्टांप लगा कर दरख्वास्त दी थी कि हमें पैदा करो। चले साले कहीं के पैदा करने वाले।' छोटे की यह 'सूक्ति' रिश्तों की सार्थकता पर एक प्रश्नचिह्न चस्पां कर देती है। 'बच्चन' ने लिखा है :

जिंदगी और जमाने की कशमकश से
घबराकर मेरे लड़के मुझसे पूछते हैं,
'हमें पैदा क्यों किया था?'
और मेरे पास इसके सिवाय
कोई जवाब नहीं है
कि मेरे बाप ने भी मुझसे बिना पूछे
मुझे पैदा किया था।
तुम्हीं नई लीक धरना
अपने बेटों से पूछ कर उन्हें पैदा करना।

डा. विवेकी राय ने एक स्थान पर इस उपन्यास का विवेचन करते हुए इस बात पर खेद व्यक्त किया है कि 'गांव में होरी का कोई नया वारिस नजर नहीं आता। गंजहों की भीड़ लग गई है।' दरअसल टूटने की यह प्रक्रिया प्रेमचंद के जमाने से ही शुरू हो गई थी। होरी किसान से मजदूर बन जाता है, उसका 'मरजाद बोध' विवशताओं के तले मर जाता है। उसका मरना भारतीय किसान का मरना है। उसकी लाश को ठेल कर लाखों गोबर शहर जाते हैं और 'गंजहे' बन कर लौटते हैं। इसीलिए अगर आज गांव-गांव में गंजहों बनाम टुच्चों की बरात निकल रही है और 'करैता की वैतरणी' पूरे मुल्क में बह रही है, तो आकस्मिक नहीं है। एक लंबी ऐतिहासिक प्रक्रिया का यह परिणाम है। अब तो निकम्मे मास्टर हैं, जो ज्ञान के नाम पर सिफर हैं, अपने शिष्यों से अप्राकृतिक यौन संबंध रखने वाले मालवीय मास्टर और 'अलग-अलग वैतरणी' के हेडमास्टर हैं, कालिकाप्रसाद जैसे गंजहे हैं, जो सरकारी ग्रांटों, कर्जों, तकाबियों आदि को खाने में सिद्धहस्त हैं। जोगनाथ, सनीचर, बद्री, छोटे, प्रिंसिपल, रामाधीन भीखमखेड़वी, क्लर्क पं. राधेलाल, बैजनाथ, कुसहर ये सभी वे सांप हैं, जिन्होंने किसान को 'गंजहा' बना दिया है, या बनने पर मजबूर कर दिया है। और इस 'चिड़ियाघर' के सरगना हैं वैद्य जी, जो शिवपालगंज के तथाकथित उद्धारकर्ता हैं। कस्बे के 'वी. आई. पी.' वैद्य जी, शिवपालगंज के चक्रवर्ती सम्राट हैं। असली शिवपालगंज उनकी बैठक में है और ह्वाइट हाउस, क्रेमलिन, 10 डाउनिंग स्ट्रीट की तरह उनकी बैठक की उपेक्षा करना अपने अस्तित्व को खतरे में डालना है। सांस्कृतिक व्यक्तित्व के स्वामी वैद्य जी (वे हमेशा शुद्ध हिंदी में ही बोलते हैं, गालियां भी परिष्कृत देते हैं) धीरे-धीरे सत्ता का केंद्रीयकरण कर डालते हैं और सहकारी संघ, गांव सभा, कॉलिज–सभी पर अपना वर्चस्व स्थापित कर लेते हैं। वे थे, हैं और रहेंगे। अगर उनका मकान मैदान को इस तरह घेर लेता है कि उधर से आगे जाना मुश्किल है, तो उसी तरह उन्हें भी सुपरसीड करना टेढ़ी खीर है। और यही वैद्य जी जब आत्मा की बात करते हैं, तो पाठक को वैसे ही चक्कर आ जाता है, जैसे प्रिंसिपल साहब के मुंह से पिकासो का नाम सुन कर रंगनाथ को गश आ गया था। ऐसे व्यक्तित्वों से पूरित स्थान मैथिलीशरण गुप्त के 'अहा, ग्राम्य जीवन भी क्या है।' वाले गांव नहीं हैं, वरन् शिवपालगंज और करैता हैं, जहां से रंगनाथ और विपिन भाग जाते हैं।

राग दरबारी समकालीनता (तत्कालीनता नहीं) के रेशों से निर्मित है। श्रीलाल का टोन इस 'समकालीनता' को उभारने में व्यंगात्मक रहा है। वे जिस तेवर से सारे माहौल का एक्सरे

करते हैं, अपने व्यंग का नश्तर लगाते हैं, वह अपने 'लेखकीय कर्म' के प्रति उनकी सजगता का गवाह है। सारा उपन्यास दिवालियेपन और आदर्शहीनता की महागाथा है। हमें लगता है कि हम सब वह बंदर हैं, जो डुगडुगी की आवाज पर अपने को भुलाकर नाच रहे हैं।

राग दरबारी दरअसल सवालों का उपन्यास है। आजादी से लेकर आज तक की 'ढपोरशंखी जिंदगी' को लेखक ने मूर्त किया है और उस 'आसमानी अंडे' की पोल खोल दी है, जिसे देने का लालच हमें दिया जाता रहा है। यदि मदारी की डुगडुगी नई ताल पर बजती है, कुत्ते भूंकते हैं, लड़के घेरा बना लेते हैं और बंदर चुप हो जाते हैं, तो दूसरी ओर क्या हमारे राजनीतिक रंगमंच पर 'इंडीकेट' की राजनीति समाजवाद का नया नाटक शुरू नहीं कर देती है। और क्या जनता फिर किसी 'यूटोपिया' के इंतजार में चुप नहीं बैठ जाती है। *राग दरबारी* समकालीन जीवन का दस्तावेज़ है जो हमारी चेतना की सरहदों को खटखटाता है और इतिहास का निर्माण करता है।

निरंतर, *जुलाई-दिसंबर 1973*

व्यंग्य दृष्टि या व्यंग्य लीला

नित्यानंद तिवारी

यह उपन्यास इस दृष्टि से तो महत्वपूर्ण है ही कि यह कथालोचना के क्षेत्र में कई प्रश्नों पर विचार करने के लिए उकसाता है। मसलन आद्यंत उपहास का ढांचा और लेखकीय सम्मान कितनी दूर तक और किस तरह से साहित्यिक उपलब्धि को प्रस्तावित करता है? क्या *राग दरबारी* भी पाठक को झकझोरता है। वह हिंदी उपन्यास की मांगों को पूरा करे या न करे, उपन्यास जाए भाड़ में, वह कई अर्थों में हिंदी पाठक की उपलब्धि है। इतना मात्र कह कर काम चला लेना काफी है? क्या उपन्यास का वास्तविक लगना और दस्तावेज़ होना पर्याप्त है? लेखकीय निस्संगता कैसी होती है? जो परिस्थितयां हमारी जिंदगी में पैदा हुई हैं उनके कारणों में लेखक भी आम और खास लोगों की तरह अपने को भी कहीं पाता है? या कि उन्हें झेलने-सहने में वह भी कहीं शामिल है या नहीं? इन बातों का जवाब कथा कृति में होना चाहिए या कम से कम इन सवालों का ताप उसमें व्याप्त होना चाहिए।

आलोचकों ने महसूस किया है कि 'आज के भारतीय जीवन के... विभिन्न स्थितियों के बड़े प्रभावी चित्र *राग दरबारी* में हैं जो हमारे अति परिचित अनुभव को फिर से ताज़ा कर जाते हैं।' (नेमिचंद्र जैन)। 'आजाद हिंदुस्तान की राजनीति, इस दौर में चले विकास-कार्यों से, सरकार और उसकी नौकरशाही और दूसरे औजारों की गतिविधियों से इस दरम्यान किस तरह की औलादें पैदा हुई हैं, उनका व्यक्तित्व शास्त्र, नीति शास्त्र और समाज शास्त्र क्या है—यही *राग दरबारी* की वस्तु है।' (कमलेश)। इन प्रबुद्ध समीक्षकों के साक्ष्य पर कहा जा सकता है कि *राग दरबारी* की विषय-वस्तु में वास्तविकता है। लेकिन कथा में जो दृश्य या चित्र अथवा घटनाएं प्रस्तुत की जाती हैं, हो सकता है, वे देखने में बहुत वास्तविक लगें लेकिन लेखकीय धर्म का निर्वाह न होने के कारण संभव है वे अपनी वास्तविकता की संभावित शक्ति को खो दें। क्या *राग दरबारी* के बारे में इस प्रश्न को उठाया जा सकता है?

उपन्यास में वास्तविकता क्या घटनाओं और दृश्यों में होती है अथवा लेखक द्वारा उनको संजोने के लिए व्यवहृत अनुपात और बलाघात पर निर्भर करती है? दृश्य और घटना किसी की संपत्ति नहीं हैं, वे प्रकृति और समाज में फैली होती हैं। और कोई भी सचेत व्यक्ति उनका अहसास पा सकता है और आमतार पर लोग उनसे परिचित होते हैं। किंतु उन्हें एक खास अनुपात में रखना और किन्ही खास बिंदुओं पर बलाघात देना लेखक की अपनी वस्तु होती है और आम लोग उनसे परिचित नहीं होते। इसी बिंदु पर लेखक वास्तविकता के विषय में हमारे बोध को समृद्ध और चेतना को उत्तेजित करता है। अनुपात और बलाघात के द्वारा ही औपन्यासिक वस्तु का निर्माण होता है, वास्तविक घटनाओं और दृश्यों के द्वारा नहीं।

राग दरबारी की सर्वाधिक महत्वपूर्ण विशेषता जो हमारा ध्यान आकर्षित करती है, वह

है उसकी वस्तुओं, घटनाओं, दृश्यों, व्यक्तियों और कार्यविधियों के वर्णन का खास ढब। जैसे—

> वहीं एक ट्रक खड़ा था। उसे देखते ही यकीन हो जाता था, इसका जन्म केवल सड़कों के साथ बलात्कार करने के लिए हुआ है। जैसे कि सत्य के होते हैं, इस ट्रक के भी कई पहलू थे। पुलिस वाले उसे एक ओर से देखकर कह सकते थे कि वह सड़क के बीच में खड़ा है, दूसरी ओर से देखकर ड्राइवर कह सकता था कि वह सड़क के किनारे पर है। चालू फैशन के हिसाब से ड्राइवर ने ट्रक का दाहिना दरवाजा खोलकर डैने की तरह फैला दिया था। इससे ट्रक की खूबसूरती बढ़ गई थी, साथ ही यह खतरा मिट गया था कि उसके होते हुए कोई दूसरी सवारी भी सड़क के ऊपर से निकल सकती है। (पृ. 9)
>
> दारोगा जी गुनगुनाते हुए किसी को गाली देने लगे। थोड़ी देर में उसका यह मतलब निकला कि काम के मारे नाक में दम है। इतना काम है कि अपराधों की जांच नहीं हो पाती। मुकदमों का चालान नहीं हो पाता, अदालतों में गवाही नहीं हो पाती। इतना काम है कि सारा काम ठप्प पड़ा है। (पृ. 16)
>
> वैद्य जी थे, हैं और रहेंगे।
>
> अंग्रेजों के जमाने में वे अंग्रेजों के लिए श्रद्धा दिखाते थे। देशी हुकूमत के दिनों में वे देशी हाकिमों के लिए श्रद्धा दिखाने लगे। वे देश के पुराने सेवक थे। (पृ. 37)
>
> कुछ रुक कर, वे समझाने के ढंग पर बोले, 'हमारी युनियन में गबन नहीं हुआ था, इस कारण लोग हमें संदेह की दृष्टि से देखते थे। अब तो हम कह सकते हैं कि हम सच्चे आदमी हैं। गबन हुआ है और हमने छिपाया नहीं है। जैसा है, वैसा हमने बता दिया है। (पृ. 45)
>
> उन दिनों गांव में लेक्चर का मुख्य विषय खेती था। इसका यह अर्थ कदापि नहीं कि पहले कुछ और था। वास्तव में पिछले कई सालों से गांव वालों को फुसला कर बताया जा रहा था कि भारतवर्ष एक खेतिहर देश है। गांव वाले इसका विरोध नहीं करते थे, पर प्रत्येक वक्ता शुरू से यह मान कर चलता था कि गांव वाले इस बात का विरोध करेंगे।... मिसाल के लिए, समस्या थी कि भारतवर्ष एक खेतिहर देश है और किसान बदमाशी के कारण अधिक अन्न नहीं उपजाते। (पृ. 68)

कुछ जरूरत से ज्यादा उद्धरण मैंने इसलिए दिया है कि इस उपन्यास में वर्णन का यह ढब आद्यंत उभरा हुआ है। ढब हमेशा वर्णनकर्त्ता के विशेष बलाघात और कोण से पैदा होता है। चीजों, व्यक्तियों और व्यापारों में निहित मखौल और उपहास तत्व पर लेखक बल दे रहा है, इस बात को उपन्यास में साफ पहचाना जाता है। बड़ी से बड़ी और गंभीर से गंभीर बात व्यवहार और योजना, मखौल और उपहासास्पद बन जाती है। यह आज की जिंदगी और परिस्थिति की परिचित वास्तविकता है। लेकिन वास्तविकता के भी क्या दो पहलू नहीं होते? मसलन ऊपरी और नितांत परिचित वास्तविकता में एक रीतिवाद, फार्मूला और संभावनाहीनता होती है और उसके आंतरिक विधान में सर्जनात्मक नवीनता और संभाव्यता। क्या लेखक से इस बात की मांग की जानी चाहिए कि उसका बलाघात और कोण वास्तविकता के आंतरिक विधान और संभावनात्मक पहलू के लिए ही हो?

राग दरबारी में वर्णन का ढब इतना छाया हुआ और एक रूप है कि 30-40 पृष्ठों में ही वह फार्मूलेबाजी लगने लगता है। लेखक की संपृक्ति इस ढब में इतनी ज्यादा महसूस होने लगती है कि वास्तविकता से उसका संबंध छूटने लगता है। घटनाएं चाहे छोटी हों या बड़ी वे इस

ढब के लिए इस्तेमाल की जाती हैं। बहुत कम महसूस होता है कि ढब और घटना या परिस्थिति का द्वंद्व है। इस द्वंद्व के बिना वस्तु का निर्माण नहीं होता। क्या यह कहा जा सकता है कि यह उपन्यास वस्तुहीन घटनाओं, कार्यों और चरित्रों का जंजाल है? यह बड़ी दुःखद परिणति है क्योंकि लेखक के पास वह क्षमता है जिससे वह परिस्थिति को उघाड़ कर वास्तविकता के आंतरिक विधान को प्रस्तुत कर सके। उदाहरण के लिए :

> आज के भावुकतापूर्ण कथाकारों ने न जाने किससे सीखकर बार-बार कहा है कि दुःख मनुष्य को मांजता है। बात कुछ इतनी नहीं है। सच तो यह है कि दुःख मनुष्य को पहले फींचता है, फिर फींच कर निचोड़ता है, फिर निचोड़ कर उसके चेहरे को घुग्घू जैसा बना कर उस पर दो-चार काली सफेद लकीरें खींच देता है। फिर उसे सड़क पर लंबे-लंबे डगों से टहलने के लिए छोड़ देता है। दुःख इंसान के साथ यही करता है और उसने गोंडा के रिक्शा वाले के साथ भी यही किया था। पर शहरी रिक्शा वाले पर इसका कोई असर नहीं हुआ। सिगरेट फेंक कर उसकी ओर बिना कोई ध्यान दिए, उसने अपना रिक्शा तेजी से आगे बढ़ाया। (पृ. 49)

गोंडा के रिक्शा वाले का वर्णन बहुत संक्षिप्त किंतु पर्याप्त है साथ ही शहरी रिक्शा वाले का वर्णन बहुत फैला हुआ लेकिन बहुत अपर्याप्त है। कारण क्या है? उद्धृत अंश में वर्णन के ढब और मानवीय दुःख का द्वंद्व उभर जाता है जब कि शहरी रिक्शे वाले के साथ वर्णन का ढब स्थिति के साथ औपचारिक संबंध स्थापित करता है। इसी कारण ढेर सारी मुद्राओं को बटोर कर भी कोई कथ्य नहीं उभारा जा सका। इन दोनों का वर्णन पढ़ते हुए कोई भी महसूस कर सकता है कि लेखक का ढब एक जगह स्वाद उभारता है तो दूसरी जगह तनाव। एक वर्णन में पाठक को मजा आता है तो दूसरे में संपृक्ति और बेचैनी। एक में लेखक पूरी तरह उपस्थित है (अपने ढब के साथ) फिर भी उदासीन (स्थिति के साथ), दूसरे में वह उपस्थित नहीं, व्याप्त है क्योंकि ढब और स्वाद नहीं, करुणा और स्थिति का व्यंग्य उभरता है। पहले (शहरी रिक्शे वाले के) वर्णन में वस्तु अनुपस्थित है क्योंकि दृश्य या घटना बहाना है (और ढब सर्वशक्तिवान् और स्वतंत्र) दूसरे में वस्तु है क्योंकि दृश्य और घटना के साथ ढब को द्वंद्वात्मक रिश्ता कायम करना पड़ा है। इसीलिए गोंडा के रिक्शा वाले का वर्णन वास्तविक है। और शहरी रिक्शा वाले का ऊपर से वास्तविक लगता हुआ भी झूठा, इसी कारण कुरुचिपूर्ण और उबाऊ भी। एक वास्तविकता संभावनाहीन, फैली हुई और रीतिवादी है, दूसरी संभावनागर्भ, सघन, और सर्जनात्मक। शहरी रिक्शा वाले में एक किस्म का जो शोहदापन, बड़बड़ाहट, स्वाभिमान जैसा कुछ और अकड़ है उसके साथ लेखक का सलूक कैसा है? व्यंग्यात्मक? कत्तई नहीं। क्या वह निस्संग टिप्पणी है? नहीं, वह भी नहीं। उसमें एक वाक्य भी ऐसा नहीं जो उसकी विकृति के वास्तविक कारणों की टोह लेता हो और पाठक की वास्तविकता की धारणा को धार देता हो। लेखक उसके वर्णन में रुचि लेता है ताकि उसकी मुद्राओं के और लहजे के कई पहलुओं को उभारे। उसे कई ओर से उलट-पुलट कर देखता है। बद्री पहलवान की तरह लेखक खुद मजा लेता है और छोड़ देता है। अगर उसकी विकृति के कारणों की टोह लेने वाला लेखकीय व्यवहार होता तो उसमें से 'कुछ' जारी होता जिसे सम्हालने-सहेजने में वस्तु का निर्माण होता। शहरी रिक्शे वाले के वर्णन में लेखक जहां और जिस कोण पर बल देता है उससे उसकी शोहदाई स्थिति के प्रति संगता और उस स्थिति के कारणों के प्रति निस्संगता प्रकट होती है। व्यग्य और निस्संग टिप्पणी दोनों की सर्जनात्मक सार्थकता स्थिति के प्रति निस्संगता किंतु उसके कारणों के प्रति गहरी संपृक्ति में प्रतिफलित होती है। गंवई रिक्शे वाले के वर्णन में संग-ता, निस्संगता का क्रम उलटा है इसी कारण स्थिति को तोड़कर उसके नीचे की वास्तविकता के आंतरिक विधान की झलक मिल

जाती है। उसमें संभवाना है जो विकसित होने का अवसर मांगती है, अभिमुखता है जो संबंध कायम करना चाहती है और वह परिपाश्र्व भी उभारती है जहां से वास्तविकता की चेतना समृद्ध और धारदार बन सकती है। लेकिन दुःखद यही है कि घटनाओं और दृश्यों की इस संभावना के प्रति लेखक अक्सर उदासीन हो जाता है।

इस उपन्यास के संबंध में 'क्रीड़ा-दृष्टि' की चर्चा की गई है जो परिस्थितियों में निहित मखौल को उघाड़ती है और स्वातंत्र्योत्तर यथार्थ को प्रस्तावित करती है। किंतु विचार किया जा सकता है कि स्थितियों का 'लीलामय' विस्तार और लेखक की 'लीला दृष्टि' परस्पर द्वंद्वरत हैं या सहयोगरत? यदि दृष्टि 'लीलामय यथार्थ' के साथ सहयोगरत है तो घटनाओं और दृश्यों के विवरणों का विस्तार अधिक होगा, उनके कई पहलुओं का उद्‌घाटन भी हो सकता है, दृश्य बड़ा यथार्थ लगेगा और अतिरिक्त सहानुभूति संपन्न आलोचक को *राग दरबारी* में किसी साहित्यिक मानदंड के समीप होने के बजाय जिंदगी के ज्यादा समीप होने की कोशिश है। कहने की सुविधा भी होगी। उदाहरण के लिए :

> रात को पिछले पहर वैद्य जी को जाड़ा महसूस हुआ और उनकी नींद उचट गई। च्यवनप्राश, स्वर्णभस्म और बादाम पाक आदि की मिली जुली किलेबंदी को तोड़ कर जाड़ा उनकी खाल के भीतर घुस आया और मांस की मोटी तहों को भेदता हुआ हड्डियों की मज्जा तक जा पहुंचा। उन्होंने लिहाफ अच्छी तरह लपेटने की कोशिश की और उसी के साथ याद किया कि अकेले लेटने में बिस्तर ज्यादा ठंडा रहता है। इस याद के बाद यादों का एक तांता-सा लग गया, जिसका व्यावहारिक लाभ यह हुआ कि उन्हें तंद्रा ने घेर लिया। थोड़ी देर शांति रही, पर कुछ देर बाद ही पेट के अंदर हवा ने क्रांति मचानी शुरू कर दी। जिस्म के ऊपरी और निचले हिस्सों से वह बार-बार विस्फोटक आवाजों में निकलने लगी। उन्होंने लिहाफ दबा कर करवट बदली और अंत में क्रांति का एक अंतिम विस्फोट सुनते हुए वे फिर तंद्रालीन हो गए। देखते-देखते क्रांति की हवा कुतिया की तरह दुम हिलाती हुई सिर्फ उनके नथनों से खर्राटे के रूप में आने लगी, जाने लगी। वे सो गए। तब उन्होंने प्रजातंत्र का सपना देखा :
>
> ...यह कह कर प्रजातंत्र बैठक के बाहर चला गया और वैद्य जी की नींद दोबारा उचट गई। जागते ही उन्होंने अपनी आंतरिक क्रांति का एक ताजा विस्फोट लिहाफ के अंदर पैताने की ओर सुना और एकदम तय किया कि देखने में चाहे कितना बांगडू, लगे, पर प्रजातंत्र भला आदमी है और अपना आदमी है और उसकी मदद करनी ही चाहिए। उसे कम से कम एक नया कपड़ा दे दिया जाय ताकि पांच भले आदमियों में वह बैठने लायक हो जाय।'' (पृ. 154-55)

यहां लेखक की क्रीड़ा-दृष्टि में किसे संदेह हो सकता है और भारतीय प्रजातंत्र के क्रीड़ामय रूप से भी कौन अपरिचित है? वैद्य जी यदि स्वातंत्र्योत्तर भारत के लीलावतार हैं तो लेखक भी कम लीलाधर नहीं है। प्रजातंत्र के प्रति सौजन्य भाव यदि वैद्य जी की लीला का रूप है तो इस सौजन्य के प्रति लेखक का भी लीलाभाव स्पष्ट है जो वैद्य जी की प्रजातांत्रिक लीला के पीछे की धूर्तता और क्रूरता को उघाड़ सकता है। एक सीमा तक उघाड़ता भी है और वहां तक दोनों की लीलाओं का द्वंद्वात्मक संबंध है। लेकिन क्या यहां वर्णन में अतिरिक्त रसिकता भी नहीं है? ढब में क्या ऐसा कुछ भी नहीं है जो अलग से अपना स्वाद बनाए रखता है? और इसका उत्तर एक दो उद्धरणों से देना संभव भी नहीं, पूरी कथा-रचना में क्या ढब और उसका स्वाद स्वतंत्र भी नहीं है? अगर कोई *राग दरबारी* में 'यथार्थवादी सपाटता' या द्वंद्व की कम उपस्थिति पाता है तो क्या इसी कारण नहीं कि ढब और स्थितियों के बीच अपेक्षित द्वंद्व

बहुत कम है! '*राग दरबारी* के पात्रों को' यदि 'संशय नहीं सालते' तो इससे किसी को क्या शिकायत हो सकती है। शिकायत तो ढब और पात्रों की स्थिति के बीच द्वंद्व है या नहीं, इसका संशय, लेखक को सालता है या नहीं, इससे हो सकती है।

कुसहर-प्रसंग, सनीचर द्वारा दूरबीन सिंह का संस्मरण सुनाना, गांव में शहरी नेताओं का भाषण-प्रसंग, रुप्पन बाबू द्वारा ऊपरी कमरे का उपयोग-वर्णन, लंगड़ और नवल बाबू का संघर्ष, बेला को लेकर बद्री और वैद्य जी के बीच संवाद, डिप्टी डायरेक्टर आफ एजूकेशन द्वारा कालिज के मामलों का जांच-प्रसंग और छोटे-मोटे और कई प्रसंग उपन्यास में जिस दुनिया और माहौल को उपजाते हैं वह क्या लेखक की व्यंग्य (?) दृष्टि की लीला नहीं है? और क्या वैद्य जी की लीला के साथ लेखक की यह वर्णन-लीला सहयोग नहीं करती? इस सहयोग का प्रमाण है अतिरिक्त स्वाद। इस उपन्यास में गृहीत घटनाएं, व्यापार और स्थितियां अगर रिवाज की तरह हैं और वास्तविक लगती हैं तो उनका वर्णन भी उपन्यास में रिवाज ही बन गया है। दृष्टि कभी रिवाज की तरह इस्तेमाल नहीं की जा सकती और लेखक की दृष्टि यदि व्यंग्य और क्रीड़ापरक है तो वह शैलीगत रूढ़ि नहीं बन सकती।

लेखक की लीला-शैली का अलग राग एक और घटना से प्रमाणित होता है। बेला के साथ रुप्पन बाबू के लस्तगे की बात उपन्यास में खूब जाहिर है लेकिन वास्तविक लस्तगा बद्री पहलवान के साथ है और लेखक इस वास्तविकता को यत्नपूर्वक छिपाए रहता है। काफी देर बाद वह खुलती है और सनसनीखेज असर डालती है। क्या यह घटना में व्याप्त लीला-स्वाद नहीं है? या फिर गयादीन की भैंस का गरमाना और उसके बारे में बहुत ज्यादा विवरण देना क्या यह प्रमाणित नहीं करता कि लेखक उस दृश्य विशेष में रस ले रहा है? लेखक अपने वर्णन में अनुपात का ध्यान बहुत कम रख पाता है, यह एक बड़ा कारण लगता है, जिससे वस्तु-निर्मिति से अलग वर्णन की स्वतंत्रता उभरने लगती है। वह वर्णन-शैली स्थिति के साथ द्वंद्व करती-करती सहयोगी की सी भूमिका अपनाने लगती है।

इसमें संदेह नहीं कि *राग दरबारी* के लेखक के पास सक्षम भाषा है (स्थितियों को भेदने वाली), दृश्यों और घटनाओं की सही पहचान है लेकिन उनके साथ कितना खेलता है, उसके उचित अनुपात का बोध नहीं है। इसी कारण उसकी चोट का प्रभाव क्षीण होने लगता है। लेखक की नैतिकता इस बात में निहित है कि वह शैली और स्थिति के साथ कैसा रिश्ता कायम करता है। इस बात में नहीं कि वह किस बाहरी नैतिक दृष्टि पर विश्वास करता है और उसे अपने लेखन में प्रतिफलित करता है। 'अतिरंजना', 'अव्यवस्था के कारण-प्रतीकों पर चोट', 'वस्तुपरकता को त्याग देने का रास्ता' कुछ भी अपनाने के लिए लेखक उपस्थित परिस्थिति के अनुसार स्वतंत्र हो सकता है। लेकिन उस बिंदु पर उसकी स्वतंत्रता अनैतिक हो सकती है जहां से वस्तु-निर्मिति स्खलित होने लगे।

इस उपन्यास के किसी पात्र पर अवास्तविक होने का आरोप नहीं लगाया जा सकता। रंगनाथ, वैद्य जी, बद्री, रुप्पन, प्रिंसिपल ये सभी हमारे समाज के जाने-पहचाने लोग हैं। लेकिन उपन्यासकार की चरितार्थता संभवतः इस बात में है कि वह इनके प्रति हमारे सलूक का कौन-सा पैटर्न या उनमें महसूस करने का कौन-सा नया पार्श्व देता है। वह स्थिति और पात्रों में निहित संभावना का इस्तेमाल करता किसलिए है? अगर वास्तविकता तमाशाई हो गई है तो उसका 'हूबहू' रूप तो लेखक चित्रित करेगा लेकिन पाठक का उसके साथ सलूक और उसे महसूसने की विधि क्या होगी? वास्तविकता के साथ पाठक की सहयोगिता किस रूप में है, लेखक की सार्थकता और उपन्यास की वस्तु का उससे घनिष्ठ संबंध है। एक भारतीय लेखक, भारतीय

वास्तविकता के तमाशाई रूप के प्रति तमाशाई रुख ही अख्तियार करे क्या इसके औचित्य पर भी सवाल उठाया जा सकता है? क्या लेखकीय नैतिकता का इससे कोई संबंध है? अगर लेखक, मौजूदा भारतीय वास्तविकता के तमाशाई रूप के कारणों और उसके भार को झेलने वाले लोगों में अपनी उपस्थिति को भी गहराई से महसूस करता है तो अपराध-बोध और आक्रोश उसके वर्णन के स्वाद को किसी भी हालत में स्वायत्त हैसियत में नहीं बने रहने दे सकता। वैसी हालत में व्यंग्य और क्रीड़ा, दृष्टि होती और व्याप्त होती, वह स्वतंत्र शैली न होती और अतिरिक्त रूप में अपनी उपस्थिति भी प्रदर्शित नहीं करती।

और क्या इसी कारण 'आज की हिंदुस्तानी जिंदगी की मुख्य धारा' और उसके अनेक पहलुओं की ठीक पहचान होने के बावजूद, व्यंग्य की तीखी ताकत का इस्तेमाल और 'भाषा के दो टूक' होने के बावजूद यह उपन्यास वास्तविकता का वह परिपार्श्व उभारते-उभारते रह जाता है जिसे 'वस्तु' कहते हैं?, जिसमें पाठक अपनी हिस्सेदारी की समझ को उत्तेजित होता हुआ पाता है और इसमें असफलता क्या तमाम दूसरी सफलताओं और उपलब्धियों के होते हुए भी बहुत दुःखद नहीं है?

1975

एक नया टेक्स्ट

नित्यानंद तिवारी

लगभग तैंतीस वर्ष पहले मैंने *राग दरबारी* का एक विश्लेषण किया था। मेरे विश्लेषण का तौर-तरीका यथार्थवादी ढांचे के भीतर था। उसमें भाषा और वास्तविकता के बीच संबंध होता है। व्यंग्य वास्तविकता के विद्रूप को उभारने वाली एक शैलीगत विशेषता है। तब मैंने पाया था कि 'व्यंग्य' का अतिरंजित उपयोग इस उपन्यास को वास्तविकता से अलग एक स्वाद-रुचि देता है। लेकिन अब मैं *राग दरबारी* के साक्ष्य पर ही कह सकता हूं कि ये जो व्यंग्य है वह विद्रूप से अधिक 'रियलिटी' और 'वर्चुअल रियलिटी' का फर्क सामने ले आता है। उपन्यास के आठवें खंड में लिखा गया है कि शिवपालगंज में एकाएक लेक्चरों का मौसम आ गया है। लेक्चर बहुत ज्यादा होते हैं और उससे लोगों का मनोरंजन होता है। 'कभी-कभी लगता था कि यह आदमी अपने कथन के प्रति सचमुच ईमानदार है। ऐसा संदेह होते ही लेक्चर गाढ़ा और फीका बन जाता था और उसका असर श्रोताओं के हाजमे के खिलाफ पड़ता था।' (उदाहरण के लिए 'मैला आंचल' में जब नेता भाषण देता है कि 'जमीन उसकी जो उसे जोते' तो श्रोताओं में लेक्चर और वास्तविकता के बीच संबंध और रुचि पैदा होती है। शब्द लेक्चर और वास्तविकता के बीच संबंध धीरे-धीरे छिटकते लेकिन 'प्रभावी' होते चले गए और एक प्रतिवास्तविकता उभरती चली गई। यह यथार्थवादी विमर्श से आगे की घटना है। *राग दरबारी* का व्यंग्य और उसमें निहित अतिरंजना, 'रियलिटी' और 'वर्चुअल रियलिटी' का फर्क सामने लाती है। पूरे के पूरे *राग दरबारी* में यह जो कहने का नैरेटिव पैटर्न है, खाली व्यंग्य से पूरा नहीं पड़ता है। साठ-पैंसठ के बाद जो हमारी राजनीतिक स्थितियां हैं उनमें नेताओं के भाषण वास्तविक संदर्भों से छिटके हैं। टेक्स्ट और उसकी भाषा यदि संदर्भों से छिटकती है तो ये साफ हो जाता है कि यह निर्मिति नई है। इसीलिए मुझे लगता है कि यथार्थवादी ढांचा *राग दरबारी* के मूल्यांकन में पर्याप्त नहीं। इसके लिए मैं फिर *राग दरबारी* और 'मैला आंचल' की तुलना करना चाहता हूं। 'मैला आंचल' में बावनदास जो है वो गांधीवादी, आदर्शवादी ढांचे में है। यह प्रेमचंद का यथार्थ हो सकता था, लेकिन जब रेणु लिखते हैं (तो लिखते वे भी यथार्थवादी ढांचे में हैं) तो बावनदास रिडिक्यूलस हो जाता है, पराजित होता है। 'मैला आंचल' में जिस तरह गांधीवाद रिडिक्यूलस होता है, उसी तरह *राग दरबारी* में यथार्थवादी चरित्र रिडिक्यूलस हो सकता है। जैसे गंवई रिक्शेवाला है, उसे रिडिक्यूल करता है, शहरी रिक्शेवाला। यह फर्क मुझे दिखाई देता है। सब जानते हैं जीवन ऐसे तथ्यों से घिरा हुआ है। जो सामाजिक, न्यायिक, प्रशासनिक और तमाम व्यवस्थागत प्रतिमानों या किसी मानवीय धारणा से भावित या योग्य हुए बिना ताकतवर बन गए हैं, उनकी ताकत के इस नए विकसित तथ्य में एक छिपा हुआ पक्ष-प्रतिपक्ष है जो मानवीय-अमानवीय या सही-गलत के बीच का नहीं है। वह ताकत और ताकत के बीच का पक्ष-प्रतिपक्ष है। वही सर्वाधिक प्रभावी

और व्यावहारिक है। सिर्फ साहित्यिक पाठ है, जो इस छिपे जाल को उघाड़ता है। बाकी संस्थाएं उदासीन, अयोग्य या क्षीण प्रभावी हो चुकी हैं। *राग दरबारी* का व्यंग्य और अतिरंजनाएं इसी अर्थ में अब सिर्फ शैली भर न होकर निरूपण की पद्धति जैसा काम करती हैं। ऐसी स्थिति में *राग दरबारी* पर पुनर्विचार की आवश्यकता है। उसे परखने के भिन्न तौर-तरीके हो सकते हैं।

मैं *राग दरबारी* के आठवें खंड के संदर्भ में कहना चाहता हूं कि इसमें विकास की चिंता है। सभी जो भाषण दिए जाते हैं उनमें शिवपालगंज के विकास की चिंता है। विकास किस चीज से हो रहा है—लेक्चर और विज्ञापन से। विकास की यह चिंता सरकारी दबाव या किसी अदृश्य दबाव के कारण है। इस चिंता में विकास और उसके प्रति जो सक्रियता है उसमें कोई संबंध नहीं है। ठीक उसी तरह जैसे विज्ञापन न केवल अतिरंजित होता है, अपितु विज्ञापित वस्तु की वास्तविकता की पूरी जिम्मेदारी भी नहीं लेता है। यानी गैर जिम्मेदारी और अतिरंजना उभरी हुई है और ये तभी प्रभावी होती हैं जब समाज और राजनीति का अवमूल्यन होता है। तो समाज और राजनीति का अवमूल्यन करते हुए किसी अतिरिक्त को पाना, जैसे आज की एक शब्दावली है, टारगेट। कोई टेक्स्ट टारगेट करता है। टारगेट यानी लक्ष्य-क्षेत्र या निशाना। *राग दरबारी* में भाषण के या विज्ञापनों के लक्ष्य-क्षेत्र का निशाना तो अलग है, टारगेट है पैसे की कमाई या फिर ताकत की कमाई। समाज और राजनीति तो एक बहाना है। इससे दफ्तरों में और ताकत के संस्थानों में एक संस्कृति पैदा होती है, जिनका कोई संबंध उन बातों से नहीं होता जिनके लिए वे बने हैं। राजनीतिक संस्थान अथवा दूसरे संस्थान इसलिए बने हैं कि मनुष्य के लिए वे कुछ करें, लेकिन समाज और मनुष्य बीच में से अनुपस्थित हैं। ऐसे में विज्ञापन की, ताकत की, दफ्तर आदि की एक संस्कृति पैदा हो जाती है। तो बिना मनुष्य और समाज की चिंता के एक टारगेट साध लिया जाता है। यह एक नया यथार्थ है और इस यथार्थ को उभारने में यथार्थवादी ढांचा बहुत कारगर नहीं था, *राग दरबारी* का ढांचा ज्यादा समर्थ है। *राग दरबारी* के आठवें अध्याय के आरंभ में ही जो बयान आता है—'शिवपालगंज गांव था, पर वह शहर से नजदीक और सड़क के किनारे था। इसलिए बड़े-बड़े नेताओं और अफसरों को वहां तक आने में कोई सैद्धांतिक एतराज नहीं हो सकता था।' यहां पर कोई न कोई अफसर रहता था इसलिए खाने-पीने का भी सुभीता हो जाता था। चीको साहब की लड़की भी ब्याही हुई है। अफसर जो था वो बहुत तमीजदार था, सुसंस्कृत। यानी उसके यहां खाने में कोई परेशानी नहीं है। 'ईमानदारी' को कोई खतरा नहीं है। जबकि जो जनता थी उसकी धारणा थी कि अफसर बेईमान है। अफसर की तमीज जनविचार और समाज के अनुकूल नहीं है, जबकि नेताओं को उसमें एक खास संस्कृति दिखाई पड़ती है। ऐसे में लगता है कि जनविचार और समाज से अलग संस्कृति का कोई स्रोत है, जो अफसर में प्रगट होता है। इससे ये भी प्रकट होता है कि जो जनविचार और समाज हैं, नेताओं के भाषण और उनके टारगेट एरिया के लिए बाधारूप हैं और अफसर की तमीज, उसकी सुसंस्कृति उनके अनुकूल पड़ती है। ठीक उसी तरह से जैसे उदारीकरण की अर्थव्यवस्था वाली विचारधारा है उसमें राष्ट्र, राज्य, इतिहास और सामाजिक जिम्मेदारी ग्लोबल ग्रोथ के लिए बाधारूप मानी जाती हैं। बिना इतिहास के लोकल और ग्लोबल किसी एक टारगेट के लिए एक साथ हो जाते हैं और राज्य पीछे छूट जाता है। आप देख ही रहे हैं कि सारी दुनिया में ये हो रहा है। हम जानते हैं कि उदारीकरण वाली व्यवस्था के लिए इलाके महत्वपूर्ण हैं, राज्य नहीं है। जैसे बिना उत्पादन की प्रक्रिया से जुड़े मुनाफा कमाया जा सकता है, उसी तरह का ये एक कांस्ट्रक्ट है और आज इस कांस्ट्रक्ट को व्यक्त करने के लिए

राग दरबारी की जो भाषा-शैली है वो ज्यादा महत्वपूर्ण हो सकती है।

व्यंग्य में अतिरंजनाएं तो होती ही हैं, पर *राग दरबारी* की जो भाषिक अतिरंजनाएं हैं वे एक कहानी कहती हैं और उसमें न जाने कितनी असंबद्ध चीजें किस कनेक्शन से जुड़ी हुई हैं। इस बात को समझने के लिए मैं फिर 'मैला आंचल' का उदाहरण लेना चाहता हूं। अस्पताल जब बन रहा है, गांव के दोनों ग्रुपों में प्रतिस्पर्द्धा डाल दी जाती है। गांव वाले श्रमदान कर रहे हैं। मजदूर लोग कहते हैं कि हमारा आधे दिन का वेतन दे दिया जाए जिससे हमारा खाना-पीना भी चलता रहे और हम श्रमदान भी करते रहें। यह मांग तो जायज है। लेकिन सुमरितदास तहसीलदार को समझाता है कि इसमें कुछ 'कनेक्शन' है, ये अपने आपसे नहीं कह रहे हैं, इन लोगों को तो बहकाया गया है। तहसीलदार का गुस्सा थोड़ा शांत हो जाता है। इसमें वास्तविकता वही है, जो मजदूर कहते हैं। उन्हें थोड़ी मजदूरी भी मिल जाए, वो श्रमदान भी कर लें और अस्पताल भी बन जाए। मजदूरों की मांग में और अस्पताल के बनने में संबंध है, वास्तविक संबंध है, लेकिन सुमरितदास जब 'कनेक्शन' कहता है तो उसमें गांव का जातिवादी समीकरण डाल देता है, जो वास्तविक नहीं है लेकिन प्रभावी हो जाता है। ठीक इसी तरह से पूरे *राग दरबारी* की अतिरंजना यही काम कर रही है कि जो वास्तविक नहीं है वो कैसे प्रभावी हो जाता है। इसका एक और उदाहरण है, जो मैं पहले भी दे चुका हूं। बिड़ला की फैक्टरियों में वर्ष 1978-79 में हड़ताल हुई थी और बिड़ला ने गीता का संदर्भ देते हुए कहा कि हमारे लोग अपनी परंपरा को जानते ही नहीं हैं, हमारी परंपरा तो कर्मण्येवाधिकारस्ते की है, मा फलेषु कदाचन की है लेकिन अब तो लोग फल ही फल चाहते हैं। और उनके इस बयान के बाद, पता नहीं कैसे, वो हड़ताल टूट भी गई थी। अब आप देखिए गीता, परंपरा, हड़ताल, मजदूर, चालबाजी सब एक साथ जुड़ी हुई हैं, जबकि गीता का चालबाजी से क्या मतलब है? गीता का हड़ताल से क्या मतलब है? गीता का मजदूर की मांगों से क्या मतलब है? लेकिन पूंजीपतियों के प्रतिनिधि बिड़ला ने इसे एक टेक्स्ट में बदल दिया और अपना टारगेट एरिया पा लिया। ये जो पैटर्न आया है इसमें वास्तविकता और प्रतिभासित वास्तविकता को समझना मुश्किल हो गया है। इसलिए *राग दरबारी* की जो अतिरंजनाएं हैं तब व्यंग्यात्मक लगती थीं अब व्यंग्यात्मक से अधिक वास्तविक लगती हैं। ये अतिरंजनाएं इस अतिरिक्त को जैसे प्रकाशित करती हैं और वो बहुत प्रभावी लगता है।

मैंने आरंभ में कहा था कि *राग दरबारी* के विश्लेषण के लिए जो मैंने आठवां खंड चुना है उसमें दो ही बातें प्रमुख हैं—विकास और विज्ञापन। विकास पर मैं चर्चा कर चुका। *राग दरबारी* के आठवें खंड से विज्ञापन के संदर्भ में ये अंश देखिए : 'वैसे सबसे ज्यादा जोर-शोरवाले विज्ञापन, खेती के लिए नहीं, मलेरिया के बारे में थे। जगह-जगह मकानों की दीवारों पर गेरू से लिखा गया था कि मलेरिया को खत्म करने में हमारी मदद करो, मच्छरों को समाप्त हो जाने दो।' यहां ये मानकर भी चला गया था कि किसान गाय-भैंस की तरह मच्छर भी पालने को उत्सुक हैं और उन्हें मारने के पहले किसानों का हृदय-परिवर्तन करना पड़ेगा। हृदय-परिवर्तन के लिए रौब की जरूरत है, रौब के लिए अंग्रेजी की जरूरत है। इस भारतीय तर्क-पद्धति के हिसाब से मच्छर मारने और मलेरिया-उन्मूलन में सहायता करने की सभी अपीलें प्रायः अंग्रेजी में लिखी गई थीं। इसलिए प्रायः सभी लोगों ने इनको कविता के रूप में नहीं चित्रकला के रूप में स्वीकार किया था और गेरू से दीवार रंगने वालों को मनमानी अंग्रेजी लिखने की छूट दे दी। दीवारें रंगती जाती थीं, मच्छर मरते जाते थे।

इसमें किस तरह से खूब सारी चीजें एक-दूसरे से संबद्ध हैं, संबद्ध शब्द ठीक नहीं है, रेणु

ने जिसे 'कनेक्शन' कहा है वो ज्यादा सटीक है, तो इन सबका 'कनेक्शन' देखिए। हृदय का एक गांधीवादी कांसेप्ट है, अंग्रेजी और रौब का जो सामाजिक संदर्भ है, उस इलाके के निरक्षर गांव वालों के लिए अंग्रेजी मात्र चित्र है। गांव वालों के लिए ऐसी भाषा का प्रयोग जो उनके लिए चित्र है। हमारी शिक्षा का माध्यम और हमारे बोलने के माध्यम में कितना फर्क है। ये सभी बातें एक-दूसरे के 'कनेक्शन' में दिखाई देती हैं। अब ये वाक्य देखिए : दीवारें रंगती जाती थीं और मच्छर मरते जाते थे। दीवारों के रंगने और मच्छर के मरने में कोई संबंध नहीं है लेकिन प्रशासनिक कार्यवाही का टारगेट एरिया पूरा हो रहा है। ये जो वर्णन का पूरा पैटर्न है वो *राग दरबारी* में आद्यंत विद्यमान है। इसलिए *राग दरबारी* को एक नए टेक्स्ट की तरह हमको देखना पड़ेगा।

मैं पुनः 'मैला आंचल' के माध्यम से अपनी बात कहना चाहूंगा। 'मैला आंचल' में जो स्थानीयता है वो पिछड़े सामाजिक वर्ग को विकास की धारा में लाने के लिए चुना गया है। स्वाधीनता के बाद नेहरू ने दो कार्यक्रम चलाए। एक तो एस.सी., एस. टी. के आरक्षण का और दूसरे विकास की धारा से जो पिछड़े इलाके हैं छूट गए हैं, वहां भारी उद्योग लगाने का। जो पिछड़ा समाज और पिछड़ा इलाका है उसको राष्ट्र के विकास की मुख्य धारा से जोड़ने के लिए उसका स्वरूप निर्मित हुआ। आगे चलकर जो स्थानीयताएं हैं, अंचल के स्थान पर मैं स्थानीयता शब्द का उपयोग करूंगा, उनका प्रयोग कौन कर रहा है। स्थानीयताओं का इस्तेमाल कॉरपोरेट दुनिया कर रही है और इसका दोहन करना चाहती है। विकास की राष्ट्रीय धारणा या सामाजिक विकास की धारणा से वह जुड़ी हुई नहीं है बल्कि जो स्थानीयता है उसका कॉरपोरेट दुनिया में किस तरह उपयोग हो सकता है, इसके लिए इस्तेमाल की जाती है। इसलिए जैसे सिंगूर है या और तमाम जगह हैं, पिछड़े इलाके में उनका उपयोग उसी तरह हो रहा है जैसी हैवी इंडस्ट्री नेहरू ने लगाई थी? या इनके कॉरपोरेट निहितार्थ राष्ट्रीयता से अधिक और अलग हैं। सामाजिक विकास होता है या नहीं होता है इसमें उनकी विशेष रुचि नहीं है, वो बाई प्रोडेक्ट हो सकता है लेकिन टारगेट एरिया नहीं है। ऐसी हालत में जो कॉरपोरेट हित हैं, उनमें स्थानीयता का उपयोग कैसे किया जा सकता है ये अधिक महत्वपूर्ण हो गया है। 'मैला आंचल' तो उसको नहीं लेता लेकिन *राग दरबारी* में जो शिवपालगंज है वहां, अभी मैंने विज्ञापन का जो उदाहरण दिया, वो सिद्ध करता है कि विज्ञापन कितनी बड़ी शक्ति हो सकता है। वो सारी चीजें जो कॉरपोरेट जगत् के हित में हों उनका वर्णन *राग दरबारी* में है। अभी जो मैंने उदाहरण दिया, उसमें देखें कि अनेक तरह के विचारधारात्मक निरूपक उसमें हैं। *राग दरबारी* के टेक्स्ट, चरित्र और परिस्थिति जो उपन्यास निर्माण में मुख्य भूमिका निभाते हैं, उनसे वो अलग होने लगता है। स्वतंत्र इस मायने में, जैसे आज भी हम किसी सरकार से ये उम्मीद नहीं कर सकते कि वह जनता या गरीब लोगों की जिम्मेदारी नहीं लेगी। भले वो जिम्मेदारी को न निभाएं पर उसमें ये साहस नहीं है कि वह कहे कि जिम्मेदारी नहीं लेंगे, लेकिन जो कॉरपोरेट ताकतें हैं वो ये जिम्मेदारी लेने के लिए तैयार नहीं हैं। *राग दरबारी* में ऐसा पैटर्न है, जो दिखाता है कि ऐसी ताकतें विकसित हो रही हैं जो जनता और समाज की जिम्मेदारी लिए बगैर ताकत हासिल कर सकती हैं और इसके साथ-साथ वो एक नई संस्कृति का विकास भी कर सकती हैं। जनता और समाज की जिम्मेदारी को लिए बगैर कोई संस्कृति उत्पन्न हो जाए, ये तो अभूतपूर्व है।

ये किसका कथन है मुझे याद नहीं आ रहा है—पर्सनल इज पॉलिटिकल। क्या राजनीति कभी समाज की चिंता के बगैर बनी है? नहीं बनी। पर अब बिना सामाजिक हुए आदमी पौलिटिकल हो सकता है। जो निजी है, ग्लोबल है वो पॉलिटिकल हो जाएगा। निजी को मैं

स्पष्ट कर दूं, निजी से मेरा अर्थ निहित स्वार्थ है। निहित स्वार्थ की रक्षा करना पॉलिटिकल है और समाज की जिम्मेदारी लेना पॉलिटिकल नहीं रह गया है। इस तरह के जो कांस्ट्रक्ट्स हमें दिखाई पड़ते हैं वो *राग दरबारी* में मिलने लगते हैं और इस दृष्टि से वो महत्वपूर्ण है। आठवें खंड के इस अंश को देखिए :

> वहां के छोटे-मोटे अफसरों में कोई न कोई ऐसा निकल ही आता था जिसके ठाठ-बाट देखकर वहां वाले उसे परले सिरे का बेईमान समझते, पर जिसे देखकर ये बाहरी लोग आपस में कहते, कितना तमीजदार है। बहुत बड़े खानदान का लड़का है। देखो न, इसे, चीको साहब की लड़की ब्याही है। इसलिए भूख लगने पर अपनी ईमानदारी को खतरे में डाले बिना वे लोग वहां खाना भी खा सकते थे। कारण जो भी रहा हो, उस मौसम में शिवपालगंज में जननायकों और जनसेवकों का आना-जाना जोर से शुरू हुआ था। उन सबको शिवपालगंज के विकास की चिंता थी और नतीजा यह होता था कि वे लेक्चर देते थे।

अब आप ये देखिए कि श्रीलालजी कहते हैं कि कारण चाहे जो कुछ हो लेकिन नेता लोग आते थे और लेक्चर देते थे। अब या तो चुनाव आसन्न हो या फिर कोई मौसमी फौरी उकसाव हो जिससे शिवपालगंज के विकास का मुद्दा बना था, अपने वास्तविक कारणों से नहीं बना था। यहां कारण के प्रति उदासीनता है। विकास किन कारणों से होना चाहिए, वो हैं ही नहीं और इसलिए सही कार्यक्रम न होकर लेक्चर दिए जाते हैं। इसलिए गहराई से अपरिचय है, तात्कालिक निहितार्थ है, कार्य की जगह शब्द हैं। स्वाधीनता के बाद यह विकास की कहानी है। यह कहानी नेहरू के समय में आरंभ हुई थी और उनकी मृत्यु के बाद तेजी से उभरने लगी थी। विकास की इस कहानी की पहचान हमको *राग दरबारी* में मिलती है। जैसे ही हम इस कहानी को पहचान लेते हैं, वैसे ही लगने लगता है कि लेक्चर नशे की खुराक में बदल जाता है। कार्यक्रम विज्ञापन में तब्दील हो जाते हैं और उसकी विज्ञापनी तस्वीरें दिखाई जाने लगती हैं। इस तरह से हम देखते हैं कि नेहरू की मृत्यु के बाद भारतीय समाज, राजनीति, प्रशासन आदि की कहानी जो विकसित हुई है, उसका पूरा रूपक ये उपन्यास देता है और इस मायने में मैंने जो पहले विश्लेषण किया था, उससे अलग विश्लेषण की मांग यह उपन्यास करता है।

लेखक जो होता है वो अनजाने स्रोतों से वास्तविकता को सोख लेता है। श्रीलालजी ने भी उन स्रोतों से वास्तविकता को सोख लिया है और इस मायने में लगता है कि *राग दरबारी*, 'मैला आंचल' से, कथा कहने का भिन्न परिदृश्य और योग्यता लेकर सामने आता है। ये बहुत बड़ी बात है।

मैं व्यंग्य या अतिरंजना को यथार्थ उभारने का एक 'टूल' नहीं मानता हूं; बल्कि ये एक ऐसा मॉडल है, जो पूरे-के-पूरे इस दौर को और आज तक के इस दौर को परिभाषित कर सकता है।

मैं एक बात के लिए और सचेत करना चाहता हूं कि बहुत से लोग इसे पोस्ट मॉडर्न टेक्स्ट मानकर ये कह सकते हैं कि *राग दरबारी* के टेक्स्ट में शब्द और अर्थ की स्वायत्तता है। जब भाषा और उसके कांस्ट्रक्ट स्वायत्तता पा लेते हैं तब उनकी चेतनाओं से उनका अलगाव होता है और पूरा टेक्स्ट अपने आपमें स्वायत्त और स्वतंत्र हो जाता है। दूसरे शब्दों में कहूं कि लेखक और पाठक, दोनों की जो ऐतिहासिक दुनिया है उससे टेक्स्ट अलग होता है। ये पोस्ट मॉडर्न टेक्स्ट की एक धारणा है। मैं कहना ये चाहता हूं कि *राग दरबारी* का टेक्स्ट इतना स्वतंत्र और स्वाधीन नहीं है। उसके सारे पैटर्न ऐतिहासिक स्तर पर हमारी सारी सामाजिक गतिविधियां क्वालीफाई करते हैं। *राग दरबारी* का टेक्स्ट अपनी आंतरिक दुनिया में कैद नहीं है। वह बाहर

का सामाजिक, आर्थिक, राजनीतिक संदर्भ है, जिसको बाहरी एक्सप्लेनेशन कहते हैं, टेक्स्ट बाहर की सामाजिक, आर्थिक स्थिति आदि जो है, उससे टूटा हुआ नहीं है, एकदम अलग नहीं है कि उसे हम पोस्ट मॉर्डन टेक्स्ट कह दें। मैं यह मानता हूं कि जो साहित्यिक संरचनाएं होती हैं, समाज में अपने कार्यफलन के साथ परस्पर संबद्ध होती हैं। *राग दरबारी* में जो उपन्यास का पाठ है, वो अपनी ताकत उन्हीं ऐतिहासिक, सामाजिक, आर्थिक संदर्भों से पाता है जिनको पोस्ट मॉडर्निस्ट कहते हैं कि वह इनसे अलग है। एक फ्रेंच सोसियोलिजिस्ट पॉल रोजोनिव हैं, पोस्ट मॉडर्निस्ट हैं, उनका कहना है कि पोस्ट मॉडर्निस्ट एटीट्यूड समाज में लोगों को अनिश्चय के साथ कंफर्टेबल बनाते हैं। इसका मतलब ये है कि कुछ ऐसी ताकतें हैं जो मौके के मुताबिक फिसलनें पैदा करती रहें। जैसी तमाम फिसलनें आजकल पैदा हो रही हैं, उन फिसलनों के प्रति आप कंफर्टेबल रहें कि ये तो होता ही रहता है। आप उनसे लड़ाई न कीजिए, उनके सामने दूसरा ढांचा न रखिए, आप इन फिसलनों में जीना सीखिए। *राग दरबारी* का जो टेक्स्ट है, वो हमें वहां नहीं ले जाता है, वो हमें कहीं न कहीं संकेत देता है मोर्चों का। फिसलनों के प्रति हम कंफर्टेबल होकर जीएं—यह *राग दरबारी* का संदेश नहीं है।

पोस्ट मॉडर्निस्ट तरीकों का लेखक जाने-अनजाने प्रयोग तो करता है पर जो पोस्ट मॉडर्निस्ट टारगेट हैं, उस टारगेट को वो मोर्चे में बदलता है। इस उपन्यास में, मनुष्य के लिए न्याय के मोर्चे खुलने चाहिए, ये संकेत मिलता है।

2008; व्यंग्य यात्रा

विशिष्ट उपन्यास : जीवंत दस्तावेज़

चंद्रकांत बांदिवडेकर

अनेक कारणों से *राग दरबारी* एक विशिष्ट उपन्यास है। विशिष्ट इस अर्थ में कि हिंदी की किसी भी स्थापित प्रवृत्ति का लेबल उस पर नहीं चिपकाया जा सकता। यह भ्रम हो सकता है कि यह एक नगर से कुछ ही दूरी पर स्थित गांव की जिंदगी का दस्तावेज़ है, अतः इसे आंचलिक करार दिया जाए। लेकिन इधर आंचलिक उपन्यासों में जो विशेषताएं पाई जाती रही हैं, उनमें से कतिपय महत्वपूर्ण वैशिष्ट्यों का *राग दरबारी* में अभाव है। आंचलिक उपन्यास की मूल महत्वपूर्ण प्रवृत्ति रोमांटिक रही है। (रोमांटिक प्रवृत्ति जीवन की एक स्थायी और महत्वपूर्ण प्रवृत्ति है।) यद्यपि प्रदेश विशेष की वास्तविकता खोजने, उसके सांस्कृतिक-सामाजिक स्तरों का उद्‌घाटन करने की प्रवृत्ति यथार्थ के प्रतिकूल नहीं है; फिर भी आंचलिक उपन्यासों में नागर जीवन से ऊबे मन की नास्ताल्जिक प्रवृत्ति शक्तिपूर्ण ढंग से प्रकट होती रही है। उसके साथ-साथ ग्रामांचल के प्राकृतिक ऐश्वर्य एवं सौंदर्य के भाव-विभोर चित्र देने की प्रवृत्ति भी बलवती रही है। गांव के जीवन का चित्रण 'अहा ग्राम्य जीवन भी क्या है' वाली भावुक, आदर्शोन्मुख प्रवृत्ति से न किया जाता रहा हो; फिर भी आदिम जीवन की मांसल, उत्कट गंध सूंघने की ललक अवश्य उछालें मारती रही। भारतीय संस्कृति से कट रहे, नागर जीवन की बढ़ती मरुभूमि से भयभीत-संवेदनशील लेखक आंचलिक जीवन में भारतीय संस्कृति के जीवन-स्रोत खोजने के आकांक्षी अवश्य रहे हैं। लोकगीतों, लोकनृत्यों के माध्यम से लोकभाषा के प्रति अटूट लगाव से तथा प्रकृति से जुड़े जीवन के आवेगों के माध्यम से नए उत्साह की अपेक्षा करने की कुछ आकांक्षा अवश्य बलवती रही है। श्रीलाल शुक्ल के मन में ऐसी कोई भी भ्रांति नहीं रही दिखती है।

राग दरबारी का लेखक अपनी 'वस्तु से अत्यधिक तटस्थ है। अपने अंचल के प्रति कोई मोह, कोई आवेग, कोई रसभीना तंतु उसके मन में शेष नहीं रह गया है। एक वैज्ञानिक की निस्संगता से उसने अपने उपन्यास-विषय का निरीक्षण किया है—अपने बौद्धिक पूर्वग्रहों एवं भावनात्मक आवेगों को दूर रखकर। इसमें न अतीतोन्मुखी रोमानी वृत्ति का कहीं आभास है, न आंचलिक जीवन के किसी विशेष पहलू के प्रति रोमानी आकर्षण। लेखक के सामने 'शिवपालगंज' है—ठोस, खुरदरा, विद्रूप, जघन्य। अपनी जुगुप्सामय लीला से हर क्षण संवेदनशील पाठक पर आघात करता हुआ। यह आघात अतिशय ठंडेपन से होता है। पाठक को प्रभावित करने के लिए शायद भाषा की वक्रता को छोड़कर लेखक ने किसी भी अन्य उपादान का उपयोग कर अतिरिक्त आकर्षण उत्पन्न करने का प्रयास नहीं किया है। जिस शिवपालगंज को उसने चुना है, वह न प्रकृति-सौंदर्य से संपन्न है न जीवन के रमणीय शोभा-मंडित व्यवहारों से अनुगूंजित। वह न देहात है न शहर। राजनीति के बलात्कार से वह कलंकित हुआ है और उसकी कलंक-गाथा

ही *राग दरबारी* का कथ्य है। *राग दरबारी* में लेखक किसी व्यक्ति के भावात्मक संघर्ष में, मानसिक उद्वेलन में सीधे रस लेता नहीं दिखता; फिर भी अपरोक्ष रूप में कुछ व्यक्तियों को उसने बड़ा करने में अवश्य सफलता पाई है। यह चित्रण की पद्धति निश्चय ही नई है जिसमें *परिवेश-चित्रण के माध्यम से व्यक्ति-चित्रण का* प्रयास है। जीवन के चित्रण से कटकर मनुष्य के अंतर्मन की अंधेरी झांकियां दिखाने में लेखक भले ही रुचि न दिखाता हो; परिवेश की मार से कुंठित व्यक्तित्वों का बौनापन दिखाने में तथा शिवपालगंज की सामूहिक मानसिकता को उजागर करने में लेखक ने सफलता पाई है। परंपरागत ढंग से लेखक कथा प्रस्तुत नहीं करता, क्योंकि उसे शिवपालगंज की वास्तविकता का उद्घाटन करना है—दस्तावेज़ प्रस्तुत करना है। दस्तावेज़ और कथा दोनों का अद्भुत सम्मिलन बहुत बड़े कलाकार का काम है—प्रेमचंद, टॉलस्टॉय, गोर्की का। शिवपालगंज का यह यथार्थ नए की खोज नहीं है; जो है उसका अनावरण मात्र है। चूंकि यह अनावरण वीभत्स नग्नता का है, लेखक की कलात्मक क्षमता को चुनौती है जिसको उसने शक्तिपूर्ण ढंग से झेला है।

श्रीलाल शुक्ल ने उपन्यास में रंजकता उत्पन्न करने में परंपरागत नुस्खों को प्रयत्नपूवक टाल दिया है। नारी-पात्र क्षीण झलक दिखाकर तिरोहित होते हैं। वैद्यजी के दरबार में जैसे नारी का प्रवेश निषिद्ध है, वैसी ही शिवपालगंज पर लिखे इस उपन्यास में नारी तथा उससे संबद्ध यौनाकर्षण का विशेष अंकन नहीं है। यौन जीवन के लिजलिजे संकेत देकर उपन्यास का स्वाद बढ़ाने का प्रयास कहीं नहीं है। नारी-समाज की करीब-करीब अनुपस्थिति यथार्थ के एक महत्वपूर्ण पक्ष का अभाव अवश्य सूचित करती है।

जिंदगी का दस्तावेज़

श्रीलाल ने जिंदगी के दस्तावेज़ को शिवपालगंज की कुछ संस्थाओं को केंद्र में रखकर दिखाने का प्रयास किया है। स्वतंत्र भारत में व्यक्तियों का कृतित्व ऐसी संस्थाओं के संचालन में ही प्रकट होता है और व्यक्ति संस्था बन गए हैं; संस्थाएं व्यक्ति के अदृश्य रूप से प्रभावित। यह व्यक्ति और संस्थाओं का अन्योन्य संबंध तथा संस्थाओं का शासन और खास व्यक्तियों के बीच का संबंध *राग दरबारी* के केंद्र में आना स्वाभाविक था। क्योंकि आज के जीवन का एक बड़ा सत्य वह है।

शिवपालगंज के छंगामल इंटरमीडिएट कॉलेज को *राग दरबारी* का केंद्रीय घटनास्थल समझना चाहिए। क्योंकि इस कॉलेज के माध्यम से समस्त शिवपालगंज ही नहीं, समूचे देश की दशा-दिशा का परिचय प्राप्त होता है। फर्जी प्रस्ताव पास करवाकर कॉलेज के लिए जमीन दिलवाने की और अपना नाम अमर करने की करतूत से इस संस्था का जन्म होता है और तब से उसकी जीवन-कहानी ही अद्भुत है। डाक-बंगला, अस्तबलनुमा कुछ इमारतें, गुमटी इत्यादि से निर्मित यह कॉलेज, सरकारी अनुदान से बनाए गए सामुदायिक मिलन केंद्र का भी उपयोग करता है। जुता हुआ ऊसर, कृषि-विज्ञान की पढ़ाई के काम आता है। जगह-जगह ज्वार भी उगती है जो प्रिंसिपल की भैंसों के काम आती है। 'छंगामल विद्यालय इंटर कालिज' की स्थापना देश के नवनागरिकों को महान आदर्शों की ओर प्रेरित करने एवं उन्हें उत्तम शिक्षा देकर राष्ट्र का उत्थान करने के हेतु हुई थी। इस कालिज के छात्र, प्राध्यापक और प्रिंसिपल पढ़ाई छोड़कर अन्य सभी बातों में आस्था रखते हैं। विशेषतः गुटबंदी कर एक-दूसरे की टांग खींचने में और किसी के हाथ का हथकंडा बनकर सामाजिक भ्रष्टाचार का क्षेत्र बढ़ा देने में। लेखक ने पढ़ाई का नमूना प्रो. मोतीराम की क्लास को प्रत्यक्षवत् अंकित कर बड़ी कुशलता से पेश किया गया

है। मोतीराम पढ़ने-पढ़ाने की अपेक्षा आटाचक्की पर अधिक ध्यान देते हैं और इस बात के लिए छात्रों से लेकर प्रिंसिपल तक किसी को भी विशेष एतराज नहीं है। शिक्षा के संस्कार से वंचित इस प्राचार्य का मुख्य गुण यह है कि वह वैद्यजी का अपना आदमी है और खर्चे के फर्जी नक्शे बनाकर वह अधिक से अधिक अनुदान ऐंठने की कला में सिद्धहस्त है। छात्रों में पढ़ने के लिए रुचि नहीं है क्योंकि वे पास होने में कुछ गरिमा अनुभव नहीं करते। इम्पारटेंट प्रश्न वैसे भी बताए जाते हैं, कुंजियां हैं और परीक्षा में नकल करना आम रिवाज हो गया है। छात्र वैद्यजी के सुपुत्र रुप्पन बाबू के नेतृत्व में गुट बनाकर राजनैतिक आंदोलन का पाठ पढ़ते रहते हैं और वैद्य जी के विरोधी गुट के लोगों को काबू में रखते है। अधिकांश प्राध्यापक या अन्य कर्मचारी वैद्य जी की भाई-भतीजावादी उदार नीति के कारण ही स्थान पा सके हैं। प्रिंसिपल वैद्य जी के सामने दुम हिलाने वाले कुत्ते हैं और वैद्य जी के भरोसे समस्त लोगों पर अधिकार किया जा सकता है; इसका उन्हें विश्वास है। गांवों पर शहर का जो आक्रमण हो रहा है, शिवपालगंज उससे अछूता नहीं है। फिल्मी गाने, फिल्मी प्रेम, फिल्मी पोशाक से काफी प्रभावित लोग हैं। शिवपालगंज की अन्य गांवों से एक विशेषता यह है कि अन्य गांवों के अखाड़े उखड़ते जा रहे हैं जबकि शिवपालगंज का अखाड़ा वैद्य जी के पुत्र बद्री पहलवान के नेतृत्व में काफी सक्रिय है। इस अखाड़े में जो युवक शक्ति की उपासना करते हैं, वे वैद्य जी के विरोधी लोगों को पछाड़ देने में काम आते हैं। छोटे पहलवान एक उदाहरण मात्र हैं। चुनाव में विरोधी गुट के लोगों को आने से रोक दिया जा सकता है; आए हुए लोगों को तमंचे से भगाया जा सकता है; वैद्य जी के त्यागपत्र देने पर बद्रीबाबू को को-आपरेटिव का मैनेजिंग डायरेक्टर निर्वाचित किया जा सकता है। वैद्य जी के गुर्गों का विश्वास है को-आपरेटिव के डायरेक्टर वैद्यजी थे, हैं और रहेंगे। चुनाव के सभी तरीकों से यह काम संपन्न किया जा सकता है। सनीचर जैसे गंवार आदमी को गांव-सभा का प्रधान निर्वाचित करना वैद्यजी की कर्तुमकतुम अन्यथा कर्तुम् शक्ति का प्रमाण है। वैद्यजी के दरबार में भंग एक जनसंपर्क का महत्वपूर्ण साधन है। कोआपरेटिव यूनियन में गबन होता है, उसके पीछे भी वैद्यजी का हाथ है। और जितना वह अदृश्य है, उतना ही अप्रत्यक्ष रखकर उसका चित्रण भी हुआ है। इस गबन को लेकर वैद्यजी के जो तर्क हैं, वे उनकी चतुराई की लाजवाब मिसालें हैं। गबन हुआ है तो छिपाया नहीं गया है। जहां गबन नहीं पाया जाता, वहां वह छिपाया जाता है। गबन करनेवाले व्यक्ति को सरकार पकड़ने में समर्थ नहीं हुई है, अतः सरकारी अक्षमता के लिए कोआपरेटिव यूनियन को बदनाम नहीं किया जाए। सबसे अधिक अजीब तर्क है कि गबन की पूर्ति के लिए सरकार स्वयं अनुदान दे ताकि गांव का कोआपरेटिव मूवमेंट खतरे में न पड़ जाए। यह वैद्यजी का निर्लज्ज तर्कशास्त्र केवल कल्पना की चीज नहीं है, न यह अतिरेकी चित्रण है। यह तो देश की वास्तविकता की एक प्रतिनिधि मिसाल मात्र है।

शिवपालगंज की वास्तविकता का एक पक्ष वहां के पुलिस थाने के माध्यम से चित्रित किया गया है। दारोगाजी की बैठने की कुर्सी का वर्णन लेखक ने किया है, 'मध्यकाल का कोई सिंहासन रहा होगा जो अब घिसकर आराम-कुर्सी बन गया था।' यह बहुत दूर तक सम्यक् स्थिति का सही और सशक्त संकेत करता है। सब कुछ मध्यकालीन वातावरण का ही आभास देता है। ढाई-तीन सौ गांवों के उस थाने में दारोगाजी अपने दस-बारह आदमियों के साथ काम करते हैं और 'इतना काम है, कि सारा काम ठप्प पड़ा है'। दारोगाजी के आदमियों में शायद ही कोई दस्तखत करना जानता है। कोई भंग घोट रहा है, कोई शेरशाह के समय के घोड़े को खरहरा कर रहा है। ड्यूटी पर तैनात सिपाही सोते हुए रखवाली करता है। दारोगाजी का जुआड़ी के

साथ समझौता है और जुआड़ी स्वयं चिंतित है कि दारोगाजी चालान क्यों नहीं कर रहे हैं। दारोगाजी का कहना है, 'रिश्वत, चोरी, डकैती; अब तो सब एक हो गया है। पूरा साम्यवाद है!!' लेकिन दारोगाजी जानते हैं शिवपालगंज में खैरियत से रहना है तो वैद्यजी के साथ संबंध ठीक होने चाहिए। दारोगाजी का वाक्य, 'मैं आजादी मिलने के पहले बख्तावरसिंह का चेला था, अब इस जमाने में आपके पिताजी का हूं' वैद्यजी के दरबार की शक्ति का निर्देश करता है। भीखमखेड़वी के बहकावे में आकर जोगनाथ के मुकद्दमे में दारोगाजी ने वैद्यजी को चुनौती दी तो ऊपर से वैद्यजी ने स्थितप्रज्ञ की तरह उसे स्वीकार कर लिया। परंतु रुप्पन बाबू अपने पिताजी की ताकत को जानता है, 'पिताजी गीता की बात कर रहे हैं—अब देखें दरोगा बचकर कहां जाता है।'—और परिणाम सामने है। दारोगाजी का तबादला, गयादीन की लड़की की घोर बेइज्जती, दारोगा पर जोगनाथ का दावा ठोंकना, अंत में दारोगा का अपमानित होकर वैद्यजी के दरबार में शरणागत होकर आना; वैद्यजी की सर्वग्रासी पकड़ का परिचय देता है। जोगनाथ को पकड़ने के लिए दारोगाजी का जो तमाशा दिखाया गया है, वह उपन्यास का रोचक, हास्यपूर्ण अध्याय तो है ही, यथार्थ से बहुत दूर भी नहीं है।

शिवपालगंज की न्याय-पंचायत का हास्योत्पादक मामला केवल मनोरंजन के लिए नहीं है बल्कि गांव-गांव में फैले पंचायत संबंधी अविश्वास और अनास्था का पूरा प्रकटीकरण करता है। कुसहरप्रसाद, छोटे पहलवान का पीढ़ियों का संघर्ष अतिशय चित्रात्मक ढंग से प्रस्तुत किया गया है। चपरासी से लेकर मुलजिम तक सब लापरवाह और निर्लज्ज बन गए हैं। पंचों की निरक्षरता, अनगढ़पन, अप्रतिष्ठा का अच्छा उद्घाटन किया गया है। मुलजिम छोटे पहलवान सरपंच को भी सीधे गालियां देकर धमका कर चला जाता है। इस पूरे माहौल को देखते समय इस संदर्भ में प्रेमचंद की सुंदर कथा 'पंचपरमेश्वर' को याद किया जाए तो शिवपालगंज की तरक्की का पता चलता है। अनुशासनहीनता, बुजुर्गों के प्रति अनादर, वैद्यजी जैसे नेताओं के भरोसे तथा अपनी जिस्मानी ताकत के बल पर छोटे पहलवान जिस निर्लज्जता का हर समय प्रदर्शन करता है; उसको देखकर गांव की परंपरागत कुछ अच्छी संस्थाओं की जो भयानक दुर्दशा राजनीति के प्रवेश से हुई है उसका पता चलता है। यह विचार कि ऐसे वैद्यजी और छोटे पहलवान हर स्थान पर उभर गए हैं; मन को बहुत अस्वस्थ करता है।

फिर भी इजलास की गर्मी हर देहाती के खून में बह रही है। जोगनाथ भी दारोगा को बता देता है, 'बोटी-बोटी काट डालो, तब भी जब तक मेरा वकील नहीं कहेगा, मैं कुछ नहीं बतलाऊंगा।' बैजनाथ पुलिस की ओर से गवाही देने वाला ठेकेदार ही है। छोटे पहलवान गवाही देते समय गंजहापन अदालत में झाड़ने से बाज नहीं आता। छोटे पहलवान पुलिस की ओर से गवाही देने जाता है परंतु वैद्यजी के आदमी की तरफ से बोलता है। खन्ना मास्टर तथा अन्य सहयोगी प्रिंसिपल के खिलाफ मुकदमा दायर करते हैं। प्रिंसिपल को मुकदमे में कोई दिलचस्पी नहीं है। उनका हल है,

> महाराज, हमारि तो यहै राय है कि मारे खन्ना के हाथ-पांव टुरवाय कै कौनो नारा मां डारि दीन जाय और यहु न बनै तो सारै का कान पकारि कै कालिज से बाहर निकारि दियै। मारै चूतर पर चारि लातै औरु..।

इजलास में जिस तरह मास्टरों को सुलह के लिए कहा गया है, वह मास्टरों की दीनता पर अच्छा व्यंग्य है। न्याय अदालत में भी नहीं मिलता, यह इस दस्तावेज़ का दर्दनाक पहलू है। अदालत गांव-पंचायत का परिवर्द्धित रूप है। लंगड़े की सिद्धांत के लिए लड़ाई (जो उपन्यास में अनावश्यक रूप में लंबी हो गई है।) इसी बात पर प्रकाश डालती है। *राग दरबारी* में भारतीय जनतंत्रवाद

की असलियत का एक महत्वपूर्ण पक्ष प्रकट हुआ है–जनता लगभग जानती है कि उसके पास वोट तो है परंतु वह किसी काम का नहीं है। सामान्य से सामान्य मतदाता भी किसी उम्मीदवार को वोट देने के लिए तैयार है। जनतंत्रवाद की महत्वपूर्ण प्रणाली का हास्योत्पादक रूप असल में राजनीतिक ट्रेजिडी का एक पहलू है।

गांव के लिए विज्ञापन अंग्रेजी में किए जाते हैं। विज्ञापनों, अखबारों, नेताओं और सरकारी कर्मचारियों को लेकर जो विसंगतियों के उद्घाटन आरंभ से होते हैं, वे 'दस्तावेज़' का महत्वपूर्ण हिस्सा हैं। वृक्षारोपण, वन-संरक्षण, भूदान; सबका एक ही किस्सा है–सब कुछ गांव में गोबर हो गया है।

इस दस्तावेज़ में एक और महत्वपूर्ण अंग है–रिश्वत। रिश्वत अब चोरी-छिपी, नैतिकता की चुभन उत्पन्न करनेवाली चीज नहीं रह गई है। वह एक व्यवहार का अभिन्न अंग बन गई है। रंगनाथ को ट्रक की सवारी करते समय इसकी झलक मिल जाती है। मेले में, वैद्यजी के दरबार में, उसके अन्य विशद रूप भी दिखाई पड़ते हैं। रिश्वत तो सामाजिक जीवन का एक अंग बन गई है। लेखक की टिप्पणी है, 'इस देश में लड़कियां ब्याहना भी चोरी करने का बहाना हो गया है।'

जुआ, चोरी, अमली पदार्थों का सेवन बच्चों तक व्याप्त है। इस मानवीय व्यवहार को अधिक उद्दीप्त करती है यहां की बदबूदार हवा; जो औरतों, बच्चों के खुले मैदान में संडास करने से तथा खुली नालियों से हर क्षण फैलती रहती है।

शिवपालगंज का दस्तावेज़ देखना इसलिए आवश्यक था कि *राग दरबारी* के लेखक का प्रमुख उद्देश्य ही दस्तावेज़ प्रस्तुत करना है। उसमें कथा-तत्व क्षीण है। चरित्र भी दस्तावेज़ के साथ उभर आते हैं। शिवपालगंज का परिवेश तथा उसका घोर यथार्थ ही प्रमुख कथ्य और उपन्यास का चरित्र है। उपन्यास के केंद्र से मानव अब हटता जा रहा है। परिवेश मानव पर आक्रमण कर रहा है। इसके कारण उपन्यास का परंपरागत ढांचा भी बदल गया है।

शिवपालगंज की मानसिकता

राग दरबारी जैसे उपन्यास व्यक्ति की मानसिकता के चित्रण में उतना रस नहीं लेते जितना सामूहिक मन के उद्घाटन में। जिस तरह महाराष्ट्र के लोगों को अपनी अस्मिता का एहसास है, उस तरह अपने गंजहापन का तीव्र अभिमान शिवपालगंज के लोगों में है।

उनकी बोलचाल की खास ढब, विशिष्ट गाली-गलौज वाली शब्दावली अथवा मुहावरा, स्वभाव की धूर्त्तता, मक्कारी, आत्मा 'कोटर' में वर्तमान एक प्रकार का रूखापन, चिड़चिड़ाहट, वाचालता, वाक्पटुता, विलक्षण आत्मकेंद्रितता और आत्मतुष्टता; इन सबसे यह 'गंजहापन' मूर्त्त होता है। किसी में अच्छे-बुरे का, कर्त्तव्य-अकर्त्तव्य का, सदाशयता का, मूल्यवत्ता का बोध नहीं है। विद्या केंद्र के प्राचार्य का रंगनाथ से यह कथन, 'बाबू रंगनाथ, तुम्हारे विचार बहुत ऊंचे हैं। पर कुल मिलाकर उनसे यही साबित होता है कि तुम गधे हो।'–गंजहापन का यह महत्वपूर्ण तर्क है जो प्रायः सभी चरित्रों में व्याप्त है।

इनमें से किसी के मन में अपने से इतर के प्रति, समाज, राष्ट्र, गांव के प्रति कोई आस्था शेष नहीं रह गई है। रंगनाथ के भुनभुनाने पर शिकारी कुत्ते की तरह झपटकर क्लर्क कहता है :

> क्या कर सकते हो रंगनाथ बाबू, कोई क्या कर सकता है? जिसके छिलता है, उसी के चुनचुनाता है। लोग अपना ही दुःख-दर्द ढो लें; यही बहुत है। दूसरे का बोझा कौन उठा सकता है। अब

तो यही है भैया कि तुम अपना दाद उधर से खुजलाओ, हम अपना इधर से खुजलाएं।

लेकिन बात वहीं तक सीमित नहीं है। मैनेजर के चुनाव पर रंगनाथ की मनःस्थिति का जो चित्रण लेखक ने किया है, वह देखने योग्य है :

> वैद्यजी को देखते ही अचानक उसे वह दृश्य याद आ जाता जब प्रिंसिपल साहब चुनाव के बाद बरछी से बिंधे हुए सुअर की तरह चिचियाते हुए जय-जयकार करते कालिज से बाहर निकले तो उसे ऐसा जान पड़ने लगा कि वैद्यजी के साथ रहते हुए वह डकैतों के किसी गिरोह का सदस्य हो गया है।

शिवपालगंज के लोगों पर उसकी यह प्रतिक्रिया भी महत्वपूर्ण है :

> पर यह शहर न था, बल्कि देहात था, जहां बकौल रुप्पन बाबू, अपने सगे बाप का भी भरोसा नहीं, और बकौल सनीचर कोई कटी उंगली पर भी मूतनेवाला नहीं है।

संबंधों का विघटन शहर की समस्या नहीं है, गांव की असलियत भी है। समस्त *राग दरबारी* में—भाई-भाई में, बाप-बेटे में, शायद ही कहीं स्नेह से भीने संबंधों की सुखद गंध मिलती हो। रुप्पन और बद्री पहलवान, कुसहर प्रसाद और छोटे पहलवान, रुप्पन और वैद्यजी के संबंधों का उल्लेख इस संदर्भ में किया जा सकता है। बद्री पहलवान अपने पिताजी के प्रति एकाध जगह भावुक होते भी हैं तो उसके मूल में गयादीन से बेला के लिए बात करने का अनुरोध है। प्रिंसिपल वैद्यजी के सामने दुम हिलाते हैं तो उनकी अपरंपार कपट-शक्ति के सहारे से औरों पर धाक जमाने की नीयत से। हर गंजहा अपने आपमें लवलीन है। हर दूसरा आदमी हरामी है। राजनीति ने कुछ ऐसा समां बांध लिया है कि सनीचर की प्रतिक्रिया देखिए :

> प्रधान बनने से पहले जरूरी था कि सनीचर जनता को बता दे कि देखो भाइयो, मैं भी किसी से कम तिकड़मी नहीं हूं और भला आदमी समझकर मुझे वोट देने से इंकार न कर बैठना।

बद्री पहलवान के पट्ठे ने बांभन की जोरू को उसके सामने लपेट लिया और बांभन मुंह लटकाकर चला गया तो पट्ठे ने लंगड़ देकर उसे चित्त कर दिया! रंगनाथ विवेक की बात करता है तो बद्रीबाबू की यह टिप्पणी है :

> रंगनाथ बाबू, चाहे कहो चाहे न कहो, यही सच है। अपनी जोरू को जो काबू में न रख पाया, वह उमर-भर बेचारा ही रहेगा। उसके ऊपर कहां तक रोओगे?

शिवपालगंज का सबसे बड़ा तर्क है शक्ति। यह दिमागी और जिस्मानी शक्ति वैद्यजी के पास प्रचुर मात्रा में इकट्ठी हुई है। कहीं भी मानवीय विवेक शेष नहीं रह गया है।

गंजहों का सामूहिक गुण है गुटबंदी। यह राजनीतिक प्रभाव है। रुप्पन भी वैद्यजी का समर्थन करता हुआ कहता है,

> देखो दादा, यह तो पालिटिक्स है। इसमें बड़ा-बड़ा कमीनापन चलता है। यह तो कुछ भी नहीं हुआ। पिताजी जिस रास्ते में हैं उसमें इससे भी आगे कुछ करना पड़ता है। दुश्मन को जैसे भी हो, चित्त करना चाहिए। यह न चित्त कर पाएंगे तो खुद चित्त हो जाएंगे और बैठे चूरन की पुड़िया बांधा करेंगे और कोई टका को भी न पूछेगा।

यह शिवपालगंज की ही बात नहीं है, समस्त देश पर चस्पां होती है। इस गुटबंदी में भाई-भतीजावाद पनपता है; जनतंत्र के मूल में लगे कीड़े पलने लगते हैं; गुंडों का समूह रखना पड़ता है; गुंडों की पुलिसवालों से, जेल से, रक्षा भी करनी पड़ती है। सांठगांठ शुरू होती है। वैद्यजी गुंडों की स्वयं रक्षा नहीं करते, उनके पुत्र बद्री पहलवान यह सब करते हैं। उधर कालिज के लड़कों को

रुप्पन बाबू संभालते हैं।

शिवपालगंज की मानसिकता की एक विशेषता है—घोर अनास्था। शिक्षा संस्थाएं, राजनीति, जनतंत्र, नेता, कार्यकर्त्ता, न्याय-पंचायत, अदालत, पुलिस विभाग, सरकारी अधिकारी, किसी में आस्था नहीं है। सर्वव्यापी अनास्था एवं आलस्य गंजहों का महत्वपूर्ण वैशिष्ट्य है। *राग दरबारी* में कहीं भी श्रम करनेवालों की उत्साहपूर्ण झलक नहीं मिलती। शिवपालगंज के वातावरण से रंगनाथ को नफरत होती है। वह वापस जाना चाहता है तो रुप्पन पूछता है, 'नफरत करनेवाले तुम होते कौन हो? कोई इनसे बाहर हो क्या?' वह नींद-भरी आवाज में बोले, 'कहां जाओगे दादा? वहां भी इसी तरह के हरामी मिलेंगे।'

शिवपालगंज : देश का प्रतिरूप

शिवपालगंज को प्रस्तुत करते समय लेखक के मन में बराबर यह भान रहा है कि अपनी विशिष्टताओं के बावजूद शिवपालगंज की वास्तविकता सारे देश के यथार्थ को प्रतीकित करती है। यह लेखक की कला का वैशिष्ट्य है कि कहीं 'कोई स्थिति आरोपित नहीं लगती'।

वैद्यजी के चरित्र के रूप में जो व्यक्तित्व उभरता है, वह पाठक को हर स्थान पर दिखाई पड़ता है। जनता के वोटों पर अधिकार करके अपनी उपयोगिता स्थापित करना और शासकीय शक्ति के साथ अपने संबंध-सूत्रों को जीवित रखना तथा उस आधार पर जनता पर मनमाना शासन करना; यह आज के स्थापित नेताओं की एक आम हरकत हो गई है। शिवपालगंज का राजनैतिक, सामाजिक व सांस्कृतिक परिवेश देश के परिवेश का छोटा प्रतिबिंब है। चुनाव की प्रणालियां, संस्थाओं पर नियंत्रण करने के कुटिल दांव-पेंच, विविध संस्थाओं का स्वरूप, अखबार, विज्ञापन, सरकारी अधिकारी इनमें वह कौन-सा पहलू है जो देश के विस्तृत भूभाग में नहीं है?

> कुछ दिनों में ही रंगनाथ को शिवपालगंज के बारे में ऐसा लगने लगा कि महाभारत की तरह, जो कहीं नहीं है, वह यहां है और जो यहां नहीं है, वह कहीं नहीं है। उसे जान पड़ा कि हम भारतवासी एक हैं और जगह-जगह हमारी बुद्धि एक-सी है।

देश में व्याप्त निराशा और निठल्लापन गयादीन के शब्दों में देखिए : 'नया आदमी कुछ करना चाहे, तो क्या करेगा? कुछ होगा तो तभी, जब कोई कुछ करने दे। आज के जमाने में कोई किसी को कुछ करने देता है?'—यह निठल्लेपन का तर्क सभी भारतीयों में फैला हुआ है।

वैद्यजी को डर केवल एक बात का है : 'ऊपर से सच्ची जांच करने का हुक्म हो जाता है'। जब वैद्यजी को त्यागपत्र देने का आदेश दिया ही जाता है तब वैद्यजी एक शर्त पर त्यागपत्र देते हैं : 'किंतु प्रदेशीय फेडरेशन के लिए उम्मीदवार चुनने का जब प्रश्न आएगा...' स्थिति को काफी साफ किया गया है। प्रधान के रूप में सनीचर की विजय होती है तो रंगनाथ की प्रतिक्रिया :

> सनीचर की विजय के दिन उसने बहुत कुछ सोच डाला और उस दौरान उसे प्रदेशों की राजधानियों में न जाने कितने वैद्यजी, मंत्रियों और मुख्यमंत्रियों की कतार में न जाने कितने सनीचर घुसे हुए दीख पड़े।

शिवपालगंज के कुछ व्यक्तित्व

राग दरबारी में परिवेश को नायकत्व मिला है, अतः चरित्रों का निर्माण अप्रत्यक्ष रूप से होता है। फिर भी कुछ चरित्र उभरकर सामने आ गए हैं। मानवीय मानसिक उथल-पुथल, भावनात्मक आलोड़न-विलोड़न को यहां स्थान नहीं है। परिवेश ने मनुष्य को बधिर किया है। संवेदनशीलता

उसकी क्षीण होती जा रही है। विचार केवल आत्मकेंद्र को लेकर उभरते हैं। कल्पना का उपयोग स्वार्थ-सिद्धि के छोटे-छोटे कामों में हो रहा है। एक प्रतिक्रियात्मक रुख ही बहुत से पात्र अपनाते हैं। परिवेश के साथ समझौता कर निर्वाह करने में आम मनुष्य सार्थकता समझ रहा है। गयादीन ऐसे आम आदमियों का प्रतीक माना जा सकता है। वह वैद्यजी के दरबार का महत्व भली-भांति जानता है। उनके साथ दबकर रहना ही पसंद करता है। जिस तरह आज आम आदमी अपनी नैतिकता को लेकर छोटे-से दायरे में ही सोचता है, निभाता है, उसी तरह गयादीन भी अपनी सीमा में भला आदमी बनकर रहना चाहता है। उसके लिए वह वैद्यजी की गिड़गिड़ाकर प्रार्थना भी करता है। लड़की की भरी अदालत में बेइज्जती होने पर भी बेचारा क्षीण रूप में कुनमुनाने के अतिरिक्त कुछ नहीं कर सकता। वैद्यजी से वह प्रार्थना करता है, 'आज तुम्हारा जमाना है, सभी लोग तुम्हारे पांव पर लोट रहे हैं। पर अपने को इतना न भूल जाओ! भले आदमियों को भी शिवपालगंज में रह लेने दो।' अपने आपमें भला होना और अन्य व्यापक संदर्भ में निष्क्रिय होना आज नपुंसकता का अतएव अनीति के मूक समर्थन का पर्याय हो गया है। खन्ना मास्टर को वह समझाता है, 'नहीं मास्टर साहब, जनता के रुपए के पीछे इतना सोच-विचार न करो। नहीं तो बड़ी तकलीफ उठानी पड़ेगी।' गयादीन मूर्ख नहीं, चतुर है। कहता है, 'नैतिकता का नाम न लो मास्टर साहब। किसी ने सुन लिया तो चालान कर देगा।' ये दोनों वाक्य बहुत शक्तिमत्ता के साथ आज की असलियत का पर्दाफाश करते हैं। गयादीन जानते हैं,

> जो जहां है, अपनी जगह गोह की तरह चिपका बैठा है। टस-से-मस नहीं होता। उसे चाहे जितना कोंचो, चाहे जितना दुरदुराओ! वह अपनी जगह चिपका रहेगा और जितने नाते-रिश्तेदार हैं, सब उसकी दुम के सहारे, सड़ा-सड़ चढ़ते हुए ऊपर तक चले जाएंगे। कालिज को क्यों बदनाम करते हो, सभी जगह यही हाल है।

वास्तविकता को जानकर भी निष्क्रिय बने रहनेवाले बहुसंख्यक समझदार लोगों का प्रतिनिधित्व गयादीन करते हैं।

इस उपन्यास के केंद्र में वैद्यजी और उनका दरबार ही है। शिवपालगंज की वह असामान्य शक्ति है। गुंडों का बादशाह है बद्री पहलवान, सनीचर; ये सब गुंडे हैं और शिवपालगंज की जनता को नियंत्रण में रखने के कार्य में वैद्यजी का हाथ बंटाते हैं। वैद्यजी की दूसरी शक्ति शासकीय संपर्क-सूत्र है। वैद्यजी के रूप में बगुलाभगत नेता का रूप अतिशय शक्तिशाली ढंग से अंकित किया गया है। सभी भ्रष्टाचारों, बुराइयों और अनैतिकता की जड़ होते हुए भी उनके मुंह में प्रेम, अहिंसा, सहकार जैसे शब्द हैं। गीता की उक्तियां हैं। उनके गुर्गे के ये शब्द वैद्यजी के बारे में अधिक फिट बैठते हैं, 'सब शांति ही है। यहां पचास-पचास शांति जांघ के नीचे पड़ी है।' चुनाव जीतना, गबन करना, गुंडों की सुरक्षा करना, अधिकारियों को दबाकर रखना, तबादले करवाना, इस्तीफा देकर भी लड़के को मैनेजिंग डारेक्टर के रूप में चुनवा लेना, बद्री-बेला के विवाह में दोमुंही चाल चलना—यह सब देखकर वैद्यजी की अद्‌भुत क्षमता पर आश्चर्य होता है।

वैसे सनीचर, बद्री पहलवान, रुप्पन बाबू, कुसहर प्रसाद, छोटे पहलवान, प्रिंसिपल; सभी को पर्याप्त जीवंत रूप में और अपनी-अपनी विशिष्टता के साथ चित्रांकित किया गया है। लेखक ने रुप्पन की क्रमशः उखड़ती, उदास, संत्रस्त स्थिति दिखाई है। मूल में बेला के संदर्भ में मिली असफलता है। लेखक ने कहीं भी प्रत्यक्ष रूप में विश्लेषण नहीं किया है। संकेत दिए हैं, सूचित किया है। रंगनाथ हमारे देश के बहुसंख्यक निष्क्रिय बुद्धिजीवियों का प्रतिनिधित्व करता है जो अच्छा-बुरा जानकर भी अपने विचारों को अमल में नहीं ला सकता। इन सब चरित्रों को देखकर

लगता है कि एक बहुत बड़ा जड़ बना देनेवाला कैंसर जैसा असाध्य रोग हमारी युवाशक्ति और मनुष्यता को खाए जा रहा है। जिस तरह कैंसर के रोग का निदान उसके बहुत फैल जाने पर ही हमलोग कराते हैं, उसी तरह उपन्यास समाप्त करते समय जड़ता के रोग का दुःखद भान सालता रहता है।

श्रीलाल शुक्ल के चरित्रांकन की पद्धति लक्षणीय है। वे अपनी ओर से पात्रों के बारे में कम बोलते हैं। परिवेश की प्रतिक्रिया में पात्रों को प्रस्फुटित होने देते हैं। प्रत्येक पात्र का वैशिष्ट्य उसकी भाषा तथा वार्तालाप की शैली से प्रकट होता है। इन लोगों की कुल संवेदना भोंथरी है। सूक्ष्म कल्पना या विचार से वंचित है। इनके प्रति सहानुभूति उत्पन्न करना मुश्किल है, न लेखक को यह अभीष्ट है कि इनके सुख-दुःख में पाठक शामिल हो। लेखक ने भावुक तथा रोमानी या आदर्शवादी स्थितियों, प्रसंगों को हेतुतः टाला है। उपन्यास के कथ्य में ऐसा कुछ भी नहीं है जो पाठक को पकड़ रखे। इस स्थिति में लेखक के पास एक हथियार बच जाता है—उसकी विशिष्ट व्यंग्यात्मक, हास्योत्पादक शैली। इसका प्रचुर उपयोग लेखक ने किया है।

राग दरबारी की भाषा-भंगिमा

राग दरबारी में मुख्यतः भाषा के दो रूप मिलते हैं। एक रूप गंजहे लोगों की बोलचाल में, संवाद में उभरता है और गंजहों की मानसिकता को, चरित्र को, आकार देता है। दूसरा रूप लेखक की अपनी व्यंग्यात्मक, हास्योत्पादक शैली है।

लेखक ने परिवेश को प्रमुखता दी है, अतः शैली में वर्णनात्मकता प्रचुर रूप में आती है। परंतु इस वर्णनात्मकता को चित्रांकन शक्ति से तथा मूर्तीकरण की कला से जीवंत बना दिया है। ट्रक का, थाने का, मेले का, दुकानों का, कॉलेज का वर्णन इस संदर्भ में द्रष्टव्य है। वस्तुओं, स्थितियों तथा व्यक्तियों का वर्णन करते समय लेखक एक स्तर पर उसकी वास्तविकता को उजागर करते हुए दूसरी ओर उसमें छिपी असंगतियों को तथा हास्योत्पादकता को उघाड़ता चलता है। एकाध समर्थ, सप्रयोजन शब्द से भी वह व्यंग्यात्मक चोट करता है। 'कुछ बेशर्म लड़के भी हैं जो कभी-कभी इम्तहान पास कर लेते हैं।' 'इतना काम है कि सारा काम ठप्प पड़ा है।' 'इस देश में लड़कियां ब्याहना भी चोरी करने का बहाना हो गया है।' 'जब कभी क्लर्क वैद्यजी को चाचा कहता था।, प्रिंसिपल साहब को अफसोस होता था कि उन्हें अपना बाप क्यों नहीं कह पाते।' इस प्रकार के वाक्य लेखक लगातार लिखता जाता है। इनमें देश-काल परिस्थिति का, उसका सूक्ष्म निरीक्षण, अतिशय धारदार ढंग से व्यक्त होता है। 'वे डाकू-डाकू खेल रहे थे।' 'सभी ने स्वेच्छा से अपना-अपना विरोधी पकड़ रखा है। यह जनतंत्र का सिद्धांत है', 'बोलनेवाला बेरहम हो तो लैंप पोस्ट का सहारा काफी है।' 'यह हमारी गौरवपूर्ण परंपरा है कि असल बात दो-चार घंटे की बातचीत के बाद अंत में ही निकलती है।' लेखक की भाषा-शैली में सूचित संदर्भ का विचार किया जाए तो ये संदर्भ पर्याप्त व्यापक परिवेशगत स्थितियों से दिए गए दिखाई देते हैं। इन संदर्भों में राजनीतिक, सामाजिक स्थितियों का संकेत होता है। जन-मानस का गहरा परिचय दिखता है। भाषा-शैली में चुलबुलापन है, चुटीला व्यंग्य है। कभी सीधे चोट करने की प्रवृत्ति है। कहीं दूर तक अर्थ की गूंज पैदा करनेवाले वाक्य हैं। गजब की वक्रता दो टूक ढंग से बात करते हुए प्रकट होती है।

शिवपालगंज के लोगों की भाषा में उखाड़-पछाड़, बेलाग चुभतापन, बेरोकटोक अक्खड़पन, मुंहफट बेबाकपन स्पष्ट होता है। गाली-गलौज के साथ कुछ ग्राम्य जीवन की भदेस अनगढ़ भाषा का प्रयोग भी है। सनीचर, छोटे पहलवान, रुप्पन की भाषा वैशिष्ट्यपूर्ण है। प्रिंसिपल

की अवधी भाषा भंगिमा और जोगनाथ की सर्फरी बोली ने अपना अलग रंग जमाया है। कुछ उदाहरण द्रष्टव्य हैं :

> अंडा नहीं देंगे तो क्या बाल उखाड़ेंगे? सब मीटिंग में बैठकर रांडों की तरह फांय-फांय करते हैं, काम-धाम के वक्त खूंटा पकड़कर बैठ जाते हैं।

'यह जांघ खोलो तो लाज, और वह खोलो तो लाज।' 'हमारे बाप रांड की तरह रो रहे हैं।' 'यह तो हाकी स्टिक है, इससे तो साला गेंद तक नहीं मरता, आदमी क्या मरेगा?' 'भैंस का उत्तम घृत लिए जाएगा चार-छः सेर। ऐसा धार्मिक आदमी वनस्पति खा-खाकर अपना धर्म नष्ट कर रहा है।' 'अरे प्रिंसिपल साहब, अब अपने बराबर बैठालकर मुझे नरक में न डालिए।' इत्यादि

राग दरबारी में गयादीन, वैद्यजी की भाषा और अन्य पात्रों की भाषा का अंतर भी द्रष्टव्य है।

राग दरबारी का हास्य विकट हास्य उत्पन्न नहीं करता। हम जोर से ठहाके नहीं लगा सकते परंतु गालों में जीभ रखकर अवश्य दाद देते चलते हैं।

व्यंग्य का उपयोग विसंगतियों पर प्रकाश डालने के लिए सर्वत्र किया गया है। अखबार, विज्ञापन, लैक्चरबाजी आदि के संबंध में यह व्यंग्य पैना हो गया है।

हास्योत्पादन में सनीचर, मोतीराम, छोटे पहलवान, जोगनाथ ने काफी हाथ बंटाया है। जोगनाथ को पुलिस के द्वारा पकड़ने के प्रसंग में पर्याप्त हास्यपूर्ण स्थिति उत्पन्न हो गई है। इसी तरह मेले में इंस्पेक्टर का रिश्वत लेना, रुपन्न बाबू का समझौता करना, कुसहर प्रसाद, छोटे पहलवान का संघर्ष, अदालत और गांव-न्यायसभा का अध्ययन, प्रिंसिपल-खन्ना संघर्ष, चुनाव का वर्णन, डिप्टी इंस्पेक्टर के लिए दो गुटों का दो शामियाने डालकर प्रतीक्षा करना इत्यादि प्रसंग हास्य उत्पन्न करते हैं।

शक्ति और सीमा

राग दरबारी स्वातंत्र्योत्तर परिस्थिति के सम्यक् व्यापक परिवेश को समेटनेवाला जीवंत दस्तावेज़ है और अनेक परंपरागत औपन्यासिक तत्वों को एक ओर ठेलकर रचनात्मक स्तर पर कुछ नए मोड़ देने का प्रयत्न करता है। यह कथ्य को प्रस्तुत करने की दृष्टि से महत्वपूर्ण उपन्यास है। परंतु इसमें स्थितियों का अनावरण है। नए की तलाश नहीं है, वास्तविकता के अनपहचाने, अपरिचित पहलू को अन्वेषित करने का प्रयत्न नहीं है। सामान्यतः जो एक सचेत-समंजस पाठक जानता है, उसी को सामने रखने का प्रयास है; अतः इसकी रोचकता तथा कलात्मकता अत्यधिक वक्र बंकिम शैली पर निर्भर है। गजब का धीरज (पेशंस) लेखक ने स्थितियों को अनावृत्त करते समय दिखाया है। फिर भी यह एक हिंदी के अच्छे उपन्यासों में गिना जाना चाहिए।

1977

राग दरबारी
कुंवर नारायण

शिवपालगंज, समझ लीजिए, उत्तरप्रदेश का कोई एक ठेठ पिछड़ा हुआ गांव है : साधारण लोगों की बस्ती और ग्रामीण स्तर की उनकी तिकड़में, दांवपेंच, खींचतान। चटपटी विवरण शैली में लेखक इस ऊबड़-खाबड़ दृश्य पर विचरता है। जैसे-जैसे उपन्यास आगे बढ़ता पात्र भी धीरे-धीरे विकसित होने लगते, और उनके लघु-चरित्रों में हम एक वृहत्तर सामाजिक-राजनीतिक ढांचे को चलानेवाले चरित्रों को पहचानने लगते। इस पहचान की विद्रूपता, और जगह-जगह जानबूझकर खींची गई एक औसत नेता से उनकी नटखट तद्रूपता और भारतीय राजनीतिक जीवन में उनकी भयानक भूमिका—लेखक के अचूक व्यंग्य की सामग्री बनते हैं। लेखक के गहरे मानवीय सरोकार, हास्य और व्यंग्य पर तलस्पर्शी पकड़, उसकी कला में बारीकी से बुने हुए हैं। वास्तविक और ठेठ, स्थानीय और सार्वभौमिक का जोड़-तोड़ कुछ इस तरह आमने-सामने चलता है कि उपन्यास में प्रामाणिकता और प्रहार कहीं भी अपने लक्ष्य से चूकते नहीं। *राग दरबारी* में वातावरण अतिरिक्त महत्व रखता है। उसमें एक ढीठ किस्म का चारित्रिक गुड्डलपन है जो न तो खुद ही बदलता है न अपने आसपास कुछ बदल पाने में समर्थ साबित होता है। इस धूसर ग्रामीण मंच पर जैसे-जैसे मनुष्य जीवन का नाटक एक बृहत्तर आकार लेता है कुछ महत्वपूर्ण बिंदु उभरते हैं; कभी टिप्पणियां तो कभी पैने प्रेक्षण के रूप में। न्याय और हक़ की लड़ाई में लंगड़ जैसे पात्र का मोर्चे पर डटे रहने का करुण पराक्रम मानो अंधेरे में दम तोड़ती एक गुहार है कि बचाओ इस देश को, हमारे राष्ट्रीय और निजी जीवन में घर कर गई चारित्रिक अधःपतन की राक्षसी माया से!

राग दरबारी के पहले से ही श्रीलाल शुक्ल *अंगद के पांव* में एक कुशल व्यंग्यकार की पक्की पहचान बना चुके हैं। भाषा को बरतने का उनका अपना एक अंदाज़ है जिसमें एक स्तर पर अगर संस्कृत साहित्य के अभिजात हास्य की शिष्ट छटा है, तो दूसरी ओर बोलचाल की अवधी का तगड़ा मुंहफट हंसोड़पन भी। *राग दरबारी* निश्चय ही हिंदी साहित्य की उन श्रेष्ठतम उपलब्धियों में से है जिसने व्यंग्य-प्रधान उपन्यासों को शास्त्रीय ऊंचाइयों तक पहुंचाया है।

राग दरबारी की सफलता किसी नए शिल्प या नए कथानक की खोज में नहीं है बल्कि उपन्यास में परिचित—बल्कि कहूंगा अति परिचित—शिल्प के कुशल निर्वाह में है। इसीलिए बहस उपन्यास के उन्हीं तत्वों तक भी घूम-फिरकर रह जा सकती है जिन तत्वों पर काफी बहस हो चुकी है। *राग दरबारी* का शिल्प किसी पुरानी परंपरा को नहीं तोड़ता, न किसी नई जमीन को। लेखक शिल्प की पेचीदगी में न पड़कर विषय-वस्तु को प्राथमिकता देता है। और यहीं हमारा ध्यान इस तथ्य की ओर जाता है कि श्रीलाल शुक्ल मुख्यतः व्यंग्यकार हैं। यह दूसरी बात है कि उन्होंने व्यंग्य का माध्यम निबंध न चुनकर (जिसका एक उत्कृष्ट उदाहरण उनका *अंगद*

के पांव है) उपन्यास को चुना (जिसका एक औसत उदाहरण उनका *अज्ञातवास* है)। दूसरा तत्व जिसे ध्यान में रखना जरूरी है वह यह कि व्यंग्यकार होने के कारण लेखक ने जो भी विषय चुना है वह व्यंग्य के अंतर्गत है। बात को और स्पष्ट करूं तो *राग दरबारी* एक आंचलिक उपन्यास भी हो सकता था जिसमें कहीं-कहीं व्यंग्य का पुट होता, लेकिन जिस रूप में *राग दरबारी* हमारे सामने है वह एक व्यंग्य कृति है जिसमें कहीं-कहीं आंचलिकता का पुट है। उसे मैं उपन्यासकार से अधिक व्यंग्यकार की सफलता मानता हूं कि आंचलिकता के गहरे दबाव के बावजूद यह कृति मुख्यतः एक व्यंग्य कृति रहती है। रेणु के उपन्यासों की सफलता ने जहां आंचलिक उपन्यासकारों की एक भीड़-सी पैदा कर दी है वहां श्रीलाल शुक्ल ने अपने को उस आसान सफलता से बचाया है जो उन्हें भी उसी श्रेणी में रख देती। *राग दरबारी* से सिद्ध होता है कि श्रीलाल शुक्ल आसानी से एक अत्यंत सफल आंचलिक उपन्यास लिख सकते थे। जिस प्रकार शिवपालगंज की आंचलिक पृष्ठभूमि पर विभिन्न स्तरीय चरित्रों को खींचते हैं और उनके आपसी तनाव और स्वाभाविक गुण-दोषों से उपन्यास का ढांचा खड़ा करते हैं वह अच्छे से अच्छे आंचलिक उपन्यासकार के लिए ईर्ष्या का कारण हो सकता है। गांव के चरित्रों को गहराई, सूझबूझ और घनिष्ठता से चित्रित कर सकने की अपूर्व क्षमता श्रीलाल शुक्ल में है, लेकिन आंचलिक उपन्यासकारों वाली हल्की भावुकता और लिजलिजापन उनमें नहीं है। उनके लिए गांव का जीवन उस तरह का भावुक रंग लिए हुए नहीं है जिस पर व्यंग्य करते हुए लेखक ने एक जगह बाबू मैथिलीशरण गुप्त की प्रसिद्ध पंक्तियां याद की हैं :

> अहा ग्राम जीवन भी क्या है
> काशीफल कुष्मांड कहीं हैं
> कहीं लौकियां लटक रही हैं।

इस प्रकार की भावुकता पर लेखक ने निर्ममता से व्यंग्य किया है। यह नितांत आकस्मिक नहीं कि एक पिछड़े हुए देश भारतवर्ष की हालत में प्रतीक रूप में लेखक ने एक पिछड़े हुए गांव शिवपालगंज को लिया है।

शिवपालगंज में एक छोटा-सा स्कूल है जिसके इर्द-गिर्द एक छोटी-सी राजनीति है। इस राजनीति की छोटी-छोटी दलबंदियां हैं, और इन दलबंदियों को चलानेवाले छोटे-छोटे नेता और अलमबरदार है। इसी शिवपालगंज की टुटपुंजिया राजनीति को कई करोड़ गुना बढ़ा दीजिए और यह हुआ 'सारे जहां से अच्छा हिंदोस्तां हमारा।' दलबदल, कुनबापरस्ती, चारित्रिक कमीनापन, भ्रष्ट अफसरशाही, दैनिक जीवन में नैतिक अधःपतन, और बेहया स्वार्थपरता जो सब हमारे आज के राष्ट्रीय जीवन का अंग बनते जा रहे हैं उन्हें लेखक ने पूरी तीव्रता और ईमानदारी से महसूस किया है और व्यंग्य के कोड़ों से हमारे बनावटी मूल्यों की चमड़ी उधेड़कर रख दी है।

उपन्यासकार के दृष्टिकोण का एक दूसरा पहलू भी है जो हमें भारतीय जीवन की कमियों के साथ-साथ उस तरह के दृष्टिकोण की कमियों की भी याद दिलाता है जिसका एक हाल ही का उदाहरण वी.एस. नायपॉल का **एरिया ऑफ़ डार्कनेस** है। नायपॉल हिंदुस्तान को एक प्रवासी भारतीय की हैसियत से बरसों बाद देखते हैं। नायपॉल पहले लेखक नहीं हैं जिन्होंने हिंदुस्तान की यह तस्वीर देखी और खींची है। मिस मेयो का हिंदुस्तान भी बहुत पुरानी चीज नहीं है। मिस मेयो के हिंदुस्तान पर गांधीजी का यह कहना कि 'मिस मेयो ने हिंदुस्तान की सिर्फ नालियां देखी हैं' भी बहुत पुरानी बात नहीं। श्रीलाल शुक्ल हिंदुस्तान को उन्हीं चश्मों से नहीं देखते जिनसे मिस मेयो या नायपॉल देख गए। नायपॉल और मिस मेयो विदेशी थे,

उनका दृष्टिकोण एक बाहरी आदमी का दृष्टिकोण था जिन्हें भारत के लिए कभी भी वैसी सहानुभूति नहीं हो सकती जैसी श्रीलाल शुक्ल जैसे व्यक्ति के लिए होना लाजिम है। श्रीलाल शुक्ल के व्यंग्य के पीछे एक व्यथा है जो हर ऐसे भारतीय बुद्धिजीवी की व्यथा है जिसे भारत की बेहतरी में दिलचस्पी है। श्रीलाल शुक्ल के व्यंग्य में घृणा नहीं अंदेशा है कि कहीं वह सब जिसे हमने सैकड़ों साल की गुलामी और यातना के बाद प्राप्त किया है हमारे ही हाथों से नष्ट न हो जाए। वे स्थिति से अलग हटकर नहीं, उसका एक अंग बनकर देखते हैं। हम श्रीलाल शुक्ल के इरादों से पूरी तरह सहमत हैं फिर भी अकसर हिंदुस्तान की उस तस्वीर पर हंस पाना मुश्किल हो जाता है जिसे श्रीलाल शुक्ल चित्रित करते हैं। जरूर यह यथार्थ है कि नब्बे फीसदी हिंदुस्तानियों को मलमूत्र त्यागने की आधुनिक सुविधाएं उपलब्ध नहीं हैं; और यह एक बड़े शर्म की बात है; लेकिन यह एक बड़े व्यंग्य की बात भी है इसे मान लेने में थोड़ा मतभेद हो सकता है। ऐसे कई स्थल हैं जहां इच्छा होती है कि लेखक यदि इतना अधिक यथार्थ के पीछे न पड़ता तो अच्छा होता—व्यंग्य के हित में बहुत अच्छा होता।

श्रीलाल शुक्ल के व्यंग्य की सबसे बड़ी खूबी यह है कि लेखक ने खड़ी बोली में वह बात पैदा की है जो अवधी की विशेषता समझी जाती रही है। गांव में बोली जानेवाली अवधी के लहजे और शब्दावली में ही एक हंसोड़पन है जिसका अंदाज़ लगाना उन लोगों के लिए मुश्किल है जो उस भाषा में रमे नहीं हैं। वैसे ही जैसे ब्रजभाषा का एक अपना कवित्व भी है और मसखरापन भी जो भाषा से अलग नहीं किया जा सकता है। मै समझता हूं हास्य-व्यंग्य का भी भाषा से कुछ-कुछ वैसा ही संबंध होता है जैसा कविता का। यानी ब्रजभाषा और अवधी का काव्य-माधुर्य जिस प्रकार खड़ीबोली में लाना कठिन है वैसे ही शायद ब्रजभाषा और अवधी के हास्य-व्यंग्य का स्वाद खड़ी बोली में लाना और भी मुश्किल है।

राग दरबारी में बद्री पहलवान, छोटे पहलवान, लंगड़, सनीचर आदि की बातचीत कुशलता से खड़ी बोली में ही चलती है फिर भी उनके मानसिक और चारित्रिक स्तर निर्धारित करने में खड़ीबोली का स्वाभाविक शहरीपन कोई बाधा नहीं बन पाता। खड़ी बोली की इस सामर्थ्य को इतने सहज ढंग से पेश करना अपने आपमें एक असाधारण सफलता है जो हमें प्रेमचंद की याद दिलाती है।

सच पूछा जाए तो *राग दरबारी* एक परंपरागत उपन्यास की तरह पढ़ा ही नहीं जाना चाहिए। इसमें न तो एक सुनिश्चित कथानक ही मिलेगा न उस कथानक को चलानेवाले नायक, नायिका और खलनायक ही। जैसा मैं ऊपर संकेत कर चुका हूं इस उपन्यास की विशेषता कोई चरित्र विशेष न होकर कई चरित्रों का विशेष 'संग्रह' है। उपन्यास पढ़ते समय उपन्यासकार थैकरे का वैनिटी फेयर याद आता है जिसका नायक उस समय का विक्टोरियन समाज था। *राग दरबारी* का नायक आज का भारतीय समाज है। इस समाज की जो तस्वीर लेखक ने सामने रखी है उस तस्वीर में फोटोग्राफर या चित्रकार की वफादारी खोजना जरूरी नहीं, उसमें वह सचाई है जो कार्टूनिस्ट के दृष्टिकोण में होती है। इस दृष्टिकोण से कोई भी नहीं बचा है, चाहे वह गांव का छोटे से छोटा वोटर हो चाहे देश का बड़े से बड़े नेता। लघु कार्टूनों का एक बृहदाकार 'कोलाज' जो अलग-अलग भी उतने ही चुटीले सिद्ध होते हैं जितना अपने औपन्यासिक आकार में दूर तक मारक। एक गंभीर व्यंग्य-रचना के रूप में *राग दरबारी* का मन पर गहरा प्रभाव छूटता है।

1980

सामाजिक प्रतिरोध के संदर्भ में उपन्यास*

टी.एन. मदान

इस आलेख में मेरा उद्देश्य विगत 15 सालों के दौरान विकसित सामाजिक प्रतिरोध के कुछ पहलुओं की ओर ध्यान आकृष्ट करना है। सामाजिक प्रतिरोध के अंतर्गत वर्तमान संस्थाओं के प्रति आलोचनात्मक नजरिए के निर्माण तथा आलोचना की अभिव्यक्ति के शामिल होने के तथ्य के प्रति मैं सचेत हूं और उन ऐतिहासिक स्थितियों के प्रति भी सजग हूं जिन्होंने उन्हें जन्म दिया है। कहना न होगा कि यह आलोचनात्मक नजरिया केवल व्यक्तियों के जरिए नहीं व्यक्त होता बल्कि उसकी एक सामूहिकता (सामाजिक वर्ग, समुदाय या राष्ट्रीयता के रूप में) है। हालांकि कई बार सामाजिक प्रतिरोध व्यक्त करने और उसके पक्ष में सामूहिक समर्थन जुटाने में तथाकथित करिश्माती गुणों से संपन्न व्यक्तियों का भी योगदान होता है।

19वीं सदी के भारतीय समाज के बारे में पश्चिम के ढेरों विद्वानों ने अपना दृष्टिकोण प्रस्तुत किया है और समाज के भीतर से सामाजिक प्रतिरोध के विकास की संभावना को उन्होंने नकारा है। इसीलिए हीगेल ने कहा कि भारत के पास अतीत तो है पर इतिहास नहीं। इसी विचार को ग्रहण कर मार्क्स ने उत्पादन की एशियाई पद्धति की चर्चा की कि इसके कारण ही भारतीय समाज में अंतर्विरोध तथा परस्पर विरोधी समूहों के टकराव से उत्पन्न गतिशीलता का अस्तित्व नहीं रहा। किसानों ने अन्न पैदा किया, शिल्पकार जातियों तथा सेवक जातियों ने वस्तुओं का उत्पादन किया तथा सेवाएं प्रदान कीं। पर ग्रामीण सामुदायिक जीवन केवल आधारभूत सुविधाओं की पूर्ति के स्तर पर ही सिमटा रहा। राज्य ने उन्हें बेहद अल्प सुविधाएं (जैसे कि सिंचाई सुविधा) तथा सुरक्षा प्रदान की पर बदले में मनमाने तरीके से लोगों द्वारा उत्पादित वस्तुओं तथा संपत्ति में अपना हिस्सा ले लिया।

महान जर्मन दार्शनिक मैक्स वेबर ने भारतीय समाज को इसकी धार्मिक विचारधाराओं (हिंदू तथा बौद्ध धर्म) के संदर्भ में समझने की चेष्टा की और उस विश्वदृष्टि को प्रभावशाली रूप में पाया जो पारलौकिक अधिक थी। भारतीयों के द्वारा संसार को नैतिक रूप में अधिक देखा गया और इसीलिए इसमें बदलाव के प्रश्न को महत्व नहीं प्रदान किया गया। सभी प्राणी पुनर्जन्म तथा कर्मफल से बुरी तरह जकड़े हुए थे और इससे मुक्ति का उपाय केवल यह था कि संन्यास ग्रहण कर लिया जाए और निर्वाण प्राप्त किया जाए। जाहिर है कि ये सभी यूरोपीय दृष्टियां ऐतिहासिक तथ्यों की त्रुटि, अपर्याप्त समझदारी एवं विकृत व्याख्याओं से प्रेरित थीं। मध्यकाल में भी विरोध तथा द्वंद्व मौजूद थे जिसके कारण समानतावादी आंदोलन, नवाचार तथा

---

* 'साहित्य और समाज के बीच अंतःक्रिया' विषय के अंतर्गत मास्को में आयोजित एक परिचर्चा में प्रस्तुत आलेख।

नए सामाजिक समूह पैदा होते रहे। इसके बावजूद भारत का सत्रहवीं सदी के आरंभ में पश्चिम के साथ शुरू हुए संपर्क ने इस महाद्वीप के सामाजिक आंदोलनों के बाहरी रूप तथा चरित्र को नया आधार प्रदान किया। पश्चिम की उदारतावादी विचारधाराएं व्यक्तिवाद को महत्व देती थीं तथा राज्य के समक्ष सभी नागरिकों की बराबरी पर बल देती थीं। इन्हीं के असर से सामाजिक प्रतिरोध ने 19वीं सदी के दौरान समाज सुधार आंदोलन का रूप ग्रहण किया और प्रोटेस्टेंटवाद तथा वेदांतवाद के बीच धार्मिक समन्वय पैदा करने (राममोहन राय के ब्रह्मो समाज में खासकर) की कोशिश की गई। इसी समय इस उदारवादी विचारधारा ने राष्ट्रीय आंदोलन को जन्म दिया जो अधीनता के स्थान पर नागरिकता की मांग को लेकर पैदा हुआ था। बाद में 20वीं सदी में, जब महात्मा गांधी राष्ट्रीय राजनीति में आए, सामाजिक आंदोलन का यह पक्ष अधिक व्यापक तौर पर स्वीकृत होता चला गया तथा इसने हिंदू सामाजिक असमानताओं के साथ-साथ साम्राज्यवाद-उपनिवेशवाद का अंत करने के भी प्रयास किए।

1947 में स्वतंत्रता प्राप्ति के पश्चात सदियों पुराने सामाजिक-आर्थिक शोषण के अंत के लिए जारी सामाजिक प्रतिरोध आंदोलन को नई ऊर्जा हासिल हुई। सत्ता एवं राजनीतिक शक्ति के दुरुपयोग और सार्वजनिक दायित्वों की उपेक्षा के खिलाफ विरोध की चेतना की भी जरूरत महसूस की जाने लगी।

इस प्रकार इन दो प्रकार के सामाजिक प्रतिरोधों की ओर मैं ध्यान आकृष्ट करना चाहता हूं। आगे कुछ कहूं, इससे पहले मैं बताना चाहूंगा कि मैं सामाजिक नृतत्वशास्त्र का छात्र हूं। हालांकि हमने यह शब्द ब्रिटिश विश्वविद्यालय से लिया है पर हम सामाजिक संस्थाओं, समूहों और भारतीय समाज की प्रक्रियाओं के अध्ययन में इसे समाजशास्त्र के समकक्ष रखकर देखते हैं। हम सामाजिक नृतत्वशास्त्र को 'अन्य समाजों' के अध्ययन तथा समाजशास्त्र को 'स्वसमाज' के अध्ययन रूप में अलग करके देखने के अभ्यस्त नहीं हैं जैसा कि ब्रिटेन तथा अन्य जगहों पर होता है। हम इन ज्ञानानुशासनों में जो फर्क करते हैं वह प्रेक्षण तथा उपयोगी पद्धति-तकनीक से कहीं अधिक कुछ और ही होता है। प्रत्यक्ष तथा परोक्ष प्रेक्षण तथा सत्यापित किए जाने योग्य तथ्यों का संकलन इसमें ज्यादा महत्वपूर्ण हो जाता है। हाल के वर्षों में लेवी स्त्रास तथा लुई ड्यूमां के सिद्धांतों के रूप में फ्रेंच समाजशास्त्र का प्रभाव भी महसूस किया गया है। कहने की बात नहीं है कि भारतीय समाज अध्येताओं के बीच समाज तथा सामाजिक परिवर्तन के अध्ययन के लिए मार्क्सवादी अवधारणाओं का भी बड़े पैमाने पर उपयोग किया जाता है।

मेरा उद्देश्य सामाजिक आंदोलनों के बारे में समाजशास्त्रीय सिद्धांतों व साहित्य के बड़े ज्ञानभंडार की तरफ ध्यान खींचना नहीं है बल्कि सामाजिक प्रतिरोध के दो प्रकारों व अवस्थाओं की दो तस्वीरें प्रस्तुत करना है। इसके लिए दो प्रसिद्ध तथा क्लासिक कहलाए जाने वाले उपन्यासों को आधार बनाया गया है।

मैं जानता हूं कि यूरोपीय विचार परंपरा में प्लेटो के समय से ही एक ऐतिहासिक द्वैत कायम है जो मानते थे कि दर्शनशास्त्र तथा कविता में बड़ा फर्क होता है। बोध तथा रचनात्मक कल्पना का यह द्वैत वर्तमान काल तक बना हुआ है। मशहूर अंग्रेजी साहित्यालोचक तथा कोश-निर्माता सैमुअल जॉनसन ने 1750 में कहा कि वे अनुभव जिन्हें केवल एकांतिक श्रम में नहीं प्राप्त किया जा सकता, उन्हें पारस्परिक संवाद व विश्व के सही प्रेक्षण से प्राप्त किया जाना चाहिए। पर वे हीगेल की तरह ऐसे निराशावादी न थे जो मानते थे कि विज्ञान-दर्शन की प्रगति के कारण संसार अधिक पारदर्शी होता जा रहा है और ऐसे में सृजनात्मक कल्पना पर आधारित कलाओं का कोई भविष्य नहीं है। यूरोपीय साहित्य के बारे में मार्क्स का गहरा

ज्ञान और उस पर निर्भरता से हम सब अच्छी तरह अवगत हैं। जैसा कि एस.जे. प्रावेर ने अपने अध्ययन *कार्ल मार्क्स एंड वर्ल्ड लिटरेचर* में लिखा है :

> मार्क्स का संपत्ति-संबंधों पर आधारित 'वास्तविक' इंसान तथा उसकी 'ठोस स्थितियों' पर निरंतर दिया जाने वाले बल ने दस्तावेज़ी सूचनाओं के संकलन के उद्देश्य से साहित्य की पड़ताल करने के लिए भी प्रेरित किया। उनका साफ मानना था कि साहित्य जिस समाज में जन्म लेता है, उसके संगठन, संस्थाओं, उत्पादन के तरीकों व विचार-भावनाओं के तरीकों के बारे में बताता है। इसके अलावा साहित्य अपने दस्तावेज़ी व प्रतीकात्मक कामों के अलावा संसार के बारे में मार्क्स की आलोचना का भी विकास कर सकता है। सर्वहारा वर्ग साहित्य के आनंद से वंचित रहता है और साहित्यिक प्रतिभाओं को पैदा नहीं कर पाता पर साहित्य में समाज संबंधी उसकी आलोचनाओं की झलक मिलती रहती है जैसी कि सिलेसियन बुनकरों के गीतों में मिलती है जिनमें मौजूद अंतर्दृष्टि व परिपक्वता के कारण मार्क्स स्वयं उनकी बहुत प्रशंसा करते थे। (पृ. 410-11)

इसी प्रकार एंगेल्स ने स्वयं कहा है कि बाल्ज़ाक के साहित्य से मैंने फ्रांस के 'समाज' के बारे में जितना जाना है...उतना तो...इतिहासकारों, अर्थशास्त्रियों व आंकड़े एकत्र करने वालों से भी नहीं सीखा है। इस वैचारिक नजरिए के बरक्स दूसरी विचारधारा मानने वाले एफ.आर. और क्यू.डी. लेविस *लेक्चर्स इन अमेरिका* (लंदन, 1969) में कहते हैं :

> महान उपन्यासकार ही हमें हमारे सामाजिक इतिहास से परिचित कराते हैं जबकि उनकी तुलना में पेशेवर इतिहासकारों द्वारा लिखे जा रहे इतिहास खोखले एवं ज्ञान प्रदान करने की दृष्टि से असफल साबित होते हैं। (पृष्ठ 7)

इसी तरह हाल ही में अपनी किताब *रियल एंड इमेजिंड वर्ल्ड* में उपन्यास एवं समाज विज्ञान के द्वैत पर विचार करते हुए समाजशास्त्री *मोरेस बर्गर* ने कहा है :

> उपन्यास कल्पनाओं का दमन किए बगैर मानवीय व्यवहार तथा सामाजिक संस्थाओं से अवगत कराते हैं। विज्ञान और खासतौर पर सामाजिक विज्ञान ने, भले ही उनका जो भी योगदान हो, अभी तक उपन्यासों को विस्थापित नहीं किया है। कहा जा सकता है कि उपन्यासों ने कोई नई जमीन नहीं तोड़ी है पर ठीक यही बात क्या समाज-विज्ञानों के बारे में भी नहीं कही जा सकती है?

मैंने अपने शोधकार्यों और अध्यापन में उपन्यास तथा नाटकों का काफी उपयोग किया है और मेरे छात्रों तथा सहकर्मियों से मुझे पता चला कि इसका काफी संतोषजनक परिणाम भी निकला। मेरा मानना है कि क्षेत्र-अध्ययनों की तुलना में मुझे उपन्यासों से अधिक सूचनाएं तथा बेहतर व्याख्याएं प्राप्त होती रही हैं। उपन्यास पाठकों के बड़े समुदाय को संबोधित करते हैं और वे ऐसा तभी कर सकते हैं जब वे उनके सामान्य तथा साझे सरोकारों से जुड़े हुए हों। केवल उपन्यास की कलात्मक क्षमता से यह संभव नहीं होता है। उपन्यास व पाठक की साझी समझ, साझी सांस्कृतिक पृष्ठभूमि और सामाजिक स्थितियों से एक जैसा जुड़ाव और साथ ही अपने अंतरराष्ट्रीय आयामों में मानवीय चुनौतियों का सरोकार शायद सबसे अनिवार्य होते हैं। इस अर्थ में मुझे लगता है कि उपन्यासकार तथा समाज वैज्ञानिक, दोनों ही मानववादी अध्ययन के आधारभूत पक्ष से जुड़े होते हैं। अगर समाज विज्ञान के पद्धतिशास्त्रीय व शैली संबंधी आग्रहों को एक तरफ रख दिया जाए तो मानवीय स्थितियों और उनसे संबंधित सामाजिक प्रतिरोध के सरोकार उपन्यासकारों तथा समाज वैज्ञानिकों के बीच आत्मीय व महत्वपूर्ण रिश्ते को कायम करते हैं। इस तर्क को भी एक सीमा से ज्यादा महत्वपूर्ण नहीं माना जा सकता है कि समाज वैज्ञानिकों

का काम तथ्य से बंधा होता है जबकि कोई उपन्यासकार उन्हें अपनी मर्जी से इस्तेमाल करने, उन्हें तोड़ने-मरोड़ने के लिए स्वतंत्र होता है।

अतः मैं मानता हूं कि सभी किस्म के सामाजिक यथार्थ निर्मित होते हैं और यह भी कि प्रदत्त बाह्य सामाजिक यथार्थ के बारे में प्रत्यक्षवादी अवधारणा की तुलना में प्रतीकात्मक यथार्थवाद मानवीय स्थितियों को समझने में अधिक सहायक होता है। स्पानी राष्ट्रवाद के पितामह जासे रिजेल द्वारा फिलीपींस के लोगों का स्पेनी शासकों द्वारा उत्पीड़न व उसके प्रतिरोध के बारे में लिखे हजारों पृष्ठों के विवरण संभालने मुश्किल हो गए तो उन्होंने आखिरकार साहित्य का सहारा लिया और उस प्रतिरोध पर एक महान क्लासिक उपन्यास *नोल मी टैंगेरे* की रचना की। कौन कह सकता है कि इसने फिलिपीनो सामाजिक आंदोलन में हजारों विद्वतापूर्ण दस्तावेज़ों की तुलना में कम महत्वपूर्ण भूमिका अदा की।

यह माना जाता है कि उपन्यास का जन्म विशेष यूरोपीय परिस्थितियों में हुआ और बाद में विभिन्न साहित्यिक परंपराओं के द्वारा ग्रहण किया गया। पर यही बात समाज विज्ञान के बारे में भी सत्य है जिसे हम जानते हैं और जिसका व्यवहार करते हैं। अब मैं इस आलेख में जिन दो उपन्यासों पर बात करनी है, उसपर आता हूं। इनमें से पहला है राजा राव का उपन्यास *कांथापुरा* जो मूलतः अंग्रेजी में लिखा गया। यह इंडो-एंग्लेयिन श्रेणी का उपन्यास है जोकि ब्रिटिश साम्राज्य में भारत को अधिगृहीत किए जाने का परिणाम था और जिसमें अंग्रेजी ही लिंग्वा-फ्रेंका (संपर्क भाषा) की भूमिका अदा करती थी। यह उपन्यास 1938 में तब प्रकाशित हुआ था जब महात्मा गांधी के नेतृत्व में भारतीय राष्ट्रीय आंदोलन अपने चरम पर था और लेखक की उम्र केवल 26 साल थी। यह भी बताना जरूरी है कि इस उपन्यास के प्रकाशक भी और कोई नहीं बल्कि लंदन की प्रसिद्ध प्रकाशन कंपनी जार्ज एलन एंड अनविन थी।

कांथापुरा सामाजिक प्रतिरोध का उपन्यास है और बहुत स्पष्टता तथा व्यापकता के साथ ग्रामीण जीवन में मौजूद सामाजिक उत्पीड़न के विभिन्न पक्षों को व्यक्त करता है। उपन्यास की भूमिका में ही उन सामाजिक दशाओं का जिक्र लेखक करता है जो किसी भी भारतीय बुद्धिजीवी को घेरे रहती हैं। वह लिखते हैं :

> गांवों की कहानियां लिखना आसान नहीं होता है। उन्हें ऐसी भाषा में कहना होता है जिसे हमारी अपनी चेतना ने अभी ठीक से आत्मसात नहीं की होती हैं। हालांकि अंग्रेजी हमारे लिए उतनी भी पराई नहीं है। यह हमारे बौद्धिक जगत का अंग है। ठीक वैसे ही जैसे संस्कृत या फारसी भाषा रही है। पर यह हमारे भावनात्मक जगत से नहीं जुड़ी हुई रही है। हम सभी बड़े सहज ढंग से द्विभाषी हो चुके हैं। हम सब या तो अपनी भाषा में लिख रहे हैं या अंग्रेजी में।

उपन्यासकार अपनी कृति में ब्राह्मण जाति के युवक मूर्ति के रूप में ऐसे व्यक्ति का चरित्र उभारता है जिसे कालेज की शिक्षा मिली है और पारंपरिक उच्च जाति का होने से अलग आधुनिक होने से जुड़े महत्व भी मिले हैं। वह कांथापुरा में गांधी व राष्ट्रीय आंदोलन के प्रभाव में आता है और गांव में इसी कारण वह नई उथलपुथल को भी जन्म देता है। गांधी के लिए राष्ट्रीय आंदोलन महज राजनीतिक प्रतिरोध नहीं था जिसका मकसद ऐसे कार्यक्रम व रणनीति तैयार करना हो जो अंग्रेजों को भारत से बाहर कर सके। यह साथ ही जातिगत विषमता खासतौर पर अस्पृश्यता, स्त्री-उत्पीड़न व सामाजिक जीवन में उनके बहिष्कार के खिलाफ सामाजिक प्रतिरोध भी था। गांधी का आंदोलन अमानवीयकरण और हर तरह के अलगाव के खिलाफ नैतिक प्रतिरोध भी था जिसमें औद्योगिक समाज के खिलाफ भविष्य के प्रतिरोध का भाव भी शामिल था। अपने अनुयायियों व साथियों के लिए गांधी किसी महात्मा जैसे थे, ऐसे संत जिनके पास दैवीय क्षमताएं

भी हैं। मैक्स वेबर के शब्दों में वह सच्चे करिश्माती नेता थे। उपन्यास में मूर्ति और उसके दोस्त अनुयायी गांव में गांधी का संदेश फैलाते हैं और इसके लिए परंपरा में मौजूद मिथकों व सांस्कृतिक मुहावरों का भी इस्तेमाल करते हैं। समाज सुधारकों के लिए अनैतिकता पर टिकी परंपरागत जाति संरचना आवश्यक थी पर परंपरावादी लोगों के लिए यह सामाजिक भ्रम फैलाने जैसी थी। इसी अंतर्विरोध को राजा राव बड़ी सहजता से सामने लाते हैं। वह गांवों में फैली दूसरी बुराइयों जैसे शराब पीने आदि को भी उभारते हैं।

जाति संरचना के आधार पर बंटी गलियां जहां पारंपरिक समाज व्यवस्था को व्यक्त करती हैं, वहीं दूसरी ओर अंग्रेजों द्वारा गांव की सीमा पर स्थापित कॉफी बागान (Coffee Estate) शोषणमूलक आर्थिक विस्तार को व्यक्त करता है जिसके बारे में समाज वैज्ञानिक लिखते रहे हैं। उपनिवेशवाद के दौर में नकदी फसलें उगाना मुनाफाखोरों का सबसे बड़ा सरोकार था। इसीलिए कॉफी इस्टेट को गांव में मौजूद शासन से जिसमें पुलिस, राजस्व एकत्रकर्ता व सिपाही शामिल थे, पूरा समर्थन प्राप्त होता है। मूर्ति और उसके संगी-साथी इस प्रकार के सभी सामाजिक, आर्थिक व राजनीतिक पतन के खिलाफ लोगों को आंदोलित करते हैं।

राजा राव इस उपन्यास में दिखाते हैं कि कांथापुरा जैसे गांवों को राजनीतिक-आर्थिक शोषण का विरोध कर रहे राष्ट्रीय आंदोलन में सम्मिलित करने के लिए उनका नैतिक जागरण भी जरूरी है ताकि वे अपनी परंपरा में धंसी बुराइयों का अहसास कर सकें। उपन्यास की कथा-संरचना सामाजिक रूपांतरण की गांधीवादी अवधारणा को बड़ी प्रतिबद्धता के साथ व्यक्त करती है। यह भी अहम है कि मूर्ति के रूप में एक उच्च जाति का युवक स्वतंत्रता सेनानी के रूप में जेल जाने से पहले गांव में अछूत के घर जाकर सदियों पुरानी मान्यताओं को तोड़ता है। घटनाएं इससे अलग कोई और मोड़ ले भी नहीं सकती थीं। यहां घटना-चक्र कई बार बड़े अजीब तरीके से सिलसिलेवार प्रतीत होता है। इसमें नैतिकता के तत्व काफी हैं जो सामाजिक प्रतिरोध के बारे में गांधी आंदोलन में निहित समग्रता तथा ईमानदारी को प्रमाणित भी करते हैं। राजा राव के मुताबिक गांधी की यह विशेषता भी थी कि वह सामाजिक आंदोलन तथा सामाजिक पुनर्निर्माण के लिए भारतीयता के साथ-साथ ईसाइयत के साथ-साथ इमर्सन, थोरो व टॉल्सटॉय जैसे विचारकों अथवा पश्चिमी स्रोतों का भी प्रयोग करते थे।

यह उल्लेख करना भी आवश्यक है कि हालांकि इस उपन्यास लेखन की प्रेरणा नैतिक-मानवतावादी है, पर इसके मुहावरे आध्यात्मिक या धार्मिक हैं। प्रेम, अहिंसा, आत्मबलिदान और पारंपरिक विश्वासों पर काफी बल दिया गया है। कहानी में राजा राव हिंसा के दृश्यों को उभारते हैं पर उनका मानना है कि इस हिंसा को हिंसक वर्ग-संघर्ष या रक्तरंजित क्रांति से नहीं समाप्त किया जा सकता है। गांधीवादी युग में भारत के सामाजिक आंदोलन तथा राष्ट्रीय संघर्ष पर ढेरों सोवियत विद्वानों ने भी ध्यान दिया था। इतिहासकार जी. कोतोवस्की के मुताबिक :

> ऐसे समय में जब सामाजिक चेतना विकसित नहीं हुई थी और भारत के आर्थिक, सामाजिक व सांस्कृतिक जीवन पर सामंती शिकंजा बहुत मजबूत था, देश की निरक्षर जनता तक गांधी के विचारों को पहुंचाने में धार्मिक-नैतिक संदेशों ने बड़ी भूमिका अदा की। उनके विचार हालांकि हिंदू धर्म पर आधारित थे पर उन्होंने इस्लाम, ईसाइयत तथा अन्य धर्मों से भी काफी कुछ ग्रहण किया। (*ए हिस्ट्री आफ इंडिया*, लेखकः के एंटोनोवा, जी बोनगार्ड-लेविन और जी कोतोवस्की, पृ. 162, मास्को 1979)

कोतोवस्की के इन विचारों का कई भारतीय समाज वैज्ञानिकों ने समर्थन किया है और कुछ ने विरोध। पर इस बारे में मैं यहां पर विस्तार से चर्चा नहीं करूंगा।

कांथापुरा उपन्यास पर फिर लौटते हैं। यह उपन्यास गांधी के आंदोलन के बारे में कई संदेहों के साथ समाप्त होता है। कांथापुरा में बसे कई ग्रामीण शासकीय उत्पीड़न के कारण गांव छोड़ देते हैं। वे पड़ोस के काशीपुरा नामक गांव में शरण लेते हैं जो मैसूर के शाही राज्य का हिस्सा होता है। गांव वाले मानते हैं कि यह इलाका औपनिवेशिक-साम्राज्यवादी शिकंजे से आजाद होगा और वे वहां कुछ सीमा तक स्वराज को महसूस कर सकेंगे। पर वहां भी कांथापुरा जैसे ही हालात उन्हें मिलते हैं। वैसे ही दुःख-दैन्य, भ्रष्टाचार और क्रूर व्यवहार का सामना उन्हें करना पड़ता है। उपन्यास के वर्णनकर्ता के मुताबिक–शासकों के जीने का यही तरीका है जो बहुत गलत है। ये शासक सामंती जमींदार, नकदी फसल उगाने वाले और शहर में बसे बुर्जुआ हैं। उपन्यास का अंत करने से ठीक पहले राजा राव एक कमजोर सी आशा व्यक्त करते हैं कि समान वितरण सिद्धांत पर आधारित विचारधारा, जैसे कि जवाहर लाल नेहरू की फेबियन समाजवाद की विचारधारा थी, केवल वही आम जनों तथा गरीबों की नियति में बदलाव ला सकती है।

कांथापुरा का अंत थोड़ा असहज है पर शायद इसका अंत ऐसा ही होना था। यह उपन्यास तीसरे दशक के मध्य में रचा गया था। यह अपने समय की अनिश्चितताओं को व्यक्त करता है। इतिहासकार सुधीर चंद्र ने महान उपन्यासकार प्रेमचंद के उपन्यासों का विश्लेषण करते हुए उनमें राष्ट्रवाद तथा समाजवाद के मिलेजुले विचारों के बारे में बताया है और कमोवेश *कांथापुरा* के अंत में वही बात लागू होती है। सुधीर चंद्र के अनुसार, प्रेमचंद जिस दुविधा का सामना कर रहे थे वह राष्ट्र व वर्ग के द्वैत से पैदा हुआ था। (प्रेमचंद एंड इंडियन नैशनलिज्म, माडर्न एशियन स्टडीज, पृ. 602, 1982)

सुधीर चंद्र उत्तर भारतीय ग्रामीण जीवन में मौजूद बदहाली, जिसका वर्णन प्रेमचंद ने अपनी कहानियों व उपन्यासों में किया है, का हवाला देते हैं। इसी तरह वह राष्ट्रीय आंदोलन के शोषणमूलक पक्ष के बारे में भी बताते हैं। उनके अनुसार प्रेमचंद ने राजनीतिक आजादी तथा सामाजिक पुनर्निर्माण और औपचारिक एवं वास्तविक स्वतंत्रता के बीच के उद्देश्यगत अंतर को पहचान लिया था और राजाराव के *कांथापुरा* से दो साल पहले 1936 में लिखे क्लासिक उपन्यास 'गोदान' में प्रभावशाली ढंग से व्यक्त भी किया।

1947 में भारत के आजाद होने के साथ ही देश के 5 लाख से अधिक गांवों में बसी उत्पीड़ित जनता के उत्थान के लिए केंद्र तथा राज्य सरकारों द्वारा बड़े पैमाने पर सरकारी और कानूनी योजनाएं लागू की जाने लगीं। भूमि और बटाई अधिकार, सामुदायिक विकास व सहयोग, पंचायती राज को कानूनसम्मत बनाकर ग्रामीण स्तर पर स्वराज लाना, विशाल पैमाने पर सिंचाई, सड़क निर्माण, विद्युतीकरण व अन्य सार्वजनिक कार्य, कृषि में विज्ञान-तकनीक का प्रयोग, अस्पृश्यता को गैरकानूनी घोषित करना, स्त्रियों को संपत्ति व उत्तराधिकार प्रदान करना, सार्वभौमिक मताधिकार प्रदान करना जैसे काम देश के पिछड़े, दूरदराज़ के इलाकों में किए गए। अब इसी के संदर्भ में मैं स्वतंत्र भारत के ग्रामीण जीवन के बारे में लिखे गए महत्वपूर्ण व्यंग्य उपन्यास *राग दरबारी* की चर्चा करूंगा। यह उपन्यास आम जनों की भलाई के बजाय निजी लाभ के लिए राजनीतिक शक्ति के अवैध इस्तेमाल तथा राष्ट्रीय आंदोलन द्वारा पैदा आदर्शवाद की समाप्ति जिसकी वजह से गांवों में भी पतनशील प्रवृत्तियों का जन्म हुआ, की तीखी आलोचना करता है। श्रीलाल शुक्ल का उपन्यास 1968 में छपा। उपन्यास *राग दरबारी* व्यापक पाठक समुदाय तथा आलोचकों द्वारा महान कृति के रूप में सराहा गया और केंद्र सरकार द्वारा पुरस्कृत भी किया गया। उपन्यास का लेखक प्रशासनिक सेवा में भी रहा है।

राग दरबारी की कथावस्तु के केंद्र में शिवपालगंज नामक गांव है जो उत्तर प्रदेश में है और इसमें आजादी के बाद की स्थितियों का वर्णन किया गया है। उपन्यास में सामाजिक, राजनीतिक और आर्थिक परिवर्तनों के बारे में उपहासपूर्ण और कड़ी आलोचनात्मक टिप्पणियां भी मिलती हैं। शिवपालगंज शहर से बहुत दूर नहीं है और हाईवे के पास ही बसा है। यहां मोटरकार से आसानी से पहुंचा जा सकता है और लोगों को पानी जनित संक्रामक रोग से बचाने जैसे मामलों में शुद्ध पेयजल देने का दावा करता है। यहां राजनेताओं, प्रशासकों तथा विकास अधिकारियों की आवाजाही लगी रहती है जो गांव वालों को विकास से जुड़ने के लिए प्रोत्साहित करते हैं और उन्हें समझाने की कोशिश करते हैं। उन्हें अपने संकीर्ण हितों के अनुसार नहीं बल्कि बड़े राष्ट्रीय हितों के अनुसार सोचने की आदत डालनी चाहिए। इसलिए उन्हें राष्ट्र के लिए ज्यादा से ज्यादा खाद्यान्न पैदा करना चाहिए, भले ही जो अतिरिक्त खाद्यान्न पैदा होता है वह गांवों में लोगों की भूख नहीं मिटा पाता है। गांवों की भुखमरी की समस्या उपन्यास की प्रमुख थीम नहीं है बल्कि इसके केंद्र में ऐसे गिने-चुने लोग हैं जो अपने लाभ तथा शक्ति का पूरा ध्यान रखते हैं और गांव में उनका दबदबा कायम है। गांव में वैद्य जी नामक कद्दावर शख्सियत हैं जिनके माध्यम से निजी स्वार्थ के लिए आर्थिक लाभ उठाने व राजनीतिक शक्ति हासिल करने की सचाई का उद्घाटन होता है। वह आयुर्वेद की चिकित्सा करने के कारण वैद्य जी कहलाते हैं। वह हर तरह के रोग का इलाज करते हैं और इसके लिए फीस भी नहीं लेते। वह ब्राह्मण हैं और हालांकि ब्राह्मणों का काम लोगों से दान लेना रहा है पर उन्हें व्यवहार में दानी दिखना भी होता है। इसीलिए वैद्य जी अपनी ऐसी छवि प्रस्तुत करते हैं जिससे लगे कि वह मानवता की सेवा में ही लगे रहते हैं।

वैद्य जी का अतीत है, वर्तमान है और भविष्य भी। उनके रूप में शोषण करने वाले वर्ग का प्रतिनिधि चरित्र सामने आता है। वह अंग्रेजों की सेवा कर चुके हैं और आजादी के बाद भूमि-हस्तांतरण और ब्याज दर पर साहूकारी करके भी उन्होंने अकूत लाभ कमाया है। उत्तर प्रदेश में भूमि सुधार लागू होने से पहले ही उन्होंने अपनी सारी जमीन बेच दी और जमींदार की छवि को त्याग कर शिवपालगंज में आकर बस गए। अब वह साहूकारी करके काफी धन कमाना चाहते हैं। इसी तरह अपने एक पहलवान बेटे तथा दूसरे चेलों की मदद से शक्तिशाली बने रहना चाहते हैं। वह किसी सामंत की तरह गांव पर शासन करते हैं। इसके लिए वे लठैतों-गुंडों के साथ-साथ शहर के ऊंचे संपर्कों का इस्तेमाल करते हैं। हालांकि वह इतने चालाक भी हैं कि खुद को किसी लाभ के पद से दूर ही रखते हैं। वह सेवाभाव से गांव में काम करने का ढोंग करते हैं और इसके लिए एक इंटरमीडिएट कालेज की गवर्निंग बाडी के चेयरमैन और कोआपरेटिव सोसायटी के प्रबंध निदेशक का काम भी देखते हैं। ये संस्थाएं उन्होंने अपनी पहल से ही स्थापित की हैं। इसके अलावा उनका आयुर्वेदिक दवाखाना तो है ही। इस तरह की जनसेवा करके ही वह गांव में ज्यादा शक्तिशाली बन गए हैं।

वैद्य जी की हालत बहुत अच्छी है पर शिवपालगंज के हालात क्या हैं! यह सफाई और नैतिकता, दोनों लिहाज से बहुत बुरी दशा में है। यह भ्रष्ट और कामचोर अफसरों के शिकंजे में है। गांव में पहले जितनी तो नहीं पर अभी भी काफी गरीबी है। पहले की तरह ही शराबखोरी तथा लड़ाई-झगड़े काफी हैं। औरतें घरों में ही रहती हैं और सामाजिक जीवन में उनकी कोई भूमिका नहीं है। गांव में जातिवाद चरम पर है और उसका राजनीतिक इस्तेमाल के साथ-साथ वर्गीय स्वार्थों के लिए भी बहुत इस्तेमाल होता है। पर अछूतों का बुरा हाल है जिन्हें गांधी ने हरिजन नाम दिया और जिनके लिए उन्होंने काफी संघर्ष भी किया। उत्तर प्रदेश में चमार

जाति के दलितों की बड़ी आबादी है और पहले के जमींदारों के कारण उन्हें गांव में ही अलग जगह बसने के लिए मजबूर किया गया। जब भी गांव के खेतिहर लोग जमींदारों के आदेश न मानते तो इन्हीं दलितों का इस्तेमाल लड़ाई-भिड़ाई में किया जाता था। संविधान में हालांकि अस्पृश्यता पर पाबंदी है और उनके साथ भेदभाव करना अपराध है। पर उपन्यासकार बड़े व्यंग्यपूर्ण ढंग से कहता है :

> संविधान तो एक कविता भर है! चमार जाति के लोग जानते हैं कि वक्त बदल गया है और अब वे वैद्य जी जैसे लोगों के पैर की धूल लेने नहीं जाते हैं। पर वैद्य जी जैसे लोग कभी चमारों की बस्ती में नहीं जाते और उनसे दूरी बनाकर रखते हैं। महात्मा गांधी को यहां याद किया जाता है और गांधी स्मारक भी बनाया गया है पर उसे फालतू मानकर वहां कोई नहीं फटकता। ठीक वैसे ही जैसे लोग मानते हैं कि राजनीति में गांधी द्वारा नैतिक मूल्यों पर बल, अपरिग्रह, संयम और भाईचारे की बातें बेकार की हैं। आधुनिक लोकतांत्रिक राजनीति व आर्थिक विकास के लिए बनने वाली योजनाओं के बड़े दावों के बीच इन सारी पुरानी बातों की कोई अहमियत नहीं बची है। गांव में वास्तविक विकास या सच्चे लोकतंत्र के स्थान पर नारे, विज्ञापन, मनोरंजक पत्रिकाएं और हिंदी गाने ज्यादा हैं। जीवन और समाज में हर तरफ पतन ही पतन मौजूद है।

ऐसा नहीं कि शिवपालगंज में अच्छे लोग नहीं हैं। स्कूल में पढ़ने वाला वैद्य जी का दूसरा बेटा अभी कुसंस्कारों से बचा हुआ है। इसी तरह कालेज से पढ़कर गांव आया उनका भांजा भी है। शिवपालगंज में कुछ और भी लोग हैं जो चाहते हैं कि सामंतों भ्रष्ट तत्वों के स्थान पर गांव में कानून पर टिका लोककल्याणकारी शासन स्थापित हो। वे सामाजिक आंदोलन के समर्थक हैं पर ऐसे लोग गांव की राजनीति में खास हैसियत नहीं रखते और उन्हें देखकर लगता है कि वे समय से आगे चल रहे हैं। उपन्यास गांव के आंदोलनकारियों की सही तैयारी तथा रणनीति के अभाव को भी दिखाता है जब वे वैद्य जी को कालेज की अध्यक्षता के पद से हटाने में नाकाम हो जाते हैं। बल्कि वैद्य जी, कालेज के प्रिंसिपल व उनके चेले-चमचों की करतूतों का विरोध कर रहे व्यक्ति को ही कालेज की नौकरी से निकाल दिया जाता है। वैद्य जी कोआपरेटिव सोसायटी के प्रबंध-निदेशक के पद पर अपने पहलवान बेटे को बैठाकर त्याग करने का ढोंग करते हैं पर असल में वह सरकारी अधिकारियों के साथ मिलकर घोटाला करने वाले अपने ही लोगों के अपराध से लोगों का ध्यान हटाने की कोशिश करते हैं।

वैद्य जी के खिलाफ मोर्चाबंदी करने और उनकी शक्ति को चुनौती देने वाले लोग ही केवल कमजोर और पर्याप्त रूप से तैयार नहीं हैं, बल्कि ठाकुरों जैसे गांवों के परंपरागत नेतृत्वकारी समूह भी अब गांव पर अपनी पकड़ खो चुके हैं। पंचायत के चुनाव में यह सारी सच्चाई नाटकीय ढंग से उजागर होती है। चुनाव में ठाकुरों का उम्मीदवार वैद्य जी द्वारा खड़े किए गए एक निहायत लचर व्यक्ति सनीचर के हाथों पराजित हो जाता है। वह अशिक्षित, दरिद्र, परिवारहीन और बेरोजगार है। वह मूर्ख भी है और सारे समय वैद्य जी के चक्कर काटता है या उनके छोटे-मोटे काम करता रहता है। किसी ने भी उसे आज तक गंभीरता से नहीं लिया था। लेकिन वह पंचायत प्रमुख बन जाता है और अपना मजाक उड़ाने वालों से भी कहता है कि मैं तो वैद्य जी का चाकर हूं। उसे चुनकर लोगों ने वास्तव में यह मान लिया है कि वैद्य जी ही गांव के असली मुखिया हैं। उधर, वैद्य जी भी बड़ी लच्छेदार बातों से समझाते हैं कि गांव में सच्चा लोकतंत्र तभी संभव है जब सबसे निम्न जाति का व्यक्ति पंचायत का प्रधान बने। यानी मूल्यों की विकृति और सार्वजनिक जीवन की गिरावट अपने चरम पर जा पहुंची है। यह यथार्थ वैद्य जी के नुमाइंदे के तौर पर काम कर रहे कालेज प्रिंसिपल और गांव में कुछ समय के लिए आए वैद्य जी के

भांजे, जो अपने मामा के लोभ-लालच को खत्म होते देखना चाहता है, के बीच के संवादों से भी जाहिर होता है। प्रिंसिपल कहते हैं, 'आपके विचार बहुत ऊंचे हैं, आदर्शवाद से भरे हैं। लेकिन अगर उन पर ध्यान दिया जाए तो आपने अपने को गधे जैसा ही साबित किया है।' आजादी और विकास इस गांव के लोगों को मुक्त करने या उनकी सामाजिक-आर्थिक दशा में सुधार करने में नाकाम रहे हैं।

राग दरबारी शासक वर्ग द्वारा अपने वादों को निभाने में नाकाम रहने, निजी हितों को सार्वजनिक जरूरत के रूप में पेश करने, सहकारी संस्थाओं का दुरुपयोग करने, लोकतंत्र का विनाश करने अर्थात मूल्यों के अभाव पर तीक्ष्ण व्यंग्य करता है।

मेरा उद्देश्य *कांथापुरा* और *राग दरबारी* को केवल साहित्यिक कृति के रूप में पेश करना नहीं है। मैंने उन्हें सामाजिक दस्तावेज की तरह देखा है। मैंने उन्हें सामाजिक प्रतिरोध के रूपों के तौर पर देखा है। राजा राव का उपन्यास संयमित है तो शुक्ल जी का उपन्यास परिहासपूर्ण। पर दोनों ही साहित्य में सामाजिक जीवन की गहरी दख़ल तथा परिवर्तन के मुद्दों से जुड़े हैं और यही चीज किसी उपन्यासकार तथा समाज वैज्ञानिक को आपस में जोड़ती भी है।

राष्ट्रीय आंदोलन के चरम उभार के दौर में लिखा गया राजा राव का उपन्यास भविष्य के बारे में नैतिक आशावादिता से ओतप्रोत है। उपन्यासकार के मुताबिक, सामाजिक प्रतिरोध व आंदोलनों को उपनिवेशवाद के साथ-साथ दोषपूर्ण भारतीय समाज की ओर भी उन्मुख होना चाहिए। उसका नजरिया उस आधुनिकता-बोध से निर्मित हुआ है जो आम जनचेतना की जड़ें पारंपरिक संस्कृति में तलाशता है और सामूहिक प्रयत्नों पर भरोसा व्यक्त करता है। *कांथापुरा का केंद्रीय* चरित्र मूर्ति कहता है, 'केवल एक मुर्गे के बांग देने से सवेरा नहीं होता, एक व्यक्ति क्रांति नहीं कर सकता, लेकिन हम मिलकर हजारों खंभों वाला मंदिर तैयार कर सकते हैं।' स्वतंत्रता आंदोलन के उस दौर में राजनेता होने का अर्थ था नैतिक, सत्यवादी, ईमानदार तथा रचनात्मक होना। आंदोलनकारी जन इन्हीं गुणों पर कायम रहकर सभ्य समाज के निर्माण के लिए राजनीति को साधन बना सकते थे।

राग दरबारी एक ऐसे समाज का चित्रण करता है जो एक पीढ़ी पहले ही औपनिवेशिक प्रभुत्व से आजाद हो चुका है। आजादी की लड़ाई की क्षीण स्मृतियां ही शेष हैं और सत्ता भारतीयों के हाथ में है—हालांकि गलत हाथों में। सत्ता शोषक वर्ग के हाथों में केंद्रित है और इसीलिए सभ्य समाज का निर्माण मुश्किल हो गया है। राजा राव अपने उपन्यास के अंत में गांधीवादी आदर्शों पर आधारित समाजवादी समाज की कल्पना करते थे पर *राग दरबारी* में ऐसे किसी समाज के चिह्न या प्रमाण नहीं दिखते। श्रीलाल शुक्ल लिखते हैं, 'गांधी के सिद्धांत तो भारत के पानी में उनकी राख के साथ ही बह गए।' अपने पैने व्यंग्य की धार से वह ऐसे बुद्धिजीवियों की खबर लेते हैं जो मानते हैं क्रि समाज का धीरे-धीरे रूपांतरण हो जाएगा। 'भागो, दौड़ो, सामाजिक सत्य तुम्हारा पीछा कर रहा है।' गांवों के जीवन का सामाजिक यथार्थ असहनीय है पर कोई रास्ता भी है क्या? क्या शहरों की कृत्रिम जिंदगी, जहां गांववालों की भरमार है, विकल्प है? पश्चिमी देशों की समृद्ध और चमकदार जिंदगी भी विकल्प बन सकती है जहां डाक्टर, इंजीनियर और दूसरे पेशों के लोग अपनी किस्मत संवारने जाते हैं? या फिर भारत के कल्पित महान अतीत में ही लौट जाने की राह चुन लें? सच तो यह है समाज की क्रूर सच्चाइयों से दामन छुड़ाना असंभव है। इसका सामना करना ही होता है। *राग दरबारी* का अंतर्निहित संदेश है कि इस उत्पीड़नकारी समाज व्यवस्था को उखाड़ फेंकना चाहिए, इसकी नींव खोद डालनी चाहिए क्योंकि यह व्यवस्था समाज में धीरे-धीरे लाए जाने वाले सुधारों को बेमानी बना

देने की पूरी ताकत रखती है। *राग दरबारी* की संरचना में निहित आक्रोशपूर्ण स्वर इसी संकल्प से अपने पाठकों को परिचित कराता है।

इस आलेख में मैंने शोषण व सामाजिक प्रतिरोध को लेकर इन दो उपन्यासों में मौजूद चेतना का विवेचन किया है। इनमें मौजूद सामाजिक चित्रण और व्याख्या समाज वैज्ञानिकों के लिए उतना ही जरूरी है जितना जरूरी होता है आंकड़े एकत्र करना। भारतीय समाजशास्त्र के संस्थापकों में से एक डी.पी. मुखर्जी के अनुसार–'भारतीय साहित्य में विद्रोह की परंपरा उतनी ही प्राचीन है जितने प्राचीन हमारे वेद हैं।' (माडर्न इंडियन लिटरेचर, बंबई 1948)। इसीलिए हाल के वर्षों में 'हमारा प्रादेशिक-जातीय साहित्य भी प्रेम, अंतर्दृष्टि व मनुष्य के प्रति सरोकार के नाम पर धार्मिक भावुकता, मानववाद और सैद्धांतिक प्रतिरोध की त्रिकोणीय विरासत से आरंभ हुआ' (पृ. 115)। उन्होंने यह भी कहा कि 'गद्य, काव्य और नाट्य के माध्यम से समाज-व्यवस्था से अन्याय को समाप्त करने का प्रयास भी किया गया' (पृ. 120)। बीसवीं सदी के आरंभिक वर्षों के तीन महान लेखकों प्रेमचंद, शरतचंद्र चटर्जी, के.एम. मुंशी के उपन्यासों-कहानियों में समाज व्यवस्था की सामाजिक आलोचना को नोट करते हुए मुखर्जी कहते हैं–'जब हम हिंदी, बांग्ला व गुजराती बोलने वालों की कुल संख्या पर ध्यान देते हैं तब इन तीन उपन्यासकारों और उनके द्वारा वर्णित चरित्रों के प्रभाव की शक्ति का अनुमान लगा लेते हैं।' यह कथन साहित्य व समाजशास्त्र की परस्पर निर्भरता को उस विद्वान द्वारा दिया गया समर्थन है जिसने दोनों क्षेत्रों में अपना महत्वपूर्ण योगदान किया है।

1983

अनुवाद : वैभव सिंह

2013

ग्रामीण विडंबनाएं[1]

रूपर्ट स्नेल

प्रशासन से हिंदी साहित्य सृजन के क्षेत्र में आए श्रीलाल शुक्ल का जन्म 1925 मे हुआ था। अपनी पृष्ठभूमि के विषय में वह लिखते हैं : 'अभावग्रस्त बचपन, मेहनत और चिंताओं से भरा विद्यार्थी जीवन, बाद में मंझोली हैसियत की एक सरकारी नौकरी। अपने इन अनुभवों की कहानी सुनाना बेकार है क्योंकि इस तरह की कहानियां बहुत बासी हैं और बहुत बार दोहरायी जा चुकी हैं।'[2] श्री शुक्ल ने 1953-54 में लिखना तब शुरू किया था जब वह एक सरकारी पद पर बुंदेलखंड में नियुक्त थे। प्रशासनिक पदों के इसी क्रम में वह उत्तर प्रदेश शासन में सांस्कृतिक मामलों के निदेशक बने। अब वह अवकाश ग्रहण कर चुके हैं। तमाम हिंदी लेखकों की तरह वह भी सिर्फ साहित्य सृजन से अपनी जीविका जुटा पाने में असमर्थ थे। उन्होंने अपनी स्थिति का वर्णन इस तरह किया है : 'हालांकि मैं शहर में रहता था लेकिन लिखने की इच्छा होने पर मुझे वह सब करना पड़ता था जो किसी गृहस्थ को अपनी प्रेमिका के लिए करना पड़ता है। कई वर्ष मैंने कार की सीट का इस्तेमाल किया, होटलों में कमरा लिया, डाकबंगलों के चक्कर काटे और कुछ समय के लिए मैंने अलग से दूसरा फ्लैट लिया। उपन्यास लिखने के लिए खास तौर पर छुट्टियां बढ़ाना और किसी दूसरी जगह भागना जरूरी हो जाता है... मेरी रायल्टी का बड़ा हिस्सा इसी सबमें खर्च हो जाता है।'[3]

श्रीलाल शुक्ल को प्रसिद्धि 1968 में मिली जब उपन्यास *राग दरबारी* प्रकाशित हुआ। *राग दरबारी* में भारतीय गांव के सजीव, यथार्थवादी चित्रण ने हिंदी साहित्य जगत में काफी खलबली मचाई। उपन्यास को 1970 में साहित्य अकादमी पुरस्कार मिला। उसके बाद अन्य अनेक भाषाओं में उसका अनुवाद हुआ और यह उपन्यास दूरदर्शन पर भी फिल्माया गया। *राग दरबारी* की कथाभूमि शिवपालगंज नामक गांव है जो उत्तर प्रदेश के अवधी भाषी क्षेत्र में कहीं किसी बड़े नगर से कुछ मील दूर स्थित है। उपन्यास की गतिविधियों की अवधि छः माह है जब एक युवा शोध छात्र रंगनाथ बीमारी के बाद स्वास्थ्य लाभ करने अपने मामा के यहां आता है। रंगनाथ के कल्पना लोक में भरी तमाम हिंदी फिल्मों की नायिकाएं 1955 से 1963-64 के आसपास की हैं जिससे इस बात की पुष्टि होती है कि उपन्यास का कालखंड और उसकी रचना का समय कमोबेश एक ही है।

उपन्यास के पहले दृश्य में उस ट्रक का वर्णन है जिसमें रंगनाथ अपने प्रवास की शुरुआत में शिवपालगंज जाने के लिए लिफ्ट मांगता है।

> शहर का किनारा। उसे छोड़ते ही भारतीय देहात का महासागर शुरू हो जाता था।
>
> वहीं एक ट्रक खड़ा था। उसे देखते ही यकीन हो जाता था, इसका जन्म केवल सड़कों के साथ बलात्कार करने के लिए हुआ है। जैसे कि सत्य के होते हैं, इस ट्रक के भी कई पहलू थे।

पुलिस वाले उसे एक ओर से देख कर कह सकते थे कि वह सड़क के बीच में खड़ा है, दूसरी ओर से देख कर ड्राइवर कह सकता था कि वह सड़क के किनारे पर है। चालू फैशन के हिसाब से ड्राइवर ने ट्रक का दाहिना दरवाजा खोल कर डैने की तरह फैला दिया था। इससे ट्रक की खूबसूरती बढ़ गई थी; साथ ही यह खतरा मिट गया था कि उसके वहां होते हुए कोई दूसरी सवारी भी सड़क के ऊपर से निकल सकती है।[4]

राग दरबारी की स्थिति भी यही है। वह सड़क के किनारे भी रुका है और राजमार्ग के बीचोबीच भी खड़ा है। एक ओर, यह भारतीय ग्राम जीवन का उपन्यास है जो आजादी से पहले की प्रेमचंद की पीढ़ी तक विस्तृत ग्राम कथा की परंपरा का हिस्सा है लेकिन दूसरी ओर इसमें व्यंग्य का विध्वंसक अभिप्राय भी है जिसका उद्देश्य सुधार या समाकलन नहीं, खिल्ली उड़ाना है और यह अपनी ही शैली और प्रगति को जान बूझकर अवरुद्ध करता है। हालांकि व्यंग्य लेखन भारतीय साहित्य में है लेकिन एक अच्छे खासे लंबे उपन्यास का मेरुदंड ही व्यंग्य हो यह जरा दुर्लभ है। अपने व्यंग्यात्मक और विडंबनात्मक स्वर की दृष्टि से अपने पूर्ववर्तियों के साथ जुड़े होने के साथ ही उनसे अलग होने और अपनी जबरदस्त पठनीयता के कारण भी *राग दरबारी* पर पूरा ध्यान दिया जाना चाहिए। पर्याप्त विशिष्ट और अनूठी होने के कारण यह एक आधुनिक उत्कृष्ट रचना का स्थान पाने के योग्य है हालांकि यह कृति स्वयं ऐसी कोई मांग नहीं करती।

मुख्य पात्र

उपन्यास की अधिकतम गतिविधियां उस संयुक्त परिवार पर केंद्रित हैं जिसमें रंगनाथ शिवपालगंज में रह रहा है। घर के मुखिया रंगनाथ के मामा वैद्य जी हैं जो आयुर्वेद के चिकित्सक हैं और तमाम मामलों में हाथ डाले रहते हैं। गांव की सभी प्रमुख संस्थाओं के काम-काज पर वह अपनी तगड़ी पकड़ बनाए रखते हैं लेकिन गाड फादर की तरह किसी असली गंदे व्यापार में अपने हाथ मैले नहीं करते। वैद्य जी जिन्हें 'वैद्य जी महाराज' कहा जाता है, गांव के सामंती ढांचे के शिखर बिंदु हैं। वह 'थे, हैं और रहेंगे'। वह इस दुनिया के वे तमाम वैद्य जी हैं जो परिवर्तन और प्रगति की असंभाव्यता सुनिश्चित करते हैं, जिनके दान में ही असली और प्रतीकात्मक दोनों तरह के सत्ता पद निहित हैं। वह गिरगिट हैं। विजेता पक्ष के साथ अपने को जोड़ने में पटु हैं और इस प्रकार वह एक समय ब्रिटिश राज के समर्थक से खद्दरधारी राष्ट्रवादी में अपना रूपांतरण करने में समर्थ हैं। उनकी सत्ता का आधार अंशतः उनका ब्राह्मण होना है जो शास्त्रीय ढंग की संस्कृतनिष्ठ भाषा द्वारा रेखांकित है। यह सत्ता अमल में लाई जाती है एक ढीले ढाले गिरोह द्वारा जो उनके ज्येष्ठ पुत्र और पहलवान बद्री 'पहलवान' के नियंत्रण में है। वैद्य के रूप में वह वीर्य को बचाए रखने और उसके संवर्धन पर बहुत जोर देते हैं। वह रंगनाथ को उपदेश देते हैं कि ब्रह्मचर्य पालन भी उसके इलाज का एक हिस्सा है।[5] वैद्यजी का एक कनिष्ठ पुत्र भी है, अठारह वर्षीय विद्यार्थी रुप्पन। रंगनाथ को अपने ग्राम प्रवास के दौरान जो व्यावहारिक शिक्षा मिलनी थी उसमें से ज्यादातर इन दोनों ममेरे भाइयों ने ही प्रदान की। उपन्यासकार के लिए परिवार के नारी चरित्रों का कोई अस्तित्व नहीं है—एक बेला को छोड़ कर और वह भी मुख्य मंच से हमेशा दूर ही रहती है। हालांकि तड़के सबेरे शौच के लिए बैठे हुए झुंडों में महिलाएं प्रमुख हैं। यही बात बच्चों के चित्रण पर भी लागू होती है। लगता है जैसे केवल पुरुष ही दरबारी राग गा सकते हैं।

इस उपन्यास का शीर्षक वैद्यजी की बैठक के दरबार जैसे माहौल की ही ओर संकेत करता

है। *राग दरबारी* सबसे शाहाना राग है और सभी हिंदुस्तानी रागों में सबसे ज्यादा प्रभावशाली है। इस राग का शनैः शनैः और वजनदार विस्तार किसी शाही दरबार की पवित्र गरिमा को प्रतिबिंबित करता है जिसका मखौलभरा विद्रूप है वैद्यजी की मंडली।[6] राजनीतिक षडयंत्रों के इस केंद्र पर पलने वालों का प्रतिनिधि है जुगुप्सा जगाने वाला, टुकड़खोर सनीचर जो 'कुछ महत्वपूर्ण जगहों पर फटी' धारीदार जांघिया पहनता है। कुछ औपचारिक अवसरों पर इस जांघिया के ऊपर एक गंदी बनियान भी पहन ली जाती है। उपन्यास के एक विवरण में उसकी तरक्की का चित्रण है। राजनीतिक स्वार्थ-सिद्धि के चलते वह भंग घोटने वाले के अपने स्वाभाविक पद से तरक्की कर ग्रामसभा का प्रधान बन जाता है। वह वैद्य जी का शाश्वत सेवक है। उनके आदेशों पर वह 'ऐसी बंदरछाप छलांग' लगाता है जिससे डार्विन के विकासवाद के सिद्धांत की पुष्टि होती है। लापरवाह ढंग से वह धर्मपरायण है। वैद्यजी के होठों से किसी संस्कृत श्लोक (चाहे वह वैद्यजी संबंधी श्लोक ही क्यों न हो) की पवित्र ध्वनि सुनते ही हाथ जोड़ कर 'जय भगवान की' की पुकार के साथ वह दंडवत लेट जाता है।

वहां विकलांग लंगड़[7] भी है, कारुणिक और विषादपूर्ण। वह उपन्यास की पूरी कालावधि में कुछ वर्ष पूर्व जमीन के एक मुकदमे से संबंधित मिसिल की प्रति पाने के इंतजार में गांव में इधर-उधर लंगड़ाते हुए गुजार देता है। वैद्य जी के विरोधियों में है कलकत्ता पलट अफीम व्यापारी और ज्यादा समय जेल में बिताने वाला रामाधीन भीखमखेड़वी जो गांव के जुआखाने का संरक्षक है। वह एक यशोकामी उर्दू शायर है। उसने अपना तखल्लुस निकटवर्ती गांव भीखमखेड़ा से लिया है (जो शिवपालगंज के इतना पास है कि एक गांव में नौटंकी हो तो दूसरे गांव में सुनी जा सकती है)।

वैद्य जी की बैठक में होने वाली राजनीतिक जोड़-तोड़ का मुख्य क्षेत्र है भारी भरकम नाम वाला स्थानीय स्कूल 'छंगामल विद्यालय इंटरमीडिएट कालेज'। कालेज मूलतः सरकारी पैसे से बना है जो दरअसल गांव में एक मिलन केंद्र बनाने के लिए मिला था लेकिन उससे स्कूल बनवा लिया था। कालेज का सैद्धांतिक उद्देश्य था देश में इंजीनियरों और डाक्टरों की कमी को दूर करना। यह एक कठिन संघर्ष था क्योंकि

> इस देश के निवासी परंपरा से कवि हैं। चीज को समझने से पहले वे उस पर मुग्ध हो कर कविता कहते हैं। भाखड़ा नंगल बांध को देख कर वे कह सकते हैं, 'अहा! अपना चमत्कार दिखाने के लिए, देखो, प्रभु ने फिर भारत भूमि को ही चुना। आपरेशन टेबल पर पड़ी हुई युवती को देख कर वे मतिराम, बिहारी की कविताएं दुहराने लग सकते हैं। (पृ. 21)

किसी तरह का वास्तविक प्रशिक्षण दे पाना निश्चय ही कालेज की सामर्थ्य से बाहर है। इसके लिए विद्यार्थियों को इंग्लैंड या अमेरिका जाना होगा। कालेज सिर्फ कुछ शुरुआती प्रशिक्षण 'टेक आफ स्टेज वाला' दे सकता है। सैद्धांतिक दृष्टि से एक बड़ी दुनिया के द्वार खोलने के उद्देश्य से बनाया गया कालेज वास्तव में एक ऐसी समस्या का शिकार है जो उपन्यास का मुख्य विषय है—दूर दराज शहरों में एक अमूर्त और आदर्श धरातल पर कल्पित ऊंचे बड़े संस्थानों की जमीनी जिंदगी के यथार्थ के साथ असंगति। गांवों के संदर्भ में परिवर्तन या विकास थोपने की किसी भी कोशिश का असफल होना निश्चित है, इसका एक बड़ा कारण है गांव और विकसित दुनिया के बीच किसी भाषायी या सांस्कृतिक सेतु का अभाव जिससे होकर परिवर्तन का संकल्प गांव में आता है। संस्कृति की विसंगतियां, पारिभाषिक शब्दों की अनर्गल अदला-बदली के बेतुकेपन में और इसके जरिए अभिव्यक्त होती रहती हैं। यह समस्या नवें दर्जे की साइंस की कक्षा में आपेक्षिक घनत्व संबंधी पाठ के दौरान हुए संवाद में सार रूप में है :

एक लड़के ने कहा, 'मास्टर साहब, आपेक्षिक घनत्व किसे कहते हैं?' 'वे बोले, 'आपेक्षिक घनत्व माने रिलेटिव डेंसिटी।'

एक दूसरे लड़के ने कहा, 'अब आप देखिए, साइंस नहीं अंग्रेजी पढ़ रहे हैं।'

वे बोले, 'साइंस साला अंग्रेजी के बिना कैसे आ सकता है?'

लड़कों ने जवाब में हंसना शुरू कर दिया। हंसी का कारण, हिंदी अंग्रेजी की बहस नहीं, 'साला' का मुहावरेदार प्रयोग था। (पृ. 22)

इस कालेज, जिसकी गतिविधियां इवलिन वाघ के 'डिक्लाइन ऐंड फाल' में डा. फागंस अकादमी में होने वाली बेतुकी और असभ्य गतिविधियों की याद दिलाती है, के मुखिया हैं प्रिंसिपल साहब। कहने की जरूरत नहीं कि वह वैद्य जी के आदमी हैं। उनकी दो विशेषताएं हैं, रचनात्मक एकाउंटिंग जिससे कालेज को ज्यादा से ज्यादा सरकारी पैसा मिल जाता था और क्रोध की चरम दशा के क्षणों में अवधी[8] की गोद में कूद जाना। रंगनाथ के साथ हुई एक बातचीत में उन्होंने रंगनाथ पर भरोसा कर उसे बताया था कि उनके अपने विद्यार्थी जीवन में हुई एक छोटी सी घटना के बाद उन्हें कोई ऊंचा अकादमिक पद नहीं पाने दिया गया। उनकी जवानी के दिनों की बात है। आजादी के तुरंत बाद और भारत-चीन युद्ध के पहले जब अहिंसक ऐतिहासिक विषयों जैसे बुद्ध और अशोक पर बहुत जोर दिया जा रहा था और उनके नाम पर सड़कों का नामकरण हो रहा था, उन्होंने अकादमिक क्षेत्र में अपने आगे बढ़ने के मौकों पर खुद ही पानी फेर दिया था। उन्होंने यह जानने की धृष्टता कर दी थी कि संस्कृत शब्द 'विमान' का अर्थ 'सतमंजिला महल' हो सकता है जबकि इस तथ्य को उनके प्रोफेसर अपनी विद्वता के सबसे महत्वपूर्ण साक्ष्य के रूप में बचाए हुए थे।

कालेज कोई खुशगवार जगह नहीं है। मोतीराम, जिनके जीवन में दिलचस्पी का एकमात्र विषय आटा चक्की है जिससे उनकी तनख्वाह में इजाफा होता है और जो उनकी अनुशासनहीन कक्षा के दौरान पृष्ठभूमि में लगातार भकभकाती रहती है और कालेज के अन्य शिक्षक अक्षम हैं। एक अधिक गत्यात्मक नकारात्मक ताकत का प्रतिनिधित्व वह गुट करता है जिसके नेता खन्ना मास्टर हैं जो इस तथ्य की आलोचना करने का साहस करते हैं कि कालेज के मैनेजर के रूप में वैद्य जी की स्थिति को जनतांत्रिक ढंग से चुनौती देने का अवसर नहीं दिया जाता।

कालेज के बौद्धिक स्तर का कुछ अनुमान खन्ना मास्टर की आलमारी के सबसे ऊपर के खाने में रखी चीजों से लगाया जा सकता है :

डा. ईश्वरी प्रसाद लिखित भारतवर्ष का इतिहास, इतिहास पर ग्रेजुएट द्वारा लिखी गई कुछ परीक्षोपयोगी कुंजियां, 'जेबी जासूस' नामक पुस्तकमाला के कुछ पुष्प, कल्याण नामक धार्मिक पत्रिका के बहुत मोटे-मोटे विशेषांक और गुलशन नंदा के उपन्यासों का एक पूरा सेट। (पृ. 379)

उपन्यास की कथा अल्पावकाशों के बाद कालेज राजनीति के मुख्य विषय पर लौटती है। कालेज प्रबंध समिति के अध्यक्ष पद के लिए जोर डाल कर कराए गए चुनाव में वैद्य जी ने संस्था पर अपना नियंत्रण बरकरार रखने के लिए खुले आम धांधली की। कथा में एक और मोड़ है जहां खन्ना की शहादत का वर्णन है और इसमें रुप्पन आदि खन्ना के साथ आ जाते हैं लेकिन अपने पिता के प्रति सदैव निष्ठावान रहने वाला बद्री उसका विरोध करता है। दोनों भाइयों—बद्री और रुप्पन—की प्रतिद्वंद्विता को गांव की सुंदरी बेला के प्रति उनकी महत्वाकांक्षा और सान चढ़ाती है। रुप्पन फिल्मी गानों के टुकड़े जोड़-जोड़ कर उसे प्रेमपत्र भेजता है। गांव इस गुप्त प्रेमकथा के किस्सों और उत्तेजना से भनभना रहा है लेकिन बाद में भेद खुलता है कि बेला की निगाहें रुप्पन के हट्टे-कट्टे भाई पर हैं। यह बात तब सामने आती है जब अवैध प्रणय-प्रसंगों की सर्वश्रेष्ठ

परंपराओं का पालन करते हुए वह एक रात छतें पार कर बद्री से मिलने आती है और वहां बद्री के कमरे में उसे रंगनाथ सोता मिलता है। आधी रात को अपने ऊपर झुकी एक नारी मूर्ति को पाकर रंगनाथ दंग रह गया क्योंकि अब तक इन मामलों में खजुराहो और कोणार्क की प्रस्तर मूर्तियां ही उसका एकमात्र अनुभव थीं। बेला अपनी गलती महसूस कर, रंगनाथ को उस कल्पना लोक में छोड़ तुरंत वापस चली आती है जो उस समाज की नियति है जिसमें लड़के लड़कियों से इतनी कठिनाई से मिल पाते हैं। इस संक्षिप्त मुलाकात से पहले ही रंगनाथ बेला के खयाल में दीवाना हो गया था। इसका कारण बेला की बदचलनी की अफवाहें भी कम न थीं। रुप्पन की तरह उसे भी बेला की जीती जागती वास्तविकता का सिर पैर पाने के लिए फिल्मी दुनिया की तस्वीरों के अपने भंडार पर निर्भर रहना पड़ता है :

> मेले से लौटते समय उसने रुप्पन बाबू से प्रेमपत्र के बारे में जो सुना था, उसके बाद उसकी हिम्मत नहीं हुई कि वह रुप्पन से इस विषय पर दुबारा बात करे। अब इस समय के एकांत में बेला के बारे में उसकी जिज्ञासा शांत करने के लिए सिर्फ कल्पना थी, हस्तमैथुन था और कुंठा थी और चूंकि काफी हद तक ये चीजें हमारी कलाओं की प्रेरक शक्तियां हैं, इसलिए इस समय रंगनाथ एक कलाकार की हैसियत से इन क्षणों को जी रहा था। कैसी होगी वह? मधुमती में वैजयंतीमाला की तरह? 'गोदान' में शोभा खोटे जैसी। 'अभिमान' में वहीदा रहमान जैसी?[9] नहीं। ये सब तो मादरे हिंद-जैसी हो चुकी हैं। लेकिन बेला 'खुदा की कसम लाजवाब हो' एक फिल्मी गाने का यह टुकड़ा उसके गले में अटक गया, पर वह मुस्कराया। अंधेरे में वह एक बहुत खुबसूरत, लगभग डेढ़ इंच लंबी मुस्कान मुस्कराया।[10]
>
> बेला के बारे में उसने बहुत सोचा। इतना सोचा कि हर नाप और वजन के सैकड़ों स्तन और नितंब उसके दिमाग में उभरने और अस्त होने लगे। वे जोड़ों में प्रकट हुए, गुच्छों की शक्ल में फूले और एक दूसरे को धक्के दे कर भाग गए। रंगनाथ ने बहुत चाहा कि इनमें से एक भरी पूरी लड़की की तस्वीर निकल आए, पर वैसा कुछ न हो सका, उसकी कल्पना ने एक बार तो लड़की के पूरे धड़ को पकड़ लिया। पर उससे कुछ न हुआ क्योंकि उसका चेहरा गैरहाजिर बना रहा। कुछ देर में उसके दिमाग में कुछ घुटे हुए स्तनों के गोल दायरे भर रह गए। अंत में एक बार तन कर फिर देह को ढीला करके वह रजाई के अंदर ऊंघ गया। (पृ. 199-200)।

बेला के पिता गयादीन की कपड़ों की एजेंसी है और वह गांव का सूदखोर है। एक निराशावादी और उदास व्यक्ति। वह कालेज प्रबंध कमेटी में नाम का उपाध्यक्ष है। उपाध्यक्ष होने के नाते खन्ना मास्टर का गुट उससे इस उम्मीद में मिलता है कि वह प्रबंधक (वैद्य जी) और प्रिंसिपल साहब की ज्यादतियों को रोकने के लिए समिति की बैठक बुला लेंगे। निष्फल बहसों के दौरान एक मास्टर ने बिना बहुत सोचे-विचारे नैतिकता शब्द का इस्तेमाल कर दिया :

> इतनी देर में पहली बार गयादीन के मुंह पर कुछ परेशानी सी झलकी। पर जब वे बोले तो आवाज पहले जैसी थकी-थकी-सी थी। उन्होंने कहा, 'नैतिकता का नाम न लो मास्टर साहब, किसी ने सुन लिया तो चालान कर देगा।
>
> लोग चुप रहे। फिर गयादीन ने कुछ हरकत दिखाई। उनकी निगाह एक कोने की ओर चली गई। वहां लकड़ी की एक टूटी फूटी चौकी पड़ी थी। उसकी ओर उंगली उठा कर गयादीन ने कहा, 'नैतिकता, समझ लो कि यही चौकी है। एक कोने में पड़ी है। सभा सोसायटी के वक्त इस पर चादर बिछा दी जाती है। तब बड़ी बढ़िया दिखती है। इस पर चढ़ कर लेक्चर फटकार दिया जाता है। यह उसी के लिए है। (पृ. 121)

वास्तव में उच्च नैतिक आधार पाने की योग्यता में गयादीन किसी ओर से बेहतर नहीं है लेकिन सत्ता के दुरुपयोग के बारे में उसकी विषादपूर्ण दोषदर्शिता उसे अपने इर्द गिर्द के लोगों से अलग

करती है। जब वैद्य जी हिचकिचाते हुए बद्री और बेला के अंतर्जातीय विवाह का प्रस्ताव लेकर उसके पास जाते हैं, तो वह उन्हें फटकारता है और अपनी बात को इस तरह खत्म करता है : 'भले आदमियों को भी शिवपालगंज में रह लेने दो।' (पृ. 361) यह पहली एकमात्र विषादपूर्ण टिप्पणी है जिसमें व्यंग्य नहीं है।

शिवपालगंज

हालांकि पूरे उपन्यास में अनेक कथाएं और उपकथाएं चलती हैं जिनमें ज्यादातर में वैद्य जी और उनके चमचे प्रिंसिपल साहब का दांवपेच भरा वाक्छल है लेकिन पूरे पैंतीस अध्यायों के इस उपन्यास में एक भी वृत्तांत ऐसा नहीं है जो सभी पैंतीस अध्यायों में निरंतर चलता रहे। कहा गया कि रंगनाथ चरित्र जिसका गांव में आगमन और प्रस्थान पुस्तक का कालखंड निर्धारित करता है, इसके विविध और विसंवादी प्रसंगों को एक संरचनात्मक एकता प्रदान करने के लिए काफी नहीं है।[11] यह सत्य है कि रंगनाथ की मौजूदगी गांव को देखने-समझने का एक बाह्य परिप्रेक्ष्य प्रदान करती है। (कुछ सीमा तक यह हिंदी के पुराने साहित्यिक विवाद 'शहर बनाम गांव' पर चर्चा की सुविधा भी प्रदान करती है) लेकिन वास्तव में उसे कथा कहने वाले नायक की भूमिका कभी नहीं दी गई। यह भूमिका गांव ने और वहां व्याप्त वातावरण ने अपने पास ही रखी है क्योंकि इसके सभी चरित्र इससे इतने अपरिहार्य ढंग से बंधे हैं जैसे आर.के. नारायण के पात्र उनके कल्पित मालगुड़ी कस्बे से। गांव और उसकी जमीनी बनावट उसके निवासियों के व्यवहार के साथ मिल कर एक हो गई है और लगता है जैसे गांव वाले जिन स्थितियों में अपने को पाते हैं वे लगभग उनकी गढ़ी और बनाई हैं। शिवपालगंज के निवासियों को 'गंजहा' कहा जाता है और उपन्यास पढ़ने के साथ-साथ इस जगह से बढ़ते परिचय से पता चलता है कि इस शब्द के अनेक विशिष्ट निहितार्थ हैं, ज्यादातर अपमानजनक हालांकि उनमें अक्सर कमीनेपन का एक खास किस्म का गर्व भी अविच्छिन्न रूप से जुड़ा है। गंजहा अपमान करने या लाठी चलाने में तो तेजी दिखाता है लेकिन काम करने में सुस्त है। उसे मल-मूत्र विसर्जन बहुत प्रिय है (जिसके बारे में विस्तार से बाद में), मौके पर फुर्ती, गुटबंदी और दलबंदी के लिए हमेशा तैयार, सरकारी सत्ता का विरोध और निष्क्रियता के कारण भ्रष्ट।

शिवपालगंज की केंद्रिकता अपने आपमें एक चरित्र के समान है, इस बात पर जोर देने का अर्थ *राग दरबारी* पर रेणु और उनके अनुयायियों के तथाकथित आंचलिक स्कूल के ढंग से एक 'स्थान के उपन्यास (आंचलिक उपन्यास) का ठप्पा लगाना नहीं है क्योंकि (कभी कभार अवधी संवाद आ जाने के अपवाद को छोड़ कर) *राग दरबारी* में क्षेत्र के चरित्र का अन्य क्षेत्रों की सांस्कृतिक दृष्टि से एकदम अलग रूप में सीधा चित्रण नहीं है।[12] वास्तव में उपन्यास के व्यंग्य जिन रवैयों और व्यवहारों की खिल्ली उड़ाते हैं वे सार्वभौम हैं, स्थानगत नहीं। शुक्ल स्वयं आंचलिक ठप्पे को संदेह से देखते हैं। उनका तर्क है कि ग्रामीण जीवन भारतीय संस्कृति की मुख्य धारा का प्रतिनिधत्व करता है और अगर कहना ही है तो शहरी उपन्यासों को आंचलिक कहा जाना चाहिए।[13] (वस्तुतः इस बहस में उसे हाशिए का साहित्य कहना सही होगा) **हिंदी साहित्य के इतिहास की शास्त्रीय दुनिया में शैली वर्गीकरण उसी तरह है जैसे खानों में बंटी कपड़ों की आलमारी में खाली टंगे हैंगर। वे खड़खड़ा कर शोर बहुत करते हैं लेकिन उसका कोई खास असर नहीं होता।** एक आलोचक ने *राग दरबारी* को आंचलिक स्कूल के बरखिलाफ एक 'अनांचलिक' उपन्यास[14] कहा है। यह बात को बहुत बढ़ाना प्रतीत होता है और यह समझना मुश्किल है कि इस सबका अंत कहां होगा। इतना कहना पर्याप्त है कि उपन्यास में शिवपालगंज

का स्थान महत्वपूर्ण है लेकिन 'किसी और कस्बे' की तरह ही।

गांव की दृश्यावली के चित्र मनभावन नहीं हैं। अनेक अध्याय और उनके उपखंड ऐसे दृश्यबंध के साथ शुरू होते हैं जहां स्थान विशेष की प्रकृति को अपने मानव सहभागियों की कार्रवाई का पूर्वानुमान रहता है :

> गांव के किनारे एक छोटा सा तालाब था। जो बिलकुल 'अहा! ग्राम्य जीवन भी क्या है' था। गंदा, कीचड़ से भरा पूरा, बदबूदार। बहुत क्षुद्र। घोड़े, गधे, कुत्ते, सुअर उसे देख कर आनंदित होते थे। कीड़े-मकोड़े और भुनगे, मक्खियां और मच्छर परिवार नियोजन की उलझनों से उन्मुक्त वहां करोड़ों की संख्या में पनप रहे थे और हमें सबक दे रहे थे कि अगर हम उन्हीं की तरह रहना सीख लें तो देश की बढ़ती हुई आबादी हमारे लिए समस्या नहीं रह जाएगी।
>
> गंदगी की कमी को पूरा करने के लिए दो दर्जन लड़के नियमित रूप से शाम सवेरे और अनियमित रूप से दिन को किसी भी समय पेट के स्वेच्छाचार से पीड़ित होकर तालाब के किनारे आते थे और ठोस, द्रव और गैस तीनों प्रकार के पदार्थ उसे समर्पित करके हल्के होकर वापस लौट जाते थे। (पृ. 241)

पश्चिमी उपन्यास में यथार्थवाद की परंपराओं के संदर्भ में इस तरह का विवरण साधारण लग सकता है। हिंदी साहित्य में भी (कम से कम निराला जैसे असली रूप दिखाने वाले के उदय के बाद से) जीवन के अधिक दुर्गन्धपूर्ण पक्ष पर कभी कभार ध्यान केंद्रित किया जाता रहा है लेकिन आधुनिक हिंदी साहित्य (जो प्रभावशाली ढंग से मौजूदा सदी में ही सीमित है और जिसे तेजी से हो रहे राजनीतिक परिवर्तन के रूप में अतिरिक्त उत्प्रेरक प्राप्त हैं) के इतिहास का निचोड़ है कि गांवों का कहीं ज्यादा पूजनीय और आदर्शीकृत चित्रण (मानो वह भारतमाता का मंदिर हो) अब भी इस वर्ग के उदाहरण के रूप में पाठक के दिमाग पर छाया है।[15] यहां तक कि *गोदान* में जहां प्रेमचंद के प्रारंभिक उपदेशवाद के स्थान पर एक अधिक प्रौढ़, परिपक्व वर्णनात्मक शैली आ गई है, खेतिहर किसान द्वारा जोती गई जमीन में एक परोक्ष पवित्रता और उदारता दिखाई देती है :

> जेठ का सूर्य आमों के झुरमुट से निकल कर आकाश पर छाई हुई लालिमा को अपने रजत प्रताप से तेज प्रदान करता हुआ ऊपर चढ़ रहा था और हवा में गर्मी आने लगी थी। दोनों ओर खेती में काम करने वाले किसान उसे देख कर राम-राम करते और सम्मान भाव से चिलम पीने का निमंत्रण देते थे; पर होरी को इतना अवकाश कहां था? उसके अंदर बैठी हुई सम्मान लालसा ऐसा आदर पाकर उसके सूखे मुंह पर गर्व की झलक पैदा कर रही थी।...
>
> अब वह खेतों के बीच की पगडंडी छोड़ कर एक खलेटी में आ गया, जहां बरखा में पानी भर जाने के कारण तरी रहती थी और जेठ में कुछ हरियाली नजर आती थी। आसपास की गउएं चरने आया करती थीं। उस समय में भी यहां की हवा में कुछ ताजगी और ठंडक थी। होरी ने दो तीन सांसें जोर से लीं। उसके जी में आया कुछ देर यहीं बैठ जाय। दिन भर तो लू लपट में मरना ही है।[16]

आजादी के बाद के उपन्यास हालांकि अब उसी विचारधारा पर आधारित नहीं हैं जो प्रेमचंद की थी फिर भी उसमें गांव के दृश्यों का चित्रण प्रायः वैसा ही कोमल और आदर्शपूर्ण है। फणीश्वरनाथ रेणु का 1954 में प्रकाशित उपन्यास मैला आंचल[17] कथा लेखन की आंचलिक शैली को स्थापित करने के साथ-साथ उसके लिए एक नाम तलाशने में भी सहायक हुआ। *मैला आंचल* ने मिथिला को वही स्थान दिलाया जो हार्डी ने वेसेक्स को दिलाया था—मानव

जीवन और मृत्यु की मौजों की पृष्ठभूमि में गांव का मांसल और मादक (कभी-कभी द्वेषपूर्ण भी) चित्रण।

> मेरीगंज एक बड़ा गांव है; बारहों बरन के लोग रहते हैं। गांव के पूरब एक धारा है जिसे कमला नदी कहते हैं। बरसात में कमला भर जाती है, बाकी मौसम में बड़े-बड़े गढ़ों में पानी जमा रहता है मछलियों और कमल के फूलों से भरे हुए गढ़े। पौष पूर्णिमा के दिन इन्हीं गढ़ों में कोशी स्नान के लिए सुबह से शाम तक भीड़ लगी रहती है। रौतहर स्टेशन से हलवाई और परचून की दुकानें आती हैं। कमला मैया के महातम के बारे में गांव के लोग तरह-तरह की कहानियां कहते हैं।

दूसरी ओर, शिवपालगंज में हर खाली जगह अपरिहार्य ढंग से किसी न किसी तरह की सड़ांध या मल विसर्जन को आकृष्ट करती है। प्रेमचंद और रेणु को प्रिय संगीतमय आकाश और मधुमक्खियों से गुंजरित वन प्रांतर यहां कहीं नहीं दिखाई देते। उनका स्थान जमीनी चिंताओं के भावावेग और लालसा ने झपट लिया है। यहां दूध और शहद की जगह पान की पीक और पेशाब ने ले ली है। इस पतन पर कोई, गांव समाज के अधिक पढ़े-लिखे सदस्य तक, त्योरी नहीं चढ़ाता बल्कि उसे स्वीकार कर लेता है। उदाहरणार्थ उस झोपड़ी का नामकरण जो शिवपालगंज के प्रेम भवन के रूप में इस्तेमाल होती है :

> कुछ दूर आगे एक घनी अमराई में बनी हुई एक कच्ची कोठरी भी पड़ती थी। उसकी पीठ सड़क की ओर थी; उसका दरवाजा जिसमें किवाड़ नहीं थे, जंगल की ओर था। बरसात के दिनों में हलवाहे पेड़ों के नीचे से हट कर इस कोठरी में जुआ खेलते, बाकी दिनों वह खाली पड़ी रहती। जब वह खाली रहती, तब भी लोग उसे खाली नहीं रहने देते थे और नर नारी गण मौका देख कर उसका मनपसंद इस्तेमाल करते थे। शिवपालगंज में इस कोठरी के लिए जो नाम दिया गया था, वह हेनरी मिलर को भी चौंका देने के लिए काफी था। उसमें ठंडा पानी मिला कर कालिज के एक मास्टर ने उसका नाम प्रेम भवन रख दिया था। (पृ. 33)

भाषा और अस्मिता

हर लेखक किसी दिए गए संदर्भ में विभिन्न भाषारूपों के औचित्य के बारे में फैसला करता है–चाहे जानबूझ कर या अवचेतन ढंग से। हिंदी लेखन में इस आंतरिक और शाश्वत बहस के तमाम परिवर्तनीयों में एक है उन अंग्रेजी शब्दों की स्थिति जो संस्कृतनिष्ठ हिंदी में गढ़े तराशे नए शब्दों द्वारा अपदस्थ किए जाने के सारे प्रयासों के बाद भी जीवित है। शहरी जीवन में अंग्रेजी से आए शब्दों का अपना स्वाभाविक सहज स्थान है। और यह आज के शहरी पृष्ठभूमि वाले हिंदी उपन्यासों में झलकता भी है। श्रीलाल जी के खुद के उपन्यास *'सीमाएं टूटती हैं'* में इस तरह के उदाहरण भरे पड़े हैं। लेकिन, गांव में, जहां अंग्रेजी बोलने वाले बहुत कम होते हैं। अपनी दुर्बोधता के कारण यह संवाद का माध्यम बनने के बजाय रूढ़ि का एक प्रतीक बन जाती है। वह उस संस्कृत श्लोक के समान, लाक्षणिक शक्ति विकसित कर लेती है जिसे सुन कर लंगड़ के भक्ति भाव भरे कान धन्य हो जाते हैं। श्री शुक्ल आधुनिक हिंदी में शब्दों की विलक्षण स्थिति का पूरा-पूरा इस्तेमाल करते हैं। उदाहरण के लिए हलवाई की दुकान पर लंगड़ और अन्य लोगों के बीच बातचीत के दौरान मलेरिया विरोधी प्रचार के लिए अंग्रेजी के इस्तेमाल में :

> एक दिन गांव में कई लोग मोटर पर आए। गांव भर की दीवालों पर गेरू से न जाने क्या-क्या अंग्रेजी में लिख गए। उसके बाद बापू, उन्होंने हमारा खून निकाला और मशीन में डाल कर देखा। अब देखो तो बापू कैसा अचंभा है इस कलजुग का कि आदमी तो हम देसी और हमें बीमारी

लग गई विलायती। मोटर पर जो आए थे, वे बोले कि लंगड़ बड़ा आदमी है, उसे मलेरिया हुआ है।'

क्या बताएं बापू, उसी के बाद मोटर वालों ने गांव में बड़ा काम किया। दो तीन लोग एक-एक मशीन लेकर चारों तरफ कुआं, ताल, गड़हा, गड़ही, सभी पर किर्र-किर्र करते हुए घूमे। आदमी बराबर हर घर के आगे जा-जा कर गेरू से मलेरिया महारानी की इस्तुति अंग्रेजी में लिख गए। उन अच्छरों का प्रताप, बापू, कि सारे मच्छर भाग गए। हम भी बापू, महीना भर दुख भोग कर आपका दर्शन करने को फिर से उठ कर खड़े हो गए।

नेता बोला, 'क्या बात सुनाई है। लंगड़ऊ, तुमने कि : 'लिखे देख अंग्रेजी अच्छर। भागे मलेरिया के मच्छर'।

हलवाई ने नेता की तारीफ सुनाई, 'क्या कवित्त सुनाया है आपने भी! जलेबी खाइए, इसी बात पर।' (पृ. 314)

भाषारूप अद्भुत बेफिक्री के साथ गड्डमड्ड हैं। कभी-कभी वक्ता खुद ही भ्रम में पड़ जाते हैं। पुलिस इंस्पेक्टर सनीचर के साथ बातचीत में जब अरबी से निकले शब्द 'गलतफहमी' का इस्तेमाल करता है तो सनीचर परेशान हो जाता है : 'गलतफहमी'? यह कौन सी चिड़िया है? आप अग्रेजी छोड़ कर देसी बोली में बताइए। (पृ. 341)। (अन्यत्र भी अदालतों में फारसी अरबी शब्दावली के पारंपरिक इस्तेमाल के कारण और गलतफहमियां हुई हैं)। श्री शुक्ल का भाषा-कौशल, खास तौर पर भिन्न भाषारूपों को अनपेक्षित ढंग से एक साथ रखना, उपन्यास की सफलता में एक महत्वपूर्ण तत्व है। डरावने अंग्रेजी अक्षर देखते ही मच्छरों का आतंकित हो जाना एक तरह का शाब्दिक कार्टून है। यह दोहरी धार वाला है। यह न केवल स्थानीय मानव और कीट जीवन के बारे में अज्ञान का बल्कि उन प्रचार अधिकारियों में विवेक के अभाव का भी मखौल उड़ाता है जो एक पुरानी, साम्राज्यशाही की भाषा के प्रति अपनी भक्ति में अंधे हो गए हैं। इसलिए ऊपर उद्धृत अंश की तरह के अंश महज भाषायी फट्टा नहीं हैं बल्कि उनके तेज आवाज करने से ही उनका गहरा और अधिक बारीक महत्व कम नहीं हो जाता।

श्री शुक्ल की एक भाषा से दूसरी भाषा के बीच की शब्दक्रीड़ा श्लेष का उपयुक्त अनुवाद कर पाना टेढ़ी खीर है जैसे कि कालेज इंस्पेक्टर के बंगले का विवरण। चतुर अध्यवासी ने आफिस कम रेजीडेंस का काम करने वाले भवन के सरकारी और घरेलू दोनों किरायों के लिए पैसा देने वाली दो एजेंसियों को पटा लिया। हिंदी के 'आफिस कम रेजीडेंस ज्यादा' (पृ. 299) में इन दोनों कामों का वास्तविक संतुलन अभिव्यक्त होता है।[18] शब्दों के इस खेल का अनुवाद मुश्किल है। अंग्रेजी और हिंदी की जबरन समानता दिखा कर श्री शुक्ल उस स्थिति की अस्वाभाविकता और कृत्रिमता की ओर संकेत करते हैं जिसमें एक ऐसी संस्कृति पर अपरिचित विदेशी संस्थाएं फुर्ती से लाद दी जाती हैं, जिसका अर्थ जगत बिलकुल अलग किस्म का है। ऐसा कर वह यही सुझाते हैं कि ऐसी संस्थाओं की असफलता अपरिहार्य है और इसका दोष उन्हें अमल में लाने वाले लोगों पर नहीं मढ़ा जाना चाहिए।

शुक्ल इस तरह की भाषाजन्य स्थितियों में निहित व्यंग्य के भंडार का इस्तेमाल करते हैं और ऐसा कर वह भाषायी अस्मिता के सवाल को (महत्वपूर्ण लेकिन) सीमित तत्सम बनाम तद्भव की धुरी से मुक्त कर उसे एक स्वागत योग्य ईमानदारी और व्यावहारिकता प्रदान करते हैं। भाषागत पहचान के सवाल प्रायः इसी धुरी के इर्दगिर्द चक्कर काटते रह जाते हैं।

अधिक पारंपरिक, भाषा की शब्दक्रीड़ा 'मरम्मत' के शाब्दिक बनाम मुहावरेदार प्रयोग (ठीक करना/पिटाई) में झलकती है : 'एक पुलिस वाले के जूते, जो हमेशा किसी दूसरे की मरम्मत

करने के लिए उद्यत रहते थे, सामने बरगद के पेड़ के नीचे एक मोची के पास मरम्मत के लिए गए थे।' (पृ. 260) अफसरशाही को ध्वस्त करने की सार्वभौमिक इच्छा अंग्रेजीभाषी जगत और शिवपालगंज के प्रयोगों की तुलना में परिलक्षित होती है। अश्लीलता की ओर रुझान वाले अंग्रेजीदां जो शौचालयों में लिखने तथा चित्र बनाने में पारंगत होते हैं। टु लेट (To Let) के साइनबोर्ड में टु और लेट के बीच में आई (I) जोड़े देते हैं (टायलेट)। उनके शिवपालगंज साथी सनीचर की दुकान के बाहर टंगे अवांछित संकेत 'अंदर मत आओ' (गंजहों को कहीं आने-जाने की आजादी बहुत प्रिय है। 'अंदर मत आओ' इस भावना के प्रतिकूल है) को 'ऊ' की मात्रा जोड़ कर 'अंदर मूत आओ' में बदल देते हैं।

उपन्यास का एक पात्र जो भाषा रूपों की उपयुक्तता के प्रति संवेदनशील है, वह है रंगनाथ। प्रिंसिपल साहब के साथ एक पान की दुकान पर खड़े हुए वह एक पेटेंट दवा के रंग-बिरंगे भड़कीले विज्ञापन में गांधी और नेहरू की तस्वीर देखता है : 'देखा आपने??'

> जवाब में अवधी की कहावत, 'जइस पसु तइस बंधना। तस्वीर दिहाती इलाके के माफिक है।'
>
> 'दिहाती-शहराती से क्या बहस!' रंगनाथ ने कहा, 'गांधी जी की तो सभी इज्ज्त करते हैं।' थोड़ी देर तक तस्वीर का अध्ययन करके उसने उसकी भावपूर्ण समीक्षा की, 'तबीयत होती है तस्वीर बनाने वाले को सौ जूते लगाएं।'
>
> प्रिंसिपल साहब हंसे। हंसी बता रही थी कि रंगनाथ बेवकूफ है। बोले, 'जितना गुड़ घोलो उतना ही मीठा होगा। तेली तंबोली की औकात ही क्या? टके की दुकान पर कोई साला पिकासो थोड़े ही लटकाएगा।'
>
> रंगनाथ ने उनकी बात काटते हुए जोर से कहा, 'रुकिए, रुकिए, मास्टर साहब; पिकासो का नाम न लीजिएगा। आपके मुंह से ऐसा नाम सुनते ही गश जैसा आने लगता है।' (पृ. 229)।

रंगनाथ के गश खाने का कारण, जैसाकि वह प्रिंसिपल साहब को थोड़ी देर बाद बताता है, शिवपालगंज के माहौल में पिकासो के नाम की व्यर्थ विसंगति थी। 'जी कसूर न आपका है, न मेरा, न तंबोली का। जी, कसूर तो पिकासो का है।' (पृ. 230)

शिवपालगंज की बोली इतनी मुहावरेदार है कि कोई बाहरी (इस परचे का लेखक तो उनमें शामिल है ही) व्यक्ति कुछ संदर्भों को तो पकड़ ही नहीं पाएगा। शहर का रहने वाला रंगनाथ शहरी हिंदी की नीरस परिपाटी का आदी है। बद्री के चमचों का प्रशिक्षण स्थल अखाड़ा उन स्थलों में से एक है जहां गंजहों की बोली बेलगाम हो जाती है। जब एक पहलवान बद्री को खोजता हुआ वहां आता है तो सनीचर उसे बताता है कि वह एक मीटिंग में गए हैं (एक कोआपरेटिव यूनियन के भगोड़े सुपरवाइजर के बारे में चर्चा करने; उपन्यास की यह एक छोटी उपकथा है)। पहलवान पर बद्री के इस तरह की मीटिंग में जाने की बात का कोई असर नहीं होता :

> 'पहलवान ने लापरवाही से चबूतरे पर थूक दिया। कहा, 'बद्री भैया मीटिंग में बैठ कर क्या अंडा देंगे? सुपरवाइजर को पकड़ कर एक धोबीपाट मारते, उसी में साला टें हो जाता! मीटिंग शीटिंग में क्या होगा?'
>
> रंगनाथ को बात पसंद आ गई। बोला, क्या तुम्हारे यहां मीटिंग में अंडा दिया जाता है?
>
> पहलवान ने इधर से किसी बवाल की आशा न की थी। उसने कहा, अंडा नहीं देंगे तो क्या बाल उखाड़ेंगे? सब मीटिंग में बैठकर रांडों की तरह फांय-फांय करते हैं, काम धाम के वक्त खूंटा पकड़ कर बैठ जाते हैं। (पृ. 87)

रंगनाथ गंभीरतापूर्वक सोचता है कि अखाड़ा आधुनिक हिंदी शब्दकोश को सशक्त करने में पूरी तरह समर्थ है। शिवपालगंज में होने वाले ताश के खेल को देखते हुए उसमें वैसा ही विचार गूंजता है जो एक ऐसे किसी भी हिंदी पाठक के लिए बहुत परिचित है जिसकी मातृभाषा हिंदी नहीं है। अर्थात् संस्कृतीकरण की प्रचलित (नव छद्म) प्रक्रिया (इसकी तुलना कभी-कभी अंग्रेजी के लैटिनीकरण से की जाती है लेकिन यह प्रक्रिया उसके मुकाबले कहीं अधिक जोड़-तोड़ वाली है) बड़े कठोर ढंग से एक देशी भाषा के रूप में आधुनिक हिंदी की असली ताकत को नष्ट कर रही है।[19]

रंगनाथ जुआरियों के जमावड़े में फल्लास ('फ्लश' ताश के एक खेल का नाम), जोड़ (पेयर), दौड़ (रन), लंगड़ी (फ्लश), पक्की (रनिंग फ्लश) और टिर्रेल (ट्रेल) जैसे शब्दों में आत्मसातीकरण और उधार अनुवाद से आह्लादित हो उठता है और सपना देखता है क्यों न हिंदी के उन पेशेवर कोशकारों, जो अपने कक्ष की चार दीवारों के भीतर ही एक नई और अबूझ भाषा गढ़ने में व्यस्त हैं, की जगह गंजहों की एक छोटी सी समिति गठित की जाए। (पृ. 215) शुक्ल की इस व्यंग्यात्मक पुस्तक में 'साहित्यक हिंदी' की कृत्रिमता और दुरूहता पर लगातार चोट की गई है। वैद्य जी को बताया जाता है कि उनसे कोआपरेटिव यूनियन के निदेशक पद से त्यागपत्र मांगा जा रहा है। बताई गई उन बातों के एक दुरूह अंश के बाद शुक्ल की टिप्पणी है :

> अंतिम वाक्य लगता था श्री जैनेंद्र कुमार के किसी लेख से उड़ाए गए थे पर वैद्य जी राजनीति के आदमी थे और बीसवीं सदी का हिंदी साहित्य जब हिंदी के प्रोफेसर तक बड़े कष्ट में पढ़ते हैं तो वैद्य जी से यह आशा करना कि उन्होंने श्री जैनेंद्र कुमार का दार्शनिक साहित्य पढ़ा होगा, एक अनुचित बात होगी। वास्तव में, वैद्य जी का साहित्य से कोई विशेष संबंध नहीं था। यदि ऐसा होता और यदि उन्होंने श्री जैनेद्र कुमार के लेख पढ़े होते तो इस शैली में कही गई बातें सुन कर वे समझ जाते कि उन्हें केवल शब्द-जाल से धमकाया जा रहा है। (पृ. 351)।

श्रीलाल शुक्ल संस्कृतनिष्ठ भाषारूप से खुद भी बचते हैं। उनके प्रयोगों में प्रायः 'काम छोटे और भाषण बड़े' किस्म की विडंबना ध्वनित होती है। इसके उदाहरण उनके पंडित राधेलाल जैसे पक्के झूठे गवाह जैसे चरित्रों के वर्णनों में मिलते हैं जिन्हें अपनी कलाकारी में 'उच्कोटि की दक्षता' से अदालती गवाहों के बीच अभूतपूर्व प्रतिष्ठा मिली है।[20] इसी व्यंग्यात्मक स्वर में उस ग्रामीण को, जिस पर गांव के भुतहे पीपल के पेड़ के पास सड़क पर बदमाशों ने हमला किया था, 'आत्मदया, आक्रोश आदि कई साहित्यिक गुणों से पीड़ित' बताया गया है। (पृ. 285)

भाषारूप का दूसरा अतिवादी छोर है गांव के पियक्कड़ जोगनाथ की भाषा। वह और उसके भाई बंधु एक तरह की शराबी अपभाषा 'सरफरी बोली' बोलते हैं जिसमें अक्षरों के बीच में 'अफ' (दरअसल 'रफ' : अनु.) जोड़ दिया जाता है। जब एक डाके के शक में पुलिस उसे गिरफ्तार करती है, वह 'कौर्फोन है सरफाला' जैसे वाक्यों से इंस्पेक्टर को घबरा देता है। इस तरह की भाषा सांस्कृतिक संदर्भों में गांव की पृथकता को रेखांकित करती है। किसी बाहरी आदमी की वहां वास्तविक पैठ संभव नहीं।

श्री शुक्ल का भाषारूपों का इस्तेमाल रूपकों और अन्य वर्णनात्मक तरीकों तक फैला है। अस्वाभाविक रूप से संस्कृतनिष्ठ हिंदी से वह परहेज करते हैं लेकिन हिंदी परंपरा के गौरवशाली अतीत, जहां संस्कृत परंपरा का अपना स्वाभाविक स्थान है, के संदर्भ मौजूद हैं। इसीलिए उपन्यास के प्रारंभ में जब ट्रक ड्राइवर ताजगी भरे चेहरे वाले रंगनाथ को देखता है तो वहां रंगनाथ का वर्णन युवा उत्साही राम की तुलसीदास से उधार ली स्तुति (वह भी एक सरस छंद में) के जरिए किया गया है :

ड्राइवर ने दुकानदारिन की सारी संभावनाएं एक साथ देख डालीं और अपनी निगाह रंगनाथ की ओर घुमाई। अहा! क्या हुलिया था! 'नवकंजलोचन, कंजमुख करकंज पद कंजारुणम!'[21] (पृ. 8)।

इसी प्रकार का भावापकर्ष बद्री के चमचे छोटे पहलवान के इस वर्णन में है 'एक पेड़ के नीचे त्रिभंगी मुद्रा में खड़े'। यहां बांसुरी बजैया कृष्ण की भव्य त्रिभंगी मुद्रा का संदर्भ है जिसमें कृष्ण अपने घुटने, कमर और गरदन को खूबसूरत ढंग से मोड़ते हैं।

यह सच है कि हिंदी कथा साहित्य में इस तरह के क्लासिकी संकेत व्यंग्यात्मक अथवा परोक्ष ढंग से भरे पड़े हैं। श्री शुक्ल के लेखन में ये संदर्भ इस तथ्य के कारण उल्लेखनीय हैं कि वे सांस्कृतिक संदर्भों के असाधारण रूप से व्यापक विस्तार के केवल एक छोर का प्रतिनिधित्व करते हैं। ये संदर्भ इस विस्तार के एक दूसरे छोर (उदाहरण निम्नलिखित) के विपरीत एकदम अलग और प्रभावशाली ढंग से उभरते हैं :

> खन्ना मास्टर, जो अभी तक पालथी मारे बैठे थे, अचानक घुटने मोड़ कर और सीना आगे तान कर जिस्म के उतार चढ़ाव को दिखाने वाले स्वर्गीय मर्लिन मुनरो के एक विख्यात पोज में बैठ गए। (पृ. 382)।

यहां बिलकुल अलग ढंग की विसंगति है लेकिन प्रभाव समवेत है। कभी वृंदावन तो कभी हालीवुड, संदर्भों को बदलते हुए श्री शुक्ल पाठक को लगातार उलझाए रखते हैं, वह यह कभी नहीं जान पाता कि अगला संदर्भ किस सांस्कृतिक दिशा से प्रकट होगा।

विवरणात्मक और वर्णनात्मक रणनीतियां

आधुनिक हिंदी गद्यलेखन (उपन्यास और जीवनी-लेखन सहित) का एक उलझन में डालने वाला स्थायी भाव है लघु शब्द चित्र। किसी नए पात्र का परिचय देने के लिए इस तरीके का बहुत इस्तेमाल होता है। शारीरिक विवरण के खास जरूरी लक्षणों का उल्लेख मात्र, डेफिनिट आर्टिकिल का अभाव और इसके साथ मुख्य क्रियापदों से परहेज जिसमें अंग्रेजी के मुकाबले और कंजूसी की जाती है। विशेषताओं का ऐसा संक्षिप्त सूचीकरण शिनाख्त के लिए चित्र बनाने वाले कलाकार को दिए गए निर्देश जैसा प्रतीत होता है या संभवतः वे संस्कृत काव्य के लंबे, समासयुक्त पदों द्वारा अर्थाभिव्यक्ति की परंपरा का पालन करते हैं। जो हो, *राग दरबारी* में पात्रों का रूप चित्रण भली प्रकार हुआ है; तनिक व्यंग्य की बघार के साथ।

> चार बजे प्रिंसिपल साहब अपने कमरे से बाहर निकले। दुबला पतला जिस्म, उसके कुछ अंश खाली हाफ पैंट और कमीज से ढंके थे। पुलिस सार्जेटों वाला बेंत बगल में दबा था। पैर में सैंडिल। कुल मिला कर काफी चुस्त और चालाक दिखते हुए और जितने थे, उससे ज्यादा अपने को चुस्त और चालाक समझते हुए। (पृ. 26)
>
> रंगनाथ ने अब उन्हें (रुप्पन को) ध्यान से देखा। कंधे पर टिकी हुई धोती का छोर, ताजा खाया हुआ पान, बालों में पड़ा हुआ कई लीटर तेल-स्थानीय गुंडागिरी के किसी भी स्टैण्डर्ड से वे होनहार लग रहे थे। (पृ. 35)।
>
> उसको लोग लंगड़ कहते थे। माथे पर कबीरपंथी तिलक, गले में तुलसी की कंठी, आंधी पानी झेला हुआ दढ़ियल चेहरा, दुबली पतली देह, मिर्जई पहने हुए । एक पैर घुटने के पास से कटा था, जिसकी कमी एक लाठी से पूरी की गई थी। चेहरे पर पुराने जमाने के उन ईसाई संतों का भाव, जो रोज, अपने हाथ से अपनी पीठ पर खींच कर सौ कोड़े मारते हों। (पृ. 39-40)।
>
> शहर से देहात को जाने वाली सड़क पर एक साइकिल रिक्शा चला जा रहा था। रिक्शा वाला रंगीन बनियान, हाफपैंट, लंबे बाल, दुबले पतले जिस्म वाला नौजवान था। उसका पसीने

से लथपथ चेहरा देखकर वेदना का फोटोग्राफ नहीं, बल्कि वेदना का कार्टून आंख के आगे आ जाता था। (पृ. 48)।

कई प्रसंगों-प्रकरणों की शुरुआत इसी तरह की गई है। अन्यत्र वर्णन में एक अधिक आत्म सचेत ढंग से अपनायी गई प्रयोगात्मक और सांकेतिक शैली वर्णन को एक नई दिशा देती है। पुलिस इंस्पेक्टर के निम्नलिखित वर्णन में एक सुस्त नौकरशाह का बहुत सटीक चित्रण है। एक पर्याप्त भद्र लेकिन पुलिस के अधिक गतिशील सदस्यों में न गिना जाने वाला व्यक्ति 'मध्यकाल का कोई सिंहासन रहा होगा जो अब घिस कर आरामकुर्सी बन गया था। दरोगा जी उस पर बैठे भी थे, लेटे भी थे'। (पृ. 14)। आचर्श्य नहीं, शुक्ल जैसे मूर्तिभंजक लेखक में संक्षिप्त आत्मोपहास का भी पर्याप्त अवकाश है :

> छत पर कमरे के सामने टीन पड़ी थी। टीन के नीचे रंगनाथ था। रंगनाथ के नीचे चारपाई थी। दिन के दस बजे थे। अब आप मौसम का हाल सुनिए। (पृ. 106)

इस प्रकार ग्यारहवां अध्याय कुछ उस ढंग से शुरू होता है जो हमें जे.डी. सैलिगर की याद दिलाता है (और इस उपन्यास में ऐसा पहली बार नहीं हुआ है)।[22] क्रियाविशेषणात्मक संदर्भों में वैसे ही सुविचारित भोलेपन के इस्तेमाल की वैसी ही तकनीक बद्री के एक वर्णन के अंत में इस्तेमाल की गई है लेकिन इसमें एक अनपेक्षित लयात्मक पुट है जो प्रायः वक्र शैली के एकदम विपरीत है : 'उसके घुटे सिर पर कड़वे तेल की चमक थी, और उसके ऊपर-ऊपर, ऊपर और ऊपर नीला आसमान था।'' (पृ. 259)

ज्यादातर खरी कॉमेडी को प्राथमिकता दी गई है, खास तौर पर शिवपालगंज के चरित्रों के लज्जाजनक पहलुओं के वर्णन में। संक्षिप्त चित्रण की प्रवृत्ति के बावजूद अपने व्यंग्यात्मक स्वर के अनुकूल होने पर श्री शुक्ल अपने यथार्थवाद को सर्वांगीण और जीवंत बनाने में हिचकिचाते नहीं, खासतौर पर बेहूदगी, मल मूत्र, थुलथुलपन और अश्लीलता के वर्णन में।

> ठंडक थी, पर सैनिटरी इंस्पेक्टर के माथे पर पसीना आ गया था। वह हाफ पैण्ट, कमीज और खुले गले का कोट पहने था। हाफ पैण्ट बाहर निकले हुए पेट पर से खिसक न जाए, इसलिए उसे पेटी से काफी कस कर बांधा गया था और इस तरह पेट का क्षेत्रफल दो भागों में लगभग बराबर-बराबर बंट चुका था। (पृ. 134)
>
> अखाड़े से दो पहलवान झूमते हुए निकले। एक तो बद्री थे, दूसरे छोटे। दोनों की खोपड़ियां घुटी थीं। उन पर पसीने की मदद से मिट्टी का पलस्तर जैसा चढ़ गया था। गरदन पर पीछे की ओर गैंडे जैसी झुर्रियां। दोनों ने लंगोट की पट्टी आगे हाथी की सूंड़ की तरह लटका ली थी। संकरी पट्टी के दोनों ओर से संक्षिप्त अंडकोष ब्रह्मांड में प्रदर्शित हो रहे थे। पर जिस तरह कला के नाम पर हेनरी मिलर और डी.एच. लारेंस की अश्लीलता को माफी मिल जाती है, उसी तरह भारतीय व्यायाम के नाम पर इन दोनों पहलवानों को यह सब दिखाने की छूट मिल गई थी। (पृ. 287)

यहां यथार्थवाद चरित्र चित्रण का नहीं व्यंग्य के शस्त्रागार का एक हथियार है। यह स्वच्छंदतावाद के नीचे से नमदा खींच लेने और हर उस चीज, जिसमें कृत्रिम कलात्मकता की गंध आती है, को उघाड़ देने के श्री शुक्ल के इरादे का अंग है।

> आज के भावुकतापूर्ण कथाकारों ने न जाने किससे सीख कर बार-बार कहा है कि दुख मनुष्य को मांजता है। बात कुल इतनी नहीं है, सच तो यह है कि दुख मनुष्य को पहले फींचता है, फिर फींच कर निचोड़ता है, फिर निचोड़ कर उसके चेहरे को घुग्घू जैसा बना कर उस पर दो चार

काली सफेद लकीरें खींच देता है। फिर उसे सड़क पर लंबे-लंबे डगों से टहलने के लिए छोड़ देता है।

दुख और स्वार्थ की कटु वास्तविकताएं कला की बकवास के पीछे बड़ी आसानी से छिपा दी जाती हैं। शुक्ल मानते हैं कि गोदान का प्रत्येक पाठक जानता है कि किसान और जमीन का रिश्ता कितना पुख्ता है लेकिन रोमांटिक उपन्यास लेखन के वागाडंबर में उस रिश्ते के भीतर का स्वार्थपूर्ण प्रेरक तत्व गुम हो जाता है :

> ये बातें गोदान में इतनी साफ नहीं लिखी गई हैं और बंबइया फिल्मों में, शायद कृश्नचंदर और ख्वाजा अहमद अब्बास के डर के कारण प्रगतिशीलता के जोश में पचास फीसदी अंधे हो जाने के कारण, या सिर्फ जहालत के कारण साफ तौर पर नहीं दिखाई गई है, इसलिए उन्हें जरा सफाई से कहना पड़ा, 'अगर्चे अपने देश में सफाई का काम कलाकारों का नहीं है फिर भी...। (पृ. 248)

इस तरह के प्रसंग साहित्य की कृत्रिमता के प्रति जागरूकता की ओर संकेत करते हैं। शुक्ल साहित्य की इस कृत्रिमता की याद पाठक को निरंतर दिलाते रहते हैं। वर्णन में एक संपादकीय असंलग्नता अंग्रेजी उपन्यास की एक आम बात हो सकती है लेकिन हिंदी में इस विशेषता के लिए मौलिकता का दावा किया जा सकता है। यहां अंतर्कथाओं का उल्लेख पूर्वोल्लिखित भाषारूपों के आत्मसजग सुष्ठु प्रयोग के समानांतर है। चुनाव जीतने की तीन वैकल्पिक तिकड़मों के बारे में कथा के भीतर कथा कहते हुए श्री शुक्ल बीच में हस्तक्षेप करते हैं : 'यह सब सिंहासन बत्तीसी और बैताली पचीसी की कहानियों की तरह हुआ।' (पृ. 253) इस तरह वर्णन यथार्थ और युक्ति के बीच चलता है। चरित्रों और उनके व्यवहारों के वर्णनों की समानता प्रायः कहानी, उपन्यास या सिनेमा के फार्मूलों की गढ़ी गढ़ाई स्थितियों से दिखाई जाती है जैसाकि निम्नलिखित अंश में है जहां वैद्य जी और उनके लगातार विद्रोही होते जाते पुत्र रुप्पन के बीच झगड़े के समापन का वर्णन करने के लिए नकारात्मक उपमाओं का इस्तेमाल हुआ है :

> रुप्पन बाबू झपट कर बाहर चले गए। वैद्य जी चारपाई के पास चुपचाप खड़े रहे। ऐसे मौके पर फिल्मी हीरो के बाप की तरह रंभा कर रोये नहीं। अपने भ्रष्टाचार की शिकायत पर कमीशन बैठाए जाने की सूचना पाकर किसी बड़े नेता की तरह उन्होंने यह वक्तव्य नहीं दिया कि पहले भ्रष्टाचार की एक सर्वमान्य परिभाषा निश्चित होनी चाहिए। अपनी रचनाओं की खराब आलोचना पढ़ कर टेक्स्ट बुक कमिटी की कृपा से लखपति बनने वाले किसी साहित्यकार की तरह वह अवज्ञा की हंसी नहीं हंसे। अपने आचरण के विरुद्ध इतनी बड़ी चुनौती सुन कर उन्होंने ऐसा कोई काम नहीं किया। वे चुपचाप खड़े रहे। उनके पेशे में जो सबसे आसान काम था उन्होंने वह तक नहीं किया; अपने मुंह से उन्होंने 'हे राम' तक नहीं निकाला। (पृ. 313)

व्यंग्य और प्रतीक

ग्राम संस्थाएं, गंजहे, गांव और ग्राम उपन्यास ये सभी किसी न किसी तरह से श्रीलाल जी के व्यंग्य का निशाना हैं। उदाहरण के लिए राजनीति की दुनिया को यहां राजनीति का उच्च पद प्राप्त नहीं है। यहां वह 'लीडरी', 'नेतागिरी', 'गुटबंदी' है क्योंकि यहां जो लोग यह खेल खेलते हैं वे गुटों और समूहों के नेता और सदस्य हैं, गांव के घाघ लड़के, पहलवान गुंडे और उनके चाटुकार हैं न कि विचारधाराओं के उन्नायक। यहां तक कि (या विशेषकर) कालेज के प्रिंसिपल जैसे अधिकारियों के पद भी स्वार्थ के मुनाफे की चक्की हैं। पृष्ठ 32 पर एक परिचित उपदेश देता है : 'ठाठ से प्रिंसिपली कीजिए', लेकिन बाहर से इस दुनिया को देखने वाले रंगनाथ का चरित्र, जो ग्राम जीवन की घटनाओं को देख कर प्रायः स्तंभित और हताश हो जाता है, शिवपालगंज

की अतिविरूपता का सक्षम विकल्प नहीं बन पाता। उपन्यास की एकदम शुरुआत से ही जब उसे शिवपालगंज लाने वाला ट्रक ड्राइवर उसकी जेब हलकी करवा लेता है। यह बाद में आने वाले व्यापक पैमाने के भ्रष्टाचार की शुरुआत थी। रंगनाथ एक भोंदू, भोले और अप्रभावी व्यक्ति के रूप में चित्रित है। उसकी शहरी और अकादमिक पृष्ठभूमि और उसकी तथाकथित 'बौद्धिकता' का मखौल उड़ाया जाता है क्योंकि इसे जीवन के किसी उपयोगी काम के अनुपयुक्त माना जाता है। किसी भी सामान्य मूर्ख की तरह उसने एम.ए. करने के बाद तत्काल नौकरी न मिलने के कारण रिसर्च शुरू कर दी थी। (पृ. 59) और उसकी शिक्षा और अनुमानित नैतिक श्रेष्ठता वास्तव में कभी किसी प्रभावी कार्रवाई में रूपांतरित होने में कतई समर्थ नहीं है। कालेज में वह खुद को बड़े ढुलमुल ढंग से खन्ना मास्टर के गुट के साथ जोड़ लेता है और अपने ममेरे भाई रुप्पन के साथ एक तरह की मैत्री कायम कर लेता है। लेकिन यह सब कुछ अमूर्त ढंग से किया गया है। वह वास्तविक मुठभेड़ों से बचता है और खुद को वास्तविक स्थितियों से अलग रखता है और अंततः वह अंतरात्मा की एक आवाज के प्रबोधन का अनुसरण करता है जो उसे बताती है :

> ...अलग से एक हवाई दुनिया बना लो। उस दुनिया में रहो जिसमें बहुत से बुद्धिजीवी आंख मूंद कर पड़े हैं होटलों और क्लबों में। शराबखानों और कहवाघरों में, चंडीगढ़, भोपाल, बंगलौर के नवनिर्मित भवनों में, पहाड़ी आरामगाहों में, जहां कभी न खत्म होने वाले सेमिनार चल रहे हैं, विदेशी मदद से बने हुए नए-नए शोध संस्थानों में, जिनमें भारतीय प्रतिभा का निर्माण हो रहा है। चुरुट के धुंए, चमकीली जैकेटवाली किताब और गलत किंतु अनिवार्य अंग्रेजी की धुंध वाले विश्वविद्यालयों में। वहीं कहीं जाकर जम जाओ, फिर वहीं जमे रहो। (पृ. 404)

रंगनाथ की कमजोरी को कुछ गंजहे तो पहचानते ही हैं। रंगथान गांव वालों से अपने को श्रेष्ठ मानता है, इससे रुप्पन आहत होता है और उस पर बाकी सबको 'काला आदमी जमीन पर हगनेवाला' समझने वाले इंग्लैंड पलट की तरह फैसला करने का आरोप लगाता है। (पृ. 344) उसके शहरी शिष्टाचार के मुलम्मे का बद्री पर कोई असर नहीं है और कालेज में खन्ना गुट के खिलाफ मुख्य ताकत के इस्तेमाल की वकालत करते हुए वह वैद्य जी को आश्वस्त करता है :

> रंगनाथ चाहे जितना गिचिर पिचिर करे, उसकी फिक्र क्या? शहर का आदमी है। सुअर का सा लेंड़ न लीपने के काम आए, न जलाने के। (पृ. 347)।

उपन्यास के अंतिम पृष्ठ पर जब प्रिंसिपल खन्ना मास्टर से जबरदस्ती इस्तीफा ले लेने के बाद खाली हुई प्राध्यापकी के लिए रंगनाथ से प्रस्ताव करते हैं और रंगनाथ उन्हें झाड़ देता है, प्रिंसिपल साहब कहते हैं (और कोई अकारण नहीं) :

> बाबू रंगनाथ, तुम्हारे विचार बहुत ऊंचे हैं, पर कुल मिला कर उससे यही साबित होता है कि तुम गधे हो।

विवरणात्मक तकनीकी की दृष्टि से निश्चय ही रंगनाथ का व्यापकतर यथार्थ के साथ एक जरूरी जुड़ाव है : 'जैसे भारतीयों की बुद्धि अंग्रेजी की खिड़की से झांक कर संसार का हालचाल लेती है, वैसे ही सनीचर की बुद्धि रंगनाथ की खिड़की से झांकती हुई दिल्ली के हालचाल लेने लगी।' (पृ. 83)। लेकिन इस जुड़ाव से शिवपालगंज की संकीर्णता ही रेखांकित होती है। इसके कोई सकारात्मक ध्वन्यर्थ नहीं हैं। रंगनाथ का भावी बौद्धिकतावाद सुना-सुनाया और प्रभावहीन है, यहां तक कि उसके अपने शोध विषय इंडोलाजी के स्रोत संदर्भ ग्रंथ उसे एक ऐसी दुनिया का

गुलाम बनाते हैं जो उसकी अपनी वास्तविकताओं से हास्यजनक ढंग से बहुत दूर है :

> हिंदुस्तानियों ने अपनी पुरानी जिंदगी के बारे में अंग्रेजों की मदद से एक विषय ईजाद की है जिसका नाम इंडोलाजी है। रंगनाथ के शोध का संबंध इसी से था। इंडोलाजी के शोधकर्ताओं को पहले इस विषय के शोधकर्ताओं का शोध करना पड़ता है और रंगनाथ वही कर रहा था।... विण्टरनीत्ज बिलकुल नाक के नीचे थे। क़ीथ पीछे की ओर पायजामे से सटे थे। स्मिथ पैताने की ओर ढकेल दिए गए थे और वहीं उल्टी पल्टी हालत में राइस डेविड की झलक दिखाई दे रही थी। परसी ब्राउन को तकिये ने ढंक लिया था। ऐसी भीड़ में काशी प्रसाद जायसवाल बिस्तर की एक सिकुडन के बीच औंधे मुंह पड़े थे। भंडारकर चादर के नीचे कुछ सहमे हुए झांक रहे थे। (पृ. 107)

जब रंगनाथ गांव के रीति-रिवाजों पर फैसले सुनाता है, उसे लगातार चुनौतियां मिलती हैं और वह तुरंत अपनी बात से पलट जाता है। उदाहरण के लिए एक स्थानीय मेले में जब वह पुरातत्व की अपनी विशेषज्ञता के आधार पर देवी मंदिर की मूर्ति को एक सैनिक की धर्मनिरपेक्ष प्रतिमा बताता है।

> पुजारी पूजा कराने और पैसे बटोरने के कारोबार को रोक कर पूरी तबियत से रंगनाथ को गालियां देने लगा। उसका मुंह छोटा था, पर बड़ी-बड़ी गालियां एक दूसरे को लांघती हुई बहुत टूटी-फूटी हालत में बाहर आ कर गिरने लगीं। थोड़ी देर में मंदिर के अंदर गालियां ही गालियां हो गईं, क्योंकि भक्तों ने भी पुजारी की ओर से गालियों का उत्पादन शुरू कर दिया था।
>
> ...कुछ दूर चलने पर रंगनाथ ने कहा, 'गलती मेरी ही थी। मुझे कुछ कहना नहीं चाहिए था। (पृ. 145)

व्यंग्य सब पर एक ही कूची से कालिख पोतता है। इसका उद्देश्य विवेक और मूढ़ता में भेदभाव करना नहीं बल्कि शायद यह दिखाना है कि मूढ़ता सार्वभौमिक है और जैसा कि पुरानी और विश्वव्यापी परंपरा से पता चलता है, जीवन की साधारणता को दिखाने का निश्चितम तरीका है अश्लीलता और गंदगी के प्रसंग। उपन्यास में मलमूत्र विसर्जन के वर्णन शिवपालगंज की किसी सड़क के किनारे कूड़ा करकट की तरह छितरे हुए हैं। हगना मूतना केवल शारीरिक क्रियाएं न रहकर पारंपरिक ग्राम जीवन में मनोरंजनात्मक गतिविधियों के सीमित विस्तार में समाहित हो जाती हैं। तुलना समकालीन बनारसी जीवन शैली में निपटने नहाने की भूमिका का नीता कुमार का विश्लेषण।[23] ली सीगल के अनुसार भारत में मल विसर्जन संबंधी हास्य उस समय विशेष लोकप्रिय होता है जब वह किसी ब्राह्मण के संदर्भ में होता है (निश्चय ही ताताचारी जैसे नामों के साथ)।[24] शुक्ल भी सभी मानव क्रियाओं में सर्वाधिक शब्दशः बुनियादी इस क्रिया के हास्यपूर्ण और व्यंग्यात्मक पहलुओं के बीच सानंद विचरण करते हैं। इसके विस्तृत वर्णन के लिए वह भारतीय परिवेश को खास तौर पर अनुकूल मानते हैं :

> सच्चे हिंदुस्तानी की यही परिभाषा है कि वह इन्सान जो कहीं भी पान खाने का इंतजाम कर ले और कहीं भी पेशाब करने की जगह ढूंढ़ ले। (पृ. 302)

कोई रामदरश मिश्र[25] जैसे आलोचकों से सहमत हो या न हो जिनके अनुसार शुक्ल इन चीजों की अति कर देते हैं, यह निजी रुचि का मामला है लेकिन लेखक का मल विसर्जन और उसके सभी कामों के प्रति लगभग मोहातिरेक (जिसे 'पादने के लिए ही पादना' कहा जा सकता था अगर वाल्टर रेडफर्न[26] ने यह बात पहले ही न कह दी होती) उपन्यास के व्यंग्य का एक असाधारण और एक ऐसा पहलू है जो उसे प्रेमचंद की पीढ़ी के उपन्यासों के प्रकटतः मलविहीन ग्रामीणों से यथासंभव दूर कर देता है।

जहां निश्चित और स्पष्टतः परिभाषित राजनीतिक निहितार्थ लाया जाता है वहां व्यंग्य बोझिल हो सकता है। रूपक बदलने के लिए शुक्ल के व्यंग्य समाज की संरचना के भीतर एक साथ चीरा लगाने के उपकरण के रूप में बहुत ज्यादा भोथरे प्रतीत होते हैं। शुक्ल प्रायः अपने कथावाचन के वर्णनात्मक और व्यंग्यात्मक तत्वों के बीच एक कुशल संतुलन बनाए रखते हैं लेकिन कुछ असंयमित अंश ऐसे हैं जहां उनकी टिप्पणियों की निर्मम वक्र शैली निस्तेज होने लगती है जैसाकि नीचे दिए गए विस्तृत उदाहरण में है :

> चमरही गांव के एक मुहल्ले का नाम था जिसमें चमार रहते थे। चमार एक जाति का नाम है जिसे अछूत माना जाता है। अछूत एक प्रकार के दोपाये का नाम है जिसे लोग संविधान लागू होने से पहले छूते नहीं थे। संविधान एक कविता का नाम है जिसके अनुच्छेद 17 में छुआछूत खत्म कर दी गई है क्योंकि देश में लोग कविता के सहारे नहीं बल्कि धर्म के सहारे रहते हैं और क्योंकि छुआछूत इस देश का एक धर्म है इसलिए शिवपालगंज में भी दूसरे गांवों की तरह अछूतों के अलग-अलग मुहल्ले थे और उनमें सबसे ज्यादा प्रमुख मुहल्ला चमरही था जिसे जमींदारों ने किसी जमाने मे बड़ी ललक से बसाया था और उस ललक का कारण जमींदारों के मन में चर्म उद्योग का विकास करना नहीं था बल्कि यह था कि वहां बसने के लिए आने वाले चमार लाठी अच्छी चलाते थे।
>
> संविधान लागू होने के बाद चमरही और शिवपालगंज के बाकी हिस्से के बीच एक अच्छा काम हुआ था। वहां एक चबूतरा बनवा दिया गया था जिसे गांधी चबूतरा कहते थे। गांधी, जैसा कि कुछ लोगों को आज भी याद होगा, भारतवर्ष में ही पैदा हुए थे और उनके अस्थिकलश के साथ ही उनके सिद्धांतों को संगम में बहा देने के बाद यह तय किया गया था कि गांधी की याद में अब सिर्फ पक्की इमारतें बनाई जाएंगी और उसी हल्ले में शिवपालगंज में यह चबूतरा बन गया था। चबूतरा जाड़ों में धूप खाने के लिए बड़ा उपयोगी था और ज्यादातर उस पर कुत्ते धूप खाया करते थे और चूंकि उनके लिए कोई बाथरूम नहीं बनवाया जाता है इसलिए वे धूप खाते-खाते उसके कोने पर पेशाब भी कर देते थे और उनकी देखा-देखी कभी-कभी आदमी भी चबूतरे की आड़ में वही काम करने लगते थे। (पृ. 123-124)

ऐसी शैली की सफाई देने के लिए यह सुझाना तो संभवतः दूर की कौड़ी लाना होगा कि एक ही 'रस' पर केंद्रित रहने का औचित्य पारंपरिक सौंदर्यशास्त्र के सिद्धांत में बताया गया है। लगभग अखंडित व्यंग्य, और संदर्भ की शाब्दिकता इस प्रकट सत्य के विपरीत है कि 'समस्त हास्य और काफी बुद्धि से दो धरातलों पर एक साथ सोचने की काबिलियत प्रदान करती है'।[27] वर्णन में लापरवाही के साथ गूंथे गए शुक्ल के गूढ़ व्यंग्य, इस तरह की गढ़ी गई स्थितियों के विपरीत हैं। राजनीतिक परिदृश्य का हिस्सा बने शब्दाडंबरपूर्ण दिखावे के खालीपन की ओर किए गए संकेत खास तौर पर प्रभावशाली हैं। उदाहरण के लिए रंगनाथ विनोबा भावे के भूदान आंदोलन के प्रति नाम मात्र की श्रद्धा के चलते भूदानी कुरता पहनता है, सालिडैरिटी आंदोलन के बिल्ले का सांस्कृतिक पर्याय। ये बिल्ले 1980 के दशक में इंग्लैंड के समाजवादी के लिए जरूरी फैशन थे; बाद में भूदानी नमस्कार में यह संकेत फिर लौटा है लेकिन इस बार बिलकुल विपरीत प्रभाव के साथ। उपन्यास में सर्वत्र चरित्र चीजों के नाम को बहुत महत्व देते हैं। इस व्यर्थ आशा में एक तरह की पुनर्व्याख्यायित नाम सेवा में इन नामों के उच्चारण से सपने साकार किए जा सकते हैं। शिवपालगंज के एक जाने माने ठाकुर दूरबीन सिंह का यह नाम उनके माता पिता ने इस उम्मीद में रखा था कि 'उनका बेटा हर काम वैज्ञानिक ढंग से करेगा।' (पृ. 63)। सरकारी पदनाम जैसे एम.एल.ए. (स्थानीय उच्चारण में ए मे ले) लगभग रक्षा कवच जैसा महत्वपूर्ण है। नाम मात्र के लिए विचारों का अनुसरण वैद्य जी सरीखे लोगों की खासियत है जो वैश्य

कन्या बेला से अपने पुत्र बद्री के विवाह के लाभ को देखते हुए कुछ देर के लिए अंतर्जातीय विवाहों के सामाजिक फायदों के कायल हो गए थे।

समीक्षक और समीक्षाएं

इस पुस्तक के अनेक मुख्य विषयों में निस्संदेह एक है वास्तविक परिवर्तन की असंभाव्यता तथा परिवर्तनकामी संस्थाओं की व्यर्थता, निस्सारता। प्रकट सामाजिक विकास अथवा आर्थिक विकास हमेशा किसी न किसी बुराई के स्थानापन्न में वैसे ही बदल जाता है जैसे गांव के लड़के कौड़ियों के बजाय ताश के पत्तों से जुआ खेलना सीख लेते हैं और क्षेत्र में सबसे ज्यादा फैली बीमारी के रूप में दस्त की जगह बवासीर ले लेती है। इस तरह के विषयों की प्रधानता के कारण *राग दरबारी* के आलोचक मानते हैं कि उपन्यास का सरोकार प्राथमिक रूप से गिरते हुए मानक, और मासूमियत का गायब होना है। निम्नलिखित फैसला आलोचकों के दृष्टिकोण का प्रतिनिधि प्रतीत होता है (हालांकि यहां एक काम चलाऊ सर्वेक्षण हो पाया है) 'लेखक ने बड़े बेबाक ढंग से वर्णन किया है कि किस तरह आधुनिक भ्रष्ट राजनीति ने गांवों के सरल जीवन को नष्ट किया है और ग्रामीणों के बीच विचित्र किस्म के विश्वासों और मान्यताओं को जन्म दिया है।'[28] 'शुक्ल समाज में पूंजीवादी और सामंती ढांचे के प्रति अपना विद्रोह अभिव्यक्त करते हैं... (और) पारंपरिक और उन प्रगतिशील मूल्यों के प्रति अपना रुझान प्रदर्शित करते हैं जो समाज का विवेक संगत रूपांतरण कर सकते हैं।'[29] 'शुक्ल ने पुरानी व्यवस्था चरमरा जाने के बाद के एक भारतीय ग्राम का ...मूल्यों और परंपरा पर छलबल की निर्मम विजय का प्रभावपूर्ण चित्रण किया है।'[30] एक अभिशाप, जो शहरों में पहले ही फैल चुका है, अब गांवों को अपनी चपेट में ले रहा है, 'यह अभिशाप है चरित्र का संकट... लेकिन हास्यपूर्ण व्यंग्य के आधिक्य से लेखक का यह मूल दृष्टिकोण धुंधला हो गया है।'[31] 'कोई कम से कम यह आशा तो कर ही सकता है कि उपन्यास पढ़ने के बाद कुछ रंगनाथ, कुछ गयादीन और कुछ लंगड़ रोशनी की दिशा में चल पड़ने की प्रेरणा पाएंगे।'[32] इस तरह के रवैए उपन्यास पर इस बात का बहुत अनुचित दबाव डालते हैं कि वह सामाजिक सुधार के प्रचार साहित्य अथवा कम से कम कुछ निश्चित सैद्धांतिक उद्देश्यों के वाहक के रूप में रहे। लगता है आलोचकों ने यह पुस्तक स्वयं आविष्कृत अथवा आजादी के पहले के उन आदर्शवादी दिनों के सीमित एजेण्डा के साथ पढ़ी है जो प्रगतिशील लेखक संघ द्वारा साहित्य की सामाजिक उपयोगिता के बारे में प्रस्ताव पारित किए जाने के साक्षी हैं।

विविधता की जो संभावनाएं पश्चिमी उपन्यासकारों को स्वभावतः प्राप्त हैं, पारंपरिक प्रतिमानों से तनिक भी दूर हटने वाला हिंदी उपन्यासकार उनसे वंचित कर दिया जाता है। उपन्यास लेखन के बारे में अपने रवैए को शुक्ल खुद स्पष्ट करते हैं कि, '*राग दरबारी* लिखते समय मेरे पास दो विकल्प थे : या तो मैं इसे एक क्रुद्ध नौजवान की दृष्टि से लिख सकता था जो कि मैं नहीं था अथवा मैं इसे एक ऐसे साक्षर, गंवार के नजरिए से लिख सकता था जो सनीचर, रुप्पन बाबू, प्रिंसिपल साहब आदि के तौर तरीकों का आदी था, जो मैं था।'[33]

राग दरबारी के मध्य तक पहुंचकर शुक्ल गांव के एक नाई द्वारा सनीचर के बाल कटवाने के प्रसंग का वर्णन करते हैं :

> दुकान कहीं नहीं थी और सब जगह थी। गर्द भरी सड़क के किनारे नीम का एक पेड़ था। उसी के नीचे नाई बोरी बिछा कर बैठा था। उसके आगे एक ईंट गड़ी हुई थी। ईंट के ऊपर सनीचर न बैठा था, न खड़ा था, सिर्फ था। (पृ. 223)

कोई आलोचक[34] *राग दरबारी* को सहज ढंग से सर्वप्रथम और सर्वोपरि एक व्यंग्य रचना मानने को तैयार नहीं दिखता। वे यह मानने में हिचकिचाते हैं कि इसका रुझान विशेष रूप से इस ओर या उस ओर नहीं है, बल्कि वह बस है। यह सुझाव देना स्पष्टतः अवास्तविक होगा कि यह व्यंग्य राजनीतिक और सामाजिक व्याख्या से दूर है लेकिन इसकी अपनी सोद्देश्यता तो है ही और शुक्ल के व्यंग्य को किसी विशेष प्रयोजन का साधक मान कर उसे एकांगी रूप से पढ़ना उसके आनंद और सार को काफी कुछ नष्ट कर देगा। वस्तुतः यह मुद्दा विवादास्पद प्रतीत होता है कि क्या व्यंग्य किसी चीज के बारे में होना भी चाहिए।

यह उपन्यास गांव के जीवन की प्रत्यक्षतः सटीक व्याख्या के साथ-साथ सामान्यतः मानव जीवन का भी समान रूप से सटीक प्रतिबिंब है। हमारी राजनीति चाहे जो हो, हम सब गंदगी फैलाते रहते हैं (मलोत्सर्गी हैं)। अपने एजेंडा में राजनीतिक सरोकारों को इतने ऊपर रखने वाले आलोचक शुक्ल की यह प्रशंसा करने में असफल रहते हैं कि वे अपनी रचना की मौलिकता के लिए जिसके वह अधिकारी हैं।[35] 1947 के बाद आए मोहभंग और असहायता के मनोभाव हिंदी लेखकों ने प्रायः संवाद टूटने के संदर्भ में व्यक्त किए हैं। हर्ष का विषय है ऐसा लेखक पाना जो हवा के खिलाफ रास्ता पकड़ रहा है और उन्हीं ऊर्जाओं का इस्तेमाल एकदम अलग दिशा में जाने के लिए कर रहा है। यह ऐसा ही है जैसे किसी मध्यकालीन कवि ने पारंपरिक सौंदर्यशास्त्र की मिथ्या शपथ लेकर एक नए स्थाई भाव के रूप में भड़ैती को अंगीकार किया।

राग दरबारी रंगनाथ के शिवपालगंज आगमन के साथ शुरू होता है। रंगनाथ जिसे गांव की शांति की तलाश थी किंतु उसे बदलचनी और वाक्छल के सांप की बांबी मिली थी। उपन्यास अस्तित्व के रोजमर्रा के संघर्ष में मानव व्यवहार की अपरिवर्तनीयता का चित्रण करता है। चीजें जितना बदलती हैं उतनी ही वे यथावत रहती हैं। जीवन की जटिलताएं और अस्पष्टताएं किसी सरलीकृत वर्गीकरण द्वारा रोकी नहीं जा सकतीं, पाठक को अंत में जैसे यही याद दिलाने को कृतसंकल्प श्रीलाल शुक्ल उपन्यास का अंत सांस्कृतिक बहुलता के एक ऐसे बिंब के साथ करते हैं जिसमें किसी भी सवाल या समस्या का हल नहीं है।

> इसके बाद वार्ता में गतिरोध पैदा हो गया। मदारी, जहन्नुम में जाने के बजाय वहीं पर जोर-जोर से गाने लगा था और उसकी डुगडुगी अब एक नई ताल पर बज रही थी। कुछ दूर पर कुछ कुत्ते दुम हिलाते, कमर लपलपाते भूंक रहे थे। लड़के घेरा बांध कर खड़े हो गए थे। दोनों बंदर मदारी के सामने बड़ी गंभीरता से मुंह फुला कर बैठे हुए थे और लगता था कि ये जब उठेंगे तो भरतनाट्यम से नीचे नहीं नाचेंगे।

1990, जरनल ऑफ कॉमनवेल्थ लिटरेचर, XXV, 1

अनुवाद : वंदना मिश्र

संदर्भ

1. यह परचा सबसे पहले 'जनरल आफ कामनवेल्थ लिटरेचर XXV, 1 (1990) में प्रकाशित हुआ था, पृ. 156-157। यहां उसका संशोधित आलेख प्रकाशित करने की अनुमति देने के लिए लेखक ज का लि का आभारी है। प्रारंभिक प्रकाशन के बाद *राग दरबारी* का गिलियन राइट कृत अनुवाद भी प्रकाशित हो चुका है : श्रीलाल शुक्ल; *राग दरबारी* (नई दिल्ली 1992)। जैसा कि इस अनुवाद की साउथ एशिया रिसर्च 13. 1 (मई, 1993) में पृ. 72-74 पर प्रकाशित समीक्षा में संकेत किया गया है, उपन्यास के अनेक अंश (जिनमें से कुछ की इस लेख में चर्चा की गई है) राइट ने खामोशी से दबा दिए हैं। (शुक्ल के 1987 के उपन्यास

पहला पड़ाव का अनुवाद भी अब उपलब्ध है : श्रीलाल शुक्ल; *ओपेनिंग मूव्स अनु. डेविड रूबिन)* नई दिल्ली, 1993.

2. 'गर्दिश के दिन', *सारिका*, अगस्त 1975, सरजू प्रसाद मिश्र : हिंदी के सात उपन्यास (कोल्हापुर 1977) में उद्धृत, पृ. 107.
3. वही.
4. श्रीलाल शुक्ल, *राग दरबारी*, द्वितीय संस्करण (नई दिल्ली, 1985) पृ. 7. *राग दरबारी* के सभी उद्धरण इसी संस्करण से लिए गए हैं.
5. उपन्यास में आए एक और चिकित्सक 'बाबा जी' में भी यही चिंता प्रतिबिंबत होती है : यह बाबा जी स्वप्नदोष, समयपूर्व स्खलन और नपुंसकता जैसी शिकायतों का इलाज करते हैं.
6. उपन्यास का शीर्षक बहुत सटीक है। राग गाना, राग अलापना जैसी अभिव्यक्तियों में राग के मुहावरेदार प्रयोग द्वारा इसका व्यंग्य और गाढ़ा हो गया है क्योंकि वैद्यजी पर यह सब पूरा-पूरा लागू होता है।
7. शारीरिक कमी के आधार पर अपमानजनक ढंग से व्यक्ति के नामकरण की बात पर चर्चा वाले अंश में इस तरह के और उदाहरण दिए गए हैं : नेत्रहीन के लिए 'सूरे', कुश्ती लड़ने में जिसके कान टूट गए हों उसके लिए टुट्टे, काने के लिए शुक्राचार्य, वृद्ध के लिए बहरे बाबा, जिसके मुंह पर चेचक के दाग हों उसे छत्ता प्रसाद तथा छह उंगलियों वाले के लिए छांगुर राम. (पृ. 316)
8. प्रायः अंग्रेजी मिश्रित जैसे 'जौन हुकुम है, तौन कैरी आउट करौ समझ्यो कि नाहीं? (पृ. 29)
9. लगता है यहां लेखक या मुद्रक को भ्रम हुआ है : वहीदा रहमान 'अभिमान' (महेश कौल की 1957 में आई हिंदी फिल्म) में नहीं, अभियान (सत्यजित राय की 1962 में आई फिल्म) में थी.
10. 'खुदा की कसम लाजवाब हो' यह पंक्ति गुरुदत्त की 1960 में आई फिल्म 'चौदहवीं का चांद' के लोकप्रिय गीत की है।
11. पीटर गेफ्के, हिंदी लिटरेचर इन द ट्वेंटिएथ सेंचुरी (वीसबेडेन, 1978), पृ. 70.
12. आंचलिक कथा की विशेषताओं पर इंदुप्रकाश पांडे, रीजनलिज्म इन हिंदी नावेल्स (वीसबेडेन, 1974) में चर्चा की गई है। आंचलिक नाम के प्रयोग के प्रति रेणु के एतराज के लिए देखें उनका साक्षात्कार (लोठार लुत्से, हिंदी राइटिंग इन पोस्ट कालोनियल इंडिया : ए स्टडी इन दि एस्थेटिक्स आफ लिटरेरी प्रोडक्शन, नई दिल्ली, 1985), पृ. 127.
13. सरजू प्रसाद मिश्र, पूर्वोद्धृत, पृ. 116.
14. विवेकी राय, स्वातंत्र्योत्तर हिंदी कथा साहित्य और ग्राम जीवन (इलाहाबाद, 1974), पृ. 150.
15. यह प्रेमचंद की स्थिति का सरलीकरण है क्योंकि भातरीय गांवों का उनका चित्रण रूमानीकृत ग्रामीण रमणीकता और गरीबी की दुखद सच्चाई दोनों के बीच है। देखें मीनाक्षी मुखर्जी, 'रियलिज्म एंड रियलिटी : द नावेल एंड सोसायटी इन इंडिया' (दिल्ली, 1985), पृ. 154-55.
16. प्रेमचंद, गोदान (दसवां संस्करण, बनारस, 1949), पृ. 6.
17. फणीश्वरनाथ रेणु, मैला आंचल (मैला आंचल, 1982), पृ. 13
18. 'कम' का यह श्लेष अंग्रेजी हिंदी तक ही नहीं बल्कि लैटिन/फारसी तक गया है।
19. शुक्ल की अपनी भाषा में भी ऐसे उधार लिए हुए शब्द और मुहावरे पर्याप्त हैं जिनमें से कुछ तो निस्संदेह आत्मोपहासपूर्ण हैं : क्लास लेना (पृ. 27), प्रेम में गिरना (पृ. 259) इतिहास अपने आपको दोहराएगा-- 'हिस्ट्री विल रिपीट इटसेल्फ' (पृ. 139), नए खून को प्रोत्साहित करना (पृ. 37) कौवे उड़ाने वाली लकीर को पकड़ना, 'टु गो ऐज द क्रो फ्लाइज' (पृ. 336), चिथड़ा 'रग', 'सस्ता अखबार' (पृ. 336); इस पर और चर्चा के लिए देखें, डेविड आर्नल्ड और पीटर राब (सं.), इंस्टीट्यूशंस ऐंड आइडियोलाजीस : ए.एस.ओ. ए.एस. साउथ एशिया रीडर (लंदन 1993), आर. स्नेल, 'द हिडेन हैण्ड : इंग्लिश लेक्सिस, सिन्टैक्स ऐण्ड इडियम ऐज डिटर्मिनेण्ट्स आफ माडर्न हिंदी यूसेज', पृ. 53-68.
20. यहां पर प्रेमचंद के संस्कृत बघारने वाले आत्ममुग्ध पंडित मोतीराम की प्रतिध्वनि है.
21. विनय पत्रिका पृ. (45).

22. अगर आप वाकई इसके बारे में सुनना चाहते हैं तो सबसे पहले आप शायद यह जानना चाहेंगे कि मैं कहां पैदा हुआ और मेरा बचपन किस तरह का था, मेरे जन्म से पहले मेरे माता-पिता का शगल क्या था और वह सभी डेविड कापरफील्ड मार्का बकवास है परंतु मैं इस सबमें पड़ना नहीं चाहता। 'द कैचर इन द राइ' (हार्मड्सवर्थ, 1958) पृ. 5.
23. नीता कुमार, दि आर्टिजन्स आफ बनारस : पापुलर आइडेंटिटी ऐंड कल्चर 1880-1886 (प्रिंसटन, 1988).
24. ली सीगेल, लाफिंग मैटर्स : कामिक ट्रेडीशन इन इंडिया (शिकागो, 1987) अध्याय , 7.
25. रामदरश मिश्र, माडर्न हिंदी फिक्शन (दिल्ली, 1983), पृ. 251.
26. वाल्टर रेडफर्न, पन्स (आक्सफोर्ड, 1984), पृ. 173.
27. वाल्टर रेडफर्न, पूर्वोक्त, पृ. 22.
28. रामदरश मिश्र, पूर्वोद्धृत, पृ. 251.
29. सुलोचना रांगेय राघव, सोशियालाजी आफ इंडियन लिटरेचरःए सोशियोलाजिकल स्टडी आफ हिंदी नावेल्स (जयपुर, 1987) पृ. 34.
30. पीटर गेफ्के, पूर्वोद्धृत.
31. लक्ष्मीसागर वार्ष्णेय, द्वितीय महायुद्धोत्तर.
32. सरजू प्रसाद मिश्र, पूर्वोद्धृत, पृ. 121.
33. वही, पृ. 119.
34. सुंदरलाल कथूरिया, आधुनिक साहित्य-विविध परिदृश्य (दिल्ली, 1973) में ईश्वरदयाल गुप्त, व्यंग्य राग का विलंवित आलाप, पृ. 196-201 तथा सरजू प्रसाद मिश्र, पूवोद्धृत.
35. भारतीय साहित्य को समझने में 'मौलिकता' के मानदंड को प्रायः अनुपयुक्त समझकर खारिज कर दिया जाता है फिर भी स्थायी महत्व की अधिकतर कृतियों मे जैसे-तैसे मिल ही जाती है। अपनी संस्कृति के बजाय किसी दूसरी संस्कृति की कला में परंपरा का तत्व (जिसे मौलिकता का अभाव पढ़ें) सदैव अधिक स्पष्ट प्रतीत होता है.

छुद्रताओं के महावृत्तांत से महानताओं की छुद्रता तक

वीरेंद्र यादव

स्वातंत्र्योत्तर हिंदी उपन्यास में श्रीलाल शुक्ल संभवतः उन चंद इनेगिने उपन्यासकारों में से एक हैं, जिन्होंने 'साहित्यिक' और 'लोकप्रिय' के अंतर को मिटाते हुए औपन्यासिक आस्वाद की मौलिक शैली विकसित की है। लेकिन यह करते हुए वे अकेले ऐसे उपन्यासकार हैं, जिन्होंने आलोचकों के समक्ष एक संकट और असमंजस की स्थिति भी पैदा की। शायद *राग दरबारी* द्वारा हिंदी उपन्यास में यह पहली बार हुआ है कि आलोचकीय हिचक व संशय के बावजूद महज पाठकों की प्रशंसा के बल पर किसी औपन्यासिक कृति ने अपनी स्वीकृति कुछ इस रह कराई है कि आज गंभीर साहित्यिकों से लेकर समाजशास्त्रियों के बड़े समुदाय तक, यह अधिकांश की प्रथम कोटि की औपन्यासिक पसंद है। यद्यपि इस पसंद के अपने अलग-अलग कारण हैं, क्योंकि निर्मल वर्मा की 'कलात्मक' और डा. श्यामाचरण दुबे की 'समाशास्त्रीय' पसंद के छोर भिन्न हैं। यदि उपन्यास की पसंद के इस ग्राफ में मार्क टुली जैसे प्रबुद्ध पाठकों को भी शामिल कर लिया जाय, जो इसे 'इंटरटेनिंग हिंदी नावेल' करार देते हैं तो यह दायरा आम पाठकीय पसंद को भी छूने लगता है।

यहां यह तथ्य दिलचस्प है कि तीन दशक पूर्व *राग दरबारी* के प्रकाशन (1968) के तत्काल बाद श्रीपत राय ने अपने आलोचनात्मक लेख (कथा, सितंबर 69) में इसे 'बहुत बड़ी ऊब का महाग्रंथ' व 'अतिशय उबानेवाली कुरुचिपूर्ण और कुरचित कृति' करार देते हुए यह भविष्यवाणी की थी कि 'यह अपठित रह जाएगी'। नेमिचंद्र जैन ने इसे 'असंतुष्ट, क्षुब्ध व्यक्ति की बेशुमार शिकायतों और खीझ भरे आक्षेपों का अंतहीन सिलसिला' करार दिया था। आज तीन दशकों के अंतराल के बाद इन आलोचकीय मंतव्यों को झुठलाते हुए जब इस उपन्यास ने एक साथ पाठकीय प्रशंसा, पठनीयता एवं साहित्यिक स्वीकृति के विरल कीर्तिमान स्थापित किए हैं तो श्रीलाल शुक्ल की कथा-दृष्टि की विवेचना निश्चित रूप से एक जटिल व दुविधाजन्य कार्य है और इसीलिए चुनौतीपूर्ण भी। निर्विवाद पठनीयता व साहित्यिक मूल्यवत्ता के बावजूद *राग दरबारी* को लेकर आलोचकीय दुविधा आज भी दरपेश है, जिससे टकराए बिना *राग दरबारी* और श्रीलाल शुक्ल के 'फेनोमेना' को समझा नहीं जा सकता।

राग दरबारी मूलतः नकारवादी मुहावरे की रचना है, लेकिन उसका नकारवाद व्यक्तिगत कुंठा व निराशा का परिणाम न होकर उन सामाजिक विद्रूपताओं व कुरूपताओं का परिणाम है, जिनकी भारतीय समाज में गहरी जड़ें हैं। इनका उद्घाटन करने के लिए श्रीलाल शुक्ल छुद्र व साधारण की सामाजिक पड़ताल करते हैं। छुद्रताओं का महावृत्तांत रचते हुए ही वे तंत्र की विकृतियों की पहचान करते हैं। जिस राजनीतिक समय में *राग दरबारी* की रचना हुई थी, वह संपूर्ण नकार का दौर था। राजनीति के स्तर पर जहां डा. राममनोहर लोहिया इस नकारवाद

के मुखर प्रवक्ता थे, वहीं साहित्य के स्तर पर राजकमल चौधरी व धूमिल सहित युवा रचनाकारों की बड़ी जमात इसे अपनी रचनाओं में अभिव्यक्त कर रही थी।

नेहरू युग से राजनीतिक मोहभंग, व्यक्तिगत कुंठा, संत्रास और हताशा के इसी दौर में अकहानी, श्मशानी व भूखी पीढ़ी जैसी साहित्यिक हलचलों का उदय हुआ। अमरीकी बीटनिक पीढ़ी के साहित्यिक पुरोधा व परंपराद्रोही कवि ऐलन गिन्सबर्ग की युवा हिंदी साहित्यिकों के बीच नायक-पूजा का दौर भी यही था। उत्तरनेहरूवाद के इस आरंभिक दौर में जनतंत्र कटघरे में था, कांग्रेस का एकाधिकार समाप्त हो रहा था, केंद्रीयताएं टूट रही थीं, नैतिकता, सदाचार, सच्चाई, कर्त्तव्यनिष्ठा, ईमानदारी, परोपकार जैसे मानवीय व सामाजिक मूल्यों के प्रति अवज्ञा एवं अनास्था का भाव प्रबल हो रहा था। *राग दरबारी* ऐसे ही सर्वनकारवादी व अनास्था के दौर की उपज है।

व्यापक अर्थों में *राग दरबारी* नेहरू युगीन जनतंत्र का कामिक शैली में रचा गया 'क्रिटीक' है। यदि कामदी तत्व को थोड़ा परे रख कर इसका पाठ किया जा सके तो जनतंत्र की समालोचना के रूप में श्रीलाल शुक्ल की कथा-दृष्टि राजकमल चौधरी और धूमिल के आसपास कहीं टिकती है। जनतंत्र के बारे में धूमिल की यह काव्य-चिंता 'जनतंत्र, जिसकी रोज सैकड़ों बार हत्या होती है और हर बार वह भेड़ियों की जुबान पर जिंदा है' (संसद से सड़क तक, पृष्ठ 48) और राजकमल चौधरी का 'मुक्ति प्रसंग' में यह उद्बोधन 'आदमी लिखे एबसर्डिटी का दर्शन विधान' *राग दरबारी* में कथात्मक संपूर्णता प्राप्त करता है। व्यवस्था की सड़ांध, जनतांत्रिक मूल्यों का विघटन एवं नैतिक व सामाजिक अधःपतन का सर्वनकारवादी विमर्श राजकमल चौधरी, धूमिल व श्रीलाल शुक्ल की रचना-दृष्टि में अंतर्धारा के रूप में उपस्थित है। लेकिन इस अंतर के साथ कि जहां धूमिल और राजकमल चौधरी 'एंग्री यंग मैन' की शैली में जनतंत्र की समालोचना करते हुए जिस 'एक अदद आदमी' को अपनी रचनात्मक सहानुभूति के केंद्र में रखते हैं, वहीं श्रीलाल शुक्ल कौतुक मुद्रा अपनाते हुए अपने 'सिनिकल' मुहावरे में उसी 'एक अदद आदमी' को अपने व्यंग्य बाणों का लक्ष्य बनाने से नहीं चूकते। यहीं से श्रीलाल शुक्ल और धूमिल के सादृश्य समाप्त होते हैं और पार्थक्य बिंदु प्रारंभ होते हैं।

यहां यह विरोधाभास दिलचस्प है कि 'भदेस' और 'नागरिक' तत्व श्रीलाल शुक्ल और धूमिल के रचनात्मक मुहावरे में अंतर्सूत्र के रूप में लगातार उपस्थित हैं, लेकिन दोनों के संदर्भ भिन्न और विरोधी हैं। जहां धूमिल 'भदेस' को रचनात्मक शक्ति के रूप में इस्तेमाल करते हुए 'नागरिकता' को कठघरे में खड़ा करते हैं, वहीं श्रीलाल शुक्ल नागरिकता के धरातल पर खड़े होकर 'भदेस' की कपाल-क्रिया करते हैं। धूमिल 'दुनिया के व्याकरण के खिलाफ' खड़े होकर जहां यह बयान देते हैं कि 'जेल के बगल की नागरिकता/और बूचड़खाने के सामने की सज्जनता/मुझे विरासत में मिली थी' वहीं श्रीलाल शुक्ल नागरिक व्याकरण की उपेक्षा को कुछ यूं रेखांकित करते हैं :

> सुअरों के झुंड सड़क पर निकलते समय आदमियों की नकल करते। वे दाएं-बाएं चलने का खयाल न करके सड़क पर निकलने वाली हर सवारी के ठीक आगे चलते हुए नजर आते और आपसी ठेलठाल में कालिज के लड़कों को भी मात देते। (*राग दरबारी*, पृ. 378)

श्रीलाल शुक्ल की कथा-दृष्टि की सर्वाधिक चौंकाने वाली बात उसमें कई विरुद्धों के सामंजस्य की उपस्थिति है। आभिजात्य व भदेस, नागरिकता व गंवारूपन, सार्वदेशिकता व स्थानिकता जिस खिलंदड़ेपन के साथ उनकी कथा-दृष्टि में विलयित है, वह उनकी अपनी विशेषता है। दरअसल सच तो यह है कि आभिजात्य, नागरिक और सार्वदेशिक तत्व ही उनकी कथा-दृष्टि

की रचना करते हैं; भदेस, गंवई और देशज तत्व इस कथादृष्टि की विषयवस्तु भर हैं। *राग दरबारी* को लेकर जो आलोचकीय दुविधा है, उसके मूल में दृष्टि और विषयवस्तु की यह फांक ही है; उनके दो अन्य उपन्यास *पहला पड़ाव* और *सूनी घाटी का सूरज* भी कमोबेश इसी दुविधा से ग्रस्त हैं। श्रीलाल शुक्ल में नवीनतम उपन्यास *बिस्रामपुर का संत* को लेकर यह आलोचकीय संशय इसीलिए नहीं है कि इसकी कथावस्तु और लेखकीय कथा-दृष्टि में पूर्ण समन्वय है।

यहां यह तथ्य बेझिझक स्वीकार किया जाना चाहिए कि *राग दरबारी* की पाठकीय स्वीकृति व प्रशंसा 'हाई कामेडी' के जिस मुहावरे पर टिकी है, वही उस उपन्यास की सबसे बड़ी बाधा है। अवध की वाक्पटुता व व्यंग्य-विनोद में रची-पगी इस उपन्यास की भाषा 'हाई कामेडी' का ऐसा रूप ग्रहण करती है, जहां सब कुछ प्रहसन में बदल जाता है। उपन्यासकार जीवन की हर स्थिति व परिस्थिति में कामदी तलाशता है, भूख, गरीबी, भ्रष्टाचार, बेरोजगारी अशिक्षा, खानपान, पहनावा, आचार-व्यवहार सभी कुछ उसके व्यंग्य विनोद के लक्ष्य हैं। जहां विनोदी स्थितियां नहीं हैं, वहां वह उन्हें गढ़ता है। इस प्रकार यह उपन्यास व्यंग्य-विनोद का ऐसा प्रति-संसार रचता है, जहां दुःख, करुणा, सहानुभूति और सामाजिक सरोकार दृश्य से ओझल हैं; यहां यह तथ्य भी ध्यान देने योग्य है कि *राग दरबारी* मात्र रूपक के स्तर पर प्रहसन न होकर अपने कथ्य को भी प्रहसनात्मक बनाता है। उपन्यास में छोटे पहलवान और कुसहर प्रसाद प्रसंग (पृ. 112-116) में बेटे द्वारा बाप की पिटाई को 'परिवार के सनातन धर्म' के रूप में प्रतिष्ठित करना कथ्य को प्रहसन में तब्दील करने का एक उदाहरण है।

क्षोभ और आक्रोश पैदा करने वाली जीवन-स्थितियों को भी हंसोड़ बनाती *राग दरबारी* की शैली 'हाई कामेडी' में अंतर्निहित उस त्रासद करुणा का विलोप कर देती है, जो इसे सार्थक व सकारात्मक रूप देते हुए सामाजिक विसंगतियों को चिह्नित करने का सशक्त माध्यम बन सकती है। इसी संदर्भ में पुश्किन ने कहा था, 'हाई कामेडी सिर्फ हास्य में ही नहीं होती, बल्कि यह चरित्रों के विकास में होती है और अक्सर यह त्रासदी के सन्निकट होती है।' गोगोल ने अपने उपन्यास 'डेड सोल्स' और चार्ली चैपलिन ने अपनी फिल्मों में इसी त्रासद हास्य का मुहावरा अपनाया है। प्रेमचंद के कथा-संसार में भी हास्यजनित करुणा की भरपूर उपस्थिति है। होली के अवसर पर गांव में सारी रात चले व्यंग्य-विनोद के बारे में 'गोदान' में प्रेमचंद यूं टिप्पणी करते हैं :

> ... इसी तरह नोखेराम और पटेश्वरी और दातादीन की बारी-बारी से सबकी खबर ली गई और फबतियों में चाहे कोई नयापन न हो और नकलें पुरानी हों; लेकिन गिरधारी का ढंग ऐसा हास्यजनक था, दर्शक इतने सरल हृदय थे कि बेबात की बात में भी हंसते थे। रात भर भड़ैती होती रही और सताए हुए दिल, कल्पना में प्रतिशोध पाकर प्रसन्न होते रहे। (पृष्ठ 182)

दरअसल यही है वह सामाजिक परिप्रेक्ष्य जहां से 'हाई कामेडी' का सौंदर्यशास्त्र निर्मित होता है। निराला के 'बिल्लेसुर बकरिहा' और 'कुल्ली भाट' के त्रासद हास्य का परिप्रेक्ष्य भी यही है, जहां बकौल डा. राम विलास शर्मा 'हास्य में संयम है, अट्टहास नहीं है, अधिकतर होठों पर खेलती हुई मुसकान है।' (*निराला की साहित्य साधना,* भाग दो, पृ. 481)

राग दरबारी का हास्य संयमविहीन हास्य है, जहां उपन्यासकार स्थितियों को हास्य के अनुकूल बनाने में असमर्थ होने पर, भाषा से हास्य की रचना करता है। *राग दरबारी* में लहूलुहान चोट खाए विलाप करते बूढ़े का शब्द-चित्र देखिए :

> अचानक 'हाउ-हाउ' सामने आ गया। वह लगभग साठ साल का एक बुड्ढा आदमी था। देह से मजबूत। नंगे बदन। पहलवानी ढंग से घुटनों तक धोती बांधे हुए। उसके सिर पर तीन चोटें

थी और तीनों से अलग-अलग दिशाओं में खून बह कर दिखा रहा था कि यह एक तरह का खून भी आपस में मिलना पसंद नहीं करता। वह जोर-जोर से 'हाउ-हाउ' करता हुआ, दोनों हाथ उठा कर हमदर्दी की भीख मांग रहा था।... 'हाउ-हाउ' अब द्रुत लय छोड़ कर विलंबित की तरफ आने लगा और बाद में बड़े ही ठस किस्म की ताल में अटक गया। ऐसी बात गायकी की पद्धति के हिसाब से उल्टी पड़ती थी, पर मतलब साफ था कि वे उखड़ नहीं रहे हैं बल्कि जम कर बैठ रहे हैं। (पृ. 111)

भाषा से उपजे संयमविहीन व्यंग्य की एक बानगी कुछ यूं हैं : 'वे महिलाएं पाखाने की कार्रवाई को एकदम से स्थगित कर सीधी खड़ी हो गईं और उन्हें 'गार्ड आफ आनर' जैसा देने लगीं। (पृ. 233) यहां श्रीलाल शुक्ल की कथा-भाषा मात्र संवाहक की भूमिका न अदा कर स्वयं में कथ्य बन जाती है, वह एक नया 'एक्टिविज्म' (सक्रियता) धारण कर लेती है। भाषा की यह अतिरिक्त सक्रियता लेखकीय अतिकथन की मांग करती है, जिसकी पूर्ति हेतु उपन्यासकार ने *राग दरबारी* में रंगनाथ के रूप में सूत्रधार का सृजन किया है। लेखकीय अतिकथन की डोर जहां सूत्रधार के हाथ से छूटती दीखती है, वहां लेखक नेपथ्य में उपस्थित होकर कथा सूत्र को स्वयं संभाल लेता है। यह प्रविधि उनके अन्य उपन्यासों में भी है। *पहला पड़ाव* में सूत्रधार और लेखक का यह द्वैत समाप्त हो जाता है और उपन्यास का केंद्रीय पात्र सत्ते उर्फ संतोष कुमार इन दोनों भूमिकाओं का निर्वाह एक साथ करता है। 'सूनी घाटी का सूरज' का रामदास तो उपन्यास लेखक की ही भूमिका में उतर कर आत्मकथात्मक औपन्यासिक वृत्तांत लिख डालता है। वास्तविकता तो यह है कि *राग दरबारी* का रंगनाथ, *पहला पड़ाव* का सत्ते और *सूनी घाटी का सूरज* का रामदास ये तीनों ही औपन्यासिक पात्र के आवरण में लेखकीय उपस्थिति हैं। यह अकारण नहीं है कि ये तीनों ही अंग्रेजी के मुहावरे में रचे-पगे और संस्कृत बोलने में सक्षम हैं और क्रमशः इतिहास, राजनीतिशास्त्र और अर्थशास्त्र में एम.ए. करने के बाद उच्च शिक्षाकांक्षी हैं।

इन तीनों कथानायकों की कल्पनाएं, महत्वाकांक्षाएं व निराशाएं इतनी उच्च व वैश्विक हैं कि ये उनकी सामाजिक स्थिति व बौद्धिक संरचना से बेमेल हैं। रंगनाथ 'सोफिया लारेन और एलिजाबेथ टेलर का ध्यान' करता है (पृ. 103), रविशंकर का संगीत सुनता है (पृ. 156) और इंडोलाजी में शोध करते हुए 'मार्शल, कनिंघम, विंटरनित्ज, कीथ, परसी ब्राउन, काशी प्रसाद जायसवाल व भंडारकर का अध्ययन करता है।' (पृ. 109) *पहला पड़ाव* का सत्ते यूं तो अपने झोले में 'भांग की पकौड़ी' नामक एक फटी हुई किताब रखता है जिसमें 'एक नाजनी हसीना को भांग की पकौड़ी खिला कर उसके साथ की गई लीलाओं का सचित्र वर्णन था' लेकिन वह उपमाएं नीत्शे व कालिदास की देता है और शेक्सपियर के हैमलेट की तरह संशयालु होता है, 'मैं अपना ही हैमलेट बन गया और यह करूं या न करूं के झमेले में डूबने लगा।' (*पहला पड़ाव*, पृ. 71) ठेकेदार की मेटगिरी करते हुए भी सत्ते किसी आई.ए.एस. सरीखा व्यवहार करता है, 'मेरी कोशिश होती थी कि मैं... उन्हें वैसी ही हिकारत से देखूं, जो एक नए आई.ए.एस. अफसर को किसी पुराने घिसेपिटे टेक्नोक्रेट के लिए दिखानी चाहिए।' (वही, पृ. 31) और उसे 'विदेशी कारों में ब्यूक, मर्सिडीज, क्रिसलर, टायोटा, डाटसुन आदि के नाम याद' थे पर उसने 'देखी सिर्फ एक ही गाड़ी थी, जिसका नाम इंपाला था।' (पृ. 194) सत्ते की कुंठाएं भी साधारण न होकर आभिजात और भव्य थीं। सत्ते के ही शब्दों में, 'अपने पर बड़ी ग्लानि हुई। एक वे हैं जिनके बाप अस्सी साल की उम्र में गवर्नर बन जाते हैं, खुद प्लानिंग कमीशन की मेंबरी हथिया लेते हैं, बीवी राज्यसभा की सदस्य हो जाती है। होटल की लकदक नौकरी करते-करते कोई

मोहतरमा अचानक विधायक बन जाती हैं और उसी के दूसरे दिन मंत्री बन कर हमें देश की अखंडता और एकता की सीख देने लगती हैं। विलायत से लौटते ही कोई अचानक दिल्ली में किसी संस्था का चेयरमैन हो जाता है.. इंडिया इंटरनेशनल सेंटर में लंच खाते-खाते कोई कूद कर कहीं राजदूत बन जाता है...' (पृ. 158) *सूनी घाटी का सूरज* के रामदास की कुंठा है : 'अपने मित्रों में सब अपने-अपने वंश की प्रतिभा और क्षमता के सहारे बढ़ रहे हैं।... श्याम मोहन की कंपनी की मोटरें दिन पर दिन बिकती जाती हैं... उसने ट्रैक्टरों की एक नई एजेन्सी भी ले रखी है।' 'राजधर अपने पिता की जनप्रियता से लाभान्वित हो कर विधानसभा में पहुंचने वाला है। मंत्रिमंडल में पहुंचने की आशा करता है।' (पृ. 111) दरअसल रंगनाथ, सत्ते और रामदास की ये कुंठाएं एवं उच्च व आभिजातवर्गीय महत्वाकांक्षाएं पात्रों की अपनी सामाजिक स्थितियों का परिणाम न होकर उपन्यासकार की अपनी वर्ग अभिव्यक्तियां हैं, जो इन पात्रों के माध्यम से अभिव्यक्त होती हैं। इन पात्रों की अति बौद्धिकता, सर्वज्ञता और सार्वदेशिकता के मूल में पात्रों के भीतर लेखकीय काया प्रवेश ही है। इसी लेखकीय काया प्रवेश का परिणाम है कि इन तीनों ही उपन्यासों में साहित्यिक संदर्भ, अंग्रेजी मुहावरे, वैश्विक सरोकार और आभिजात अभिव्यक्तियां जहां-तहां बिखरी पड़ी हैं।

यहां यह स्वीकार करना होगा कि श्रीलाल शुक्ल अंग्रेजी मुहावरे के कथाकार हैं और उनकी पसंद आभिजातवर्गीय है। देशज यथार्थ के प्रति वे एक आलोचनात्मक दृष्टि रखते हैं, जो अंततः निंदात्मक स्तर को छूने लगता है। आभिजातवर्गीय रुख अपनाते हुए अंग्रेजी मुहावरे में निंदात्मक नकार के जिस धरातल पर खड़े होकर वे भारतीय यथार्थ को देखते हैं वह रुड्यार्ड किपलिंग, ई.एम.फ़ार्स्टर, नीरद सी. चौधरी और वी.एस. नायपॉल के काफी कुछ सन्निकट है। श्रीलाल शुक्ल भारतीय यथार्थ के प्रति अपने इस दृष्टिकोण से अनभिज्ञ भी नहीं हैं। अपने इस दृष्टिकोण को कथात्मक तार्किकता देने हेतु ही वे *राग दरबारी* के सूत्रधार रंगनाथ को इंडोलाजी के शोध-छात्र के रूप में प्रस्तुत करते हुए यह टिप्पणी करते हैं :

> रंगनाथ का रवैया उन टूरिस्टों का सा हो गया था, जो सड़कें, हवा, इमारतें, पानी, धूप, देशप्रेम, पेड़ पौधे, कमीनापन, शराब, कर्मनिष्ठा, लड़कियां और विश्वविद्यालय आदि वस्तुएं अपने देश में नहीं पहचान पाते और उन्हें विदेशों में जाने पर ही देख पाते हैं। (पृ. 109)

यहां यदि 'रंगनाथ', 'टूरिस्ट दृष्टि' तथा 'इंडोलाजी' का विखंडन किया जाय तो जिस 'ओरियंटल' दृष्टि की रचना होती है, उससे यह देश 'एन एरिया ऑफ डार्कनेस', यहां की सभ्यता 'एन वुंडेड सिविलाइजेशन' और यहां का व्यक्ति 'अग्ली इंडियन' ही दिखेगा। नायपॉल को इस बात का हमेशा मलाल रहा है कि उनकी निगाह जिस भारतीय यथार्थ पर टिकती है, 'उसकी चर्चा भारत में नहीं की जाती, उसके बारे में कभी लिखा नहीं जाता, उसका उल्लेख उपन्यासों, कहानियों में नहीं किया जाता, फीचर फिल्मों या वृत्त-चित्रों में उन्हें कभी नहीं दिखाया जाता।' (*एन एरिया आफ डार्कनेस*, पृ. 70) श्रीलाल शुक्ल नायपॉल के इस मलाल को काफी हद तक दूर करतें हैं। यहां नायपॉल और श्रीलाल शुक्ल के लेखन में निम्न सादृश्य काफी दिलचस्प और अर्थपूर्ण हैं : 'सबके दिमाग पर जो समस्या सबसे ज्यादा हावी है, वह टट्टी है। उसके अनेक नाम हैं। दिशा, मैदान, जंगल, झाड़ी, टट्टी, यानी जहां भी ओट मिल जाय उसी के पीछे मल विसर्जन कर दो।' (*पहला पड़ाव*, पृ. 108)

वी.एस. नायपॉल अपनी पुस्तक *एन एरिया ऑफ डार्कनेस* में इसी दृश्य को यूं प्रस्तुत करते हैं : 'भारतीय हर कहीं मल विसर्जन करते हैं। अधिकतर वे रेल लाइनों के किनारे मल विसर्जन

करते हैं। लेकिन वे इसे समुद्र तटों, पहाड़ियों, नदी किनारे और सड़कों पर भी करते हैं और कभी आड़ नहीं तलाशते।' (पृ. 70) दोनों ही मल विसर्जन का रिश्ता कविता से जोड़ते हैं। नायपॉल इसे उत्तर प्रदेश के एक उर्दू शायर के हवाले से यूं प्रस्तुत करते हैं : 'हिंदुस्तानी शायराना तबियत के लोग होते हैं, वे हमेशा खुला आसमान पसंद करते हैं क्योंकि वे प्रकृति-प्रेमी होते हैं... और अलस्सुबह नदी के किनारे खुले में उकडूं बैठने से ज्यारा शायराना चीज और क्या होगी।' (एन एरिया इन डार्कनेस, पृ. 70) श्रीलाल शुक्ल इसे कुछ यूं अभिव्यक्त करते हैं :

> ...वह वीरान इलाका शुरू हो गया था जहां आदमी कविता, राहजनी और पाखाना कर सकता था। परिणामस्वरूप कई बच्चे कविता और राहजनी के मामले में असमर्थ, सड़क के दोनों किनारों पर बैठे हुए पाखाना कर रहे थे और एक दूसरे पर ढेले फेंक रहे थे। (*राग दरबारी*, पृ. 233)

भारतीय गांव और कस्बे को देखने का नजरिया भी नायपॉल और श्रीलाल शुक्ल का लगभग एक सा ही है। *राग दरबारी* में शिवपालगंज बाजार का वर्णन इस प्रकार है :

> दुकान पर जलेबी, पेड़े और गट्टे रखे थे। उन्हीं की बगल में शीशे के छोटे-छोटे कंटेनरों में कुछ रूखे-सूखे लकड़ी के टुकड़े से पड़े थे बिस्कुट, केक और मस्क इत्यादि की परंपरा में बने हुए स्थानीय पदार्थ थे। जैसे शहर में, वैसे यहां पर भी, ये पदार्थ बता रहे थे कि पूरब पूरब है और पश्चिम पश्चिम है और दोनों मिठाइयों की मार्फत शिवपालगंज में मिलते हैं। (पृ. 316)

इसी संदर्भ में नायपॉल की टिप्पणी इस प्रकार है : '... मिठाई की दुकानों पर शीशों के बंद केस रखने का नियम है, इसलिए शीशे के केस हैं भी, लेकिन वे खाली रहते हैं और बगल में मिठाइयों के ढेर खुले पड़े रहते हैं।' (एन.ए.आ.डार्क, पृ. 79)।

श्रीलाल शुक्ल और वी.एस. नायपॉल की समान टिप्पणियों के विपुल उदाहरण इन दोनों के लेखन में भरे पड़े हैं। दरअसल विचारणीय है श्रीलाल शुक्ल की वह दृष्टि जो पूरब-पश्चिम, गोरे-काले, भद्र व भदेस का विमर्श करती हुई भारतीय यथार्थ पर यह वक्रोक्ति करती है : 'रुडयार्ड किपलिंग का धड़ ऊपर और सिर नीचे लटका कर पूर्व और पश्चिम की संस्कृतियां विराट रूप से मिल रही थीं।' (*राग दरबारी*, पृ. 305) यथार्थ को देखने की यह दृष्टि भारतीय समाज में गंदगी, भ्रष्टाचार, अज्ञानता, निरक्षता, गरीबी, धर्म, गंवई रंग-ढंग सभी कुछ को असभ्यता, पिछड़ेपन और पूरब के विमर्श में ढाल कर सभ्यता और आधुनिकता के आवरण में आभिजात व पश्चिमी मूल्यों का उदात्तीकरण करती है। भारत जैसे पारंपरिक एवं कृषक समाज को देखने की यह सीमित और अपर्याप्त दृष्टि है। इसी ग्राम दृष्टि का परिणाम है कि मेले में जाती लोकगीत गाती स्त्रियों के बारे में उपन्यासकार की टिप्पणी यूं है :

> वे सब मेले में जा रही थीं। भारतीय नारीत्व इस समय फनफना कर अपने खोल के बाहर आ गया था। वे बड़ी तेजी से आगे बढ़ रही थीं, मुंह पर न घूंघट था, न लगाम थी। फेफड़े, गले और जबान को चीरती हुई आवाज में वे चीख रही थीं और एक ऐसी चिचियाहट निकाल रही थीं जिसे शहराती विद्वान और रेडियो विभाग के नौकर 'ग्राम गीत' कहते हैं। (पृ. 134)

राग दरबारी को ग्राम्य उपन्यास के रूप में विश्लेषित करने की सबसे बड़ी दुविधा ग्राम जीवन के प्रति यह उपहास दृष्टि ही है। यह दुविधा तब और बढ़ जाती है जब 'भारतीय ग्राम' जैसी महत्वपूर्ण पुस्तक के लेखक प्रख्यात समाजशास्त्री डा. श्यामाचरण दुबे *राग दरबारी* का उल्लेख करते हुए कहते हों कि 'विराट समाजशास्त्रीय कल्पना वाले बीस विद्वान ग्रामीण यथार्थ के बारे में जो नहीं कह सकते, वह इस उपन्यास में श्रीलाल शुक्ल ने कह दिया है।' डा. श्यामाचरण दुबे के इस कथन के बावजूद *राग दरबारी* स्वीकृत अर्थों में ग्राम केंद्रित उपन्यास नहीं है। *राग*

दरबारी का कस्बाई वातावरण गांव व नगर का अंतर मिटाते हुए, उन कुप्रवृत्तियों को रेखांकित करता है, जो भारतीय जनतंत्र व विकास के माडल को खोखला बना रही हैं। यहां *राग दरबारी* में प्रकाशित यह लेखकीय घोषणा दृष्टव्य है कि

> *राग दरबारी* का संबंध एक बड़े नगर से कुछ दूर बसे हुए गांव की जिंदगी से है जो आजादी के बाद की प्रगति और विकास के नारों के बावजूद निहित स्वार्थों और अनेक अवांछनीय तत्वों के आघातों के सामने घिसट रही है। यह उसी जिंदगी का दस्तावेज है।

इस लेखकीय घोषणा के बावजूद सच यह है कि *राग दरबारी* गांव की जिंदगी का उतना बड़ा दस्तावेज नहीं है जितना उन 'निहित स्वार्थों एवं अवांछनीय तत्वों' का जो शहर और गांव का फर्क मिटाते हुए हर कहीं मौजूद हैं। इसे *राग दरबारी* के ही इस उद्धरण से बेहतर समझा जा सकता है : 'रंगनाथ को शिवपालगंज के बारे में ऐसा लगने लगा कि महाभारत की तरह, जो कहीं नहीं है वह यहां है और जो यहां नहीं है, वह कहीं नहीं है।' (पृ. 63)।

श्रीलाल शुक्ल *राग दरबारी* में एक ऐसे खल-समाज की रचना करते हैं जहां स्वतंत्रता, जनतंत्र, न्यायपालिका, विकास, पंचायत राज, सहकारिता तथा अन्य जनतांत्रिक संस्थाएं 'निहित स्वार्थों एवं अवांछनीय तत्वों' के हाथ की कठपुतली भर बन कर रह जाती हैं। भारत जैसे अर्ध सामंती और विकासशील देश में जनतंत्र को कैसे निहित स्वार्थों के लूटतंत्र में बदला जा सकता है, शिवपालगंज इसकी छोटी-मोटी प्रयोगशाला है। अपनी संपूर्णता में यह उपन्यास नेहरू युग की 'माइक्रो आलोचना' है। स्वातंत्र्योत्तर भारत में 'वैद्यजी' सरीखे परजीवी वर्ग द्वारा जनतांत्रिक संस्थाएं एवं विकास योजनाएं किस प्रकार व्यक्तिगत हित साधन हेतु अपहृत कर ली गईं, *राग दरबारी* इसकी मनोरंजक औपन्यासिक पैरोडी है। शिवपालगंज एक ऐसा 'प्रिज्म' हैं, जहां से आधुनिक जनतंत्र का विकृत यथार्थ सैकड़ों किरणों के माध्यम से अपने विरूपित व कुरूपित रूप में कभी दीखता है तो कभी विलुप्त हो जाता है। *राग दरबारी* के केंद्र में वैद्य जी की बैठक, छंगामल कालेज, कोआपरेटिव सोसाइटी एवं ग्राम पंचायत सरीखी संस्थाएं हैं, जिन पर स्वातंत्र्योत्तर भारतीय समाज के विकास की अवधारणाएं टिकी हैं। इन संस्थाओं की विकृतियों को चिह्नित करते हुए उपन्यासकार 'विलायती तालीम में पाए हुए जनतंत्र' को कठघरे में खड़ा करता है।

राग दरबारी में रचित शिवपालगंज के खल-समाज का नायकत्व वैद्य जी, उनके कुनबे और उनके संगी साथियों का है जो परजीवी बिचौलिया संस्कृति के प्रतिनिधि हैं, जो हर युग में रहे हैं। उपन्यासकार के ही शब्दों में,

> वैद्य जी थे, हैं और रहेंगे। अंग्रेजों के जमाने में वे अंग्रेजों के लिए श्रद्धा दिखाते थे। देशी हुकूमत में वे देशी हाकिमों के लिए श्रद्धा दिखाने लगे। वे देश के पुराने सेवक थे। पिछले महायुद्ध के दिनों में, जब देश को जापान से खतरा पैदा हो गया था, उन्होंने सुदूर पूर्व में लड़ने के लिए बहुत से सिपाही भरती कराए, अब जरूरत पड़ने पर रातों रात वे अपने राजनीतिक गुट में सैकड़ों सदस्य भरती करा देते थे। पहले भी वे जनता की सेवा जज की इजलास में जूरी और असेसर बन कर दीवानी के मुकदमों में जायदादों के सिपुर्दकार होकर और गांव के जमींदारों में लंबरदार के रूप में करते थे। अब वे कोआपरेटिव यूनियन के मैनेजिंग डाइरेक्टर और कालेज के मैनेजर थे। (पृ. 39)

यह मात्र संयोग नहीं है कि श्रीलाल शुक्ल वैद्य जी के जिस कुनबे के माध्यम से इस परजीवी बिचौलिया वर्ग को उपस्थित करते हैं वह भारतीय सामंती वर्णाश्रमी व्यवस्था का उच्च पदस्थ कुलीन सवर्ण समुदाय है। यह परजीवी कुलीन सवर्ण समुदाय प्रकृति से कितना चालाक व धूर्त है, इसका वर्णन उपन्यास में निम्नवत है :

'उनका पूरा कर्मयोग सरकारी स्कीमों की फिलासफी पर टिका था। मुर्गी पालन के लिए लिए ग्रांट मिलने का नियम बना तो उन्होंने मुर्गियां पालने का ऐलान कर दिया। एक दिन उन्होंने इसलिए कहा कि जाति पंति बिलकुल बेकार की चीज है और हम बाभन और चमार एक हैं। यह उन्होंने कहा कि चमड़ा उद्योग की ग्रांट मिलने वाली थी। चमार देखते ही रह गए और उन्होंने चमड़ा कमाने की ग्रांट लेकर अपने चमड़े को ज्यादा चिकना बनाने में खर्च भी कर डाली... उनका ज्ञान विशद था। ग्रांट या कर्ज देने वाली किसी नई स्कीम के बारे में योजना आयोग के सोचने भर की देर थी, वे उसके बारे में सब कुछ जान जाते।' (पृ. 183)

प्रजातंत्र का मखौल उड़ाते 'जिसकी लाठी उसकी भैंस' के सिद्धांत का अनुपालन करते इस परजीवी वर्ग में सामंती अकड़ है तो वर्णाश्रमी व्यवस्था की ब्राह्मणवादी अंतर्धारा भी, स्वार्थी गिरगिटी प्रवृत्ति है तो रीढ़हीन केंचुआपन भी। वैद्यजी की बैठक इन सभी तरह की प्रवृत्तियों की जन्मस्थली और शरणस्थली है। वंशवाद, कुनबापरस्ती, जाति प्रेम, राजनीति का अपराधीकरण और अपराध का राजनीतिकरण आदि वे सभी विकृतियां जो आज भारतीय जनतंत्र के लिए एक बड़ी चुनौती बन गई हैं, *राग दरबारी* में उनकी पहचान की गई है। वर्तमान राजनीतिक माफिया जिस उर्वर भूमि की उपज है, शिवपालगंज उसका एक लघु प्रतिरूप है। उपन्यास के रुप्पन के अनुसार 'सारे मुल्क में यह शिवपालगंज ही फैला हुआ है।' (पृ. 388) और 'असली शिवपालगंज वैद्यजी की बैठक में था।' ... (पृ. 35) बकौल उपन्यासकार 'बैठक का मतलब ईंट और गारे की बनी हुई इमारत भर नहीं है। न. 10 डाउनिंग स्ट्रीट, व्हाइट हाउस, क्रेमलिन आदि मकानों के नहीं, ताकतों के नाम हैं।' (पृ.36) *राग दरबारी* इसी ताकत का विमर्श है जो चोरी, लूट, डकैती, भ्रष्टाचार, न्यायपालिका और कार्यपालिका के मनमाने दुरुपयोग पर टिकी है। *राग दरबारी* के वैद्यजी, उनका कुनबा और उनके संगी साथी लूट तंत्र की इसी ताकत के प्रतिनिधि हैं। राजनीति की नकेल आज जिस अर्ध शिक्षित, अराजक, स्वार्थी तत्वों के हाथों में है : 'रुप्पन बाबू सरीखे 'एंग्री युवक' उसकी शैशवावस्था के प्रतिनिधि हैं।'

श्रीलाल शुक्ल के अन्य उपन्यासों में भी लूट तंत्र की इसी ताकत का विमर्श अंतर्सूत्र के रूप में उपस्थित है। *सूनी घाटी का सूरज* का नन्हू सिंह 'घर पर रह कर किसानी का काम करता है। चुरा कर शराब बनाता है। छिपा कर चोरी की बंदूकें और पिस्तौल रखता है। डकैतों से और प्रतिष्ठित आदमियों से साथ-साथ मेल बढ़ाता है। गांव का मुखिया है। उसके दरवाजे सात जोड़ी बैल जुगाली करते हैं। हजार रुपए का घोड़ा भी बंधा है। ज्वार में उसकी इज्जत है। सत्तर जानवर पले हैं जो दूसरों की फसल खा कर जीते हैं। बीसों नौकर हैं। वे राहजनी और चोरी के सहारे पलते हैं।' (पृ. 32) *पहला पड़ाव* उपन्यास में लूट तंत्र की यह ताकत शहरी परिप्रेक्ष्य लिए हुए है। इसके केंद्र में है वकील, डाक्टर, इंजीनियर और ठेकेदार का वह परजीवी वर्ग जो 'कृष्ण को बलराम' बनाने यानी काले पैसे को सफेद करने में हुनरमंद है।

शहरी परजीवी वर्ग के ये 'ताकतवर' प्रतिनिधि *राग दरबारी* के वैद्यजी की ही तरह राजनीतिक सत्ता के भी मुखापेक्षी एवं कृपाकांक्षी हैं। *पहला पड़ाव* में वकील परमात्मा जी 'इंदिरा जी के नूरेचश्म के अपने चुनाव क्षेत्र जाने' के दौरान सड़क पर फाटक बनवाते हैं तो इंजीनियर साहब विश्व हिंदू परिषद और इंका दोनों को चंदा दे कर साधते हैं। *राग दरबारी* और 'पहला पड़ाव' दोनों ही उपन्यासों में लूट तंत्र के खलनायकों के चित्रण में श्रीलाल शुक्ल की जो दक्षता दीखती है, वह तंत्र के पीड़ितों के वर्णन में नहीं है। दरअसल आभिजात्य के जिस धरातल पर खड़े होकर वे नकार की कामिक शैली अपनाते हैं उसमें खल पात्रों की ही उत्कृष्ट रचना हो सकती है। यही कारण है कि ग्राम्य पृष्ठभूमि के बावजूद *राग दरबारी* में होरी, धनिया, गोबर, दुखी

चमार, घीसू, माधव, शंकर, हल्कू सरीखे दुखी व उत्पीड़ित पात्र नहीं हैं। *राग दरबारी* का किसान पं. कालिका प्रसाद सरीखा है जिसका पेशा 'सरकारी ग्रांट और कर्जे खाना था। वे सरकारी पैसे के द्वारा सरकारी पैसे के लिए जीते थे।' (पृ. 182) स्वयं उपन्यासकार के शब्दों में

> कालिका प्रसाद प्रेमचंद के उन कथा नायकों में न थे जो लगान वसलूने वाले अमीन को देखते ही घर के भीतर घुस जाते थे और बीवी से घबराहट में कहने लगे थे, 'दरवाजे पर सहना खड़ा है।

वे उनमे थे कि हजार रुपए की कुर्की लिए अमीन चबूतरे के नीचे खड़ा हुआ खुशामद कर रहा है और वे चबूतरे के ऊपर बैठे हुए निश्ंचित भाव से कह रहे हैं, 'आपको कार्रवाई रोकने में दिक्कत हो तो कहिए ऊपर से लिखा लाऊं।' (पृ. 182)

यहां यह समझने की भूल न करनी चाहिए कि गोदान के होरी व 'पूस की रात' के हल्कू का स्वातंत्र्योत्तर भारत में *राग दरबारी* के 'कालिका प्रसाद' के रूप में कायांतरण हो गया है। सच तो यह है कि प्रेमचंद के होरी व हल्कू की संतानें आज भी विपन्नता की मार व दमन शोषण के दुष्चक्र से मुक्त नहीं हैं। अंतर इतना है कि प्रेमचंद के रचना संसार में हीरो व हल्कू के साथ-साथ *राग दरबारी* के कालिका प्रसाद के पूर्वज पंडित दातादीन सरीखे लोग भी थे, 'जिन्होंने लगान की एक पाई न दी, कुर्की आती तो कुएं में गिरने चलते मगर असामियों को सूद पर रुपए उधार देते।' (गोदान, पृ. 105) 'गोदान' के पंडित दातादीन के साथ यदि इसी उपन्यास के वैद्य जी और गयादीन बनिया के चरित्र को मिला दिया जाय तो 'गोदान' के लाला पटेश्वरी का चित्र उभर आता है, जो

> गांव में पुण्यात्मा मशहूर थे। पूर्णमासी को नित्य कथा सुनते, पटवारी होने के नाते खेत बेगार में जुतवाते थे, सिंचाई बेगार में करवाते थे। सारा गांव उनसे कांपता था। गरीबों को दस-दस पांच-पांच कर्ज देकर उन्होंने कई हजार की संपत्ति बना ली थी। फसल की चीजें असामियों से लेकर कचहरी और पुलिस के अमलों की भेंट करते रहते थे। इससे इलाके में उनकी अच्छी धाक थी।... परमार्थी भी थे। बुखार के दिनों में सरकारी कुनैन बांट कर यश कमाते थे... (गोदान, पृ. 106)

यहां प्रेमचंद और श्रीलाल शुक्ल का यह अंतर स्पष्ट है कि प्रेमचंद के रचना संसार में *राग दरबारी* के वैद्यजी, पं. कालिका प्रसाद, गयादीन और रुप्पन सरीखे परजीवी वर्ग के खल पात्र तो मौजूद हैं, लेकिन श्रीलाल शुक्ल के रचना संसार में होरी, धनिया, मनोहर, बलराज, झिनकू, सूरदास सरीखे संघर्षशील दुखी उत्पीड़ित पात्र लगभग नदारद हैं। इसीलिए *राग दरबारी* ग्राम्य जीवन की अधूरी तस्वीर है। समूचे '*राग दरबारी* में लंगड़ एक मात्र ऐसा चरित्र है, जो संघर्षशील होने का आभास देता है, उपन्यास में उसकी दलित पृष्ठभूमि के होने का संकेत भी है। लंगड़ 'भगत आदमी है। कबीर और दादू के भजन गाया करता था। गाते गाते थक गया तो बैठे ठाले एक दीवानी का मुकदमा दायर कर बैठा।' (पृ. 45) बैठे ठाले दीवानी का मुकदमा दायर करने वाला लंगड़ निराला के 'चतुरी चमार' से भिन्न है जो 'किसानों' पर एक साल के हरी भूसे को तीन साल की बाकी बना कर' जमींदार द्वारा दायर किए गए मुकदमे की मार झेलता है। निराला चतुरी चमार के माध्यम से ग्राम्य समाज में दलित की संपूर्ण सामाजिक स्थिति को उद्घाटित करते हैं, जबकि *राग दरबारी* के लंगड़ का दलित होना महज एक संयोग है। 'मुकदमे की नकल प्राप्त करने का उसका संघर्ष अत्यंत प्रहसननुमा है, क्योंकि इसके मूल में किसी अन्याय या शोषण अथवा प्रतिकार व प्रतिरोध का संकल्प न होकर 'लंगड़ और नकल बाबू के बीच (घूस के रेट पर) चलने वाला धर्मयुद्ध' है।

> नकलनवीस चिड़ीमार निकला, उसने पांच रुपए मांगे। लंगड़ बोला रेट दो रुपए का है, इसी पर बहस हो गई... लंगड़ को भी गुस्सा आ गया। उसने अपनी कंठी छू कर कहाः 'जाओ बाबू, तुम कायदे के काम करोगे तो हम भी कायदे से ही काम करेंगे। अब तुमको एक कानी कौड़ी न मिलेगी। हमने दरख्वास्त लगा दी है, कभी न कभी तो नंबर आएगा ही। (पृ. 45)

यानी चतुरी चमार के मुकदमे की तरह लंगड़ के लिए यह अस्तित्व का संकट न होकर महज एक सनक है। लंगड़ का 'धर्मयुद्ध' चतुरी चमार के संघर्ष की तरह किसी सामाजिक अंतर्विरोध का उद्घाटन न करके निम्न स्तर की अदालती संस्कृति व घूसखोरी को उद्घाटित करता है, जिसके लिए लंगड़ के दलित होने की कोई औपन्यासिक जरूरत नहीं है। लेकिन इसके बावजूद यह स्वीकार करना होगा कि उपन्यास में लंगड़-अदालत-प्रसंग व्यवस्था के समक्ष आम आदमी की लाचारी की गहरी अर्थ ध्वनियां देता है जो अपने आपमें कम महत्वपूर्ण नहीं है।

यहां पर यह प्रश्न भी विचारणीय है कि ग्रामीण पृष्ठभूमि के उपन्यास होने के बावजूद *राग दरबारी* और *सूनी घाटी का सूरज* उपन्यासों में दलित व किसान जातियों की केंद्रीय भूमिका क्यों नहीं है? संभवतः इसके मूल में यह विडंबना ही अंतर्निहित है कि श्रीलाल शुक्ल नेहरू युग का आलोचनात्मक भाष्य नेहरूवादी धरातल से ही करते हैं। लोहिया का 'सिनिकल' नकारवादी मुहावरा अपनाने के बावजूद नेहरूवादी धारणाएं उनका पीछा नहीं छोड़तीं। लोहिया 'हल की मूठ बनाम जनेऊ' के विमर्श के माध्यम से भारतीय समाज में जाति व्यवस्था की जकड़न को रेखांकित करते थे, जबकि नेहरू के दर्शन में इस विमर्श का कोई स्थान नहीं था। लेकिन यह श्रीलाल शुक्ल की सीमा न होकर स्वातंत्र्योत्तर भारत के उस आदर्शवादी वैज्ञानिक चिंतन का परिणाम है, जो युग दर्शन का ही रूप ले चुका था।

सूनी घाटी का सूरज उपन्यास में श्रीलाल शुक्ल नेहरूवादी अवधारणा को अपनाते हुए वर्ण-भेद की अनदेखी करते हैं और दलित व पिछड़ों की त्रासद नियति को ठाकुर परिवार में जन्मे रामदास सिंह की दुर्दिन गाथा से प्रतिस्थापित करते हैं, जिसमें हलवाही, गुलामी, गोबर उठाना, बैल चराना, चारा काटना, पानी खींचना व मालिश करने से लेकर बेगारी की मार झेलते-झेलते कोल्हू में ईख लगाते समय बाप द्वारा अपने दोनों हाथ गंवा देना तक शामिल है। यह अजब विडंबना है कि जहां *राग दरबारी* ग्राम पृष्ठभूमि के बावजूद 'गांव की जिंदगी' की कहानी नहीं बन पाता, वहीं *सूनी घाटी का सूरज* गांव की जिंदगी के भरपूर चित्रण के बावजूद ग्रामीण जीवन का प्रतिनिधि यथार्थ नहीं बन पाता, क्योंकि ठाकुर रामदास के रमदस्सा बनने की कहानी नागार्जुन के उपन्यास 'बलचनमा' में बालचंद्र से बलचनमा बनने की कहानी की तरह विश्वसनीय ग्राम्य यथार्थ नहीं है। 'बलचनमा' की नियति और यातना भारतीय ग्राम्य समाज की वर्णाश्रमी सामंती व्यवस्था में जी रहे कमोबेश हर दलित व पिछड़े की यातना कथा है। जबकि ठाकुर बाप-बेटे रामनाथ और रामदास की दुर्दिन कथा एक परिवार की अकेली त्रासदी है। यहां इतिहासकार कपिल कुमार के अवध केंद्रित अध्ययन का यह निष्कर्ष प्रासंगिक है कि 'समाज में खेतिहर मजदूर गिरे हुए वर्ग के रूप में सिर्फ इसलिए नहीं माने जाते थे कि उनका पेशा उन्हें निचले आर्थिक धरातल पर रखता था, बल्कि जाति संरचना के कारण भी। ग्रामीण सर्वहारा की वृहत्तर संख्या उन 'नीची जातियों' से आती थी जो सदियों से सामंती आभिजात्य द्वारा भूमि एवं खेती के अधिकारों से वंचित किए जाते रहे थे ताकि मजूदरों की आपूर्ति बनी रहे। वे निर्धन और गुलाम ही नहीं थे, बल्कि 'अछूत' भी थे।' (एस्सेज इन कालोनियल हिस्ट्री : रिकास्टिंग वुमेन, पृ.339) दरअसल भारतीय ग्राम्य समाज की जटिल संरचना को महज धनी व निर्धन के विमर्श से नहीं समझा जा सकता है।

यहां यह स्पष्ट करना आवश्यक है कि श्रीलाल शुक्ल भारतीय ग्रामीण समाज की वर्णाश्रमी सामंती संरचना से बेखबर नहीं हैं। उनकी औपन्यासिक रचनाओं में जहां-तहां यह विमर्श हाशिए की टिप्पणियों के रूप में आता रहता है, निम्न उद्धरणों से जिसकी पुष्टि भी होती है :

> 'टिनेन्सी एक्ट लग गया है। अब कोई बेदखल नहीं हो सकता। अब गंगापुर के पासी चमार तक महाराज हो जाएंगे। खराब दिन आए हैं।' ...(*सूनी घाटी का सूरज*, पृ. 63)
>
> बेटा जाकर अपनी भैंस दूहो और बैलों की पूंछ ऐंठो। शेली और कीट्स तुम्हारे लिए नहीं है। (*राग दरबारी*, पृ. 30)
>
> लंगड़ दरवाजे पर आ गया। शास्त्रों में शूद्रों के लिए जिस आचरण का विधान है, उसके अनुसार चौखट पर मुर्गी बन कर उसने वैद्यजी को प्रणाम किया। इससे प्रकट हुआ कि हमारे यहां आज भी शास्त्र सर्वोपरि है और जाति प्रथा मिटाने की सारी कोशिशें अगर फरेब नहीं हैं तो रोमांटिक कार्रवाइयां हैं। (वही, पृ. 43)

यहां यह स्पष्ट है कि श्रीलाल शुक्ल दलित विमर्श को केंद्रीयता न प्रदान करते हुए भी प्रभुत्ववादी अवधारणाओं के बीच से ही अपना क्रिटीक तैयार करते हैं। वे वर्णभेद और जातिगत उत्पीड़न का सीधे विमर्श न कर कुलीनवर्गीय जातिगत गौरव को कठघरे में रखते हुए भारतीय समाज में जाति की उपस्थिति को रेखांकित करते हैं। यही करता है कि 'सूनी घाटी का सूरज' उपन्यास में जो रामदास अपने 'खानदानी' ठाकुर के उत्पीड़न का शिकार होकर बंधुआ मजदूरी की यातना झेलता है, वही अपनी क्षेत्रीय पृष्ठभूमि के कारण क्षत्रियों का कृपापात्र होकर विपन्नता के दुश्चक्र से मुक्त होता है। उपन्यास के उत्तरार्द्ध में रामदास की टिप्पणी है :

> जीवन में पहली बार मैंने जाति प्रथा की जी भर कर प्रंशसा की। यही एक बंधन था जो मुझे ठाकुर अम्बिकेश सिंह के पुत्र पद पर आरूढ़ किए हुए था। (*सूनी घाटी का सूरज*, पृ. 104)

दरअसल यह उपन्यास पर यथार्थवाद की जीत है, वर्गभेद लेखक का अभीष्ट है, जबकि जाति गौरव कुलीन समाज का यथार्थ। लेकिन इसके बावजूद रामदास 'किसानों की कर्ज समस्या' पर शोध करता है और अंत में अपने गांव वापस जाता है, 'दलितों की शक्ति बनने', 'अशिक्षितों को विद्या देने' हेतु।

सूनी घाटी का सूरज का यह आर्दशवाद नेहरूयुगीन वह स्वप्न गाथा है जो *राग दरबारी* के बदरंग यथार्थ से टकरा कर ऐसी वास्तविकता से साक्षात कराता है, जहां सब 'छुद्र' और 'छिप्र होकर 'उत्तर आधुनिक' होने को बेचैन हैं। यहां सच्चाई, ईमानदारी, नैतिकता आदि के महावृत्तांत तिरोहित हो जाते हैं और बचा रह जाता है, शिवपालगंज का वह बदरंग यथार्थ जहां 'आदमी का सम्मान उसकी अच्छाई के कारण नहीं उसकी उपयोगिता के कारण होता' (पृ. 211) है, जहां यह अनबूझ पहेली है कि 'सच्चाई किस चिड़िया का नाम है? और यह बताना मुश्किल है कि क्या सच है, क्या झूठ है?' (पृ. 102), जहां नैतिकता कुछ यूं परिभाषित की जाती है :

> 'नैतिकता समझ लो कि यही चौकी है। एक कोने में पड़ी है। सभा सोसाइटी के वक्त इस पर चढ़ कर लेक्चर फटकार दिया जाता है। यह उसी के लिए है।' (पृ. 123)
>
> 'इंसानियत का प्रयोग शिवपालगंज में उसी तरह चुस्ती और चालाकी का लक्षण माना जाता था, जिस तरह राजनीति में नैतिकता का।' (पृ. 103)

सच, नैतिकता, ईमानदारी, इंसानियत और प्रजातंत्र को धता बताकर लोभ, मोह, उपयोगितावाद और ताकत लाठीतंत्र की प्रतिष्ठा का यह *'दरबारी राग'* भ्रष्ट सत्ता तंत्र का 'माइक्रो स्तर' पर

विखंडन है, क्योंकि उपन्यासकार की मान्यता है कि 'दिल्ली से लेकर शिवपालगंज तक काम करने वाली देसी बुद्धि सब जगह एक सी है' (पृ. 36)। *राग दरबारी* का महत्व और मौलिकता इस भ्रष्ट सत्ता तंत्र की विकृतियों की देशज कथात्मक प्रस्तुति में है। निश्चित रूप से स्वाधीन भारत में नहेरू युग का यह निर्मम निंदात्मक कथात्मक आख्यान है। *सूनी घाटी का सूरज* का नेहरूवादी मोह *राग दरबारी* तक आते-आते लोहियावादी अनास्था में तबदील हो जाता है। इस अंतर के साथ कि जहां लोहियावादी अनास्था सत्ता तंत्र को लक्ष्य करते हुए लंगड़, सनीचर और 'सिर पर गंदी सी पोटली रखे कानी कलूटी औरत' की दुर्दशा और गरीबी के प्रति सहानुभूति रखती थी, वहीं *राग दरबारी* की अनास्था सत्ता तंत्र की विकृतियों को लक्ष्य करने की प्रक्रिया में अपने इन दुर्दशाग्रस्त पात्रों को भी नहीं बख्शती।

श्रीलाल शुक्ल 'वेदना का फोटोग्राफ नहीं बल्कि वेदना का कार्टून' (*राग दरबारी*, पृ. 50) रचते हैं। इसी रचना-दृष्टि के चलते सनीचर का शब्दचित्र निर्मित करते हुए उनकी निगाह कुछ यूं टिकती हैं,

> उसका अंडरबियर कुछ महत्वपूर्ण स्थानों पर फट गया था, बदन नंगा था, पर बालों में कड़वा तेल चुचुवा रहा था और चेहरा प्रसन्न था। पता लगना मुश्किल था कि उसका मुंह ज्यादा फटा हुआ है या अंडरवियर। (पृ. 185)

दरअसल यहीं उठता है सौदर्यदृष्टि का प्रश्न और इसीलिए प्रेमचंद ने कहा था : 'सुंदरता की कसौटी बदलनी होगी।' यहां श्रीलाल शुक्ल का प्रेमचंद की परंपरा से पार्थक्य है। उनकी अभिजात सौंदर्यदृष्टि का ही परिणाम है कि *पहला पड़ाव* की ईंट-गारा ढोने वाली जसोदा का नखशिख वर्णन वे इस तरह करते हैं :

> मेमसाहब का दिल ही मुलामय नहीं था, उनमें और भी बहुत कुछ था। उनकी आंखें बड़ी-बड़ी और बेझिझक थीं, भौंहें बिलकुल वैसी जैसी फैशनेबुल लड़कियां बनी मेहनत से बाल प्लक कर के और पेंसिल की मदद लेकर तैयार करती हैं। रंग गोरा, गाल देखने में चिकने, छूने में न जाने और कितने चिकने होंगे, कद औसत से ऊंचा, पीठ तनी हुई, और दांत, जो मुझे खासतौर से अच्छे लगते, उजले और सुडौल। उनके बाल कुछ भूरे थे। मेमसाहब की उपाधि उन्हें अपनी बातचीत के हाकिमाना अंदाज से नहीं, गोरे चेहरे और इन लंबे घने बालों के कारण मिली थी। (*पहला पड़ाव*, पृ. 32)

यानी श्रीलाल शुक्ल मजदूरनी में भी अभिजात सौंदर्य प्रतिस्थापित करते हैं। जसोदा भिन्न है निराला की 'तोड़ती पत्थर' की उस मजदूरनी से 'जो मार खा रोई नहीं'। निराला की आंख भी उसके 'श्याम तन, भर बंधा यौवन' को देखती है, लेकिन उनकी 'दृष्टि' देह की मांसलता का अतिक्रमण करते हुए 'नत नयन प्रिय/कर्म रत मन/गुरु हथौड़ा हाथ' पर टिकती है, इसीलिए वे कविता का अंत इस प्रकार करते हैं : 'ढुलक माथे से गिरे सीकर/लीन होते कर्म में, फिर ज्यों कहा—मैं तोड़ती पत्थर।' निराला की अपने कथ्य, परिवेश और चरित्र के प्रति गहरी संलग्नता और सहानुभूति से पूर्ण रचना-दृष्टि के विपरीत श्रीलाल शुक्ल की खिलंदड़ी दृष्टि उन प्रभुत्ववादी मूल्यों से निःसृत है जो श्रमिक समुदाय, हाशिए के लोगों व दलित जन के प्रति सहानुभूति के स्थान पर मनोविनोद का भाव रखती है। यह मनोविनोद जब स्त्री केंद्रित हो तो पुरुषवादी रतिक दृष्टि स्वाभाविक ही है। *राग दरबारी* और *पहला पड़ाव* दोनों ही उपन्यासों में इस रतिक दृष्टि को जहां तहां देखा जा सकता है।

श्रीलाल शुक्ल की कठिनाई यह है कि वे अपनी आभिजात सौंदर्यदृष्टि, पुरुष रतिकवाद और वर्गस्थिति का अतिक्रमण नहीं कर पाते। यद्यपि जब तब वे ऐसे प्रयास करते दीखते अवश्य

हैं। उपन्यास *पहला पड़ाव* में अपनी वर्गस्थिति के 'लौह जाल तोड़ने की' उनकी बेचैनी दीखती है, लेकिन वे लौट-लौट कर फिर अपनी उसी जमीन पर खड़े दीखते हैं। अपने वर्गीय लौह जाल को तोड़ने की प्रक्रिया में वे असंगठित मजदूरों व बेरोजगार युवा पीढ़ी को 'पहला पड़ाव' का कथ्य तो बनाते हैं, लेकिन दृष्टि के बंधन के कारण इसी वर्ग को कठघरे में भी खड़ा करते हैं। *राग दरबारी* में जिस दृष्टि के चलते वे यह कहते हैं कि, 'यह वही तेली है, जो शहर में खरीदे हुए मशीन के तेल का कोल्हू में पेरा हुआ शुद्ध सरसों का तेल कह कर देहात में बेचता है।' (पृ. 405) उसी दृष्टि की पुनर्प्रस्तुति करते हुए समाज के असंगठित पेशा वर्गों के प्रति वे 'पहला पड़ाव' में निम्न टिप्पणियां करते हैं :

> 'अब मानसिंह, मलखान सिंह जैसे डकैत रायफल लेकर नहीं घूमते, इन नई कालोनियों में बढ़ई, प्लंबर, इलेक्ट्रीशियन के रूप में औजारों का झोला लेकर चलते हैं।' (पृ. 18) 'सीधे सादे आदमी को नौ साल का छोकरा तब बकरा बना कर खंभे में बांध सकता है। दस पैसे की धनिया तक खरीदो तो कोई तुम्हारे हाथ में सड़ी पत्तियों का गुच्छा पकड़ा कर चलता बनेगा। कुछ बोलो तो गाली गलौज छुरेबाजी तक की नौबत है।' (पृ. 25)

उपन्यास के नायक सत्ते की उपर्युक्त टिप्पणियां उपन्यासकार की वर्गसीमा का ही उद्घाटन करती हैं जिसके चलते वह मध्यवर्गीय सोच को निम्नवर्गीय सोच में तब्दील करता है। वर्गदृष्टि की इन सीमाओं के बावजूद यह तथ्य स्वीकार किया जाना चाहिए कि *पहला पड़ाव* अपेक्षाकृत रूप से वैचारिक संपन्नता का उपन्यास है। श्रीलाल शुक्ल की यह वैचारिक विकास-यात्रा भी है लेकिन इसकी सबसे बड़ी सीमा इसका *राग दरबारी* की छाया से मुक्त न हो पाना है। यह छायाग्रस्तता भाषाशैली और पात्रों के चित्रण तक कुछ इस तरह से विस्तृत है कि कई बार वे *राग दरबारी* के प्रसंगों को ज्यों का त्यों दुहराते दीखते हैं। *राग दरबारी* में सरफरी बोली 'किर्फिस सर्फाले ने यर्फहां कर्फटिं हैं' (पृ. 283) का रूपांतरण *पहला पड़ाव* की 'पस्पेक ता बीन मा ने बस्सा, ओदेत ना के पुसीत' (पृ. 35) में होता है। *राग दरबारी* में नकल बाबू और लंगड़ के बीच घूस के रेट को लेकर छिड़ा 'धर्म युद्ध', *पहला पड़ाव* में 'एक घूसखोर क्लर्क और टिकिया चोर वकील' के बीच घूस वापसी से शुरू होकर बाबुओं और वकीलों की हड़ताल में बदल जाता है। (पृ. 67)

भ्रष्टाचार की यह अंतर्धारा 'पहला पड़ाव' में *राग दरबारी* की ही तर्ज पर कथावस्तु में उपस्थित है। यहां यह तथ्य ध्यान देने योग्य है कि नवप्राच्यवादी विमर्श में भारत की जो तस्वीर विश्व के पैमाने पर प्रस्तुत की जाती है, भ्रष्टाचार उसका प्रमुख तत्व है। *राग दरबारी* और *पहला पड़ाव* में सरकारी दफ्तरों से लेकर नागरिक समाज तक जिस तरह घूस की व्याप्ति को दर्शाया गया है, वह सामाजिक विकार के रूप में कम सामाजिक चलन के रूप में अधिक प्रस्तुत होता है। यह सामाजिक चलन घूस का सिद्धांतीकरण भी करता है, जैसे, 'जहां घूस चलती है, वहां सिफारिश नहीं चलेगी' (*पहला पड़ाव*), 'दीर्घगामी रिश्ते भलमनसाहत और एहसास के तो रहे नहीं, घूस या लेने देने के भले हों।' (वही, पृ. 154), 'घूस लेना भी अब बड़ी जलालत का काम है। इसमें कुछ बचा नहीं है। लेने वाले और न लेने वाले अब समझ लो, बराबर ही हैं। सबकी हालत खराब है।' (*राग दरबारी*, पृ. 151) यानी रिश्ते-नाते, आशा-आकांक्षा, कुंठा-निराशा सभी कुछ केंद्रित है घूस के मुद्दे पर। सारी व्यंग्यात्मकता और शैली की वक्रता के बावजूद *राग दरबारी* और 'पहला पड़ाव' की ये निष्पत्तियां भारतीय समाज में घूस की वर्ण और वर्ग से मुक्त सर्व स्वीकृति को रेखांकित ही करती हैं। यह करते हुए वह उस वृहत्तर नागरिक समाज (सिविल सोसायटी) की अनदेखी करती है, जहां घूस और भ्रष्टाचार के प्रति अभी भी सम्मान व स्वीकृति

का भाव नहीं है। 'सिविल सोसायटी' के इस प्रतिपक्ष की अनुपस्थिति व भ्रष्टतंत्र में व्यक्ति व व्यवस्था का सहमेल भारतीय समाज में सब कुछ समाप्त हो जाने जैसा निराशाजनक भाव पैदा करता है। यद्यपि *राग दरबारी* के लंगड़ और *पहला पड़ाव* के सत्ते सीमित संदर्भों में प्रतिरोध का प्रतीक अवश्य बनते हैं।

सत्ते 'लौहजाल तोड़ने' के अपने संकल्प के प्रति संशयालु भी होता है, लेकिन यहां उपन्यासकार अपनी वर्गीय दृष्टि के लौहजाल को तोड़ते हुए उसे संशयमुक्त कर समाज की बेहतरी की लड़ाई के लिए संकल्पबद्ध करता है। *पहला पड़ाव* का यह अंत श्रीलाल शुक्ल के नकारवादी मुहावरे का अंत होने के साथ-साथ नया वैचारिक प्रस्थान बिंदु भी है, *बिस्रामपुर का संत* जिसका अगला पड़ाव है।

कई दृष्टियों से *बिस्रामपुर का संत* श्रीलाल शुक्ल द्वारा अपनी ही रचनात्मक रूढ़ियों से मुक्ति का उत्कृष्टतम उदाहरण है। इस उपन्यास का सतर्क पाठ करते हुए जो बात चौंकाने व सर्वाधिक आकृष्ट करने वाली है वह उपन्यासकर का अपनी पूर्व औपन्यासिक परंपरा से मुक्त होना है। यहां यह तथ्य भी महत्वपूर्ण है कि श्रीलाल शुक्ल की औपन्यासिक परंपरा के निर्धारण में *राग दरबारी* और *पहला पड़ाव* की केंद्रीय भूमिका है। इन उपन्यासों में ताकत का जो विमर्श भ्रष्टाचार और तंत्र की अन्य विकृतियों तक सीमित है, *बिस्रामपुर का संत* में वह सत्ता विमर्श तक पहुंचता है। कुंवर जयंती प्रसाद सिंह इस सत्ता विमर्श में यदि अंतर्सूत्र के रूप में विद्यमान हैं तो भूदान आंदोलन इसकी पृष्ठभूमि के रूप में उपस्थित है। विषयवस्तु की इस नवीनता के साथ एक और अंतर यह भी है कि जहां *राग दरबारी, पहला पड़ाव* और *सूनी घाटी का सूरज,* भक्ति, तंत्र और समाज के बहिरंग तक सीमित है, वहीं *विस्रामपुर का संत* इसके अंतरंग का भी भेदन करता है।

बिस्रामपुर का संत का उनके पूर्व उपन्यासों से एक पार्थक्य बिंदु यह भी है कि यह बदले कथा मुहावरे व समन्वित औपन्यासिक दृष्टि का उपन्यास है। सर्वाधिक महत्वपूर्ण तथ्य तो यह है कि उनके पूर्व के उपन्यासों में जो विसंगतियां रचनात्मक कमजोरी के रूप में रेखांकित होकर चर्चित होती रही हैं; इस उपन्यास में श्रीलाल शुक्ल उनमें से अधिकांश से मुक्त होकर उन्हें अपनी रचनात्मक शक्ति के रूप में इस्तेमाल करते हैं। उन्मुक्त व्यंग्य और आभिजात सौंदर्यदृष्टि का परित्याग इस उपन्यास की सबसे बड़ी शक्ति है। *राग दरबारी* की तरह न यहां व्यंग्य का उन्मुक्त ठहाका है और न 'वेदना का कार्टून'। व्यंग्य यहां अतिकथन में न होकर इस तरह के मित-कथनों में है : 'उस मौसम में इस गांव ने लगभग आधा दर्जन रिक्शाचालकों का निर्यात किया' (पृ. 125) '... अब यह आश्रम राजभवन में तब्दील होने जा रहा है।' (पृ. 91) यहां व्यंग्य सिर्फ भाषा तक सीमित न होकर स्थितियों एवं व्यक्तियों के अंतर्विरोधों तक विस्तृत है। उपन्यास में सामाजिक परिप्रेक्ष्य की सकारात्मकता भी है।

राग दरबारी की तर्ज पर यहां वेदना की अभिव्यक्ति 'कार्टून' के रूप में न होकर काव्यात्मक संवेदना की ऊंचाइयों को छूती है : '...आज तीस वर्षों बाद जब उनकी गोद में फटी बिवाई वाले किसानों की जिंदगी पर सुंदरी की किताब खुली पड़ी है, सुंदरी की एड़ियों की त्वचा की तरह उनका मन भी दरक रहा है, दर्द की आड़ी तिरछी रेखाएं एक दूसरे को काट रही हैं।' (पृ. 136) श्रीलाल शुक्ल का यह संवेदनात्मक परिष्कार *राग दरबारी* की रचनाभूमि से एक लंबी छलांग है। यह उनकी सौंदर्यदृष्टि में गुणात्मक बदलाव का भी सूचक है। यह सुखद विरोधाभास है कि *राग दरबारी* और *पहला पड़ाव* में वे जिस आभिजात सौंदर्यदृष्टि को अपनाते हैं, *ब्रिस्रामपुर का संत* में उसी को लक्ष्य करते हुए वे कहते हैं : 'बहुतों के मन में सामाजिक विषमता और

लाचार व्यवस्था के खिलाफ आक्रोश नहीं पैदा होता, उन्हें देखते ही सबसे पहले हमारे सौंदर्यबोध को चोट लगती है।' (पृ. 113) यह अनायास नहीं है कि बिस्रामपुर के 'संत' कुंवर जयंती प्रसाद को 'फूहड़पन के किसी भी प्रदर्शन से उनकी सुरुचि को पहले जैसा आघात न पहुंचता था।' (पृ. 153) उपन्यास में कुवर जयंती प्रसाद सिंह का 'सौंदर्य विषयक' समस्याओं से एक झटके से मुक्ति पाना भले ही उतना सहज व स्वाभाविक न बन पड़ा हो, लेकिन वह उपन्यासकार की दृष्टि में आए सकारात्मक परिवर्तन को अवश्य इंगित करता है।

उपन्यासकार की सौंदर्यदृष्टि का यह बदलाव समाजिक व आर्थिक विषयवस्तु तक ही केंद्रित नहीं है यह सौंदर्यदृष्टि का संपूर्ण बदलाव है, नारी विषयक प्रसंगों में अब उपन्यासकार की निगाह 'सलूके के खुले बटनों' पर न टिक कर 'पैर में फटी बिवाइयों' को देखती है। यह *राग दरबारी* और *पहला पड़ाव* की सौंदर्यदृष्टि का लेखकीय प्रत्याख्यान है। *पहला पड़ाव* की मजदूरनी जसोदा की मेमसाहबी छवि की तुलना भद्र सुसंस्कृत भूदान कार्यकर्त्ता सुंदरी की इस श्रमिक छवि से करने पर यह बदलाव लक्षित किया जा सकता है :

'सुंदरी के चेहरे से उसके पांवों के सुनहरेपन और सुकुमारता का जो ख्वाब बनता था, महीनों से चला आने वाला धूल और मिट्टी का संसर्ग उसे निर्दयता से चकनाचूर कर रहा था। एड़ियां काली पड़ गई थीं, उनमें झलकती हुई लकीरें बिवाइयों की शुरुआत का पता दे रही थीं। ये पांव दिन भर खेतों में खटनेवाली किसी अधेड़ मजदूरनी के थे।' (पृ. 26) निराला का 'तोड़ती पत्थर' और प्रेमचंद का 'उलझे हुए बालों, पपड़ियां पड़े हुए होठों और कुम्हलाए हुए गालों' का सौंदर्यबिंब यहां पूर्णता प्राप्त कर रहा है। सुंदरता की बदली हुई कसौटी यही है।

कथा-दृष्टि संबंधी उपर्युक्त परिवर्तन जहां श्रीलाल शुक्ल को उनकी अपनी ही कथा-रूढ़ियों से मुक्त करते हैं, वहीं उनकी कुछ अन्य कथा-रूढ़ियां सकारात्मक संदर्भों के साथ *बिस्रामपुर का संत* में नई अर्थ छवियां पैदा करती हैं। *राग दरबारी, पहला पड़ाव* और *सूनी घाटी का सूरज* की तरह अंग्रेजी मुहावरा यहां भी यत्र-तत्र उपस्थित है, लेकिन इस अंतर के साथ कि यहां 'ओरियंटल' दृष्टि की सुखद अनुपस्थिति है। यह तथ्य भी दिलचस्प है कि जब तक इस अंग्रेजी मुहावरे का इस्तेमाल लेखक ने पश्चिम का उपहास करने के लिए किया है। सुंदरी के साथ कुंवर साहब के कामुक प्रसंग का यह वर्णन कुछ ऐसा ही है :

> 'सुंदरी के साथ बत्तीस साल पहले की वह घटना इतनी पुरानी हो गई थी कि उन्हें जान पड़ने लगा था, वह उनके साथ नहीं किसी दूसरे के साथ घटी है। उसे लेकर अब उनका मन यह मानने के लिए भी तैयार हो गया था कि वह कोई गंभीर घटना नहीं, स्वभाव के हलकेपन का क्षणिक प्रदर्शन भर था जिसे पश्चिम के सभ्य समाज में हंस कर और 'नो हार्ड फीलिंग्स' कह कर भुलाया जा सकता था।' (पृ. 157)

एक अन्य प्रसंग कुछ यूं है : '...तब योग की तरह 'योगा' शब्द की ईजाद नहीं हुई थी, इसलिए इन क्रियाओं के साथ ध्यान, मनन और चिंतन के भी कुछ तत्व जुड़े थे'। (पृ. 114)

उपन्यास में जहां-तहां अंग्रेजी मुहावरे का प्रयोग अंग्रेजी मुहावरे के ही रूप में किया गया है। जैसे 'मैं पीछे के सारे पुल तोड़ता आया हूं...' 'अपनी सारी नावें जला चुका हूं', 'पुटिंग योर बेस्ट फुट फारवर्ड', 'यह चाय का प्याला मेरे लिए नहीं है' (दिस इज नाट माई काप आफ टी) आदि। इन अंग्रेजी मुहावरों का प्रयोग उपन्यास की विषयवस्तु में बेमेल इसलिए नहीं लगता कि या तो ये आभिजात पृष्ठभूमि के पात्रों द्वारा बोले गए हैं या लेखकीय वर्णनात्मकता के हिस्से हैं। *बिस्रामपुर का संत* उपन्यास की सफलता की सबसे बड़ी कुंजी यही है कि यहां लेखकीय आभिजात्य पात्रों के आभिजात्य से घुल मिलकर 'आभिजातवादी' दृष्टिकोण के प्रति अति सजग

है। इस लेखकीय अति सजगता का ही परिणाम है कि कुंवर जयंती प्रसाद सिंह का व्यक्तित्वांतरण या बच्चे छबिलाल के प्रसंग (पृ. 145) में अति मानवीयकरण कभी-कभी लेखकीय प्रक्षेपण सरीखा लगने लगता है। लेकिन यदि उपन्यासकार की तर्ज पर अंग्रेजी मुहावरा इस्तेमाल करने की छूट ली जाय तो कहा जा सकता है कि लेखक ने 'गलती सही पाले में की है।'

बिस्रामपुर का संत कथा की एक-रैखिकता के बावजूद कई उपकथाओं की केंद्रीयता लिए हुए है। इस कथा में कई युग्म हैं; कुंवर जयंती प्रसाद-जयश्री, जयश्री-सुंदरी, सुंदरी-सुशीला। इन सभी युग्मों का कोई न कोई तार कुंवर जयंती प्रसाद सिंह और भूदान आंदोलन से जुड़ा हुआ है। और भूदान व कुंवर साहब के बीच जो एक समानधर्मी तत्व है वह है पाखंड। सत्ता, लिप्सा, धन, भूमि, लंपटता की यह पाखंड कथा बंद सी दीखने के बावजूद खुले अंत की कथा है, क्योंकि उपन्यासकार ने कुंवर जयंती प्रसाद सिंह की लिप्सा गाथा का जो उदात्तीकरण आत्महत्या की प्रायश्चित गाथा के माध्यम से किया है वह प्रायश्चित न होकर नेमेसिस (प्राकृतिक प्रतिशोध) सरीखा है। *बिस्रामपुर का संत* के रूप में कुंवर जयंती सिंह का चरित्र अलग-अलग प्रसंगों में टाल्सटाय के 'पुनरुत्थान' (रिसरक्शन) के नेख्लुदोव एवं 'मैला आंचल' के तहसीलदार हरगौरी सिंह का स्मरण करा जाता है। इन तीनों ही संदर्भों में जिन दो तत्वों की सम्मिलित उपस्थिति है वे हृदय परिवर्तन एवं भूमि संबंध हैं। नेख्लुदोव और कुंवर जयंती प्रसाद सिंह में एक सादृश्य और भी है वह है सुंदरी की तरह मास्लोवा द्वारा नेख्लुदोव के विवाह प्रस्ताव से इंकार। अंतर बस इतना है कि जहां नेख्लुदोव को बाइबिल के पृष्ठों में प्रायश्चित का संतोष प्राप्त होता है, वहीं कुंवर जयंती प्रसाद सिंह को गीता के पृष्ठों के बीच वह पत्र प्राप्त होता है, जो उनके जीवन का नेमेसिस (प्रतिशोध) सिद्ध होता है।

यूं तो *बिस्रामपुर का संत* की प्रायश्चित गाथा के केंद्र में सुंदरी, विवेक और कुंवर जयंती प्रसाद का त्रिकोण है, लेकिन सत्ता और भूमि संबंधों का विमर्श जिस गहरी अंतर्दृष्टि के साथ इस उपन्यास में उपस्थित हुआ है, वह इसे अतिरिक्त महत्व प्रदान करता है। उपन्यास के अंतिम प्रसंगों में कुंवर जयंती प्रसाद सिंह के चरित्र में लेखकीय आरोपण एवं किंचित नाटकीयता के बावजूद महानता की यह पतन-गाथा श्रीलाल शुक्ल की रचनात्मकता का उत्कृष्टतम है। कई अर्थों में यह *राग दरबारी* और 'पहला पड़ाव' से आगे की औपन्यासिक यात्रा है। *राग दरबारी* यदि स्वांत्र्योत्तर भारतीय समाज की भदेस गाथा थी, तो *बिस्रामपुर का संत* सत्ता के भद्र जनों की पतन गाथा है। छुद्रताओं के महावृत्तांत से लेकर महानताओं की छुद्रता तक विस्तृत श्रीलाल शुक्ल की यह औपन्यासिक यात्रा जिस अगले पड़ाव तक पहुंचनी है, लगता है उसका सूत्र *बिस्रामपुर का संत* के इस अंतिम वाक्य में अंतर्निहित है, 'ट्रेजडी को लेकर अब मुझसे कभी ऐसी हलकी बात मत करना।'

कहीं यह रेणु के 'तीसरी कसम उर्फ मारे गए गुलफाम' के हीरामन की तरह श्रीलाल शुक्ल के रचनाकार द्वारा व्यक्ति श्रीलाल शुक्ल को दिलाई गई कसम तो नहीं!!!

1999, तद्भव

कौन किस पर हंसता है?

मुद्राराक्षस

उपन्यासों के हिंदी संसार में प्रेमचंद के बाद जिन कुछ कृतियों ने ख्याति कमाई है उन पर दुबारा एक नजर डालना रोचक अनुभव होता है। पिछले दस-पंद्रह बरस छोड़ दें तो इनकी तादाद बहुत ज्यादा नहीं है पर साहित्य में उनकी खासी जगह है जैसे झूठा सच, आधा गांव, मैला आंचल, अमृत और विष, तमस, धरती धन न अपना, झीनी झीनी बीनी चदरिया, एक टुकड़ा इतिहास या फिर *राग दरबारी*। 'धरती धन न अपना' या 'एक टुकड़ा इतिहास' जहां बिलकुल ही उपेक्षित हुए वहां 'झूठा सच', 'तमस' या 'आधा गांव' ने अपने दबंग विचारों के कारण बड़ी पहचान बनाई। *मैला आंचल* बुनियादी तौर पर विद्यापति के गीतों जैसी संवेदना और गीतात्मकता से चमत्कृत करता है पर *राग दरबारी* इन सबसे अलग है। मुख्यतः वह व्यंग्य लेखों का एक ऐसा संकलन है जिसमें कुछ नाम या व्यक्ति हर व्यंग्य-लेख में एक ही हैं। पर इसकी स्वीकृति व्यंग्य लेख-संग्रह के रूप में नहीं उपन्यास के रूप में हुई। इसे अपूर्व लोकप्रियता भी मिली।

निस्संदेह जिस भाषासंस्कार से यह किताब लिखी गई है वह अपने आपमें अकेला है। हिंदी के प्रारंभिक इतिहास में हास्य-व्यंग्य की परंपरा खासी लंबी है पर भाषा के स्तर पर वह अपने मानक नहीं बना सकी। उसके बहुलांश पर कहीं उर्दू के हास्य-व्यंग्य की छाया बनी रही थी। लंबे अरसे बाद हरिशंकर परसाई ने जरूर व्यंग्य का एक कारगर मुहावरा ईजाद किया। परसाई एक बात में बहुत स्पष्ट थे। वे व्यंग्य करना चाहते थे, हास्य या प्रहसन में उनकी रुचि बिलकुल नहीं थी। चूंकि वे व्यंग्यकार थे इसलिए रघुवीर सहाय की तरह वे सक्षम सामाजिक टिप्पणियां करते थे। रघुवीर की कविता और परसाई के व्यंग्य की ये टिप्पणियां कहीं वर्तमान समाजशास्त्र का सटीक जनपक्षीय खुलासा करती थीं। इस अर्थ में दोनों की ही रचनाओं में वर्तमान इतिहास की एक कालजयी पड़ताल है।

राग दरबारी में जिस व्यंग्य-शिल्प का इस्तेमाल किया गया है, उसकी कुंजी संस्कृत हास्य या प्रहसन की परंपरा है। संस्कृत साहित्य में हास्य या प्रहसन का कोना काफी बड़ा है। वह चतुर्माणी हो या भगवदज्जुकीयम या फिर संस्कृत नाटकों में प्रहसन के अंश। उनमें एक कुलीन और शास्त्रीय भाषा संस्कार है। पर संस्कृत व्यंग्य की एक शास्त्रीय सीमा भी है जो समूचे वाङ्मय में हमेशा ही अक्षत रखी गई है। संस्कृत कवि राजा, राजसत्ता या राजव्यवस्था पर कभी व्यंग्य नहीं करता। वह राजा के साले पर व्यंग्य कर सकता है। साहूकारों या स्त्रियों पर व्यंग्य कर सकता है पर राजा या देवता को इस दायरे से बाहर रखता है। बहुत निरामिष हास्य, देवता को लेकर जरूर है पर राजा को लेकर वह भी नहीं। हां व्यंग्य 'नीच' माने जाने वाले समाज पर बहुत खुला है। 'मृच्छकटिकम' में जुआरी भृत्य या गाड़ीवान या बौद्ध भिक्षु पर व्यंग्य खूब किए गए हैं। पर इसी प्रहसन में अत्याचारी राजा के विरुद्ध व्यंग्य गायब है। कालिदास के

'अभिज्ञान शाकुंतलम्' में मछुओं की रोजी तक पर राजपुरुष सीधा व्यंग्य करते हैं। मछुआ जब कहता है कि वह मछली मारता है तो राजपुरुष व्यंग्य करते हैं : 'कितना उम्दा पेशा है।'

इसकी तुलना मे कुछ ऐसे वाक्य देखें : 'चमार एक जाति का नाम है जिसे अछूत माना जाता है। अछूत एक प्रकार के दुपाए का नाम है।' राग दरबारी में व्यंग्य के जोश में संस्कृत की उस शास्त्रीय परंपरा का सावधानी से पालन किया गया है जिसमें राजा व्यंग्य की परिधि में कभी नहीं आता और हर छोटा आदमी उसी से घिरकर पिटता है।

संस्कृत में व्यंग्य का आधार ही है विकृत अंग। आदमी अन्धा, लंगड़ा, आपाहिज हो वह संस्कृत के शास्त्रीय व्यंग्य का प्रिय पात्र होता है। यह महज संयोग नहीं है कि *राग दरबारी* का बेहद हास्यास्पद चरित्र एक लंगड़ा 'लंगड़' है। लंगड़े व्यक्ति की उपन्यास में मौजूदगी संस्कृत का शास्त्रीय दबाव ही है। 'गांव में छोटेपन की छटा छाई थी', 'एक काली-कलूटी औरत सिर पर गंदी-सी पोटली' इत्यादि ऐसे ही व्यंग्य हैं। एक और वाक्य यहां उद्धृत करना जरूरी है : 'ये बातें 'गोदान' में इतनी साफ नहीं लिखी गई हैं और बंबइया फिल्मों में शायद कृश्नचंदर और ख्वाजा अहमद अब्बास के डर के कारण या प्रगतिशीलता के जोश में पचास फीसदी अंधे हो जाने के कारण...'!

यह बयान इस 'सच्चाई' से संबंधित है कि किसान आमतौर पर दूसरे का खेत हड़पने-हथियाने पर आमादा रहता है और दूसरे की फसल की चोरी करता है और चीखता है कि उसकी अपनी फ़सल की चोरी हुई है। वह बैठता अपनी मेड़ पर है और अपने जानवरों को दूसरे के खेत में चरने को छोड़ देता है। यह संयोग से इस उपन्यास में गंभीर टिप्पणी वाला व्यंग्य है जो लेखक के बयान के तौर पर सामने आया है।

श्रीलाल शुक्ल का *राग दरबारी* मुख्यतः एक व्यंग्यप्रधान उपन्यास माना जाता है जिसमें शिवपालगंज नाम के एक 'गांव' की कहानी है। वैसे जिस तरह वहां इंटर कॉलेज से लेकर पुलिस थाना तक है उसे देखकर इस शिवपालगंज को गांव क्यों कहा गया है, मैं नहीं जानता। कुल तस्वीर देखने पर यह एक कस्बा जरूर लगता है। पर यह गांव ही बताया गया है और एक ऐसा गांव जिसमें 'मकोय' का पेड़ इतना बड़ा होता है कि उसके नीचे लंगड़ अंगोछा बिछाकर बैठा आराम करता है। आमतौर पर गांवों ही नहीं कस्बों और शहरों में भी मकोय के पौधे उगते हैं जिनमें रसभरी जैसे खट्टे-मीठे, अरहर के दाने जितने छोटे लाल या काले फल उगते हैं और ये पेड़ मौसम के साथ समाप्त हो जाते हैं। कद में ये एक से डेढ़ फुट होते हैं। ज्यादा बड़ा पेड़ ऊंचा न होकर अपने चारों ओर फैल जाता है क्योंकि डालें बहुत रसीली और मुलायम होती हैं। पर निश्चय ही शिवपालगंज एक ऐसा गांव है जहां थाना है, चौकी नहीं। थाने में छोटे-बड़े दारोगा और बंदूकधारी सिपाही हैं। वहां को-ऑपरेटिव सोसाइटी और बीज भंडार भी है जहां गांव वाले ट्रक से ले जाकर गेहूं रखते हैं। इंटर कॉलेज तो है ही। फिर भी वह गांव ही है। इस देश के गांव क्या होते हैं, कैसे होते हैं इसकी एक उम्दा तस्वीर इसमें मिलती है। यह एक ऐसा तथ्य है जिसे इस उपन्यास के स्वरूप और चरित्र के आकलन के समय ध्यान में रखना होगा।

राग दरबारी खुद अपने अंतःसाक्ष्य से भी एक गांव की कहानी है और इसी रूप में विख्यात भी है। इस समूची कथा का एक तटस्थ गवाह है रंगनाथ जो शहर में पढ़ता है और कुछ दिनों के लिए गांव आया हुआ है। कथा के केंद्र में एक वैद्यजी हैं जिनकी हैसियत एक जमींदार जैसी है। उनके आदमी से थाना भी दबता है और वे सहकारी समिति, पंचायत और कॉलेज की प्रबंध समिति से लेकर छल-बल के प्रयोग के लिए जाने जाते हैं। इस 'गांव' में कुछ और लोग भी

हैं जैसे शायर भीखमखेड़वी, बेटे से पिटते रहने वाले कुसहर प्रसाद, वैद्यजी के बेटे, उनका चमचा या सनीचर, प्रिंसिपल और कुछ अध्यापक। कुल मिलकार यह रचना आज के समाज में व्याप्त मर्यादा भ्रंश या मोटे शब्दों में भ्रष्टता का दस्तावेज है। इसी के रूप में *राग दरबारी* उपन्यास लोकप्रिय भी हुआ है।

भ्रष्टता की केंद्रीय घटनाएं हैं–शिक्षकों का घोर अशिक्षित होना, प्रिंसिपल का उतना ही अशिक्षित होकर वैद्यजी की सेवा में रहना, पुलिस का अपराधी पकड़ने में हास्यास्पद हरकतें करना (गोकि इस गांव में एक भी अपराध समूचे घटनाक्रम में घटित नहीं होता), किसी लड़की का गुप्त प्रेम, सहकारिता समिति में गबन और कॉलेज की प्रबंध समिति के चुनाव में धांधली। यह धांधली भी खासी मासूम-सी है। एकाध लड़के देसी पिस्तौल से धमकाते भर हैं। लगभग चार सौ पृष्ठों के इस वृहदाकार दस्तावेज में भ्रष्ट आचरण की इन घटनाओं के अतिरिक्त शेष लेखक की टिप्पणियां ही घेरती हैं और इनमें भी काफी बड़ी जगह गू, मूत या हगने-मूतने की क्रियाएं ले लेती हैं। उदाहरण के लिए एक ही पृष्ठ का ब्यौरा देखें : 'आबादी लगभग पचास गज पीछे छूट गई थी और वह वीरान इलाका शुरू हो चुका था जहां आदमी...पाखाना तक कर सकता था। ...कई बच्चे सड़क के दोनों किनारों पर बैठे हुए पाखाना कर रहे थे। ... बहुत-सी प्रौढ़ और तजुर्बेकार महिलाएं भी उसी मतलब से... बैठी थीं। ... लकदक कमरे में कमोड पर बैठे हुए कब्जियत... । ...महिलाएं पाखाने की कार्यवाही को स्थगित कर... कुछ बच्चे ढेला फेंकने और दूसरे नैसर्गिक काम के साथ... कुछ उसी हालत में उठकर... औरतें सड़क के किनारे पहले की तरह...'। इतने जिक्र इकट्ठा सिर्फ पच्चीस पंक्तियों के एक पैरा में हैं। ठीक ऐसे ही मुहावरे भी बहुत बड़ी संख्या में मिलेंगे मसलन 'पानी में हगा', 'अंगारे हगेगा', 'गू खाय तो हाथी का', 'पेशाब से चिराग जलता है', 'खाकर हग देते हैं, 'स्थान विशेष में पाखाना तक नहीं', 'चिड़िया मूत दे तो उफना चलेगा', 'हमारा पेशाब पतला नहीं', 'पेशाब से पैदा', 'कुतिया हगासी' इत्यादि। संयोग से इन सुभाषितों को खोजने के लिए कोई मेहनत नहीं करनी पड़ती इस बात की तारीफ जरूर होनी चाहिए।

जो भी हो, शिवपालगंज नाम के इस गांव में जो भ्रष्टता है उसे संभवतः देश के पतनशील इतिहास के प्रतीक के रूप में पेश किया गया है। कोई गांव निश्चय ही भ्रष्टता का स्वायत्त टापू नहीं हो सकता। या तो वह सारे सामाजिक इतिहास का एक काल पात्र होना चाहिए या फिर उसके समग्र स्वरूप का आईना। दोनों ही नजरों से यह दस्तावेज नाकाफी है। देश में व्यवस्था भ्रंश के नाम से पिछले कुछ दशकों में ही नहीं सदियों में जो कुछ सड़ता रहता है, उसका आकार बहुत विराट है। उसमें ऋग्वेद का 'पिता दुहितुगर्भमाधात' भी है और पुराणों के अहिल्या प्रसंग भी हैं। घिनौने अत्याचारों की शास्त्रसम्मत परंपरा भी है और धर्म के नाम से सनद पाए निंदनीय कर्मकाण्ड भी। इस इतिहास में राम का नाम लेकर हजारों आदमी मार डाले जाते हैं और पत्थर की मूर्तियां बाकायदा दूध पीती हैं। इसी में रजवाड़ों के ऐशगाह भी हैं और सामंतों के बर्बर पागलपन के ऐतिहासिक नमूने भी। मूंधड़ाकांड भी होता है और प्रतापसिंह कैरो का दिव्योदय भी।

निश्चय ही यह उम्मीद अनुचित नहीं है कि भ्रष्ट तंत्र के इस दस्तावेज में जरूर कुछ प्रामाणिक होना चाहिए। पर वह है क्या? वह भ्रष्टता जो टॉल्स्टाय के 'पुनरुत्थान', कुप्रिन के 'यामा द पिट' या ऐसी ही अन्य विख्यात कृतियों के केंद्र में है, क्या *राग दरबारी* का सरोकार है? क्या इसमें वह व्यवस्थित विरूप है जो धर्मवीर भारती के 'सूरज का सातवां घोड़ा' में है?

यहां यह बात स्वीकार करनी चाहिए कि किसी रचना की पड़ताल करते वक्त इस बात

पर जोर देना सही नहीं होता कि उसमें अमुक चीज नहीं है। निश्चय ही यह लेखक की स्वायत्तता है कि वह अपनी रुचि का विषय चुने या जिसे चाहे छोड़ दे बशर्ते कि इसके पीछे उसकी नीयत में खोट न हो। पर कोई तब क्या कहे जब कृति के लेखक ने खुद कई बार, कई तरह से, विचारणीय रचना में ही घोषणा की हो कि इसमें यह सब है और वही सब खोजना मुश्किल हो जाए? मसलन जैसा मैंने पहले कहा कि लेखक इसे गांव की कहानी बताता है और वस्तुतः किसी कस्बे या छोटे शहर की गाथा चित्रित करता है। शिवपालगंज गांव बताया जाता है पर वहां गांव नहीं एक पूरी तहसील मौजूद मिलती है। जहां थाना या डाक बंगला या इंटर कॉलेज है वह बार-बार गांव क्यों कहा गया? वह भी ऐसा गांव जहां मकोय का पौधा इतना कद्दावर हो कि उसके नीचे कोई अंगोछा बिछाकर आराम कर सके?

किताब का एक और दावा किताब में ही मौजूद है। महाभारत के बारे में कहा जाता रहा है कि जो कहीं नहीं वह महाभारत में है और जो इसमें नहीं है वह कहीं नहीं। 'रंगनाथ को शिवपालगंज के बारे में लगने लगा कि महाभारत की तरह जो कहीं नहीं है वह यहां है और जो यहां नहीं है वह कहीं नहीं है।'

यह नवीन महाभारत क्या सचमुच देश के समाज की दुर्दशा का प्रतीक है? अगर है तो कथाभूमि गांव क्यों है, शहर क्यों नहीं है? क्या शहर की तुलना में गांव ज्यादा गंदा, गलीज और पतित है? उपसंहार के तौर पर उपन्यास के अंत में एक पलायन संगीत भी है।

उपन्यास के गवाह रंगनाथ को उपन्यासकार सारी कथा सुना चुकने के बाद संबोधित करता है :

> तुम मझोली हैसियत के मनुष्य हो और मनुष्यता के कीचड़ में फंस गए हो। तुम्हारे चारों ओर कीचड़ ही कीचड़ है!... कीचड़ में कीचड़ ही पनपता है।... यहां ये पलायन करो... भागो भागो भागो...
>
> रंगनाथ समझ गया कि यह वही तेली है जो शहर में खरीदे हुए मशीन के तेल को कोल्हू में पेरा हुआ शुद्ध सरसों का तेल कहकर देहात में बेचता है।

उक्त दोनों उदाहरण एक ही स्थान, एक ही पृष्ठ से हैं। जहां 'देहात' का आदमी मशीन का तेल लाकर सरसों के तेल के नाम से बेचता है, उस कीचड़ से दूर हट जाने की सलाह विचारणीय है। रंगनाथ शहर में रहता पढ़ता है। वहां न उसकी अंतरात्मा को कोई खास गड़बड़ दिखाई दी और न ही वह उसे 'कीचड़' कहकर उससे भागता हुआ देहात आया था। कीचड़ से उसका सामना गांव आकर ही हुआ। यह कीचड़ उसे ऐसे गांव में दिखी जहां लेखक के ही शब्दों में 'छोटेपन की छटा छाई' है। लेखक खुद कहता है कि इस गांव के अंदर जो भी हो रहा है वह देश में होने वाले सबकुछ की अलामत है। क्या इसका संदेश यह है कि देश बहुत ठीक-ठाक होता अगर देहात इतने गंदे न होते? देहातों की गंदगी अंततः देश का बलतोड़ बन गई?

उपन्यास में शहर की थोड़ी-सी छवियां हैं मसलन अदालत है, अफसर भी हैं, अप्रत्यक्ष रूप से एकाध नेता भी हैं। पर अदालत गंदी है तो इसलिए कि

> बरामदे में कुत्तों की तरह नागरिक लेटे हुए थे... देह पर गंदे...कपड़े... मैले कुचैले, बढ़ी हुई दाढ़ियां वाले...बीड़ी पीते हुए या गंदे दांतों के पीछे तंबाकू का चूरा...

यहीं एक बूढ़ी औरत 'उल्लू' की तरह आंखों से संसार को देख रही है जिसके दोनों बेटे बीमार हैं और फसल काटने वाला कोई नहीं।

प्रहसन यह है कि जिस औरत के दोनों बेटे बीमार हैं और उसे कचहरी आना पड़ा है उसकी

आंखें 'उल्लू' जैसी हैं। ऐसे व्यंग्य समूचे उपन्यास में हैं और सच यह है कि ऐसे ही व्यंग्य ज्यादा हैं। ऐसे ही व्यंग्य इस उपन्यास का अभिप्राय लगते हैं : 'वह काली-कलूटी औरत सिर पर एक गंदी-सी पोटली रखे हुए...।' निश्चय ही 'किसी को' इस दृश्य पर हंसने की सामग्री मिलती होगी। इस देश में गोरी सुंदर स्त्रियां कम हैं, 'काली-कलूटी' औरतें ज्यादा हैं। बहुराष्ट्रीय कंपनी के चमकीले बक्से नहीं, 'गंदी पोटलियां' लेकर चलने वाली औरतें दिखती हैं। जरूर इस दृश्य पर हंसी आती होगी पर किसे? कौन हंसता है इस दुनिया पर?

अष्टावक्र के कूबड़ और टेढ़े अंगों को देखकर राजा जनक हंसे थे। पता नहीं राजाओं के कूबड़ होता है या नहीं। वे काने या अपाहिज होते हैं या नहीं? संस्कृत साहित्य में प्रायः किसी अपंग राजा का जिक्र नहीं है। धनंजय ने अपने सिद्धांत ग्रंथ 'दशरूपक' में विस्तार से यह बताया है कि नायक मधुर, त्यागी, दक्ष, मीठा बोलने वाला, उच्च कुलीन, युवा, सुंदर होता है। और इसी किताब में हास्य के लिए टेढ़े-मेढ़े, विकृत अंगों वाले व्यक्तियों को निशाना बनाने का आदेश है। रामकथा की दासी कुबड़ी है। कथा से बहुत कुछ ध्वनि यह भी निकलती है कि कुबड़ी थी इसलिए उसे धूर्त तो होना ही था।

वशिष्ठ धर्मसूत्र के अनुसार शूद्र गंदे, अपवित्र, आलसी, कलह करने वाले, उचक्के, चोर और लोभी होते हैं। यह संयोग नहीं कि ब्राह्मण काव्यशास्त्र और धर्मशास्त्र के दृष्टि कोण से ही गांव की कीचड़ देखी गई है। उसमें चमार दुपाया होता है, गरीब औरत काली कलूटी होती है, गरीब बूढ़ी की आंखें घुग्घू जैसी होती हैं। इसीलिए इस उपन्यास में घटिया बात कहने वाले को 'कमीनेपन की बात कहते' दिखाया गया। कमीना शब्द शूद्र के लिए प्रयुक्त होता है। समूचे उत्तरी भारत में शूद्र 'कमीने' कहे जाते हैं, सर्वत्र खराब काम करने वाले आदमी को नीच, चमार या कमीना कहकर संबोधित करते हैं क्योंकि उनकी मानसिकता होती है। सारे अपरूप और गंदगी का प्रतीक शूद्र होता है। शहरी बाबू-संस्कृति में गांव भी बहुत कुछ इसी अर्थ में देखा जाता है। इसी समाज ने 'गंवार' और 'गंवारूपन' जैसे शब्द दिए हैं। इसी समाज ने 'देहाती' शब्द को मूर्ख, अपढ़, अज्ञानी और पिछड़ेपन का समानार्थक बना दिया। इसी समाज ने छंद रचे—खूब मिलाई जोड़ी, एक अंधा एक कोढ़ी। इस समाज के लिए तपेदिक तो राज रोग होता है और कुष्ठ रोग उपहास का पात्र। इसी समाज ने बौने व्यक्ति को प्रहसन बना दिया। *राग दरबारी* में ऐसा प्रहसन (या व्यंग्य?) उसी तरह जगह-जगह पाया जा सकता है जैसे इसमें कहीं भी, किसी भी पृष्ठ पर बिष्ठा या मूत्र मिलेगा। यह बात थोड़ा हैरान करती है कि अगर विकृत अंग, फटेहाल, मैले कपड़ों वाले असहाय लोगों की 'हास्यास्पद' शक्लें और विष्ठा की प्रचुरता से व्यंग्य का रिश्ता है तो यह हरिशंकर परसाई में कहीं क्यों नहीं है? सामाजिक सड़न और नैतिक पतन मनुष्य के भेद से प्रकट होती है तो निश्चय ही व्यंग्य की अर्थवत्ता पर पुनर्विचार करना होगा।

इस देश में सामाजिक मूल्यों का भ्रंश नया नहीं है। शिवपालगंज में बेटे के हाथों पिटनेवाला कुसहर प्रसाद अनोखा चरित्र नहीं है। मगध के राजा बिंबसार को उनके पुत्र ने कैद करने के बाद मार ही डाला था। विजयनगर के राजा विरुपाक्ष द्वितीय को भी उसके बेटे ने ही मार डाला था। महाराजों और सामंतों की निकृष्ट यौन-वृत्तियों पर इस सदी में बहुत किताबें लिखी गई हैं। यौन और आर्थिक लुच्चेपन की बड़ी-बड़ी गाथाएं इस सदी में भी विख्यात हुई हैं। पर इत्तिफ़ाक़ से *राग दरबारी* इनमें से किसी को भी केंद्र नहीं बनाता। अदालत, पुलिस, प्रशासनिक सेवा और शासन के नेतृत्व में व्यंग्य लायक बहुत कुछ है। *राग दरबारी* लिखे जाने से पहले भी इनके काण्ड चर्चित हुए थे। प्रतापसिंह कैरो तब तक हो चुके थे। खुद उत्तर प्रदेश में चंद्रभानु गुप्त

जैसी चर्चित हस्तियां थीं। क्या कारण है कि देश में मर्यादा भ्रंश पर लिखे गए इस 'महाभारत' में अपंग, गरीब, लाचार अथवा बिष्ठा को हंसी का पात्र बनाया गया, सामन्त, सेठ, कोतवाल, लाट साहब या नेता इस प्रहार की सीमा से पूरी तरह बाहर हैं?

दरअसल यह उपन्यास उन लोगों को बल और विश्वसनीयता दिलाने का प्रयास है जिनसे सामाजिक भ्रंश की नदी फूटती है और सैलाब बनती जाती है। *राग दरबारी* उन्हें निर्द्वंद्व करने का एक अप्रयत्न है। इस उपन्यास को बड़ी स्वीकृति, सहर्ष मान्यता और उदार समर्थन वही समाज देता है जो भ्रंशजीवी है। उसके लिए यह देखना सुखद होता है कि गंदा तो गांव है, घृणित तो लूले-लंगड़े, अपाहिज, काले-कलूटे और बदसूरत लोग हैं।

दिल्ली में जब पहली बार महेंद्र सिंह टिकैत ने किसानों की पंचायत की थी तो किसान वहां के भी थे। अगले हफ्ते खुशवंत सिंह ने अपने कॉलम में यह नहीं लिखा कि किसानों को क्या चाहिए। उन्होंने आपत्ति की थी कि किसान एक सुंदर बागीचे (बोट क्लब) को गंदा कर गए। यही *राग दरबारी* है।

गांव की इस कहानी में एक और बड़ी विशेषता है। इसमें बहुत से पात्र हैं जैसे लंगड़, जोगनाथ, कुसहर, सनीचर इत्यादि पर इनके घर वहां कहां हैं, कैसे हैं, बाकी पारिवारिक सदस्यों की तस्वीर क्या है, यह सब अनुपस्थित है। यह अनुपस्थिति इसलिए है कि ये सबके सब सांचे वाले चरित्र हैं। मूर्ख का सांचा है, झगड़ालू का सांचा है, झूठे और लुच्चे का सांचा है, दरिद्र का सांचा है और ये सारे सांचे पहले से ही कटे-कटाए हैं। क्लासिकी व्यंग्य की यह अनिवार्य आवश्यकता होती है। वह सांचों पर चल सकता है और व्यक्तियों की बनी-बनाई ईंटों से ही खड़ा हो सकता है। वह पहले से विरूप पत्थर में तराश कर नहीं निकाला जा सकता। यह तराशने का काम प्रेमचंद, टॉल्स्टॉय, मारखेज और रैल्फ एलिसन करते हैं। परसाई का व्यंग्य भी इसीलिए क्लासिकी परंपरा में खपता नहीं, क्योंकि परसाई को कटे पांव वाले आदमी या पत्तलों से जूठन बीनते हुए व्यक्ति पर हंसी नहीं आती। उन्हें हंसी उन पर आती है जिन्होंने वहां पत्तल फेंकी हो, जूठन सहित। जो पत्ते फेंकते हैं आखिर वे ही क्यों नहीं उसकी जूठन बटोर कर पहले खा लेते? परसाई का व्यंग्य यह देखता है इसीलिए वह व्यंग्य का नया इतिहास-दर्शन खड़ा करता है।

राग दरबारी में दरिद्र पात्र बहुत हैं पर उनमें से किसी के 'घर' की तस्वीर उसमें नहीं है, वैद्यजी के घर को छोड़कर। आखिर क्यों? कृषि पर टिप्पणी है पर उस तथाकथित गांव में न तो कोई खेत जोता, बोता, काटता दिखता है और न ही अपने पशुओं के आसपास दिखता है। इसके चरित्रों के घर और निजी जिंदगी उस प्रहसन की अनिवार्य जरूरतें हैं जो किसी को भी मनुष्य के रूप में नहीं, ऐसी आकृति की तरह देखना पसंद करता है जिसके विरूप पर हंसा जा सके।

कुल मिलाकर इस उपन्यास *राग दरबारी* की टिप्पणी क्या है? यह क्या कहना चाहता है? वस्तुतः यह रचना यह ध्वनि देती है कि बड़े श्रेष्ठितन्त्र, उद्योग व्यापार, धार्मिक पूजाडंबर, अंधविश्वास फैलाकर लूटने वाले धर्म और परमार्थ तंत्र, राजनीतिक शिखर की व्यवस्था, राजाओं-महाराजाओं की दुनिया से नीचे गांवों में छोटेपन की छटा में रहते समाज में गड़बड़ी है, ऊपर नहीं। लोग गंदे कपड़े पहनना, दूसरों के खेत में जानवर चराना, अपंग, कुरूप और काले-कलूटे होना छोड़ दें तो कीचड़ समाप्त होगी, कीचड़ पैदा होना बंद होगी, कमल खिलेंगे। साहित्य में अज्ञेय, जैनेंद्र आदि से लेकर विद्यानिवास मिश्र और निर्मल वर्मा तक का जो भी रचनाकल्प है वह कीचड़ से इसी तरह का सुलूक करता है और इत्तफाक नहीं है कि उनका

'कमल' जब उगता है तो एक धर्मान्ध राजनीतिक तंत्र की ही छवियां लेकर। वह सब्जी बेचने वाले में बुराई देखता है या सब्जी उगानेवालों में, सब्जीमंडी के दलालों में नहीं। *राग दरबारी* इसी पक्ष का लेखन है। देश के किसी भी हर्षद मेहता या कल्पनाथ राय को यह उपन्यास पसंद आएगा। यह उपन्यास उन्हें भी खुश करता है जिन्हें उत्तर प्रदेश के प्रशासनिक अधिकारियों के संगठन ने सर्वाधिक भ्रष्ट की उपाधियां दी थीं। यह पुलिस महानिर्देशक को भी पसंद आएगा और माफिया दाऊद इब्राहिम को भी। यह उपन्यास इनमें से किसी के लिए न तो कोई टिप्पणी करता है और न कोई खतरा पैदा करता है। अंततः इस उपन्यास की यह एक बड़ी उपलब्धि है कि कद्दावर, क्रूर, लुटेरे, आमानुषिक और भ्रष्ट समुदाय को चैन की सांस लेने का अवसर देता है और उन्हें आश्वस्त करता है कि उनके पाप चिंतनीय नहीं हैं, कीचड़ तो गली-गली, गांव-गांव फैली हुई है। संयोगवश ही व्यवस्था के कुकर्मों को अपने आपमें निरापद करने का यह एक बड़ा रचनात्मक प्रयास बन गया है और यही इस व्यवस्था में उपन्यास की लोकप्रियता का राज भी है। इस तरह *राग दरबारी* सचमुच एक दरबारी गायन है।

वर्तमान साहित्य, *जनवरी-फरवरी 2000*

व्यंग्यव्यंजित आत्म-आक्रोश

सुवास कुमार

अपने बारे में श्रीपतराय के इस मंतव्य और भविष्यवाणी कि 'महाऊब के महाउपन्यास का अपठित रहना ही जिसकी नियति है' । को झुठलाते हुए 'गोदान' और 'मैला आंचल' की तरह *राग दरबारी* भी हिंदी का 'बेस्ट सेलर' अर्थात् बहुपठित और लोकप्रिय उपन्यास साबित हुआ है। आज इसकी पठनीयता को लेकर किसी को शंका करने की गुंजाइश नहीं है। पिछले तैंतीस सालों में इसका खुमार कम हुआ हो, ऐसा नहीं लगता। उलटे, इस बीच इसने लगभग 'क्लासिक' का दर्जा पा लिया है। *हर क्लासिक की भांति इसकी नियति भी आलोचना के चढ़ाव-उतार से गुजरने की रही* है। 'गोदान' के स्थापत्य से नंददुलारे वाजपेयी-जैसे आलोचक बड़े नाखुश थे, 'मैला आंचल' की प्रतिकूल आलोचनाएं रामविलास शर्मा और अन्य प्रगतिशील आलोचकों ने की थीं पर इनसे कृतियां अप्रभावित ही रहीं। अभी हाल में डॉ. नामवर सिंह ने अपने आलोचकीय जीवन का सबसे बड़ा पछतावा 'मैला आंचल' के महत्व को सही वक्त पर नहीं पहचान पाने को माना है। हिंदी आलोचना में एक ओर जहां इस बात के ढेरों प्रमाण हैं कि अनेक कृतियां अपनी ताकत से कम, मगर आलोचकों के प्रयत्नों से ज्यादा उछली हैं, वहीं दूसरी ओर थोड़े-से ऐसे उदाहरण भी मिलते हैं *जहां आलोचक चाहकर भी कृतियों को दबाए रखने में सफल नहीं हुए हैं।* व्यक्तिगत और वैचारिक पूर्वाग्रह न केवल लेखकीय, अपितु आलोचकीय असफलता का सबसे बड़ा कारण होता है। ऐसे आलोचक की भीतरी मंशा के चलते न केवल उसकी व्याख्या और विवेचन गलत दिशा में होने लगते हैं, बल्कि कृति से उसकी अपेक्षाएं और मांगें साहित्येतर होने लगती हैं। आलोचक के अकबकाने की एक स्थिति वह भी होती है *जब वह किसी रचना को अपने आग्रह के बंधे-बंधाए फ्रेम के भीतर पूरी तरह से समेट नहीं पाता और संरचनात्मक नवीनता और प्रयोग को* रचना की असफलता के रूप में देखता-दिखाता है। जैसा कि संकेत किया जा चुका है, *राग दरबारी* अनपेक्षित-अतिरंजित आलोचनाओं का खूब शिकार बना है। आलोचकों ने *राग दरबारी* को तरह-तरह के सवालों के घेरे में खड़ा करना चाहा लेकिन विवेचन में वे पूर्वाग्रह-मुक्त रह नहीं पाए। पूर्वाग्रह-मुक्त आलोचना ही कृतियों के साथ न्याय कर पाती है। आग्रही-दुराग्रही आलोचनाओं के सामने आकर *राग दरबारी* का सामान्य रसग्राही पाठक ऊहापोह में पड़कर सोचने लगता है कि *क्या इस उपन्यास में मानवीय संवेदना का अभाव है?* क्या इसमें चित्रित जीवन सिर्फ भोंड़ा और कुरूप ही है? क्या यह उपन्यास सिर्फ गलत लोगों पर, या गलत कारणों से हंसता है? क्या वह किसी कलाकार-रचनाकार के द्वारा नहीं, बल्कि एक अभिजात सौंदर्याभिरुचि वाले सत्तासुख-भोगी अधिकारी के द्वारा लिखा गया? क्या यह ब्राह्मणवादी दृष्टि की धूर्तता और चालाकी से रचा गया है? क्या उपन्यासकार का 'एप्रोच' संपूर्णतः निषेधवादी है? क्या वह सिर्फ तमाशाई बनकर ही तमाशा नहीं देख-दिखा रहा? पाठक एक

तरफ कृति से अभिभूत होता है और दूसरी तरफ आलोचकीय विवेचनों से विचलित भी। कृति-विमुख आलोचनाएं इसी तरह यथार्थ-विमुख भी होती हैं और विभ्रम पैदा कर देती हैं।

श्रीलाल शुक्ल लंबे समय से लिखते रहे हैं और विस्मयजनक बात तो यह है कि कोई बीस बरस पहले सेवानिवृत्त होने के बाद से लेखन में और भी अधिक सक्रिय रहे हैं। नौकरी और लेखन दोनों में वे 'मध्यवर्गीय सफलता' का जीवन जीते रहे हैं। यों अपने बारे में उनका कहना है कि उन्होंने कभी आर्थिक सुरक्षा का अनुभव नहीं किया। 'अभावग्रस्त बचपन, मेहनत और चिंताओं से भरा विद्यार्थी जीवन' रहा उनका। गांव और गरीबी का उन्होंने व्यक्तिगत रूप से तो साक्षात्कार किया ही, उनका तटस्थ अध्ययन-विश्लेषण करने के अवसर भी उन्हें खूब मिले। भले ही निजी तौर पर किसानी नहीं करते हों लेकिन उन्होंने किसान-खासतौर से 'अवध के किसान' की जिंदगी को बहुत निकट से और खुली आंखों से देखा है। बच्चों को गरीबी जल्दी ही सयाना बना देती है। छह साल की उम्र में उन्होंने भी जान लिया था कि गन्ना पैदा करने वाले और गुड़ बनाने वाले किसान के बच्चों के खाने के लिए गुड़ नहीं होता—वह सारा का सारा बिक जाने के लिए होता है। फिर भी किसान का लगान नहीं चुक पाता और खेत हाथ से निकल जाते हैं। 'अवध के वे किसान' नामक अपने निजी अनुभवों और आंकड़ों के आधार पर लिखे गए लेख में श्रीलाल शुक्ल बताते हैं कि रबी और खरीफ मिलाकर किसी तरह लगान निकल भी जाए तो उधार लिए बिना जीवित रहना और सामाजिक दायित्वों का निर्वाह करना अर्थशास्त्र और प्राणिशास्त्र का चमत्कार ही समझा जाना चाहिए। वे मानते हैं कि 'इतिहास शोध का ही नहीं, प्रतिशोध का भी विषय है।' उनको इस बात की थोड़ी आश्वस्ति भी है कि 1932 में एक किसान परिवार की दुर्दशा के प्रत्यक्ष द्रष्टा और भोक्ता इस व्यक्ति ने 1952 में एक वेतनजीवी अफसर की हैसियत से जमींदारी उन्मूलन की प्रक्रिया में विनम्र योगदान भी किया। 'बिस्रामपुर का संत' उपन्यास के परिशिष्ट में भी श्रीलाल शुक्ल किसानों और भूमि से संबंधित अपने विचारों की जानकारी देते हैं। वे मानते हैं कि भूदान आंदोलन से भूमि-समस्या का कोई 'व्यावहारिक और स्थायी समाधान' नहीं मिल पाया। इसके दूसरे छोर पर कुछेक वामपंथी हिंसक संगठन भी उभरे। समस्या फिर भी जस की तस रही। व्यक्ति और नौकरशाह श्रीलाल ने इस प्रकार से सामंती-पूंजीवादी तंत्र की लगातार बनी रहने वाली आतंकप्रद उपस्थिति में अपने कार्य की सार्थकता का अनुभव भले न किया हो, लेकिन रचनाकार के रूप में सामाजिक प्रतिबद्धता रखने वाले किसी कलाकार के लिए *राग दरबारी* जैसे लेखक की सार्थकता के अनुभव से बढ़कर और क्या हो सकता है?

गांव और गरीबी का चोली-दामन का संबंध हिंदी और हिंदुस्तान के अधिकांश कथा-लेखकों के टेसुआ-बहाऊ वर्णनों का आधार रहा किया है। प्रेमचंद ने जहां गहन संवदेना के साथ इसके व्यापक परिप्रेक्ष्य को देखा-दिखाया था, वहीं स्वातंत्र्योत्तर ग्राम कथा लेखन में रेणु ने कृषक जीवन में भौतिक अभावों के बावजूद उस जीवन में मौजूद सांस्कृतिक समृद्धि से जुड़ी खुशियों को बटोर लिया था। श्रीलाल शुक्ल ने गांव और गरीबी के चित्रण के प्रति प्रेमचंद और रेणु के मॉडलों से अलग ही रुख दिखाया। उन्होंने शल्य-चिकित्सा वाली ऐसी निर्ममता से काम लिया है जो अत्यंत करुणोत्पादक स्थितियों में भी भावुकता को दूर झटक देता है। 'मैला आंचल' का गांव 'गोदान' के गांव से, समय के लिहाज से, लगभग एक दशक की दूरी पर है तो *राग दरबारी* का गांव 'मैला आंचल' के गांव से कोई दो दशकों की दूरी पर। गांवों में होने वाले परिवर्तनों और परिवर्तनों की तह में छिपी हुई प्राणधारा को पकड़ने की रेणु और शुक्ल ने अपने-अपने ढंग से ईमानदार कोशिशें की हैं। 'गोदान' और 'मैला आंचल' की भांति ही *राग*

दरबारी की रचना की अपनी मौलिकता और अपना औचित्य है।

ग्रामीण भारतीय परंपरा के सकारात्मक व नकारात्मक पहलुओं में श्रीलाल शुक्ल की आरंभ से ही दिलचस्पी रही है। बहुत पहले उन्होंने वी.एस. नायपॉल की उन दिनों विवादास्पद रूप से चर्चित पुस्तक 'एन एरिया ऑव डार्कनेस' की समीक्षा 'मि. नायपॉल और अंधकार का एक प्रांतर' शीर्षक से लिखी थी। नायपॉल भारत और ट्रिनिडाड को लेकर खरी-खरी और दो-टूक बातें कहने के लिए खासे बदनाम रहे हैं लेकिन यह उनके आत्मालोचन की शैली रही है। 'एन एरिया ऑव डार्कनेस' में भारतीयों की बुरी आदतों की आलोचना ('दे हैव फैंटास्टिक कैपेसिटी फॉर इनेक्टिविटी') उनकी अन्य रचनाओं में भी खूब हुई है। उनके उपन्यास 'ए हाउस फॉर मि. बिस्वास' में ट्रिनिडाडवासी भारतीय मूल के लोगों की लतों की आलोचना भी खूब है। भारतवंशी ट्रिनिडाडवासी (हालांकि वे ट्रिनिडाड में बहुत कम ही होते हैं, लेकिन वैसे भी सच्चा कलाकार विश्व-नागरिक होता ही है!) नायपॉल के लिए ऐसी आलोचना करना उनका अधिकार है, इसलिए भी कि इस आलोचना के पीछे अपनी परंपरा और वर्तमान को सही परिप्रेक्ष्य में समझने-परखने की उनकी मंशा थी। विद्याधर नायपॉल की उक्त पुस्तक में हालांकि बेलाग और दो-टूक बातें कहीं गई थीं, लेकिन भारतीय बुद्धिजीवियों ने उन्हें एक विदेशी शख्स के रूप में ही देखा, जिसे मानो भारत के बारे में बोलने का कोई हक नहीं है, खासकर घूस लेने वाले, खुशामद करने वाले या खुले में मल-त्याग करने वाले भारतीयों के बारे में। आलोचकों ने लगभग एक स्वर से बेहद तीखी और प्रतिकूल प्रतिक्रियाएं व्यक्त की थीं। सच तो यह था कि नायपॉल 'बाहरी' व्यक्ति होने के बावजूद भारतीयता को अपनी धमनियों में भी महसूस कर सकते थे जबकि उनकी तुलना में नीरद चौधरी ऐसे 'भीतरी' व्यक्ति थे जिन्हें अपनी स्वतःप्राप्त भारतीयता के ठप्पे से बेहद चिढ़ थी। इस तरह ये दोनों भारत के कटु आलोचक विपरीत ध्रुवों पर भी थे। श्रीलाल शुक्ल ने नायपॉल के विचारों को 'एक कलाकार की खीझ' के रूप में अधिक देखा और ईमानदार 'आत्म-आक्रोश' के रूप में कम। फलस्वरूप वे इस संदेहपरक निष्कर्ष पर पहुंचे थे कि 'कहीं नायपॉल भी चेतन-अचेतन रूप से उन देशी और विदेशी लेखकों के अकेंद्रित वर्ग के तो नहीं हैं जो भारत की दुरावस्था को केवल एक तथ्य जैसा वर्णित करके ऐसी कृतियों की सृष्टि करते हैं, जो न साहित्य है, न सूचना-संग्रह का माध्यम।' क्या वे नहीं जानते कि अपने जिस औपन्यासिक शिल्प की नवीनता और प्रयोग के लिए नायपॉल जाने जाते हैं वह निबंध, संस्मरण और कथातत्व के अत्यंत पठनीय सम्मिश्रण से बना है? अपनी 'मान्यता को स्पष्ट करते हुए वे बताते हैं कि 'नायपॉल एक समाजशास्त्रीय निबंध नहीं लिख रहे थे, पर कलाकार की हैसियत से ही उनसे यह अपेक्षा की जा सकती थी कि वे समाज के उस बृहत्तम अंग को अपना विश्लेषण नहीं, तो कम से कम अपनी समझ देते जो देखने में आकर्षक भले ही न हो, पर जिसकी संस्कृति नृशास्त्रीय अर्थ में नहीं बल्कि समाजशास्त्रीय अर्थ में अपनी स्वतंत्र और पूर्ण संस्कृति है। उन्होंने भारतीयों के लिए लिखा है कि वे इतिहास-बोध से शून्य हैं, पर उन्हें स्वयं इस समाज को समझने के लिए अपने इतिहास-बोध को ब्रिटिश राज से पहले से चले आते हुए इतिहास की पृष्ठभूमि को, नजरअंदाज नहीं करना चाहिए था।'

जो लोग सरसरी तौर पर या फिसलती निगाहों से *राग दरबारी* पढ़ेंगे, वे कुछ ऐसी ही सलाह स्वयं श्रीलाल शुक्ल को देने की हिमाकत कर सकते हैं। किया भी है। मुद्राराक्षस के बहाने इतिहास ने श्रीलाल शुक्ल से मानो प्रतिशोध लिया है। मुद्रा ने *राग दरबारी* को उपन्यास नहीं, 'व्यंग्य लेख संग्रह' कहा है। कहना न होगा कि *जहां नायपॉल के बारे में श्रीलाल शुक्ल के विचार पूरी तरह सही नहीं थे,* वहां *राग दरबारी* के बारे में *मुद्राराक्षस* की धारणा बेबुनियाद थी। इतिहास

का प्रतिशोध ऐसा ही करुण होता है! भारत जैसे पुराने देश की सुदीर्घ समृद्ध संस्कृति और सभ्यता-समीक्षा की बात बहुत सीधी और सरल नहीं हो सकती। नायपॉल और श्रीलाल शुक्ल में थोड़ा अंतर है। नायपॉल चाहे ट्रिनिडाड की बात करें चाहे भारत की, दोनों ही देशों में वे आउटसाइडर और ऑब्जर्वर की ही भूमिका में रहते हैं (दोनों देशों में उनकी हैसियत टूरिस्ट-जैसी हो गई है!) श्रीलाल शुक्ल देश में ही ज्यादातर रहते हुए भी आउटसाइडर और ऑब्जर्वर बने रहते हैं, साक्षी और भोक्ता कभी-कभार ही। उनकी आत्मस्वीकृति है कि 'प्रकटतः लखनऊ के हैसियतदार मुहल्ले में, एक मध्यवर्गीय मुहल्ले में रहते हुए मैं एक मध्यमवर्गीय सरकारी अफसर की जिंदगी गुजार रहा हूं। पर मेरा एक पैर गरीबी के खेमे में है जिसे मैं जीवन के पूर्वार्ध में जान चुका हूं और दूसरा पैर संपन्नता के उस खेमे में है जो मेरे पास-पड़ोस में दिखाई देती है। और उन दोनों में से किसी भी खेमे में सुकून और अपनेपन का अनुभव नहीं कर पाता हूं।' नायपॉल और श्रीलाल शुक्ल दोनों के लिए बेघर होने की व्यथा और अपनापन से भरे सुकूनदेह घर की तलाश महत्वपूर्ण है। यह केवल संयोग नहीं है कि दोनों रचनाकारों के लेखन में घर और मकान के बिंब खासी अहमियत रखते हैं और बार-बार आते हैं। नायपॉल का क्लासिक बन चुका उपन्यास 'ए हाउस फॉर मि. बिस्वास' भौतिक और आध्यात्मिक-आत्मिक दोनों ही स्तरों पर घर की तलाश की महागाथा है। श्रीलाल शुक्ल की कुछ पुस्तकों के नाम 'मकान' और 'यह घर मेरा नहीं' इसी बिंब से संबंधित हैं। दोनों लेखकों का दर्द एक-जैसा होते हुए भी अलग शिल्प और शैली में व्यक्त होता है। नायपॉल इस दर्द और आक्रोश को निबंधात्मकता की गंभीर गरिमा में रचते हैं। श्रीलाल शुक्ल का बेहद निर्मम और ईमानदार 'आत्म-आक्रोश' जब व्यंग्य-विनोद-विरूप और कटुता से घुल-मिलकर निकलता है तो हमेशा महसूस होता है कि यह जो ऊपर से झाड़-झंखाड़ और दिगंत-प्रसरित बालुका-राशि ही दिखाई देती है उसके नीचे ऐसी अंतःसलिला निरंतर प्रवाहित है जो मधुर आत्मीयता से सराबोर है। रचना के भीतर की इस अंतर्धारा को यदि पाठक महसूस नहीं करता तो *राग दरबारी* कभी इतना लोकप्रिय नहीं हो पाता। रचना में जो यह तीव्र आत्मालोचना है वह गहन आत्मीयता के कारण-स्वरूप है, गोया कोई अपने ही पारिवारिक बंधु-स्वजन के उघड़े हुए दुर्गणों को छिपाने अथवा उनका बचाव कर पाने की स्थिति में खुद को न पाकर भीतर की चिढ़, कुढ़न, आक्रोश को हंसकर दबा रहा हो!

श्रीलाल शुक्ल बताते हैं कि उनकी आरंभिक साहित्यिक यात्रा 'कविता की कोशिश' वाली थी, मगर 1945 तक मुझमें यह समझ आ गई थी कि मैं पद्य लिख सकता हूं... पर कविता नहीं लिख सकता।' कहना न होगा कि 'पद्य' में भी वे व्यंग्य ही लिख रहे थे : 'क्या करिश्मा है ऐ रामाधीन भीखमखेड़वी/खोलने कालिज चले आटे की चक्की खुल गई!' 'मैला आंचल' के होली-गीतों और जोगीड़ों के द्वारा रेणु ने भी अपनी व्यंग्यात्मक 'कवि-प्रतिभा' का अच्छा प्रमाण दिया था! 'गोदान' और 'मैला आंचल' के गांवों से *राग दरबारी* का गांव इस अर्थ में 'आगे' बढ़ा है कि 'हाकिम बोला कि हम किसानों की तरह खाएंगे अर्थात् सिर्फ मटर की घुंघनी से काम चल जाएगा,' लेकिन यहां हालत यह है कि 'मटर शहर से मंगाना पड़ेगा। यहां मटर कहां?' लगभग उन्हीं दिनों दिए गए एक साक्षात्कार में रेणु ने कहा था कि मुर्गी गांव में बोलती है लेकिन अंडा शहर में बिकता है। जैसे उनका अंचल पूर्णिया जिले में ही सिमटा नहीं था, वैसे ही श्रीलाल शुक्ल का शिवपालगंज पूरे देश में पसरा हुआ था। दोनों ही लेखकों को आंचलिक भी कहा गया है लेकिन यह आंचलिकता गहरे अर्थोंवाली है। किसी रचना के आंचलिक होने का अर्थ यह नहीं कि वह राष्ट्रीय नहीं है, बल्कि वह इस अर्थ में कहीं ज्यादा ही 'राष्ट्रीय' होती

है कि प्रतीकात्मक रूप में अंचल में संपूर्ण राष्ट्र को और संपूर्ण राष्ट्र के भीतर अंचल को देखती-दिखाती है। *राग दरबारी* बताता है कि आजादी के पहले और आसपास के यानी प्रेमचंद और रेणु के गांवों के विकास की दर और दिशा क्या थी।

'मैला आंचल' और *राग दरबारी* दोनों में जो एक खास चीज रेखांकित करने योग्य है वह है रसजीविता। *राग दरबारी* ने अपने खास अंदाज में मामूलीपन और सपाट जीवन को रसमय बना दिया है और यह अलग ही प्रकार का जीवन-रस है। यह दबे-कुचले, असहाय, विरूप लोगों के उस अतर्कित जीवट को पहचानने की कोशिश है जो तमाम भयंकर अभावों, आपदाओं और भ्रष्टताओं के बावजूद उस जिजीविषा को बचाए रखता है जो अपने-आपमें शहरी अमानवीयता और बनावटीपन के खिलाफ जेहाद जैसा है। यहां रंगनाथ के रूप में एक ऐसे शहरी बुद्धिजीवी की आंखों से देखा गया गांव है जिसे गांव-शहर दोनों ही स्थितियों का पता है और दोनों की तुलना में से व्यंग्य उभरकर और खुलकर समाने आ जाता है। कथानक, शिल्प, शैली आदि के लिहाज से *राग दरबारी* 'गोदान' के बनिस्बत 'मैला आंचल' और 'परतीः परिकथा' से कहीं अधिक प्रामाणिक है। व्यंग्य को भी जोड़ लें तो रेणु और परसाई का योगफल भी यहां है। चूंकि श्रीलाल शुक्ल यहां विलक्षण (Fantastic) यथार्थ की रचना फैंटेसी में गए बगैर करने में समर्थ हुए हैं अतः इसका व्यंग्य गांव की अभिधेयात्मक जिंदगी का डिटेल्स नहीं प्रस्तुत करता, बल्कि गांव की जिंदगी की तीव्रतम आलोचना करता है। इसे शिवपालगंज का हूबहू फोटोग्राफ नहीं बनाकर शिवपालगंज के एनीमेटेड कार्टून का रूप दिया गया है। यह एनीमेशन विस्तीर्ण नहीं होते हुए भी जितना प्रहारात्मक है, उतना ही तटस्थ और निष्पक्ष भी है। शैली और संरचना की दृष्टि से *राग दरबारी* स्वयं श्रीलाल शुक्ल के दूसरे उपन्यासों से भी काफी अलग हटकर है।

व्यंग्य यथार्थवादी शिल्प में हमेशा फंतासी की निर्मिति ही नहीं होता, लेकिन वह तब भी विलक्षण, आकर्षक और कारगर हो सकता है। *राग दरबारी* में व्यंग्य नंगे यथार्थ की एब्सर्डिटी को चतुराई से पकड़ने से अधिक उपजा है। ऊपर से देखने पर कथा के ढेरों प्रसंग, घटनाएं और क्रियाएं अभद्र, निंदनीय और निरर्थक जान पड़ सकती हैं किंतु उनका अंतिम लक्ष्य जहां व्यंग्य का सूक्ष्म संकेत हमें पहुंचाना चाहता है, अत्यंत मानवीय है। लंगड़ का संघर्ष भी वैसे तो निरर्थक जान पड़ेगा, खास तौर से 'मैला आंचल' के बावनदास के बलिदान में पर्यवसित होने वाले गांधीवादी संघर्ष की तुलना में, लेकिन इसके व्यंग्यात्मक अंकन के पीछे रचनाकार का 'एप्रोच' कितना मानवीय है इसे पाठक सहज ही भांप लेता है। बड़े युद्धों की छाया से भरी छोटी-छोटी लड़ाइयों का बेलाग विवरण *राग दरबारी* हमारे आगे इस प्रकार से धर देता है कि आप ऊब नहीं सकते—अपनी बेडौल-भोंड़ी तस्वीर सामने पाकर चिढ़ या तिलमिला भले ही सकते हैं।

व्यंग्य, हास्य, विनोद, प्रहसन आदि उस तत्व से सीधे जुड़ते हैं जिसे कलाओं और साहित्य में सामान्यतः मनोरंजन और विशेषतः नंदन-तत्व कहा जाता है। लेकिन जिससे कोई कथा-रचना वास्तव में कला बनती है वह चीज है किस्सागोई, जिसकी अपनी ही शर्तें होती हैं और कम ही कथाकर जिसे आदि से अंत तक इकसार-धाराप्रवाह-रूप से निबाह ले जाते हैं। कथावाचक में इतने धैर्य और संयम की अपेक्षा होती है कि वह श्रोताओं के धैर्य की परीक्षा तो न ले परंतु उसकी उत्सुकता को, गोया अनजाने ही बहुत धीरे से जगाए, उसे निरंतर उकसाता चला जाए और बड़ी स्वाभाविक गति से शमन की ओर बढ़े या फिर झटके देता चले। लेकिन इस क्रम में कभी भी श्रोता की दिलचस्पी को कम न होने दे। यह अपने-आपमें बड़ी साधना है। श्रीलाल

शुक्ल किस्सागोई की भारतीय परंपरा से परिचित ही नहीं हैं बल्कि उसे नए संदर्भ और आयाम देते हुए भी प्रतीत होते हैं। संदर्भ कुसहर प्रसाद के झगड़े और पंचायत का हो, जोगनाथ के मुकदमे का या कार्तिक पूर्णिमा में 'देवी मंदिर' के मेले का, पूरा *राग दरबारी* कथारस से ओत-प्रोत है लेकिन हिंदी के तर्क-बुद्धि-प्रवण आलोचक की मुसीबत यह होती है कि 'कथा' नहीं, 'कथा-दृष्टि' ढूंढ़ता है। उसे तो ठोस 'वैचारिकता' चाहिए। ताकि कथाकार की 'प्रतिबद्धता' स्थापित की या उखाड़ी जा सके। सवाल है, कथा-दृष्टि बंधी होनी चाहिए या खुली? अथवा लेखक का अपना 'जीवन-दर्शन' रचना में 'प्रकट' होना चाहिए या नहीं? 'प्रतिबद्ध आलोचक भी आलोचना करते वक्त मार्क्स-एंगेल्स की यह राय भुला देना पसंद करते हैं कि जो लेखक रचना में अपने निजी विचारों को जितना ही अधिक छिपा सके वह उतना ही महान होता है। ट्रैजेडी यह है कि ऐसे 'प्रतिबद्ध' आलोचक में वैचारिक बद्धमूलता या कठमुल्लापन जितना ही अधिक मिलता है, 'सेंस ऑफ ह्यूमर' उतना ही कम। ऐसे आलोचकों को 'दृष्टि' से जितनी प्रीति है, 'लीलाभाव' से उतनी ही चिढ़। वे 'लेखकीय धर्म' की बार-बार दुहाई देते हैं और उनका यह 'धर्म' स्वभाव के अर्थ वाला नहीं होता, बल्कि 'रिलिजन' वाला अर्थ रखता है। अतः ऐसे में पिटे-पिटाए यथार्थ की एकायामिता को ही वे चरम कलात्मक अभिप्रेत साबित कर दें तो क्या आश्चर्य। 'सेंस ऑफ ह्यूमर' से उनकी एलर्जी का आलम यह है कि अक्सर वे व्यंग्य को उपहास और मखौल का पर्याय समझ बैठते हैं या तीनों को आपस में गड्डमड्ड कर देते हैं। वे बार-बार शिकायत करते हैं कि व्यंग्यकार हमेशा व्यंग्य ही क्यों करता है, वह गाहे-ब-गाहे गंभीर और अभिधेयात्मक क्यों नहीं होता? शायद उन्हें पाठक की बड़ी परवाह होती है जिसे वे आमतौर पर 'सामान्य बुद्धि' का मानकर चला करते हैं और सोचते हैं कि वह सूक्ष्मातिसूक्ष्म व्यंजनाओं में जाने की अकल नहीं रखता। ऐसा आलोचक अगर पाठक को उसके हाल पर ही छोड़ दे तो दोनों का भला हो! ऐसे आलोचक का अभिधेयार्थ-प्रेमी स्वभाव भला किस्सागोई की रसावहता से भी क्यों न परहेज करे! सो वह बड़ी गंभीरता के साथ 'लीला' में वस्तु की खोज करता फिरता है। वह बकवत् ध्यान लगाए रचना में लेखक की जीवन-दृष्टि को गणित के अंकों की भांति हासिल कर लेने की ताक में रहता है और इसी नजरिए से रचना की विवेचना और विमोचन करता है। 'जीवन-दृष्टि' को वह रचना में से नोच-निकालकर कहता है लो यह निकल आई कथाकार की ठोस, मछली जैसी, 'दृष्टि'। और इस प्रदर्शन के वक्त उसके अंदाज का आलम ऐसा, गोया कि पानी में तैरती सारी की सारी मछलियों को ही उन्होंने हासिल कर लिया हो। होता यह है कि श्रेष्ठ लेखक नेपथ्य में रहते हुए बेमालूम तरीके से अपने निजी संकेत पूरी रचना में व्यक्त-विन्यस्त कर देते हैं, जिन्हें ढूंढ़-छान पाना बड़ा कठिन होता है। लेकिन 'जीवन-दृष्टि' हासिल करने के नाम पर उपन्यास को इतिहास और समाजशास्त्र में रिड्यूस कर देना सही आलोचना का काम नहीं है। उपन्यास के अध्ययन के फलस्वरूप समाजशास्त्र भले ही तैयार किया जा सकता हो, लेकिन समाजशास्त्र के अध्ययन के द्वारा श्रेष्ठ उपन्यास नहीं रचा जाता।

राग दरबारी किस विधा की रचना है, इसको लेकर ऊहापोह में पड़ने की कोई जरूरत नहीं है। यह उपन्यास है और उपन्यास जाहिरा तौर पर एक सर्वाधिक मिश्रित और सर्वाधिक लचीली विधा है। उपन्यास का कोई स्थिर और पूर्णतः सुनिश्चित-सुनिर्धारित ढांचा नहीं होता और यदि होता भी तो देखा गया है कि श्रेष्ठ कथा-रचनाएं प्रायः अपनी विधात्मक सीमाओं को तोड़ती-फोड़ती भी विकसित होती हैं। *राग दरबारी* नई जमीन तोड़ने वाली रचना भी है क्योंकि उससे पहले हिंदी में व्यंग्य के शिल्प में कोई संपूर्ण यथार्थपरक उपन्यास नहीं लिखा गया है। इस दिशा में हरिशंकर परसाई के औपन्यासिक प्रयत्न भी संपूर्ण नहीं कहे जा सकते।

परसाई के आरंभिक औपन्यासिक प्रयास 'तट की खोज' में बेहद कच्चापन है। वहां व्यंग्य भी आद्यंत नहीं और जो भी है वह भाषा की सतह पर ज्यादा है। 'रानी नागफनी की कहानी' अवश्य परिपक्व-प्रौढ़ औपन्यासिक रचना है लेकिन 'रानी केतकी की कहानी' (इंशा अल्ला खां) की पैरोडी होने के चलते वहां मध्यकालीन वातावरण का उपस्थापन कथाकार की विवशता हो गई और इस मजबूरी से बंधे होने के चलते वह वर्तमान का बिलकुल सीधा और दो-टूक साक्षात्कार नहीं कर सका। परसाई की अन्य कथात्मक रचनाओं, जैसे 'लंका विजय के बाद', 'सुदामा के चावल', 'इंस्पेक्टर मातादीन चांद पर', 'भोलाराम का जीव' आदि में भी उनका व्यंग्य वर्तमान की विरूपता को उजागर करने के लिए पैरोडी और फैंटेसी का सहारा लेता है। जीवन-यथार्थ का सीधे साक्षात्कार करते हुए उस पर लगातार व्यंग्य करते चले जाना और कथा-प्रवाह को रोचक बनाए रखना कम जीवट का काम नहीं है। किस प्रकार से पूंजीवादी प्रजातंत्र में अवशिष्ट सामंती व्यवस्था की मानसिकता अभाव और अशिक्षा के कारणों से भेष बदल कर गुटबंदी, भाई-भतीजावाद, खुशामदीपने और अनेकविध भ्रष्टाचार के रूप में सारे जीवन-संदर्भों पर काबिज हो गई है, *राग दरबारी* की यह शिनाख्त ही मोटे तौर पर इसका मूल कथ्य है। यहां गांव या कस्बा या नगर-महानगर का विभाजन फिजूल है क्योंकि दिगंतव्यापी इस विसंस्कृतिकरण के तमाशे का पूरा देश ही हिस्सा बना हुआ है। इस सार्वदेशिक पतन के माहौल में कथाकार पाता है कि हर स्तर पर स्वस्थ प्रवृत्ति और मानसिकता के दर्शन दुर्लभ हो गए हैं, और 'ठीक आदमकद कोई नहीं है।' रचनाकार परिवेश के भयंकर प्रदूषण और दबाव को उसकी पूरी भयावहता के साथ व्यंग्य की मार्फत उपस्थित करने में सक्षम है। शिल्प और शैली का कसाव और संतुलन ऐसा है कि उसका अपना स्वर अलग से मुखरित नहीं होता। कुछ लोगों का यह सुझाव कि *राग दरबारी* के संजयनुमा पात्र रंगनाथ को 'पॉजिटिव करेक्टर' होना चाहिए था (जो कि अगर होता भी तो क्या और कितना फर्क पड़ जाता), वस्तुतः कलात्मकता में कृत्रिमता के गैरजरूरी हस्तक्षेप से अधिक कुछ नहीं। मूल्यहीनता, संस्कारहीनता, क्रियाहीनता, ज्ञानहीनता और क्षुद्रताओं पर कठोर व्यंग्यात्मक प्रहार और तीखी-सजग आलोचना करता है *राग दरबारी* और इससे आगे बढ़कर हल प्रस्तुत करने की अपेक्षा रखना साहित्य के स्वभाव के प्रति एक किस्म की ज्यादती ही कही जाएगी।

यहां ध्यान देने की बात है कि सामाजिक प्रश्नों से कोई रचनाकार भले ही खुद को अछूता रख ले, मगर किसी व्यंग्यकार के लिए ऐसा कर पाना संभव नहीं है। इसलिए अगर श्रीलाल शुक्ल मानते हैं कि उनका कथा-लेखन उनके लिए 'लेखनी विलास' नहीं, बल्कि 'लिखने की मजबूरी' है तो इसमें सच्चाई है। वे तो यह भी मानते हैं कि *सूनी घाटी का सूरज* (1955) और *अज्ञातवास* (1955-56) दरअसल स्वतंत्र उपन्यास नहीं होकर *राग दरबारी* लिखने की तैयारी मात्र थे। यह कल्पना करना कठिन नहीं कि 'असंतोष का खटराग' (बकौल नेमिचंद्र जैन) और 'महाऊब का महाउपन्यास' (बकौल श्रीपत राय) रचने के लिए सरकारी अधिकारी श्रीलाल शुक्ल को कितनी जद्दोजहद करनी पड़ी होगी : 'इसने छः साल मुझे बीमारी की हालत में रखा। उन गंवार चरित्रों के साथ दिन-रात रहते हुए मेरी जबान खराब हो गई।' कथाकार गंवार लोगों के प्रति आत्मीयता का इजहार कभी और कहीं भूलकर भी, विज्ञापनीय लहजे में, नहीं करता मगर जिस लाग-डांट शैली का वह प्रयोग करता है उसमें आम आदमी की सेहत की गहरी फिकर है (जैसी डॉक्टर में होती), इसीलिए एक अलग किस्म का बेइंतहा, यद्यपि अप्रकट, अपनापन है। श्रीलाल शुक्ल के व्यंग्य में एक ऐसी ओढ़ी हुई निस्संगता है जिसकी आड़ में वे करुणा भाव को प्रच्छन्न रखने का प्रयत्न करते हैं। उनके औपन्यासिक स्थापत्य की भीतरी बनावट

में जीवन के प्रति गहरी आस्था झलक मारती है। यह गहन मानवीयता ही इस कृति को क्लासिक का दर्जा दिलाती है। वैसे वक्ती साहित्य बनाम शाश्वत/शास्त्रीय साहित्य का द्वंद्व बड़ा जटिल मामला है। जिनमें अर्थ-संकेतों का असीम खुलापन होता है वैसी वक्ती रचनाएं भी क्लासिक का ओहदा हासिल कर लेती हैं। कबीरं के साखी सबद में यही बात है और *राग दरबारी* में भी। श्रीलाल शुक्ल के शिल्प का तकाजा था कि रचना में 'गंभीरता' न आने पाए। व्यंग्य रचना *राग दरबारी* का लेखक जानता है कि ग्रामीण संस्कृति में बिंब सर्वाधिक महत्व के होते हैं और इसलिए उसने बिंबात्मक भाषा के जरिए इनका पूरा का पूरा और सार्थक व्यवहार और उपयोग किया है। ग्रामीण जीवन की प्रहसन-प्रियता को व्यंग्य के घड़ीसाज वाले बारीक चिमटे से बड़ी कुशलता और खूबी से पकड़ा गया है। विचारणीय है कि *राग दरबारी* में शुद्ध हास्य, शुद्ध विनोद या शुद्ध प्रहसन नहीं मिलते। ये सर्वत्र प्रमुखतः व्यंग्य सम्मिश्रित हैं।

राग दरबारी का व्यंग्य कहीं भी सतही और भोथरा नहीं है। सफल व्यंग्य बुद्धि की तीक्ष्णता का प्रमाण होता ही है। *राग दरबारी* के व्यंग्य में छिपी हुई व्याजस्तुतियों और अप्रस्तुत प्रशंसाओं से उसके आकर्षण की तीव्रता महसूस की जा सकती है। गांव की गंदगी और जहालत, अंधविश्वास और भोली चालाकियां अपनी ऊपरी वास्तविकता में जितनी अपराजेय दिखाई देती हैं उनकी जड़ों को श्रीलाल शुक्ल व्यंग्य की उतनी ही पैनी नोक से इस कदर कुरेद देते हैं कि ठस समस्याओं की भेद्यताएं और कमजोरियां साफ-साफ उघड़ आती हैं। शिवपालगंज में कॉलेज, थाना, डाक-बंगला, कोऑपरेटिव जैसे शहरी चिह्न भी गंवई-गंवार रूप धारण कर लेते हैं। भ्रष्टता का वहां एक ऐसा सर्वग्रासी प्रसार है कि गांव, कस्बा, शहर तीनों ही कथा-भूमियों की सीमाएं मिटती सी घुल-मिल जाती हैं। एक पढ़े-लिखे किंतु व्यावहारिकता की दृष्टि से अनुभवहीन नवयुवक रंगनाथ की नजरों से ज्यादातर भ्रष्टता और फूहड़ता के 'दर्शन' किए गए हैं और यह साक्षात्कार इतना उत्तेजक होता जाता है कि अपनी उत्कट भावप्रवणता में आकर लेखक खुद भी जब-तब छोटी-मोटी टिप्पणियां देने का लोभ संवरण नहीं कर पाता। श्रीलाल शुक्ल शोषक या शिकारी के मनोभावों और प्रवृत्तियों को व्यंग्य का जितना निशाना बनाते हैं उतना ही शिकार अथवा शोषित होने वाले के पराजित मनोविज्ञान और लतों-आदतों को भी। इस बात को उनके व्यंग्य के किंचित् नयेपन के रूप में देखा जा सकता है, जिससे यह तथ्य सामने आता है कि *राग दरबारी* एकपक्षीय लेखन नहीं है। दरअसल यह महाभारत की भांति सभी संबंधित पक्षों की अनैतिकता, भ्रष्टता और फूहड़ता को तीखी व्यंग्य दृष्टि से तार-तार करता है, यहां तक कि जो पात्र कथा-विकास का माध्यम होने का भ्रम पैदा करता है, खुद उसकी क्षुद्रताओं को भी बख्शा नहीं जाता। इस तरह का उपन्यास व्यंग्यपूर्ण आत्मालोचन का जीवंन दस्तावेज बनता है और उसके इस 'आत्म' में समाज का हर पक्ष शामिल है। अर्थात् *राग दरबारी* साफ तौर पर वर्गीय लेखन नहीं है। इससे सही के प्रति लेखकीय पक्षधरता बाधित नहीं होती, बल्कि अधिक मानवीय बनती है। अपनी प्रकृति में से ही व्यंग्य यथास्थिति विरोधी और परिवर्तनकामी होता है, हास्य की प्रवृत्ति भले ही यथास्थितिवादी भी हो सकती है।

वास्तव में उपन्यास में निषेध-नकार-जैसा जान पड़ने वाले 'एप्रोच' की अंतर्धारा यही मानवीय प्रतिबद्धता है। बात यह है कि ऊपरी तौर व्यंग्य हालांकि 'नकार का दर्शन' होता है, लेकिन वह निषेध के लिए निषेध नहीं होता, या निषेध के प्रचलित अर्थों में पूरी तरह नकारवादी नहीं होता, क्योंकि उसका नकार हमेशा गृहीत के अस्वीकार से ही संबंधित होता है, जिसमें बड़े सूक्ष्म स्तरों पर परिवर्तन एवं नवनिर्माण के सुझाव व चिंता जुड़ी होती है। यहां यह भी ध्यातव्य है कि व्यंग्य में लेखकीय दृष्टि अपने विषय को उसके परिदृश्य–दिक् और काल–की जद में

लाकर देखती है। इसके लिए लाजिमी तौर पर उसे विषय से अलग कुछ दूरी पर (दूरी बना कर) खड़े होकर दृश्य-स्थिति का जायजा लेना होता है। समझ-झरोखे बैठकर जग का मुजरा लेय! इस सापेक्षिक दूरी के चलते ही वह कार्य, कारण और प्रक्रिया, सब कुछ को देख और महसूस कर सकता है।

राग दरबारी अनेक स्थलों पर 'असंयमित-सी' प्रतीत होने वाली व्यंजक भाषा दरअसल वर्णन की और वर्ण्य वस्तु की मांग है। वैसे यह भाषा गंवई जीवन में जो खुलापन है उसके समक्ष कहीं नहीं ठहरती। गाली-गलौज वाले अभिव्यक्तियों की बात की जाय तो इस लिहाज से 'आधा गांव' की भाषा अधिक 'असंयमित' लगेगी। फिर भी श्रीलाल शुक्ल की भाषा ग्रामीण अभिव्यक्तियों की बेजोड़ ताकत से अभिभूत हो उनका अनुसरण करने की रचनात्मक कोशिशें करती नजर आती है। व्यंग्य भाषा की सक्रियता का यह अप्रतिम उदाहरण है, भले ही व्यंग्य शब्द-व्यंजना पर ही क्यों न निर्भर रहता हो। व्यंग्य रचनाओं में व्यंग्य की लक्ष्य-वस्तुओं, स्थितियों या व्यक्तियों को उनकी संपूर्णता में नहीं, अधूरेपन या इकहरेपन में देखा जाता है अर्थात् चोट वहीं की जाती है जहां विकृति या अभावात्मक पक्ष होते हैं—मारेसि मोहि कुठांव। लेकिन व्यंग्य के क्षण-विशेष में यह विशिष्ट पक्ष ही प्रतिनिधि हो उठता है। इसी में व्यंग्य की पूर्णता प्रकट होती है। हास्य, व्यंग्य, विनोद, प्रहसन, आदि स्तरीय होने पर ही सफल होते हैं अन्यथा वे आत्मविरोधी और खुद ही हास्यास्पद हो जाते हैं। इसलिए सही-सच्चे व्यंग्य को किसी सीमित दृष्टि, जैसे 'अभिजात मूल्य' या 'पाश्चात्य मूल्य', से जोड़कर देखना उचित नहीं। सच्चे व्यंग्य की 'मूल्य-प्रकृति' देशज होने के बावजूद अनिवार्यतः वैश्विक और मानवीय होती है।

ऐसा नहीं है कि व्यंग्य की या *राग दरबारी* की कोई सीमा नहीं। व्यंग्य की सीमाएं *राग दरबारी* की सीमाएं बनी हैं मगर उनसे रचना का औचित्य और प्रभाव बहुत बाधित नहीं होता । व्यंग्य के औजार से कथानक के डिटेल्स का काम लेना महा कठिन है। शिल्प के रूप में व्यंग्य को लेकर चलने से कथाभूमि पर डगमगाना और कभी-कभी रपटना कोई आश्चर्य की बात नहीं। यही कारण है कि वैष्णव की फिसलन की तरह लेखक से व्यंग्य के जोम में छोटी-मोटी, क्षम्य किस्म की चूकें होती रही हैं। एक उदाहरण तो रंगनाथ के वैद्य जी से 'सही' संबंध स्थापित करने में हुई भूल का ही है। आरंभ में वैद्य जी को रंगनाथ का 'मामा' बताया जाता है। (अर्थात् वैद्य जी रंगनाथ की मां के भाई हुए, पृ. 9), फिर बताया जाता है कि रंगनाथ रुप्पन के ममेरे भाई (अर्थात् रुप्पन की मां के भाई के बेटे पृ. 32) हैं। पूरी किताब में रंगनाथ वैद्य जी को 'मामाजी' कहता है। विद्वान लेखक के लिए यह तुच्छ मामला कुछ वैसा ही है जैसे न्यूटन ने अपनी छोटी-बड़ी दो बिल्लियों के कमरे में आने-जाने के लिए दीवार में छोटे-बड़े दो छेद बनवाए थे।

उपन्यास में एकाध स्थान पर व्यंग्य का आक्रोश अस्पष्ट-अबूझ-सा भी रहता है। आक्रोश का पात्र कौन और क्या है, खुल नहीं पाता। जात-पांत, चुनाव, भारतीय जीवन प्रणाली, जनता की लतों, नेतागीरी आदि अनेक बातों को कहीं-कहीं लेखक एक साथ व्यंग्य की जद में ले लेता है तो पता नहीं चल पाता कि कब किस पर कहां चोटें पड़ रही हैं। लगता यही है कि सामूहिकता पर अंधाधुंध प्रहार करने से चोटों का प्रभाव या तो बिखरने लगता है या चोटें निशाने पर नहीं पड़तीं।

संभवतः विस्तृत कथाभूमि की स्तरबहुलता एवं विविध पहलुओं के कारण भी व्यंग्य का खुला और व्यापक प्रयोग नहीं मिलता। हो सकता है कि व्यंग्य की सीमाओं के कारण भी *राग दरबारी* में पुरुष पात्रों की तुलना में सजीव स्त्री पात्रों की लगभग अनुपस्थिति मिलती है। यह

और बात है कि तल्ख व्यंग्य के द्वारा नारी की पारिवारिक सामाजिक दैन्य स्थिति पर टिप्पणियां की गई हैं। जीवन के हर पक्ष को संकीर्ण स्वार्थपूर्ण राजनीति विकृत करती जा रही है, चाहे वह प्रेम हो, विवाह या परिवार। यह व्यंग्य गरीबी, संघर्ष और दुःख के अंतरंजित ग्लैमराइजेशन के खिलाफ है और यह अराजकता का तीव्र प्रतिवाद करता है। *राग दरबारी* का व्यंग्य गांव-देहात के रो न पाने की मजबूरी से पैदा होने वाली कड़वी मुस्कुराहट है। दूसरी तरफ वह वैसी चालाकियों को भी नोट करता चलता है जब गांव का शातिर भोलेपन से कचहरी में हलफ़नामा देता है कि 'हम तो देहाती आदमी हैं सरकार, पढ़े-लिखे नहीं है।' व्यंग्य कथाकार नोट करता है कि आजादी मिलने के बाद लोभ-लालच, स्वार्थ, खुशामद, अंधभक्ति, गुटबाजी खूब बढ़ी और साइकिल रिक्शा चलाने वालों का एक वर्ग तेजी से पनपा। चाहे रिक्शाचालक हों या ट्रक ड्राइवर, गाड़ीवान हों या ठेलेवाले, मजदूर हों या किसान या छोटे दुकानदार, इनमें वर्ग-चेतना विकसित नहीं हुई या नहीं होने दी गई। कथा में स्थान-स्थान पर दलित प्रसंग आते रहे हैं, जिनके विषय में बहुत संक्षेप में कहा जाए तो साठ के दशक की सामाजिक स्थिति का तीखा बयान करते हैं। यथा

> जमींदारी टूटने का यह नतीजा तो नहीं निकला की चमरही गांव के भीतर सपा जाती या वहां ढंग के दो-चार कुएं और मकान बन जाते, पर इतना तो हो ही गया कि किसी बांभन के निकलने पर पहले जैसा 'गार्ड ऑफ ऑनर' न दिया जाए। इसीलिए हाय, कहां वे दिन और कहां आज के दिन' की दीनता के भाव से बचने के लिए बांभनों ने और खासतौर से वैद्य जी ने यथासंभव उधर से निकलना बंद कर दिया था।

करवटें लेते दलित जीवन की यह बानगी सामाजिक, आर्थिक शोषण का पर्दाफाश करती ही है। नियोजित ढंग की गंदगी (जो खुले में मलत्याग से लेकर धर्मशाला, मंदिर, बस अड्डे और हमारे तरह-तरह के विचारों तक में उपस्थित है) को व्यंग्य कथाकार जीवन पर इस कदर आरोपित पाता है कि बरबस अपने भीतर का क्रुद्ध आक्रोश प्रकट करता रहता है 'वातावरण बदबू और धार्मिक संभावनाओं से भरा-पूरा था।' परिवर्तन और विकास के आधुनिक चिह्नों को भी मध्यकालीन भ्रष्टता में जो व्यवस्था बदल रही है वस्तुतः वह बद्धमूल सामंती मानसिकता वाली हैं और वह मानो संपूर्ण राष्ट्रीय परिदृश्य को बड़े से बेडौल आईने में तब्दील किए दे रही है। ऐसी हालत में व्यंग्यकार अपना तीव्र असंतोष जाहिर करते हुए इस व्यवस्था को लगातार मुंह बिराता जा रहा है।

चाहे वह आम नागरिक हो या लेखक-पाठक, देश और देशवासियों की सारी हालत-जहालत के लिए किसी मूर्त-अमूर्त व्यवस्था को पूरी तरह से जिम्मेदार ठहरा कर खुद अपने निष्क्रिय, निरपेक्ष और अनुत्तरदायी होने पर पर्दा नहीं डाल सकता। इस लिहाज से उपन्यास के अंत में नाटकीय अंदाज में 'गाया' जाने वाला विडंबना भरा 'पलायन संगीत' अत्यंत महत्वपूर्ण है। रंगनाथ उर्फ मोटे तौर पर लेखकीय प्रवक्ता का अपने ऊपर किया जाने वाला व्यंग्य और हंसी-मजाक पलायन के क्रूर यथार्थ की ट्रेजिक गंभीरता को तनिक भी कम नहीं कर पाता, उलटे गहराता है। जो 'बाहरी' व्यक्ति (लेखक या रंगनाथ) तमाशबीन था उसका उस तमाशे से खासा मनोरंजन हो रहा था, लेकिन पांच महीनों में उसने देख लिया कि

> जो खेल मजाक में शुरू हुआ, उसमें लोगों के हाथ-पांव टूटने लगे हैं और हंस कर जो धूल दूसरों की आंखों में झोंकी गई, उससे उनकी आंखें फूट गई हैं।

फिर वह 'साक्षी' भाव में आकर पाता है कि अविश्वसनीय जान पड़ने वाले फूहड़ मजाक ही गंभीर तथ्य बनने लगे-जोगनाथ जेल से छूट जाता है, उसे पकड़ने वाला दारोगा दर-दर गिड़गिड़ाता

और 'जुर्माने' भरता है, सनीचर सचमुच गांव सभा का प्रधान हो जाता है। यह 'साक्षी', जो अब तक 'यथार्थ का प्रदर्शन करता था, अब उसके जीवन में यथार्थ के दर्शन की शुरुआत हुई।' अब उसने समझ लिया कि पढ़-लिख लेने से आदमी मनुष्य नहीं बन जाता–'वह होने के लिए...कुछ और भी करना होता है।' मगर यह समझ और ज्ञान, सक्रिय बनने का भाव, सामयिक ही रहता है, स्थायी नहीं होने पाता और जैसे ही कर्म का कुरुक्षेत्र सामने नजर आता है, हमारा बुद्धिजीवी पलायन के बहाने ढूंढ़ने लगता है :

> कीचड़ से बचो। यह जगह छोड़ो। यहां से पलायन करो।... यहां के झंझटों में मत फंसो।... भागो, भागो, भागो। यथार्थ तुम्हारा पीछा कर रहा है।

बुद्धिजीवियों की विडंबना पर यह तल्ख व्यंग्य इसलिए महत्वपूर्ण है कि यह किसी को नहीं बख्शता-अपने-आप को भी नहीं। शहर से गांव और गांव से शहर तक कुसंस्कारों का ही प्रसार और बोलबाला होता गया है। ऐसे में 'पलायन संगीत' का व्यंग्य वस्तुतः हताशामूलक नहीं होकर हताशातोड़क होने का संकेत करता है। यह सिर्फ हमारे बुद्धिजीवियों के ही नहीं, शासकों-प्रशासकों के 'विचारहीन विचारों' की भी पोल खोलता है।

राग दरबारी बीसवीं सदी के महत्वपूर्ण हिंदी उपन्यासों में इसलिए आता है क्योंकि इसने हमारे राष्ट्रीय जीवन की निरर्थकता के विशाल बंजर में हंसी-मुस्कराहट के रूप में जिजीविषा बोने की भरपूर कोशिश की थी। इसी में इसकी सार्थकता है और महत्व भी।

2002

'कस्मै देवाय...' का 'क'

नामवर सिंह

अशीतिपर श्रीलाल शुक्ल के सम्मान में एक सांस्कृतिक आयोजन का खयाल आया तो सहसा उन्हीं का लिखा वह लेख भी याद आ गया जिसका शीर्षक है : 'निराला के बहाने कुछ साहित्य चर्चा।' उस लेखक का 'हम्बग' शब्द अभी तक हथौड़े की तरह मन पर बार-बार प्रहार कर रहा है : 'गुरु हथौड़ा हाथ/करती बार-बार प्रहार' वह तोड़ती पत्थर।

जन्मतिथि पर आयोजन कैसा हो? यही सवाल वहां भी हैं। 'गोष्ठी, सेमिनार, भाषणमाला, पुरस्कार–योजना या ऐसा ही कोई हम्बग या ढकोसला? वे सब प्रकार के 'हम्बग' को, मक्कारी और ढकोसलेबाजी को दूर से ही सूंघ लेते हैं और उसे बेमुरव्वती से एक किनारे छोड़ अपनी राह निकल जाते हैं।'

इसी क्रम में श्रीलाल आगे यह भी लिखते हैं : 'प्रसिद्ध कलाकार और साहित्यकार के लिए ऐसे 'हम्बग' से कई तरह का खतरा है, सबसे बड़ा खतरा यह है कि निरंतर आत्मान्वेषण करने के बजाय कहीं वह अपने प्रशंसकों, चापलूसों, सेमिनार, उत्सव, गोष्ठी के दलालों की मानसिकता को अनजाने ही न ढोने लगे। ...इस तरह 'हम्बग' से जुड़कर शायद वह खुद भी 'हम्बग' बन जाएगा।'

अंततः निष्कर्ष यही निकलता है कि 'साहित्यकार सब तरह से 'हम्बग' से वैसे ही स्वतंत्र रहे जैसे कि निराला ने रहना चाहा था।'

प्रसंगवश, यह लेख उस पुस्तक में शामिल है जो पिछले साल ही 'जहालत के पचास साल' नाम से प्रकाशित हुई है। इसे कोई चाहे तो देश की जहालत के पचास साल भी समझ सकता है, या फिर स्वयं 'लेखक की जहालत के पचास साल' का आत्मव्यंग्य भी।

इस आत्म-सजगता का प्रमाण हमें तत्काल ही मिल गया। तय हुआ था कि अस्सी पार का यह ऐतिहासिक जन्म दिवस 'सहस्र चंद्रोदय' के नाम से मनाया जाय क्योंकि अस्सी वर्ष की उम्र तक पहुंचते-पहुंचते मनुष्य एक सहस्र पूर्णचंद्र के दर्शन कर लेता है। ज्योतिष की गणना भी यही कहती है और संभवतः दक्षिण भारत में प्रचलित ऐसी परंपरा भी है। कहना न होगा कि 'अमृत महोत्सव' जैसे घिसे-पिटे शब्द की जगह 'सहस्र चंद्रोदय' शब्द हमें नया भी लगा और अधिक आकर्षक भी। श्रीलाल जी को किसी तरह संयोग से इसकी भनक लग गई और उन्होंने इसे तत्काल खारिज कर दिया। फोन पर मुझे फिर वह 'हम्बग' की सी गूंज सुनाई पड़ी!

अनुमान यही है कि 'सहस्र चंद्रोदय' के प्रभामंडल ने उनकी ठेठ अवधी रुचि को भड़का दिया होगा या कौन जाने उनके अवचेतन में कहीं वह 'प्रबोध चंद्रोदय' नाटक भी रहा हो!

जो हो, उनका संपूर्ण लेखन समाज और साहित्य दोनों में हर तरह 'हम्बग' के खिलाफ एक सर्जनात्मक अभियान है। प्रकारांतर से यही बात श्रीलाल जी ने अपने समानधर्मा साहित्यकार

हरिशंकर परसाई के हवाले से भी कही है। परसाई का एक लेख है–'साधना का फौजदारी अंत'। इस लेख पर शायद ही किसी की दृष्टि पड़ी हो। न इससे पहले, न इसके बाद!

दरअसल यह लेख एक अपर डिवीजन क्लर्क यानी एक यू.डी.सी. की कहानी है जो किसी आश्रम भोगी ठग अर्थात् गुरु के चक्कर में पड़कर सत्य की खोज का व्रत ले लेता है। अब परसाई और उस क्लर्क की बातचीत का एक टुकड़ा–पहले वह क्लर्क, फिर परसाई :

> 'मैं जानता हूं कि आप भी सत्य की खोज करते हैं। आप जो लिखते हैं, उससे यही मालूम होता है।'
>
> 'यह तुम्हारा खयाल गलत है। मैं तो हमेशा झूठ की तलाश में रहता हूं। कोने-कोने में झूठ को ढूंढता हूं। झूठ मिल जाता है तो बहुत खुश होता हूं।'

परसाई की टिप्पणी है : 'न वह समझा, न उसे विश्वास हुआ। वह मुझे अपनी ही तरह सत्यान्वेषी समझता रहा।'

अंत में श्रीलाल जी की अपनी टिप्पणी :

> 'यहां परसाई ने व्यंग्य की एक विशिष्ट प्रवृत्ति का संकेत दिया है। स्पष्ट है कि वे जानबूझ कर कोई सिद्धांत निरूपण नहीं कर रहे हैं; पर उन्होंने जो कहा है वह प्रसंगतः व्यंग्य को एक विशेष अर्थ में परिभाषित करता है व्यंग्य सत्य की खोज नहीं, झूठ की खोज है। यही उसका पेंचदार रास्ता है। झूठ की खोज के सहारे, या उसके बहाने ही यहां सत्य को पहचानने की प्रक्रिया चलती है।'

निष्कर्ष यह कि 'व्यंग्य के टेढ़े-मेढ़े रास्ते से गुजर कर हम उन मूल्यों तक पहुंचते हैं जो मूलतः उत्कृष्ट साहित्य का अंतिम लक्ष्य रहे हैं।'

यह अंतिम निष्कर्ष है और 'आधुनिक हिंदी व्यंग्यः अज्ञेय के संदर्भ के साथ' शीर्षक भाषण का जो 'अज्ञेय : कुछ रंग, कुछ राग' शीर्षक पुस्तक में प्रकाशित है।

कहना न होगा कि *राग दरबारी* से लेकर *बिस्रामपुर का संत* तक श्रीलाल शुक्ल जी इसी झूठ की खोज करते हुए टेढ़े-मेढ़े रास्ते को पहचानने की कोशिश करते रहे हैं और लोग इसे सिर्फ 'व्यंग्य' कहकर हाशिए पर डालते रहे हैं।

याद करें तो रघुवीर सहाय ने भी श्रीलाल शुक्ल की छोटी सी पुस्तक 'यहां से वहां' के 'परिचय' में इसी बात को इन शब्दों में व्यक्त किया है कि 'उनका व्यक्तित्व विकृति की सृष्टि नहीं, विकृति की खोज करता है।'

यह 'विकृति' कहीं न कहीं श्रीलाल जी के 'पेंचदार रास्तों' और 'टेढ़े-मेढ़े रास्तों' की ओर इशारा करती दिखाई पड़ती है। एक तरह से यह टेढ़ी अंगुली से घी निकालने वाली बात है क्योंकि अक्सर घी सीधी अंगुली से नहीं निकलता।

कभी आचार्य रामचंद्र शुक्ल ने भी कहा था कि 'प्रच्छन्नता का उद्घाटन कवि-कर्म का एक मुख्य अंग है' क्योंकि 'ज्यों-ज्यों हमारी वृत्तियों पर सभ्यता के नए-नए आवरण चढ़ते जाएंगे त्यों-त्यों कवि-कर्म कठिन होता जाएगा।'

कहना न होगा कि सभ्यता के तथाकथित विकास के साथ-साथ छल-छद्म भी घना होता जा रहा है। उसे भेदना भी कठिन से कठिनतर हो रहा है। जिसे श्रीलाल जी ने 'टेढ़ा-मेढ़ा रास्ता' कहा है वह लेखक के लिए टेढ़ी मेढ़ी 'भाषा' ही है और उसी का नाम व्यंग्य है। संस्कृत के प्राचीन काव्यशास्त्र में उसी को 'वक्रोक्ति' कहा जाता था। कुंतक ने 'वक्रोक्ति' को 'वैदग्ध्य-भंगी-भणिति' के नाम से परिभाषित किया है। जब लेखक विदग्ध होगा–उसका हृदय

विशेष रूप से दग्ध होगा, अत्यंत जला हुआ होगा तो उसकी जबान भी टेढ़े-मेढ़े ही चलेगी और उसकी भाषा में विशेष प्रकार की भंगिमा होगी। यह आकस्मिक नहीं है कि श्रीलाल जी बार-बार जोर देकर व्यंग्य को 'भंगिमा' कहते हैं। फिर भी श्रीलाल शुक्ल की भाषा की प्रशंसा करने वाले भूल जाते हैं उस अंदर के कोठे को, जहां से स्वर निकलते हैं।

वे व्यंग्य के छिटफुट स्फुलिंग या फुलझड़ियां नहीं छोड़ते बल्कि उनकी आद्यंत भंगिमा ही ऐसी है। ऐसी भंगिमा के बूते पर वे *राग दरबारी* के लगभग पांच सौ पृष्ठों तक व्यंगोक्ति को निभा ले जाते हैं जो किसी के लिए भी एक चुनौती है।

सच तो यह है कि जिस 'हम्बग', ढकोसला, छल-छद्म को वे तार-तार करके उघाड़ना चाहते हैं उसके लिए सबसे कारगर हथियार यह वक्र और बांकी भाषा ही है। विकल्प में या तो आक्रोश की भाषा है या फिर गालीगलौज। लेकिन इस विकल्प के साथ दिक्कत यह है कि इससे क्रुद्ध लेखक कुछ देर के लिए अपने आपको भले ही हल्का कर ले, सामान्य पाठक खाली-का-खाली ही रहता है। इस स्थिति में निश्चित रूप से श्रीलाल की वक्रता कहीं अधिक ग्राह्य है, जिसे पढ़ने में मजा आता है, बल्कि जिसे बार-बार पढ़ने को जी चाहता है और कहना न होगा कि किसी साहित्यिक कृति के अस्तित्व की यह पहली शर्त है, जो दिन-पर-दिन दुर्लभ होती जा रही है।

श्रीलाल जी की कथाकृतियों का रस बहुत कुछ उनकी भाषा की अनन्यता में है। वे अपनी वाक्य-रचना को आराम से उसी तन्मयता के साथ रचते चलते हैं जैसे 'मकान' का नारायण बनर्जी अपने सितार पर किसी राग को घंटों तबीयत से साधता है—मीड़ और मुरकियों के साथ पूरी बंदिश को तरह-तरह से खेलते हुए, जैसे उसे द्रुत पर पहुंचने की कोई हड़बड़ी न हो। श्रीलाल की कथाकृतियों को पढ़कर बार-बार ऐसा लगता है कि वे किसी कवि से भी अधिक अपने गद्य की लय की बारीकियों में ज्यादा रस लेते हैं।

इस दृष्टि से यदि श्रीलाल शुक्ल को अपने युग के सर्वश्रेष्ठ शैलीकारों में गिना जाय तो अतिशयोक्ति न होगी। वैसे भी, उस वरमाला में उनका स्थान स्वभावतः सुमेरु का ही रहेगा, इसमें मुझे तनिक भी संदेह नहीं।

बारीकियों में जाने की वृत्ति का एक छोटा सा उदाहरण लें तो *राग दरबारी* का प्रस्तुत प्रसंग देखें :

> 'सब वर्गों की हंसी और ठहाके अलग-अलग होते हैं। काफी हाउस में बैठे हुए साहित्यकारों का ठहाका कई जगहों से निकलता है, वह किसी के पेट की गहराई से निकलता है, किसी के गले से, किसी के मुंह से और उनमें से एकाध ऐसे भी रह जाते हैं जो सिर्फ सोचते हैं कि ठहाका लगाया क्यों गया है। डिनर के बाद काफी पीते हुए, छके हुए अफसरों का ठहाका दूसरी किस्म का होता है। वह ज्यादा पेट की बड़ी ही अंदरूनी गहराई से निकलता है। उस ठहाके के घनत्व का उनकी साधारण हंसी के साथ वही अनुपात बैठता है जो उनकी आमदनी का उनकी तनख्वाह से होता है। राजनीतिज्ञों का ठहाका सिर्फ मुंह के खोखल से निकलता है और उसके दो ही आयाम होते हैं, उसमें प्रायः गहराई नहीं होती। व्यापारियों का ठहाका होता ही नहीं है और अगर होता भी है तो ऐसे सूक्ष्म और सांकेतिक रूप में कि पता लग जाता है, ये इनकम टैक्स के डर से अपने ठहाके का स्टॉक बाहर नहीं निकालना चाहते। इन नौजवानों ने जो ठहाका लगाया था वह सब से अलग था। यह शोहदों का ठहाका था, जो आदमी के गले से निकलता है, पर जान पड़ता है, मुर्गों, गीदड़ों और घोड़ों के गले से निकलता है।'

हंसी के इस विविक्त-वर्णी विवरण के पीछे कहीं न कहीं स्वयं लेखक की भी हंसी है, छिपी

हुई। फिर भी निराला के शब्दों में 'वह हंसी बहुत कुछ कहती है, फिर भी अपने में रहती है।'

यह निर्लिप्तता और निपट निर्वैयक्तिता सर्जक श्रीलाल शुक्ल की अभिव्यक्ति है और शक्ति भी।

श्रीलाल शुक्ल कहानी कहने में जिस 'युक्ति' का प्रयोग करते हैं उसका गुर, दरअस्ल, उनकी रहस्यपूर्ण अपराध कथा 'आदमी का ज़हर' में है। एक तरह से यह उपन्यास उनकी कथा-कृतियों में अत्यंत तिरस्कृत है। किंतु जाने क्यों मेरे मन में यह 'अत्यंत तिरस्कृत अर्थ सदृश ध्वनि कंपित करता बार-बार!'

इस उपन्यास के तिरस्कार में कुछ हाथ स्वयं लेखक का भी है। एक साक्षात्कार में उन्होंने ही अपने श्रीमुख से कहा है कि 'यह सिर्फ मनोरंजन के उद्देश्य से लिखी गई थी। यह *राग दरबारी* के बाद, एक अस्थायी आर्थिक कठिनाई के समाधान के लिए अलग-अलग दिनों में कुल सैंतीस घंटों में लिखी गई, लिखी भी नहीं, बोलकर लिखाई गई थी। पर शिल्प की बातें जाने दें, ऐसी कृतियां कोई सर्जनात्मक चुनौती नहीं देतीं, इसलिए उस अनुभव को दोहराया नहीं।'

सवाल यह है कि शिल्प की बातें जाने क्यों दें? आपको कोई सर्जनात्मक चुनौती न देती हों तो न दें। लेकिन यह सरासर झूठ है कि श्रीलाल ने उस अनुभव को दोहराया नहीं। 'मकान' और *बिस्रामपुर का संत* अपराध कथा नहीं तो क्या है? क्या हत्या ही अपराध है? व्यभिचार अपराध नहीं है? ठेठ चोरी या चोरी-चोरी इश्क लड़ाने को अपराध में नहीं गिना जा सकता? वैसे तो नाज़ायज मुनाफाखोरी भी एक तरह से अपराध ही है और चुपके-चुपके दलाली और रिश्वतखोरी भी अपराध के ही अंदर आती हैं। यहां तक कि असहाय गरीबों का शोषण भी अपराध ही है और मजदूरों की मेहनत की कीमत पर पूंजी की विशाल अट्टालिका खड़ी करना भी!

रहस्य इन सब में भी है और रोमांच भी कम नहीं, अगर इनकी तह में जाने की कोशिश करें, आजकल के तथाकथित 'स्टिंग आपरेशन' की हद तक और दोस्तोएव्सकी के प्रसिद्ध उपन्यास 'अपराध और दण्ड' को याद करें तो साबित हो जाता है कि अपराध के उपन्यास गंभीर ही नहीं कालजयी 'क्लासिक' भी हो सकते हैं।

फिलहाल तो हमारे सामने श्रीलाल ही का तिरस्कृत 'आदमी का ज़हर' ही है। संक्षेप में कथा इतनी ही है कि एक 'ब्लैकमेलर' की हत्या के लिए गोली दागी गई और अंततः उसकी मौत हो गई; लेकिन 'पोस्टमार्टम' से पता चला कि मौत ज़हर से हुई, गोली लगने से नहीं। ज़हर किसने दिया, यह रहस्य है और उपन्यास के अंत तक इसी के निश्चित ठोस सबूत की तलाश चलती है। इस क्रम में एक और हत्या की उपकथा भी निकल आती है और रोमांच घना हो जाता है। खूबी यह है कि इस खोज में खुफिया पुलिस से ज्यादा निर्णायक और सक्रिय भूमिका एक उमाकांत नामक पत्रकार अदा करता है और इसमें साथ देता है बादशाह कहलाने वाला एक घोषित चार सौ बीस जो भूतपूर्व सज़ायाफ्ता भी है। इन सबसे बढ़कर जो फलश्रुति है वह यह कि सारी भाग-दौड़ रूबी नाम की एक बेकसूर औरत की जान बचाने के लिए है, क्योंकि ज़हर देने वाले का ठीक-ठीक पता न चलने पर पुलिस की पड़ताल के मुताबिक उस औरत को फांसी तयशुदा है। इस तरह कुल मिलाकर तलाश है ज़हर की।

सवाल यह है कि यह ज़हर क्या है? सिर्फ वही ज़हर जो शीशी में होता है या इसके अलावा कहीं और भी? और कहना न होगा कि इस उपन्यास में वह 'और' काफी साफ है। हत्या हुई है उस आदमी की जो स्वयं पीली पत्रकारिता का धंधा करके लोगों को ब्लैकमेल करता है।

यही नहीं, वह बंबई से इस धंधे की दीक्षा लेकर एक छोटे से कस्बे में उसे आजमाने आया है। गरज कि आज के खौफनाक बाजार तंत्र और मीडिया के रंग-ढंग को देखें तो 'आदमी का ज़हर' एक आश्चर्यजनक पूर्वाभास है, पच्चीस-तीस साल पहले का लिखा हुआ।

ऐसा प्रतीत होता है कि स्वयं लेखक को भी 'आदमी का ज़हर' उपन्यास में इस नुक्ते का एहसास था। आखिर 'ब्लर्ब' पर अंकित इस वाक्य का और क्या अर्थ है कि 'यह पाठकों को कुछ सोचने के लिए भी मजबूर करेगा!' क्या सोचने को? क्या-क्या सोचने को? जवाब हमें देना पड़ेगा। स्वयं लेखक को जवाब देने की जरूरत नहीं है। वैसे भी, कहा तो यही गया है कि खुद कहानी क्या कहती है यही सुनो, भरोसा लेखक के कहने का न करो।

प्रसंगवश याद आता है कि किसी ने कहानीकार को 'आत्मा का जासूस' कहा है। कहने वाला निश्चय ही परसाई की कहानी 'साधना का फौजदारी अंत' के नायक की तरह कोई 'सत्यान्वेषी' होगा! श्रीलाल जी तो अपने आपको खुद ही 'असत्यान्वेषी' मानते से प्रतीत होते हैं। इसलिए उन्हें 'आत्मा का जासूस' कहने की गुस्ताखी तो मैं कर नहीं सकता! 'आदमी का ज़हर' लिखने वाले लेखक की दिलचस्पी साफ तौर से आदमी की सामाजिक स्थितियों और क्रिया-कलापों में ही ज्यादा दिखाई पड़ती है। और 'जासूस' का इस्तेमाल भी एक प्रकार की औपन्यासिक 'युक्ति' ही है। जरूरी नहीं कि इस युक्ति का साधन सदैव कोई जासूस ही हो। उदाहरण के लिए 'आदमी का ज़हर' में रहस्य का पता लगाने में कामयाबी उसे मिलती है जो पेशेवर जासूस नहीं है।

इसलिए मुख्य मुद्दा है किसी सामाजिक अपराधी की शिनाख्त करने वाला चरित्र ऐसा हो जो हर तरह के खतरे उठाकर जासूस की तरह प्रश्नांकित व्यक्ति का पीछा करे और पता न लगने दे कि वह पीछा कर रहा है। इस तरह इसी युक्ति के दायरे में *राग दरबारी* का रंगनाथ भी आता है जो रिसर्च स्कालर है और अपने रिसर्च के काम के लिए गांव जाता है।

कहना न होगा कि इस युक्ति के द्वारा श्रीलाल जी साहित्यकार की भूमिका को एक निष्पक्ष पर्यवेक्षक और वस्तुनिष्ठ जांचकर्त्ता के रूप में प्रस्तुत करना चाहते हैं। यह उनके विशिष्ट सर्जनात्मक व्यक्तित्व की उल्लेखनीय विशेषता है।

2005

श्रीलाल शुक्ल की औपन्यासिक हंसी

कृष्ण बलदेव वैद

1

धृष्टता के लिए आप सबसे (और अपने आपसे) क्षमा मांगते हुए मैं इस लघु वक्तव्य को अपनी ही एक पुरानी बात से शुरू करूं तो शायद आपको आश्चर्य न हो क्योंकि आप जानते ही हैं कि वयोवृद्ध लेखक अक्सर अपनी ही बातों और यादों की जुगाली किया करते हैं। यह बात करीब बीस साल पहले भोपाल घराने द्वारा आयोजित आचार्य हजारी प्रसाद द्विवेदी प्रसंग में कही गई थी। उस अवसर पर पढ़े गए एक लघु वक्तव्य के अंत में मैंने कहा था :

> अंत में उन तत्वों की ओर फिर इशारा कर देना चाहता हूं जिनका भारतीय उपन्यास में अभाव मुझे ख़ास तौर पर खटकता है। एक तो ख़ब्त (ऑबसेशन) का अभाव, यह मेरा अपना विलक्षण दृष्टिकोण हो सकता है लेकिन मैं समझता हूं कि हमारे आजकल के संदर्भ में सृजन के लिए ख़ब्त (ऑबसेशन) जरूरी है। ख़ब्त की शिद्दत में से ही उस आलोक और उत्तेजना और मस्ती और शांति का उदय होता है जिसकी हम किसी महान कलाकृति से अपेक्षा करते हैं; दूसरा *विक्षोभ* (आउटरेज) का अभाव। सृजनात्मक विक्षोभ का, नियन्त्रित विक्षोभ का। गाली या नारेबाज़ी का नहीं।

तीसरा *हंसी का अभाव।* उस गड़गड़ाती हंसी का भी जो हजारी प्रसाद जी की आवाज में गूंजती थी और उस करुण हंसी का भी जो बैकिट की कृतियों में कान लगा कर सुनने पर सुनी जा सकती है। छिछोरे किस्म का उपहास हमारे उपन्यासकारों में बहुत है; भारी भरकम और 'मर्म-स्पर्शी' गांभीर्य भी उनके यहां बहुत है; लेकिन न तो असली फक्कड़पन उनमें है, न असली गंभीरता जो हजारी प्रसाद जी की आवाज में थी और न ही हंसी और गंभीरता का वह संगम जिस पर पहुंच कर आप ऐसी हंसी हसंते हैं, जिसे हंसी कहना अपर्याप्त नज़र आता है। आप ऐसी गंभीर आवाज निकालते हैं जिसमें मानवीय चिंतन की चूं-चूं नहीं होती, एक ईश्वरीय करुण हंसी का उजाला होता है। चौथा और आखिरी, भाषा से इश्क़ का अभाव। हमारे उपन्यासकार या तो भाषा को मात्र एक माध्यम मानते हैं–एक तरह की भैंस जिसे जिधर चाहा हांक दिया या एक हौआ जिससे सिर्फ डरा जा सकता हो। वे उससे खेलते हैं न उसे खिलने और खेलने देते हैं। वे उससे इश्क़ नहीं करते, उसपर काबिज होकर इस तरह बैठ जाना चाहते हैं कि वह बेचारी हिलडुल न सके। अभाव और भी खोजे जा सकते हैं। मैं आज अपनी खोज को यहीं तक सीमित रखना चाहता हूं।

2

श्रीलाल शुक्ल हिंदी के इनेगिने बड़े उपन्यासकारों में हैं जिनके काम में इन तत्वों का अभाव नहीं। उनका ख़ब्त किसी न किसी रूप में, किसी न किसी मात्रा में, किसी न किसी शिद्दत

में, उनके सभी सशक्त उपन्यासों में मौजूद है। बुनियादी तौर पर उनके ख़ब्त की जड़ उस कीचड़ में है जिसे हमारे अधिकतर यथार्थवादी उपन्यासकार अध-मुंदी आंखों से ही देखते हैं, नीम-जान प्रज्ञा से ही आंकते हैं, और उसमें से अपने काल्पनिक कमल खिलाते रहते हैं। श्रीलाल शुक्ल उस कीचड़ को खुली आंखों से देखते हैं, उसका निर्मम भावुकता-मुक्त कलात्मक चित्रण *सूनी घाटी का सूरज* से शुरू कर कमोबेश अपने हर उपन्यास में करते हैं, विशेष तौर पर अपने सर्वमान्य शाहकार *राग दरबारी* में, और उस कीचड़ में से, किसी विचारधारा के दबाव में कोई आशावादी कमल नहीं उगाते। उस कीचड़ में घुलेमिले मल-मूत्र, गोबर, खून, मांस, पस, कचरे, अन्याय, हिंसा, शोषण, मकर-फ़रेब, अविद्या, अमानवीयता, दुख, लाचारी, लालच, कुरूपता, विद्रूपता को खुली आंखों देखने से जो विक्षोभ पैदा होता है उसी का सृजनात्मक और नियंत्रित रूपांतरण उनके व्यंग्य में होता है। और उस रूपांतरण की भाषा, भाव, के साथ उनके विशिष्ट प्रकार के इश्क़ से आलोकित होती है—ऐसे इश्क़ से जिसमें लिजलिजी रूमानियत के बजाए प्रखर ज़हानत कारफ़रमा होती है। और वह भाषा उनके ख़ब्त और विक्षोभ को उत्कृष्ट व्यंग्य का रूप दे सकने में सक्षम है। ऐसी विडंबना-युक्त साफ़ शफ़्फ़ाक़ भाषा है जिसके साथ उनका बहुरंगी खेल उनकी विडंबनात्मक दृष्टि (Vision) से निर्धारित होता है।

3

और अब आएं हंसी पर। हंसी के बारे में बर्गसां और किर्केगार्ड समेत अनेक दार्शनिकों ने अनेक नुक़्ते उठाए हैं लेकिन यहां मैं बैकिट के एक उपन्यास *वाट्ट* (Watt) को ही याद करना चाहता हूं जिसमें वे अपने एक विलक्षण चरित्र के मुख से एक विशेष ख़ुश्की की हंसी की तीन क़िस्मों को विडंबनात्मक अंदाज़ में परिभाषित करवाते हैं। उस कठिन उद्धरण का अनुवाद तो मैं नहीं कर सका, उसका सार शायद आपको सुना सकूं। पहले उसका संक्षिप्त संदर्भ। उपन्यास का अद्‌भुत नायक वाट्ट, मिस्टर नाट्ट (Knott) नाम के एक अद्‌भुत व्यक्ति के घर में बतौर नौकर काम करने के लिए आया है। पुराना नौकर, आर्सीन (Arsene) यानी 'ज़हरबुझा', उस घर को छोड़ने से पहले वाट्ट को कुछ नसीहतें देने के दौरान हंसी की तीन क़िस्मों को परिभाषित करते हुए जो कहता है उसका सार इस तरह से है :

उन तमाम हंसियों में से, जो वास्तव में हंसियां न होकर सीत्कार के ही भिन्न-भिन्न अंदाज हैं, तीन हंसियां ही क़ाबिले गौर हैं—कड़वी हंसी, खोखली हंसी, और अविनोदी, या गमगीन हंसी; कड़वी हंसी अशुभ को अपना निशाना बनाती है, इसलिए उसे नैतिक हंसी का नाम दिया जा सकता है। खोखली हंसी असत्य पर निशाना साधती है, इसलिए उसे बौद्धिक हंसी का नाम दिया जा सकता है। अविनोदी या गमगीन हंसी वह है—और यहां पहुंच कर आर्सीन बेहाल हो जाता है—जो दुख को अपना निशाना बनाती है, इसलिए उसे तार्किक (dianoetic) हंसी कहा जा सकता है।

इस परिभाषा में यह संकेत भी दिया गया है कि हंसी की ये तीन क़िस्में उसकी तीन मज़िलें भी हैं, और सब से ऊंची और असाध्य हंसी तीसरी क़िस्म की ही होती है, अविनोदी या ग़मगीन हंसी, जिसे हम काली हंसी भी कह सकते हैं।

पहली दोनों हंसियां उच्च कोटि के व्यंग्य में व्याप्त रहती हैं, तीसरी हंसी व्यंग्यातीत हो जाने का माध्यम भी है, परिणाम भी और प्रमाण भी। शायद हर व्यंग्यकार व्यंग्य से परे पहुंच जाने के लिए जाने-अनजाने इस तीसरी हंसी को पा जाने का प्रयास करता रहता है, या शायद उसे पा लेने की आकांक्षा और प्रतीक्षा, क्योंकि यही वह कठिन करुण हंसी है जिसे हम कभी-कभी

ही, किसी-किसी कृतिकार में ही, उसकी किसी-किसी कृति के कुछ विरले स्थलों या स्वरों में ही सुन पाते हैं।

4

श्रीलाल शुक्ल का शुमार हिंदी उपन्यास में व्यंग्य के उन बहुत ही कम बड़े साधकों में किया जा सकता है जिनके काम में नैतिक और बौद्धिक हंसी को निरंतर सुना जा सकता है। वे अशुभ और असत्य पर निर्मम नैतिक और बौद्धिक हंसियों के प्रहार करते हैं—भाषा से खेलते हुए, विडंबना और विट (wit) को एक अचूक नश्तर की तरह इस्तेमाल करते हुए, किसी भी नैतिक विचलन या बौद्धिक शिथिलता को न बख़्शते हुए, विद्रूपताओं और हमाक़तों से कभी भी आंख न चुराते हुए। तीसरी हंसी की कुछ झलकियां भी हमें उनके यहां मिल जाती हैं। मिसाल के तौर पर लंगड़ और नारायण जैसे चरित्रों में और उनके कुछ उपन्यासों के कुछ दृश्यों में।

मैंने हिंदी उपन्यास में चार तत्वों के अभाव की बात उठाई है। आज उनमें एक पांचवां तत्व जोड़ देना चाहता हूं जिसका अभाव भी मुझे खटकता है, और वह है शैल्पिक प्रयोग का अभाव। इस अभाव का बखान मैं न ही करूं तो मेरे लिए बेहतर होगा। धीमे से इतना ज़रूर कह देना चाहता हूं कि श्रीलाल जी के काम में कहीं-कहीं मुझे शैल्पिक प्रयोग की कुछ हरी-हरी छटाएं भी दिखाई दे जाती हैं—ख़ास तौर पर *सूनी घाटी का सूरज, राग दरबारी* और *मकान* में। आप चाहें तो कह सकते हैं कि सावन के अंधे को अपने प्रिय उपन्यासकारों में प्रयोग का हरा देखने की हरी लत है।

(दिसंबर 2005)

यथार्थ का बेधक दस्तावेज़

शिवकुमार मिश्र

गहरी और विशद जानकारी तथा व्यापक और बेधक अनुभवों के साथ आजादी के बाद के बदले और बदलते हुए ग्राम्य जीवन पर अधिकार के साथ कलम चलाने वालों में भारतीय प्रशासनिक सेवा के पूर्व अधिकारी श्रीलाल शुक्ल का नाम अगली कतार का नाम है। कथाकार के रूप में श्रीलाल शुक्ल का अपना वैशिष्टय इस बात में है कि ग्राम्य जीवन के बदलते हुए संदर्भों के अपने अनुभवों को जितने बेलौस और बेबाक तरीके से, बिना भावुक हुए अपनी रचनाओं में उन्होंने अभिव्यक्ति दी है, कम कथाकार इस रचनात्मक तटस्थता का निर्वाह कर सके हैं। बदले और बदलते हुए ग्राम्य जीवन की विसंगतियों और विडंबनाओं के प्रति नगरों के दबाववश उसमें बढ़ रही मूल्यहीनता के प्रति और आजादी के बाद विकास के नाम पर गांवों के अपने चेहरे पर लगातार चढ़ रही विरूपता की परतों के प्रति, बेहद सजग और बेहद संवेदनशील होते हुए भी जितने गैर रोमांटिक तरीके से श्रीलाल शुक्ल ने प्रकाश डाला है, हम कह चुके हैं कि कम रचनाकार भावनागत इस काठिन्य को निभा सके हैं जिसका जिक्र कभी जैनेंद्र कुमार ने प्रेमचंद से यथार्थ के प्रति अपना रुख स्पष्ट करते हुए किया था।

वस्तुतः आजादी के बाद का ग्राम्य जीवन आज जिस रूप में हमारे सामने है, उसमें लोकतंत्र, साक्षरता, आत्मनिर्भरता, तथा सार्वत्रिक विकास के नाम पर जो तमाम शहरी प्रपंच गांवों में शुरू हुए हैं, वे चाहे सिंचाई की परियोजनाएं हों, शिक्षा का विकास हो, पंचायतों की व्यवस्था हो, सहकारी बैंकों की स्थापना हो—आजादी के बाद यह सब जो गांवों में आया और जिस तरह लाया गया, इसे विडंबना ही कहा जाएगा कि गांवों का वास्तविक अंतवर्ती विकास तो हुआ नहीं, उनके रूप में कोई गुणात्मक बदलाव भी नहीं देख पड़ा, उल्टे हुआ यह कि वह तमाम सारी विकृति, विरूपता, मूल्यहीनता, छद्म, भ्रष्टाचार, पार्टीबंदी, गुंडई, जातिवाद, झूठ, फरेब, सब उसी मात्रा में गांव की जिंदगी का हिस्सा बन गए और बनते गए जिनके लिए अभी तक शहर ही ख्यात थे। गांवों का सहज जीवन तेजी से नष्ट हुआ और उसकी जगह धूर्त्तता, तरह-तरह के पाखंड इस तरह फैले, खासतौर से पिछड़े अंचल के गांवों में जैसे आजादी के पहले कम से कम इतने विशद रूप में शायद कहीं नहीं थे। ऐसा नहीं है कि आजादी के पहले के गांव मैथिलीशरण गुप्त की शब्दावली में स्वर्ग थे। शोषण, लूट, स्वेच्छाचार, गरीबी, जहालत, रूढ़िवाद, तब भी थे परंतु आदमी और आदमी के बीच संवेदनात्मक संबंध भी थे। आज की स्थितियां पहले से काफी कुछ बदली हुई हैं और विडंबना यही है कि यह सब कुछ विकास और तरक्की के नाम पर, उनकी आड़ में हुआ है। समृद्धि आई है, परंतु वह कुछ लोगों के हिस्से में आई है। एक बात और भी है और वह यह कि इस शहरी खासियत से वे गांव ज्यादा प्रभावित हुए हैं जो शहरों के निकट हैं, जिन्हें गांव से नहीं, वस्तुतः कस्बों के नाम से जाना जाना चाहिए।

एक त्रासद विडंबना यह कि जो भी विकृति, विरूपता या मूल्यगत गिरावट गांव में आई उसकी जद में गांवो में रहने वाले संपन्न कहे जाने वाले तबके ही नहीं आए, यह गिरावट गांव की साधारण जिंदगी में भी आई, साधारण लोग भी इसके शिकार हुए। उनकी मानसिकता भी औरों की देखादेखी दूषित और विषाक्त हुई। जो गांव किसी समय रहने योग्य थे, जैसा हमने कहा कि तमाम सारी विरूपता के बीच भी जहां आदमी और आदमी के बीच का विश्वास पूरी तरह खंडित नहीं हुआ था, वे आज रहने योग्य नहीं रह गए हैं। आदमी और आदमी के बीच का संबंध काफी कुछ तार-तार हो चुके है। पारस्परिक सद्भाव और विश्वास का स्यान अविश्वास और शंकाओं ने ले लिया है, सादगी, सरलता, ईमानदारी और सच्चाई जैसी बातें झूठ, फरेब, चोरी, डाके और शोहदेपन में बदल गई हैं। जो कुछ भी शुभ और सुंदर था वह हाशिए पर है और मुख्य धारा में है आपाधापी, बाहुबल, तिकड़म, स्वार्थ और गंदगी। आज के गांवों का यह चित्र किसी को अतिरंजना लग सकता है, परंतु कमोबेश सच्चाई यही है।

राग दरबारी में श्रीलाल शुक्ल आजादी के बाद के गांवों के इसी परिदृश्य से मुखातिब हुए हैं। जैसे एक्स-रे मशीन शरीर के भीतर के रग रेशे को आखों के सामने उजागर कर देती है, उनकी दृष्टि आजादी के बाद के गांवों की जिंदगी में वैसी ही बेधकता के साथ गई है और उस जिंदगी के अंतरंग का जो सच सामने आया है वह सचमुच त्रासद है, रोमांचक भी है, हमारे सोचने-विचारने के लिए तमाम कुछ छोड़ देने वाला।

श्रीलाल शुक्ल का वैशिष्ट्य इस बात में भी है कि उनकी दृष्टि उपन्यास के पूरे विस्तार में अंत तक एकाग्रही है। उनकी लेखनी की धार भी आखिर तक एक जैसी रही है। भाषा की व्यंजनाशक्ति का भरपूर इस्तेमाल उन्होंने अपनी इस कृति में किया है।

श्रीलाल शुक्ल का प्रशासनिक सेवा में होना भी, इस अर्थ में उनका एक संबल रहा है कि सेवाकाल के दौरान उन्हें आदमियों के न जाने कितने चेहरे देखने को मिले हैं। नौकरशाही या दफतर तंत्र के एक-एक कल पुर्जे से वे वाकिफ रहे हैं और उन सारे हथकंडों का उन्हें अच्छा खासा परिचय रहा है जो इस अफसर-तंत्र में काम बनाने के लिए इस्तेमाल किए जाते हैं। शहर से लेकर गांवों तक फैले प्रशासन तंत्र की एक-एक नस को उन्होंने पहचाना है, आदमियों के चेहरे पर चढ़े मुखौटों के भीतर उनकी असली शक्ल को पहचानने में इसीलिए उनसे गलती नहीं हुई है और इसीलिए उनके चित्रणों में इतनी विश्वसनीयता भी है।

राग दरबारी उनका सबसे प्रसिद्ध उपन्यास है। इस उपन्यास के केंद्र में शहर से लगा एक कस्बा शिवपालगंज है। नागर संस्कृति के सारे छिछोरेपन और छद्म का पुंज। इस शिवपालगंज में पुलिस का थाना है। कोआपरेटिव है, इंटर कालेज भी है, तात्पर्य यह कि शिवपालगंज में वह सब कुछ है जो आजादी के बाद बदलते हुए गांव के रूप में सरकार द्वारा विज्ञापित होता रहा है। कथा के केंद्रीय चरित्र हैं वैद्य जी, श्रीलाल शुक्ल की लेखनी से उकेरे गए एक अविस्मरणीय चरित्र। हिंदी क्षेत्र में जिसे 'घाघ' कहा जाता है वैद्य जी उन घाघ चरित्रों के सिरमौर हैं। स्कूल हो, कोआपरेटिव हो, कोई भी उपक्रम हो, वैद्य जी ही उसके कर्त्ताधर्त्ता, उसके सर्वस्व है। वैद्य जी इतने व्यावहारिक हैं कि उन्हें किसी भी समय किसी से भी पटरी बैठाने में कोई दिक्कत नहीं हुई। अंग्रेज सरकार के समय अंग्रेज बहादुर के चापलूस थे तो आजादी मिलने के बाद राष्ट्रीय शासक वर्ग की चाटुकारिता में भी उतने ही अग्रणी और उनके विश्वास को जीतन वाले। झूठों में वे सबसे बड़े झूठे और फरेबियों में सबसे बड़े फरेबी हैं। धूर्त्तों में वे धूर्त्तराज हैं। विनम्रता, मृदुता, शालीनता और सौम्यता की प्रतिमूर्त्ति। बड़े से बड़े झटके को भी मुस्करा कर सह जाने वाले। वे एक नंबर के भ्रष्ट, जालसाज और अनैतिक हैं, परंतु नैतिकता की रामनामी चादर

के नीचे सब कुछ ढके हुए हैं। पुलिस हो, प्रशासनिक अधिकारी हो सबका मुंह बंद रखने की कला में वे माहिर हैं। सब उनका रोब मानते हैं, सब पर उनकी धाक है। यदि किसी ने उनकी इच्छा के अनुरूप काम नहीं किया या उनसे असहमति की हिम्मत की तो उसका भी उनके पास उपचार है। उनके बड़े पुत्र बद्री पहलवान हैं और छोटे रुप्पन शोहदेपन में अपना सानी नहीं रखते। बड़ी आसानी से उनके ये बेटे हर असहमति को सहमति में बदल देते हैं। सारे गांव में वैद्य जी की तूती बोलती है। उनका अखण्ड राज चलता है। उनके इस राज में आसानी से उनके इशारों पर शिक्षा में भ्रष्टाचार और बेईमानी, धांधली और पक्षपात, गबन और क्या कुछ होता रहता है, और सब कुछ के बावजूद वैद्य जी पुण्यात्मा बने रहते हैं। उपन्यास की सारी कथा वैद्य जी के इस चरित्र और उनके कारनामों के इर्दगिर्द घूमती है। वे ब्रह्म स्वरूप हैं, सब जगह हैं और कहीं नहीं हैं। सब कुछ उन्हीं के इशारों पर होता है परंतु कहीं भी वे मूर्त्त नहीं होते। कथा उन्हीं से शुरू होती है और उन्हीं में समाप्त होती है। दिलचस्प यह है कि जो लोग वैद्य जी के विरोध में हैं मूल्यहीनता और भ्रष्टाचार में वे भी आकंठ डूबे हैं। वैद्य जी के तिलस्म से कोई अछूता नहीं बच पाया। गांव का समूचा जीवन, और उसका सारा तंत्र वैद्य जी की लपेट में है। यही *राग दरबारी* नाम की सार्थकता है।

गांव के जीवन की ऐसी कोई सिलसिलेवार कथा उपन्यास में नहीं है। सारी घटनाएं पात्रों के अपने क्रियाकलाप तथा ग्राम जीवन की जो भी झलकियां हैं, भ्रष्टाचार, धांधली, मूल्यहीनता, गुंडई, बदमाशी आदि के जो विवरण हैं सब वैद्य जी के अपने चरित्र के संदर्भ में ही अहमियत रखते हैं। इसी गांव में रंगनाथ वैद्य जी का भांजा आता है, आजादी के बाद के बदले हुए गांव का अध्ययन करने के लिए और सब कुछ देखकर अंत में भयानक मोहभंग से ग्रस्त वापस लौट जाता है।

उपन्यास में लेखक ने अपने को शिवपालगंज या आजादी के बाद के गांवों के जीवन-यथार्थ तक ही सीमित नहीं रखा है। अंतिम पृष्ठों तक पहुंचते-पहुंचते उपन्यास के दायरे में आजादी के भारत का वह यथार्थ भी सामने आ गया है, जो रोमांचक और बेहद त्रासद अनुभवों से जुड़ा यथार्थ है। 'पलायन-संगीत' नाम से जो टुकड़ा उपन्यास में है, वह अपने में भयानक अहसासों को जगाने वाला है। जैसे हमारा समूचा जीवन ही एक छोर से दूसरे छोर तक फैले हुए कीचड़ में फंसा हुआ है। लेखक का उद्‌बोधन है कि 'भागो, और भागो, यथार्थ तुम्हारा पीछा कर रहा है।'

लेकिन जब चारों तरफ कीचड़ और दलदल हो तो आदमी भाग कर जाए भी तो कहां जाए। 'पलायन-संगीत' में इसका निदान है। 'आंख मूंद कर नियति को स्वीकारा करो'। सचमुच, श्रीलाल शुक्ल ने इस उपन्यास में हमें यथार्थ के साथ परिदृश्य से मुखातिब किया है, जो हमारी नियति बन गया है।

बहुत से सवाल इस कृति के प्रकाशन के साथ उठे थे। सवाल, आज भी उठ रहे हैं। श्रीपतराय और नेमिचंद्र जैन ने तो उपन्यास की पठनीयता पर ही प्रश्न चिह्न लगाते हुए उसे 'महाऊब का वृत्तांत' माना था। एक सवाल यह भी उठा था कि समूचे उपन्यास को आदि से अंत तक व्यंग्य के लहजे में ही क्यों लिखा गया, गोया उपन्यासकार ग्राम्य जीवन के यथार्थ का संवेदनशील चितेरा न होकर मात्र परत-दर-परत उधेड़ने वाला उसका निर्मम आलोचक हो। सवाल उठा था कि समूचे उपन्यास में लेखक की दृष्टि निषेधात्मक है। घटाटोप अंधेरे से बाहर निकलने या निकालने का कोई जरिया नहीं। क्या ग्राम्य जीवन सचमुच इतना लाइलाज हो चुका है? क्या सचमुच हमारी स्थिति यही है, रोशनी की कहीं भी एक किरण तक नहीं है?

जरूरी नहीं कि उपन्यासकार से हम यह मांग करें कि वह इन सवालों के जवाब दे। बावजूद इसके, श्रीलाल शुक्ल न केवल अपनी रचना-दृष्टि और रचना-शैली पर उठे और उठाए गए सवालों से मुखातिब हुए हैं। जरूरी है कि हम उनके कहे हुए से मुखातिब हों और उसकी तह में जाकर उनके अपने दृष्टिकोण को भी जानें-समझें, उसकी व्यंजनाओं पर भी ध्यान दें।

उपन्यास की रचना-दृष्टि को स्पष्ट करते हुए श्रीलाल शुक्ल का कहना है कि

> इसके पीछे दो तत्व काफी सक्रिय थे पहला, अपने ग्राम्य-जीवन के प्रति, जिसे मैं भारतीय जीवन की प्रमुख धारा मानता हूं, मेरा अतिशय लगाव, और दूसरा, हिंदी साहित्य में ग्रामीण जीवन के प्रति बनी, या बनती हुई रूढ़ियां, जो मेरे लिए बरदाश्त से बाहर हैं, प्रेमचंद जैसे कुछ अपवादों को छोड़कर हिंदी साहित्य में लगता है, ग्रामीण-जीवन के प्रति दो तरह की दृष्टियां विकसित हुई हैं, और दोनों ही रूढ़ि बन गई हैं। पहली दृष्टि, 'अहा, ग्राम्य-जीवन भी क्या है' वाली है, और दूसरी 'चरमर-चरमर, चूं-चरर मरर जा रही चली भैंसागड़ी वाली। पहली दृष्टि ग्रामीण परिस्थिति को जोड़ती है जिसकी हास्यास्पद परिणति, 'ऊंची अरहर में लुकाछिपी खेलती युवतियां मदमाती, चुबंन पा प्रेमी युवकों के', जैसी पंक्तियों में होती है। ग्राम्य-जीवन की इस फर्जी रूमानी संघर्ष रहित छवि को रेडियो, और सिनेमा ने और भी पुष्ट किया है, जिसके खिलाफ मेरी प्रतिक्रिया 'स्वर्णग्राम और वर्षा' या 'पहली चूक' जैसी मेरी आरंभिक रचनाओं में व्यक्त होती है। दूसरी दृष्टि, गांव के छोटे किसानों, मजदूरों और दूसरे कमजोर वर्गों को केंद्र बनाकर सामाजिक विषमता और उनके शोषण की कथाओं में परिलक्षित होती है। यह स्वस्थ दृष्टि है, पर इससे अनुप्राणित साहित्य भी ज्यादातर, रस्मी, सतही और प्राणहीन है। उनके प्रणेताओं में, अधिकांश का दर्शन (विज़न) सतह के नीचे बिलकुल अस्पष्ट है, जिससे सामाजिक अन्याय की स्थिति, जो एक विशेष प्रकार की आर्थिक व्यवस्था का सहज परिणाम है, सतही भावुकता के माध्यम से अभिव्यक्त होती है, और उलझाव-भरे मुद्दों का अति-साधारणीकरण हो जाता है। लेखक का दर्शन स्पष्ट हुआ, तब भी, प्रायः समस्या की पकड़ कमजोर या बिखरी हुई नजर आती है।

श्रीलाल शुक्ल जी, इसी क्रम में आगे लिखते हैं :

> पहली बात तो यह कि मैं ग्राम्य जीवन से संबंधित लेखन को सामान्य तथा आंचलिक नहीं मानता क्योंकि मैं उस जीवन को भारतीय जीवन की मूल धारा मानता हूं। भारतीय ग्राम्य जीवन की औसत कहानी मेरे लिए सामान्य जीवन के अनुभवों की कहानी है, किसी दुर्लभ प्रांतर और किसी दुर्लभ समुदाय का नृशास्त्रीय अध्ययन नहीं। यह दंभ की बात है, और जन विरोधी तो है ही, कि रेस्त्रां, बार, कालेज, ड्राइंग-रूम, दफ्तर आदि के चोंचलों को साहित्य का अंग माना जाय और भारतीय जीवन के सामान्य रूप को जो गांवों से और अस्सी प्रतिशत से ऊपर जनता से संबद्ध है, साहित्य में आंचलिकता के खाते में रखा जाय।
>
> दूसरी बात, हास्य-व्यंग्य की अति से संबंधित है। अगर *राग दरबारी* परिहासात्मक अवज्ञा, व्यंग्य, या 'हाई कामेडी' के रूप में लिखा गया है तो यह बात गांवों के उस मूड से मेल खाती है वहां विपत्तियों और संघर्षों के बावजूद लोग हर छोटी से छोटी बात से अपने को खुश रखने की कोशिश करते हैं। गांव का आदमी यदि सफेद कालर वाले शहरों की तरह आत्मदया और कुंठा का शिकार हो जाय और उसे अपने व्यवहारों में भी दिखाने लगे तो जीवित रहना उसके लिए दुष्कर हो जायगा और गांव सामूहिक आत्महंताओं के केंद्र हो जाएंगे। विपत्तियों और संघर्षों को झेलने में नियतिवाद ही उनका एकमात्र चरित्र नहीं है, जीवन के प्रति उनमें एक खुली हुई दृष्टि भी है, जो उतने ही कारगर एक दूसरे अस्त्र की सृष्टि करती है, जिसका नाम 'परिहास-बोध' है। इस वृत्ति की जड़ में जीवन की, और स्वभाव की विविधता है। सामान्य जन-जीवन केवल सुरक्षा की अवचेतन भावना से ही आपसी त्रासदी को, आत्मदया से मुक्त होकर, हंसते हुए झेलता है। सघन भावुकता, उबाल के तेवर और नपुंसक आवेश, उसके स्वभाव के स्थाई अंग नहीं हैं।

और अंततः यह भी, कि *राग दरबारी*, ग्रामीण जीवन की पैरोडी नहीं है, हर लेखक की तरह मुझे भी यह भ्रम है कि उपन्यास में जितना देखा गया है उसके अलावा भी बहुत कुछ है।

सचमुच, बेहद क्लेशदायक यथार्थ श्रीलाल शुक्ल की कलम से उनके इस उपन्यास में मूर्त हुआ है, विपर्यय की एक ऐसी त्रासदी जो हमारे अनुभवों में रहते हुए हर पल हमें कचोटती रहती है। अपने एक आलेख ' होरी और उन्नीस सौ चौरासी' में श्रीलाल शुक्ल ने साक्ष्यों के साथ अपने इस कहे-लिखे को पुष्ट किया है कि आजादी के बाद गांवों की जिंदगी न केवल पहले की तुलना में और भी दुर्बल तथा जटिल हुई है, शोषण का तंत्र भी निर्ममता की हदें पार कर चुका है। कुछ उदाहरण उन्हीं की कलम से–

> जहां सन् 1950-51 में कुछ 5 करोड़ टन अनाज पैदा हुआ था, अब 1984 में 15 करोड़ टन पैदा हुआ है।... हुआ होगा। कहीं गोदामों में सड़ रहा होगा, चूहे खा रहे होंगे। उसे (होरी) तो यह अनाज' काम के बदले आनाज' के एवज में दाना-दाना मिलकर ही मिल रहा है। चार दिन भी बुखार आ जाय तो घर में चूल्हा नहीं जलेगा।

सूदखोरों ने 'गोदान के होरी को जिस तरह लूटा, हमें मालूम है। श्रीलाल जी के शब्दों में 'और आज बकौल प्रोलफीड'–1983-84 में राष्ट्रीय कृत बैकों से 4500 करोड़ रुपए की रकम खेतिहार-ऋण के रूप में बांटी गई। होरी सार्वजनिक और स्वतंत्र ढंग से कहता है, 'मार डाला बेईमानों ने।'

'1984 में बहुत कुछ बदला है, पर सूदखोरी नहीं बदली।... खेतिहर ऋण ने उसके साथ जो किया है वैसा पं. दातादीन और सेमरी के सारे साहूकार मिलकर भी नहीं कर सकते थे। उनके सामने होरी गिड़गिड़ा तो सकता था, वे द्रवित भी हो सकते थे। पर इसके (राष्ट्रीयकृत बैंक) सामने कुछ नहीं कहा जा सकता क्योंकि कानूनबद्ध, चेहरा रहित साहूकार कभी उसके सामने आता ही नहीं। उसके अस्तित्व का पता कुछ सरकारी कारकुनों और अखबार में छपने वाली कुर्की के इश्तहारों से ही चलता है।

अंत में हम इतना ही कहेंगे कि *राग दरबारी* में श्रीलाल शुक्ल ने भावनागत काठिन्य (यह जैनेंद्र कुमार की उक्ति है) के क्रम से गुजरते हुए जो कुछ कहा-लिखा है, गहराई में जाकर विचार करें तो उसके मूल में मानवीय करुणा तथा संवेदना की वही ऊष्मा है जो कठोर से कठोर व्यंग्य का बीज भाव हुआ करती है। रंगनाथ भले ही निराश होकर शिवपालगंज से वापस लौट गया हो पर जिस विक्षोभ को लेकर वह गांव छोड़ता है, उसकी अपनी व्यंजनाएं और अर्थवत्ता हैं। उन पर बहस हो सकती है, बात हो सकती है। परंतु रचनाकार की रचना-दृष्टि को एकदम नकारात्मक कहने के पहले हमें उसकी व्यंजनाएं जरूर थाहनी चाहिए।

वह रचना क्या, जो विचारों को उत्तेजना न दे, मन में सवालों की झड़ी न उठाए। अपने साथ जुड़े तमाम सवालों के साथ *राग दरबारी* आज भी उतना ही सजीव है जितना उस समय था जब बेहद क्लेशदायक राष्ट्रीय जीवन के विपर्यय की त्रासदी से आंखें मिलाते हुए उसका प्रकाशन हुआ था।

2005

उपन्यास की नई परंपरा

लीलाधर जगूड़ी

1

श्रीलाल शुक्ल ही हिंदी के एक मात्र ऐसे उपन्यासकार हैं, जिन्होंने अपने महत्वपूर्ण और 'लीजेण्ड्री' उपन्यास *राग दरबारी* के बाद कहीं भी उसके शिल्प और तेवर की पुनरावृत्ति नहीं होने दी। उनके छः उपन्यासों को आज एक साथ देखने पर पता चलता है कि वे जैसे अलग-अलग लेखकों द्वारा लिखे गए हों। शिल्प-दासता और अपने ही मुहावरे की आजीवन कैद से मुक्त रहने के लिए उन्होंने अपने हर उपन्यास में अलग से एक महान लेखकीय संघर्ष किया है। कथ्य के अलावा गद्य का एक नया शिल्प भी हर बार वे अपने लिए ढूंढ लेते हैं। उनके लेखन से कई बातें सीखी जा सकती हैं।

प्रयोगवादी कविता के बाद जब 'नई कविता' का आंदोलन चला तब तक श्रीलाल शुक्ल की लेखकीय पहचान स्थापित हो चुकी थी। *सूनी घाटी का सूरज* (1957) और *अज्ञातवास* (1962) प्रकाशित हो चुके थे। सातवें दशक की सभी साहित्यिक विधाओं की भाषिक संरचना का अध्ययन किया जाय तो *राग दरबारी* ही ऐसा उपन्यास है जिसमें साठ के बाद की भाषा का सबसे सशक्त संयोजन दिखता है। *राग दरबारी* जब लिखा गया तब हिंदी कविता में 'आत्मजयी', 'आत्महत्या के विरूद्ध', 'संसद से सड़क तक' और 'नाटक जारी है' कविता संग्रहों की कविताएं प्रकाशित हो रही थीं। *राग दरबारी* का गद्य और साठ के बाद की कविता का गद्य आपस में होड़ लेता हुआ प्रतीत होता है। मुहावरे और तेवर काफी समान हैं। *राग दरबारी* ने साठ के बाद के कथा-साहित्य के गद्य को भी एक नई दिशा और शक्ति दी। सातवें दशक में हिंदी कथा में आंचलिकता का बड़ा जोर था। *राग दरबारी* की भाषा और कथ्य ने हिंदी के भीतर पनप रहे खड़ी बोली के 'अनांचलिक' सौंदर्य को राष्ट्रीय स्तर पर देखा। नागार्जुन और रेणु की आंचलिकता से *राग दरबारी* की अनांचलिकता ने बड़े पैमाने पर हिंदी गद्य को नए किस्म की आजादी दी। *राग दरबारी* अवध या ब्रज या भोजपुरी क्षेत्र के किसी अंचल विशेष तक सीमित नहीं है। इस उपन्यास की भाषा यू. पी., बिहार, राजस्थान, हिमाचल, मध्य भारत और दक्षिणी महानगरों के भीतर पनप रही अपने समय की नई हिंदी को समेटती है। *राग दरबारी* ने हिंदी उपन्यास को सीमित आंचलिकता के मोह से भी मुक्त किया। हिंदी की आधुनिक कविता कभी भी आंचलिक नहीं हो पाई, उसका रूप हमेशा हिंदी की आधुनिकता के अनुरूप ही ढलता रहा। राजनीतिक दृष्टि से *राग दरबारी* आजादी के बाद के भारतीय समाज में दिन-ब-दिन मूल्यहीनता के प्रवेश का 'कोरस' है। साठ के बाद की काव्य-भाषा और *राग दरबारी* में परस्पर पूरक समय और साम्य दोनों मौजूद हैं। नई कविता की ठंडी और वायवीय भाषा ने निर्मल वर्मा के संवेदनासिक्त रूमानी गद्य को जन्म दिया और सातवें दशक की काव्य भाषा ने श्रीलाल शुक्ल, रघुवीर सहाय,

कुंवर नारायण, हरिशंकर परसाई, ज्ञान रंजन और उदय प्रकाश के यथार्थोन्मुखी कलात्मक गद्य को जन्म दिया। आठवें और नौवें दशक में आए कवियों की काव्य-भाषा ने अपने समय के गद्य को उतना प्रभावित नहीं किया, वरन् काव्य-भाषा ही स्वयं गद्यमय होती चली गई। इसीलिए अब तक की काव्य-भाषा, सातवें दशक की काव्य-भाषा का ही विस्तार दिखती है। कविता का कोई नया रूप तभी ध्यान खींचता है जब नया गद्य भी उससे उन्मेष और शक्ति प्राप्त करता हो।

शिल्प-वैविध्य के लिए श्रीलाल शुक्ल के मुकाबले फिलहाल कोई अन्य नाम याद नहीं पड़ता। उनकी बड़ी विशेषता यह भी जान पड़ती है कि उनके किसी भी उपन्यास के पात्रों की दुनिया जानने के लिए उनके पिछले किसी उपन्यास से कोई मदद नहीं मिलती। 'भोगे हुए यथार्थ' का जिन दिनों बोलबाला था, सातवें दशक के उन दिनों में श्रीलाल शुक्ल ने आजादी के बाद के नए मुहावरों को अपने गद्य में संगठित कर गैररूमानी गद्य का सृजन किया। कथा और साहित्य के सामाजिक प्रयोजन हमेशा उनकी प्राथमिकताओं में रहे हैं, उन्हें कम प्रगतिशील और कम जनवादी कहना भी कतई उपयुक्त और वैज्ञानिक नहीं लगता और न उनका उद्देश्य अधिक प्रगतिशील और अधिक जनवादी बनना ही है। उनका उद्देश्य है अपने समय में अपने समाज को खोजना और उसकी वास्तविक पहचान का पुनर्सृजन करना। उनका यथार्थ एक नई व्याख्या मांगता है। उन्होंने उपन्यास लिखने के लिए कभी भी मात्र क़िस्सागोई का सरल मार्ग नहीं अपनाया न उन्होंने इतिहास में शरण ली, न पुराणों में। उनके लिए अपना समय, अपना समाज और अपने लोग ही महत्वपूर्ण हैं। एक उपन्यासकार के रूप में वे आजादी के बाद के समाजशास्त्री और इतिहासकार हैं। वे तरह-तरह से आज़ादी के बाद के समाज की मूल्यहीनता और आधुनिकता के संकट के साथ-साथ राजनीति के हाथों पराजित होते समाज को इतिहास में प्रवेश दिलाते हैं।

श्रीलाल शुक्ल की मुख्य चिंता अपने समय के यथार्थ का रचनात्मक अन्वेषण है। उनके यहां यथार्थ सीधे न आकर अक्सर अयथार्थ अथवा अति-यथार्थ की तरह उद्‌घाटित होता है। यथार्थ और विचारधारा के अर्थ दुनिया के साहित्य में सब जगह, सब काल में एक जैसे नहीं रहे हैं। विचारधारा का भी यथार्थ से संबंध होना चाहिए, भले ही उसमें उल्टा प्रतिबिंब दिखता हो। 'ऊर्ध्व मूलमधः शाखः' (आकाश में जड़ें और पाताल में शाखाएं), जैसे कि किनारे खड़े पेड़ का तालाब में प्रतिबिंब दिखता हो। देखने वाले के लिए दोनों ही स्थितियां यथार्थ हैं। यहीं से शुरू होती है यथार्थ में भी यथार्थ की खोज। श्रीलाल शुक्ल के उपन्यास और कहानियां बताती हैं कि यथार्थ हू-ब-हू और 'जस का तस' में नहीं होता। उसे फिर से देखना और रचना होता है। 'कलाकार वह है जो अर्थवान और सुंदर चीजों की रचना करे।' आस्कर वाइल्ड का यह कथन, आधुनिक उपन्यासकारों में श्रीलाल शुक्ल के लेखन पर सटीक चस्पां होता है। हिंदी कथा जगत और उपन्यास साहित्य में सातवें दशक के उत्तरार्ध में जब रूमानियत, आंचलिकता, दांपत्य और मध्य वर्ग की एकरस, लिजलिजहाट भरी भाषा का बोलबाला था, उस समय अकस्मात श्री शुक्ल का गद्य, खड़ी बोली हिंदी का एक नया शक्तिशाली चेहरा लेकर सामने आया। वह चेहरा जितना अनगढ़ था उतनी ही भावाभिव्यंजना में शक्तिशाली था। आज़ादी के बाद जब उनका पहला रूमानियत विहीन उपन्यास *राग दरबारी* आया तो सामाजिक परिवर्तन के पक्षधर लेखक और आलोचक इसके जादुई यथार्थ को न पहचान पाए, न पचा पाए। आलोचकों की अपेक्षा आधुनिक समाजशास्त्रियों ने *राग दरबारी* उपन्यास के माध्यम से आजादी के बाद पैदा हुए हिंदी भाषी ग्रामीण समाज की पड़ताल की और इस उपन्यास को एक समाजशास्त्रीय

ऐतिहासिक दस्तावेज के रूप में माना।

बड़ी कृति अपने समय में विधागत ढांचे की रूढ़ता को भी तोड़ती है और एक नया आधार तथा रूपाकार भी निर्मित करती। *राग दरबारी* के रूप में श्रीलाल शुक्ल ने हिंदी गद्य को एक नया आधार और रूपाकार दिया। *सूनी घाटी का सूरज, आदमी का ज़हर* ये दोनों उपन्यास कहीं से भी यह आहट नहीं देते कि इनका लेखक *राग दरबारी* जैसे महान ऐतिहासिक उपन्यास की तैयारी में है। *मकान* उपन्यास पढ़िये तो वह कतई नहीं लगता कि *राग दरबारी* के ही लेखक का लिखा हुआ है। *मकान* उपन्यास के पात्र नारायण बनर्जी के शब्दों में 'उन दिनों मेरे भूगोल के दो ध्रुवों का नाम नगर-निगम की नौकरी और सितार वादन था।'

पूरी कहानी इन्हीं दो ध्रुवों के बीच घटित होती है। इस उपन्यास में सफाईकर्मियों के जीवन की त्रासदी, महापालिका प्रशासक की चालाकियां और मूर्खताएं, सितार वादक और गाने वालों की जिंदगी की बेसुरी स्थितियों के बीच मौत के द्वारा शरीर को चीथड़ों में बदल देने की भयावह स्थितियां मौजूद हैं, जो एक प्रेम कहानी के तंतुओं से बुनी गई हैं। एक मकान जिसे व्यक्ति घर के रूप में पाना चाहता है और स्वयं के शरीर, प्रतिभा तथा व्यक्तित्व के महत्व को उसकी ढूंढ़ में ध्वस्त करना चहता है। इसके बाद *पहला पड़ाव* बिलकुल भिन्न भाषा, पृथक कथ्य और एकदम नए आस्वाद का उपन्यास है।

श्रीलाल शुक्ल ने न कथ्य में, न भाषा और पात्रों की प्रकृति में, कहीं भी अपने को दोहराया नहीं है। यही बात उनके कहानी-संग्रहों के बारे में कही जा सकती है। उनकी लेखकीय शक्ति यह भी है कि उन्होंने किसी भी उपन्यास में आत्मकथा कहने के लिए कला को साधन नहीं बनाया। उनके उपन्यासों को समझने के लिए और उनकी सामाजिक और सामयिक व्याख्या करने के लिए हमें उपन्यास साहित्य को जांचने के सारे प्रतिमान बदलने पड़ेंगे और सौंदर्य-दृष्टि को भी एक नई दृष्टि देनी पड़ेगी। उनकी कृतियों का यदि कृतिनिष्ठ विवेचन किया जाय तो टेकनीक के अलावा उपन्यास की नई सामाजिक विवेचना का भी सूत्रपात हो सकता है। उनके कथा-साहित्य की सतह और उस पर उभरने वाले चिन्ह, वर्तमान कथा-साहित्य के मूल्यांकन में आई जड़ता को दूर करने के अनेक सूत्र हमें दे सकते हैं। लेखकों और आलोचकों को श्रीलाल शुक्ल का साहित्य तभी ठीक से समझ में आ सकता है जब वे अपने-अपने खेमों से बाहर आ जाएं। बाहर जहां सारा भारतीय समाज घटित हो रहा है और अपनी तस्वीर को अपने से भी ज्यादा सुंदर देखने की नकली होड़ में अपने असली चित्र को खारिज करके फाड़ फेंक रहा है। इसका सबसे उत्कृष्ट औपन्यासिक उदाहरण है कि उनका सद्यः प्रकाशित उपन्यास *बिस्रामपुर का संत* जो बताता है कि भारतीय समाज किस तरह यथार्थ पहचानने की दृष्टि खोता जा रहा है। समकालीनता की माइथालॉजी कैसे एक बड़ी कृति का रूप ग्रहण कर सकती है और एक जटिल जीवन आख्यान कैसे समसामयिक इतिहास को केंद्र में रखकर लिखा जा सकता है; इन दोनों गुणों का अनूठा उदाहरण है *बिस्रामपुर का संत*।

जनवरी 1999

2

हर अनुभव अपने उद्‌गम पर ही जो वस्तुएं एक साथ अनुभूत करता है, उनको अगर पहचानना या क्रमबद्ध करना चाहें तो कहा जा सकता है कि कोई भी अनुभव अपना आश्चर्य या अपना दुःख, अपना उत्साह या सुख, अपनी भाषा और उसके निजी व्यक्ति के निखार के लिए किसी

लेखक की तलाश में रहता है। या इसे यों भी कह सकते हैं कि कवि या लेखक ऐसे अनुभव की तलाश में रहते हैं। इसीलिए भाषा को मैं रचनाकार की तीसरी आंख मानता हूं। उपन्यासकार श्रीलाल शुक्ल से मेरा परिचय सबसे पहले *राग दरबारी* की भाषा ने कराया। पढ़ते हुए लगा कि हिंदी में एक 'युगांतर' उपस्थित हो गया है। कथा-साहित्य की जो संस्कृति चल रही थी उसे अपनी भाषाई छटा से *राग दरबारी* एक नई दिशा देता प्रतीत हो रहा था। और आगे चलकर हम सब जानते हैं कि यह एक युग का अंत करने वाली कृति सिद्ध हुई। तदुपरांत हिंदी उपन्यास और कथा-साहित्य की भाषा में अद्‌भुत परिवर्तन घटित हुए। यह भी बात समझने की है कि *राग दरबारी* में जो भाषाई परिवर्तन आया था वह आंचलिकता के कारण नहीं बल्कि हिंदी के विविधता भरे विकसित रूप के कारण आया था। *राग दरबारी* की नई कथन-भंगिमाओं और अप्रचलित मुहावरों के कारण हिंदी गद्य को एक नई सड़क उपलब्ध हो गई जो गांवों को जाने वाली पगडंडी की बगल में गुजरती दिख रही थी। सातवें दशक में यथार्थ की फंतासी लगने वाला यह उपन्यास अब जादुई यथार्थ न होकर, यथार्थ का वास्तविक जादू लगता है। भाषा से ही पता चल जाता है कि कोई लेखक अपनी भाषा की शक्ति को कितने प्रकार से जान सकता है। विधा कोई भी हो सारे अनुभव भाषा के माध्यम से ही हम तक पहुंचते हैं। *राग दरबारी* के भाषानुभव में अब भी यह बात शामिल है कि वह आंख से सुनने लगती है और कान से देखने लगती है। 'गोदान', 'मैला आंचल' और *राग दरबारी* यही तो क्रम बनता है हिंदी उपन्यास के विकास का।

बहरहाल, जब मैं उनसे पहली बार मिला तो वे मुझे बहुत 'एलर्ट' किस्म के व्यक्ति लगे। कहीं से भी लापरवाह और सुस्त नहीं। अपने सधे हुए व्यवहार से न वे अपनी ओर आमंत्रित करते लगते थे न झटके से दूर फेंकने वाले। बस 'टु द प्वाइंट' ज्यादा लगते थे। मैं जब भी लखनऊ जाता अक्सर उनसे मिलने लगा और धीरे-धीरे मैंने जाना कि वे बेहद सांसारिक और आत्मीय व्यक्ति हैं। वे हर चीज पढ़ते हैं। यहां तक कि नए से नए कवि और कहानीकार को भी। उन्हें पुरानी कविताएं बहुत याद हैं। रहस्य खोलते हैं कि उन्होंने भी कविताएं लिखी थीं। संस्कृत, फारसी, उर्दू और अंग्रेजी का बहुत अच्छा ज्ञान रखते हैं। एकदम बहुज्ञ और हाजिर जवाब। हास्य भी ऊंचे दर्जे का और कुछ ज्यादा बारीक। उनके साथ बातचीत से रसोद्रेक ही नहीं, बौद्धिक उद्रेक भी होता है। वे खामोश हो जाएं तो ब्यूरोक्रेट लगने लगते और बोलने लगें तो अत्यंत परिपक्व व सहज बौद्धिक। एक बार उनसे शास्त्रीय संगीत पर चर्चा हुई तो मैं उनकी गहरी रुचि और रागों के सौंदर्य-बोध संबंधी विचारों को जानकर आश्चर्यचकित रह गया। लगा कि इन्हें तो संगीतकार होना चाहिए था। लेखक या कवि होने के लिए वाकई कितना पढ़ना और जानना होता है—यह मैंने श्रीलाल जी से भी सीखा। मैं चौदह साल अध्यापक रहा लेकिन सीखने का क्रम मेरा तब भी जारी था और अब भी जारी है।

पुराना लखनऊ एक चक्रव्यूह की तरह महसूस होता है जिसमें फंस जाओ तो बाहर निकलने का रास्ता सूझता ही नहीं। मैंने यह भी अनुभव किया कि यहां तो बेशकीमती जिंदगियां मुफ्त में फंसी हुई हैं। इस चक्रव्यूह से बाहर आने पर भी कोई नए लखनऊ में सांस ले सकता है। *राग दरबारी* में वर्णित शिवपालगंज का विकसित रूप मुझे नरही मोहल्ले में मिलता है। यह तीसरी पंचवर्षीय योजना के समय का भारतीय गांव है जहां वैद्य जी भी हैं और रुप्पन बाबू भी। जहां लंगड़ भी है और सनीचर भी। पूरा मोहल्ला वैद्य जी के घर का अखाड़ा दिखता है। 'नरही' शिवपालगंज का प्रतिरूप नहीं तो आधुनिक रूप मुझे जरूर लगता रहता है। *राग दरबारी* में उत्तर प्रदेश का भदेस बड़े क्लासिकल अंदाज में आया है। दो-तीन पंचवर्षीय योजनाओं ने लोगों

के दिलो-दिमाग में किस तरह से विकास से फायदा उठाने के पथभ्रष्ट तरीके पैदा किए हैं और एक निश्चित ऐतिहासिक परिस्थिति कैसे इतिहास में अपना मोड़ पैदा करती है—यह आकस्मिक नहीं है। आजादी के बाद की पंचवर्षीय योजनाओं वाला समाज कितना सिद्धांतविहीन और अवसरवादी होता जा रहा है और 'दरबार' पर कितना निर्भर रहने लगा है—इसकी, व्यंग्य के बावजूद एक करुण कहानी है *राग दरबारी*। इसमें भाषा की आंचलिकता से व्यंग्य या हास्य पैदा नहीं किया गया है बल्कि हिंदी भाषा की आधुनिकता इसमें ज्यादा छाई हुई है। साफ सुनाई देता है कि आजादी के बाद के समाज का संवाद रेडियो जैसा हो गया है और लाउडस्पीकर जैसा। हिंदी का मैं इसे पहला नॉन फिक्शनल डिक्शन मानता हूं। इसकी रचना-प्रक्रिया में कई तर्क निहित हैं जो पहले के उपन्यासों में नहीं हुआ करते थे। इसे सिलसिले से पढ़ा जा सकता है और बेसिलसिले से भी। बीसवीं सदी के सातवें दशक में गद्य का जो नया आस्वाद इस उपन्यास ने जगाया वह हिंदी व्यंग्यकारों के गद्य में आज तक छाया हुआ है। पर श्रीलाल शुक्ल उस भाषिक कथाशिल्प को उसी उपन्यास में अलविदा कह देते हैं।

मेरे चेतन-अचेतन में नरही, वैद्यजी, शिवपालगंज इत्यादि का जो बिंब गड्डमड्ड हो रहा है वह इस वजह से भी कि एक बार श्रीलाल जी के साथ नरही में किन्हीं राजा साहब के घर जाने का मौका मिला। वे नाम के 'राजा' नहीं थे बल्कि सचमुच गोंडा की तरह किसी रजवाड़े के राजा थे। भारी भरकम शरीर के थे इसीलिए औसत कद के दिख रहे थे। कमर के नीचे किसानों की तरह धोती कांछे और कमर के ऊपर नंगे बदन चारपाई पर बैठे थे। हो सकता है खूब कसी हुई रही हो लेकिन उनके स्थूल शरीर के कारण काफी ढिलिया गई लग रही थी। दोपहर का वक्त हो चला था। राजा साहब ने तीन कुल्हड़ मंगाए। मैंने समझा कि लस्सी पिलाएंगे। असल बात यह थी कि वे कुल्हड़ से 'पीते' थे। देखने वाला समझता रहे कि चाय या लस्सी कुछ पी रहे हैं। पेय पदार्थ शुद्ध अंग्रेजी था। मुझे भी श्रीलाल जी की और राजा साहब की मिलीजुली वजह से, कुल्हड़ से पीने का सौभाग्य प्राप्त हुआ। स्कॉच में भारत माता की खुशबू का आनंद लिया। ऐसी स्थितियां भला किसी को रोमांटिक रहने दे सकती हैं? *राग दरबारी* में भी रूमानियत नहीं है, यहां तक कि प्रेम प्रसंग में भी नहीं। पूरा ही उपन्यास जैसे रूमानियत के विरुद्ध है। हर जगह यथार्थ कुल्हड़ से पी रहा है। *राग दरबारी* पहला अनायकवादी उपन्यास है। एंटी हीरो, एंटी रोमांटिक और एंटी फेंटेसी। भाषा का भी और चरित्रों का भी एकदम विनायक स्वरूप सामने आता चलता है। बहुत से विनायकों वाला यह उपन्यास कुल्हड़ में शराब पीने जैसा सुरियलिस्टिक है। इसके पात्र नरही से नांदेड़ तक कहीं भी मिल सकते हैं। बिना रूमानी हुए इसमें पढ़ने का चाव और रस बढ़ाने का कुछ अलग ही भारतीय गुण है जिसे लाख जतन करने के बाद भी इस शिल्प के अनुयायी नहीं पा सके। स्वयं श्रीलाल जी ने इस शिल्प को अपनी किसी रचना में भूल से भी दोहराया नहीं, इसी से पता चल जाता है कि शिल्प के वे मास्टर हैं। उनके हर उपन्यास की अलग परिस्थितियां और अलग मुहावरे हैं। इसे भी मैं एक बड़ी प्रतिभा होने का धैर्य, विवेक और सबूत मानता हूं। इसी से लगता है कि वे लंबी रेस के घोड़े हैं। *राग दरबारी* पढ़ने के बाद समझ में आया कि हमारे गांव कितने बदल गए हैं। हमारी जीविका के स्रोत हमारी नैतिकताओं को बेनकाब करने में जुटे हुए हैं। लेकिन हम हैं कि उसे भी कुछ रचनात्मक समझे चले जा रहे हैं।

नए लेखकों और कवियों को वे तल्लीनता से पढ़ते हैं। और जब किसी से याद रखने लायक या संग्रहणीय कुछ नहीं मिलता तो बहुत दुःखी होते हैं। कभी-कभी उन दुःखी करने वालों का उल्लेख किए बिना वे खुद को रोक नहीं पाते। पर यदि कोई रचना उन्हें अच्छी लगती

है तो उसे जरूर पढ़ने की हिदायत भी देते हैं। एक दिन उन्होंने मुझसे कहा कि तुम्हारी लंबी कविता 'बलदेव खटीक' मुझे अच्छी लगती है लेकिन यह बताओ कि इसमें जो एक जगह 'मां की...' गाली दी गई है क्या इसके बिना काम नहीं चल सकता था? मैंने कहा वह पुलिस का सिपाही अपनी बीमार और मरणासन्न मां को देखने जाने के लिए छुट्टी चाहता है। उसे छुट्टी भी नहीं मिलती और इस बीच थाने में कुछ अमानवीय घटनाएं भी घटित हो जाती हैं। वह पुलिस का सिपाही साधारण मनुष्य में तब्दील हो जाता है और असाधारण व्यवहार करने लगता है। ऐसे क्षण के लिए कविता में वह पंक्ति आई है कि 'इस नौकरी की मां की चूत। और मां-मां चिल्लाता हुआ वह हमारे गांव में घुस आया।' मां की गाली से अपनी मां की याद आना मैं समझता हूं पहली बार हुआ है। वरना गालियों से लोगों को दूसरी औरतें दिखाई देती हैं, अपने घर की नहीं। यह जो 'बलदेव खटीक' के जीवन में एक बड़ा परिवर्तन घटित होता है, एक निरर्थक और रूटीन गाली से, वह छोटी घटना नहीं है। गालियों के समाजशास्त्र में मनोविज्ञान भी जुड़ा हुआ है। इतना मेरा कहना था और वे उच्छल हंसी, हंसे। मुझ पर इतने प्रसन्न हुए कि उन्होंने मुझे हजरतगंज में एक बियर पिलाई और 'रायल-कैफे' में लंच कराया। आज कोई प्रतिष्ठित लेखक किसी नए लेखक के साथ ऐसा सद्व्यवहार करता हो, इसमें मुझे संदेह है। मैंने प्रतिष्ठितों को नए लेखकों का मुण्डन करते देखा है।

श्रीलाल शुक्ल एक औढ़रदानी और नई रचनात्मकता से तुरंत प्रसन्न होने वाले विरल व्यक्तित्व के धनी हैं। अगर किसी कवि या लेखक की रचना से प्रभावित हैं तो बिलकुल समानधर्मा हो जाते हैं। उम्र, समय, देश और काल की दूरियां खत्म (यहां 'समय' का प्रयोग 'अवसर के अर्थ में कर रहा हूं, अतः समय और काल में पुनरुक्ति दोष न ढूंढ़ा जाय। वैसे भी समय और काल में एक नैसर्गिक फर्क पहले से ही विद्यमान है)। उनके लेखन की अद्वितीयता और ताज़गी का यह भी एक कारण लगता है। वे न कुंठित रहते हैं न नाराज़, न ज़्यादा मौन रहकर अपने बारे में सामने वाले को ज़्यादा गलतफहमियां पालने का मौका देते हैं। मैंने कभी उनसे किसी की निंदा नहीं सुनी। एक बार कह रहे थे कि 'पहला गिरमिटिया' उपन्यास अगर पश्चिम में लिखा जाता तो 'नोबेल' मिल जाता। ऐसी बात मैंने कभी किसी बड़े लेखक से *राग दरबारी* के बारे में नहीं सुनी जबकि वह हर तरह के 'नोबेल' का हकदार है, यहां तक कि शांति के लिए नोबेल का भी। खेमेबंद प्रायोजित मूल्यांकन ने समालोचना का विकास हिंदी में अवरुद्ध कर दिया है और जो हो रहा है वह इसीलिए बहुत एकांगी लगता है। प्रायोजित मूल्यांकन प्रोडक्शन हाउस के प्रबंधन की तरह खूब फल-फूल रहा है।

विकासक्रम के हिसाब से अगर श्रीलाल शुक्ल के उपन्यासों को देखा जाय तो *सूनी घाटी का सूरज* से *राग विराग* तक की उत्तरोत्तर परिवर्तनशीलता और सामाजिक संलग्नता को विवेचित किया जाना चाहिए। कहानियों के क्षेत्र में *यह घर मेरा नहीं, सुरक्षा और अन्य कहानियां* और *इस उम्र में* को कतई विवेचित नहीं किया गया। बल्कि उनकी कहानियों पर तो कभी बातचीत होती ही नहीं है, जबकि वे अलग ढंग की जरूरी कहानियां हैं। उनके व्यंग्य और सामाजिक व वैयक्तिक विवेचन संबंधी लेख *अंगद के पांव* से लेकर *आओ बैठ लें* तक का अलग से अध्ययन नहीं हुआ। बहुत सी बातें हैं हिंदी समालोचना और अध्ययन संबंधी पिछड़ेपन की और किसी एक लेखक के नहीं बल्कि बहुत से महत्वपूर्ण लेखकों के संबंध में यह उपेक्षा और जड़ता दिन-ब-दिन फैलती ही जा रही है। इसका एक उपाय यह भी हो सकता है कि लेखक, कवियों पर लिखें और कवि, लेखकों पर। इससे परस्पर की सीमाएं और जड़ता दोनों ही टूट सकती हैं। फिलहाल मुझे *राग दरबारी* से *राग विराग* तक मौजूं लग रहा है क्योंकि दोनों में ही वह 'राग' है जो दरबारी

के विराग तक पहुंचा देता है। यह आकस्मिक नहीं है कि सरकारी दफ्तरों को संगीत के एक और सुंदर शब्द (या राग) से नवाजा गया। इससे राग की इज्जत घटी या दफ्तरों की प्रतिष्ठा बढ़ी—सवाल यह नहीं है पर सवाल यह जरूर है कि दोनों में 'राग' की उपस्थिति जिस सामाजिक रहस्य और मानवीय संलिप्तता की ओर इशारा करती है, उस जीवन राग को पहचाना जाना कृति की जरूरत और सौंदर्य जानने के लिए आवश्यक है। *राग दरबारी* से *राग विराग* तक भारतीय समाज के जिस सांस्कृतिक बंटवारे को श्रीलाल शुक्ल अपने उपन्यासों में दिखाते हैं, वह केवल 'व्यंग्य' का उपजीव्य नहीं है। वह व्यवस्थागत गहरे सामाजिक छल को अनेकानेक रूपाकारों में, एक बड़ी प्रतिभा का सृजनात्मक सामाजिक अवदान है।

उनके पात्र गांव से शहर और शहर से गांव के बीच आज भी निरंतर आवाजाही रखते हैं। जबकि बाजार के दृष्टिकोण से आज साहित्य को 'गांव' और 'शहर' नामक दो ध्रुवों में नहीं बांटा जा सकता। हर जगह श्रीलाल शुक्ल के लेखन के संदर्भ में 4 फरवरी 1916 को महात्मा गांधी द्वारा काशी हिंदू विश्वविद्यालय में दिए गए भाषण का यह वाक्य मुझे बार-बार याद आता है :

> लेकिन जब शहरी जिंदगी की हमें जरूरत ही है तो उसे हम अगले लापरवाह ग्राम्य जीवन का प्रतिबिंब तो नहीं बना सकते।

राग विराग एकदम अलग किस्म का उपन्यास है जिसमें सामाजिक स्तर पर दो दलितों की जीवन गाथा है। डॉ. लोहिया के शब्दों में कहें तो 'पांचवी' जाति 'स्त्री' है और उसके पढ़े-लिखे रूप को अगर सुकन्या के रूप में देखें तो एक दलित वह है और दूसरा दलित वह पुरुष पात्र जो किसी पिछड़ी अथवा अन्य किसी निम्न मानी जाने वाली जाति का है। यह पढ़ी-लिखी सुकन्या डॉक्टर व वैज्ञानिक है। यह आम भारतीय घिसी-पिटी स्त्री का प्रतिनिधित्व न करती है न करना चाहती है। दूसरी ओर पढ़ा-लिखा (भले ही कठिन संघर्ष के बाद) डॉक्टर, वैज्ञानिक शंकर जो अपनी जातीय वास्तविकता से हर वक्त अपने को घिरा हुआ महसूस करता है अच्छे अर्थों में अत्याधुनिक विचारों वाली सुकन्या (जो कहीं भी स्वयं को पिछड़ी स्त्री के रूप में नहीं देखती है) के प्रति इसलिए आकर्षित है क्योंकि वह भी उसके प्रति वही रुख रखती है। प्रेम और पारिवारिक पृष्ठभूमि को इस उपन्यास में एकदम नए ढंग से द्वंद्व का क्षेत्र बनाया गया है। ब्राह्मण लेखक ने विषय बहुत खतरनाक चुना है।

राग विराग में भी लेखक ने अपने पूर्ववर्ती उपन्यासों की कोई झलक नहीं आने दी। हर बार अपने शिल्प और गल्प के तौर-तरीकों से मुक्ति का सफल संघर्ष भी कोई महान प्रतिभा ही कर सकती है।

डॉ. भारद्धाज अपनी पुत्री सुकन्या के द्वारा स्वयं को एक जातिवादी के रूप में पहचाने जाने के विरोध में कहते हैं कि

> निजी तौर पर मेरे लिए भी जाति की कोई अहमियत नहीं है। फिर भी लोगों के लिए रोजमर्रा की जिंदगी में उसकी अहमियत है। मान लो तुम एक चिड़िया पालने जा रही हो तो पता होना चाहिए कि वह बुलबुल है या गौरैया, चमगादड़ है या उल्लू?

यहां से शरीरविज्ञानी पुत्री से पिता का जाति-विमर्श शुरू होता है। यानी पशु-पक्षियों की तरह मनुष्यों में भी जाति से पहचानने का दुराग्रह मौजूद है। स्त्री-विमर्श और दलित-विमर्श के इस कोहराम भरे युग में *राग विराग* पर किसी समालोचक की नजर गई हो, मुझे नहीं मालूम। इस उपन्यास में लेखक ने नए प्रतीकों को जन्म देते हुए जाति की धारणा को बड़ी बारीकी से विश्लेषित

किया है और किसी भी चालू तर्क और स्थिति का सहारा नहीं लिया। शास्त्रीय से कहीं ज्यादा अर्थशास्त्रीय मान्यताओं के आधार पर पूरी पृष्ठभूमि को उजागर किया गया है। पिता, मौसी और पुत्री द्वारा किए गए जाति-विमर्श के कारण यह उपन्यास अत्यंत महत्व का है। यह दो पढ़े-लिखों (स्त्री-पुरुष) की अनूठी और असफल प्रेमकथा है। पर इसमें जाति कहीं भी आड़े नहीं आती मगर गरीबी आती है।

राग विराग का शिल्प उपन्यास में नाटक का है। जैसे कि जीव एक औपन्यासिक पृष्ठभूमि हो और प्रेम, पर्दा उठाने के बाद का नाटक। लेखक के निजी संपादन कौशल ने इस नाट्य उपन्यास को प्रेम संबंधी अन्य सारे उपन्यासों से, अपने देश-काल में अलग और बेहतर बना दिया है। उपन्यास लिखने की कला में यह शिल्प मुक्ति का भी उदाहरण है।

'भंवरमल इंस्टीट्यूट ऑफ कार्डियाइक सर्जरी' के परिसर में एक कैंटीन में सुकन्या और शंकरलाल जो बातचीत करते हैं, उसके अभ्यस्त नहीं हैं हिंदी उपन्यासों के प्रेमी पात्र और प्रेमी पाठक। प्रेम में यह बिलकुल नए ढंग की बातचीत है। वैज्ञानिक प्रतिभाओं की कई स्तरों पर अर्थ व्यंजित करने वाली बातचीत। इस बातचीत को पढ़ने-सुनने से लगता है कि सचमुच विज्ञान भी कला है। लेकिन शंकर जब सुकन्या को अपने पिता की मृत्यु के बारे में बताता है तो पांचवें और छठे अध्याय को पढ़ते हुए लगता है कि कला भी समाजशास्त्र है और एक गरीब का घर दुख के किस स्थापत्य के अनुसार बना हुआ होता है। उस स्थिति में रहने और जीने वाला व्यक्ति ही उसे समझ सकता है। सुकन्या उसमें दुख के साथ-साथ जीवन जीने की संस्कृतियों का अंतर देख रही है। विपथ पृष्ठभूमि और भविष्य के सुखद परिवेश (जिसे वे स्वयं रचेंगे) के बीच वह कोई रिश्ता कायम नहीं कर पाती। उसके इस द्वंद्व ने उपन्यास की दिशा ही बदल दी। अपनी और शंकर की पृष्ठभूमि के बीच सुकन्या को कोई पुल नजर नहीं आता। दोनों ही वह पुल बनाने में विफल रहते हैं। फिर भी शंकरलाल सुकन्या को उसके पिता से और सुकन्या शंकर को उसके पिता से अलग करके नहीं देख पाते। इस उपन्यास में परिवेश के प्रति पुरुषों की अपेक्षा स्त्री को ज्यादा चिंता है।

> दोनों जानते हैं कि यह दुराग्रह है, फिर भी वे उसकी त्रासद मौजदूगी से उबर नहीं पा रहे हैं।... उनका विवेक ऐसी म्यान बंद तलवार हो गया है जो म्यान में फंसकर रह गई है, बहुत जोर लगाने पर भी बाहर नहीं निकल पाती और डर है कि ज्यादा जोर लगा तो उसकी मूठ उखड़कर उनके हाथ पर आ जाएगी।... पर जब सुकन्या उसके सामने नहीं होती तो उसके दिमाग में सुकन्या की पहचान एक पुराने दुश्मन की बेटी जैसी ही रह जाती है...।

जाति के मामले में सुकन्या के विचार अपने पिता से ज्यादा स्पष्ट हैं :

> मेरे लिए जाति का सवाल निरर्थक है और ऐसा सवाल उठाना, माफी चाहती हूं पापा, असभ्यता है। हो सकता है, वह पिछड़े वर्ग का हो, कुछ भी हो। मुझे नहीं मालूम और मुझे इसकी फिक्र भी नहीं।... क्या जाति जानने की इच्छा ही यह साबित नहीं करती कि जाति प्रथा में कहीं न कहीं आपका विश्वास है?

लेखक ने जान-बूझकर उपन्यास के नायक शंकर की जाति कहीं से भी पता नहीं चलने दी है। यह पाठकों के भीतर भी जाति जानने की इच्छा को संभवतः समाप्त कर देने की इच्छा से उत्पन्न आग्रह हो। लेखक ने 'गरीबी' को 'जाति' की तरह स्थापित करने की कोशिश की है। फिर भी इस प्रेमकथा के भयानक परिवेश में जाति एक बहुत बड़े चतुर यथार्थ के रूप में मौजूद है। जाति और गरीबी के द्वंद्व में जाति ही भारी पड़ती दिखती है। मौसी समझती है कि आर्थिक रूप से तुम दोनों का भविष्य सुरक्षित है। लेकिन सुकन्या के पास अपने तर्क हैं :

> मौसी! हालत यह है कि शंकर का परिवार बहुत गरीब ही नहीं, अशिक्षित और कुसंस्कृत भी है।... आज भी इसका एक पैर शहर की मेडिकल बिरादरी और यहां की संभ्रांत जिंदगी में है और दूसरा गांव के उस झोपड़े में है जहां उसने मां को छोड़ रखा है।... मौसी! यह उसका अतीत नहीं उसका वर्तमान है। यह इतना सक्रिय वर्तमान है कि इसी से उसका भविष्य बनेगा।

वह गरीबी को जाति से नहीं जोड़ पाती है।

सुकन्या के लिए यह बात बहुत महत्व रखती है कि भारतीय समाज में विवाह दो व्यक्तियों के बीच नहीं होता। उन दोनों से जुड़े पूरे माहौल के बीच होता है, जिसमें दोनों के परिवार, उनके परिवेश, उनका कल्चर और विश्वास सभी कुछ शामिल हैं। पूरे उपन्यास में लेखक ने 'जाति' को गरीबी और शरीर के मैल की तरह बहुत करीब से देखा है। बार-बार ऐसे प्रसंग उपस्थित हुए हैं कि सिर्फ पैसे और पानी से यह घुलने वाली नहीं है क्योंकि गरीबी सभी जातियों को साधनहीन और मलिन बना देती है लेकिन जाति गहराई में धंसा एक संस्कार है जिसे संस्कार बदलकर ही खदेड़ा जा सकता है। जातीय संस्कार को परिमार्जित करने के लिए पैसा, पानी और ज्ञान तीनों चाहिए क्योंकि 'जाति' सामाजिक स्तर पर ही नहीं मनोवैज्ञानिक स्तर पर भी टिकी हुई है। हर क्षण लगता है कि इस प्रेम संबंध में जाति का ध्वंस अब होने ही वाला है, लेकिन होता नहीं। यही भारतीय समाज की दिमागी जकड़बंदी है। गैर दलितों द्वारा जाति तोड़ने के आग्रह के साथ जो रचनाएं लिखी गई हैं, उन्हें दलित चिंतकों ने मुंह नहीं लगाया। यह दुर्भाग्यपूर्ण है। प्रेमचंद से श्रीलाल शुक्ल तक इस सभ्यता के अनेक रूप साहित्य में गैर दलितों द्वारा प्रकट हुए हैं। लेकिन उन्हें केवल कंडम करने की प्रवृत्ति ने कोई संवाद सेतु बनने ही नहीं दिया। फिर भी अलग-अलग ही सही, दलित और गैर-दलित लेखक और बुद्धिजीवी जाति तोड़ने के लिए निःसंदेह एकमत दिखते हैं।

राग विराग में मुख्यतः तीन दृष्टिकोण काम करते दिखते हैं। पहला दृष्टिकोण पिता का है और दूसरा दृष्टिकोण कन्या का है। तीसरा दृष्टिकोण लंगड़ी मौसी का है। शंकरलाल का दृष्टिकोण नहीं बल्कि सारा जीवन ही जाति है। वह जाति के स्तर पर सुकन्या के लिए अपने जीवन में संगति बिठा पाने या न बिठा पाने के प्रति कहीं चिंतित नहीं है। वह अपनी पढ़ाई-लिखाई और वैज्ञानिक होने की विशेषज्ञता के कारण खुद को कहीं से भी अयोग्य नहीं मानता और उच्च जाति में विवाह हो जाने से वह परिवेशगत किसी कठिनाई या संकट के कारण थोड़ा भी कुंठित नहीं है। लेकिन सुकन्या खुद को हमेशा प्रेम में उतना ही देख पाती जितना पारिवारिक पृष्ठभूमि और शंकर के मां-बाप के परिवेश में रह-रह कर देखती और सोचती है। लगता है स्त्री के लिए जाति का कोई महत्व नहीं है।

पहला पड़ाव में मजदूरिन जसोदा है और बेरोजगार युवक का प्रेम *मकान* उपन्यास के संगीतकार के प्रेम से एकदम भिन्न है। *बिस्रामपुर का संत* में प्रेम के कई रूप देखने को मिलते हैं। लेकिन 'राग विराग' का प्रेम अपनी तमाम तार्किक व्यूह रचना के बाद एक अनोखे अंदाज में घटित होता है। परिणति चाहे जो हुई हो लेकिन लेखक का वर्णन-कौशल तो देखिए। गांव में तीन पेट्रोमेक्स और कुछ लालटेनों की रोशनी का विलोम बाहर फैला हुआ है :

> ...कुएं की जगत से सुकन्या को नीचे उतारने को, शंकर उसके हाथ का सहारा देना चाहता है। पर वह पहले ही नीचे उतर आई है। उसका पैर कीचड़ में पड़ता है... चारदीवारी के बीच करीब पचास फुट खाली जमीन है।... सुकन्या का हाथ पकड़कर, सामने टार्च की रोशनी फेंकता हुआ वह तीन-चार कदम भर चल पाया है कि सुकन्या लड़खड़ाती है और उसके सहारे के बावजूद फिसलकर कीचड़ में गिर पड़ती है। उसके जिस्म का दायां हिस्सा और गाल कीचड़ में लिथड़

जाता है। शंकर का हाथ उसके हाथ से छूट गया है।... जलती हुई टार्च छिटक कर दूर जा गिरी है। रोशनी का वृत्त किसी दूसरी ओर मुड़ा हुआ है।... बरसात की धुंधली रात में दोनों कीचड़ और पानी में दो पालतू जानवरों की तरह उठने की कोशिश में लिथड़ रहे हैं। अचानक गीलेपन की ठंडक के बावजूद शंकर अपने जिस्म से लिपटते, छिटकते और टकराते हुए दूसरे जिस्म की ऊष्मा का प्रबल अनुभव करता है। वह सुकन्या को खींचकर अपनी बांहों में बांध लेता है, बाहरी परिवेश में उसके लिए अब कुछ नहीं है, न कीचड़ न धुंधलका, न ऊपर सरसराती नीम की टहनियां, न उसके ऊपर बादलों की स्पष्ट गड़गड़ाहट, सिर्फ सुकन्या है।

गीली धरती और नक्षत्र विहीन आकाश के नीचे, किसी आदिम उत्सव के नशे में, दोनों एक-दूसरे की बांहों में समाकर एक दूसरे को अपने में समाहित करने की कोशिश कर रहे हैं। लगता है कि गिरते-फिसलते उठते-लड़खड़ाते हुए उनमें से एक ओर का कीचड़ दूसरे को जज्ब कर लेगा। गालों और होठों पर लगी हुई मिट्टी ने दूसरी ओर की मिट्टी को प्रगाढ़ता से चूमा है, मेडिकल कॉलेज में पढ़े हुए हाइजीन के सारे सबक इस समय मिट्टी में मिल गए हैं।... अब और इंतजार नहीं सुकन्या। मैं तुमसे शादी करूंगा...। और सुकन्या कहती है कभी दिन की रोशनी में बात करेंगे।... वे नदी में बाढ़ से घिरे हुए दो टापुओं पर झकझोरे हुए दो पेड़ों की तरह अलग-अलग खड़े हैं। समवेत शोरगुल के बीच कोई कहता है हम वहां मच्छरों से परेशान हैं और आप लोग यहां चैन से 'मड-बाथ' ले रहे हैं।

नए प्रतीकों वाली इस तरह की भाषा के उदाहरण उपन्यास में और भी बहुत हैं।

कीचड़ में गिरने के इस दृश्य में सारा अदृश्य भी भाषा के माध्यम से दिखाई देने लगता है। यही भाषाई ताकत उपन्यासकार श्रीलाल शुक्ल को कवितामय गद्य लिखने का संपूर्ण सौंदर्य सौंप देती है। उनका गद्य स्वयं ही काव्य है।

श्रीलाल जी के साथ पहली मुलाकात से ज्यादा महत्व आगे की मेरी अन्य मुलाकातों का है। उनकी जीवन-पद्धति औसत मध्यवर्गीय व्यक्ति जैसी है। वे अपने ग्राम्य जीवन और स्कूली जीवन के मित्रों से मिलते रहते हैं। अधिकारियों के बीच लेखक के रूप में छूट पाने के पक्ष में वे कभी नहीं दिखे। लेखकों के बीच वे कभी अधिकारी की तरह नहीं लगते। उनका लगाव उनसे मिलकर ही पता चलता है। टेलीफोन पर उनकी आत्मीयता की टोह न लें तो अच्छा। फोन पर तो वे तटस्थ और निस्पृह व्यवहार करते महसूस होते हैं, न जाने किस वाक्य पर फोन कट जाए। दिखावा उनमें कतई नहीं है। प्रिय लेखक अगर प्रिय व्यक्ति भी हो जाय तो उसके बारे में लिखना काफी कठिन हो जाता है। वे कहीं से भी न एक जैसे लेखक हैं न एक जैसे व्यक्ति। हर कृति के साथ उनका रचना-विधान ही नहीं उनके व्यक्तित्व के भी कुछ पहलू बदलते या विकसित होते दिखते हैं। वे हिंदी के ऐसे बड़े लेखक हैं जो उम्र के इस पड़ाव पर भी संभावनाशील दिखते हैं।

कभी-कभी सोचता हूं अनुभव का वैविध्य तो गहरे सामाजिक सरोकारों और जीवन-दृष्टि के कारण उनके पास है, पर भाषा और शिल्प के इतने प्रयोग वे कैसे कर लेते हैं। संभवतः इसमें संस्कृत, फारसी, उर्दू और अंग्रेजी का उनका ज्ञान उनकी सहायता करता है। शिल्प के इतने अच्छे प्रयोग वही लेखक कर सकता है जिसे अपनी भाषा की पूरी खूबियां और खराबियां मालूम हों और जो एक बात को कई दिलचस्प तरीकों से कहना जानता हो। कविता हो चाहे गद्य, है तो आखिर रचनाकार का अंदाजेबयां ही और अपने शिल्प व गल्प में श्रीलाल जी को यह अनुभव संपदा कुछ ज्यादा ही हासिल है।

2005

राग दरबारी के पक्ष में गवाही

अरुण कमल

मैं *राग दरबारी* की कसम खाकर कहता हूं कि जो भी कहूंगा सच कहूंगा, सच के सिवा और कुछ न कहूंगा और उतना ही सच कहूंगा जितना स्वयं इस गल्प में है।

इस पुस्तक को अभी के पहले मैंने कभी नहीं पढ़ा। एक बार एक किताब की दुकान से भाड़े पर लाया था। लेकिन तुरंत लौटाना पड़ा क्योंकि दूसरा ग्राहक ज्यादा भाड़ा देने को तैयार था।

हां, इसके लेखक को कई दफा देखा है। कभी दूर से कभी करीब से। उन्हें देखने से नहीं लगता कि *राग दरबारी* उनका ही लिखा है।

नहीं, उनसे कभी कोई लाभ भौतिक या आध्यात्मिक नहीं मिला। जी, पहले कई दूसरी चीजें जरूर पढ़ीं। उनमें से एक साक्षात्कार में उनका बोला यह वाक्य अक्सर याद आता है कि मुझे लिखना सबसे अच्छा तब लगता है जब रात हो और बारिश हो रही हो, खूब जोरों की बारिश...। अभी भी मैं समझ नहीं पाया कि *राग दरबारी* लिखने के लिए ऐसी यवनिका क्यों चाहिए।

नहीं, मैं भटक नहीं रहा हूं। जी, मैं बिना शर्म के कह सकता हूं कि *राग दरबारी* पढ़ते हुए बहुत मजा आया। हरेक पन्ने में, हर वाक्य में आनंद आया। हिंदी भाषा का ऐसा रूप कम देखने को मिला था। पूरा का पूरा उपन्यास हास्य और व्यंग्य की अविचल मुद्रा में शायद पहले कभी नहीं लिखा गया। अब के उपन्यासों में भाषा का आनंद कम ही मिलता है। जबकि सच बात तो यह है कि पढ़ते हुए भाषा ही है जो सबसे पहले मिलती है जो अपने पूर्व निर्धारित मूल्य से हमेशा कुछ अधिक देती चलती है, भाषा का 'अतिरिक्त मूल्य' और भाषा की वह शक्ति जो द्राक्षासव के मद्य की तरह अपने आप बढ़ती रहती है। तभी तो इसके लिखे जाने के लगभग चालीस साल बाद भी इतना आनंद आ रहा है। कुछ मुद्दई इस आनंद को 'गद्य में कविता' कह कर टालना या नीचा दिखाना चाहते हैं लेकिन यह तो 'गद्य' में गद्य' अर्थात् 'प्रोज इन प्रोज' का आनंद लगता है जिसे लिखना सबसे कठिन है, जिसे अंग्रेजी में कहते हैं हेमिंग्वे ने लिखा और हिंदी में निराला और कुछ प्रेमचंद ने। और देखिए कि यह भाषा कितनी सर्वग्रासी है, इतने मुहावरे, लोकोक्तियां, जैसा आदमी वैसी जबान, गांव-घर से लेकर शासन-प्रशासन तक की बोली, अवधी से लेकर खड़ी बोली तक, और गालियां। और इतनी तरह से भाषा का व्यवहार कि पढ़ने वाले को अपनी ही भाषा पर प्यार उमड़ आवे। श्रीलाल जी एक आदमी के पास क्या-क्या है यह बताते हुए लिखते हैं, '...और एक बीबी थी और मर चुकी थीं'। मैं तो ठिठक गया। इसे किस काल का मानें, यह है या नहीं है? मार्क्वेज के बहुत पहले यह उत्तर आधुनिक अथवा 'जादुई यथार्थवादी' वाक्य हिंदी जबां के बीच आ चुका था। फिर श्रीलाल

जी लिखते हैं :

> एक हलवाई की दुकान पर एक हलवाई बैठा था जो दूर से ही हलवाई-सा जान पड़ता था। दुकान के नीचे एक नेता खड़ा था जो दूर से ही नेता-जैसा दिखता था, वहीं साइकिल का हैण्डिल पकड़े एक पुलिस का सिपाही खड़ा था जो दूर से ही पुलिस का सिपाही दिखता था।' यह पढ़कर मैंने फौरन किताब की जिल्द उल्टी। कुछ वहम हुआ था। (यही वाले शुक्ल जी हैं।)

भाषा के इस विधेयात्मक गुण का श्रीलाल जी ने बहुत अच्छा उपयोग किया है। यहां उस व्यक्ति या स्थिति का कोई ब्योरा दिए बगैर उसे पूरी विश्वसनीयता के साथ प्रस्तुत किया गया है। यह 'गद्य में कविता' नहीं, 'गद्य में गद्य' है, बिना किसी उपमा, बिंब या अलंकार के। और इसी के साथ सर्फाली भाषा का एक वाक्य भी पेश है 'बर्फस! दुर्फुम की कर्फसर है।' भाषा किस तरह एक पूरे समाज के पतन और गलाजत को प्रगट करती है इसे कोई *राग दरबारी* पढ़कर जाने। 'और तुम हम पर गांधीगीरी ठांस रहे हो।' जैसा वाक्य एक पूरे समुदाय की वीभत्सता को व्यक्त करता है। और फिर वह दारुण वाक्य-'वैसे यह लड़की भी खूबसूरत थी। पर सच बात तो यह है कि बकरियां उससे ज्यादा खूबसूरत थीं।' मूल्यों के विपर्यय, विद्रूप और विडंबना को प्रस्तुत करने के लिए श्रीलाल जी ने भाषा की एक-एक हड्डी चटखा दी है और इस तरह एक नितांत नए अर्थ की सृष्टि की है। भाषा का ऐसा अष्टावक्री शृंगार इसलिए जरूरी था कि पूर्वप्रदत्त सरल, एकरैखिक यथातथ्य भाषा में नई स्थिति की जटिलता को व्यक्त ही नहीं किया जा सकता था। मसलन आप इस स्थिति पर गौर करें :

> सब जगह कोई न कोई गड़बड़ी है। जान पहचान के सभी लोग चोट्टे हैं। सड़कों पर सिर्फ कुत्ते, बिल्लियां और सूअर घूमते हैं। हवा सिर्फ धूल उड़ाने के लिए चलती है। आसमान का कोई रंग नहीं, उसका नीलापन फरेब है। बेवकूफ लोग बेवकूफ बनाने के लिए बेवकूफों की मदद से बेवकूफों के खिलाफ बेवकूफी करते हैं। ...बेईमानी और बेईमान सब ओर से सुरक्षित हैं। आज का दिन अड़तालीस घंटे का है।

यह बिलकुल नई स्थिति थी। इसके पहले कोई भी भारतीय दिन अड़तालीस घंटे का नहीं हुआ। यह एक नया गांव है, 'भारतीय देहात का महासागर'। आजादी के बाद का नया भारत। स्वाधीनता और लोकतंत्र की जिस प्रतिज्ञा ने नए राष्ट्र को जन्म दिया उसकी नीचता और सड़ांध संभवतः पहली बार इतने विस्तार से भारत की आत्मा अर्थात् गांवों को ही केंद्र बनाकर व्यक्त की जा रही थी। यह प्रेमचंद का गांव नहीं है। यह रेणु का भी गांव नहीं है। 'अहा ग्राम्य जीवन भी क्या है' के संपूर्ण रोमान को ध्वस्त करता यह उपन्यास बहुत शक्ति और साहस के साथ एक ठेठ भारतीय गांव के माध्यम से पूरे देश के पतन को दिखलाता है।' 'मुझे लगता है दादा, सारे मुल्क में यह शिवपालगंज ही फैला हुआ है' एवं 'कुछ दिनों में ही रंगनाथ को शिवपालगंज के बारे में ऐसा लगने लगा कि महाभारत की तरह, जो कहीं नहीं है वह यहां है, और जो यहां नहीं है वह कहीं नहीं है।' यानी 'मामला खालिस गंजहा है।'

पहली बार एक ऐसी कृति आई जिसने गांव के साहित्य-सिंचित रोमान को, लोकतंत्र के पाखंड और स्वाधीनता के फरेब को बिना किसी रियायत के प्रस्तुत किया। कविता में रघुवीर सहाय लगभग यही काम कर रहे थे। जो गरीब है, जो सबसे कमजोर है, उसके लिए इस गांव और देश में कोई जगह नहीं है। हास्य-व्यंग्य-उपहास की निर्विघ्न मुद्रा के बावजूद कोई भी सावधान पाठक भीतर के दुःख और रुदन को सुन सकता है। उपन्यास में शुरू से अंत तक लंगड़ का एक प्रसंग है। लंगड़, जैसा कि नाम से ही स्पष्ट है विकलांग है, की हार-जीत एक मसविदे

की नकल पर निर्भर है जो अंत तक भी उसे नहीं मिल पाती क्योंकि लंगड़ घूस देने को तैयार न था; वह तो 'सत्त की लड़ाई' लड़ रहा था। लंगड़ शरीर से कमजोर है, गरीब है, दलित है, सत्य और न्याय में विश्वास करता है। लंगड़ की हार भारत के जन की हार है, गणतंत्र और स्वाधीनता की हार है। पूरे उपन्यास में एक भी अच्छा या 'पॉजिटिव' चरित्र नहीं है, लंगड़ जैसे एकाध अपवाद को छोड़ कर। 'थारे देसा में राणा साध न अधि लोग बसे सब कूडो'। पूरे उपन्यास में कोई स्त्री-पात्र नहीं है, बेला जैसी एकाध क्षणिक उपस्थिति को छोड़कर। यह पौरूषपूर्ण समाज है, वीभत्स, हिंस्र, बर्बर और बस स्टैंड के वर्णित पोखर की तरह गंदा। आश्चर्य नहीं कि यहां गंदगी के सैकड़ों प्रसंग हैं। और कुछ भी अच्छा नहीं। नई पीढ़ी भी बिगड़ी हुई है। यहां तक कि जानवर भी बेढब और वीभत्स हैं, चाहे कुत्ते हों, या बछड़े या गरमाई हुई भैंस।

> एक बछड़ा बड़े उग्र रूप से सींगें फटकार कर चारों पांवों से एक साथ टेढी-मेढ़ी छलांगें लगाता हुआ चबूतरे के पास से निकला। वह कुछ देर दौड़ता रहा फिर एक गेहूं के हरे-भरे खेत में जाकर ढीला पड़ गया।

समाज का ऐसा कोई क्षेत्र नहीं जहां पतन और पाखंड न हो। धर्म, राजनीति, शिक्षा, न्याय-व्यवस्था, और सर्वोपरि स्वयं व्यक्ति—सब कुछ भ्रष्ट और पतित है। ऐसे में प्रखंड कार्यालय के बाहर एक थकी-हारी स्त्री, जो बस एक ही क्षण को प्रकट होती है, का यह वाक्य पूरे उपन्यास में दर्द की लहर बन कर फैलता है—'खराब दिन लगे हैं। मेरे दो लड़के भी बुखार में पड़े हैं। फसल पक गई है। कोई काटने वाला नहीं। चूहे नुकसान कर रहे हैं।' एक पर एक बोले गए ये वाक्य ज्वर के प्रलाप की तरह लगते हैं। पूरे कथानक के हास्य-व्यंग्य, चुहल, धमाल के बीच ये सपाट वाक्य सहसा हमें विचलित कर देते हैं। ऐसे वाक्य यहां से वहां तक और कहीं नहीं हैं। पीकदान में डूबने योग्य यह समाज (मुहावरा महान् फ्रांसीसी उपन्यासकार फ्लॉबे से लिया है) शोक को सह भी नहीं सकता। वह हर उदात्तता के नाकाबिल है।

यह आजादी के कुछ वर्षों बाद का समाज है जिसके प्रतिनिधि चरित्र हैं माननीय वैद्य जी, कुटिलता और पाखंड के साक्षात् रूप। आज हालत और भी खराब है। उपन्यास के अंत तक वैद्य जी का स्थान सनीचर और बद्री पहलवान ले लेते हैं। आज तो उनसे भी आगे के लोग आ चुके हैं। यहां का विकास शून्य के पीछे की तरफ है। वैद्य जी, सनीचर, रुप्पन, बेला, बद्री, भीखमखेड़वी इन नामों के जरिए हम आज की हालत को बता भी नहीं सकते। ये तो फिर भी मृदुल लोग हैं जिन पर आप हंस सकते हैं। अब के नायकों पर आप हंस नहीं सकते। इन पर हंसने, इनका मजाक उड़ाने, इनकी तुलना किसी अगोचर श्रेष्ठता से करने की हिम्मत कोई कर नहीं सकता। *राग दरबारी* पढ़ते हुए यह भी लगता है कि इस बीच, सन् उन्नीस सौ अड़सठ (जब *राग दरबारी* पहली बार प्रकाशित हुआ) से लेकर सन् दो हजार पांच के बीच यह देश कितना बदल गया है। यह पतन अब और कितना गहरा है। आज शायद *राग दरबारी* की तर्ज पर कोई कथा संभव नहीं। *राग दरबारी* उस समाज में लिखा गया जब अधिसंख्य पाठकों के मन में श्रेष्ठता और श्रेष्ठ मूल्यों के लिए सम्मान बाकी था, नहीं तो *राग दरबारी* का वार ही खाली जाता। अब वह संभव नहीं। हंसने के लिए आदर्श या मानक की जो स्मृति चाहिए, वह अब खत्म हो चुकी है। यथार्थ और आदर्श के परस्पर द्वंद्व से ही यह व्यंग्य और टंकार संभव है।

इसी स्मृति की बदौलत श्रीलाल शुक्ल भाषा की अनेकानेक प्रविधियों—पैरोडी, कथरी (पैरिरश), संदर्भ-कथन, समानांतर अर्थ सृजन आदि का व्यवहार कर सके। निरंतर एक आदर्श

और मूल्य-बोध सक्रिय रहा। ये प्रविधियां भी तभी कारगर हो सकती हैं जब पूर्व सृजित लेखन तथा भाषा-परिपाटियों, सांचों, मुहावरों की स्मृति बची हो। भाषा की ये प्रविधियां आगे चलकर थोड़े-बहुत हेरफेर से उत्तर-आधुनिकता के पहचान-चिन्ह बनीं।

श्रीलाल शुक्ल का सबसे बड़ा काम यही है कि उन्होंने भारतीय गांव के सनातन मिथक को तोड़ डाला। दूसरा बड़ा काम है स्वाधीनता और लोकतंत्र के छद्‌म पर प्रहार। तीसरा बड़ा काम है भाषा के ऐसे मेल की सृष्टि जो अनेकानेक ढर्रों, सांचों, रंगों-बताशों की याद दिलाती है, ऐसी खड़ी बोली जो अभी-अभी अवधी के खोल से बाहर आई है, जो हर सांस पर ऐसा आनंद देती है जो केवल कोई भाषिक कृति ही दे सकती है। जिस बारीकी से श्रीलाल जी ने अपने समाज को देखा है वह दुर्लभ है।

राग दरबारी समाप्त करके कुझे लगा जैसे नरक की यात्रा से लौटा हूं जिसे लोग तीर्थयात्रा मानते रहे हैं। इतनी गंदगी, ऐसी सड़ांध और वीभत्सता की उबकाई आने लगती है बिना उदात्त आदर्शों की स्मृति के पतनशीलता की ऐसी प्रस्तुति संभव न थी। *राग दरबारी* लिखने के लिए कितनी घृणा और कितना प्रेम चाहिए। *राग दरबारी* अंततः राग है, जीवन का राग।

श्रीलाल शुक्ल कहते हैं, 'अपने देशवासी समय के बारे में सिर्फ दो सही शब्द जानते हैं और वे हैं अनादि और अनंत'। *राग दरबारी* का समय इन दो शब्दों के बाहर है और उम्मीद है बाहर ही रहेगा। भविष्य के किसी सुंदर, सभ्य समाज में जब लंगड़ सत्त की लड़ाई जीत चुका होगा तब *राग दरबारी* एक चेतावनी की तरह पढ़ा जाएगा। गल्प के व्याकरण में कभी विस्मयादिबोधक, कभी प्रश्नवाचक चिन्ह की तरह। 'सत्ता की लड़ाई' के एक महत्वपूर्ण सोपान की तरह। और कला के उस नमूने की तरह जिसने अपना डेरा गंदगी के ढेर पर जमाया।

'देखो...लंगड़ जानने की बात सिर्फ एक है कि तुम जनता हो और जनता इतनी आसानी से नहीं जीतती।'

तो माननीय न्यायधीशो (वैसे साहित्य में कोई न्यायाधीश होता ही नहीं, न ही न्याय का कोई शास्त्र या संहिता, हर घटना अर्थात् हर रचना अपना विधान स्वयं रचती है, फिर भी यदि किसी कृति के पक्ष या विपक्ष में कुछ कहना पड़े तो मैं पाठक को ही हाजिर-नाजिर मान कर कहूंगा, वैसे पाठक का भी ईमान पक्का नहीं, जैसा खाएगा वैसा ही डकारेगा, फिर भी कुछ लोग उसे ही न्यायाधीश मानते हैं) मेरी गवाही पूरी हुई। वैसे अब लग रहा है कि गवाही मांगी ही नहीं गई थी। फिर भी बैजनाथ का तो यही काम है।

2005

अंतर्धाराओं के बीच स्थिर प्रकाश

पंकज सिंह

ऐसा बहुत कम हुआ करता है कि संपर्क और परिचय के आरंभिक दिनों में भी किसी व्यक्तित्व को लेकर मन में कमोबेश धुंधलका और व्यवहार में किसी किस्म की हिचक न हो। अक्सर कुछ-कुछ संभ्रम या अनिश्चय सा घर किए रहता है जो धीरे-धीरे बादलों सा छंटता है, चीजें अपेक्षया साफ-साफ दिखनी शुरू होती हैं और तब जरा ठीक-ठाक-सा जानना हो पाता है। यह विरल है कि मिलते ही कुछ ऐसा सिलसिला चल निकले कि प्रत्यक्ष मिलने पर ही नहीं बल्कि अनुस्मरण में भी आत्मीयता की एक सधी सी लय सदा एक जैसी खूब गहरे महसूस हो और स्वर, भंगिमा, भाषा और अंतरालों तक वह हमेशा सब कुछ को आवेष्टित किए लगे। श्रीलाल जी के साथ मेरा यह अनुभव कुछ इतना विस्मयजनक-सा रहा है कि लगभग सब कुछ को जुगा सहेजकर रखने वाली मेरी स्मृति का अभियान व्यर्थ हुआ और अब प्रयत्न करने पर भी याद नहीं आता कि पहली बार उनसे कब मिला था।

श्रीलाल जी के साथ दीर्घ संवाद और संपर्क के दौरान एक पाठक और उनकी समकालीनता के एक अदना-से साझीदार लेखक की हैसियत से मैंने उनके व्यक्तित्व को जिस तरह जाना-समझा उसमें अनेक वैयक्तिक और निर्वैयक्तिक, उनके राग और विराग, उनकी परपंरायुक्तता और आधुनिकता, उनकी भावुकता और कठोर विवेकनिष्ठता आदि अंतर्विरोधों की गतिशीलता की अनेक छवियों का अनूठा संघटन मेरे मन में उभरता है। उनसे जुड़े, उनके साथ बीते समय के संस्मरण लिखने की सोचूं (जो यहां, फिलहाल, मेरा अभीष्ट कतई नहीं) तो वह निहायत चुनौती भरा काम होगा क्योंकि श्रीलाल जी के अंतर्विरोधों के कारण उन संस्मरणों को अविश्वसनीय होने के खतरे से बचाना आसान नहीं होगा। इसलिए भी कि व्यक्ति और लेखक के रूप में वह हमें यथार्थ के जिन रूपों और रंगतों तक ले जाते हैं वे प्रायः मुश्किल में डालने वाले होते हैं, इसलिए उनका व्यंग्य, उनकी करुणा, उनका सामाजिक बोझ और उनकी उदासियां वगैरह सामान्य से बहुत अलग हैं। पर सारी असामान्यताओं के बावजूद जो संसार उन्होंने रचा है वह किसी रहस्य भरी कीमियागरी से उनके लेखन में खूब प्रामाणिक बनकर प्रकट होता है। जरा परिहास की छूट लेते हुए कहूं तो 'विचित्र किंतु सच!'

श्रीलाल शुक्ल के रचना-संसार से परिचित हर पाठक को यह भली भांति मालूम है कि वह 1947 के बाद के भारतीय समाज की विभिन्न नई-पुरानी संरचनाओं और उन संरचनाओं में अंतर्निहित सत्ता-विमर्श के अनेक रूपों के विलक्षण सर्जक हैं। उनकी विलक्षणता आख्यान में, स्थितियों की अन्विति में अपनी सर्जनात्मक प्रवीणता से अदृश्य आघातों के जरिए यथार्थ की जटिलता को परत-दर-परत खोलकर दिखाने में अचूक है। उनके यहां इस काम में लगी प्रविधियां पाठक की संवेदना में तीखे प्रश्न पैदा करती हैं, कई बार वितृष्णा और विरोध और

अमर्ष भी। परंतु इसके बावजूद, यथार्थ की सघनतम उपस्थिति और बहुस्तरीय व्याप्ति के बावजूद, श्रीलाल शुक्ल शास्त्रीय अर्थों में यथार्थवादी नहीं हैं। यथार्थ उनकी रचना का उपजीव्य है। वह उनकी अभिधा वाली शैली की काया को रचता है। वह आलोचनात्मक है—अक्सर प्रक्षिप्त, जो अभिधा से आरंभ होकर आशय की जमीन पर तिर्यक होकर गड़ा दिखता है। उसमें अंतर्मुखी किस्म की आक्रामकता है—जकड़ने और बांधनेवाली (*राग दरबारी* में उनके यथार्थ की आक्रामकता मुखर, मुंहफट और सीधी है लेकिन उसके बाद जब वह व्यंग्य हास-परिहास और 'ब्लैक विट' के सुपरिचित औजारों को छोड़कर आख्यान में जीवन की पुनर्रचना करता है तो विडंबना-बोध, उदासियां और अहसासों की लापरवाह बेतरतीबियां उसकी प्राकृतिक बनावट के हिस्से जान पड़ती हैं)।

श्रीलाल शुक्ल की सबसे ज्यादा चर्चित और लोकप्रिय कृति *राग दरबारी* है, इस बारे में अब तक जरा भी किसी संदेह की गुंजाइश बनती नहीं दिखती है। *राग दरबारी* में श्रीलाल जी के लेखकीय व्यक्तित्व के अनेक संकेतक और प्रवृत्तियां भी भाषा-शैली के प्रचण्ड वाग्वैदग्ध्य के साथ आए हैं। वहां यथार्थ का जो विखंडन है वह बेहद दिलचस्प मगर उतना ही अराजक है। तब यह लगा था कि उपन्यास का समापन जिस कटुता और सर्वनकार में होता है वह उस कृति-विशेष के शैलीकृत विन्यास की प्रकृत परिणति था। रंगनाथ की आत्मा के तारों पर 'पलायन संगीत' के गूंजने को एक दो वाक्यों में कहने की बजाय कृतिकार ने अंतिम अध्याय को 'पलायन संगीत' जैसा शीर्षक देकर अपनी वैचारिकता के सर्वनकारी आभास को अद्‍भुत शैलीकृत उत्कर्ष दिया है।

लेकिन क्या यह सर्वनकार संपूर्ण है? क्या यह *राग दरबारी* के उस विकल और पीड़ित पात्र की अंतिम परिणति का बिंदु है जहां रचनाकार की वैचारिकी का पूर्णविराम हो? शायद नहीं, क्योंकि *राग दरबारी* के इस आंतरिक एकालाप में गहरा विडबंना-बोध है और यथार्थ के टुकड़ों की पच्चीकारी के साथ जो तिर्यक व्यंजना रिस-रिसकर आती है उसमें बहुत विषाद है, और उस विषाद का परिप्रेक्ष्य सघन सामाजिक मानवीयता से निर्मित है। श्रीलाल जी का लेखकीय नैतिक बोध उनके इसी परिप्रेक्ष्य में सक्रिय होता है। वह कथा की भाषिक काया में मुखर नहीं होता। वह नेपथ्य से आते हुए स्थिर प्रकाश की तरह कथा के अलग-अलग कोणों को आलोकित किए दीखता है। श्रीलाल शुक्ल के इस नैतिक बोध से ही, बड़े सूक्ष्म ढंग के कलात्मक संयम के साथ उस आभासी सर्वनकार का प्रतिलोम सृजित होता है और आशय के धरातल पर पढ़ने वाले की संवेदना में उपलब्ध भाषिक पाठ से इतर एक और पाठ की स्थिति बनती है। इस मामले में श्रीलाल जी चार्ल्स डिकेन्स जैसी प्रकृतवादी सामर्थ्य और यथार्थ की विपुलता का वैभव संभव करते हैं जिससे उनके ज्यादातर उपन्यास हमारी सामूहिक सांस्कृतिक स्मृति में अविस्मरणीय हो चुके हैं।

श्रीलाल शुक्ल के उपन्यासों में अक्सर जो यथार्थ प्रचलित शैल्पिक रूढ़ियों को तोड़-ताड़ कर प्रत्यक्ष संज्ञान वाले कथा-तत्व के निर्माण में सक्रिय होता है उसे उसके समस्त प्रासंगिक अनुषंगों के साथ उन्होंने निरंतर जारी किन्हीं भयावह परिघटनाओं की तरह रचा है। जरा-सा गौर करने पर हम पाते हैं कि उनके लगभग सारे पात्र हमारे ज्ञात लोक के चरित्रों के विद्रूप हैं जो कमोबेश अतियों और अतिचारों से भरी निर्मितियां हैं। इसलिए वे विश्वसनीय लगते-लगते भी कभी-कभी अचानक अटपटेपन का अहसास कराने लगते हैं—कुछ-कुछ अतर्क्य होते हुए, अपने जीवन व्यवहार में छोटी-बड़ी पहेलियां छोड़ते हुए और कई-कई तरह के अनुभवों के बीच की विभाजक रेखाएं मिटाते हुए। लेकिन इसी तरह की निर्मितियां होने की वजह से ये पात्र

यथार्थ के एक विशिष्ट किस्म के विखण्डन के कारण बन पाते हैं। यथार्थ के उनके विखण्डन की सबसे बड़ी विशिष्टता इसमें निहित है कि प्रायः वह कथा की ऊपरी सतह पर न होकर उसके आंतरिक संयोजन में होता है। कभी शांत जल के आवर्तों की तरह और कभी लहरों सा निनाद से भरा हुआ, बार-बार किन्हीं आवेगों में उठता और फिर पछाड़ें खाकर गिरता हुआ।

श्रीलाल जी के अनेक महत्वपूर्ण चरित्रों के आत्मध्वंस और कठिन द्वंद्वों के लिए उनके रचनाकार की यह प्राविधिक प्रवृत्ति भी आंशिक रूप से जिम्मेदार जान पड़ती है, हालांकि यथार्थ को पकड़ने और आत्मसात करने की, चाहे वह यथार्थ शहरी, कस्बाती या ग्रामीण कैसा भी क्यों न हो, अद्‌भुत क्षमता के कारण उसके अंतिम संचय और संयोजन को वह जितना अपने अभिप्रेत के अनुकूल बना ले जाते हैं वह निश्चय ही विस्मयजनक है। *सूनी घाटी का सूरज* में उसका नायक रामदास 'सहमा, सिसकता, मुरझाया' जीवन जीने के बाद अंततः गांव की स्कूल मास्टरी स्वीकार करते हुए सोचता है, 'यहां मैं न आऊंगा तो कौन आएगा।' *पहला पड़ाव* का नायक सत्ते तरफ़-तरफ़ से हार-पिटकर आखिर में आदर्शवादी निश्चय के साथ कहता मिलता है, 'कानून की पढ़ाई मेरे लिए अब पेट पालने की मजबूरी नहीं, एक लौह जाल को तोड़ने की तैयारी होगी।' जीवन की अन्धाधुन्ध चोटों और दारुण पराजयों के बाद उपर्युक्त दो उपन्यासों के नायकों की आकस्मिक 'धीरोदात्त' आदर्शमूलकता का आविर्भाव रेजा-रेजा बिखरे यथार्थ की पृष्ठभूमि में बेमेल लग सकता था, पर अपने कला-कौशल से श्रीलाल जी बाल-बाल बचकर निकल जाते हैं। यह दीगर है कि इस प्रकार की थिगलियां अक्सर उनकी कृतियों में नहीं दिखतीं।

2005

राजनीति में मनुष्य की वापसी एक स्वप्न है

शंभुनाथ

वह किसी गंवार आदमी की ऊब से
पैदा हुई थी और
एक पढ़े-लिखे आदमी के साथ
शहर में चली गई

—धूमिल

उपन्यास का जन्म ठोस इतिहास में हुआ था। यह आरंभ में व्यक्ति के संघर्ष का महाकाव्य था। भारतीय स्थितियों में यह धारणा दूर तक नहीं चली। प्रेमचंद ने शहर की जगह गांव को और मध्यवर्गीय व्यक्ति की जगह साधारण वर्गों को उपन्यास के केंद्र में लाकर इसकी धारणा में एक मौन क्रांति ला दी। महावीर प्रसाद द्विवेदी ने कहा था, 'उपन्यास को जातीय जीवन का मुकुट होना चाहिए।' इसलिए प्रेमचंद का कदम एक तरह से उपन्यास का जातीयकरण था। आज भले नहीं, एक समय ऐसा था जब गांव के प्रसंगों के बिना उपन्यास लिखना कठिन था। भले इसका एक सिरा शहर-महानगर हो और चीजें शहरीकरण के झोंके में उधर ही भाग रही हों। राजनीति और उपन्यास में गांव किसी तरह धीरे-धीरे हाशिए पर होते गए, यह एक अलग कहानी है। फिर भी आजादी के बाद के जिन उपन्यासकारों की नजर में गांव की अहमियत कम नहीं हुई, उनमें एक महत्वपूर्ण नाम श्रीलाल शुक्ल का है।

हाल के लेखकों और नागरिकों के बारे में कहा जा सकता है कि शहर में बस जाने के बाद गांव से उनका रिश्ता अभी टूटा न था। यह सच है कि शहर में गांव समाए हुए हैं और गांव में शहर। फिर भी स्थिति कुछ ऐसी बनी है कि हर जगह भारतवासी अपने को विस्थापित महसूस करते हैं। यह एक अनोखा दर्द है। अपने देश में विस्थापित हो जाने का।

शहर में बसे आदमी को गांव एक साथ खींचता है और गहरा झटका भी देता है। गांव अब एक आत्मीय ऊब की जगह है। दरअसल देश की सरहदों पर ही नहीं, भीतर भी एक शांतिपूर्ण विभाजन हो चुका था। स्वतंत्रता और रोजी-रोटी की खोज में लोग बड़े पैमाने पर गांव से शहर भागे आ रहे थे, गांव एक रोमांटिक स्वप्न से कठोर दुःस्वप्न में बदल चुका था। हालांकि इन लोगों ने शहर में बस जाने के बावजूद अपने गांव के बारे में अभी सोचना नहीं छोड़ा था। वहशी शहरों में भी वे कहां खप पाए थे। भय, विलगाव और व्यर्थता का अहसास दोनों जगहों पर था, जीवन भी दोनों जगहों पर था।

श्रीलाल शुक्ल के औपन्यासिक मानस का निर्माण सन् साठ के दशक में एक बेहद उत्तेजनामय समय में हुआ था। चारों तरफ विद्रोह की आवाजें थीं। इनका निशाना संपूर्ण व्यवस्था

थी। वह बौद्धिक अराजकता का समय था। हर चीज से ऊब और हर चीज का विरोध उस जमाने का दर्शन था। उस समय के निषेधवाद को सड़ी-गली व्यवस्था में अपने तरीके से अव्यवस्था पैदा करने की कोशिश भी कहा जा रहा था। रोमांटिक आदर्शवाद की दुनिया छिन्न-भिन्न हो चुकी थी। इतिहास और राजनीति से मोहभंग हो चुका था। वे उद्देश्यहीन भटकाव के दिन थे, जोखिम और दुस्साहसिकता के भी। आज उपभोक्ता संस्कृति के प्रति बढ़ते सम्मोहन और व्यवस्था के पीछे दौड़ने के अलग ही तरह के दृश्य हैं। उस जमाने में नैतिकता के पाखंड ही नहीं, 'कृत्रिम' और 'नकली' के प्रति भी नौजवानों में एक आक्रोश था। उनके उद्देश्य की अस्पष्टता, कहीं-कहीं उद्देश्यविहीनता और अनैतिक-सी दिखाई देने वाली चीजें भी व्यक्ति के स्तर पर व्यवस्था से टकराहट थीं। उन पर सहानुभूति से सोचना होगा। कई बार अराजकता भाषा और राजनीति दोनों में उर्वरता लाती है। वह एक सुगठित अंतर्दृष्टि और आंदोलन की जमीन तैयार करती है।

हालांकि इस दौर में शासक वर्ग की स्वेच्छाचारिता और दुर्नीति से जनता के असंतोष के परिणामस्वरूप जनतांत्रिक आंदोलन भी विविध शक्लों में उपस्थित थे। इनके पीछे कम ठोस सच्चाइयां नहीं थीं और कुर्बानियां भी थीं। ऐसे समय में साहित्य का परिदृश्य निषेधवादी था। लेखकों को लग रहा था कि कहीं कोई मानवीय और क्रांतिकारी संभावना नहीं है। हिंदी क्षेत्र में स्थितियां ज्यादा विडंबनापूर्ण थीं। दूर नक्सलवाद की गूंज थी; वे दुस्साहसी क्रांतिकारी नौजवान कृषकों का सवाल उठा रहे थे। सबसे कठोर हालत में, पूंजीवाद और सामंती अपराधजगत की सांठ-गांठ की काली छाया में किसान ही थे। ऐसे कालखंड में श्रीलाल शुक्ल और धूमिल ने गंवई तेज के साथ विकृत होते जा रहे जनतंत्र के ऐसे नाटकीय रूपक रचे, जो एक खास समय के सारे यथार्थों को नहीं भी तो काफी चीजों को अनावृत्त करने वाले थे। इन्होंने साहित्यिक अभिजातवाद को चुनौती दी और नए किस्म के ठेठ मुहावरे दिए। एक ने उपन्यास में दूसरे ने कविता में।

श्रीलाल शुक्ल ने कम नहीं लिखा। इनकी श्रेष्ठ कृतियां हैं-*राग दरबारी* (1968) और *बिस्रामपुर का संत* (1998) । इन्हीं राजनीतिक उपन्यासों में उनका मन-मिजाज खुल कर व्यक्त हुआ है। एक में गांव की गंदी राजनीति देखकर खिन्नता के साथ शहर में वापसी है। दूसरे में शहर की संवेदनहीनता देखकर प्रतिशोध के साथ गांव में वापसी है। दोनों ही उपन्यासों में उखड़ने की पीड़ा है। इसमें संदेह नहीं कि रंगनाथ और कुंवर जयंती प्रसाद सिंह के जीवन में बहुस्तरीय फर्क है। एक फर्क यही है कि शोध छात्र रंगनाथ को अभी अपना जीवन जीना है, जबकि नौकरशाह राजनीतिज्ञ जयंती प्रसाद अपनी सफल और शानदार जिंदगी की लंबी पारी खेल चुके हैं। फिर भी दोनों समान निष्कर्ष पर पहुंचते हैं, 'रहना नहीं, देस बिराना है'। *राग दरबारी* में रंगनाथ की यह सोच आगे चलकर *बिस्रामपुर का संत* के जयंती प्रसाद में आत्म-निर्वासन का रूप ले लेती है और आत्ममंथन भी घटित होता है। वह नदी में डूबकर आत्मघात कर लेते हैं। अतः प्रश्न उठता है कि ऊब और व्यर्थताबोध से आत्मघात तक की इस यात्रा में श्रीलाल शुक्ल कौन-सी कहानी सुनाते हैं?

कोई भी लेखक उपन्यास की रचना उसे दस्तावेज बनाने के उद्देश्य से नहीं करता, उसकी प्रतिभा से ऐसा हो जाए तो बात अलग है। उपन्यासकारों के सामने इस तरह के प्रश्न होते हैं—हम जनता के रूप में क्या हैं, हमारा लक्ष्य क्या है, इतिहास की सीमारेखाओं के भीतर व्यक्ति को कैसे परिभाषित किया जा सकता है? निःसंदेह उपन्यास दुनिया और आसपास के जीवन की विडंबनाओं और संभावनाओं की कथा है, जो व्यक्ति कहता है। उसमें यथार्थ और कभी

व्यक्ति, कभी वर्ग की अविभाज्य जोड़ी होती है। यही वजह है कि श्रीलाल शुक्ल के उपन्यासों में 'देखा हुआ' और 'भोगा हुआ' दोनों हैं। उनका अपना जीवन साधारण और ऊंचे स्तर पर राजनीति, नौकरशाही और आम जीवन की अजीबोगरीब घटनाओं से गुजरा है। निःसंदेह उनकी दृष्टि पर पिछले साठ के दशक की आधुनिकतावादी विचारधाराएं हावी रही हैं। इसलिए उनके साहित्य में निषेधवाद की टोन है। उसमें ऊब, व्यर्थताबोध और आत्मनिर्वासन के चित्र हैं। एक समय पूरी दुनिया में विच्छिन्नता और उन्मूलन का अनुभव आम था। यह विकास के दावे ठोंकने वाली पूंजीवादी व्यवस्था का अनावरण करता था। भारत में भी एक पीढ़ी थी, जो पढ़े-लिखे होने की वजह से गांव के नए वातावरण से ऊब चुकी थी, पर शहर भी बेगाना लगता था। निश्चय ही गांव में ऊब के साथ आत्मीयता का भी अनुभव होता था, वह एक आत्मीय ऊब थी। श्रीलाल शुक्ल ने विच्छिन्नता और उन्मूलन का अनुभव किस तरह किया, उनके इस कथन से स्पष्ट होता है :

> प्रकटतः लखनऊ के हैसियतदार मुहल्ले में रहते हुए मैं एक मध्यवर्गीय सरकारी अफसर की जिंदगी गुजार रहा हूं। पर मेरा एक पैर गरीबी के खेमे में है जिसे मैं जीवन के पूर्वार्ध में जान चुका हूं और दूसरा पैर संपन्नता के उस खेमे में है जो मेरे पास-पड़ोस में दिखाई देती है। और इन दोनों में से किसी खेमे में सुकून और अपनेपन का अनुभव नहीं कर पाता हूं।

गरीब और संभ्रांत, पब्लिक और नौकरशाह, गांव और शहर—ऐसे कितने ही दोपाट हैं, जिनमें कथाकार फंसा है और पिसता है। उसे हर स्थान बिराना लगता है। उसे वह भाषा भी बिरानी लगती है, जिसमें उनके समय के नई कहानी वाले लिख रहे थे। वह कुछ चिकनी और चुप्पियों से भरी थी।

उपन्यास के बारे में हजारी प्रसाद द्विवेदी ने दो मार्के की बातें कहीं हैं। उपन्यास क्या है? वह गप्प है और वह पॉकेट थिएटर है। उन्होंने उपन्यास में नाटकीयता के तत्व को असाधारण महत्व दिया था और बताया था कि उपन्यास सबसे पहले एक झूठ है। जबकि नए आधुनिक कथाकार सब कुछ सच-सच और भोगा हुआ यथार्थ लिखने पर तुले हुए थे। प्रेमचंद के कथा-साहित्य में बहुत कुछ ऐसा था, जो 'थिएट्रिकल' था। कफन के पैसे लेकर घीसू-माधव का शराबखाने में घुस जाना, ब्राह्मण द्वारा दी गई यातना से मर चुके दुखी चमार के पैर में रस्सी फंसाकर खींचना, होरी का जमींदार की रामलीला में जनक का माली बनना—यह सब थिएट्रिकल ही था। पिछले 60-70 के दशकों में कथाकार आम तौर पर सत्य को खोज रहे थे, सत्य ही लिख रहे थे, अनुभूति का सच। ऐसे समय में *राग दरबारी* झूठ, पाखंड और आतंक की ग्रामीण छवियां दिखाता हुआ आया। श्रीलाल शुक्ल ने यथार्थ को 'थिएट्रिकल' बनाकर उपन्यास की भाषा में जबर्दस्त हस्तक्षेप किया। उपन्यास की धारणा एक बार फिर टूटी। इसमें बदल चुके गांव के रोचक और सूक्ष्म ब्यौरे थे, शिल्प की कसावट के साथ। यह उपन्यास काफी लोकप्रिय हुआ, निःसंदेह श्रीलाल शुक्ल इस स्तर की कृति फिर न दे सके।

राग दरबारी सचमुच एक पॉकेट थिएटर है। यह गांव के बारे में बनी रोमांटिक धारणाओं को ध्वस्त करता है। गांव अब तमाशों से भरा एक दुःस्वप्न हो चुका था। इसे अब न मैथिलीशरण गुप्त की 'अहा, ग्रामजीवन ही क्या है', की भाषा में दिखाना संभव था और न रेणु के 'मैला आंचल' और 'नागार्जुन' के 'बलचनमा' की भाषा में। बलचनमा का काया-कल्प हो चुका था बद्री पहलवान में।

उपन्यास विडंबनाओं की नाटकीय अभिव्यक्ति के साथ संभावनाओं की तलाश की भी जगह है। यह मान लेना कठिन हो सकता है कि *राग दरबारी* के जमाने के भारत में कालीचरण,

डॉक्टर प्रशांत और बलचनमा जैसे लोग बिल्कुल न थे और कहीं भी समाज-परिवर्तन का आंदोलन न था। सभी कृषक 'लंगड़' जैसे थे, उनकी कोशिशें अर्थहीन थीं। 60 के दशक में आदर्शवाद से मोह जरूर टूटा था। इसका यह अर्थ नहीं है कि आम लोग स्वप्नहीन हो चुके थे, कहीं भी आदर्शों की लड़ाई नहीं थी। विभिन्न तरीकों से चले राजनीतिक आंदोलनों में अंतःविरोधों की कमी न हो, पर इनके बीच से इतिहास का पहिया घुमाने की ताकत जनता के हाथों में अभी थी।

दरअसल *राग दरबारी* और *बिस्रामपुर का संत* में आम लोग उपन्यास के विषय नहीं हैं। उपन्यास के विषय हैं शासक महल के ऊंचे लोग। दोनों उपन्यासों की सार्थकता सामंतवादी-पूंजीवादी सांठगांठ के परिणामस्वरूप जनतंत्र के विकृत होते जा रहे उस चेहरे के संदर्भ में है, जिसका मखौल दोनों में है। यह वैद्य जी और कुंवर जयंती प्रसाद सिंह का जनतंत्र है, जिसमें जनतंत्र का अर्थ ही है उन पर तंत्र की सवारी। ऐसे माहौल में हर साहसिक विरोध या सुधार-कार्य एक न एक विडंबना का शिकार हो जाता है और गीला पटाखा साबित होता है। स्वाभाविक है, इससे जिंदगी में भरोसा खत्म होता है। *राग दरबारी* की नाटकीय व्यंजना के अतिरेक में गरीब और साधारण का भी मखौल है। इसमें एक घुप अंधेरे की तस्वीर है। खुद लंगड़ की एकाकी लड़ाई मखौल का ग्रास बनती है और निस्सहायता का परिदृश्य रचती है। ऐसा कथा पर शिल्प के वर्चस्व की वजह से है। आगे चलकर *बिस्रामपुर का संत* में इसका कुछ परिमार्जन कृषक रामलोटन के रूप में है। वह अपने खेत पर कब्जा पाने के लिए साहस से लड़ता है और संभावनाओं का नया द्वार खोलता है।

इसमें संदेह नहीं कि श्रीलाल शुक्ल के लिए नाटकीय व्यंजना मुख्यतः एक औजार है, मकसद नहीं। देश की राजनीतिक स्थितियां कुछ ऐसी विद्रूप होती जा रही थीं कि उन पर हंसा ही जा सकता था। *बिस्रामपुर का संत* के कुंवर जयंती प्रसाद *राग दरबारी* के वैद्य जी से कम 'थिएट्रिकल' और हास्यास्पद नहीं हैं और 'संत' में वैसे भी एक गहरी व्यंजना है। क्या जयंती प्रसाद वैद्य जी के ही वृहद् संस्करण हैं? दरअसल इस उपन्यास में नाटकीयता, सत्ता-विमर्श से लेकर एक हताश बूढ़े राजनेता के आत्म-निर्वासन तक विस्तृत है।

यह एक नया राजनीतिक युग था, जब ग्रेनाइट की पुरानी मुर्तियां टूट रही थीं और 'घटिया किस्म के बलुहे पत्थर की नई मूर्तियां' गढ़ी जा रही थीं। संदिग्ध अतीत वाले नए चेहरे त्याग और संघर्ष की गाथाओं के नायकों को मात दे रहे थे। *बिस्रामपुर का संत* में राजनीति शिवपालगंज की नहीं, दिल्ली-लखनऊ की है। यह ऊंचे स्तर की ही नहीं, ज्यादा फास्ट भी है। इसमें श्रीलाल शुक्ल चालाकी, टुच्चेपन और लंपटता की देसी ठसक दिखाने की जगह बड़ी राजनीति के अभिजात ताने-बाने को 'एक्सपोज' करते हैं। निश्चय ही आधुनिक रंग के ऊब, अवसाद और आत्मपरायेपन के कुछ दृश्य रखने या व्यक्ति स्तर पर मनोवैज्ञानिक ग्रंथियों के चित्र देने के बावजूद उनकी बुनियादी प्रवृत्ति राजनीतिक व्यवस्था के अलोचनात्मक अनावरण की है, अतियथार्थवाद की नहीं।

स्वाधीनता संग्राम के विश्वासों और संकल्पों के टूटने के उस खास समय में भूमिहीन कृषकों की समस्या का एक छद्म समाधान सामने आया था भूदान आंदोलन। यह विनोबा ने चलाया था और अंततः सामंती संस्कृति का अंदरूनी मामला बन गया था। जमींदारों की जमीनें विनोबा की छाया में ज्यादा सुरक्षित थीं। भूमिहीनों को कंकरीली-पथरीली जमीनें ही मिलीं। उन्हें ईंट-गारा ढोने या रिक्शा चलाने के काम के लिए शहर भागना पड़ा। *राग दरबारी* में सहकारिता आंदोलन, ग्राम पंचायत व्यवस्था, गांव में कॉलेज की शिक्षा जैसे विकासों की कथा है। ये सभी गांव के आधुनिकीकरण के लक्षण थे। *बिस्रामपुर का संत* में भूदान आंदोलन का वर्णन है। उसका लक्ष्य

सामंतवाद का समाधान देना था, ग्राम सुधार था। इन सभी का बुनियादी उद्देश्य स्वाधीनता का स्वप्न पूरा करना था। आधुनिक विकास और सुधार के ऐसे सभी उपाय किस तरह समिति पुनरूत्थान के शक्ति-केंद्र बन गए, श्रीलाल शुक्ल ने इन उपन्यासों में पर्याप्त नाटकीय व्यंजनाओं के साथ यही दिखाया है।

निश्चय ही *राग दरबारी* और *बिस्रामपुर का संत* को साथ रखकर पढ़ना चाहिए, हालांकि दोनों के रचनाकाल में तीस सालों का फर्क है। दोनों ही उपन्यास मानवीय ब्यौरों, वाक्पटुता और हास्यास्पद राजनीतिक दृश्यों की वजह से महत्वपूर्ण हैं। पहले में ब्यौरों की सूक्ष्मता है, दूसरे में विस्तृत कैनवास है। पहले में कथाकार लेखकीय दूरी के प्रति चौकस है, दूसरे में नहीं। फिर भी दोनों में समान रूप से निशाने पर सत्ता की राजनीति है। ये उपन्यास अच्छी तरह बताते हैं कि किस तरह राजनीति से संस्कृति निकलती जा रही है, हालांकि इस पर चुप रहते हैं कि किस तरह संस्कृति में राजनीति घुसती जा रही है।

श्रीलाल शुक्ल शहरी जीवन बिताते हुए भी ग्राम जीवन को भारतीय जीवन की मूल धारा मानने वालों में हैं। उपर्युक्त दोनों ही उपन्यासों में गांव ही केंद्र में हैं। एक में शिवपालगंज, दूसरे में बिस्रामपुर। श्रीलाल शुक्ल का कहना है :

> ग्राम्य जीवन की औसत कहानी मेरे लिए सामान्य जीवन के अनुभवों की कहानी है।

वे यह भी साफ कर देते हैं,

> हिंदी साहित्य में ग्रामीण जीवन के प्रति बनी या बनती रूढ़ियां मेरे लिए बर्दाश्त के बाहर हैं।

यह समझना कठिन नहीं है कि गांव के प्रति रोमांटिक और क्रांतिकारी दृष्टियां ही वे रूढ़ियां हैं। गांव अब स्वार्थपरता, हिंसा और लंपटता के मुक्तांचल हैं। अब वहां सिर्फ बर्बर रहते हैं। यह दृष्टि भी एक शहरी रूढ़ि है।

यह देखना होगा कि भारतीय गांवों में बाहुबल पर आधारित राजनीति, बढ़ी हिंसा, शिक्षा का अपराधीकरण, भ्रष्टाचार और सांस्कृतिक फूहड़ता हवा से टपके मामले नहीं हैं। पहले से ही इनके आधार उस सामंती-जातिवादी संस्कृति में थे, जिसमें प्रेम, उदारता और न्याय पर आधारित सदियों पुरानी जन-संस्कृति को खासकर औपनिवेशिक काल में मिटा देने की कोशिश की गई थी। आजादी के बाद पूंजीवाद और सामंती-जातिवादी संस्कृति के गठजोड़ ने ग्रामीण वातावरण के परंपरागत उच्चतर तत्वों पर अधिक करारी चोट की। यही वजह है कि सारे नए विकास और इनके साथ न्याय, जनतंत्र और नैतिकता भी प्रहसन बन गए। दरअसल गांव में शहर की बुराइयां घुसती चली गईं—संस्कृति, राजनीति, नौकरशाही, अपराधीकरण आदि सभी मामलों में राष्ट्रीय मुक्ति आंदोलन के दौर में सामंतवाद की जड़ें उखड़ रही थीं, वे आजाद भारत के पूंजीवादी विकास के दौर में फिर मजबूत हो गईं। वास्तविक भूमि-सुधार देश के जिन हिस्सों में नहीं हुआ है, वहां सामंतवादी पुनरुत्थान कितना निरंकुश है और कैसे-कैसे गुल खिला रहा है, इससे कोई अनजान नहीं है।

श्रीलाल शुक्ल के इन दोनों उपन्यासों में हम देखते हैं कि सामंती आधार वाले महत्वाकांक्षी राजनेताओं के लिए राजनीति संभावनाओं का ऐसा खेल है, जिसमें आम लोगों की आकांक्षाओं के लिए कोई जगह नहीं है। ऐसे ही नेताओं की मुट्ठी में जनता का भविष्य है। नए युग की सबसे बड़ी विडंबना यही है कि देश का भविष्य आम जनता के भविष्य से अलग हो गया है।

आजादी के बाद ग्राम जीवन में जैसी कुरूपताएं फैलीं, और राजनीतिक गंदगी सामने आई, अब उसके प्रति भावुकता के प्रदर्शन की जगह नाटकीय व्यंजना ही ज्यादा कारगर थी। अब

सत्ता-केंद्र सर्कस-से और सत्ताधरी व्यक्ति जोकरों-से दिखने लगे थे। ग्राम जीवन में निर्बुद्धिपरकताओं का भी तेजी से प्रवेश हुआ था। श्रीलाल शुक्ल के निकट व्यंग्य सामान्य प्रहार नहीं है। वह भाषा में एक सांस्कृतिक प्रतिरोध भी है, संपूर्ण व्यवस्था से व्यक्ति स्तर पर संघर्ष। इसलिए उनकी औपन्यासिक भाषा कुछ भिन्न-सी है, अलग तरह से मन में बजती हुई।

राग दरबारी में प्रबंधक वैद्य जी स्वप्न देखते हैं और *बिस्रामपुर का संत* में गवर्नर कुंवर जयंती प्रसाद सिंह। सर्दी की रात में वैद्य जी के स्वप्न में लोकतंत्र पंजों के बल बैठा है। इसने हाथ जोड़ रखे हैं। वह शुद्ध हिंदी भी नहीं बोल पा रहा है, फिर भी गिड़गिड़ा रहा है :

> मेरे कपड़े फट गए हैं, मैं नंगा हो रहा हूं। इस हाल में मुझे किसी के सामने निकलते हुए शर्म लगती है। ... इन दिनों कॉलेज में हर चीज फल-फूल रही है, पर सिर्फ मैं ही एक कोने में पड़ा हुआ हूं। एक बार कायदे से चुनाव करा दें। उससे मेरे जिस्म पर एक नया कपड़ा आ जाएगा। मेरी शर्म ढक जाएगी।

यह काफी मंजी हुई शर्म है। चुनाव दिखाने के लिए हुआ, सत्ता रिवाल्वर की नोक से निकली। वैद्य जी ही पुनः प्रबंधक हुए। वे सफेदपोश माफिया का चरित्र लेकर उभरते दिखाए गए हैं। आजादी के बाद देश में माफिया समुदाय का तेजी से उदय हुआ और उसका वर्चस्व तोड़ना लगातार मुश्किल होता गया। *राग दरबारी* में देखा जा सकता है कि वैद्य जी के दरबार में भंग घोटने का कार्य करने वाला विदूषक सनीचर ग्राम प्रधान हो गया। उसका काम था ग्रामीण विकास के लिए आई रकम अधिक से अधिक हजम करना। वैद्य जी ऊपर के आदेश के कारण कोआपरेटिव से हटे तो उनका बड़ा बेटा बद्री पहलवान जनकी जगह बैठ गया। वह बाहुबली है, उसके पास गुंडों का गिरोह है। सर्वोदयी गयादीन शांतिप्रिय है, यथास्थितिवादी भी। उपन्यास में यह भी दिखाया गया है कि प्रतिपक्ष कलुषित और कायर है। पूरे राजनीतिक परिदृश्य में धूर्तता ही परम मूल्य है, ऊंचे आदर्शों के गुब्बारे फट चुके हैं।

राग दरबारी में वर्णन की अतिरंजना मिल सकती है। बदलते भारत की राजनीतिक विडंबना के व्यंग्यात्मक अनावरण में अतिरंजना इस उपन्यास के नाटकीय शिल्प के लिए एक जरूरी तत्व बनकर आती है। *राग दरबारी* वस्तुतः उपन्यास में एक राजनीतिक ड्रामा है। सभी चरित्र कार्टून से लगते हैं, यहां तक कि प्रतिपक्षी रामाधीन भीखमखेड़वी और आम आदमी लंगड़ भी। ये सभी एक से बढ़ कर एक खेल दिखाते हुए सिर्फ स्थानीय नहीं एक सार्वभौम विडंबना को उजागर करते प्रतीत होते हैं। कभी निशाने पर धर्म था, अब निशाने पर राजनीति थी।

बिस्रामपुर का संत की शुरुआत ही सपने से होती है :

> जिस तरह राजभवन के दीवानखाने में राज्य के मुख्यमंत्री महामहिम से मिलने का इंतजार कर रहे थे खुद महामहिम अपने शयनकक्ष में एक सपना देख रहे थे।... आज के सपने में वह उनकी बांहों में नहीं थी, वे खुद उसकी बांहों में थे। पर तय नहीं था कि वह कौन थी। वह शायद सुंदरी थी, पर जयश्री भी हो सकती थी।

जयंती प्रसाद अब अस्सी साल के हो चुके थे। उनकी गवर्नरी के ये कुछ आखिरी दिन थे। सुंदरी की बांहों में होना उनकी जिंदगी के भावी मोड़ का संकेत दे रहा था। दरअसल कुंवर जयंती प्रसाद अभिजात सौंदर्याभिरुचि के एक ताकतवर राजनीतिज्ञ थे। वे बैरिस्टर के ओहदे से अपनी दबंगई के बल पर सफलता की सीढ़ियां चढ़ते हुए राज्यपाल की कुर्सी तक पहुंचे थे। उन्हें अपनी दुर्लभ प्रशासनिक योग्यता पर गजब का विश्वास था। इसलिए बूढ़े हो जाने पर भी वे कुर्सी से अलग होना नहीं चाहते थे। उनकी नजर में प्रभुता, ऐश्वर्य और तामझाम

के बिना जिंदगी का कोई अर्थ नहीं था।

आजादी के बाद राजनीति के मुख्य अंग हो गए—अपराध और कामुकता। *राग दरबारी* में *अपराध का सरस ग्रामीण* समाजशास्त्र दिखा देने के बाद संभवतः श्रीलाल शुक्ल का मकसद था—कामुकता का राजनीतिक मनोविज्ञान खोलना। इधर पूंजीवाद और अपराध के बीच सांठ-गांठ बढ़ने के साथ-साथ राजनीतिक लंपटता भी बढ़ी है। समाज में श्रेष्ठ माने जाने वाले राजनीतिक नेताओं के जब-तब प्रकाश में आते सेक्स-वृत्तांत इसके सबूत हैं। अमेरिका में क्लिंटन-लेविंस्की प्रकरण ने एक ट्रेंड दिखाया। इस दृष्टि से देखा जाय तो कुंवर जयंती प्रसाद का विद्यार्थी जीवन में सहपाठी जयश्री से और प्रौढ़ावस्था में सर्वोदयी सुंदरी के प्रति यौनाकर्षण कुछ भिन्न प्रकृति का है। कथाकार का जो ट्रीटमेंट है, वह इन मामलों को भिन्न बनाता है। कथाकार इन्हें राजनीतिक विडंबना से अधिक एक उच्च पदस्थ नौकरशाह और राजनीतिज्ञ के जीवन की वैयक्तिक त्रासदियां बनाकर उपस्थित करता है। वे स्त्रियां जयंती प्रसाद के लिए 'ऑब्सेशन' हैं।

उपन्यास इतिहास और राजनीति को दुहरा कर नहीं रह जाता। आज अंग्रेजी उपन्यासों की दुनिया में ऐसा बहुत कुछ लिखा जा रहा है, जो इतिहास और उपन्यास का मिश्रण है। उसका लक्ष्य इतिहास को निरर्थक बनाना या उसे चुनौती देना है। श्रीलाल शुक्ल की कोई राजनीतिक प्रतिबद्धता न हो, पर उन्होंने इतिहास को निरर्थक बनाने के लिए उपन्यास नहीं लिखे। मामला सिर्फ यह है कि उन्हें इतिहास के साथ व्यक्ति के मनोजगत को समझना भी जरूरी लगा। दरअसल किसी राजनीतिक हस्ती के निजी जीवन की घटनाएं और अनुभूतियां भी महत्वपूर्ण होती हैं। ये कई बार राजनीतिक जीवन को प्रभावित करती हैं। हालांकि इतिहासकार, राजनीतिज्ञ के आंतरिक जीवन में झांकने में संकोच करते हैं। इतिहास और राजनीति के साथ व्यक्ति को पढ़ने की वजह से ही श्रीलाल शुक्ल कुंवर जयंती प्रसाद के अंतःजीवन के ऐसे अनोखे पहलू सामने लाते हैं, जो उनके मन की तहों में छिपे होते हैं। मीडिया को भी बड़ी हस्तियों के अंतर्मन की संवेदनशील तहों की फिक्र नहीं होती, यह उसकी निष्ठुरता ही है। मीडिया की विडंबना को उजागर करते हुए कथाकार ने एक जगह दिखाया है कि मीडिया जब कुंवर जयंती प्रसाद के त्याग और साधुता की खबरें प्रसारित कर रहा था, वे वस्तुतः तब सुंदरी को लेकर आत्मग्लानि और अवसाद में डूबे हुए थे।

श्रीलाल शुक्ल ने *बिस्रामपुर का संत* में राजनीतिक विडंबना की ऐतिहासिक स्थितियों को दिखाते हुए भी इसमें विविधता, वैयक्तिकता और तनाव को स्वीकृति दी है। *राग दरबारी* में एक ही ढंग की सोच की दुनिया है, जिसमें रुप्पन हो या रंगनाथ कोई व्यक्ति अर्थपूर्ण हस्तक्षेप नहीं करता। इसलिए *राग दरबारी* के कथा परिवेश में विविधता, वैयक्तिकता और तनाव के दर्शन नहीं होते। इसमें भारत का राजनीतिक पतन एक ऐतिहासिक नियति बन कर उपस्थित है, जो कभी नहीं बदल सकता। *बिस्रामपुर का संत* में सर्वोदयी सुंदरी और कृषक रामलोटन विविधता लाते हैं। खुद कुंवर जयंती प्रसाद का चरित्र वैद्य जी की तरह एकरेखीय नहीं है। वह एक 'हेट्रोजीनियस' चरित्र है। वह एक जटिल चरित्र है—एक साथ राजनीतिक और वैयक्तिक दोनों। उसे कथाकार ने हास्यास्पद के साथ पर्याप्त दुःखांत बनाने की भी कोशिश की है, उसके तनावों को उद्घाटित किया है। क्या इसका यह अर्थ लगाया जाए कि *राग दरबारी* में उग्र गैर-रोमांटिक रुख अपनाने के बाद श्रीलाल शुक्ल की नई रचनाभूमि में एक खास तरह की रोमांटिकता पुनः अंकुरित हो गई और क्या यह इतनी बुरी चीज है?

बिस्रामपुर का संत भारत के राजनीतिक कुलीन वर्ग की कथा है :

लगभग वे सभी आत्मकेंद्रित होते हैं, सिर्फ अपने लिए रहते हैं, परिवार वालों को अपनी जीवन

> शैली में ढला देखना चाहते हैं। वे अपने छोटे-छोटे अहंकारों के साथ आत्मतुष्ट जीवन बिताते हैं, छोटी-छोटी महत्वाकांक्षाएं पालते हैं और जाने-अनजाने एक-दूसरे को ठेलते-धकियाते हुए उनसे आगे निकल जाना चाहते हैं।

देश का राजनीतिक एलीट सफलता और सुख की एक ऐसी ही अंध दौड़ में शामिल है। जयंती प्रसाद एक व्यक्ति नहीं राजनीतिक समुदाय है। आजादी के बाद एक ऐसा समय आया :

> राजनीति में चमकने के लिए अब जेलयात्रा का प्रमाण-पत्र जरूरी न था। अभिजात्य का बोलबाला था। ऊंचे नेताओं, बड़े औद्योगिक घरानों और महत्वपूर्ण अफसरशाहों की घनिष्ठता एक स्वतंत्र मूल्य बन चुकी थी।

यह एक अलग ही वर्ग था भारत भाग्य विधाताओं का। कुंवर जयंती प्रसाद इन्हीं में एक हैं, लेकिन इनकी जिंदगी की अंतिम परिणति अकेलेपन, ऊब और अवसाद में होती है। इसमें संदेह नहीं कि सफलता और सुख की अंधी दौड़ इन्हीं सीढ़ियों से अंततः आत्मघात की ओर ले जाती है। इसकी थोड़ी-सी झलक बहुत पुरानी कृति 'कामायनी' के मनु में है। जयंती प्रसाद की निजी ट्रैजडो भूकंप, जनसंहार या बलात्कार के मामलों की तरह झकझोरने वाली भले न मानी जाए, वह एक विध्वंसक सभ्यता के आ चुकने की सूचना जरूर देती है।

जयंती प्रसाद के जीवन के सुख और पॉवर का संबंध थोड़ा-बहुत भूदान आंदोलन से है। श्रीलाल शुक्ल ने *बिस्रामपुर का संत* में विनोबा भावे के भूदान आंदोलन को बहुत प्रमुखता से एक विषय बनाया है और परिशिष्ट में इसका इतिहास भी दिया है। यह आदर्शवाद की अंतिम ढोल है जो जल्दी ही फट गई। निर्मल, सुशीला जैसे सर्वोदयी चरित्र आदर्शवाद के चमकीले चीथड़े के रूप में उपस्थित हैं। निर्मल ने नया अवतार लिया, वे अब पश्चिमी पोशाक में गांधीवाद और मानवाधिकारों पर विदेशों में प्रवचन देने लगे। अब वे सोने की तस्करी के आरोप में तिहाड़ जेल में हैं। सुशीला ने सेवा और त्याग छोड़कर निर्मल से विवाह कर लिया था, अब वह एक तलाकशुदा संभ्रांत महिला है। जयंती प्रसाद के होनहार बेटे विवेक की सिर्फ बहस में गांव था, वह शोधकार्य के लिए लंदन जाने की योजना बना रहा था। खुद जयंती प्रसाद भूदान आंदोलन की सीढ़ी चढ़कर ही राजदूत बने थे, उनकी सफलता के द्वार खुले थे; एक और सर्वोदयी है सुंदरी, एक अच्छे गुजराती घर की पढ़ी-लिखी गांधीवादी युवती। जयंती प्रसाद उसके प्रति मोहाविष्ट और उतावले हो गए। कहा जा सकता है कि वह प्रभुता के चेतक पर सवार प्रौढ़ जयंती प्रसाद की लंपटता की ही नहीं, एक विराट राजनीतिक ढकोसले और विडंबना की 'विक्टिम' बनी। लंबे समय बाद राज्यपाल के रूप में जयंती प्रसाद इसी सुंदरी के सपने देखते हैं और दूसरे ही दिन बिस्रामपुर गांव में जहां वह लंबे समय से सेवा-कार्य कर रही थी, उसके मरने की सूचना पाते हैं।

प्रधानमंत्री से बातचीत में अपने भविष्य का बढ़िया संकेत न पाकर कुंवर जयंती प्रसाद ने आचनक सुंदरी की संस्था में काम करने के लिए बिस्रामपुर गांव में ही बसने का फैसला लिया। राजदूत और गवर्नर जैसे पदों पर रहकर हुकूमत और ऐश्वर्य की जिंदगी जीने के बाद अभावों और असुविधाओं के बीच रहने का उनका यह एक कठिन फैसला था। उनका यह अपनी पार्टी पर उलटवार था या यह उनके लिए व्यंग्यात्मक स्थिति थी, वे इस पर दुविधा में थे। इसके अलावा :

> वे यह भी जानते थे कि बिस्रामपुर जाने के पीछे कुछ अनजाने कारण भी हैं।

उनके मन में सुंदरी को लेकर एक मनोवैज्ञानिक गांठ थी, जो बिस्रामपुर जाकर सेवाकार्य करने से कुछ खुल सकती थी और वे इस गांठ से मुक्त हो सकते थे। आखिरकार उन्हीं की लंपटता

की वजह से सुंदरी ने उनके बेटे विवेक से विवाह नहीं किया था और सेवाव्रत में ही पूरी जिंदगी बिता देने के अपने पुराने फैसले पर चुपचाप लौट आई थी।

श्रीलाल शुक्ल ने कुंवर जयंती प्रसाद को पूंजीवादी राजनीति के पुराने दौर के चरित्र के रूप में उपस्थित किया है। वृद्धावस्था में भी उनमें असीम महत्वाकांक्षा है, उच्च सौंदर्य बोध है और बगुला-भगत सी चालाकी है। किंतु यह एक अंतर्विभाजित चरित्र है, जिसकी कई परते हैं। वे आत्म-सम्मोहित हैं तो अपने को प्रश्नों के कठघरे में भी ले जाते हैं। एक राजनीतिक चरित्र होते हुए भी उनकी अपनी कुछ मनोवैज्ञानिक परेशानियां हैं। वे आत्मरति में लीन होते हैं। उन्हें सुंदरी में जयश्री दिखाई देती है, जो विद्यार्थी जीवन में उनकी प्रेयसी थी। कभी वे सुंदरी के चिंतन में डूबे होते हैं। उनमें अतृप्ति का एक समुंदर है राजनीतिक ही नहीं यौन अतृप्ति का भी।

कुंवर जयंती प्रसाद के मन में प्रश्न है :

> क्या अपनी लंपटता को गरिमामंडित करने, उसे औचित्य देने का यह बहाना (सुंदरी में जयश्री को खोजना) भर नहीं था? ...स्वीकार करो जयंती, अपनी उम्र के बेहूदा फर्क को भुलाकर ग्रामदान वाली उस दोपहरी में तुम उस छरहरी गुजराती लड़की को देखते हुए पागल हो गए थे। यह गलत रहा हो या सही, पर सुंदरी को खुलकर चाहने के लिए क्या जयश्री के प्रेत का सहारा लेना जरूरी था?

राजनीतिक प्राणियों को उच्च आदर्शवादी भूमि पर न रखकर उन्होंने सामान्य इंद्रियपरायण प्राणी के रूप में देखना या उनकी पाखंड से भरी महानता और क्रूर दिलचस्पियों के बीच से उनके कोमल संवेदनशील मन का उद्‌घाटन एक पतित का महिमामंडन होता, यदि कुंवर जयंती प्रसाद एक हास्यास्पद चीज बनाकर नहीं रखे जाते। यह भी गौर करने की बात है कि कुंवर जयंती प्रसाद आज के नए मिजाज के राजनीतिक नौकरशाहों जैसे भी नहीं हैं जो स्मृतियों से हीन होते हैं तथा भोगो और भूल जाओ के सिद्धांत पर चलते हैं। इसलिए वे कथाकार के व्यंग्यात्मक प्रहार के निशाने हैं और इसकी सहानुभूति के पात्र भी।

श्रीलाल शुक्ल के मन में कुंवर जयंती प्रसाद को लेकर सहानुभूति और निषेध का द्वैध स्वाभाविक है। वे रोमांटिकता और व्यर्थताबोध में एक साथ यात्रा करते हैं। कई बार ऐसी चीजें व्यर्थताबोध के रोमांस में बदल जाती हैं। कई साठोत्तरी कथाकारों में इस तरह का रोमांस मिलता है। संभवतः श्रीलाल शुक्ल ने अपने रचनात्मक जीवन में किसी दूसरे चरित्र के निर्माण में उतनी तल्लीनता का परिचय नहीं दिया होगा, जितना कुंवर जयंती प्रसाद के निर्माण में। तनाव के साथ तल्लीनता। *राग दरबारी* में तल्लीनता 'परिवेश' में थी, जबकि *बिस्रामपुर का संत* में चरित्र में। *राग दरबारी* की कथा और चरित्र अप्रधान थे, वह कथा-चरित्र के ह्रास का जमाना था। वह निषेधवाद का दौर था। *बिस्रामपुर का संत* में चरित्र की वापसी है और 'निषेध का निषेध' एक अमूर्त ही सही आकार लेता दिखाई देता है।

राजनीति उस दौर में पहुंच चुकी थी, जब राजनेता नीति पर बहस करते हुए निर्भीकता के साथ अनीति पर चल रहे थे। खासकर हिंदी प्रदेशों में राजनीति माफिया दलों के ऐसे प्रतीकात्मक कर्मकांडों में बदलती जा रही थी, जो आम लोगों को सब्जबाग दिखाने के लिए थे। राजनीति में अधर्म, जातिवाद, क्षेत्रीयता, वंशवाद, अपराध, बड़ी-बड़ी कंपनियां—सारी ताकतवर चीजें आ चुकी थीं, सिर्फ मनुष्य बाहर था। कुंवर जयंती प्रसाद के सामंती मन-मिजाज को पूंजीवाद ने बारीक और चतुर बना दिया था। वे थोड़ा बहुत 'गोदान' के राय साहब की याद दिलाते हैं। 'गोदान' में सामंतवाद का ह्रास है, *बिस्रामपुर का संत* में सामंतवाद का पुनर्यौवन। श्रीलाल शुक्ल

ने कुंवर जयंती प्रसाद को एक घाघ राजनीतिज्ञ के रूप में उपस्थित किया है :

> हर जटिल मानवीय त्रासदी को सुलभ मुहावरों और सैद्धांतिक शब्द-जाल में डुबो देने की जो सहज क्षमता हमारे सत्तारूढ़ राजनीतिज्ञों में आ जाती है, वह उनमें बहुत पहले आ चुकी थी। यह वही क्षमता है, जिसके सहारे हम आदिवासियों को सिर्फ लोककला के साथ, खेतिहार मजदूर को प्रजातंत्र के प्रहरी के रूप में या शोषित महिला वर्ग को भविष्य की कृतिदर्शी चेतना बनाकर देखने लगते हैं और उनकी समस्याओं से निगाह फेर लेते हैं।

आम तौर पर समकालीन राजनीतिक परिदृश्य यही है। आज सत्ताधारी राजनीतिक माफिया और नव-धनाढ्य व्यापारी वर्ग में सांठ-गांठ हो गई है। निष्ठुर पूंजीवाद सहस्त्रों फन काढ़कर फैल रहा है। इस परिदृश्य में सादगी और उच्च विचारों की कोई इज्जत नहीं है, मनुष्यता की कोई पूछ नहीं है। आदमी की प्रतिष्ठा के मानदंड हो गए हैं—सत्ता और ऐश्वर्य।

जाहिर है, यही वह दौर है जब क्षेत्रीय और सामाजिक विषमताएं भी बढ़ रही हैं। विकास और सुधार समाज से गरीबी हटा नहीं पा रहे हैं। देश के बड़े नगरों से दूर ग्रामीण इलाकों में निराशा छा गई है। यह अब उम्मीद जगाकर रखने वाले प्रतीकात्मक कर्मकांडों से भी दूर होती नजर नहीं आती।

देश जब गरीबी, अशिक्षा और निराशा से विचलित है, राजनीतिक लड़ाइयां मुख्यतः डालर और ओहदे के लिए हो रही हैं। अब राजनीति में कुंवर जयंती प्रसाद जैसे व्यक्ति अनुपयोगी और बोझ हैं क्योंकि फास्ट फूड की तरह ही यह फास्ट पॉलिटिक्स का जमाना है। *बिस्रामपुर का संत* में वैश्वीकरण के युग की राजनीति का हल्का-सा चित्र है :

> उनकी जगह चुस्त पोशाक पहनने वाले नए प्रबंध विशेषज्ञ आ गए हैं। वे बंबई-कलकत्ता के सेठों तक ही चुनाव चंदे को सीमित नहीं रखते। वे विदेशी-वाणिज्य-व्यापार में भी लूट की संभावनाओं पर अनुसंधान कर रहे हैं। वे स्मार्ट हैं। वे पार्टी को और खुद अपने को सरसब्ज कर रहे हैं। ध्रुव प्रदेशों और रेगिस्तान तक से पैसा निचोड़ने की नई प्राविधिकी का वे आविष्कार कर रहे हैं। एक-एक दांव में करोड़ों डॉलर बटोर कर वे राजनीति को एक अत्याधुनिक और खतरनाक हथियार बना चुके हैं। कुछ बचे-खुचे संपातीनुमा बूढ़े हैं, जिन्हें भुलाया जा चुका है या सिर्फ बर्दाश्त किया जा रहा है।

राजनीति की दिशा बदल गई है, बाजार और राजनीति का भेद मिटता जा रहा है। पेट्रोल हो या हथियार, अंतरराष्ट्रीय सौदों में दलाली राजनीति का अब एक जरूरी हिस्सा है। जनता को तो सिर्फ दर्शक रहना है। इस परिदृश्य में कुंवर जयंती प्रसाद एक अप्रासंगिक राजनीतिज्ञ थे। उनके मन में अपनी स्थिति को लेकर क्षोभ था ही, बदलती राजनीति के प्रति एक वितृष्णा भी थी। हालांकि राजनीति को इस नए मुकाम तक पहुंचाने में खुद उनकी भूमिका कम नहीं थी, वे यह भी जानते थे। वे एक दागा हुआ कारतूस थे।

जयंती प्रसाद के प्रोफेसर बेटे विवेक का किसी आदर्शवाद में भरोसा नहीं था। राजनीति से भी उसका मोहभंग हो चुका था :

> बाबू जी, इन राजनीतिक जंतुओं में सचमुच ही अगर कोई ऐसा दिखे, जिसकी हैसियत कुत्ते से बेहतर हो तो मुझे बताइएगा।

यह सन् साठ के दौर के निषेधवाद की भाषा है। एक धारणा यह है कि पूरी राजनीति ही सड़ गई है। कभी संसद को सूअरबाड़ा कहा गया था। इस संदर्भ में रघुवीर सहाय का एक अलग रुख था :

> राजनीति की ओर मेरा यही रवैया है, संकटकालीन रवैया कह लीजिए कि 'वह बहुत जरूरी है' या 'वह फिजूल है' दोनों फतवे संकट से भागने के बहाने हैं...।

साहित्य में राजनीति की जरूरत के साथ मनुष्य की गरिमा और स्वत्व का सवाल उठा था। यह भी कहा गया था कि लेखक की एक जिम्मेदारी 'साहित्यिकता' या साहित्यिक परंपरा का विकास है। संपूर्ण राजनीति को ही अछूत मानना और राजनीति के विकृत रूपों का विरोध– ये दो अलग-अलग मामले हैं। मनुष्य का एक बिलकुल राजनीतिक प्राणी बन जाना राजनीति की पतनावस्था का चिह्न है और उसका राजनीति से पूरी तरह सरोकारहीन होना मनुष्यता में किसी कमी का नतीजा।

आधुनिक युग में राजनीति को धर्म से अधिक गौरव हासिल हुआ, क्योंकि वह स्वतंत्रता और सार्वजनिक खुशहाली के लिए जनता का हथियार थी। वह जनजीवन की समस्याओं से मुक्ति के लिए थी। आज की फास्ट पॉलिटिक्स या सत्ता की अंध-राजनीति कोई और ही चीज है। इसे श्रीलाल शुक्ल ने 'अत्याधुनिक और खतरनाक हथियार' कहा है। किसका हथियार? निश्चय ही बाजार का। कुछ मुट्ठी भर माफिया लोगों ने जनता के हाथ से पहले धर्म छीना, बाद में राजनीति और इन्हें अपना अत्याधुनिक और खतरनाक हथियार बना लिया। अब इनमें आम लोगों के लिए सिर्फ सब्जबाग थे। गहरी चिंता की बात है कि बदले राजनीति परिदृश्य में आम लोग, जो सत्ताहीन हैं, अपने को जनतांत्रिक प्रक्रिया के हाशिए पर खड़ा महसूस करने लगे हैं। निराशावाद में इस तरह की धारणा का बनना भी आज कम खतरनाक नहीं है, संपूर्ण राजनीति बाहुबलियों और काले धन वालों के कब्जे में है' या 'राजनीति गंदी हो गई है'। इससे राजनीति के पुनर्मानवीयकरण के सारे रास्ते बंद हो जाएंगे, दरअसल राजनीति के भीतर से ही राजनीति बदली जा सकेगी।

क्या *बिस्रामपुर का संत* में निराशावाद है? यह उपन्यास एक अनुपयोगी हो चुके बूढ़े राजनेता के आत्म-निर्वासन की ही कथा नहीं है। यह दिखाता है कि सत्ता की राजनीति किस तरह आदमी को अमानवीय बना देती है। श्रीलाल शुक्ल की दृष्टि वर्तमान युग की कुछ प्रमुख समस्याओं– सांप्रदायिकता, जातिवाद, क्षेत्रीयतावाद जैसे सत्ता-विमर्शों की तरफ नहीं गई है। उनके आक्रमण के निशाने में हुकूमत और ऐश्वर्य की आम भूख, जनता के धन की लूट, भ्रष्टाचार, दिखावटी वैभव, विकृत सत्ता-संघर्ष, नेताओं का ड्रामा और वैश्वीकरण युग की 'फास्ट पॉलिटिक्स' है। राजनीति में बढ़ी अमानवीयता श्रीलाल शुक्ल की केंद्रीय समस्या है। वे कुंवर जयंती प्रसाद की जिंदगी के दूसरे हिस्से को ट्रैजिक-कॉमिक ढंग से पेशकर आज की राजनीति के छिछलेपन और अमानवीयता को उजागर करते हैं। जयंती प्रसाद पर उनके मार्मिक व्यंग्य इस चरित्र के प्रति हमारे मन में करुणा और हास्य दोनों तरह के भाव पैदा करते हैं। सारी विडंबनाओं के बीच से रह-रह कर यही प्रतिध्वनित होता है कि राजनीति 'डि-ह्यूमनाइज्ड' हो गई है और उसके पुनर्मानवीयकरण की जरूरत है, यह काम जितना भी कठिन हो। यह उपन्यास अपने निषेधवाची मुहावरों के बीच कुछ इसी तरह के अप्रत्यक्ष सकारात्मक नोट्स छोड़ता है।

जयंती प्रसाद उसी राजनीति के प्रतिशोध में गांव आए थे, जिससे वे जुड़े हुए थे :

> मैं पीछे के सारे पुल तोड़ता आया हूं।... अपनी सारी नावें जला चुका हूं।

इसका यह अर्थ नहीं है कि वे बदल चुके थे। यह एक तरह की मनोवैज्ञानिक लड़ाई थी। उन्हें ऐवश्र्य की आदत लग चुकी थी, जिससे जल्दी छुटकारा संभव नहीं था

> उन्हें लगा कि कमोड को छोड़कर सब कुछ गलत है। ...यह दुनिया उनकी नहीं है, यहां सब कुछ

> अबूझ है। यहां कुछ भी नहीं दिख रहा है जिससे वे अपने को जोड़ सकें, जिससे उनका अपनापन बन सके।'

गांव में ज्यादा चीजें ऐसी ही थीं, जिनसे उनके सौंदर्यबोध को चोट लगती थी। उन्हें गांव के सीधे-सादे बच्चे और खेतिहर लोग समझ में नहीं आते थे। हुकूमत और ऐश्वर्य ने उन्हें गांव और आम जीवन से इस हद तक अलग कर दिया था। श्रीलाल शुक्ल ने एक बूढ़े राजनीतिक नौकरशाह की उन्मूलित जिंदगी का चित्र खींचा है। वह हुकूमत और ऐश्वर्य से बाहर आने के बाद एक ऐसा उजड़ा व्यक्ति है, जो नशा टूटने पर भी दीर्घ 'हैंग ओवर' में जीता है।

दिल्ली में बेटे का बंगला छोड़कर गांव आने के मूल में सर्वोदयी आदर्शवाद की सनक और सुंदरी को लेकर पश्चाताप भावना भी थी। महानगरों के विकास और ऐश्वर्य के समानांतर गांवों में क्षेत्रीय विषमता का नंगा नृत्य था। भूदान आंदोलन की असलियत खोलते हुए श्रीलाल शुक्ल ने लिखा है :

> जिन जमींदारों ने अपने किसानों के अंगूठे लगवा कर यह भूमि दान में दी थी, वे ही कई सालों से सहकारी फार्म के अध्यक्ष बने हुए हैं। इसके बाद कहने को क्या रह जाता है?

हिंदी पट्टी में कायदे से भूमि सूधार नहीं हुआ है, जो स्वाधीनता, सुधार और जनतंत्र का मूल है। पंचायतों पर सामंतवाद का कब्जा है। किसानों को जमीनें खेती लायक बनाकर दिलाने के लिए कुंवर जयंती प्रसाद लिखा-पढ़ी शुरू करते हैं। उनके सेवाकार्य से गांव में एक हलचल आती है। दुबे महाराज ने अपने सामंती स्वार्थों पर चोट देखकर उन्हें चुनौती दी, उनका अपमान भी किया। लेकिन जयंती प्रसाद को उनके सर्वोदयी आदर्शवाद ने चुप रखा, उन्हें क्षमाशीलता का अभिनय करना पड़ा। दुबे महाराज और कृषकों के बीच अधमरे आदर्शवाद की शक्ल में खड़े थे कुंवर जयंती प्रसाद। उनकी परवाह न करके रामलोटन और अन्य कृषकों ने विद्रोह कर दिया। उनकी हिम्मत बढ़ गई थी। उन्होंने हिंसा का रास्ता अपनाकर अपनी-अपनी जमीन पर पुनः कब्जा कर लिया। जयंती प्रसाद रामलोटन से :

> फिर भी...किंतु परंतु कहने लगे'। 'अचानक अब उन्हें शब्दों की कमी महसूस होने लगी थी।

श्रीलाल शुक्ल ने भूदान आंदोलन की विफलता का चित्र इस तरह खींचा है :

> इतिहास की यह कैसी विडंबना है कि सारा आंदोलन पूरे वृत्त का चक्कर काटकर फिर उसी बिंदु पर आ गया है। जहां से तेलंगाना में सशस्त्र क्रांति की शुरूआत हुई थीं जहां-ग्राम दान के बावजूद-बिस्रामपुर के किसान फिर अपनी जोत के लिए हथियार तान कर खड़े थे।

विनोबा ने 1950-51 में तेलंगाना के कृषकों का सशस्त्र आंदोलन देखकर उसी इलाके में भूदान की पहली यात्रा की थी, एक काट निकाली थी। *बिस्रामपुर का संत* भूदान आंदोलन का पाखंड उजागर करते हुए दिखाता है कि किस तरह सर्वोदय स्वार्थोदय में तिरोहित हो गया और कृषकों को खुद आगे आना पड़ा। यह अलग बात है कि गांवों के वास्तविक विकास और कृषक हितों की लड़ाई की एक न एक काट लगातार लाई जाती रही और सब कुछ पूंजीवाद की दया पर निर्भर हो गया।

फिर भी *बिस्रामपुर का संत* कृषकों के आंदोलन और आम जीवन पर केंद्रित उपन्यास नहीं है। यह गरीबी से जूझ रहे देश में ऐश्वर्य का जीवन बिताने वाले एक महत्वाकांक्षी कूटनीतिज्ञ की गहन अतृप्ति और उदासी की कथा है जो आम जीवन से कटा हुआ है गांव के बच्चों और किसानों की तुलना में 'कमोड' को लेकर ज्यादा चिंतित है। उसकी 'सौंदर्य-विषयक समस्याएं' वस्तुतः उसकी जड़विहीनता है, जिसका अहसास वैसे ही वैसे गहराता गया जैसे-जैसे वह अपनी

जिंदगी, को 'एब्सर्ड' मानने लगा और मृत्यु की तरफ बढ़ता गया। कुंवर जयंती प्रसाद को लगा कि विवेक और सुंदरी के स्वाभाविक जीवन क्रम में आए तूफान के मूल में वे स्वयं हैं और उनकी सुंदरी में दिलचस्पी कितनी क्रूर है। श्रीलाल शुक्ल ने इतिहास और राजनीति के साथ व्यक्ति-मन को भी परखा। जयंती प्रसाद का प्रतिशोध और प्रायश्चित भावनाएं उन्हें अंततः जिंदगी के एक दर्दनाक मोड़ पर खड़ा कर देती हैं। वे यह नतीजा बहुत तटस्थता से स्वीकारते हैं, क्योंकि अब ऐसी कोई जगह नहीं बची थी जहां वे लौट सकें।

प्रधानमंत्री कुंवर जयंती प्रसाद सिंह का दर्शन करने के लिए खुद उनके पास आने वाले थे। सफारी सूट वाले नए राजनीतिक वफादारों को लाभपूर्ण राष्ट्रीय काम, विकास संबंधी नीतियों के निर्धारण में उन्हीं से सलाह और कुंवर जयंती प्रसाद जैसे स्वतंत्रता आंदोलन वाले बुजुर्गों के सिर्फ दर्शन! कुंवर जयंती प्रसाद ने साफ मना कर दिया :

> मैं इस सर्कस में शरीक नहीं हो सकता।... क्योंकि इससे मेरा कोई सरोकार नहीं है, क्योंकि मेरा अस्तित्व यहां खत्म हो चुका है।

उनकी जिंदगी में अवसाद बढ़ गया था। उन्होंने जब सोचा कि अब जीने का कोई अर्थ नहीं है, उन्हें लगा कि वे दूसरे के बारे में सोच रहे हैं :

> यह भावहीन टिप्पणी किसी अपरिचित के लिए भी हो सकती थी।

उनका आत्म-निर्वासन अब आत्म-परायेपन में बदल रहा था। दुनिया अब उनके लिए व्यर्थ हो चुकी थी। इसलिए 'मां मैं डरो मत' के सूक्त की भी उन्हें जरूरत नहीं थी। उन्हें जीवन उतना ही व्यर्थ जान पड़ा, जितनी मृत्यु। वे बहाव वाली दिशा में नदी के किनारे-किनारे चलते गए। मन में कोई आवेग नहीं था, पर अजीब-सा खालीपन था जैसे किसी परिचित की शवयात्रा से वे अकेले लौट रहे हैं। उन्हें ऐसा नहीं लग रहा था कि कुछ उनके साथ हो रहा है, यही जान पड़ता था कि कुछ किसी दूसरे के साथ होने जा रहा है और वे उसे सिर्फ देख रहे हैं। वे नदी में उतरते गए। यह मृत्यु का एक स्वेच्छया और गैर-रोमांटिक वरण था राजनीतिक सर्कस से अंतिम विदाई।

श्रीलाल शुक्ल अपने ढंग के अनोखे लेखक हैं, जिन्होंने 'एब्सर्डिटी' और व्यंग्य को जोड़कर राजनीति की विडंबनाओं को दिखाया है। *राग दरबारी* में गांव की निष्ठुर राजनीति का नंगा चित्र है, जो संभव है अति-सूक्ष्म पर्यवेक्षण और कथात्मक अन्विति की दृष्टि से ज्यादा प्रभावकारी हो। उसमें अनावरण है, पर हस्तक्षेप नहीं है। *बिस्रामपुर का संत* में एक विस्तृत कैनवास है और कथा कई जगहों की घटनाओं से टकराती है। यह निषेधवादी टोन में ही सही, राजनीति की समकालीन विडंबना को एक बड़े परिप्रेक्ष्य में उपस्थित करती है। इसका महत्व इसलिए है कि इसमें कुंवर जयंती प्रसाद का चरित्र इकहरा नहीं है, इसमें राजनीति और वैयक्तिकता का रोचक तनाव है। इस उपन्यास में प्रायः चरित्र जैसे शुरू में होते हैं, अंत तक वैसे ही नहीं रह जाते। जाहिर है, *बिस्रामपुर का संत* राजनीतिक विडंबनाओं को एक व्यापक भूमि पर गतिशीलता में एक्सपोज करता है।

इन उपन्यासों से राजनीति की एक अंधेरी तस्वीर जरूर बनती है, वह कम अंधेरी है भी नहीं। लेकिन इन अंधेरे में ऊब, उदासी और आत्म-परायेपन का मार्मिक बोध किसी एक बिंदु पर राजनीति के संसार को फिर से मानवीय बनाने का आह्वान करता है–शहर से गांव तक।

2005

एक नए देश की तलाश का प्रस्ताव*

पंकज चतुर्वेदी

यह कहां की दोस्ती है, कि बने हैं दोस्त, नासेह
कोई चारः साज़ होता, कोई ग़मगुसार होता।

—गालिब

कवि ने प्रेम के संदर्भ में यहां जैसे दृष्टिकोण और व्यवहार की कामना की है, *राग दरबारी* के साक्ष्य से कह सकते हैं कि श्रीलाल शुक्ल समाज के संदर्भ में इसी आकांक्षा को चरितार्थ करते हैं। ग्राम्शी के शब्दों में कहें, तो वे नसीहतें देनेवाले 'पेशेवर बुद्धिजीवी' नहीं, बल्कि अपने समाज से गहरा और अटूट प्यार करने वाले 'आवयविक बुद्धिजीवी' ('ऑर्गेनिक इंटेलेक्चुअल') हैं। खास बात यह है कि उनका प्यार स्वभाव से संश्लिष्ट और आधुनिक है। उसमें स्वाधीन भारत की तकलीफ और विडंबना को समझने, उसे अनावृत्त करने और उसकी कारक शक्तियों का प्रतिकार करने की बेहद प्रबुद्ध संवेदनशीलता है। *राग दरबारी* में कलात्मक अंतर्दृष्टि और तीखी आलोचनात्मकता के संयोग को उन्होंने जिस तरह घटित किया है, वह दुर्लभ है और वही उसकी सृजनात्मक विशिष्टता है। जिस तरह उनका प्यार केवल प्यार नहीं है, उसमें जांच पड़ताल के जिम्मेदार विवेक की प्रमुख भूमिका है; उसी तरह उनका व्यंग्य निरा व्यंग्य नहीं है, उसमें निरंतर एक टूटते और बिखरते हुए स्वप्न की पीड़ा है। इसीलिए हम इससे जितने विस्मित और प्रभावित होते हैं, उतने ही लहूलुहान और विचलित भी। कोई आश्चर्य नहीं कि *राग दरबारी* जिस ट्रेजेडी का मार्मिक आख्यान है, आज उसके एक जटिल और भयावह विस्तार में सांस लेने की हमारी विवशता के बावजूद हम उसके पात्रों को चाहने लगते हैं और उन्हें कभी भूल नहीं सकते। कई बार हमारी इच्छा होती है कि आज के शिवपालगंज में जाएं और वहां वैद्य जी, प्रिंसिपल साहब, बद्री पहलवान, रुप्पन बाबू, रामाधीन भीखमखेड़वी, खन्ना मास्टर, छोटे पहलवान, सनीचर, लंगड़, रंगनाथ और गयादीन जी से मिलें। हम जानना चाहते हैं आज ये सब लोग कहां, किस हाल में हैं और क्या कर रहे हैं?

निश्चय ही शिवपालगंज सिर्फ एक गांव या कस्बा नहीं, वह एक जीवंत और सशक्त राष्ट्रीय रूपक भी है। इसलिए उसके किसी एक जगह होने पर भी कह सकते हैं कि वह कहां नहीं है! इसके अलावा इतिहास में भी शिवपालगंज कोई बहुत पीछे नहीं छूट गया है। सच तो यह है कि उसके लिखे जाने के लगभग चालीस साल बाद उसका यथार्थ और तकलीफदेह और दारुण ही हुआ है। यही उसकी प्रामाणिकता का सुबूत है और लोकप्रियता का सबब भी। किसी उपन्यास की इससे बड़ी प्रासंगिकता और मूल्यवत्ता क्या होगी कि उसके लिए न हमें अतीत

* देवी प्रसाद मिश्र की काव्य पंक्ति।

में कहीं जाने की जरूरत है, न अपने समय में ही। उसे हम अपने आसपास की चीजों, जगहों, लोगों और स्थितियों में पहचान सकते हैं। लेखक की सफलता इसमें है कि वह इस शिनाख्त को संभव करता है। उपन्यास पढ़ने पर लगता है कि 'अरे, हम तो शिवपालगंज में हैं।' यह कोई दूसरा, तीसरा या चौथा शिवपालगंज भी हो सकता है, पर है तो उसका ही प्रतिरूप! मगर उससे भी बढ़कर यह दरअसल ठेठ भारतीय जीवन है, जिसे हम जी रहे हैं और जिसकी विसंगति और विडंबना से श्रीलाल शुक्ल हमें सावधान करते हैं। इसीलिए *राग दरबारी* इस हद तक हमारी चेतना और परिवेश का हिस्सा हो जाता है कि वह उपन्यास नहीं रह जाता। इससे लगता है कि बड़ी रचना वह है, जो अपनी विशिष्टता को हमें सौंपकर स्वयं नष्ट हो जाती है। जिस जीवन से वह निःसृत हुई है, उसी जीवन से उसका फिर से अभिन्न हो जाना रचना-प्रक्रिया की चरम सार्थकता है। प्रसंगवश, गालिब फिर याद आते हैं :

> पर तव-ए-खुर से है शबनम को, फ़ना की तालीम
> मैं भी हूं, एक इनायत की नज़र होने तक।

राग दरबारी की सबसे बड़ी विशेषता यह है कि इसमें अर्ध-सामंती और अर्ध-औपनिवेशिक भारतीय समाज जिसमें लोकतंत्र के नाम पर ऊपर से नीचे तक अर्ध-फासीवादी, भ्रष्ट और मक्कार शासन-तंत्र विभिन्न स्तरों पर काबिज हैं, और लेखक की नितांत आधुनिक और वैज्ञानिक विश्व-दृष्टि के टकराव से सौंदर्य और कशिश पैदा हुई है। जहां पिछड़ापन, गरीबी और गुलामी ही जिंदगी की हकीकत हो और ज्यादातर लोग अशिक्षित, अर्ध-शिक्षित या कु-शिक्षित हों, वहां एक स्वातंत्र्यचेता, निर्भीक और न्यायप्रिय मनीषा की यह सृजनात्मक मुठभेड़ अपने-आपमें किसी सुखद आश्वस्ति से कम नहीं। गौरतलब है कि श्रीलाल शुक्ल उच्चतर नैतिक जमीन पर खड़े हुए उपदेशक या कोरी सहानुभूति लिए हुए आत्मग्रस्त बौद्धिक की तरह नहीं, बल्कि एक 'चारःसाज', की तरह अपने समाज के पास जाते हैं और बेहतरी और बदलाव के लिए उसके विकृत और वर्चस्वमूलक ताने-बाने को निर्ममता से तार-तार करते हैं। यही वजह है कि *राग दरबारी* में छंगामल विद्यालय इंटर कॉलेज, सहकारी समिति, ग्राम-सभा, न्याय-पंचायत, वैद्य जी और रामाधीन भीखमखेड़वी की बैठकें, तहसील, अदालत, पुलिसथाना वगैरह गबन, चोरी, राहजनी, रिश्वतखोरी, नशेबाजी, निकम्मेपन, छल-कपट, व्यभिचार और दमन के जितने भी स्रोत और गढ़ हैं, वे सब लेखक के निशाने पर हैं।

शक्ति के मठों का इतना सबल प्रत्याख्यान वह (लेखक) इसलिए कर सका है कि युवा कवि देवीप्रसाद मिश्र के शब्दों में कहें, तो इनके वजूद को उसने मनुष्य की अस्मिता पर संकट की तरह महसूस किया है। '...यह समुद्र से/ हठ करने का वितर्क था/किसी का मठ था/मेरा संकट था।' यों बहस, प्रश्नाकुलता, व्यंग्य और चिंतन से निर्मित यह जगह है, जहां 'एक नया उपन्यास लिखने की अधीरता', 'एक नए देश की तलाश के प्रस्ताव' में रूपांतरित हो जाती है। वरिष्ठ कवि कुंवर नारायण ने थैकरे के 'वैनीटी फेयर' से तुलना करते हुए लिखा है कि *राग दरबारी* का नायक आज का भारतीय समाज है लेकिन शायद यह बात सही नहीं है। यहां समाज की तो पीड़ा और पराजय ही नजर आती है और नायक या खलनायक वे ताकतें है, जिनकी पतनशील मानसिकता और भ्रष्ट तथा आपराधिक चरित्र को लेखक ने उजागर किया है। प्रमाण है वैद्य जी की बैठक के बारे में उसका यह बयान :

> ईंट-गारा ढोनेवाला मजदूर भी जानता था कि बैठक का मतलब ईंट और गारे की बनी हुई इमारत-भर नहीं है। नं. 10 डाउनिंग स्ट्रीट, व्हाइट हाउस, क्रेमलिन आदि मकानों के नहीं, ताकतों के नाम हैं।

अंततः *राग दरबारी* उस विषमता का आख्यान बन गया है, जिसका एक मार्मिक संकेत कविता में देवीप्रसाद मिश्र करते हैं 'ताकतें ही ताकतें/ कमजोर समाज में हमारे।'

अंतिम परिणति में यह उपन्यास किसी अवसाद में ले जाकर हमें छोड़ देता है। सारे व्यंग्य, परिहास और जिंदादिली के बावजूद वह खाली वीरान और नाउम्मीद मंजर आ ही जाता है, जिसका कि लगातार खटका लगा हुआ था। मगर क्यों? यह देखना दिलचस्प हो सकता है कि *राग दरबारी* में लोकतंत्र की जितनी भी संस्थाएं, हैं, उनका हश्र क्या हुआ। कॉलेज में मैनेजर का चुनाव वैद्य जी ने तमंचे के जोर से जीता, सहकारी समिति के एम.डी. के पद से उन्हें हटना पड़ा तो वहां उनके ही बेटे बद्री पहलवान की ताजपोशी हुई, अदालत को छोटे पहलवान ने झूठ बोलकर और न्याय-पंचायत को अपने बाहुबल से गुमराह और अपमानित किया, लंगड़ को तहसील से नकल नहीं मिल सकी और चुनावी धांधली के जरिए ग्राम-सभा का प्रधान सनीचर को बनाया गया, 'जिसका पेशा वैद्यजी की बैठक पर बैठे रहना था।' महज संयोग नहीं कि यह सनीचर सिर्फ अंडरवियर पहनता है और वैद्य जी के सपने में जो प्रजातंत्र आता है, वह भी उनसे प्रार्थना करता है कि 'मेरे कपड़े फट गए हैं, मैं नंगा हो रहा हूं।' 'वैद्य जी को वह 'हुजूर और सरकार' कहकर पुकारता है। वैद्यजी ग्राम-सभा के सदस्य तक नहीं हैं, पर फैसले की घड़ी में उन्हीं के पास जाना पड़ता है। इसलिए वह दारोगा जी से कहता है 'चलिए, चलना तो उसी दरबार में है।' लोकतंत्र इसी दरबार का राग है, उसकी अपनी कोई हैसियत नहीं है। यही उपन्यास के नाम की सार्थकता है। ऐसा नहीं कि इस दरबार का कोई प्रतिपक्ष न हो और उससे उसकी रंजिश न हो। लेकिन पूरा उपन्यास लोकतंत्र की इस विडंबना को साकार करता है कि जब विपक्ष भी सत्ता-पक्ष की तरह बेईमान, अवसरवादी और कामचोर हो, तो दरबार तो लगना ही है। वह किसी का भी लगे, इससे फर्क क्या पड़ता है? इसलिए *राग दरबारी* इस भयावह निष्पत्ति तक हमें ले आता है कि कुछ गिने-चुने लोगों की अंधेरगर्दी और नूराकुश्ती के आलम में आम जनता के दुखों की सुनवाई नहीं हो सकती और न वह 'सत्त की लड़ाई' ही जीत सकती है, भले वह उसमें भरोसा करती रहे।

लोकतंत्र की विसंगतियों की सर्वातिशयी आलोचना और उसमें विचारहीनता के सर्वग्रासी प्रसार की त्रासदी को रेखांकित करने में श्रीलाल शुक्ल और रघुवीर सहाय के रचना-स्वभाव में अद्भुत समानता है। *राग दरबारी* में प्रभु-वर्ग के विरोध की प्रकृति और असफलता को देखते हुए रघुवीर सहाय की ये पंक्तियां याद आती हैं : 'एक दिन इसी तरह आएगा-रमेश/कि किसी की कोई राय न रह जाएगी-रमेश/क्रोध होगा पर विरोध न होगा।'

यही नहीं, सत्ता-तंत्र के प्रति समर्पण और भक्ति-भाव, अज्ञान और अकर्मण्यता के विभिन्न प्रसंगों में जनता को भी श्रीलाल शुक्ल नहीं बख्शते। आकस्मिक नहीं कि 1967 में रघुवीर सहाय ने भी यह कहने की हिम्मत की थी कि 'मूर्ख मूर्ख सब हो गए मेरी ओर।' हालांकि दोनों ही रचनाकारों का जनता से लगाव और अलगाव का द्वंद्वात्मक रिश्ता है। सुबूत है रघुवीर सहाय का यह कथन : 'एक मेरी मुश्किल है जनता/ जिससे मुझे नफरत है सच्ची और निस्संग/ जिस पर कि मेरा क्रोध बार-बार न्योछावर होता है' और *राग दरबारी* में 'नैरेशन' का अंदाज जो अपने व्यंग्य में जितना तीखा और निर्मम है, वस्तु में उतना ही सजल और सांद्र। जहां कहीं मूल्यहीनता को जनता ने प्रश्रय दिया है, श्रीलाल शुक्ल ने बहुत सख्त और मजेदार लहजे में उसकी लानत-मलामत की है। इसके लिए वे धर्म, संस्कृति, परंपरा, परिवेश और मानवीय मनोविज्ञान में बद्धमूल वजहों की भी पड़ताल करते हैं। गांव के प्रधान सनीचर के यह कहने पर कि वह 'वैद्य जी का 'शिकमी' है, उन्होंने लिखा है :

> आखिरी बात बड़ी भक्ति के साथ कही गई । रंगनाथ को विश्वास हो गया कि यह सच है। यही हमारी परंपरा है। रामचंद्र की खडाऊं पूजकर भरत ने उनके नाम से चौदह साल हुकूमत चलाई थी।

पूजा-पाठ के इस आलोचनात्मक रवैए की दुखद परिणति जहां एक ओर जनाकांक्षाओं के पराभव और लोकतंत्र के अपसरण में होती है, वहीं दूसरी ओर अयोग्य लोगों के पुरस्कृत और भ्रष्ट तत्वों के और भी ताकतवर होते जाने में। *राग दरबारी* में भारतीय संस्कृति के जिस सबसे ज्वलंत सच की शिनाख्त कदम-कदम पर की गई है, रघुवीर सहाय ने उसकी बड़ी सारगर्भित और सशक्त अभिव्यक्ति की थी : 'यह संस्कृति उसको पोसती है जो सत्य से विरक्त है/देह से शक्त और दानशील धीर है/भड़ककर एक बार जो उग्र हो उसे तुरंत मार देती है।'

उदाहरण के तौर पर हम प्रिंसिपल साहब को देख सकते हैं, जिनके बारे में लेखक ने यह दिलचस्प टिप्पणी की है : 'जब कभी क्लर्क वैद्य जी को 'चाचा' कहता था, प्रिंसिपल साहब को अफसोस होता था कि वे उन्हें अपना बाप नहीं कह पाते।'

एक दूसरी जगह पर इन्हीं प्रिंसिपल का वक्तव्य है : 'इस कॉलिज के पीछे गधे तक को बाप कहना पड़ता है।'

रही बात शिक्षा की, तो वे कहते हैं : 'पढ़ाई-लिखाई में क्या रखा है। असली बात है डिसिप्लिन।' कोई अचरज नहीं कि जहां कुंठा, समझौतापरस्ती और प्रतिक्रियावाद का बोलवाला हो वहां शिक्षा का यह हाल हो : 'वर्तमान शिक्षा-पद्धति रास्ते में पड़ी हुई कुतिया है, जिसे कोई भी लात मार सकता है।'

इसीलिए आम लोगों में शिक्षा के प्रति अवज्ञा और तिरस्कार की भावना घर कर गई है। इस हद तक कि अपने एक चरित्र रामाधीन भीखमखेड़वी के बहाने श्रीलाल शुक्ल कहते हैं— वहां वे अपने क्षेत्र के आदमियों में काफी मशहूर थे। लोग उनकी अशिक्षा की तारीफ करते थे और उनका नाम लेकर समझाने की कोशिश करते थे कि अकबर आदि अशिक्षित बादशाहों ने किस खूबी से हुकूमत चलाई होगी। स्वभावतः इस व्यवस्था में नौजवान 'स्थानीय कॉलिजों में बांगडूपन की शिक्षा ग्रहण करने' जाते हैं। विचारधारा, संस्कृति, राजनीति और सामाजिकता के विभिन्न क्षेत्रों में इन कॉलिजों की कोई सार्थक भूमिका या हस्तक्षेप नहीं रह गया है। अधिक से अधिक वे कुछ मठों के राजनीतिक अखाड़े हैं और विषमतामूलक तंत्र को मजबूत बनाए रखने के साधन...

> उनका मुख्य कार्य कुछ मास्टरों और सरकारी अनुदानों का शोषण करना था। ये कॉलिज सिर्फ जमाने के फैशन के हिसाब से बिना आग-पीछा सोचे हुए चलाए जा रहे थे और यह निश्चय था कि वहां पढ़ने वाले लड़के अपनी 'रिआया' वाली हैसियत छोड़कर कभी ऊपर जाने की कोशिश नहीं करेंगे और ऊंची नौकरियां और व्यवसाय जिनके हाथ में हैं, उनके एकाधिकार का इन कॉलिजों की ओर से कोई खतरा नहीं पैदा होगा।

विश्वविद्यालयों की हालत भी इन कॉलिजों से बेहतर नहीं है। गौरतलब है कि जे.एन.यू. की रजत जयंती के अवसर पर प्रभात पटनायक ने यह सवाल उठाया था कि 'हमारे शिक्षा-संस्थानों की औसत उम्र पच्चीस वर्ष ही क्यों होती है? क्या फिर उनमें गलत किस्म की नियुक्तियां होने लगती हैं और पूरा ढांचा चरमरा जाता है।' एक ऐसा माहौल बन गया है, जिसमें *राग दरबारी* के प्रिंसिपल साहब का यह बयान भी अतिशयोक्तिपूर्ण या विवादास्पद नहीं जान पड़ता :

> और सच पूछो तो मुझे यूनिवर्सिटी में लेक्चरर न होने का भी कोई गम नहीं है। वहां तो और भी नरक है। पूरा कुंभीपाक। दिन-रात चापलूसी।

इस संदर्भ में हिंदी-विभागों की स्थिति के संबंध में 'वाद-विवाद-संवाद' पुस्तक में नामवर सिंह के कथन से भी इस बात की तस्दीक होती है कि 'हिंदी विभागों की प्रतिगामिता की एक अभिव्यक्ति है असहमति का सर्वथा दमन। यथास्थितिवाद और अधिनायकवाद का पहला मंत्र है पूर्ण सहमति।...इस वातावरण में विचारों का विरोध भी व्यक्तिगत विरोध मालूम होता है। जाहिर है कि ऐसी स्थिति में विचारों का विकास होना असंभव है । ... सांस्थानिक दृष्टि से हिंदी आलोचना के विकास में विश्वविद्यालयों के स्वातंत्र्योत्तर हिंदी-विभागों का कोई योगदान नहीं है, क्योंकि सांस्थानिक रूप में वे ऐसा वातावरण दे सकने योग्य ही नहीं रहे ।... गुरु की चिंतन परंपरा का विकास उत्तरदायित्वपूर्ण असहमति का साहसी शिष्य ही कर सकता है, सतत् सहमति का भीरु सेवक नहीं और स्थिति यह है कि अब के आचार्य सेवक चाहते हैं, शिष्य नहीं।' यह उद्धरण सन् 1968 के एक लेख से है, मगर 2004 में कुंवर नारायण ने भी अपने एक इंटरव्यू में आलोचना के क्षरण या उसके अभाव की वजह बताते हुए कहा है कि 'विश्वविद्यालय इस प्रक्रिया को प्रोत्साहित करते थे, जो अब नहीं कर पा रहे हैं।'

उल्लेखनीय है कि गिने-चुने अपवादों को छोड़कर हिंदी में सृजनात्मक साहित्य के जो भी अच्छे आलोचक और विचारक हैं, वे विश्वविद्यालयों के तंत्र से बाहर हैं। वे फ्रीलांसिंग, अनुवाद, संपादन और मीडिया-लेखन के सहारे जी रहे हैं या फिर विजय कुमार और वीरेंद्र यादव की तरह वित्तीय संस्थानों में कार्यरत हैं। नामवर सिंह के शब्दों में, 'क्या इसी फल के लिए पचास साल पहले हिंदी को विश्वविद्यालयों में लाने की लड़ाई लड़ी गई थी?' लेकिन इस परिस्थिति के लिए जिम्मेदार कौन है? नामवर सिंह के ही मुताबिक, 'कुछ आचार्य, जो हिंदी-विभागों के अखिल भारतीय ढांचे पर अपनी अधिनायकशाही कायम रखने के लिए उसे एक सर्वतंत्र-स्वतंत्र साम्राज्य के रूप में संजोए रखना चाहते हैं।' इस दिमागी बनावट का आचार्य कैसा होगा, *राग दरबारी* के एक बिंबधर्मी कथन के जरिए इसकी कल्पना की जा सकती है :

> वहां एक नीम का लंबा-चौड़ा पेड़ था, जो बहुत-से बुद्धिजीवियों की तरह दूर-दूर तक अपने हाथ-पांव फैलाए रहने पर भी तने में खोखला था।

यों तो नामवर सिंह ने भारतीय विश्वविद्यालयों के हिंदी विभागों में 'दकियानूस और प्रतिक्रियावादी विचारों' के वर्चस्व के लिए हिंदी प्रदेशों में कांग्रेस के दक्षिणपंथी पक्ष और जनसंघ जैसे प्रतिक्रियावादी राजनीतिक दलों और शक्तियों के गहरे प्रभाव को कुसूरवार ठहराया है; लेकिन इस सच्चाई का दुर्भाग्यपूर्ण पहलू यह है कि इन संस्थाओं में जो वामपंथी बुद्धिजीवी समय-समय पर सक्रिय और प्रभावशाली हुए, उनके कारनामे भी दक्षिणपंथियों से कुछ कम नहीं रहे। आलोचना और प्रतिरोध की संस्कृति को भरसक निरुत्साहित किया गया और बहसधर्मी और प्रश्नाकुल छात्रों को वाचाल और अहम्मन्य कहकर धता बता दी गई। यह शासक-वर्गों की स्वाभाविक दुरभिसंधि और संक्रमण का नतीजा नहीं तो और क्या था? अचरज नहीं कि हिंदी विभागों की दुर्गति के परिदृश्य से खिन्न होकर एक मशहूर वापमंथी कवि ने कहा कि 'इससे यही साबित होता है कि मार्क्सवाद के ऊपर है जातिवाद और चेलावाद।' इस पृष्ठभूमि में *राग दरबारी* की महत्ता और बढ़ जाती है, क्योंकि वह उपन्यास होते हुए भी आलोचनात्मक विचार और चेतना को दुर्लभ तरीके से प्रोत्साहित और सशक्त करता है। रचना और आलोचना की यही संहति उसके सौंदर्य का कारक तत्व है। आलोचनात्मक वैशिष्ट्य की बदौलत वह साहित्यिक हलके तक सीमित रह जाने वाली कलात्मक कृति नहीं, बल्कि भारतीय लोकतंत्र की वस्तुपरक मीमांसा के अर्थ में श्रीलाल शुक्ल की एक बहुमूल्य देन है, क्योंकि इसके माध्यम से वे वृहत्तर लोक-मानस को

गहरे स्तर पर विचलित और प्रभावित करते हैं। इसमें उन्होंने समर्पण, भक्ति-भाव, जड़ता और गतानुगतिकता की हर चेष्टा को मजाक और अवमूल्यन का विषय बनाया है। रघुवीर सहाय के शब्द लेकर कहें, तो मानो वे इस जरूरत पर जोर देते हैं : 'इस लज्जित और पराजित युग में/कहीं से ले आओ वह दिमाग/ जो खुशामद आदतन नहीं करता।'

श्रीलाल शुक्ल के शब्दों में *राग दरबारी* 'यथार्थ के प्रदर्शन' के बजाए यथार्थ के दर्शन की रचना है। निराला ने लिखा है कि गद्य जीवन-संग्राम की भाषा है और उपन्यास का माध्यम गद्य ही है। इसलिए यथार्थ पर आत्यंतिक आग्रह और अपने माध्यम से सचेत लगाव के कारण यह उनके लिए अनिवार्य ही था या ईमानदारी का यह तकाजा था कि वे भारतीय परंपरा में कविता के सदियों से चले आ रहे एकाधिकार से संघर्ष करते। कविता ने जिस तरह यथार्थ की विकृतियों को नजरअंदाज किया और उसे डाइल्यूट करके अपने लिए सरल, सुविधाजनक और मनोनुकूल बना लिया, उस एकांगी, भ्रामक और संकीर्ण नजरिए पर उन्होंने जबरदस्त चोट की है। उनके आक्रोश से लगता है कि कविता के इस आत्म-सुखवाद को वे अपने से धोखा और दूसरों से दगाबाजी के बराबर नुकसानदेह और आपराधिक मानते हैं। इस प्रक्रिया में *राग दरबारी* ने सत्य से अपसरण के सतत् प्रत्याख्यान की भी शक्ल अख्तियार की है और वह जितनी दिलचस्प है, उतनी ही सार्थक कविता को श्रीलाल शुक्ल संदेह से देखते हैं और उसके अयथार्थ रवैए को मद्देनजर रखकर उसका उचित ही उपहास करते हैं। कुछ उदाहरण द्रष्टव्य हैं :

(1) देश में इंजीनियरों और डॉक्टरों की कमी है। कारण यह है कि इस देश के निवासी परंपरा से कवि हैं। चीज को समझने के पहले वे उस पर मुग्ध होकर कविता कहते है।... ऑपरेशन-टेबल पर पड़ी हुई युवती को देखकर वे मतिराम-बिहारी की कविताएं दुहराने लग सकते हैं।
(2) नंदापुर में चेचक फैल रही है और आप यहां झोला दबाए हुए शायरी कर रहे हैं?
(3) भंग पीनेवालों में भंग पीसना एक कला है, कविता है, कार्रवाई है, करतब है, रस्म है।
(4) गांव के किनारे एक छोटा-सा तालाब था, जो बिलकुल 'अहा ग्राम्य जीवन भी क्या है' था, गंदा, कीचड़ से भरा-पूरा, बदबूदार। बहुत क्षुद्र।

इस तरह हम देख सकते हैं कि श्रीलाल शुक्ल जीवन की तल्ख वास्तविकता को उभारने और इस व्यवस्था में मनुष्य के अपमान और शोषण से हमें रूबरू कराने के लिए कविताजन्य रोमान की धज्जियां उड़ाते हैं। वे भारतीय सभ्यता में अंतर्व्याप्त सुंदर, स्वप्निल, कोमल, काल्पनिक, मधुर, मादक और काव्यात्मक के सुनहरे और महिमामय मिथक को ध्वस्त कर देते हैं। वे भावुकता, सम्मोहन, अतीत-राग, शास्त्र, अध्यात्म और धर्म के बरअक्स क्रमशः विवेक, आलोचनात्मक दृष्टि, आधुनिकता, लोक, भौतिकवाद और विज्ञान को प्रतिष्ठित करते हैं। *राग दरबारी* अपनी रचनात्मक फलश्रुति में आत्म-मुग्धता के विरुद्ध आत्म-निर्ममता, लफ्फाजी के विरुद्ध कर्म और भोगवाद के विरुद्ध संघर्षशीलता को प्रस्तावित करता है। वह अनुभूतियों की विवेक-रहित और विक्षुब्ध परिक्रमा के सामाजिक प्रचलन के बजाय उनके वस्तुगत कारणों के सम्यक विश्लेषण और फिर उनके पीछे छिपी ताकतों के कारगर प्रतिकार की जमीन तैयार करता है। इसके लिए जरूरी ज़ज़्बा पैदा करने के मक़सद से उसमें आद्यंत एक आलोचनात्मक रुख़ का सुचिंतित विन्यास किया गया है। मसलन :

> हमारा देश भुनभुनानेवालों का देश है।...यही हमारी युग-चेतना है...। लगभग सभी किसी न किसी तकलीफ में थे और कोई भी तकलीफ की जड़ में नहीं जाता था। तकलीफ का जो भी तात्कालिक कारण हाथ लगे, उसे पकड़कर भुनभुनाना शुरू कर देता था।

इसके अलावा, लेखक का यह मंतव्य भी जगह-जगह प्रकट हुआ है कि जहां सीधी लड़ाई की जरूरत हो, वहां सिर्फ कविता से काम नहीं चल सकता। जैसे इस प्रसंग की व्यंजना पर गौर करें :

> वे (रुप्पन बाबू) जोश में थे। कहते गए, 'पिताजी यही चाहते थे, तो यही हो ले। वह भी देख लें कि सच्चाई छिप नहीं सकती बनावट के उसूलों से।'... खन्ना मास्टर ने इस मुशायरे को रोका।

इस उपन्यास में श्रीलाल शुक्ल ने अज्ञेय, शरतचंद्र, मैथिलीशरण गुप्त, पंत, जैनेंद्र कुमार और गिरिजाकुमार माथुर के काव्यात्मक उद्‌गारों, गलदश्रु भावुकता, छद्‌म दार्शनिक मुद्राओं, शब्दाडंबर और आत्मरति पर अचूक और धारदार व्यंग्य किए हैं। उनमें एक विलक्षण सौंदर्य है, जो देखते ही बनता है। दरअसल एक खास मिजाज की कविता से उनका अजब किस्म का द्वंद्वात्मक रिश्ता है। उसके नाजुक उपादानों और कौशलपूर्ण विन्यास के प्रति निश्चित ही उनके मन में सराहना का भाव है, लेकिन फुर्सत और विलासिता से जुड़ी उसकी अंदरूनी हकीकत से भी वे नावाक़िफ़ नहीं हैं। स्वभावतः वे उस पर पलटकर वार करते हैं :

> जिस सुख के लिए दूसरे लोगों को रोटी के टुकड़े, पेड़ की छांव, कविता, शराब की सुराही, प्रेमिका आदि उमरखैयामी पदार्थों की जरूरत होती है, वह सुख रुप्पन बाबू इस कमरे में अपने-आप ही खींच लेते थे।

जो साहित्यकार हमेशा प्रेम और मानव-नियति के शाश्वत प्रश्नों की बात करते रहते हैं और आत्महीनता को भी काव्य-मूल्य की संज्ञा देते हैं, उनमें कैसा हास्यास्पद अंतर्विरोध और बनावटीपन होता है, लेखक ने उसे भी बख़ूबी उजागर किया है :

(1) ...शाश्वत साहित्य लिखनेवाला क्रांतदर्शी साहित्यकार भी रेडियो के अहलकारों के सामने झिझककर बात करता है...।

(2) खन्ना ने आत्मदया के महाकाव्य में एक नया अध्याय लिखना शुरू कर दिया था।

(3) ... अपनी उस इच्छा को, जो कीड़ों-मकोड़ों, चिड़ियों, जानवरों आदि में मौसम के हिसाब से और आदमी में मौसम हो या न हो, प्रकट होती है, उसमें 'प्रेम' का नाम दे दिया था, जो हमारे शब्दकोश में शायद कविता के फरेब से आया है।

अपनी जड़ों से विच्छिन्न साहित्यिकता ही नहीं, प्रगतिशीलता भी बंजर होती है, इसे *राग दरबारी* के एक उदाहरण से समझा जा सकता है :

> किसान ने यह खेत एक प्रगतिशील आदमी की सलाह से बोया था, इसलिए गेहूं के पौधे बराबर के फासले पर बिलकुल सीधी लाइन में उगे थे।...खेत में फसल जब एक-एक बालिश्त उग आई, तो पूरा दृश्य बड़ा मनोरम और काव्यपूर्ण हो गया। मुआयना करनेवाले अफसरों को उसने मार गिराया।

ज़ाहिर है कि दैनंदिन जरूरतों के लिए संघर्ष, गरीबी, महामारी, भूख, मृत्यु, अज्ञान, पिछड़ेपन, श्रम और दमन की व्यापक वास्तविकता से जिसका कोई लेना-देना नहीं है; केवल प्रेम, प्रकृति, सौंदर्य और कल्पना की बात करनेवाली कविता ऐसे ही सुविधाभोगी वर्ग का साहित्यिक शग़ल हो सकती है। शासक-वर्ग से इस वर्ग के ख़ास हितों की एकता भी लाज़िम है। ब्रिटिश उपनिवेशवाद या बदले हुए समय में नव-आर्थिक अमरीकी साम्राज्यवाद से उसका वास्ता हो सकता है, पर अपनी जनता से नहीं।

जिन दिनों भारतवर्ष में गोरों की हुकूमत थी (बशर्ते कि आगे लिखा जानेवाला इतिहास हमें ऐसा

> मानने की इजाजत दे), नदियों के किनारे या घाटियों, वनों और अमराइयों के बीच यानी जहां कहीं भी वर्डस्वर्थ, रवींद्रनाथ ठाकुर या सुमित्रानंदन पंत की कविताएं अपने-आप हलक तक आ जाएं डाकबंगले बनवाए गए थे। धूल-धक्कड, हैजा-चेचक-प्लेग, भुखमरी-कंगाली, बदसूरती-बदतमीज़ी, बदमज़गी जैसे तत्व वहां बड़ी मुश्किल से पहुंचते थे।

इस वैचारिक पृष्ठभूमि में सहज ही *राग दरबारी* भारत की रूढ़िवादी, सामंती और पितृसत्तात्मक सामाजिक संरचना की तीखी मुख़ालफ़त करता है। यहां भी लेखक को कविता और यथार्थ के बीच पार्थक्य या विषमता का एहसास है। इसलिए वह रोमानियत की संभावना को भी अपदस्थ करना चाहता है :

> शास्त्रों में शूद्रों के लिए जिस आचरण का विधान है, उसके अनुसार चौखट पर मुर्गी बनकर उसने (लंगड़) वैद्य जी को प्रणाम किया। इससे प्रकट हुआ कि हमारे यहां आज भी शास्त्र सर्वोपरि है और जाति प्रथा मिटाने की सारी कोशिशें अगर फरेब नहीं हैं, तो रोमांटिक कार्रवाइयां हैं।

पहली नजर में कविता-विरोधी लगते लेखक के दृष्टिकोण में दरअसल कविता के सच में घटित न हो पाने की पीड़ा समाई हुई है। प्रमाण है उसका यह कथन :

> संविधान एक कविता का नाम है, जिसके अनुच्छेद 17 में छुआछूत खत्म कर दी गई है, क्योंकि इस देश में लोग कविता के सहारे नहीं, बल्कि धर्म के सहारे रहते हैं...।

कैसी विडंबना है कि 'यथार्थ के दर्शन' पर टिके हुए इस उपन्यास के अंत में श्रीलाल शुक्ल को यह आत्म-निर्मम व्यंग्य करना पड़ा है कि 'भागो, भागो, भागो। यथार्थ तुम्हारा पीछा कर रहा है।' यही वह जगह है, जहां कविता की जरूरत महसूस होती है। एक सच्ची और ठोस कविता, जो सुंदर और उदात्त हो और यथार्थ भी क्योंकि स्वाधीन भारत में पिछली कविता और पिछला यथार्थ, दोनों नष्ट हो चुके हैं। बकौल लेखक...

> जागते रहो!
> एक चवन्नी चांदी की–जय बोल महात्मा गांधी की!
> नारा, सभी नारों की तरह, खोखला और निकम्मा है, क्योंकि चवन्नी की जगह अब पच्चीस पैसे चलते हैं। चवन्नी ख़त्म हो चुकी है, चांदी ख़त्म हो चुकी है, महात्मा गांधी ख़त्म हो चुके हैं।

2005

शिवपालगंज के लोग

जयप्रकाश कर्दम

शिवपालगंज श्रीलाल शुक्ल जी के प्रसिद्ध उपन्यास *राग दरबारी* का गांव है। उपन्यास की कथा का संपूर्ण ताना-बाना शिवपालगंज को लेकर बुना गया है। शिवपालगंज उत्तर प्रदेश में स्थित गांव है जिसमें इन्टर कॉलिज, को-ऑपरेटिव सोसायटी, स्वास्थ्य केंद्र, बैंक, डाकघर, थाना, कचहरी, तहसील आदि वह सब है जो किसी छोटे शहर या कस्बे में होता है। इस प्रकार देखें तो शिवपालगंज केवल गांव नहीं, गांव और शहर का मिला-जुला रूप है। यह गांव एक सड़क के किनारे बसा है। यह सड़क कहां से कहां जाती है, यह स्पष्ट नहीं है किंतु यह गांव किसी शहर के पास है जहां से गांव तक रिक्शे जाते हैं और रिक्शाचालक अधिकांशतः गोंडा और बहराइच के हैं। उन्नाव शहर और प्रदेश की राजधानी (अर्थात् लखनऊ) इस गांव से ज्यादा दूर नहीं हैं। ये सारे सूत्र यह संकेत देते हैं कि शिवपालगंज की अवस्थिति लखनऊ के आस-पास है। छंगामल इंटर कॉलिज का प्रिंसिपल अपने संवादों में बीच-बीच में अवधी बोलता है, इससे भी यह बात पुष्ट होती है।

भारत गांवों का देश है और शिवपालगंज देश के सारे गांवों का प्रतीक है। इस दृष्टि से शिवपालगंज केवल एक गांव ही नहीं है, यह समस्त भारत का प्रतीक है। धर्म, अर्थ, शिक्षा, राजनीति किसी भी क्षेत्र में देश में जो कुछ भी होता है या हो रहा है वह सब शिवपालगंज में होता है। उपन्यासकार के शब्दों में, 'जो यहां है वह सब जगह है, जो यहां नहीं है वह कहीं नहीं है।'

इस आधार पर शिवपालगंज के माध्यम से समस्त देश के यथार्थ को सहज ही समझा जा सकता है। उपन्यास के सारे पात्र हिंदू हैं, उनमें कोई मुसलमान, ईसाई नहीं है। लेखक के उपर्युक्त कथन की व्याख्या करें तो एक अर्थ यह निकलता है कि देश में सिर्फ हिंदू रहते हैं, हिंदुओं से इतर अन्य किसी धर्म, संप्रदाय आदि का कोई अस्तित्व नहीं है। दूसरा अर्थ निकलता है कि देश में केवल हिंदुओं के लिए जगह है, किसी मुसलमान, ईसाई आदि विधर्मियों के लिए कोई जगह नहीं है। किंतु उपन्यास में एक स्थान पर मुसलमानों के होने की ओर संकेत है, जहां पर जोगनाथ

> कत्ल के मुकदमे में जेल से छूटकर आने पर पूरे इलाके में बाइज्जत समझे जाने वालों को, यानी स्त्रियों, मुसलमानों और अछूतों को छोड़कर मनुष्यमात्र को एक दावत देता है। (पृष्ठ 185)

इससे यह स्पष्ट होता है कि सवर्ण हिंदुओं द्वारा अछूतों की तरह मुसलमानों को भी मनुष्य नहीं समझा जाता है। हिंदुओं द्वारा अपने धार्मिक हित में अछूतों को अपने साथ गिन लिया जाता है लेकिन मुसलमानों को विधर्मी और गैर ही माना जाता है, शायद इसीलिए शिवपालगंज में मुसलमानों का अस्तित्व होते हुए भी उपन्यास की कथा में वे अनुपस्थित हैं। इस दृष्टि से देखें

तो शिवपालगंज समस्त भारत का प्रतीक नहीं है। यह हिंदू भारत का प्रतीक है और उस संदर्भ में ही उपन्यास को सही ढंग से समझा जा सकता है।

शिवपालगंज का समाज अनेक प्रकार की विकृतियों और विसंगतियों से ग्रस्त है। लेखक के अनुसार 'असली शिवपालगंज वैद्यजी की बैठक में था।' (पृष्ठ 26) वैद्यजी जाति से ब्राह्मण हैं और शिवपालगंज की राजनीतिक सत्ता का केंद्र हैं। वैद्यजी की बैठक को शिवपालगंज बताया जाना भी दो अर्थ देता है। प्रथम यह कि समाज में ब्राह्मण सर्वोपरि है। दूसरा यह कि ब्राह्मण को छोड़कर बाकी सब लोग अयोग्य और अक्षम हैं, इसलिए सामाजिक वर्चस्व की तरह राजनीतिक सत्ता भी ब्राह्मण के हाथों में होनी चाहिए। यानी देश का वर्तमान और भविष्य ब्राह्मण के हाथों में ही सुरक्षित है। शिवपालगंज अन्याय, अनैतिकता और अनाचार का गढ़ है। यह अनाचार जीवन के प्रत्येक क्षेत्र में व्याप्त है। वैद्यजी शिवपालगंज की राजनीति के शीर्ष पुरुष हैं। वह कॉलिज के चेयरमैन और को-ऑपरेटिव के मैनेजिंग डाइरेक्टर हैं। इनमें कॉलिज लुच्चों और शोहदों का अड्डा है। 'मास्टर पढ़ाना-लिखाना छोड़कर सिर्फ पॉलिटिक्स भिड़ाते हैं।' (पृष्ठ 29) को-ऑपरेटिव में गबन होता है और वैद्यजी की नजर में यह अच्छा हुआ। बद्री पहलवान गुण्डे-मुस्टण्डों का सरदार है। रुप्पन एक युवा नेता है जिसकी इतनी इज्जत है कि

> पूंजीवाद के प्रतीक दुकानदार उनके हाथ सामान बेचते नहीं थे, अर्पित करते थे और शोषण के प्रतीक इक्केवाले उन्हें शहर तक पहुंचाकर किराया नहीं आशीर्वाद मांगते थे। (पृष्ठ 15)

कालिका प्रसाद सरकारी ग्रांट लेकर डकार जाने का उस्ताद है। जोगनाथ चोरी और हत्या करता है। कुसहर प्रसाद लाठी के जोर से अपने भाइयों को बाहर खदेड़कर सारे घर पर अपना कब्जा जमा लेता है। पं. राधेलाल कोर्ट में झूठी गवाहियां देने का विशेषज्ञ है। रामाधीन भीखमखेड़वी अफीम का धंधा करता है, अपने घर में लोगों को जुआ खेलवाता है और अपने भोंदू भाई को प्रधान बनवाकर ग्राम सभा की जमीन बेचता है और पैसे लेकर पट्टे बांटता है। स्कूल के नाम खरीदा गया सामान वैद्यजी के घर में काम आता है। प्रिंसिपल तिकड़म भिड़ाकर डाक बंगले से लेकर स्वास्थ्य केंद्र तक के भवनों को स्कूल में मिला लेते हैं। थाना-कचहरी सब जगह भ्रष्टाचार व्याप्त है। बिना रिश्वत खाए वहां कोई काम नहीं होता। अर्थात चोरी, डकैती, बेईमानी, कामचोरी, रिश्वत, धोखाधड़ी, लूट-खसोट, गुंडागर्दी से लेकर हिंसा और हत्या तक दुनिया में जितने भी अवैध, अनैतिक कर्म हो सकते हैं वे सब शिवपालगंज में होते हैं। गैर-कानूनी और समाज-विरोधी कुकर्म करनेवाले सब लोग आपस में मिले हैं। और सारे मिलकर सरकार और जनता को लूट रहे हैं। उनका शोषण कर रहे हैं।

वैद्यजी एक घाघ और शातिर राजनीतिज्ञ और शिवपालगंज के सबसे प्रतिष्ठित व्यक्ति हैं, जो स्वयं को जैसा प्रदर्शित करते हैं, यथार्थ में वैसे न होकर कुछ और हैं। मुंह से न्याय और नैतिकता की जितनी बातें करते है, अंदर से वह उतने ही न्याय के भंजक और अनैतिक हैं। शब्दों में वह सदाचरण पर जितना बल देते हैं, अंदर से उतने ही दुराचारी हैं। उसकी एक झलक लेखक द्वारा चमरही (चमारों का मौहल्ला) से वैद्यजी के गुजरने के बारे में किए गए चित्रण से मिलती है :

> चमरही के बीच से वैद्यजी या उनके परिवार के किसी व्यक्ति का निकलना एक घटना के रूप में शुमार किया जाता था। एक जमाना था। जब किसी भी ब्राह्मण या ठाकुर के निकलने पर वहां के लोग अपने दरवाजों पर उठकर खड़े हो जाते थे, हुक्कों को जल्दी से जमीन पर रख दिया जाता था, चिलमें फेंक दी जाती थीं, मर्द हाथ का काम छोड़कर 'पांयलागी महाराज' का नारा लगाने लगते थे, औरतें बच्चों को गली से हाथ पकड़कर खींच लेती थीं और कभी-कभी घबराहट

> में पीठ पर घूंसे भी बरसाने लगती थीं। और महाराज चारों ओर आशीर्वाद लुटाते हुए और इस बात की पड़ताल करते हुए कि पिछले चार महीनों में किसकी लड़की पहले के मुकाबले जवान दिखने लगी और कौन लड़की ससुराल से वापस आ गई, त्रेतायुग की तरह वातावरण पर सवारी गांठते निकल जाते थे। (पृष्ठ 259)

अर्थात वैद्यजी पूरे बगुला भगत हैं जो अपनी चोंच से शिकार की ताक में रहता है और शिकार दिखाई देते ही उसे झपट्टा मारकर अपनी चोंच में भर लेता है। रुप्पन का यह कथन भी इस बात का समर्थन करता है, जब वह वैद्यजी के बारे में रंगनाथ को बताता है,

> उनकी शादी चौदह साल की उम्र में हुई थी। पहली अम्मा मर गई तो सत्रह साल की उम्र में दूसरी शादी की। साल भर भी अकेले रहते नहीं बना। यह तो किया कायदे से, और बेकायदे कितना किया, सुनोगे वह भी? (पृष्ठ 126)

यानी वैद्यजी ने इस संबंध में हर कार्य कायदे से कहीं ज्यादा बिना कायदे से किया है। अर्थात् अपने जीवन में उन्होंने खूब अनाचार किया और मुमकिन तौर पर यह अनाचार प्रायः दलित स्त्रियों के साथ किया गया है। सवर्णों के लिए दलितों की बहन-बेटियां शायद इसी काम के लिए होती हैं कि वे जब चाहें उन्हें भोग सकें और जिसके समक्ष चाहे खातिरदारी में परोस सकें। शहर से आने वाले अपने हाकिम की खातिरदारी के लिए एक आदमी को मुर्ग़ा खरीदते देख रुप्पन उससे धीरे से बोलता है—'मुर्ग़े का तो ठीक हो गया पर उसका क्या होगा?

'किसका?'

रुप्पन बाबू बोले , 'रमचन्ना की लड़की तो ससुराल चली गई। अब क्या करोगे?' (पृष्ठ 261)

कहने की जरूरत नहीं है कि रमचन्ना चमार है।

समाज में दलितों की सार्थकता शायद दो ही कामों में सर्वाधिक है, पुरुषों की बेगारी या बंधुआपन और स्त्रियों के उनके यौन शोषण में। प्रत्येक दलित पुरुष और स्त्री से यही अपेक्षा की जाती है और उनको इसी रूप में देखा जाता है। दलितों का उत्थान हो, वे भी प्रगति करें, आगे बढ़ें इस ओर किसी की रुचि नहीं। इसके विपरीत उनकी प्रगति के रास्तों को बाधित करने की कोशिशें की जाती हैं।

उपन्यास में पूरे शिवपालगंज की कथा कही गई है किंतु पूरे उपन्यास में इने-गिने स्त्री पात्र हैं और उनमें से कोई भी प्रमुख भूमिका में नहीं है। दूसरे शब्दों में *राग दरबारी* में स्त्रियों की उपेक्षा की गई है। क्या किसी भी गांव या समाज की कथा स्त्रियों की उपेक्षा करके पूरी हो सकती है? यहां लेखक का दृष्टिकोण पुरुषवादी दिखाई देता है और शायद इसी दृष्टिकोण के चलते ही पुरुष पात्रों को ज्यादा अहमियत दी जाती है, उपन्यास में उन्हीं की भरमार है।

उपन्यास में केवल दो स्त्री पात्र हैं, जिनका उल्लेख किया जा सकता है और पूरे उपन्यास में इन दोनों में से भी किसी के मुंह से कोई शब्द या संवाद नहीं निकला है। इसमें एक पं. राधेलाल की पत्नी है और दूसरी बेला। राधेलाल की पत्नी राधेलाल के संपर्क में आने से पहले किसी अन्य की पत्नी थी और अपने पति को छोड़कर वह राधेलाल के साथ भाग आई थी। बेला, रात के समय छतों के रास्ते जाकर बद्री से मिलती है। इस दृष्टि से ये दोनों ही स्त्रियां सामाजिक मर्यादा के विपरीत कार्य करनेवाली अर्थात् बदचलन हैं। हिंदू-परंपरा में स्त्री को नरक का द्वार माना गया है यानी वह पुरुष को पतन के गर्त में ले जाती है, उसे अनैतिक बनाती है। एक कहावत का उल्लेख करते हुए पं. राधेलाल की इस पत्नी के बारे में लेखक कहता है कि 'उसने पं. राधेलाल के पेट में सुरंग लगा दी और हृदय की ओर बढ़ने लगी।' (पृष्ठ 69)

इससे यह अर्थ निकलता है कि पं. राधेलाल तो भले मानुस हैं, 'वह' ही गलत प्रवृत्ति की है, उसने ही पं. राधेलाल पर डोरे डालकर उनको डिगाया, अनैतिकता के गर्त में धकेला। हालांकि शुक्ल जी यह कहते हैं कि 'खुद अपनी बनाई हुई सुरंग में वह इस तरह फंस गई कि महीने भर के भीतर ही वे उसे अपना खाना बनाने के लिए शिवपालगंज ले आए। चलते-चलते उसके घर से ही उन्होंने साल-दो-साल के लिए खाने का इंतजाम भी साथ ले लिया।' (पृष्ठ 69) यानी दोनों के बीच जो कुछ हुआ उसमें दोनों की बराबर भागीदारी और रजामंदी थी। किंतु पं. राधेलाल को इसमें कहीं गलत नहीं बताया गया, इस 'अनैतिकता' का सारा दोष उस स्त्री पर आरोपित है। पं. राधेलाल को तो शुक्ल जी 'कभी न चूकने वाले मर्द' (पृष्ठ 69) के रूप में विख्यात बताते हैं।

पं. राधेलाल की पत्नी को शिवपालगंज में सब लोग 'कुतिया' कहते हैं। यहां तक कि सनीचर भी रंगनाथ से यही कहता है, 'न जाने वह काना इस कुतिया को कहां से घसीट लाया है।' (पृष्ठ 68) क्योंकि यह सामाजिक रूप से ब्याहकर नहीं पं. राधेलाल के साथ भागकर आई थी, इस कारण वह एक बदचलन औरत मानी जाती थी और इसलिए लोग उसे 'कुतिया' कहते थे। किंतु वह अकेले तो भागकर नहीं आई थी। न ही पं. राधेलाल के घर में जबरन घुसी थी। पं. राधेलाल उसे पटाकर और भगाकर लाया था। किंतु उसे कोई 'कुत्ता' नहीं कहता। प्यार, इश्क या रोमांस जो भी कहिए, एक दूसरे के साथ दोनों ने किया। सामाजिक रूप से यदि अनैतिकता के दोषी या अपराधी हैं तो दोनों हैं, और समान रूप से हैं। अपने पति के होते हुए पर-पुरुष से संबंध बनाना और उसके साथ भाग जाना जितना अनैतिक कर्म है, पर-स्त्री के साथ संबंध बनाना। और उसको भगाकर लाना भी उतना ही अनैतिक है। किंतु उपन्यास के अनुसार पं. राधेलाल ने जो किया वह उसकी मर्दानगी है और जो उस स्त्री ने किया वह उसकी निर्लज्जता। इस मामले में केवल एक को दोषी मानना समानता की संकल्पना और हमारे संविधान की भावना और मर्यादा के भी खिलाफ है। स्वयं को दूसरों से श्रेष्ठ मानना-मनवाना ब्राह्मणवाद का एक गुण है। पुरुषवाद भी ब्राह्मणवाद का ही रूप है। पुरुषवाद की इस मानसिकता के चलते ही समाज स्त्री-पुरुष से संबंधित किसी भी मामले में स्त्री को ही दोषी और हीन मानता है, पुरुष को नहीं। उपन्यासकार के ही शब्दों में, 'राधेलाल की जो भी प्रतिष्ठा रही हो, उनकी प्रेयसी की स्थिति बिलकुल साफ थी। वह भागकर आई थी, इसलिए कुतिया थी। (पृष्ठ 69)

समाज की यह विडंबना है कि स्त्री-पुरुष के बीच प्रेम-संबंधों में, यदि होता है तो स्त्री और उसका परिवार ही बदनाम और कलंकित होता है, पुरुष और उसके परिवार को कोई दोष नहीं लगता। *राग दरबारी* में इसी सत्य को स्वीकार किया गया है। बेला के प्रेम-पत्र लिखे जाने के सवाल पर जब प्रिंसिपल बैद्य जी से कहता है कि 'खन्ना मास्टर आपके खिलाफ प्रचार कर रहा है, कहता है कि पत्र रुप्पन बाबू ने भेजा है। अब उसकी यह हिम्मत कि आपके वंश को कलंकित करे।' तो उस पर वैद्यजी की यह प्रतिक्रिया होती है :

> वह मेरे वंश को क्या खाकर कलंकित करेगा, कलंकित तो वह गयादीन के वंश को कर रहा है। (पृष्ठ 106)

शिवपालगंज में कोई किसी का आदर नहीं करता। सब एक दूसरे के प्रति ईर्ष्या, अनादर और बैर-भाव रखते हैं। कोई किसी को फूटी आंखों नहीं देखना चाहता। मास्टर मोतीराम मुन्नू आटाचक्की वाले को 'बेईमान मन्नू' कहता है तो बहराम को 'बहराम चोट्टा' कहा जाता है। लेकिन इनमें से कभी किसी ने कोई बेईमानी या चोरी की है, उपन्यास में इस तरह का कोई

उल्लेख नहीं है। जब सवर्ण लोग अपने से अपेक्षाकृत कम असरदार या कमजोर सवर्णों के साथ सम्मानजनक संबोधन या व्यवहार नहीं करते तब उनसे दलितों के प्रति सम्मानजनक संबोधन या व्यवहार की कल्पना करना भी गलत होगा।

उपन्यास में सनीचर और लंगड़ दो दलित पात्र हैं। शिवपालगंज के लोग दोनों को हीनता और हिकारत से देखते हैं और उनके साथ अबे-तबे की बात करते हैं। यहां तक कि उनके साथ अधिक बातें करने में अपनी तौहीन समझते हैं। दोनों की क्या स्थिति है, उसे उपन्यास में किए गए उनके चित्रण से स्पष्ट समझा जा सकता है। सनीचर है एक दुबला-पतला आदमी जो ज्यादातर केवल अंडरवियर पहने होता है, और कभी-कभी वह भी कई स्थानों से इतना फटा हुआ कि यह पता लगाना मुश्किल होता है कि उसका मुंह ज्यादा फटा हुआ है या अण्डरवियर। उसके पास पहनने के लिए कपड़ों के नाम पर अण्डरवियर के अलावा यदि कुछ हुआ तो उसके शरीर पर एक बनियान होती है, वह तभी जब उसे सज-धज कर कहीं के लिए निकलना होता है। उसके बाल पकने लगे हैं और आगे के दांत गिर गए हैं। उसकी उम्र के विषय में बताया गया है कि 'सनीचर उस उम्र का था जिसे नई पीढ़ी वाले पुरानी के साथ और पुरानी पीढ़ी वाले नई के साथ लगाते हैं, और आयु को लेकर पीढ़ियों में वैज्ञानिक विभाजन न होने के कारण जिसे दोनों वर्ग अपने से अलग समझते हैं। (पृष्ठ 51) यानी वह चालीस साल के आसपास की आयु का है। उसका काम वैद्यजी की बैठक में चौखट पर बैठे रहना तथा वैद्यजी और उनके पास आने वाले व्यक्तियों को भंग घोंटकर पिलाना है। एक तरह से वह वैद्यजी का सेवक है। वैद्य जी के प्रति उसकी श्रद्धा या भक्ति इस सीमा तक है कि 'वह पृथ्वी पर वैद्य जी को एकमात्र आदमी मानता है।' (पृष्ठ 106) वैद्यजी के प्रभाव से

> वह किसी भी राह चलते आदमी पर कुत्ते की तरह भौंक सकता था। वह अपनी दुम हिलाने लगता था। यह दूसरी बात है कि वैद्यजी के घर पर कुत्ता नहीं था और सनीचर के दुम नहीं थी। (पृष्ठ 66)

यानी वह वैद्य जी का बिना दुम का कुत्ता है।

लंगड़ है एक लंगड़ा (विकलांग) व्यक्ति जिसका एक पैर घुटने के पास से कटा है। वह लाठी के सहारे चलता है। दुबली-पतली और आंधी-पानी झेले हुए दढ़ियल चेहरे वाला यह भगत आदमी माथे पर कबीरपंथी तिलक लगाता है, गले में तुलसी की कंठी और बदन पर मिर्जई पहनता है। उसकी बीवी मर चुकी है। लड़कों के साथ उसकी अनबन है। वह सबको 'बापू' कहता है और सबके सामने झुककर चलता है। जातीय हीनता का बोध और विनम्रता उसमें इतनी है कि वह बात भी इस तरह करता है जैसे भीख मांग रहा हो। 'शास्त्रों में शूद्रों के लिए जिस आचरण का विधान है, उसके अनुसार चौखट पर मुर्गी बनकर उसने वैद्य जी को प्रणाम किया है।...लंगड़ ने भी भीख जैसी मांगते हुए कहा, 'तो जाता हूं बापू!' (पृष्ठ-33) रंगनाथ के यह पूछने पर कि 'नकल का क्या हुआ? मिली कि नहीं,' उसको भी वह इसी तरह जवाब देता है–'हां बापू! अब मिली ही समझो।... आप लोगों के चरणों का प्रताप है।' (पृष्ठ 172)

लंगड़ जमीन की एक नकल लेने के लिए तहसील के चक्कर लगा रहा है किंतु उसे नकल नहीं मिल रही है। बाबू कोई न कोई कमी निकालकर या बहाना बनाकर उसे टरका देता है। किंतु लंगड़ ने हिम्मत नहीं हारी है। यह न्याय पाने के लिए संघर्षरत है। वह आर-पार की लड़ाई लड़ने के लिए पूरी तरह तैयार हो गया है, इसलिए 'वह अपने गांव से चला आया है, अपने घर में उसने ताला लगा दिया है। खेत-पात, फसल, बैल-बधिया, सब भगवान के भरोसे छोड़ आया है।' (पृष्ठ 36)

अपनी इस लड़ाई को वह धर्म की लड़ाई कहता है। उसका धर्म सत्य, अहिंसा और नैतिकता है और उसकी लड़ाई अन्याय, अनैतिकता और भ्रष्टाचार के खिलाफ है। वह जिस स्थिति में है उस स्थिति में न तो वह किसी का गला पकड़कर काम करा सकता है, न उसके पास इतने पैसे हैं कि वह बाबू को मुंहमांगी रिश्वत दे। उसके पास यही विकल्प है कि वह इसका प्रतिकार करे। जहां शिवपालगंज के दूसरे लोग चोरी, डकैती, गुंडागर्दी, बेईमानी, लूट-खसोट आदि में लिप्त हैं तथा न्याय और नैतिकता की धज्जियां उड़ा रहे हैं वहां अकेला लंगड़ इसके खिलाफ संघर्ष कर रहा है। उसकी यही लड़ाई उसके अकेले के लिए नहीं है, यह लड़ाई पूरे समाज के लिए है किंतु उसकी यह लड़ाई में कोई उसका साथ नहीं देता। इसका एक कारण शायद यह हो कि यह लड़ाई एक दलित के नेतृत्व में लड़ी जा रही है। समाज में किसी लड़ाई का नायक दलित हो इस वर्ण-जाति-व्यवस्थामूलक समाज में यह स्वीकार्य नहीं है। लंगड़ का साथ देने या उसका समर्थन करने के बजाय उल्टे उस पर उपहासात्मक टिप्पणियां की जाती हैं। मेले को जाते समय रास्ते में लंगड़ मिलता है तो रुप्पन इन शब्दों में उसका हाल-चाल पूछता है–'कहो लंगड़ मास्टर, क्या रंग है? नकल मिली?' (पृष्ठ 114) इसी तरह हलवाई की दुकान पर मिला एक नेता उससे कहता है, 'कैसा रहेगा लंगड़ऊ? वहीं तहसील के आगे झोंपड़ी डलवाई जाय?' (पृष्ठ 256) कॉलेज का क्लर्क रंगनाथ को बताता है :

> ...'भगत आदमी है, कबीर और दादू के भजन गाया करता था। गाते-गाते थक गया तो बैठे-ठाले एक दीवानी का मुकदमा दायर कर बैठा। (पृष्ठ 34)

क्लर्क की यह टिप्पणी लंगड़, उसके संघर्ष और उसकी परंपरा पर एक व्यंग्य है और चुनौती भी। क्लर्क के अनुसार तो लंगड़ को भजन ही गाते रहना चाहिए था। उसी में मगन रहना था। उसका खेत-जमीन कोई हड़प ले तो हड़प लेने दे। उसे भक्ति-भजन छोड़कर मुकदमेबाजी के पचड़े में नहीं पड़ना चाहिए था। और यदि वह ऐसा करता है तो यह उसका बैठे-ठाले का काम है यानी बेकार में लिया गया पंगा। यानी इसमें भी लंगड़ दोषी है कि उसने मुकदमा क्यों किया। हिंदू शास्त्र, विशेषतः मनु-स्मृति यही तो कहती है कि शूद्र के पास धन-संपदा नहीं होनी चाहिए। यदि उसके पास हो जाए तो उससे छीन लेनी चाहिए या शूद्र द्वारा स्वयं ब्राह्मण को दान कर देनी चाहिए। क्लर्क की उक्त टिप्पणी परोक्ष रूप से इसी शास्त्रीय व्यवस्था का समर्थन है। किंतु दलितों ने अब इन भेदभावपूर्ण शास्त्रीय व्यवस्थाओं को नकारना शुरू कर दिया है। प्रतिकार का यह भाव लंगड़ में दिखाई देता है। इसलिए समस्त उपहास और प्रतिकूलताओं के बावजूद वह हिम्मत नहीं हारता, न विश्वास खोता है, न निराश होता है। वह अपना संघर्ष जारी रखता है। भले ही उसको और उसकी लड़ाई को कोई गंभीरता से नहीं लेता और उसको हिकारत की नजर से कुछ इस तरह देखा जाता है जैसे पहले दर्जे में सफर करने वाला तीसरे दर्जे में किसी ऐसे मुसाफिर को देखता है जिस पर बिना टिकट चलने का शुबहा किया जा रहा हो।' (पृष्ठ 225)

लंगड़ को उसके नाम से नहीं पुकारा जाता या सनीचर को उसके असली नाम मंगलदास से नहीं जाना जाता, बात यहीं तक नहीं, है, इससे भी आगे बढ़कर उनके नाम बिगाड़कर लंगड़ को 'लंगडऊ' और 'लंगड़वा' तथा 'सनीचर' को 'सनीचरा' तक कहा जाता है। वैद्य जी का आदमी और उम्मीदवार होने के कारण सनीचर ग्राम-सभा का भावी प्रधान है। शिवपालगंज के लोग इस बात को जानते हैं किंतु उसके प्रति उपेक्षा और अपमान की भावना में कोई बदलाव नहीं है। सच तो यह है कि दलित चाहे कुछ भी हो जाए, कितने भी ऊंचे ओहदे पर पहुंच

जाए, किंतु जातीय अहं के शिकार सवर्णों की निगाह में वह 'वही' रहता है। दलित को बराबर का आदमी न मानने और उसके लिए अपमानजनक शब्दावली का प्रयोग करने की ब्राह्मणवादी मानसिकता केवल सवर्णों में ही नहीं है, सवर्णों के प्रभाव, सान्निध्य या उनके आश्रय में रहने वाले दलित भी अपने सजातीयों के साथ सवर्णों जैसा ही व्यवहार करते हैं :

> कोई रास्ते पर खट-खट करता हुआ निकला। किसी भी शारीरिक विकार के लिए हम भारतीयों के मन में जो सात्विक घृणा होती है, उसे थूककर बाहर निकालते हुए सनीचर ने कहा, 'लंगड़वा जा रहा है साला। (पृष्ठ 66)

सनीचर स्वयं दलित होते हुए लंगड़ के प्रति इस प्रकार की अपमानजनक भाषा बोलता है और हेयता से देखता है क्योंकि वह स्वयं को वैद्य जी का आदमी और उस दृष्टि से लंगड़ या किसी अन्य दलित से उच्च समझता है। शोषित और शासित कौमों की यह एक कमजोरी होती है कि शासक के नजदीक या उसके कृपा-पात्र बनने या बने रहने की लालसा में अपने वर्ग के दूसरे लोगों के साथ शोषक या शासकों जैसा व्यवहार करते हैं तथा वैसी भाषा का उनके साथ व्यवहार में प्रयोग करते हैं। शासक को खुश करने के लिए उनके सामने वे इसका प्रदर्शन बढ़-चढ़कर और कभी-कभी शासक से भी कहीं ज्यादा उपेक्षापूर्ण अंदाज में अपमानजनक शब्दावली का प्रयोग इसीलिए करता है। और चूंकि सनीचर वैद्य जी का दरबारी है। इसलिए लंगड़ सनीचर को भी उसी रूप में देखता है और सनीचर द्वारा यह पूछने पर कि, 'सुना, तहसीलदार से तू-तड़ाकवाली बात हो गई है।' वह उससे भी 'बापू' कहकर बात करता है—'कैसी बात बापू? (पृष्ठ 144)

ऊंच-नीच का भेदभाव ब्राह्मणवाद की देन है। सनीचर में भी लंगड़ के प्रति भेदभाव के ये विषाणु वहीं से आए हैं। इसमें उसका दोष उतना नहीं है जितना ब्राह्मणवादी व्यवस्था और उसके पोषकों का है, जिनके सान्निध्य में उसने यह सब सीखा है। उसी का यह प्रभाव है कि वह लंगड़ को 'बांगडू' तक कहता है।

> वह (लंगड़) खट्-खट करता चला गया। सनीचर ने कहा, 'जाने किस-किस देश के बांगडू शिवपालगंज में इकट्ठा हो रहे हैं। (पृष्ठ 67)

अपने आश्रयदाता, स्वामी या शासक की नजर में ऊंचा उठने या उनके साथ मानसिक-वैचारिक नजदीकी बनाने के लिए वंचितों द्वारा अपने ही वर्ग के लोगों के प्रति घृणा और अपमान के व्यवहार का प्रदर्शन किया जाना आम बात है। सनीचर जैसा लंगड़ के बारे में बोलता है, कुछ वैसा ही बद्री पहलवान को ले जा रहा रिक्शेवाला बद्री को प्रभावित करने के उद्देश्य से, दूसरे रिक्शेवालों के बारे में यह कहता है,

> ये गोंडा-बहराइच और इधर-उधर के रिक्शेवाले आकर यहां का चलन बिगाड़ते हैं। दाएं-बाएं की तमीज नहीं। इनसे ज्यादा समझदार तो भूसा-गाड़ियों के बैल होते हैं। बिलकुल हूश हैं। अंग्रेजी बाजारों में बिरहा गाते निकलते हैं। मोची तक को रिक्शे पर बैठाकर उसे हुजूर सरकार कहते हैं। कोई पूछ दे कि माल एवेन्यू या फ्रेंपटन स्केयर चलो तो दांत निकाल देते हैं। इनके बाप ने भी कभी इनका नाम सुना हो तो।

अपने ही लोगों के प्रति घृणा का प्रदर्शन यहां तक करते हैं :

> ये साले दिहाती रिक्शेवाले! इनकी न पूछिए ठाकुर साहब, साले जान पर खेल जाते हैं। (पृष्ठ 39-40)

और जब दूसरा रिक्शेवाला आत्मीयता से उस रिक्शेवाले की ओर देखता है और भाईचारे के

साथ उससे यह पूछता है–'भैया, तुम भी गोंडा के हो क्या?' तो सिगरेट फूंकते हुए यह रिक्शेवाला नाक सिकोड़कर कहता है, 'अबे, परे हट! क्या बकता है।' (पृष्ठ 40)

एक रिक्शेवाला दूसरे रिक्शेवाले को और एक दलित सनीचर दूसरे दलित लंगड़ को अपने से छोटा और हीन समझता है। यह इस ब्राह्मणवादी संस्कृति का प्रभाव है जो एक व्यक्ति को दूसरे के प्रति श्रेष्ठता और हीनता का भाव रखना और तदनुसार व्यवहार करना सिखाती है। ब्राह्मणवाद और सामंतवाद दोनों एकाधिकार या वर्चस्व की प्रेरणा देते हैं यानी दूसरों का शोषण करना, उनके हक छीनना। समर्थ व्यक्ति अपने हितों के लिए दूसरों के अधिकारों का हनन करता है। सनीचर भी ऐसा करता है। प्रधान बनने पर वह चुरइया के सूखे खेत की परवाह न कर, उसके नंबर पर अपना खेत भरता है। छोटे पहलवान के टोकने पर कहता है :

> पहलवान, प्रधान बनाकर हमीं पर लंबर लगाओगे? कम से कम इतना तो रहने दो कि जब जरूरत पड़े अपना खेत तो सींच लें।

फिर इत्मीनान से भविष्यवाणी की, 'सिंचवा देंगे। चुरइया का खेत भी सिंचवा देंगे। एक ही दिन में कौन मरा जाता है।' (पृष्ठ 271)

अपने भाइयों की उपेक्षा या उनका शोषण करने वाले ये वे दलित होते हैं जो ब्राह्मण-सामंतों के चाटुकार और उनके हाथों में खेलते हैं। इनका अपना कोई वजूद नहीं होता। इनका सारा वजूद इनके उन मालिकों या आकाओं की वजह से होता है जिनके ये दरबारी, सेवक या चाटुकार होते हैं। ये चाहे कितने भी ऊंचे पद पर पहुंच जाएं हमेशा अपने मालिक के चरणों में होते हैं। उनके हाथों में ही उनका रिमोट होता है। क्योंकि उनकी कृपा से ही वे इन पदों पर पहुंचते हैं। सनीचर भी वैद्यजी की राजनीतिक शतरंज का एक मोहरा है, जिसके जरिए वह रामधीन भीखमखेड़वी को पराजित कर सनीचर को शिवपालगंज की ग्राम-सभा का प्रधान बनवाते हैं। सनीचर की अपनी कोई इच्छा नहीं है, यदि नहीं भी तो उसका कोई महत्व नहीं है क्योंकि उसे अपनी नहीं, वैद्य जी की इच्छा के अनुसार चलना है। 'सनीचर के लिए वैद्य जी की हर बात हुक्म है।' (पृष्ठ 261) वह कहता भी है :

> प्रधान कौन साला बनता है। हम तो वैद्यजी को ही प्रधान मानते हैं। समझ लो, यह दुकान उन्हीं की है। बैठ मैं रहा हूं। समझ लो मैं उनका शिकमी हूं। (पृष्ठ 265)

जरूरत पड़ने पर गधे से भी दोस्ती बना लेना ब्राह्मणवाद का सिद्धांत है। शिवपालगंज में सब लोग दलितों से दूरी रखते हैं, समानता के व्यवहार की तो बात दूर की है। किंतु स्वार्थ-सिद्धि के लिए जाति को बेकार की चीज बताकर उनके साथ अपनापन, भाईचारा प्रदर्शित किया जाता है। कालिकाप्रसाद एक ऐसा ब्राह्मण व्यक्ति है जो चमारों को मिलने वाली चमड़ा कमाने की ग्रांट को हड़पने के लिए चमारों के साथ यह कहकर मेलजोल बढ़ाता है कि 'जांति-पांति बिलकुल बेकार की चीज है, हम बांभन चमार एक हैं।' ...चमार देखते ही रह गए उन्होंने चमड़ा कमाने की ग्रांट लेकर अपने चमड़े को चिकना बनाने के लिए खर्च कर डाली। (पृष्ठ 146)

सनीचर और लंगड़ दलित चेतना के दो ध्रुव हैं। एक ब्राह्मणवाद, सामंतवाद के साथ जुड़े रहने में अपना हित समझता है। इसलिए उनके हाथ की कठपुतली बना रहता है और उनकी सहायता से कुछ प्राप्त भी कर लेता है। इस वर्ग में ब्राह्मणवाद-सामंतवाद से टकराने या उसका विरोध करने का साहस नहीं है। यही तालमेल की बात करता है। सनीचर इस ध्रुव का प्रतिनिधि है। जबकि दूसरा ध्रुव संघर्ष का प्रतीक है। वह किसी की दया पर जिंदा रहने के बजाय संघर्ष करके अपने अधिकार पाना चाहता है। लंगड़ इस वर्ग का प्रतिनिधि है। उसमें स्वाभिमान और

जिजीविषा है। वह एक जुझारू व्यक्ति है। जो व्यवस्था की विसंगतियों और विद्रूपताओं के समक्ष घुटने टेक देने या हार मानने वाला नहीं है। किसी दबाव में आकर समझौता करने के लिए भी वह तैयार नहीं है। समझौता करने या मैदान छोड़कर भागने के बजाय कष्ट उठाकर, यंत्रणाएं सहकर भी वह लड़ाई के मैदान में डटा हुआ है।

सनीचर जिस तरह सबकी दुत्कार सहकर भी सब के सामने दीनता-हीनता में दुम हिलाता है, यह उसकी सामाजिक परंपरा से मिले संस्कार के कारण है। वह पूरी तरह ब्राह्मणवाद से मिले इन संस्कारों को जीता है। लंगड़ में भी यह संस्कार है, इस संस्कार के चलते ही वह सबके समक्ष झुककर चलता है, सबको 'बापू' कहता है। किंतु वह संघर्ष भी करता है। संघर्ष उसका अर्जित संस्कार है। यह संस्कार उसमें निरंतर व्यवस्था के दंश झेलते हुए विकसित हुआ है।

कुल मिलाकर शिवपालगंज लुच्चों, लंपटों, भ्रष्ट, अनैतिक, अवसरवादी लोगों का जमावड़ा है। राजनेता सत्ता पर काबिज होने के लिए अपनी जोड़-तोड़ और कूटनीति में उलझे हैं, सरकारी मुलाजिम रिश्वतखोरी व भ्रष्टाचार को अपना धर्म बनाए हुए हैं, गुंडे व बदमाश निर्भय होकर अपना खेल खेल रहे हैं। स्वार्थपरता, भाई-भतीजावाद अपने चरम पर है। अनैतिकता सबसे बड़ा धर्म है। चारों ओर अंधेरगर्दी-सी मची है। नई पीढ़ी ऊर्जाहीन है। उसके समक्ष कोई स्पष्ट उद्देश्य नहीं है। वह इन तमाम अव्यवस्थाओं के प्रति उदासीन बनी हुई है। बुद्धिजीवी वर्ग निष्क्रिय, नाकारा, नपुंसक है, श्रीलाल शुक्ल जी की शब्दावली में कहें तो 'सुअर का-सा लेंड' (पृष्ठ'-282) है, जो किसी काम का नहीं है। कहीं किसी से कोई उम्मीद नहीं है। निराशा और ना-उम्मीदी के अंधेरे में यदि आशा व उम्मीद की कोई किरण है तो वह लंगड़ है जो 'जीत लेंगे अंधेरे को' के विश्वास के साथ संघर्षरत है। हालांकि उसका संघर्ष व्यवस्थित नहीं है। इसका एक बड़ा कारण उसकी अशिक्षा व अज्ञान है। रंगभूमि के सूरदास की तरह लंगड़ की भी यह त्रासदी है कि वह लड़ाई तो लड़ रहा है, किंतु व्यवस्थित तरीके व कौशल से लड़ना नहीं जानता। उसे लड़ाई की कला नहीं आती। किंतु पराजय के बाद भी वह हारा नहीं है, नए सिरे से लड़ने के लिए तैयार है। कबीर के पदों का यह गायक कबीर की ऊर्जा लिए, कबीर की तरह धर्म की लाठी पकड़े अधर्म और अन्याय के मैदान में अकेला चुनौती के रूप में खड़ा है। अध्यात्म और नैतिकता के साथ संघर्ष को जोड़कर धर्म की भी नई परिभाषा गढ़ रहा है। सच में देखें तो सब के द्वारा उपेक्षित समझा जाने वाला लंगड़ उपन्यास का सर्वाधिक महत्वपूर्ण पात्र है। पूरे उपन्यास में वही एक ढंग का आदमी है जिसमें न्याय और नैतिकता के मूल्य भरे हैं। उपन्यास में तमाम लोग जिस लंगड़ को उपेक्षित समझते हैं, और उस पर व्यंग्य करते हैं। लंगड़ अपने आप में उन सब पर एक करारा व्यंग्य है।

2006

एक कवि की नोटबुक

राजेश जोशी

हिंदी उपन्यास के भूगोल में तीन गांव अलग से रेखांकित किए जा सकते हैं। 'गोदान' का **वेलारी** जो होरी का गांव है और इसी से पांच मील की दूरी पर लगभग जुड़ा हुआ रायसाहब का **सेमरी**। 'मैला आंचल' का **मेरीगंज** और *राग दरबारी* का **शिवपालगंज**। वेलारी तीस के दशक का गांव है। मेरीगंज चालीस के दशक का गांव। आजादी से थोड़ा पहले और आजादी के तत्काल बाद का और साठ के दशक का शिवपालगंज। तीस से साठ के दशक के बीच चार दशकों में भारतीय गांवों के बदलते हुए चरित्र का एक समाजशास्त्रीय अध्ययन इनके आधार पर तैयार किया जा सकता है। इसके अलावा 'आधा गांव' या 'बलचनमा' का गांव और कई अन्य गांव भी याद आ सकते हैं। लेकिन वेलारी, मेरीगंज और शिवपालगंज भारतीय गांवों की बदलती हुई सूरत को समझने के लिए सबसे उपयुक्त उदाहरण हो सकते हैं। 'गोदान' और 'मैला आंचल' को पढ़ना शुरू करते हुए हम सीधे गांव के भीतर होते हैं और उससे बाहर की दुनिया में झांकने या बाहर निकलने की कोशिश करते हैं। वेलारी में ग्राम स्वराज की स्वायत्तता पूरी तरह टूटी नहीं है। गांव से छोड़कर शहर की तरफ जाने की लगभग शुरुआत हो रही है। सामाजिक तानाबाना बचा हुआ है। उसमें दरारें पड़ना शुरू ही हुई हैं। मेरीगंज का समाज आजादी के तत्काल बाद यानी सन् 1948 तक ही आया है और शिवपालगंज तो आजादी के बाद का गांव है। 'गोदान' सन् 1936 में लिखा गया, 'मैला आंचल' सन् 1954 में और *राग दरबारी* सन् 1968 में। तीनों उपन्यासों को साथ-साथ रखें तो लगता है कि भारतीय ग्रामीण इनके बीच दो वनवास काट चुका है।

राग दरबारी शिवपालगंज से शुरू नहीं होता। शहर का किनारा। उसे छोड़ते ही भारतीय देहात का महासागर शुरू हो जाता है। वहां एक ट्रक खड़ा था। इस ट्रक में रंगनाथ के साथ, जो गांव लौट रहा है, हम शिवपालगंज में प्रवेश करते हैं। शिवपालगंज आने की सूचना भी हमें एक खास अंदाज में मिलती है।

> थोड़ी देर में ही धुंधलके में सड़क की पटरी पर दोनों ओर कुछ गठरियां सी रखी हुई नजर आईं। ये औरतें थीं, जो कतार बांधकर बैठी हुई थीं। वे इत्मीनान से बातचीत करती हुई वायु सेवन कर रही थीं और लगे हाथ मल-मूत्र का विसर्जन भी। सड़क के नीचे घूरे पटे पड़े थे और उनकी बदबू के बोझ से शाम की हवा किसी गर्भवती की तरह अलसाई हुई-सी चल रही थी। कुछ दूरी पर कुत्तों के भूंकने की आवाजें हुईं। आंखों के आगे धुएं के जाले उड़ते हुए नजर आए। इनसे इंकार नहीं हो सकता था कि वे किसी गांव के पास आ गए थे। यही शिवपालगंज था।

इस उपन्यास का रचना-समय नेहरू युग से मोहभंग के बाद का है। साठ के दशक में भारतीय राजनीति में बहुत उथल-पुथल हो रही थी। पहली बार कांग्रेस का एकाधिपत्य समाप्त हो रहा था। संसदीय राजनीति में लोहिया का गैर-कांग्रेसवाद राज्यों के स्तर पर आकार ग्रहण कर रहा

था। और संविद सरकारें बन रही थीं। नक्सल आंदोलन की शुरुआत हो रही थी। इंदिरा गांधी ने नेहरू युग की राजनीति की पर्दादारी को पर्दाविहीन कर दिया था। रंगनाथ ट्रक ड्राइवर से कहता है–'ड्राइवर साहब, तुम्हारा गियर तो बिलकुल अपने देश की हुकूमत जैसा है।' ड्राइवर ने मुस्कुराकर यह प्रशंसा-पत्र ग्रहण किया। रंगनाथ ने अपनी बात साफ करने की कोशिश की। कहा, 'उसे चाहे जितनी बार टॉप गियर में डालो, दो गज चलते ही फिसल जाती है और लौटकर अपने खांचे में आ जाती है।' यह टिप्पणी *राग दरबारी* को 'मैला आंचल' या 'गोदान' से अलग करती है।

राग दरबारी के शिवपालगंज में प्रवेश करते ही सबसे पहले गांव का थाना आता है। इसके बाद गांव का स्थानीय कॉलेज और इसके बाद गांव के वास्तविक शक्ति-केंद्र यानी वैद्यजी की बैठक में हम प्रवेश करते हैं। वैद्यजी कॉलेज के मैनेजर हैं और को-ऑपरेटिव यूनियन के मैनेजिंग डायरेक्टर हैं। इस तरह गांव की वास्तविक शक्ति-संरचना का खाका तैयार होता है। ये वैद्यजी अंग्रेजों के जमाने में अंग्रेजों के लिए श्रद्धा दिखाते थे और देसी हुकूमत आई तो देसी हाकिमों के प्रति श्रद्धा दिखाने लगे। भारतीय समाज में पावर का स्थानांतरण किस तरह और किस तरह के लोगों के बीच हुआ ये छोटा-सा उदाहरण इसको बहुत बारीकी से और बिना किसी अतिरिक्त आग्रह के दिखा देता है। यह उपन्यास एक ऐसा रूपक है, जो आजादी की कथा और आजादी के बाद बने शक्ति-केंद्रों को महीन कुशाग्रता से उजागर करता है। कई बार लगता है कि *राग दरबारी* की सबसे बड़ी दिक्कत यह है कि उसे बिटविन द लाइंस नहीं पढ़ा गया। उसकी विलक्षणता उसकी ताकत भी है और उसकी दिक्कत भी। वह एक घटना के बीच अनेक स्थितियों पर टिप्पणी करता चलता है। कुछ दिलचस्प टिप्पणियों के उदाहरण इसके लिए काफी होंगे :

1. रंगनाथ इन हमलों से लड़खड़ा गया था। पर उसने इस बात को मामूली जांच पड़ताल का सवाल मानकर सरलता से जवाब दिया–खद्दर तो आजकल सभी पहनते हैं अजी कोई तुक का आदमी तो पहनता नहीं। कहकर उसने (ड्राइवर ने) दुबारा खिड़की से बाहर थूका और गियर को टॉप में डाल दिया।
2. वर्तमान शिक्षा पद्धति रास्ते में पड़ी हुई कुतिया है, जिसे कोई भी लात मार सकता है।
3. रिश्वत, चोरी, डकैती–अब तो सब एक हो गया है...पूरा साम्यवाद है।
4. इन्हीं सब इमारतों के मिले-जुले रूप को छंगामल विद्यालय इंटरमीडिएट कॉलेज, शिवपालगंज कहा जाता था। यहां से इंटरमीडिएट पास करने वाले लड़के सिर्फ इमारत के आधार पर कह सकते थे कि हम शांति निकेतन से भी आगे हैं–हम असली भारतीय विद्यार्थी हैं, हम नहीं जानते कि बिजली क्या है, नल का पानी क्या है, पक्का फर्श किसको कहते हैं, सैनिटरी फिटिंग किस चिड़िया का नाम है। हमने विलायती तालीम तक देसी परपंरा में पाई है और इसीलिए हमें देखो, हम आज भी उतने ही प्राकृत हैं। हमारे इतना पढ़ लेने पर भी हमारा पेशाब पेड़ के तने पर ही उतरता है, बंद कमरे में ऊपर चढ़ जाता है।
5. झिलमिलाते हवाई अड्डों और लकलकाते होटलों की मार्फत जैसा सिंबालिक मॉडर्नाइजेशन इस देश में हो रहा है, उसका असर इस मकान की वास्तुकला में भी उतर आया था और उससे साबित होता था कि दिल्ली से लेकर शिवपालगंज तक काम करने वाली देसी बुद्धि सब जगह एक-सी है।
6. ईंट गारा ढोने वाला मजदूर भी जानता था कि बैठक का मतलब ईंट और गारे की बनी हुई इमारत भर नहीं है। नं. 10 डाउनिंग स्ट्रीट, व्हाइट हाउस, क्रेमलिन आदि मकानों के नहीं, ताकतों के नाम हैं।

7. हमारे यहां आज भी शास्त्र सर्वोपरि है और जाति-प्रथा मिटाने की सारी कोशिशें अगर फरेब नहीं हैं तो रोमांटिक कार्यवाहियां हैं।
8. इस देश में लड़कियां ब्याहना भी चोरी करने का बहाना हो गया है। एक रिश्वत लेता है तो दूसरा कहता है क्या करे बेचारा! बड़ा खानदान है, लड़कियां ब्याहनी हैं। सारी *बदमाशी का तोड़ लड़कियों के ब्याह पर होता है।*

राग दरबारी जैसे खिलंदड़े गद्य के उदाहरण आधुनिक हिंदी उपन्यास में बहुत कम ही मिलेंगे। कुछ हद तक शायद एक-दूसरे किस्म के खिलंदड़े गद्य का उदाहरण मनोहरश्याम जोशी के उपन्यास हो सकते हैं। हिंदी *पाठक और साहित्यिक की भी एक दिक्कत यह है कि वह खिलंदड़े गद्य को अक्सर एक गंभीर कृति नहीं मानता।* वह उसे पढ़ते हुए मजा लेता है। *लेकिन उसका जो अंतर्पाठ है वह उसकी नजर से चूक जाता है।* इसलिए *अक्सर ऐसी कृतियां बहुत दिनों तक गंभीर विचार-विमर्श के केंद्र में नहीं आतीं। राग दरबारी* पर काफी चर्चा हुई है; लेकिन हर बार उसकी चर्चा में कई लेकिन...किंतु... परंतु... लगे होते हैं। व्यंग्य को अक्सर आटे में नमक जितना तो स्वीकार कर लिया जाता है लेकिन यह अनुपात उलट जाए तो उसे हम महत्वपूर्ण रचना की तरह नहीं स्वीकार कर पाते। मुझे अक्सर लगता है कि आजादी के बाद की भारतीय राजनीति का विद्रूप बिना ताकतवर व्यंग्य के व्यक्त ही नहीं किया जा सकता। *राग दरबारी* के कृतिकार श्रीलाल, परसाई और शरद जोशी के व्यंग्य और नागार्जुन की कविता आजादी के बाद के भारतीय समाज के राजनीतिक, सामाजिक और सांस्कृतिक विद्रूप की जितनी अधिक परतों में झांकने और उन्हें उधेड़ने का काम करते हैं उतना कम ही रचनाकार कर पाते हैं।

2008; व्यंग्य यात्रा

राग दरबारी का पक्ष और विपक्ष

ज्ञान चतुर्वेदी

यह उन दिनों की बात है जब मैं मेडिकल कॉलेज, रीवां का छात्र था और आज मैं उस उम्र में हूं जहां चार-पांच साल बाद वर्तमान नौकरी से रिटायर हो जाऊंगा। एक पूरी उम्र ही बीत गई मानो।

और उम्र के उस वक्फे से आज तक यदि किसी किताब को मैंने बार-बार पढ़ा-समझा है और वह किताब जिसने लगातार मेरा पीछा किया है या कहें कि मैंने जिसका पीछा किया है—तो वह *राग दरबारी* है। यह किताब रीवां से सतना की बस में साथ-साथ यात्रा करते हुए मुझे मेरे अभिन्न मित्र और अतुल्य व्यंग्यकार अंजली चौहान ने दिखाते हुए कहा था कि ज्ञान तुम इसे पढ़ोगे तो सब भूल जाओगे। रास्ते भर वे इसमें से पढ़कर मुझे सुनाते रहे। उस दिन के बाद यह किताब लगातार मेरे साथ रही है—हरदम। मेरे पलंग के पास। और जब साथ न हो, तो मन में।

यह तो हुआ *राग दरबारी* का एक पक्ष कि यह किताब मेरे जैसे पाठक को लगातार 'हांट' करती है। लोग लौट-लौटकर इसे फिर-फिर पढ़ते रहे हैं परंतु उम्र बीतने के साथ इसका हर पाठ मुझे नई चुनौती पेश करता आया है। व्यंग्य के क्राफ्ट की जितनी समझ धीरे-धीरे मुझे आई, लेखन के सरोकारों से जितनी गहराई से मैं परिचित होता गया, आलोचना का जैसा जितना ज्ञान मैंने बटोरा और जीवन ने जितना मुझे सिखाया उस सबके आलोक में मैंने *राग दरबारी* को पढ़ा है तो बहुत से ऐसे प्रश्न भी मन में उठे हैं जो निर्मम से हैं और उत्तर मांगते हैं। फिर यहां-वहां भी बातचीत में या विभिन्न पत्रिकाओं में *राग दरबारी* के विषय में कुछ ऐसी आरोपनुमा टिप्पणियां भर सुनीं/पढ़ीं कि मैं *राग दरबारी* पर और तटस्थ रूप से विचार करने पर मजबूर हो गया। अन्यथा *राग दरबारी* से मैं हमेशा ही भावनात्मक रूप से लगभग मोह की स्थिति में यूं जुड़ा रहा हूं जैसे कि वह श्रीलालजी की किताब न होकर मेरी किताब रही हो। बहरहाल उसी तटस्थ चिंतन का नतीजा मेरा यह लेख है जिसमें मैंने समय-समय पर *राग दरबारी* पर लगने वाले आरोपों का जिक्र किया है और अपने तौर पर इन आरोपों की पड़ताल/विश्लेषण करके जवाब भी तलाशने की कोशिश की है।

सबसे पहले मुद्राराक्षस के उस चर्चित लेख की चर्चा कर ली जाए जो 'वर्तमान साहित्य' में छपा था। इस बेहद आक्रामक लेख में, बेहद निर्ममता और कदाचित लगभग इकतरफा अंदाज में मुद्राजी ने *राग दरबारी* को एक नए ही कोण से देखा था। 'कौन किस पर हंस रहा है?' शीर्षक से इस लेख में मुद्राजी ने यह स्थापित करने की कोशिश की थी कि श्रीलालजी ने *राग दरबारी* में गांव की 'वेदनाओं का कार्टून' ही प्रस्तुत किया है और यह करते हुए वंचितों, पिछड़ों आदि का मखौल उड़ाने की कोशिश की है। मुद्राजी का मानना था कि यह 'शहरी दृष्टि' से

देखा हुआ गांव है—एक शहरी लेखक जिसे सड़क किनारे शौच करने को मजबूर गांव की औरतें भी मजाक का विषय लगती हैं। शहराती संवेदनहीनता से देखोगे तो गांव के मेले-ठेले, बस-स्टैंड, बाजार और लोग ऐसे ही दिखेंगे। जब तक आप में वह संवेदना नहीं है जो यह पहचाने कि गांव का आदमी भिनभिनाती मक्खियों से पगी मिठाइयां खाने का शौकीन है या मजबूर और उसकी किसी भी मूर्ति को पूजने या किसी भी अंधविश्वास को पूरे दिल से मानने के पीछे उसकी मूर्खता है या लंबा वंचित, सुविधाविहीन और तिरस्कारपूर्ण जीवन जीने से उपजी हताशा से बचाव का तरीका। तब तक आप इन बातों का मखौल ही उड़ा सकते हैं। ऐसा ही कुछ भाव मुद्राजी के लेख में था। मेरे पास मूल लेख की प्रति तो नहीं है, परंतु मुझे याद आता है कि भाव कुछ यही था। और मैंने इसे बेहद सकारात्मक अंदाज में ही लिया था कि *राग दरबारी* को इस तरह भी क्यों नहीं देखा जा सकता? एक रोज यह भी हो तो सकता है। वैसे मुद्राजी उस लेख में श्रीलालजी पर लगभग व्यक्तिगत तौर पर आक्रामक होते हुए उन्हें उखाड़ने की मुद्रा में लगे हुए दिखे और यह बात उस लेख में उठाए मुद्दों को पनीला (Dilute) करती थी। परंतु फिर भी यदि हम *राग दरबारी* को इस दृष्टि से देखें तो कई स्थानों पर यह कमजोरी नजर आती है और यह कमजोरी ऐसी नहीं कि श्रीलाल को इसमें रक्षात्मक या क्षमाभाव वाली मुद्रा अपनाने की आवश्यकता हो। *राग दरबारी* के ये फुटकर प्रसंग इस महान उपन्यास के समग्र प्रभाव में इस तरह ओझल हो जाते हैं कि अंततः तो पाठक के मन में गांव के प्रति एक बेचैनी-भरी संवेदना का भाव ही बना रह जाता है और मेरी व्यक्तिगत राय है कि श्रीलालजी मखौल तो खैर नहीं उड़ा रहे हैं—व्यंग्य लिखने की यही शैली होती है। पूरा उपन्यास पढ़े जाने पर कहीं भी यह भाव पाठक के मन में नहीं आता कि कोई किसी पर हंस रहा है। मन में वे मुद्दे और स्थितियों की एब्सर्डिटी ही टिकी रह जाती है जो श्रीलाल जी ने अनोखे ढंग से प्रस्तुत की।

ऐसी ही, बल्कि इससे बेहद कटु, विस्तृत, सप्रमाण और आक्रामक आलोचना श्रीपत राय ने लिखी थी जो शायद *राग दरबारी* के छपने के कुछ समय बाद ही आ गई थी। श्रीपतजी प्रेमचंदजी के सुपुत्र होने के नाते विशेष तौर पर और एक सक्षम लेखक/संपादक होने के नाते आमतौर पर बहुत से उदाहरणों द्वारा अपना मूल प्रश्न यह उठाते हैं कि श्रीलाल का *राग दरबारी* वाला गांव भारत में कहां है? श्रीपतजी यह मानने को तत्पर नहीं कि प्रेमचंद वाला गांव अब कहीं नहीं बचा है। किसानों की दरिद्रता, मुसीबतें आदि अब एकदम नए तौर पर सामने हैं जिसने किसान और गांव के आम आदमी को भोला नहीं रहने दिया है। वह राजनीति समझने लगा है और घटिया राजनीति का हिस्सा भी बन चुका है। अहा, ग्राम्य जीवन भी क्या है, वाला भाव लेकर *राग दरबारी* के शिवपालगंज को नहीं देखा-समझा जा सकता, क्योंकि समय के साथ भारत के गांव बहुत बदल गए हैं। अब उनकी मुसीबतें, परेशानियां, महत्वाकांक्षाएं, चिंताएं, सरोकार, लड़ाइयां तथा चालाकियां भी बदल गई हैं। देखें तो आज जब मैं यह लेख लिखा रहा हूं तब आज का गांव तो वास्तव में *राग दरबारी* वाला गांव भी नहीं रह गया है। गांव की राजनीति और इसी कारण गांव का आदमी अब वह भी नहीं रहा जो शिवपालगंज में दिखाया गया था। तो *राग दरबारी* में प्रेमचंद का गांव तलाशना तो दुराग्रहपूर्ण ही कहाएगा। हां, कमोबेश श्रीपतराय को, इस बात पर मुद्राराक्षस की तरह ही एक हद तक सही ऐतराज था कि यह शहरी कलम द्वारा उकेरा गया गांव है जिसमें गांव के प्रति न तो सहानुभूति है, न स्वानुभूति। पर व्यंग्य पर ऐसे आरोप व्यंग्य की मूल प्रकृति को न समझने के कारण ही लगते हैं। *राग दरबारी* का व्यंग्य अंततः उस सबके विरुद्ध ही तो है, जो गांव में ये परिस्थितियां पैदा कर रहे हैं कि गांव मखौल उड़ाने के विषय बन गए हैं। इन्हीं सारे मुद्दों को लेकर भी उपन्यास बन ही सकता था और

व्यंग्य तथा ह्यूमर के भाव से इतर भी इसे लिखा जा सकता था, परंतु तब वह *राग दरबारी* न बनता जो आज तक अपने पाठकों के साथ ही अपने समग्र भाव में मुझे तो *राग दरबारी* में गांव के प्रति संवेदना और सहानुभूति का भाव ही दीखता है। बहरहाल यह आरोप तो लगातार *राग दरबारी* का पीछा करता ही रहेगा और अपने तौर पर समय-समय पर जवाब भी चाहेगा। पर यही बात तो *राग दरबारी* को हिंदी उपन्यासों में एकदम अलग, अनोखा और महत्वपूर्ण बनाती है और प्रेमचंद का गांव ही क्यों, पूरा देश ही ऐसा बदला है कि आज हम कस्बे की कहानी में कमलेश्वर का 'राजा निरबंसिया' नहीं खोज सकते। *राग दरबारी* में गांव की राजनीति से गांव में फैलते ऊसर की जो आहटें भर सुनाई देती थीं वे अब शोर बनकर पूरे गांव पर छा गई हैं। आज का गांव भ्रष्ट राजनीति का अखाड़ा बन गया है और उसकी तुलना में आज *राग दरबारी* का शिवपालगंज तीर्थस्थल नजर आता है। तो *राग दरबारी* में प्रेमचंद का गांव खोजना बेमानी था और यह श्रीपतजी की ज्यादती ही थी।

पर एक तथ्य ऐसा भी है जो वास्तविकता तो है परंतु स्वयं श्रीलालजी उसे *राग दरबारी* पर आरोप की तरह लेते हैं। अब क्या कहें? श्रीलालजी को नाराज करना हो तो यह तथ्य भर कभी उनके सामने रख दें कि *राग दरबारी* एक व्यंग्य उपन्यास है। वे पहले तो एक उपन्यास कहकर व्यंग्य से इसकी कोई रिश्तेदारी ही कुबूल नहीं करते। फिर बहुत कहो तो वे इसे व्यंग्यात्मक शैली में लिखा उपन्यास भर कहलवाने पर राजी हो जाते हैं। आप कान को हाथ घुमाकर भी पकड़ सकते हैं। परंतु ऐसा करने से न तो कान ही बदलता है, न ही कान पर पकड़। कान तो एक तथ्य है *राग दरबारी* का। व्यंग्य उपन्यास होना भी कान की तरह एक सत्य है। आप पकड़ें न पकड़ें या व्यंग्यात्मक शैली का कहकर हाथ घुमाकर पकड़ें। आप सोचें कि श्रीलालजी के किसी अन्य उपन्यास पर यह 'आरोप' क्यों नहीं लगा? यदि *राग दरबारी* व्यंग्य उपन्यास नहीं है तो हम किसे व्यंग्य उपन्यास कहें। मैं तो कहूंगा कि *राग दरबारी* से ही हिंदी व्यंग्य को एकदम नई दिशा मिली जो काम परसाई तथा शरद जोशी चाहकर भी नहीं कर सके। वह बड़ा काम श्रीलालजी ने किया। परसाई की 'रानी नागफनी की कहानी' या शरद जोशी का 'मैं, मैं और केवल मैं'—दोनों ही रचनाओं में उपन्यास जैसा खास कुछ नहीं है जिसकी चर्चा की जाए। ये रचनाएं इसलिए समादृत हैं कि ये परसाई, शरद जोशी द्वारा लिखी गई हैं, बजाय इस बात के कि इन रचनाओं में कोई अद्वितीयता हो। *राग दरबारी* हिंदी की पहली ऐसी रचना है जो विश्व की किसी भी भाषा के व्यंग्य उपन्यास के समक्ष न केवल खड़ी होती है बल्कि विजेता की मुद्रा में खड़ी होती है। यह बेहद महत्वपूर्ण व्यंग्य रचना है। परंतु श्रीलालजी का कहना है कि ऐसा कहकर हम *राग दरबारी* को एक सीमित दायरे में क्यों बांधना चाहते हैं? इधर मेरा कहना है कि *राग दरबारी* का व्यंग्य ही तो उसे सारे दायरों से मुक्त करके ऐसा व्यापक संसार देता है जो हिंदी की अन्य किताब को दुर्लभ है। जो हो, मैं तथा हिंदी का व्यापक पाठक संसार तो इसे व्यंग्य उपन्यास मानकर ही पढ़ता रहा है फिर आप इसे जो चाहे नाम दे डालें। गुलाब-तो गुलाब ही रहेगा—चाहे आप जिस नाम से पुकारो—ऐसा कहा गया है। परंतु मेरा कहना है कि गुलाब को गुलाब ही क्यों न कहा जाए, क्योंकि गुलाब को किसी और नाम से पुकारो तो आप हास्यास्पद लगने लगते हो।

राग दरबारी पर एक आरोप यह भी लगाया जाता रहा है कि यह उपन्यास ही नहीं है। यह तो बहुत सारे व्यंग्यलेखों को एक जगह संगृहीत करते हुए, कैसे भी उनके पात्रों के नाम एक करके, उनमें एक जबरन का तारतम्य बिठाकर उपन्यास की शक्ल देने की कोशिश की गई है। कहानी कुछ है नहीं। कुछ स्थितियां हैं। चंद चरित्र हैं। कुछ घटनाएं हैं। बस ऐसा कहा

जाता है। यह भी सही है कि *राग दरबारी* के कुछ प्रसंग पहले श्रीलालजी अन्यत्र स्वतंत्र व्यंग्य लेखों के रूप में लिख चुके थे। (मेरी याददाश्त में दो प्रसंग आते हैं। एक तो स्कूल इंसपेक्टर का इंस्पेक्शन के लिए आना और शायद दो रिक्शा चालकों की बातचीत का प्रसंग। परंतु यह बात शास्त्रीय किस्म की बहस ही ज्यादा है।) उपन्यास के सौंदर्यशास्त्रीय पहलू तथा उसे लिखने की विधियां, प्रविधियां, तौर-तरीकों, हथियार, कलापक्ष आदि पर बात करते हुए *राग दरबारी* पर उपन्यास न होने का आरोप चस्पां करना बेमानी है। उपन्यास ऐसे भी लिखे जाते रहे हैं और विश्व की समस्त भाषाओं में लिखे जाते रहे हैं। श्रीलालजी के उपन्यासों में वैसे भी बहुत-सा ऐसा अनकहा पंक्तियों के बीच की स्पेस में छूट जाया करता है, जिसे सजग पाठक को स्वयं भरना होता है। *राग दरबारी* में तो हर पात्र की ऐसी अनकही कहानी है, जो श्रीलालजी ने न लिखकर भी लिख दी है। जब तक आप *राग दरबारी* को इस अनकही कहानी के साथ पढ़ने की तमीज विकसित नहीं कर पाते तभी तक आप ऐसा कह सकते हैं कि *राग दरबारी* में न तो कोई कथा है, न व्यापक अर्थों में उपन्यास तत्व। अन्यथा यह तो एक महान उपन्यास है ही।

बहुत से और भी आरोप इस बड़ी रचना पर समय-समय पर लगते रहे हैं। बड़ी रचनाएं ऐसे मौके देती भी हैं, क्योंकि कालजयी होने का माद्दा रखने वाली रचनाओं से हम लगभग संपूर्ण रचना होने की उम्मीद कर बैठते हैं, जो संपूर्ण होते हुए भी हमें अपने कोण से अधूरी लग ही सकती हैं। मेरी अपनी राय, शिकायत और अभिलाषा बस एक ही रही है कि श्रीलालजी ने ऐसे ही और भी उपन्यास क्यों नहीं लिखे? वे अपने सर्वश्रेष्ठ काम से विमुख होकर वैसे उपन्यास या कहानियां क्यों लिखते रह गए जैसे उनसे कम प्रतिभाशाली भी लिख चुके हैं या लिख रहे हैं? काश कि श्रीलाल शुक्ल ने स्वयं ही *राग दरबारी* की पंरपरा के कुछ और उपन्यास लिख दिए होते। फिर वे उन्हें व्यंग्य उपन्यास, कहते, न कहते, यह उनकी मर्जी थी।

2008; व्यंग्य यात्रा

व्यंग्य की सान पर सच

वैभव सिंह

श्रीलाल शुक्ल ने जीवन के 86 वसंत देखे। उनका लेखन साहित्य के उपवन में केवल तफरीह करने या पैसा देकर अपने नाम का संगमरमरी पत्थर लगवाने वाला लेखन नहीं है। इसके विपरीत उसकी जलवायु को स्वस्थ करने और बगीचे को हरा-भरा, जीवंत और सौंदर्यपूर्ण बना देने वाला लेखन है। यह साहित्य की अपूरणीय क्षति ही होगी अगर हम उनके *राग दरबारी, मकान, बिस्रामपुर का संत* और *राग विराग* जैसे चटख यथार्थ की बहुरंगी तस्वीरों वाले उपन्यासों से नई पीढ़ी को अवगत न कराएं या श्रीलाल जी द्वारा चित्रित उस राष्ट्रीय पाखंड में शामिल हो जाएं जो इन दिनों विकास के नाम पर किसी भी वैकल्पिक विचार की हत्या से जुड़ा हुआ है। अपूरणीय क्षति तो तब भी होगी जब हम स्वतंत्रता के बाद के सामाजिक यथार्थ की कलई खोल देने वाले श्रीलाल के लेखन के बुनियादी सरोकारों को समझने के स्थान पर अपनी चेतना में उनके लिए **बड़ा, महान, उत्कृष्ट** जैसे विशेषण दर्ज करने को ही उनके साहित्य का मूल्यांकन मान लें। श्रीलाल शुक्ल हिंदी के 'व्यावसायिक व्यंग्यकार' नहीं थे जो व्यंग्य की रोटी खाने-कमाने और उसके बल पर पत्रिकाओं में अपने को महान व्यंग्य लेखक साबित करने की जोड़तोड़ करते रहते हैं। दुर्भाग्य से हिंदी के अधिकांश व्यंग्य लेखक वे हैं जिन्हें चुटकुलेबाजी और व्यंग्य रचना में फर्क समझने की फुर्सत नहीं है। वे सस्ती लोकप्रियता के लिए व्यंग्य लेखन के धंधे में पड़ जाते हैं। श्रीलाल शुक्ल ने *राग दरबारी* जैसी व्यंग्य रचनाएं लिखने के अलावा भी कई उपन्यास लिखे हैं जो उन्हें केवल व्यंग्यकार साबित करने की चेष्टा को गलत बना देते हैं।

श्रीलाल ने जिंदगी को भरपूर सृजनशीलता के साथ जिया जो कई दफा ऊब की शिकायतों के बावजूद अफसरी ठाठ से भी भरी हुई थी। साहित्यिक प्रतिष्ठा थी और भरापूरा समृद्ध परिवार था। सामाजिक और सांगठनिक क्रांतिकारिता के स्थान पर लेखन में एकांत निष्ठा थी और नौकरी के बाद मिली मध्यवर्गीय सुविधाओं ने लेखन को सतत गति से चलाने में सहूलियतें भी प्रदान कीं। शायद इसीलिए उनकी जो प्रखर प्रतिभा-संवेदना कुंठाओं के बोझ से अति गंभीर हो सकती थी, वह विट, विनोद, प्रहसन और व्यंग्य के ऊर्जावान तत्वों में रची-बसी रही। संगीत की रुचि ने भी उनकी साहित्यिक साधना को सकारात्मक रूप में प्रभावित किया और उन्होंने जिस प्रकार भाषा की लय साधी है, उससे भी लगता है कि संगीत का उसमें योगदान है। पत्नी गिरिजा कुमारी भी शास्त्रीय संगीत की विदुषी थीं और पूरे घर के वातावरण में संगीत व्याप्त था। छुट्टी के दिन हारमोनियम लेकर बैठना और संगीत सभाएं करना उनका प्रिय शगल था। उनके *राग दरबारी* उपन्यास का शीर्षक हो या *मकान* उपन्यास का मुख्य चरित्र सितारवादक नारायण बनर्जी, सभी पर उनके संगीत प्रेम का प्रभाव देखा गया।

उन्होंने दस उपन्यास लिखे और करीब इतने ही कहानी-व्यंग्य संग्रह प्रकाशित हुए पर उनका

नाम उनकी कृति *राग दरबारी* से अटूट रूप से जुड़ गया था। *राग दरबारी* 1968 में प्रकाशित हुआ था और कुछ आलोचकों की आरंभिक निंदाओं का सफलतापूर्वक सामना करता हुआ साहित्य जगत में तेजी से लोकप्रिय हो गया। वैद्य जी, सनीचर, रुप्पन बाबू, बद्री पहलवान और लंगड़ जैसे चरित्र हिंदी के दूर-दराज तक फैले पाठक वर्ग की जबान पर चढ़ गए। उसका शिवपालगंज जैसा छोटा गांव तो जैसे पूरे भारत के सामाजिक-राजनीतिक जीवन में आने वाले विराट ह्रास को जताने वाला मेटाफर बन गया। इसमें चुनाव हों, समाजसेवा हो, बौद्धिकता हो या विकास की बात, हर चीज पतन की दुष्ट होड़ में शामिल होती प्रतीत होती है। ऐसा लगता है कि श्रीलाल शुक्ल स्वतंत्रता के बाद के गांव को परिहास का विषय बनाना चाहते हैं पर यहां गांव से अधिक सरकारी तंत्र, उसकी नीतिगत प्राथमिकताएं और उसके द्वारा किए बड़े-बड़े दावों का परिहास ज्यादा तीव्रता से उभरकर आता है। परिहास का विषय प्रायः वर्णित विषय-वस्तु में नहीं छिपा होता बल्कि विषय-वस्तु के पार कहीं होता है और उसको ग्रहण करने के लिए उपन्यास के विषय को ही नहीं बल्कि विषय को माध्यम बनाकर दिए गए ढेरों अन्य संकेतों को पकड़ना पड़ता है।

इस उपन्यास के लेखन को श्रीलाल जी सर्वाधिक मुश्किल व चुनौतीपूर्ण बताते थे जिसने उन्हें लगभग पागलपन की अवस्था में पहुंचा दिया। देहातियों की भाषा व हावभाव सीखने के लिए उन्हें न जाने कितने शीर्षासन करने पड़े तब जाकर सटीक जुमलों का वह आविष्कार कर सके जो न जाने कितनी धीर-गंभीर पर जड़ीभूत स्थितियों को भी हास्यास्पद बना देता है। *राग दरबारी* की रचना-प्रक्रिया के बारे में श्रीलाल जी का कहना था :

> इसने छह साल मुझे बीमारी की हालत में रखा। अपना मकान, बीबी-बच्चों-रिश्तेदारों, कृपाकांक्षियों के लिए छोड़कर अलग से दूसरा घर लिया, वीराने में मोटर खड़ी करके उसकी सीट का महीनों इस्तेमाल किया, दूर-दूर के डाकबंगलों के चक्कर काटे।

इसके आगे वह यह भी बताते हैं कि उन्होंने इस उपन्यास के लिए वे सारे काम किए जो कोई जिम्मेदार गृहस्थ चोरी-छिपे प्रेमिका रखकर उसके लिए करता है। *राग दरबारी* पर निषेधवादी-शून्यवादी होने के आरोप भी लगे। कहा गया कि यह ग्रामीण जीवन का मजाक उड़ाता है, उसकी पैरोडी प्रस्तुत कता है। बहुत बाद में श्रीलाल शुक्ल ने इस उपन्यास की व्यंग्यात्मकता के उद्देश्य पर लिखा कि उपन्यास का परिहास बोध गांव के मूड से मेल खाता है जहां जीवन की विपत्तियों के बावजूद छोटी-छोटी बातों से खुश होना और हंसी-मजाक के रिश्ते रखना लोगों का स्वभाव है। उन्होंने *राग दरबारी* को पांच पृष्ठों की चुटकी काटने वाली विषय विशेष पर लिखी व्यंग्य कथा से अलग समग्र आलोचना करने वाली कृति के रूप में भी देखा है। आश्चर्य नहीं कि श्रीलाल कोरे, गुदगदाने वाले और मनोरंजन करने वाले व्यंग्य के नहीं बल्कि ऐसे व्यंग्य के साधक रहे हैं जिसकी अपनी कोई 'सामाजिक दृष्टि' हो। यानी एक ओर उन्होंने औपन्यासिक कला-शिल्प व कथ्य में परिहास को स्वीकृति दिलाई तो दूसरी ओर हास्य-व्यंग्य के नाम पर फूहड़ विनोद और उथली भावुकता वाले साहित्य को निरर्थक सिद्ध करने में पूरी कामयाबी हासिल की। किसी भी बड़े कथाकार की तरह वह कभी भविष्यवादी सोच वाले लेखक बनने के फेर में नहीं पड़े और न कभी किसी उथले समाजशास्त्री की तरह यह दावा किया कि वह अतीत के बारे में किसी बड़ी वैज्ञानिक दृष्टि से लैस हो गए हैं। उन्होंने कथा और अभिव्यक्ति की जटिलताओं को अपने भीतर निरंतर जिया है और लिखा है :

मैं एक बात बखूबी जान गया हूं और वह यह कि साहित्य रचना की दुनिया में अतीत, वर्तमान

और भविष्य इस तरह से समय का बंटवारा नहीं होता। काल की सत्ता अखंड है, उससे जुड़े हुए अनुभवों का क्षण अविभाज्य है। और वही यह बिंदु है जहां से रचना के सोते अतल गहराइयों में फूटते हैं।

राग दरबारी ने श्रीलाल शुक्ल को अपार प्रसिद्धि प्रदान की, हालांकि वह इससे पहले *सूनी घाटी का सूरज* (1957) नामक उपन्यास और ढेरों व्यंग्य रचना कर चुके थे। पर *राग दरबारी* ने उनकी नौकरी को भी थोड़ा संकट में डाल दिया क्योंकि जब *राग दरबारी* की पांडुलिपि तैयार हुई तो सरकार ने उसकी जांच कराने का मन बना लिया। श्रीलाल शुक्ल को पांडुलिपि पास कराने के लिए आफिसों के चक्कर भी खूब काटने पड़े और उन्होंने अपनी तुलना उपन्यास के ही पात्र 'लंगड़' से की है जो यह ठान लेता है कि घूस नहीं देनी है भले ही उसके लिए कितने कष्ट उठाने पड़ें। ऊबकर उन्होंने सत्रह साल पुरानी नौकरी छोड़ने का निश्चय भी किया, अज्ञेय की सहायता से एक अखबार की नौकरी भी पक्की कर ली, पर बाद में सरकारी नौकरी में ही टिके रहे और *राग दरबारी* भी सहज ही प्रकाशित हो गया। *राग दरबारी* में जीवन का कोई ऐसा पक्ष नहीं जिसका उपहास न उड़ाया गया हो और उस उपहास में निर्मम हास्य नहीं बल्कि कारुणिक व्यंग्य भी हर तरफ फैला हुआ है। उपन्यास के प्रमुख पात्र वैद्य जी को सपना आता है कि प्रजातंत्र हलवाहों जैसी शक्ल बनाकर नंगधड़ंग उनके पास जमीन पर हाथ जोड़े बैठा है। वह अंग्रेजी और हिंदी, कुछ नहीं बोल पा रहा है और गिड़गिड़ा रहा है। फिर वह प्रजातंत्र का बिंब विस्तृत होकर छंगामल इंटरमीडिएट कालेज के चुनाव में बदल जाता है जहां चुनाव के नाम पर घपले और शक्ति प्रदर्शन होते हैं।

इसी तरह सामाजिक जीवन में गिरावट के नए रूपों को पकड़ने में लेखक की भेदिया निगाहें कभी असफल नहीं होती हैं। पूरे उपन्यास में ऐसे समाज का चित्रण है जो नैतिकता के ऊंचे मानदंडों के बारे में सहानुभूति जताता है, पर वास्तविकता में नैतिक रूप से पूरी तरह खोखला हो चुका है। कानून-विरोधी और समाज-विरोधी कृत्यों को लेकर स्पष्ट सहिष्णुता और स्वीकृति, दोनों ही बनी हुई है। रिश्वतखोरी के लिए लोग कैसे बहाने बनाते हैं, इसे लेखक की निगाह पहचानती भी है और उन्हें उजागर भी करती है। लड़कियों के विवाह के नाम पर कैसे रिश्वत ली जाती है, इस पर उपन्यासकार के शब्द हैं :

> इस देश में लड़कियां ब्याहना भी चोरी करने का बहाना हो गया है। एक रिश्वत लेता है तो दूसरा कहता है कि क्या करे बिचारा। बड़ा खानदान है, लड़कियां ब्याहनी हैं। सारी बदमाशियों का तोड़ लड़कियों के ब्याह पर होता है।

इसी तरह भुखमरी और बीमारियों से होने वाली मौतों पर पूरा सरकारी अमला पर्दा डालने में कुशल होता है और इसी सरकारी तंत्र के एक सैनेटरी इंस्पेक्टर के बारे में लेखक के शब्द हैं :

> इस देश में जैसे किसी की भुखमरी से मौत नहीं होती, वैसे ही छूत की बीमारियों से भी कोई नहीं मरता। लोग यूं ही मर जाते हैं और झूठ-मूठ बेचारी बीमारियों का नाम लगा देते हैं।

लेखक ने साहित्यकारों और बुद्धिजीवियों की भी कई प्रवृत्तियों का मजाक बनाकर उन्हें अति गंभीर आत्मछवि के पिंजड़े से निकलने में भी सहायता की है। लेखकों द्वारा प्रेम-प्रसंग के वर्णन के पूर्व पृष्ठभूमि के रूप में दर्शन-कविता का प्रयोग करने की परंपरा रही है और प्रायः उससे प्रेम-प्रसंग बनावटी और अविश्वसनीय अधिक हो जाते थे। इस प्रवृत्ति पर देखिए कि क्या सधा हुआ वार श्रीलाल शुक्ल की कलम से निकलता है :

> सभी जानते हैं कि हमारे कवि-कहानीकार वास्तव में दार्शनिक हैं और कविता या कथा-साहित्य

> तो वे सिर्फ यूं ही लिखते हैं। किसी भी सुबुक-सुबुकवादी उपन्यास में पढ़ा जा सकता है कि नायक ने नायिका के जलते हुए होंठों पर होंठ रखे और कहा 'नहीं नहीं निशी मैं उसे स्वीकार नहीं कर सकता। वह मेरा सत्य नहीं है। वह तुम्हारा अपना सत्य है।

निशी का ब्लाउज जिस्म से चूकर जमीन पर गिर जाता है। वह अस्फुट स्वर में कहती है–'निक्कू, क्या तुम्हारा सत्य मेरे सत्य से अलग है?' इसी को ठांय कहते हैं। इसी के साथ निशी और निक्कू फिलासफी की हजार मीटर वाली दौड़ पर निकल पड़ते हैं।' श्रीलाल शुक्ल जैसा व्यंग्यकार ही एक खास तरह के उपन्यासों के लिए 'सुबुक-सुबुकवादी' शब्द का प्रयोग कर सकता था। हालांकि यह भी सच है कि खुद उन्होंने अपने *बिस्रामपुर का संत* उपन्यास में रतिक्रियाओं के बड़े खुले वर्णन किए हैं, पर जहां वह प्रहार करतें है, वहां रतिक्रिया वर्णन निशाने पर नहीं है बल्कि कृत्रिम दार्शनिक भाषा बोलने वाले पात्र हैं जो प्रायः ठीक से मध्यवर्ग में भी नहीं मिलते हैं। श्रीलाल शुक्ल ने उपन्यास में रचना-प्रक्रिया और रचनाशैली के बारे में भी कई सूत्र छोड़े हैं। जैनेंद्रीय और अज्ञेय की शैली का खंडन भी किया है और विचारधारा तथा दर्शन से मुक्त अनुभव की प्रमाणिकता वाले नई कहानी आंदोलन का पक्ष भी लिया है। किंचित भदेसपन के साथ वह रचनाओं में सत्य, अस्तित्व आदि शब्दों के प्रयोगों को हंसने योग्य सिद्ध करते हैं और साहित्य पर फिलासफी का बोझ लादने वालों की काफी मरम्मत कर बैठते हैं। पर इसमें ज्यादती इसलिए भी लगती है क्योंकि साहित्य को विचारशीलता के विकास का सघन माध्यम देखने का वह विरोध करने लगते हैं जबकि अंग्रेजी के श्रेष्ठ उपन्यासों से लेकर रूसी, लैटिन अमेरिकी और फ्रेंच उपन्यासों तक साहित्य और दर्शन के तालमेल के ढेरों उदाहरण मौजूद हैं। उपन्यास केवल बाह्य जगत के चित्रण का माध्यम नहीं रहे हैं बल्कि मनुष्य के मनोविज्ञान, यौन जीवन और कई प्रकार की विक्षिप्तताओं की अभिव्यक्ति के माध्यम भी रहे हैं। इसलिए उपन्यास से दर्शन को एकदम बाहर निकाल देना वस्तुतः उपन्यास के समग्र जीवन की विधा होने के आधार को संकुचित करने जैसा है। दरअसल एक व्यंग्यकार की यह सीमा भी होती है कि वह जीवन की हर स्थिति पर व्यंग्य करने की चेष्टा करता है। कई बार उसके व्यंग्य किसी स्थिति के विद्रूप को दर्शाने में सफल तो हो जाते हैं पर जिज्ञासा पर आधारित किसी बड़े बौद्धिक विवेचन में वह व्यंग्य सत्य और विश्वसनीय निकलेगा, इसकी कोई गारंटी नहीं होती है।

श्रीलाल ने साहित्यकारों के अलावा बौद्धिकों पर भी व्यंग्य-प्रहार किए हैं। खासतौर पर बौद्धिकों की कोरी बहसबाजी, निराशावाद और विलासिता पर उन्होंने शब्दों के सख्त कोड़े बरसा दिए हैं। वह लिखते हैं :

> हिंदुस्तान में पढ़े-लिखे लोग कभी-कभी एक बीमारी के शिकार हो जाते हैं। उसका नाम 'क्राइसिस आफ कांशस' है। कुछ डाक्टर उसी में 'क्राइसिस आफ फेथ' नामक बीमारी भी बारीकी से ढूंढ निकालते हैं। यह बीमारी पढ़े-लिखे लोगों में आमतौर से उन्हीं को सताती है जो अपने को बुद्धिजीवी कहते हैं और जो वास्तव में बुद्धि के सहारे नहीं बल्कि आहार, निद्रा, भय, मैथुन के सहारे जीवित रहते हैं।

आधुनिक काल में बौद्धिकों का एक वर्ग उत्पन्न हुआ जिसने समाज और जीवन के हर क्षेत्र के बारे में तर्कपूर्ण व्याख्याएं करने का दावा किया और इसी रूप में बतौर एक वर्ग अपने को विकसित करते हुए स्वयं से बड़ी अपेक्षाओं को भी निर्मित होने दिया। पर देखने में यह भी आया कि बौद्धिकों के वर्ग का बड़ा हिस्सा समाज के तर्क-विवेक के स्तर को ऊंचा करने के स्थान पर स्वयं के रूमानी भटकावों, निजी वैशिष्ट्य प्रदर्शन और अवांछित निराशावाद को जनता के सामने परोसने लगा जिससे बौद्धिकों का ही मूल कार्य एवं दायित्व गौण होने लगा। वे लोगों

की आशाओं और संवेदन को विकसित करने के स्थान पर अपनी ही संवेदनशीलता को नकारात्मक दिशाओं में धकेलने लगे और इसमें उनकी मध्यवर्गीय चेतना का भी बड़ा योगदान था जो उदात मूल्यों की ओर आकृष्ट तो होती है पर उन मूल्यों की रक्षा के लिए किसी बड़े अनुशासनबद्ध संघर्ष के साथ ज्यादा देर तक टिक नहीं पाती है। श्रीलाल शुक्ल ने ऐसे ही बौद्धिकों पर प्रहार किए जो पहले से भटके और निराश समाज में अपने निजी भटकाव की भी रुदन-ध्वनियां जोड़ देते हैं।

लेकिन किसी एक कृति से लेखक को ख्याति भले मिल जाए, पर उसका मूल्यांकन सीमित हो जाता है। कम से कम श्रीलाल तो उन लेखकों में बिलकुल नहीं थे जिनके एक जगमगाते हीरे के आगे बाकी उपन्यास कोयले जैसे लगें। खासतौर पर *मकान* और *बिस्रामपुर का संत* जैसे उपन्यास तो उनकी ख्याति में चार चांद लगाने वाले ही सिद्ध होते रहे। *बिस्रामपुर का संत* में जिस प्रकार वह भूदान आंदोलन के बड़े नेताओं के व्यभिचार, फरेब व कुकर्म खोलते हैं। वह तो अद्‌भुत ही है। पुराने जमींदार जयंती प्रसाद सिंह जैसे लोगों की ऐसी सौ फीसदी विश्वसनीय छवि श्रीलाल जी ही तैयार कर सकते थे जो बंजर जमीन को दान में देकर अपने को संत और विनोबा भावे बनाने में सफल हो जाते हैं और अपने को शक्ति-केंद्र में बदलकर राजभवनों के सुख लूटते हैं जहां ऐश्वर्य और ताकत के अलावा कोकशास्त्रीय विलास भी प्रचुर मात्रा में मौजूद है।

श्रीलाल जी का लेखन स्वातंत्र्योत्तर भारत की राजनीतिक उठापटक को व्यक्त करता है और राजनीति की निंदा के स्थान पर राजनीति पर हावी स्वार्थी समूहों की निर्मम शिनाख्त करता है। उसमें देश के लिए सच्चा, वास्तविक संघर्ष कर रही शक्तियों के दमन के प्रति सच्ची हमदर्दी है। उनकी एक व्यंग्य कथा है–'इतिहास का अंत'। कुछ समय पहले तक यह बड़ी बौद्धिक उक्ति मानी जाती थी जो अब घिसा-पिटा वाक्य या घटिया नारा रह गया है। इस कथा में वह ऐसे राजा साहब का चित्रण करते हैं जो 1947 से पहले अंग्रेजों के साथ, पर बाद में चुनाव लड़कर जीते और स्वतंत्रता संग्राम सेनानी कल्याण विभाग उन्हें मिल गया। उनके परदादा भी 1857 की लड़ाई में अंग्रेजों की मदद करते थे और कई लोगों को उन्हीं की सूचना के आधार पर फांसी पर लटकाया गया। उन्हीं के वंशज के रूप में अब राजा साहब पुराने बागी की मूर्ति का अनावरण करते हैं जबकि उस बागी के वंशज अब भुखमरी में दिन काट रहे हैं। जटिल प्रतीत होने वाले सत्ता-तंत्र अगर इसी तरह सरलता से बरकरार हैं तो यह जाहिरा तौर पर, सचमुच इतिहास का अंत ही है। यानी सत्ता के विजयोल्लास व दर्प को चुनौती न मिलने को 'इतिहास के अंत' से जोड़ते हैं और पश्चिम में पैदा इस नारे में नई समझदारी पैदा करते हैं। यह ठीक भी है क्योंकि अगर पश्चिमी सूत्रवाक्यों को हम अपनी जमीन पर उलटने-पलटने और परखने की कोशिश नहीं करते हैं तो सचमुच हम स्वयं को प्रयोगशाला के उन चूहों में बदल देंगे जिनका जीवन स्वयं पर अनगिनत प्रयोग कराने में ही सार्थक माना जाता है।

2011

हसरते तामीर का दामन भी छूट न जाए कहीं

सुधीर सुमन

'शहर का किनारा। उसे छोड़ते ही भारतीय देहात का महासागर शुरू हो जाता है।' उपन्यास *राग दरबारी* की शुरुआत इन्हीं पंक्तियों से होती है। भरतीय देहात के महासागर में पाठक तो बाद में पहुंचता है, शहर के किनारे का ही जो दृश्य सामने आता है, वह भी अभाव, गंदगी, अराजकता और अव्यवस्था की ओर संकेत करता है। सड़क पर एक ट्रक खड़ा है, ड्राइवर ने उसका दायां दरवाजा इस तरह खोल रखा है कि उसके वहां होते दूसरी गाड़ी का निकलना मुश्किल है। वहां दुकानें भी हैं, जो लकड़ी टीन के सड़े टुकड़ों और कबाड से बनी हुई हैं, जिनमें मिलने वाली चाय और मिठाइयां गर्द से भरी हुई हैं। उपन्यास के कथावाचक के अनुसार,

> वे हमारे देसी कारीगरों के हस्तकौशल और उनकी वैज्ञानिक दक्षता का सबूत देती थीं। वे बताती थीं कि हमें एक अच्छा रेजर-ब्लेड बनाने का नुस्खा भले ही न मालमू हो, पर कूड़े को स्वादिष्ट खाद्य पदार्थ में बदल देने की तरकीब सारी दुनिया में अकेले हमीं को आती है।

पाठक इस पूरे परिदृश्य को जिसकी आंख से देखता है या जिसके साथ आगे के सफर में चलता है, वह है रंगनाथ। पढ़ा-लिखा, आधुनिक बौद्धिक युवक, जिसे हर चीज से असंतोष है, हर चीज से वितृष्णा है, हर चीज उसे गैरआधुनिक और पिछड़ी हुई लगती है।

उसे लगता है कि कोई भी चीज कायदे की नहीं है, कुछ भी व्यवस्थित नहीं है। पैसेंजर ट्रेन अक्सर दो घंटे लेट आती है, लेकिन उस रोज डेढ़ घंटे लेट होके ही निकल गई, तो रंगनाथ को ट्रक में सवार होना पड़ा। ट्रक भी अव्यवस्था का ही नमूना है। ट्रक का गियर उसे बिलकुल देश की हुकूमत की तरह लगता है, जिसे जितनी बार टॉप में डाला जाए, फिसलकर वापस न्यूट्रल में आ जाता है। ट्रक ड्राइवर से रंगनाथ की बातचीत के दौरान ही यह भी स्पष्ट होता है कि शिक्षित होना यहां अपने आपमें कोई अर्थ नहीं रखता, अगर कोई ओहदा हो और पावर हो, तो उसे महत्व मिलता है।

शाम के धुंधलके में सड़क के किनारे गठरियों-सी रखी हुई शौच के लिए कतार बांधकर बैठी हुई औरतों, घूरे से उठती बदबू और कुत्तों के भौंकने की आवाज की पृष्ठभूमि में रंगनाथ उपन्यास की रंगभूमि यानी शिवपालगंज में दाखिल होता है। यहां शौच के लिए बैठी हुई औरतों पर जो दो पंक्तियां लिखी गई हैं, वह सुविधाहीन ग्रामीण समाज से सहानुभूति रखने वाले किसी भी पाठक को चुभ सकती है, ऐसा लग सकता है कि यह उपन्यासकार की उच्च वर्गीय दृष्टि है और वह बड़े भद्दे तरीके से औरतों का उपहास कर रहा है। बेशक हर बार इस प्रसंग से गुजरते हुए उपन्यासकार पर गुस्सा आता है कि क्या वह इन औरतों को बख्श नहीं सकता था, पर अक्सर अचानक पलट के जैसे वह सवाल दागता है कि किस पर नाराज हो रहे हो,

मुझ पर या इस व्यवस्था पर जो आजादी के बीस वर्षों बाद तक सबके लिए शौचालय तक की व्यवस्था नहीं कर सकी है? एक आलोचक ने यह सवाल उठाया था कि इसमें कौन किस पर हंसता है, जरूर इस पर विचार करना चाहिए, लेकिन मेरे लिए यह सवाल उससे भी ज्यादा महत्वपूर्ण है कि किस पर नाराज हुआ जाए, उस यथार्थ को दिखाने वाले उपन्यासकार पर या यथार्थ की उस यथास्थिति को बरकरार रखने वाली शक्तियों पर।

आज शौचालयों के धंधे में सरकारी-गैरसरकारी स्तर पर करोड़ों रुपए खर्च हो रहे हैं, जिनसे कितने अधिकारी, समाजसेवी और यहां तक कि रंगनाथ सरीखे आलोचनात्मक विवेक संपन्न लोग भी अपने जीवन की सुविधाएं जुटा रहे हैं, मगर यथार्थ यही है कि इस उपन्यास के प्रकाशित होने के पैंतालीस वर्षों के बाद भी देश के बहुसंख्यक गांवों और कस्बों में शाम में गठरियों की तरह औरतों का सड़क के किनारे शौच के लिए बैठने की नियति खत्म नहीं हुई है। उपन्यास के आखिरी हिस्से में जहां गंदगी का पर्याय बन चुके बस अड्डों पर टिप्पणी है, वहां फिर से शौचालय प्रसंग आता है। उपन्यासकार व्यंग्य करता है–'गांव सुधार के धुरंधर विद्वान उधर शहर में बैठकर 'गांव में शौचालयों की समस्या' पर गहन विचार कर रहे थे और वास्तव में 1937 से अब तक विचार-ही-विचार कर रहे थे'। *राग दरबारी* सुधार या निर्माण की उस प्रक्रिया पर सवाल उठाता है, जहां सुधार करने वालों का गांव वालों के साथ मरने-जीने का रिश्ता नहीं है, उन्हें शहर से मुहब्बत है, वे शहर में रहकर गांवों की समस्या पर विचार करते हैं। कहना न होगा कि ऐसे मसीहाओं की तादाद इस देश में निरंतर बढ़ती गई है।

उपन्यास में जैसे-जैसे हम आगे बढ़ते जाते हैं, तो यह महसूस होता है कि यह तो भारत नवनिर्माण का दावा करने वाली नई व्यवस्था और नए राज-काज, समाज–सबकी सख्त आलोचना है, जहां शिक्षा, स्वास्थ्य, कृषि, न्याय, सहकारिता, चुनाव, नौकरशाही, सरकारी विकास योजनाएं, परिवार नियोजन, बचत योजना, अखबार, साहित्य–कुछ भी यकीन के काबिल नहीं है। विभिन्न प्रसंगों में इनके प्रति आम लोगों का मोहभंग साफ-साफ जाहिर होता रहता है। यह जरूर है कि आम जनता का यह मोहभंग कहीं आक्रोश में तब्दील नहीं होता। नेमिचंद्र जैन ने *राग दरबारी* को असंतोष का खटराग कहा था, असंतोष लेकिन अपने आप में एक हकीकत है।

शिवपालगंज में हर चीज पिछड़ी हुई है। वैद्य जी इस शिवपालगंज की सत्ता के केंद्र हैं। वहां जो स्थानीय कॉलेज है, जहां पढ़ाई के सिवाय सबकुछ होता है, वैद्य जी उसके मैनेजर हैं। मास्टरों का आना-जाना उन्हीं के हाथ में रहता है। कॉलेज का प्रिंसिपल उनका दरबारी है। वैद्य जी के बारे में धारणा यह है कि वे 'कोआपरेटिव यूनियन के मैनेजिंग डाइरेक्टर थे, हैं और रहेंगे।' उनकी यूनियन में जब गबन होता है तो वे पूरी सहजता से कहते हैं :

> पहले हमारी यूनियन में गबन नहीं हुआ था, इस कारण हमें लोग संदेह की दृष्टि से देखते थे। अब तो हम कह सकते हैं कि हम सच्चे आदमी हैं, गबन हुआ है और हमने छिपाया नहीं है।

साफगोई की यह अदा अपने देश में बड़ी तेजी से फली-फूली, आज उसके उदाहरण एक खोजें तो कई मिलते हैं। उपन्यास में यूनियन में गबन के बाद भविष्य की दूसरी योजना के मद्देनजर वैद्य जी अपना पद छोड़ते भी हैं, तो उनका पहलवान बेटा बद्री बाहुबल के आधार पर मैनेजिंग डाइरेक्टर बन जाता है। ग्रामप्रधानी का चुनाव होता है, तो तिकड़म के जरिए वे अपनी बैठक में रहने वाले बौड़म सनीचर को ग्रामप्रधान बना देते हैं। यह है नवनिर्मित लोकतंत्र का हाल!

शिवपालगंज कोई अपवाद नहीं है, बल्कि वह पूरे भारत का आईना है, उसका एक प्रतीक। वैद्य जी का छोटा बेटा रुप्पन रंगनाथ से कहता है–'दादा, यह शिवपालगंज है, यहां यह बताना

मुश्किल है कि क्या सच है, क्या झूठ।' आगे रंगनाथ उसे समझाता है–'धरती पर सिर्फ एक शिवपालगंज ही नहीं है। हमारे-तुम्हारे लिए सारा मुल्क पड़ा है।' इस पर रुप्पन भुनभुनाता है–'मुझे तो लगता है दादा, सारे मुल्क में यह शिवपालगंज ही फैला हुआ है।' शिवपालगंज एक रंगमंच की तरह है, जहां भारत विकास का नाटक चल रहा है। जहां विकास के लिए लेक्चर दिए जाते हैं, किसानों को अधिक अन्न उपजाने की सलाह दी जाती है मानो वे अधिक अन्न उपजाना ही नहीं चाहते। उपन्यासकार ने तीखे व्यंग्य के साथ लिखा है :

> लेक्चरों की कमी विज्ञापनों से पूरी की जाती थी और एक तरह से शिवपालगंज में दीवारों पर चिपके या लिखे हुए विज्ञापन वहां की समस्याओं और उनके समाधानों का सच्चा परिचय देते थे। मिसाल के लिए, समस्या थी कि भारतवर्ष एक खेतिहर देश है और किसान बदमाशी के कारण अधिक अन्न नहीं उपजाते।

अधिक अन्न उत्पादन के लिए एक किसान को क्या-क्या चाहिए, इसके प्रति उद्धारकों की लापरवाही खेती का क्या हाल कर डालती है, इसका अंदाजा उपन्यास के उत्तरार्ध में एक किसान की प्रगतिशील खेती की दुर्दशा को देखकर मिलता है। उसके गेहूं के पौधों में बालियां ही नहीं आतीं। उपन्यास के प्रकाशन के लगभग चार दशक बाद किस तरह समृद्धि की चाह में कर्ज की फांस में पड़े किसानों ने फसल चौपट होने पर आत्महत्याएं कीं, *राग दरबारी* में उस खतरे की मानो आहट भी मिलती है।

राग दरबारी मे बहुतेरे चुटीले प्रसंग हैं, जिनको बार-बार दोहराया जा सकता है। लेकिन उन्हें वही देर तक दोहरा सकता है, जिसके जीवन की परिस्थितियां इस लायक हों। वर्ना इस चुटीलेपन के भीतर से ही अक्सर गंभीर सवाल उठ खड़े होते हैं, जिनसे बचके भागना आसान नहीं है। बानगी के तौर पर बचत योजना के संबंध में की गई टिप्पणी को ही देखा जा सकता है :

> पैसा बचाकर किस तरह कहां रखा जाएगा, वे बातें भी विज्ञापनों और लेक्चरों में साफ तौर पर बताई गई थीं और लोगों को उनसे कोई आपत्ति भी न थी। सिर्फ लोगों को यही नहीं बताया गया था कि कुछ बचाने के पहले तुम्हारी मेहनत के एवज में तुम्हें कितना पैसा मिलना चाहिए। पैसे की बचत का सवाल आमदनी और खर्च से जुड़ा हुआ है, इस छोटी-सी बात को छोड़कर बाकी सभी बातों पर इन विज्ञापनों में विचार कर लिया गया था।

जाहिर है यह छोटी-सी बात नहीं है और सिर्फ शिवपालगंज की बात नहीं है। इसी तरह बिना रिश्वत के तहसील से दस्तावेज की नकल लेने की लंगड़ की जिद भी अपने आपमें कोई छोटी-सी बात नहीं है। यहां उपन्यासकार न्याय प्रणाली पर चुटकी लेते हुए कहता है :

> पुनर्जन्म के सिद्धांत की ईजाद दीवानी की अदालतों में हुई है, ताकि वादी और प्रतिवादी इस अफसोस को लेकर न मरें कि उनका मुकदमा अधूरा ही पड़ा रहा। इसके सहारे वे सोचते हुए चैन से मर सकते हैं कि मुकदमे का फैसला सुनने के लिए अभी अगला जन्म तो पड़ा ही है।

लंगड़ इसी न्याय तंत्र से इंसाफ पाने के लिए संघर्ष करता है और विफल रहता है। यह विफलता भी सिर्फ शिवपालगंज के किसी लंगड़ मात्र की नहीं है। सनीचर लंगड़ का मजाक उड़ाता है तो रंगनाथ कहता है–'सब जगह ऐसा ही है। दिल्ली का भी यही हाल है।' अचानक शिवपालगंज के बीच दिल्ली की चर्चा का आ जाना कोई संयोग नहीं है, चूंकि शिवपालगंज भारत का भी प्रतीक है, इस कारण भी उसका आना अनिवार्य है।

भारत कोई एक भारत नहीं है। एक भारत है और दूसरा इंडिया, जिसे *राग दरबारी* में शहर के बाजार के प्रसंग में बखूबी दिखाया गया है :

> आज भी हिंदुस्तानी शहरों में दो तरह के बाजार होते हैं। एक काले यानी नेटिव लोगों का और दूसरा गोराशाही बाजार। यह दूसरे किस्म का बाजार था। यहां अंग्रेजी सिनेमाघर, शराबखाने, होटल और चमकदार दुकानें थीं। बिजली के झिलमिलाते हुए विज्ञापन थे, जिनके प्रिय विषय सिगरेट और शराब थे। यहां आकर लगता था कि देश में रोटियां भले ही नहीं मिलें, केक इफरात से मिल जाते हैं और अगर तुम्हारा गला पान न मिलने से सूख रहा है तो तुम बिअर पीकर तरोताजा हो सकते हो और अगर जरूरत पड़े तो मद्य-निषेध पर भाषण भी फटकार सकते हो। संक्षेप में, यहां आने से यही लगता है कि तुम्हें खाने-पीने पहनने-ओढ़ने का कष्ट तभी तक है, जब तक कि तुम जनता हो और अगर तुम इन कष्टों से छुटकारा पाना चाहते हो तो जनतापन छोड़कर बड़प्पन हथियाने की कोई तरकीब निकालो।

यह बाजार किसी कस्बाई शहर का बाजार नहीं लगता, अपनी पूरी धज में यह महानगर लगता है :

> चारों तरफ अंग्रेजी की बहार थी। अंग्रेजी के विज्ञापन। अंग्रेजी ही में दुकानों के नाम। गंदे कालरवाले क्लर्क, लकदक कपड़ोंवाली व्यापारियों की औलादें, आवारा-जैसे घूमनेवाले बहुत-से राजनीतिक कबाड़ी निगाह से ही सारी दुनिया को परास्त करने वाले, ठुड्डी ऊंची किए हुए, छके-छकाए अफसर—सभी अंग्रेजी बोल रहे थे। अंग्रेजी पोशाक में लोग तने हुए आते थे और तने हुए निकल जाते थे। एक अंग्रेजी सिनेमा के पोस्टर पर एक विलायती औरत लगभग नंगी—एक तख्ते पर अधलेटी पड़ी हुई चूमी जा रही थी। दो-चार काले कलूटे, मैले-कुचैले बच्चे पास खड़े हुए उसका मुआइना कर रहे थे। पास की किसी ग्रामोफोनवाली दुकान पर पॉप-म्यूजिक का एक रिकार्ड बज रहा था। और कुछ छोकरे—यह भूलकर कि जो गेहूं उन्होंने खाया है वह अपनी गरीबी का कोढ़ दिखाकर बाहर से मंगाया गया है—हाथ-पांव, ऊल-जलूल ढंग से चला-चलाकर मस्त हुए जा रहे थे।

दरअसल यह थी वह राह जिधर देश जा रहा था। जिसके बारे में शिवपालगंज के वैद्य जी के दरबारी ग्राम प्रधान का कहना है—'देखे जाओ, रंगनाथ बाबू, कूछ दिन में अच्छा लगने लगेगा। पहले राजा-महाराजा तथा ताल्लुकेदारों का जमाना था। अब देखना, दुकानदारी का बोलबाला होगा।' वाकई आज के दौर को देखने पर लगता है कि हर चीज एक धंधे और दुकानदारी में तब्दील हो गई है। और रंगनाथ द्वारा लंगड़ को कही गई इस बात का वजन कुछ ज्यादा ही बढ़ गया है कि 'तुम्हारे कायदा-कानून जानने से कुछ नहीं होता। जानने की बात सिर्फ एक है कि तुम जनता हो और जनता इतनी आसानी से नहीं जीतती।'

अपने देश के बारे में सोचते हुए मुझे अक्सर गालिब का शेर याद आता है : घर में क्या था, जो तेरा ग़म उसे गारत करता, वो जो रखते थे हसरते तामीर सो है। लेकिन *राग दरबारी* को पढ़ते हुए लगता है कि इस देश में हसरते तामीर यानी निर्माण की चाहत तक आसान नहीं है। *राग दरबारी* ऐसा उपन्यास है, जिसे आंख मूद कर कहीं से खोलिए, हर पन्ने पर हकीकत का कोई न कोई ऐसा मंजर दिखाई पड़ता है, जो परेशान करता है, बेशक व्यंग्य हैं, चुटकियां हैं, मगर यहां देर तक टिकने वाला आनंददायक मनोरंजन नहीं है। कामेडी के नाम पर आजकल प्रचलित भोंड़े और सतही हास्य टीवी धारावाहिकों से इस उपन्यास की तुलना नहीं की जा सकती। भारत जिसे गांवों का देश कहा जाता रहा है, उसे आधुनिक और जनतांत्रिक बनाने की जो चाहत है, जो सपना है, उसकी दुर्दशा से उत्पन्न विक्षोभ की ही अभिव्यक्ति है—*राग दरबारी*। साथ ही साथ यह उपन्यास उस बीमारी या दुर्दशा के लक्षणों की शिनाख्त भी करता है। उपन्यास का शीर्षक खुद ही एक व्यंग्य है और शायद बीमारी का मूल लक्षण भी। जरा देखिए इन अफसर महोदय को—

ये बड़े घुटे हुए अफसर हैं, आधे नेता हैं, आधे अफसर। अपने मतलब के दो-चार नेताओं को पटा लिया है। रात को जाकर उनके सामने दुम हिलाते हैं, दिन को उन्हीं के बूते पर दूसरों से सख्ती दिखाते हैं।

दरअसल नए भारत निर्माण के सपनों का विद्रूप है–*राग दरबारी*। नए भारत, चमकते भारत का जितना ही प्रचार होता है, उतना ही देश की बहुत बड़ी आबादी के जेहन से नए के खयाल का दामन छूटता चला जाता है। खासकर आज के दौर में जब खुद सरकारी आंकड़े बताते हैं कि देश के 70 से अधिक प्रतिशत आबादी की औसत आय 20 रुपए से कम है, तब विकास और नए भारत के निर्माण के दावे और भी हास्यास्पद लगने लगते हैं और *राग दरबारी* का व्यंग्य जायज लगता है। आज भी दरबार दर दरबार है, ऊपर से नीचे तक दरबारी सब कुछ लूटने को तैयार बैठे हैं, उन्हें जरूर सुविधाएं मिल जाएंगी, उनका पेट जरूर भर जाएगा, लेकिन बाकी बड़ी आबादी वंचित रहेगी। वह दरबार में दाखिल हो ही नहीं सकते। अगर सबको सब कुछ योग्यता और परिश्रम के अनुसार मिलने ही लगे और सब के लिए समान अवसर हों, तो फिर दरबार ही क्यों हों?

दरबारीपन का मतलब है सत्ता के जो भी केंद्र हैं उनकी चापलूसी करना, उनका पालतू होना। *राग दरबारी* बनता ही है भाई-भतीजावाद से, वंशवाद से। दरबार के लिए गुलाम ही विश्वसनीय समझे जाते हैं, कोई भी आजाद खयाल व्यक्ति या उनके हित को चोट पहुंचाने वाला न्याय का तलबगार उसके लिए वर्जित होता है। वैद्यजी का जनतंत्र एक पाखंड है। वे करते अपनी ही हैं, भले ही जितनी शालीनता का नाटक करें। वे कहते हैं :

> विरोधी से भी सम्मानपूर्ण व्यवहार करना चाहिए। देखो न, प्रत्येक बड़े नेता का एक-एक विरोधी है। सभी ने स्वेच्छा से अपना-अपना विरोधी पकड़ रखा है। यह जनतंत्र का सिद्धांत है। हमारे नेतागण कितनी शालीनता से विरोधियों को झेल रहे हैं। विरोधीगण अपनी बात बकते रहते हैं, नेतागण चुपचाप अपनी राह पर चलते रहते हैं।

जाहिर है राह में जो रोड़ा बनते हैं उनके साथ वे अलोकतांत्रिक तरीके से ही निपटते हैं। चुनाव में जीत या वाइस प्रिंसिपल बनने की चाह में प्रिंसिपल से लगातार लड़ने वाले खन्ना का कॉलेज से इस्तीफा लेना इसी की बानगी है।

वैद्य जी सवर्ण राजनीति के प्रतिनिधि लग सकते हैं, लेकिन वे दरअसल दरबारी राजनीति के प्रतिनिधि हैं, जिसके लिए जातिवादी गिरोहबंदियां सहज होती हैं। पिछड़ावाद और दलितवाद के नाम पर इस देश के अनेक शिवपालगंजों में जो नए-नए सत्ता-केंद्र बने, वे वैद्य जी से किस मायने में अलग हैं, यह सहज ही कोई देख सकता है। दरअसल वैद्य जी पितृसत्तात्मक, परिवारवादी, वंशवादी सामंती राजनीति का एक उदाहरण हैं, और कहां नहीं है ऐसा! वैद्य जी के वीर्य रक्षा के परंपरागत आदर्श, उनकी गोलियां और स्त्रियों के प्रति उनके पुरुषसत्तात्मक सामंती व्यवहार के संकेत जिस राजनीतिक व्यक्तित्व को गढ़ते हैं, उसे क्या आज भी राजनीति की विभिन्न धाराओं में नहीं देखा जा सकता है? बेशक जो परंपरागत सामाजिक वर्चस्व है, वह तो जमीनी स्तर पर जनतंत्र में बाधक है ही, ग्रामपंचायत चुनाव इसकी बानगी है, लेकिन जिस किस्म का जनतंत्र है या जो उसकी राह है, उसमें सत्ता के जो नए केंद्र बने हैं, वे वैद्य जी और उनके बेटे बद्री पहलवान और रुप्पन से बहुत अलग हों, ऐसा नहीं है, बल्कि उनके बीच एक किस्म की साझेदारी भी विकसित हो जाती है। ठीक वैसा ही हाल उस आधुनिक बौद्धिक का भी है, बाभन रंगनाथ की जगह कोई रंगनाथ राम या रंगनाथ यादव या कोई भी हो, हर जगह उस

मध्यवर्गीय बुद्धिजीवी की किसी न किसी खन्ना की जगह पर काबिज होने की विवशता है। प्रायः उसके आलोचनात्मक तेवर और बौद्धिक आक्रोश की अंतिम परिणति यही होती है कि वह किसी खन्ना की जगह पर स्थापित हो जाता है।

प्रिंसिपल कहता है–'इससे कहां तक बचोगे बाबू रंगनाथ? जहां जाओगे, तुम्हें किसी खन्ना की ही जगह मिलेगी।' यानी योग्यता नहीं, पालतू होने, दरबारी बनने की नियति या फिर रिश्ते-नाते, भाई-भतीजवाद के विश्वसनीय रैकेट का ही आसरा होगा।

यह ऐसा उपन्यास है, जो पलायन कर चुके और सुविधा हासिल कर चुके वर्ग को एक आत्मतुष्टि भी दे सकता है, मतलब जो इतना जड़, पिछड़ा हुआ यथार्थ या समाज है, उसकी ओर क्या लौटना, जो भी तरीका हो उससे बचने का, बच भागो। लेकिन रंगनाथ जैसों की विवशता अपनी जगह है और उसके जैसों के पलायन पर उपन्यासकार का व्यंग्य अपनी जगह।

> तुम मंझोली हैसियत के मनुष्य हो और मनुष्यता के कीचड़ में फंस गए हो। तुम्हारे चारों ओर कीचड़ ही कीचड़ है। कीचड़ की चापलूसी मत करो। इस मुगालते में न रहो कि कीचड़ से कमल पैदा होता है। कीचड़ में कीचड़ ही पनपता है। वही फैलता है वही उछलता है। कीचड़ से बचो। यह जगह छोड़ो। यहां से पलायन करो।
>
> वहां, जहां की रंगीन तस्वीरें तुमने 'लुक' और 'लाइफ' में खोजकर देखी हैं; जहां के फूलों के मुकुट, गिटार और लड़कियां तुम्हारी आत्मा को हमेशा नए अन्वेषणों के लिए ललकारती हैं; जहां की हवा सूक्ष्म से भी सूक्ष्मतर है, जहां रविशंकर-छाप संगीत और महर्षि-योगी छाप अध्यात्म की चिरंतन स्वप्निलता है...। जाकर कहीं छिप जाओ। यहां से पलायन करो। यह जगह छोड़ो।
>
> नौजवान डाक्टरों की तरह इंजीनियरों, वैज्ञानिकों, अंतर्राष्ट्रीय ख्याति के लिए हुड़कने वाले मनीषियों की तरह, जिनका चौबीस घंटे यही रोना है कि सबने यहां मिलकर उन्हें सुखी नहीं बनाया, पलायन करो, यहां के झंझटों में मत पड़ो।
>
> अगर तुम्हारी किस्मत ही फूटी हो, और तुम्हें यहीं रहना पड़े तो अलग से अपनी एक हवाई दुनिया बना लो। उस दुनिया में रहो जिसमें बहुत-से बुद्धिजीवी आंख मूंदकर पड़े हैं, होटलों और क्लबों में, शराबखानों और कहवाघरों में, चंडीगढ़-भोपाल-बंगलौर के नवनिर्मित भवनों में, पहाड़ी आरामगाहों में, जहां कभी न खत्म होने वाले सेमिनार चल रहे हैं। विदेशी मदद से बने हुए नए-नए शोध-संस्थानों में, जिनमें भारतीय प्रतिभा का निर्माण हो रहा है। चुरूट के धुएं, चमकीली जैकेट वाली किताब और गलत, किंतु अनिवार्य अंग्रेजी की धुंध वाले विश्वविद्यालयों में। वहीं जाकर जम जाओ, फिर वहीं जमे रहो।
>
> यह न कर सको तो अतीत में जाकर छिप जाओ। कणाद, पतंजलि, गौतम में, अजंता, ऐलोरा, एलिफेंटा में, कोणार्क और खजुराहो में, शाल-भंजिका, सुरा, सुंदरी, अलसकन्या के स्तनों में, जप, तप, मंत्र में, संत-समागम, ज्योतिष, सामुद्रिक में, जहां भी जगह मिले, जाकर छिप रहो।
>
> भागो, भागो, भागो। यथार्थ तुम्हारा पीछा कर रहा है।

दरअसल यह जो पलायन संगीत गूंजता है रंगनाथ के जेहन में, इससे बच पाना मुश्किल है, पर इससे मुक्त होना भारतीय बुद्धिजीवी के लिए चुनौती भी है। और इन अर्थों में उपन्यास का अंतिम दृश्य बेहद प्रतीकात्मक है, जहां रंगनाथ मदारी और बंदरों को देख रहा है, जहां बंदर मुंह फुलाकर बैठे हुए हैं और लगता है कि जब उठेंगे तो भरतनाट्यम् से नीचे नहीं नाचेंगे। बेशक यथार्थ पीछा कर रहा है, वह विक्षोभ पैदा कर रहा है, वह व्यंग्य और असंतोष का जनक है, पर असल मामला तो उसे बदलने का है, जब तक उसे बदला नहीं जाता, तब तक *राग दरबारी* ही बजेगा। एक यथार्थ जिसे गहरे व्यंग्य के साथ उपन्यास पेश करता है, जो उसकी

ताकत है, सवाल उस यथार्थ में बदलाव का है, किंचित भी इसमें बदलाव के लिए जो सोचेगा, शायद वह खन्ना की जगह लेने के बजाय कुछ और करेगा। निश्चित तौर पर अंत सोचने को विवश करता है। उपन्यास किसी कामेडी फिल्म की तरह राहत नहीं देता।

श्रीलाल शुक्ल ने सही ही कहा है कि

> जैसे-जैसे उच्चस्तरीय वर्ग में गबन-धोखाधड़ी, भ्रटाचार, वंशवाद अपनी जड़ें मजबूत करता जाता है, वैसे-वैसे आज से चालीस वर्ष पहले का यह उपन्यास और भी प्रासंगिक होता जा रहा है।

2011

रचना-विधि में मूलभूत परिवर्तन

मुरली मनोहर प्रसाद सिंह

राग दरबारी आज से 46 साल पहले लिखा गया था। उपन्यास-लेखन के क्षेत्र में हिंदी-उर्दू की उन्नीसवीं सदी से चली आ रही परंपरा के 1966-67 आते-आते दो पड़ाव दिखाई देते हैं। उन्नीसवीं सदी के उत्तरार्ध में उपन्यास का आरंभ होता है। एक विधा के रूप में उन्नीसवीं सदी के उत्तरार्ध काल में हिंदी-उर्दू के उपन्यास मूलतः पारिवारिक जीवन की कथा को सृजन के केंद्र में रखते हैं। इस दौर के सभी उपन्यासों में प्रायः मध्ववर्ग के सामाजिक जीवन पर विदेशी फैशन और रीतिरिवाज के बढ़ते हुए प्रभाव को लेकर उभर रहे अंतर्विरोधों को दिखाया गया है। हिंदी-उर्दू उपन्यास-लेखन का यह पहला पड़ाव है। बीसवीं सदी के दूसरे दशक में प्रेमचंद के *सेवासदन, प्रेमाश्रम* और *रंगभूमि* के प्रकाशन के समय उपन्यास की काया और अंतर्वस्तु में मूलभूत परिवर्तन हुआ। औपन्यासिक कृतियों की रचना-परंपरा का यह दूसरा पड़ाव है जिसमें कथासृजन मूलतः किसान और खेतिहर समुदाय तथा जमींदारी-जागीरदारी व्यवस्था के बीच तीव्र हो रहे वर्गीय अंतर्विरोधों का चित्रण सिर्फ परिवार तक सीमित नहीं रह गया है। ब्रिटिश साम्राज्यवाद, साहूकारी निजाम, पूंजीपतिवर्ग, वर्णाश्रम व्यवस्था और पितृसत्ता के रूढ़ तौर तरीके भी आख्यान के केंद्रबिंदु पर उपस्थित हो गए हैं। स्वाधीनता आंदोलन और किसान आंदोलन के साथ दलितों और स्त्रियों के उत्पीड़न के प्रश्न भी इस दूसरे पड़ाव पर कथाकार की चेतना को आच्छन्न कर देते हैं। प्रेमचंद, प्रसाद, निराला, वृंदावन लाल वर्मा आदि के औपन्यासिक कथाशिल्प को ही 1966-67 तक यशपाल, भगवतीचरण वर्मा, जैनेंद्र कुमार, अमृतलाल नागर, इलाचंद्र जोशी, नागार्जुन, रांगेय राधव, अमृत राय, उपेंद्रनाथ अश्क आदि के साथ अज्ञेय भी दोहराते रहे। उपन्यास के रचनाविधान की दृष्टि से श्रीलाल शुक्ल के प्रारंभिक दोनों उपन्यास *सूनी घाटी का सूरज* और *अज्ञात वास* इसी पूर्ववर्ती परंपरा की लीक पर चलते हुए दिखाई देते हैं।

साठोतरी हिंदुस्तान के सामाजिक-राजनैतिक जीवन में जो त्वरित परिवर्तन घटित हो रहे थे, सत्ताधारी वर्ग की कारगुजारियों और नीतियों को लेकर भयंकर असंतोष और मोहभंग की स्थिति स्पष्टतः परिलक्षित हो रही थी। इस गतिमान यथार्थ की अंतःक्रियाओं और अंतर्द्वंद्वों का अचूक साक्षात्कार कथा के कलेवर में किस तरह प्रस्तुत किया जाय—यह प्रश्न नई पीढ़ी के रचनाकारों को उद्वेलित कर रहा था। 'मैला आचंल' और *राग दरबारी* की रचना इसी उद्वेलन की सृजनात्मक परिणति है। कथाकृतियों में चित्रित जीवन-वास्तविकता एक विशिष्ट प्रकार की व्यंग्य-वक्रोक्तिपूर्ण गद्य-भंगिमा के द्वारा ही अभिव्यक्त हो सकती थी। रूसी समालोचक मिखाईल बाख्तीन यह मानते हैं कि व्यंग्य-विनोद और हास-परिहास से रससिक्त गद्यशैली वह माध्यम है जिसके द्वारा संप्रेष्य यथार्थ पाठक के बहुत करीब आ जाता है; सामाजिक-राजनीतिक जीवन की वास्तविकता दूरस्थ प्रतीत नहीं होती। चूंकि उपन्यास स्वयं भी विकासमान विधा है, प्रबंधकाव्य

की तरह मृत विधा नहीं है, अतः जीवन के यथार्थ की गतिमानता और यथार्थ में हो रहे तमाम परिवर्तनों की दिशा को अधिक तीव्रता और गहराई से वह व्यक्त करता है। शर्त सिर्फ इतनी है कि कथाकार वर्तमान यथार्थ के उन्मोचित, खुलते हुए पहलुओं और विडंबनाओं को अंकित करने की चुनौतियों को समझे और उपन्यास की काया में रूढ़ और रीतिबद्ध हो गए रचनातंत्र से मुक्ति पाने का प्रयत्न करे। इस प्रसंग में यह समझना आवश्यक है कि कथाकार के सामने कोलाहल और असंगतियों, सकारात्मक जीवन-पक्ष और नकारात्मक जीवन-पक्ष, अपनी ही खास गति से पुराने पड़ते हुए पहलुओं के प्रेतात्मा से मुक्ति के संघर्ष और नए उभरते हुए पहलुओं को आत्मसात करने के आत्मसंघर्ष के प्रश्न पूरी गंभीरता से दरपेश हो जाते हैं। इसलिए वर्णनात्मक गद्य की वक्रतापूर्ण भंगिमा की रचनात्मक उद्भावना कथाकार के लिए अनिवार्य हो जाती है। श्रीलाल शुक्ल अपने प्रारंभिक दोनों उपन्यासों के प्रकाशन के बाद ही इस चुनौती और नई उद्भावना की अनिवार्यता से रूबरू होते हैं। *राग दरबारी* का आरंभ और अंत–निष्कर्ष यह कि संपूर्ण आख्यान उपर्युक्त शर्तों और चुनौतियों के बरक्स सृजन-क्षमता का नया प्रमाण प्रस्तुत करता है। हिंदी उपन्यास-लेखन का यह तीसरा पड़ाव या प्रस्थान बिंदु है। मिसाल के तौर पर हम उपन्यास के प्रवेश द्वार पर उपस्थित कुतूहलपूर्ण हकीकत को जरा गौर से देखें।

> भारतीय देहात का महासागर जहां से शुरू होता है, वहीं ट्रक खड़ा था और चालू फैशन के हिसाब से ड्राइवर ने ट्रक का दाहिना दरवाजा खोल कर डैने की तरह फैला दिया था। जिस सड़क पर ट्रक खड़ा था, उसकी एक तरफ पेट्रोल स्टेशन और दूसरी तरफ छप्परों, लकड़ी और टीन के सड़े टुकड़ों तथा कबाड़ की मदद से खड़ी की हुई दुकानों की कतार। यहीं चाय, मिठाई, नाश्ते के तमाम सामान बिक रहे थे।
>
> रंगनाथ की ट्रेन छूट गई थी और वह शिवपालगंज जाने के लिए ड्राइवर से पूछता है : 'हमें भी ले चलिएगा। अपने साथ?' रंगनाथ का हुलिया ड्राइवर देखता है :
>
> पैर खद्दर के पाजामे में, सिर खद्दर की टोपी में, बदन खद्दर के कुर्ते में। कंधे पर झोला, हाथ में अटैची। ड्राइवर कहता है, 'बैठ जाइए शिरिमान जी, अभी चलते हैं।' और घरघरा कर ट्रक चल पड़ा।

यह उपन्यास का आरंभ है। आख्यान की शुरुआत में ही मानो पाठक भी ट्रक पर सवार हो जाता है। संपूर्ण दृश्यांकन यथार्थ को हमारे करीब ले आता है और पाठक इस यथार्थ की गतिमान प्रक्रिया में शामिल हो जाता है। ट्रक का गियर टाप पर पहुंचा। ड्राइवर ने टांग ऊपर कर गियर को अपनी जांघ के नीचे दबा दिया। रंगनाथ को ऐसा प्रतीत हुआ कि हुकूमत को चलाने का भी यही नुस्खा है। रंगनाथ की इस प्रतीति में पाठक भी शामिल हो जाता है।

शिवपालगंज पहुंचकर पाठक थाने के दारोगा से मिलता है, थाने के हालात देखता है, फिर वैद्य जी के पुत्र जो दसवीं के छात्र होने के बावजूद कालेज के विद्यार्थियों के नेता हैं–यानी रुप्पन बाबू से मुलाकात होती है :

> वे सफेद धोती और रंगीन बुश्शर्ट पहनते थे और गले में रेशम का रूमाल लपेटते थे। धोती का कोंछ उनके कंधे पर पड़ा रहता था। वैसे देखने में उनकी शक्ल एक घबराए हुए मरियल बछड़े की सी थी, पर उनका रोब पिछले पैरों पर खड़े हुए एक हिनहिनाते हुए घोड़े का सर जान पड़ता था। वे पैदाइशी नेता थे क्योंकि उनके बाप भी नेता थे। और उनके बड़े भाई बद्री पहलवान। अखाड़े के उस्ताद और शिवपालगंज की गुंडावाहिनी के सरदार।

उनका एक चेला है जो छोटे पहलवान के नाम से मशहूर है। पुलिस को जब किसी को फंसाना होता है तो छोटे पहलवान अदालत में पुलिस की ओर से गवाही के रूप में पेश किए जाते

हैं। गयादीन की बेटी बेला का जोगनाथ से प्रेमसंबंध है, यह साबित करने के लिए छोटे पहलवान ने अदालत में झूठी गवाही दी। चूंकि बद्री पहलवान बेला से विवाह करना चाहते थे, इसलिए छोटे पहलवान को फटकराते हुए कहते हैं :

> सोच रहा हूं तुम्हें लात से मारूं कि जूतों से? तुम्हारी जवानी पर पिल्ले मूतते हैं साले! थू है तुमको।' छोटे पहलवान दुःखी हो जाते हैं और पूछते हैं मुझसे क्या चूक हो गई। बद्री पहलवान बताते हैं 'तुम साले समझोगे क्या? तुमने एक भले घर की लड़की की इज्जत फींच कर सारी दुनिया के आगे रख दी। तुम्हारे लिए कहीं कुछ हुआ ही नहीं?' इस सिलसिले में छोटे पहलवान का जवाब सुनने लायक है : 'सभी जानते हैं कि अदालत में कही गई बात का कोई ऐतबार नहीं। किसी का इससे क्या बिगड़ा?

ये सारे दृश्य, चरित्र और संवाद अपनी व्यंजनाओं का छोर पकड़ाते हुए पाठकों को कहां ले चलते हैं? शिवपालगंज का अंतर्बाह्य जीवन, उसके किस्से, उसके खलनायक, स्वाधीन भारत की विकासनीति और कारगुजारियों में रची-बसी मक्कारी, पीड़ादायी व्यवस्था और कुचक्री लीला आखिर कहां नहीं व्यापी है? 2007 के नवीनतम संस्करण की भूमिका में श्रीलाल शुक्ल इसी तथ्य की ओर संकेत करते हैं :

> जैसे-जैसे उच्चस्तरीय वर्ग में गबन, धोखाधड़ी, भ्रष्टाचार और वंशवाद अपनी जड़ें मजबूत करता जाता है, वैसे-वैसे आज से चालीस वर्ष पहले का यह उपन्यास और ज्यादा प्रासंगिक होता जा रहा है।

1967-68 का पाठक और आज 2013 का पाठक अपनी ईमानदार और सजग आंख से जब किसी ग्रामीण इलाके में जाकर वहां की हकीकत और सामाजिक जिंदगी के भीतर घुसकर उसकी तह-दर-तह देखता है तो वहां हो रही करतूतें :

> एक लानत की तरह उसके सामने आकर खड़ी हो जाती हैं। उसकी आत्मा के तारों पर बशर्ते कि आत्मा की शक्ल सारंगी जैसी होती हो पलायन संगीत गूंजने लगता है।

छह महीने शिवपालगंज में रहने के बाद वहां की घटनाओं, छलनाओं, कपटाचार, क्रूरता, मक्कारी को देखकर लखनऊ शहर से गए हुए पढ़े-लिखे नौजवान रंगनाथ को अहसास हुआ कि वह बहुत उकताया हुआ है। उसकी आत्मा के तारों पर पलायन संगीत अब पूरे तौर से गूंजने लगा।

भारत के गांवों के बारे में बनाई गई रूमानी कथाओं से पलायन कर रंगनाथ अर्थात भारत के सुशिक्षित बुद्धिजीवी आखिर जाएं कहां; क्या शहरों, महानगरों और व्यापारिक चमकदमक वाले होटलों, क्लबों, शराबखानों, कहवाघरों, नवनिर्मित भवनों, पहाड़ी आरामगाहों में चले जाएं 'जहां कभी न खत्म होने वाले सेमिनार चल रहे हैं। विदेशी मदद से बने हुए नए-नए शोध-संस्थानों में' अथवा 'अनिवार्य अंग्रेजी की धुंध वाले विश्वविद्यालयों में जम जाएं।' अगर यह न कर सकें तो फिर अतीत के 'जप-तप-मंत्र, संत-समागम, ज्योतिष सामुद्रिक' में छिप जाएं।

श्रीलाल शुक्ल उपन्यास के अंत में रंगनाथ जैसे बुद्धिजीवियों को चेतावनी देते हैं : 'भागो, भागो, भागो, यथार्थ तुम्हारा पीछा कर रहा है।'

छोटे खलनायक की भूमिका निभानेवाले छंगामल इंटर कालेज के प्रिंसिपल वस्तुतः मुख्य खलनायक वैद्य जी के हथकंडों और अपराधकर्मों के परिणाम रंगनाथ को बताते हैं : 'इससे कहां तक बचोगे बाबू रंगनाथ? जहां जाओगे, तुम्हें किसी खन्ना की ही जगह मिलेगी।'

छंगामल इंटर कालेज के अंदर हो रहे भ्रष्टाचार, दुराचार, अन्याय और धौंसपट्टी की शिकायत राज्य सरकार के पास करने वाले उसी कालेज के शिक्षक खन्ना को धमकियां देकर निकाल

दिया गया। शिक्षक के उसी खाली हुए पद पर नियुक्ति के प्रस्ताव को रंगनाथ स्वीकार नहीं करता। इस प्रसंग में प्रिंसिपल ने रंगनाथ के आगे प्रश्न रखा कहां तक बचोगे, सारी जगहों में यही हालात हैं।

शिवपालगंज का यथार्थ रंगनाथ का पीछा कर रहा है, उसे भाग खड़ा होना है, पर वह जाएगा कहां? महानगरों के भद्रलोक में या धार्मिक मठों में अथवा पर्यटन स्थलों के आरामगाहों में या अभिजात बुद्धिजीवी समुदाय के बड़े-बड़े सेमिनारों में?

राग दरबारी के अंत में प्रस्तुत पलायन संगीत की प्रश्नावली का संबंध उपन्यास के प्रारंभ में कथावाचक द्वारा प्रस्तुत इस टिप्पणी से भी हो सकता है, 'जैसे कि सत्य के होते हैं', उसी तरह शिवपालगंज की ओर जाने वाले ट्रक के भी कई पहलू थे। सत्य के इन भिन्न-भिन्न पहलुओं की ही झांकी दिखाने वाली कथावस्तु से *राग दरबारी* का पूरा ठाठ निर्मित हुआ है। रुप्पन बाबू ने शराब पी है या नहीं, रंगनाथ के इस सवाल के जवाब में रुप्पन बाबू कहते है : 'कहो तो हां कर दूं और कहो तो नहीं?' इस गोलमोल जवाब पर रंगनाथ ने कहा : 'जो सच हो वह कहो।' इस बात पर झुंझलाते हुए रुप्पन बाबू रंगनाथ से पूछते हैं : 'सच्चाई किस चिड़िया का नाम है? किस घोंसले में रहती है? कौन-से जंगल में पाई जाती है?'

सच्चाई जानने, पहचानने और खोजने की यह प्रक्रिया *राग दरबारी* की कथावस्तु में प्रारंभ से अंत तक अंतर्व्याप्त है। रुप्पन बाबू और रंगनाथ की बातचीत से भी यह स्पष्ट हो जाता है कि सारे मुल्क में यह शिवपालगंज ही फैला हुआ है। रंगनाथ जिस शिवपालगंज में छह महीने स्वास्थ्य लाभ के लिए वैद्य जी के पास अर्थात अपने मामा के पास आया था, वे सहकारी समिति, छंगामल इंटर कालेज, ग्रामपंचायत के सर्वेसर्वो तो थे ही, अदालत, कचहरी, थाना, प्रशासन हर जगह उनकी पहुंच और पैठ थी। कोई भी उनका कुछ बिगाड़ नहीं सकता था। वैद्य जी का यह युवा भांजा इतिहास में एम.ए. था और पी.एच.डी. प्राप्त करने के लिए शोध कर रहा था। कथावाचक की दृष्टि में,

> वह देखने में भला और सीधा था, पर चाहने पर टेढ़ी बात भी कर लेता था। लगभग प्रत्येक पढ़े-लिखे भारतीय की तरह वह अपने से असंबद्ध प्रत्येक घटना को घटना की तरह देखता और भूल जाता और बाद में उसके बारे में परेशान न होता था। इतिहास पढ़ चुकने के कारण उसे राजनीतिक और सामाजिक शोषण और उत्पीड़न की बहुत सी कहानियां आती थीं, उसके दिमाग में कभी यह न आया कि वह भी इतिहास का एक हिस्सा है और अगर चाहे तो इतिहास को बना-बिगाड़ सकता है। वह देश के पच्चानवें प्रतिशत बुद्धिजीवियों में था जिनकी बुद्धि उनको आत्मतोष देती है, उन्हें बहस करने की तमीज सिखाती है, दूसरों को क्या करना चाहिए और क्या न करना चाहिए, इस पर उनसे भाषण कराती है और न करने के मामले में कुछ उनकी भी जिम्मेदारी है, इस बेहूदा विचार को उनसे कोसों दूर रखती है।

कथावाचक की इस टिप्पणी का उपन्यास के अंतिम हिस्से के पलायन संगीत से गहरा रिश्ता है। इस औपन्यासिक कृति में 1968 के समय के स्वाधीन भारत के नगरनिवासी और महानगर निवासी यानी शहर में बस गए बुद्धिजीवियों की सिर्फ कृषिजीवी ग्रामीण समुदाय के लिए बनाई गई लोकतांत्रिक संस्थाओं के प्रति उदासीनता और बेरुखी का ही उल्लेख नहीं है। पूरे देश की लोकतांत्रिक संस्थाओं में फैले हुए दुराचार के प्रति, अन्याय के प्रति, नागरिक जिम्मेदारी के प्रति बुद्धिजीवियों के दृष्टिकोण और उनकी नकारात्मक भूमिका को पलायन संगीत के अंतर्गत रेखांकित किया गया है। कथाकार ने दिखाया है कि गांवों में किस तरह जालिम लोग महाप्रभु बन बैठे हैं और शहरों के बुद्धिजीवी वातानुकूलित कोठियों में महज गर्मागर्म सेमिनार की संस्कृति

के अंग बन गए हैं। कथाकार ने यह भी दिखाया है कि संपूर्ण देश में धर्म का चोगा पहने शिक्षित लोग अतीत में पलायन कर गए हैं, जहां जप-तप-मंत्र और संत-समागम के जाल फैले हुए हैं। गांव की लोकतांत्रिक संस्थाओं पर अपना प्रभुत्व कायम करने वालों की काली करतूतों से मुकाबला करना तो दूर रंगनाथ उस यथार्थ से पीछा छुड़ाकर जहां भी जाएगा, वहां विदेशी मदद से बने शोध संस्थानों तथा अनिवार्य अंग्रेजी की धुंध वाले विश्वविद्यालयों में ही तो पनाह लेगा, उसके आगे अन्य विकल्पों की तलाश वाला कोई मुक्तिपथ है ही नहीं।

इस पृष्ठभूमि में यदि हम *राग दरबारी* की औपन्यासिक संरचना को जरा गहराई से देखें तो यह स्पष्ट हो जाता है कि इस कथाकृति में न तो कोई नायक है और न कोई नायिका। पूरा उपन्यास, महज छह महीनों के अनेकानेक घटना-प्रसंगों के माध्यम से आजादी के बाद के बीस वर्षों में शासक वर्ग की नीतियों और कारगुजारियों का प्रतिनिधित्व करने वाला एक जीवंत सामाजिक दस्तावेज प्रतीत होता है। 1967-68 के जमाने के जिस मोहभंग की चर्चा हिंदी समालोचना में होती रही है और इस मोहभंग की प्रवृत्ति की रोशनी में प्रयोगवाद, नई कविता और नई कहानी की सृजनशील अंतर्वस्तु की विवेचना के संदर्भ प्रस्तुत किए जाते रहे हैं, उस मोहभंग के यथार्थवादी आख्यान की प्रस्तुति को इस तर्क के आधार पर अनेक आलोचकों ने खारिज किया है कि यह उपन्यास यथार्थ को नकारात्मक या शून्यवादी दृष्टि से प्रस्तुत करता है। आलोचकों की ऐसी प्रतिक्रियाओं के बावजूद सिर्फ हिंदी-उर्दू भाषी क्षेत्रों में ही नहीं लगभग संपूर्ण देश की भिन्न-भिन्न भाषाओं में हुए अनुवादों को पढ़कर पाठकों ने इसे लोकप्रिय बना दिया। प्रेमचंद के बाद श्रीलाल शुक्ल के *राग दरबारी* और फणीश्वरनाथ रेणु के *मैला आंचल* ने यथार्थवादी आख्यान प्रस्तुत करने वाली औपन्यासिक संरचना में ही मूलभूत परिवर्तन कर दिया।

वास्तुकला तथा टेक्नॉलाजी की दृष्टि से हावड़ा ब्रिज के बारे में कहा जाता है कि वह अपने शीर्ष बिंदु पर टिका हुआ है, नींव या पाए पर नहीं। कुछ ऐसी ही कलात्मक संरचना इस उपन्यास की भी है। *राग दरबारी* के अंतिम हिस्से में प्रस्तुत किए गए पलायन संगीत में संपूर्ण उपन्यास के सभी घटना-प्रसंग और चरित्र अनेकानेक अभिप्रायों के साथ अपनी व्यंजनाओं को प्रतिध्वनित करते हैं। इस कथाकृति के शिल्पकौशल की यह अनुपम रचनाविधि है जिसे श्रीलाल शुक्ल द्वारा आविष्कृत नई गद्यभंगिमा अपने उत्कर्ष पर पहुंचाती है। गद्य की यह नई उद्भावना वक्रोक्तियों, व्यंग्यपूर्ण वर्णनविधान तथा घात-प्रतिघात से भरपूर संवादों के कारण पाठकों को कुछ इस तरह जकड़ लेती है कि पाठक किसी भी घटना-प्रसंग को भूल नहीं पाता। कथा-भाषा का यह नूतन विधान है जिसे भ्रांतिवश अनेक आलोचक मात्र व्यंग्य की संज्ञा देते हैं और इस कथाकृति को व्यंग्यरचना मानने पर जिद किए बैठे हैं। व्यंग्य स्वतः कोई साहित्यिक विधा नहीं है। व्यंग्य एक अंतर्धारा की तरह संपूर्ण आख्यान में व्याप्त है। इसलिए इस उपन्यास को मात्र व्यंग्यकृति मानना भ्रामक है। व्यंग्य, कथाकार के लिए कैमरे के लेंस की तरह है जिसका इस्तेमाल यथार्थ के गोपनीय से गोपनीय पहलू तक को पाठक की आंखों के करीब लाने के लिए किया गया है। विभिन्न रंगों वाली कूचियों से चित्रकार जिस प्रकार प्रकाश और छाया का इस्तेमाल कर दूरवर्ती चीजों को करीब से करीबतर कर देता है, ठीक उसी तरह व्यंग्य का प्रयोग किया गया है।

रंगभूमि के सूरदास जैसी ट्रेजडी की तरह लंगड़ का सकरुण चरित्र अपने सत्य की लड़ाई में भ्रष्टाचारी प्रशासनतंत्र और न्यायव्यवस्था से हारता ही जाता है, पर झुकता नहीं। इसके बरक्स वैद्य जी का बड़ा बेटा बद्री पहलवान अपनी गुंडावाहिनी और वैद्य जी की अजेय प्रभुता के कारण

हर प्रसंग में विजयी होता जाता है। शिवपालगंज की सभी लोकतांत्रिक संस्थाओं की निस्सहाय स्थिति और बेचारगी को श्रीलाल शुक्ल कुछ इस तरह प्रस्तुत करते हैं मानो यह राष्ट्रीय जीवन के सामूहिक अनुभवों का हिस्सा हो। इसीलिए पाठकों को *राग दरबारी* का कथानक निजी जीवन-सत्य जैसा प्रतीत होता है। पर इस कथाकृति में प्रस्तुत चरित्र या ढेर सारे पात्रों के व्यक्तित्व की विलक्षणता प्रेमचंद की यथार्थवादी कथापरंपरा से भिन्न होते हुए भी पाठकों के मन में अपनी स्थायी छाप छोड़ जाती है। चरित्रांकन की यह पद्धति 1968 के पहले की कथाकृतियों में प्रायः दिखाई नहीं देती। प्रेमचंदोत्तर काल के कथाकारों में यशपाल, अज्ञेय, अमृतलाल नागर, भगवती चरण वर्मा, अश्क, अमृत राय, रांगेय राघव आदि ने इस प्रकार के चरित्रांकन की पद्धति को न अपना कर, प्रायः टाइप पात्रों की सृष्टि पर ही अपना ध्यान केंद्रित किया था, ऐसे टाइप पात्र जो एक खास समुदाय, सामाजिक जीवनधारा अथवा वर्ग का प्रतिनिधित्व करते थे। *राग दरबारी* का हर पात्र अपनी विशिष्ट चरित्रिक भंगिमा रखता है। भिन्न-भिन्न पात्रों के रेखांकन, उनके जीवन-व्यवहार, आचार-विचार अपनी विचित्रता के कारण अविस्मरणीय बन जाते हैं। उदाहरण के लिए हम वैद्य जी, रुप्पन बा बद्री पहलवान, गयादीन, छोटे पहलवान, रंगनाथ, लंगड़, छंगामल इंटर कालेज के प्रिंसिपल, बाबू रामाधीन भीखम खेड़बी, अदालतों में झूठी गावाही देने के धंधे में पारंगत बैजनाथ, गैसबत्तियों और बंदूकों को किराया पर उठाकर अपनी जीविका चलाने वाले सर्वदमन सिंह, पियक्कड़ जोगनाथ, कुसहर प्रसाद, खन्ना मास्टर तथा मालवीय जी को भूल नहीं सकते। इन पात्रों के इर्दगिर्द अजीबोगरीब किस्सागोई विभिन्न सामाजिक और व्यक्तिगत घटनाओं के माध्यम से जुड़ती चली जाती है, चूंकि कथावाचक वक्रोक्तिपूर्ण विवरण की दिलचस्प और मनोरंजक गद्यशैली की धारदार सप्राणता का पूरा निर्वाह करता है। इसीलिए इस उपन्यास को हम विचित्र-विचित्र किस्म के पात्रों के रेखाचित्रों का संग्रह नहीं कह सकते, चूंकि शिवपालगंज की कथा के फलक पर ये सभी पात्र महाकाव्यात्मक आख्यान के अनिवार्य अंग बन जाते हैं। शिवपालगंज को ही आदि से अंत तक कथा कें केंद्र में बनाए रखा गया है। इस गांव की दुर्दशा का वर्णन पहले से प्रचलित ग्रामीण जीवन के रूमानी दृष्टिकोण के विलोम के रूप में अनेक स्थानों में बार-बार अपने घिनौनेपन के साथ उभरता है। फिलहाल एक ही झांकी प्रस्तुत है :

> गांव के किनारे एक छोटा-सा तालाब था जो बिलकुल 'अहा ग्राम्य जीवन भी क्या है।' था। गंदा, कीचड़ से भरापूरा, बदबूदार। बहुत क्षुद्र घोड़े, गधे, कुत्ते, सुअर उसे देखकर आनंदित होते थे। कीड़े-मकोड़े और भुनगे, मक्खियां और मच्छर परिवार-नियोजन की उलझनों से उन्मुख वहां करोड़ों की संख्या में पनप रहे थे और हमें सबक दे रहे थे कि अगर हम उन्हीं की तरह रहना सीख लें तो देश की बढ़ती हुई आबादी हमारे लिए समस्या नहीं रह जाएगी।
>
> गंदगी की कमी को पूरा करने के लिए दो दर्जन लड़के नियमित रूप से शाम-सवेरे और अनियमित रूप से दिन को किसी भी समय पेट के स्वेच्छाचार से पीड़ित होकर तालाब के किनारे आते थे और ठोस, द्रव तथा गैस—तीनों प्रकार के पदार्थ उसे समर्पित करके, हल्के होकर वापस लौट जाते थे।
>
> अपने पिछड़ेपन के बावजूद किसी देश का जैसे कोई न कोई आर्थिक और राजनीतिक महत्व अवश्य होता है, वैसा ही इस तालाब का भी, गंदगी के बावजूद, अपना महत्व था। उसका आर्थिक पहलू यह था कि उसमें ढालू किनारों पर दूब अच्छी उगती थी और वह शिवपालगंज के इक्कावालों के घोड़ों की खाद्यसमस्या दूर करती थी। उसका राजनीतिक पहलू यह था कि वहां घास छीलने वालों के बीच सनीचर ने कैन्वेसिंग की और अपने लिए वोट मांगे।

आजादी के बीस वर्ष बीत जाने के बावजूद भारत की केंद्र सरकार और राज्य सरकारों द्वारा अपनाई गई विकासनीति के ऐसे दुष्परिणाम हैं कि लखनऊ से सटे हुए गांव शिवपालगंज की वास्तविकता अपने बीभत्स रूप में, क्षोभ और आक्रोश से भरे पाठक के मन में कैसा करुण उद्वेलन उत्पन्न करती है। और लोकतंत्र भी कैसा चलाया गया? ग्रामप्रधान के पद पर अपनी प्रभुता कायम करने के लिए रोजाना भंग घोटने वाले सनीचर को वैद्य जी अपना उम्मीदवार बनाते हैं, चूंकि आरक्षण नीति भी उन्हीं के हक में है। उल्लिखित तालाब के किनारे घास छीलते हुए इक्केवाले से अपना वोट मांगने जब सनीचर पहुंचता है तो 'एक इक्केवाले ने उसे ऊपर से नीचे और नीचे से ऊपर तक देखा और स्वगत शैली में कहा : 'ये प्रधान बनेंगे। देह पर नहीं लत्ता, पान खायं अलबत्ता' यह सुनते ही सनीचर बोला : 'अरे भाई, हम तो नाम-भर के प्रधान बनेंगे। असली प्रधान तो तुम वैद्य महाराज को समझो।'

इक्केवाले ने जवाब दिया : 'जब वैद्य जी वोट की भीख मांग रहे हैं तो मना कौन कर सकता है! हमें कौन वोट का अचार डालना है। ले जाएं। वैद्य जी ही ले जाएं।'

इक्केवाले के साथ ही घास छीलने वाला दूसरा इक्के वाला बोला : 'वोट साला कौन छप्पन टके की चीज है।'

ग्रामसभा या ग्रामपंचायत के चुनाव में जिस प्रकार टुच्चापन होता है, और मतदाता अपने वोट की महत्ता नहीं समझते हैं, उसके परिणाम की ओर कथावाचक ने ध्यान दिलाते हुए यह दिखलाया है कि ग्रामीण स्तर पर लोकतांत्रिक संस्थाओं का किस तरह क्षरण हो रहा है। इस घटना-प्रसंग से यह संकेत स्पष्ट हो जाता है कि विधानसभाओं और लोकसभा के लिए होने वाले चुनावों में भी लोकतंत्र कितना खोखला हो रहा है।

चुनावों के जरिए चाहे जैसी भी सरकार बने, अफसरतंत्र और नौकरशाही जनता की संपत्ति को लूट और भ्रष्टाचार का निशाना बनाती है। *राग दरबारी* में एक पात्र है कालिका प्रसाद। उसकी पूरी चरितावली इस तरह वर्णित की गई है :

> उनका पूरा कर्मयोग सरकारी स्कीमों की फिलासफी पर टिका था। मुर्गीपालन के लिए ग्रांट मिलने का नियम बना तो उन्होंने मुर्गियां पालने का ऐलान कर दिया। एक दिन उन्होंने कहा कि जाति-पांति बिलकुल बेकार चीज है और हम बांभन और चमार एक हैं। यह उन्होंने इसलिए कहा कि चमड़ा कमाने की ग्रांट मिलने वाली थी। चमार देखते ही रह गए। और उन्होंने चमड़ा कमाने की ग्रांट लेकर अपने चमड़े को ज्यादा चिकना बनाने में खर्च भी कर डाली। खाद के गड्ढे को पक्का करने के लिए, घर में बिना धुएं का चूल्हा लगवाने के लिए, नए ढंग का संडास बनवाने के लिए कालिका प्रसाद ने ये सब ग्रांटें लीं और इनके एवज में कारगुजारी की जैसी रिपोर्ट उससे मांगी गई वैसी रिपोर्ट उन्होंने बिना किसी हिचक के लिख कर दे दी।

कालिका प्रसाद की तिकड़मों का कोई अंत न था। सरकारी कर्ज और तकावी की जमानत तो वे आसानी से संभाले हुए थे। ऐसे मामलों के बारे में वे इतनी चुस्ती दिखाते कि 'ग्रांट या कर्ज देने वाली किसी नई स्कीम के बारे में योजना आयोग के सोचने भर की देर थी, वे उसके बारे में सब कुछ जान जाते थे।'

ग्राम प्रधान का चुनाव जीतने की प्रक्रिया के दौर में ही वैद्य जी के चेले सनीचर ने इन्हीं कालिका प्रसाद से गठबंधन कर लिया। वह वैद्य जी को इस नई पदलकदमी की रिपोर्ट बताते हुए कहता है :

> हां महराज, मुझे बड़ी योग्यता दिखलानी पड़ी। जब सब तरह से योग्यता ही योग्यता ठेल दी, तब कहीं जाकर चूल पर चूल बैठी।

कालिका प्रसाद हाकिम को किस तरह पटा लेता है, इस मुद्दे पर सनीचर बताता है : 'शहर में सब जगह घूम कर कहीं उसने बारूद उगली और कहीं बन गया भुनगा। वहां हमने देखा कि कालिका की पकड़ कितनी सच्ची है। जो कुछ है सो हाकिम है।' सनीचर की रपट से खुश होकर वैद्य जी शाबाशी देते हुए कहते हैं :

> जब शेर का बच्चा पहली बार शिकार करने निकला तो उसने पहली छलांग में ही एक बारहसिंगा मारा।

हर पात्र की कारगुजारियों के किस्से के आईने में झलकते चरित्रों की विलक्षणता का अंकन श्रीलाल शुक्ल कुछ इस तरह करते हैं कि क्या ग्रामपंचायत, क्या सहकारी समिति और क्या सरकारी तंत्र के हाकिम हुक्काम, सबकी असलियत सामने आ जाती है। ऐसे वर्णन सिर्फ व्यंग्य नहीं हैं, कथावस्तु की परियोजना के अनिवार्य अंग हैं। इसी तरह गयादीन की बेटी बेला को लेकर अफवाहें, रुप्पन बाबू के द्वारा बेला को लिखे पत्र और रुप्पन बाबू के बड़े भाई बद्री पहलवान की यह प्रतिज्ञा कि वह बेला से विवाह करना चाहते हैं—ये सारे प्रसंग मूल कथावस्तु के उतार-चढ़ाव में छोटे-मोटे प्रहसन जैसी नाटकीयता का संचार करते हैं। अदालत में शिवपालगंज में हुई एक चोरी के प्रसंग में पुलिस की ओर से पेश किए गए गवाह और वकील के बीच जिरह भी कथावस्तु की नाटकीयता की निर्मिति में भरपूर योगदान करते हैं। शिवपालगंज, अदालत, पुलिस और प्रशासनतंत्र की घटना-बहुलता सामाजिक वास्तविकताओं से संयोजित महाकाव्यात्मक आख्यान का रूप ले लेती है। वर्णानशैली की व्यंग्यात्मकता उपन्यास को सरस-सजीव बनाए रखने का रचनाकौशल है जिसे भ्रमवश व्यंग्यकथा के रूप में ही कुछ लोग देखते हैं।

1967-68 के आसपास नई कहानी और नई कविता के क्षेत्र में जिस प्रकार की वैयक्तिक या आत्मपरक रागात्मकता का वर्चस्व था, उस रूमानीपन को तोड़ने के लिहाज से यह उपन्यास कथालेखन के क्षेत्र में नई दिशा का संकेत करता था। उपन्यास-लेखन के क्षेत्र में कथावस्तु के संयोजन और वक्रोक्तिपूर्ण वर्णन कौशल की नई-नई उद्भावनाओं को समझने में चूक के कारण ही हिंदी समालोचना के क्षेत्र में नकारात्मक प्रतिक्रियाओं से भरपूर टिप्पणियां प्रकाशित हुईं। इस प्रसंग में यह उल्लेखनीय तथ्य है और जिस तथ्य पर बाद में ध्यान दिया गया कि तीखी नकारात्मक प्रतिक्रियाओं के बावजूद पाठकों ने ही इसे लोकप्रिय और महत्वपूर्ण कथाकृति के रूप में स्वीकार किया और करवाया।

2013

अप्रकट करुणा के पक्ष में

हिमांशु पंड्या

> कुछ ही दिनों में रंगनाथ को शिवपालगंज के बारे में ऐसा लगने लगा कि महाभारत की तरह, जो कहीं नहीं है वह यहां है, और जो यहां नहीं है वह कहीं नहीं है। उसे जान पड़ा कि हम भारतवासी एक हैं और हर जगह हमारी बुद्धि एक सी है। उसने देखा कि जिसकी प्रशंसा में सभी मशहूर अखबार पहले पृष्ठ से ही मोटे मोटे अक्षरों में चिल्लाना शुरू करते हैं, जिसके सहारे बड़े बड़े निगम, आयोग और प्रशासन उठते हैं, गिरते हैं, घिसटते हैं, वही दांव-पेंच और पैंतरेबाजी की अखिल भारतीय प्रतिभा यहां कच्चे माल के रूप में इफरात से फैली पड़ी है। ऐसा सोचते ही भारत की सांस्कृतिक एकता में उसकी आस्था और भी मजबूत हो गई।[1]

हिंदी में यदि आलोचकीय अनुदारता और पाठकीय प्रशंसा के व्युत्क्रमानुपाती सम्बन्ध का कोई पैमाना बनाया जाए तो निश्चय ही श्रीलाल शुक्ल कृत *राग दरबारी* उसमें सर्वोच्च स्थान पर होगा। ऐसा नहीं कि *राग दरबारी* की व्यंग्य की धार का लोहा नहीं माना गया या *राग दरबारी* के वर्णन की सत्यता में संदेह किया गया लेकिन दांव-पेंच और पैंतरेबाजी की जिस अखिल भारतीय प्रतिभा का वर्णन शिवपालगंज और उसकी सार्वजनिक संस्थाओं जैसे ग्राम पंचायत, कोऑपरेटिव सोसाइटी और सबसे बढ़कर छंगामल इंटर कॉलेज के माध्यम से किया गया, उसे आलोचकों ने संयमहीन हास्य माना। उपन्यासकार किस वर्ग का प्रतिनिधित्व कर रहा है, यह सवाल उठाते हुए उपन्यास की पक्षधरता को संदेह के घेरे में लिया गया। यहां प्रस्तुत निबंध में मुख्यतः इन्हीं आलोचनाओं से संबंधित कुछ प्रश्नों पर विचार किया जा रहा है कि *राग दरबारी* की पक्षधरता क्या वाकई संदेहास्पद है, क्या वाकई वंचितों/उत्पीड़ितों का चित्रण समस्यामूलक है, क्या उनके स्वर का सही अंकन नहीं हो पाया है, क्या *राग दरबारी* के व्यंग्य की धार वाकई गलत दिशा में जाती है, क्या यह उपन्यास प्रेमचंद की परम्परा से विक्षेप है आदि-आदि।

राग दरबारी को पढ़ने और आनंदित होने वाले पाठक/आलोचक एक किस्म के 'गिल्टप्लेजर' (यानी ऐसा आनंद जिसे स्वीकारने में खुद से भी शर्मिंदगी हो) के शिकार नजर आते हैं। सहृदय आलोचक भी किन्तु-परन्तु के साथ *राग दरबारी* के व्यंग्य को 'कुछ ज्यादा ही हो गया' बताते आए हैं। उदाहरण के लिए कुंवर नारायण लिखते हैं,

> हम श्रीलाल शुक्ल के इरादों से पूरी तरह सहमत हैं फिर भी अक्सर हिंदुस्तान की उस तस्वीर पर हंस पाना मुश्किल हो जाता है जिसे श्रीलाल शुक्ल चित्रित करते हैं। जरूर यह यथार्थ है कि नब्बे फीसदी हिंदुस्तानियों को मल मूत्र त्यागने की आधुनिक सुविधाएं उपलब्ध नहीं हैं और यह एक बड़ी शर्म की बात है? लेकिन यह एक बड़े व्यंग्य की बात भी है इसे मान लेने में थोड़ा मतभेद हो सकता है। ऐसे कई स्थल हैं जहां इच्छा होती है कि लेखक यदि इतना अधिक यथार्थ के पीछे न पड़ता तो अच्छा होता व्यंग्य के हित में बहुत अच्छा होता।[2]

अर्थात *राग दरबारी* में यथार्थ तो है लेकिन अतियथार्थ है, जैसा कि खुद *राग दरबारी* में पंक्ति है, 'भागो, भागो, यथार्थ तुम्हारा पीछा कर रहा है।'[3] यह यथार्थ इतना अधिक पारदर्शी है कि प्रख्यात समाजशास्त्री श्यामाचरण दुबे कह उठते हैं,

> भारत के बदलते गांवों को समझने के लिए *राग दरबारी* पांडित्य पीड़ित अनेक समाजशास्त्रीय अध्ययनों से कहीं अधिक उपयोगी है।'[4] फिर इस यथार्थ से हमें परहेज क्यों है? क्या इसलिए कि इसमें द्वंद्वात्मकता नहीं है? बकौल नेमिचन्द्र जैन, 'अति कथन इस बात का स्पष्ट प्रमाण होता है कि रचना में लेखक यथार्थ के जटिल हिस्से को पकड़ने में असमर्थ रहा है। अति कथन से ग्रस्त उपन्यास *राग दरबारी* इसी तरह का उदाहरण है यह उपन्यास उसकी पूरी तस्वीर तो है ही नहीं क्योंकि उसमें न तो द्वंद्व है, न गति। सारा जीवन एक ही धूसर रंग में अंकित है।[5]

यहां द्वंद्व को मार्क्सवादी सन्दर्भ में समझा जाए तो...सद और खल के बीच टकराव के दृश्य, संघर्ष चेतना और अभिलिखित चाह यह कि कुछ आशा का सन्देश हो। (मैं यहां व्यवस्था के अंतर्विरोधों आदि को शामिल नहीं कर रहा और नेमि जी द्वारा जिस अभाव पर निराशा प्रकट की गई है, उसी तक अपने को सीमित रख रहा हूं।) अर्थात जहां यह आशावादिता नहीं दिखती वहां प्रकृतवाद है, निषेधवाद है, विध्वंस है–सृजन नहीं है।

वंचित की विजय का आग्रह तो, जाहिर है, यथार्थवाद की समझ रखने वाला कोई भी विद्वान आलोचक नहीं करेगा पर यह आशा अवश्य की जाती है कि उत्पीड़ित के भीतर संघर्ष चेतना दिख जाएगी और कुछ नहीं तो कम से कम इस वंचित/उत्पीड़ित का पक्ष तो उपन्यासकार रख ही देगा। *राग दरबारी* में आलोचकों को ये नजर नहीं आता। वीरेंद्र यादव के शब्दों में :

> *राग दरबारी* और *पहला पड़ाव* दोनों ही उपन्यासों में लूटतंत्र के खलनायकों के चित्रण में श्रीलाल शुक्ल की जो दक्षता दीखती है, वह तंत्र के पीड़ितों के वर्णन में नहीं है। दरअसल आभिजात्य के जिस धरातल पर खड़े होकर वे नकार की कामिक शैली अपनाते हैं उसमें खलपात्रों की ही उत्कृष्ट रचना हो सकती है। यही कारण है कि ग्राम्य पृष्ठभूमि के बावजूद *राग दरबारी* में होरी, धनिया, गोबर, दुखी चमार, घीसू, शंकर, हल्कू सरीखे दुखी व उत्पीड़ित पात्र नहीं हैं।[6]

पहली बात–यह कामिक शैली जहां भाषाई तिर्यकता वहन करती है, उसे इस आलोचना से अलगाए जाने की जरूरत है। उपन्यास के प्रारंभिक पैरेग्राफ में ही ट्रक के वर्णन के दौरान लिखा है :

> चालू फैशन के हिसाब से ड्राइवर ने ट्रक का दाहिना दरवाजा खोल कर डैने की तरह फैला दिया था। इससे ट्रक की खूबसूरती बढ़ गई थी; साथ ही यह खतरा मिट गया था कि उसके वहां होते हुए कोई दूसरी सवारी भी सड़क के ऊपर से निकल सकती है।[7]

यानी प्रारंभिक पंक्तियों से ही लेखक गलत को सही और सही को गलत कहने का ढब अख्तियार कर लेता है। इस शैली को अपनाने के बाद लेखक को अपने विशेषणों को एकल उद्धरणचिह्न में रखकर उनका तिर्यक अर्थ बताने की जरूरत नहीं रहती। इसके उलट यह हमारे लोकमानस में बसे पूर्वाग्रहों पर सहज ही व्यंग्य बनकर सामने आता है। उदाहरणार्थ,

> किसी भी शारीरिक विकार के लिए हम भारतीयों में जो सात्विक घृणा होती है, उसे थूककर बाहर निकालते हुए सनीचर ने कहा, 'लंगड़वा जा रहा है साला!'[8] अथवा, 'मुलजिम हरिराम जज के कह देने भर से बाइज्जत तो नहीं बन गए रहे गुंडे के गुंडे ही पर जेल से वापस आते ही उन्होंने पूरे इलाके में बाइज्जत समझे जाने वालों को यानी स्त्रियों, अछूतों और मुसलमानों को छोड़कर मनुष्य-मात्र को एक दावत बोल दी।[9]

इस शैली में आए पदबंधों को अभिधा में लिया जाना तो गलत होगा, हां, चित्रण की आपत्तियों को नजरंदाज नहीं किया जा सकता। नित्यानंद तिवारी ऐसी ही आपत्तियां उठाते हैं। ढब–इस शब्द का प्रयोग उन्होंने ही किया है। वे मानते हैं कि,

> *राग दरबारी* में वर्णन का ढब इतना छाया हुआ और एक रूप है कि 30-40 पृष्ठों में ही वह फार्मूलेबाजी लगने लगता है। लेखक की सम्पृक्ति इस ढब में इतनी ज्यादा महसूस होने लगती है कि वास्तविकता से उसका सम्बन्ध छूटने लगता है। घटनाएं चाहे छोटी हों या बड़ी वे इस ढब के लिए इस्तेमाल की जाती हैं। बहुत कम महसूस होता है कि ढब और घटना या परिस्थिति का द्वंद्व क्या है।[10]

श्री तिवारी ने एक सटीक उदाहरण द्वारा अपनी बात को स्पष्ट किया है। वे रिक्शे वाले के वर्णन के प्रसंग में *राग दरबारी* का ये अंश उद्धृत करते हैं,

> आज के भावुकतापूर्ण कथाकारों ने न जाने किससे सीखकर बार-बार कहा है कि दुःख मनुष्य को मांजता है। बात कुल इतनी ही नहीं है, सच तो यह है कि दुःख मनुष्य को पहले फींचता है, फिर फींचकर निचोड़ता है; फिर निचोड़कर, उसके चहरे को घुग्घू जैसा बनाकर उस पर दो चार काली-सफेद लकीरें देता है। दुःख इंसान के साथ यही करता है और उसने गोंडा के रिक्शेवाले के साथ यही किया था। पर शहरी रिक्शावाले पर इसका कोई असर नहीं हुआ। सिगरेट फेंककर उसकी ओर बिना ध्यान दिए, उसने अपना रिक्शा तेजी से आगे बढ़ाया।

इसके बाद श्रीतिवारी लिखते हैं :

> गोंडा के रिक्शावाले का वर्णन बहुत संक्षिप्त किन्तु पर्याप्त है साथ ही शहरी रिक्शा वाले का वर्णन बहुत फैला हुआ लेकिन अपर्याप्त है। कारण क्या है ? उद्धृत अंश में वर्णन के ढब और मानवीय दुःख का द्वंद्व उभर जाता है जबकि शहरी रिक्शावाले के वर्णन के साथ वर्णन का ढब स्थिति के साथ औपचारिक सम्बन्ध स्थापित करता है। इन दोनों का वर्णन पढ़ते हुए कोई भी महसूस कर सकता है कि लेखक का ढब एक जगह स्वाद उभारता है तो दूसरी जगह तनाव।[11]

तिवारी जी की यह आलोचना गंभीर विचार की मांग करती है, उनका यह कहना उचित ही है कि 'शहरी रिक्शावाले में जो शोहदापन, बड़बड़ाहट, स्वाभिमान जैसी अकड़ है', उसके प्रति लेखक एक आनंद लेने वाली मुद्रा ही अपनाता है। 'उसमें एक वाक्य भी ऐसा नहीं है जो उसकी विकृति के वास्तविक कारणों की टोह लेता हो।' श्रीलाल शुक्ल यदि वंचितों के चित्रण में थोड़ी निस्संगता छोड़कर उसकी परिस्थिति के कारकों का विश्लेषण कर पाते तो क्या ही अच्छा होता! तो क्या यह माना जाए कि यह ढब ही श्रीलाल शुक्ल की सीमा है? मेरा मत यह है कि जिस स्वाद की बात नित्यानंद तिवारी कर रहे हैं और यह इस ढब के कारण ही संभव हो पाया है– वही उपन्यास के अंत तक आते-आते पाठक को तनाव तक पहुंचाता है और सामान्य परिस्थितियों के सरलीकृत निष्कर्ष निकालने की उसकी प्रारम्भ से बनी आई आदत को झटका देकर तोड़ता है। मैं लेख के उत्तरार्ध में इस बात को स्पष्ट करने का प्रयास करूंगा।

वंचित का पक्ष यानी प्रेमचंद की विरासत आखिर है क्या?

सुधीश पचौरी ने लिखा है :

> *राग दरबारी* पढने के बाद प्रेमचंद के गांव अचानक झूठे लगने लगते हैं। प्रेमचंद की दुकान में अपना माल रखकर बेचने वालों के लिए उस उत्तरआधुनिक 'शिफ्ट' से बचना मुश्किल है जो *राग दरबारी* की 'पैरोडी' पैदा करती है। वरना इस प्रश्न का उत्तर क्या है कि छत्तीस तक जो ग्राम्य जीवन एक मनोहारी 'इन्नोसेंस' में मौजूद दीखता है वह अड़सठ तक आते-आते भयावह गंजहेपन में क्यों तब्दील हो जाता है?[12]

मेरी इससे विनम्र असहमति है। विडम्बना यह भी है कि अनेक नकारात्मक आलोचनाओं के बीच उपलब्ध यह एकमात्र सकारात्मक आलोचना अधिक समस्यामूलक है क्योंकि यह *राग दरबारी* के यथार्थवाद और प्रेमचंद की परम्परा से विक्षेप बताकर प्रकारांतर से अन्य आलोचकों की प्रस्थापनाओं की पुष्टि ही करती है। प्रेमचंद शुरुआती रूमानी आदर्शवाद को अंत तक आते-आते छोड़ चुके थे। स्वयं श्रीलाल शुक्ल को पढ़ना यहां दिलचस्प होगा। वे लिखते हैं :

> प्रेमचंद जैसे कुछ अपवादों को छोड़कर हिन्दी-साहित्य में, लगता है, ग्रामीण जीवन के प्रति दो प्रकार की दृष्टियां विकसित हुई हैं। पहली दृष्टि 'अहा ग्राम्य जीवन भी क्या है' वाली है, दूसरी 'चरमर चरमर चूं चरर मरर जा रही चली भैंसा गाड़ी' वाली। पहली दृष्टि ग्रामीण परिस्थिति को रम्यता, सरलता, लोकगीतों और लोककथाओं की रूमानी तन्द्रिलता से जोड़ती है जिसकी हास्यास्पद परिणति 'ऊंची अरहर में लुकाछिपी खेलती युवतियां मदमाती चुम्बन पा प्रेमी युवकों के...' जैसी पंक्तियों में होती है। ग्राम जीवन की इस फर्जी, रूमानी, संघर्षरहित छवि को रेडियो और सिनेमा ने और भी पुष्ट किया है जिसके खिलाफ मेरी प्रतिक्रया 'स्वर्णग्राम और वर्षा' या 'पहली चूक' जैसी मेरी आरंभिक रचनाओं में व्यक्त होती है। दूसरी दृष्टि गांव के छोटे किसानों, मजदूरों और दूसरे कमजोर वर्गों को केन्द्र बनाकर सामाजिक विषमता और उनके शोषण की कथाओं में परिलक्षित होती है। यह स्वस्थ दृष्टि है पर इससे अनुप्राणित साहित्य भी ज्यादातर रस्मी, सतही और प्राणहीन है, उसके प्रणेताओं में अधिकांश का दर्शन (विजन) सतह के नीचे बिलकुल अस्पष्ट है जिससे सामाजिक अन्याय की स्थिति, जो एक विशेष प्रकार की आर्थिक व्यवस्था का सहज परिणाम है, सस्ती भावुकता के माध्यम से प्रकट होती है और उलझाव भरे मुद्दों का अतिसाधारणीकरण हो जाता है।[13]

इस लंबे उद्धरण के प्रारम्भ में श्रीलाल शुक्ल ने प्रेमचंद को अपवाद न भी बताया होता तो भी हम स्वयं देख सकते हैं कि ग्राम बनाम शहर के द्वंद्व से उभरकर प्रेमचंद ने *गोदान* में ग्राम के भीतर ही शोषण की जटिल संरचना को रेशा-रेशा करके दिखाया था। होरी की मृत्यु ग्राम्य जीवन से जुड़ी रूमानियत का अंत ही थी और यदि होरी, धनिया, गोबर जैसे पात्रों के जरिए त्रासद करुणा थी भी तो कफन के घीसू-माधव तक आते-आते उसका भी लोप हो चुका था। यदि घीसू-माधव को कहानी का खलपात्र नहीं बल्कि उत्पीड़ित ही मानें, जैसा मेरी उस कहानी को पढ़ने की दृष्टि रही है, तो अंतिम पछतावे के फौरन बाद की पंक्ति, 'श्रद्धालुता का यह रंग तुरंत ही बदल गया' और अंतिम विलाप के बाद उन्हें झूमते दिखाए जाने का दृश्य कोई भ्रम नहीं रहने देते कि प्रेमचंद यथार्थ की उस सीमा तक पहुंच चुके थे जहां शोषण तंत्र को दिखाने के लिए शोषित को 'आदर्श निरीह' की तरह चित्रित करना आवश्यक नहीं है।

शोषित/उत्पीड़ित/दलित को 'आदर्श निरीह' की तरह दिखाने से उस विलोम की सृष्टि होती है जो उत्पीड़क/शोषक/पूंजीपति/ब्राहमणवादी के प्रति हमारे मन में आए आक्रोश को द्विगुणित करती है। श्रीलाल शुक्ल इस विलोम को सायास नष्ट करते हैं और इस प्रकार हमारे लिए सुविधाजनक रास्ता बंद कर देते हैं। दो उदाहरण देखें—एक, पंडित राधेलाल एक महिला को 'भगा' लाए हैं। इस स्त्री को सभी छेड़ते हैं क्योंकि बकौल कथावाचक, 'वह भागकर आई थी इसलिए कुतिया थी।' यह तो बताने की जरूरत नहीं कि 'कुतिया' शब्द उसी तिर्यक भाषा का उदाहरण है, जो उस स्त्री के लिए नहीं बल्कि लोकमानस में बसे पूर्वाग्रह पर व्यंग्य है, यहां, जो बताने के लिए यह उदाहरण चुना गया है वो ये कि, उसे यह मजाक/छेड़ा जाना अच्छा लगता है।

> वह बड़बड़ाती जा रही थी, जिसका तात्पर्य यह था कि कल के छोकरे जो उसके आगे नंगे-नंगे

घूमा करते थे, आज उससे इश्कबाजी करने चले हैं। सारे मोहल्ले को यह समाचार देकर कि लड़के उसे छेड़ते हैं और वह अब भी छेड़ने लायक है, वह औरत वहीं अंधेरे में गायब हो गई।[14]

दूसरा उदाहरण—खन्ना मास्टर अपनी कक्षा में एक लड़के को 'मेटाफर' का अर्थ पूछते हुए फटकार रहे हैं। वे कहते हैं, 'हिन्दी में तो बड़ी बड़ी प्रेम कहानियां लिखा करते हो पर अंग्रेजी में कोई जवाब देते हुए मुंह घोड़े-जैसा लटक जाता है!' यहां यह लंबा उद्धरण देखें जो सवर्ण मानस की घृणा और उससे भी ज्यादा यथास्थिति के चरमराने की खीझ को बड़े ही धारदार तरीके से हलाल करता है :

> कुछ दिन पहले इस देश में यह शोर मचा था कि अपढ़ आदमी बिना सींग-पूंछ का जानवर होता है। उस हल्ले में अपढ़ आदमियों के बहुत से लड़कों ने देहात में हल और कुदालें छोड़ दीं और स्कूलों पर हमला बोल दिया। हज़ारों की तादाद में आए हुए ये लड़के स्कूलों, कॉलेजों, यूनिवर्सिटियों को बुरी तरह से घेरे हुए थे। शिक्षा के मैदान में भम्भड़ मचा हुआ था। अब कोई यह प्रचार करता हुआ नहीं दीख पड़ता था कि अपढ़ आदमी जानवर की तरह है। बल्कि दबी जबान में यह कहा जाने लगा था कि ऊंची तालीम उन्हीं को लेनी चाहिए जो उनके लायक हों, इसके लिए 'स्क्रीनिंग' होनी चाहिए। इस तरह से घुमा-फिरा कर इन देहाती लड़कों को फिर से हल की मूठ पकड़ा कर खेत में छोड़ देने की राय दी जा रही थी। पर हर साल फेल होकर, दर्जे में सब तरह की फटकार झेलकर और खेती की महिमा पर नेताओं के निर्झरपंथी व्याख्यान सुनकर भी वे लड़के हल और कुदाल की दुनिया में वापिस जाने को तैयार न थे। वे कनखजूरे की तरह स्कूल से चिपके हुए थे और किसी भी कीमत पर उससे चिपके रहना चाहते थे।[15]

इससे आगे की पंक्तियां तो उत्तर मंडल काल के सवर्ण हाहाकार को तीस साल पहले ही देख चुकी थीं, 'घोड़े के मुंह वाला यह लड़का भी इसी भीड़ का अंग था; दर्जे में उसे घुमा-फिरा कर रोज-रोज बताया जाता था कि जाओ बेटा, जाकर अपनी भैंस दुहो और बैलों की पूंछ उमेठो; शेली और कीट्स तुम्हारे लिए नहीं है।' (यहां भी द्रष्टव्य है और आगे भी लड़के के लिए कथावाचक द्वारा 'घोड़े के मुंह वाला' ही संबोधन दिया जाता है। जाहिर है, किसी का मुंह घोड़े जैसा नहीं होता, हर बार इस विशेषण के दोहराव के साथ मास्टर साहब की उपमा हास्यास्पद होती चली जाती है।) पर इस प्रसंग में भी लड़के के बारे में उल्लेख है कि जब, 'उसका बाप आज भी अपने बैलों के लिए बारहवीं शताब्दी में प्रचलित गंड़ासे से चारा काटता था, उस वक्त लड़का एक मटमैली किताब में अपना घोड़े-जैसा मुंह छुपाकर बीसवीं शताब्दी के कलकत्ते की रंगीन रातों पर गौर करता रहता था।'

कहना यह है कि दोनों ही प्रसंगों में स्त्री और लड़का 'आदर्श निरीह' की छवि में फिट नहीं होते। यह विलोम रचना बहुत आसान होता लेकिन तब यह उपन्यास साधारणता की ढलान पर लुढ़कता, विशिष्टता के दुर्गम रास्ते पर न चल पाता। यह उलटबांसी सी लगती है, किन्तु—'आदर्श निरीह' रचकर सामाजिक पूर्वाग्रहों को चुनौती नहीं दी जा सकती है, वरन वे पुष्ट ही होते हैं। स्त्रीवादी संगठनों द्वारा 'स्लटवाक' के आयोजन में इन प्रतीकों के प्रति चुनौती देखी जा सकती है। पंडित राधेलाल की पत्नी/जीवनसाथी कैसी है इससे उसके बारे में राय रखने वालों को राय रखने के अधिकार की वैधता/अवैधता नहीं स्थापित होगी और न ही खन्ना मास्टर के विद्यार्थी के होनहार होने से ही उनकी पूर्वाग्रही दृष्टि कठघरे में आएगी। श्रीलाल शुक्ल उस लोकमानस को प्रश्नचिह्नित कर रहे हैं जिसमें एक ही घटना के जरिए पंडित राधेलाल 'कभी न चूकने वाले मर्द' के रूप में विख्यात हुए जबकि उनकी पत्नी को उपर्युक्त संबोधन मिला। श्रीलाल शुक्ल इसी दोहरेपन पर तंज करते हैं, और अब इसे पूरा पढ़िए :

पंडित राधे लाल की जो भी प्रतिष्ठा रही हो, उनकी प्रेयसी की स्थिति बिलकुल साफ थी। वह भाग कर आई थी, इसलिए...

ठीक यहीं पर बेला का भी उदाहरण ले लें जो रुप्पन बाबू और रंगनाथ दोनों के सपनों में आती थी, लेकिन उसका चयन बद्री पहलवान थे। रंगनाथ और रुप्पन बाबू की कुंठाएं हस्तमैथुन या स्वप्न दोष में स्खलित होती हैं तो छोटे पहलवान की कुंठा उसे आसानी से सार्वजनिक रूप से बदचलन कह देने में। क्या यहां भी सामाजिक पूर्वाग्रह नहीं काम कर रहा? छतों को लांघकर अभिसार के लिए आती बेला के चित्रण पर आपत्ति रखने वाली दृष्टि अंततः उसके एक सुशीला के रूप में चित्रण की आकांक्षा तक ही जाती है। (और यह भी कम समस्यामूलक नहीं है।) श्रीलाल शुक्ल फिर हमारे सामाजिक दोहरेपन पर सटीक टिप्पणी कर देते हैं, प्रसंग है वैद्य जी द्वारा बेला के पिता के यहां रिश्ते की बात करने जाने का,

> बड़े आदमियों का जीवन चरित ही हमारे यहां इतिहास माना जाता है और अगर उसकी परिभाषा न बदली तो भविष्य में हाई स्कूल में लड़कों की वार्षिक परीक्षा में अवश्य पूछा जाएगा कि 'वैद्य जी के जीवन की सबसे महत्त्वपूर्ण घटना क्या थी?'

और वे उत्तर में लिखेंगे, 'वे फलां तारीख को अपना दरवाजा छोड़कर गयादीन नामक एक महासामन्त के घर गए थे।' इसी के साथ दूसरा सवाल होगा, 'इस घटना का कारण क्या था?' और लड़के जवाब लिखेंगे, 'इस घटना का कारण उनके बड़े लड़के बद्री पहलवान का आचरण और गयादीन की लड़की बेला का दुराचरण था।'[16]

सच तो यह है कि *राग दरबारी* के वंचित दयनीय नहीं हैं। श्रीलाल शुक्ल ने स्वयं लिखा है :

> गांव का आदमी अगर सफेद कालर वाले शहरी की तरह आत्मदया और कुंठा का शिकार हो जाए और उसे अपने व्यवहारों में भी दिखाने लगे तो जीवित रहना उसके लिए दूभर हो जाएगा और गांव सामूहिक आत्महंताओं के केन्द्र हो जाएंगे। विपत्तियों और संघर्षों को झेलने में नियतिवाद ही उनका एक मात्र शास्त्र नहीं है, जीवन के प्रति उनमें एक खुली हुई दृष्टि भी है जो उतने ही कारगर एक दूसरे अस्त्र की सृष्टि करती है जिसका नाम परिहासबोध है।[17]

जो बात श्री शुक्ल ने नहीं लिखी वो ये कि जो गंजहापन शिवपालगंज के सभी पात्रों में नजर आता है, वह परिहासबोध उनकी बचे रहने की जद्दोजहद का हिस्सा ही है। सनीचर, जिसके बौड़मपने का उपहासास्पद चित्रण हम शुरुआती हिस्से में पढ़ते हैं, प्रधान बनने की प्रक्रिया में सरकारी योजनाओं का दलाल भी बन जाता है और परचून की दूकान भी खोल लेता है।

> 'प्रधान बन जाने के बाद सनीचर ने उस मैदान के एक कोने पर लकड़ी का एक केबिन खड़ा किया और वहां परचून की एक दूकान खोल ली। यह काम वह प्रधान बनने के पहले क्यों नहीं कर सका, इसके बारे में उसे कुछ नहीं कहना था।'[18]

इस 'कुछ नहीं कहने' में *राग दरबारी* के पाठक के लिए जो सन्देश है वह कोई गूढ़ नहीं है। सनीचर का बौड़मपना, रिक्शेवाले की बेफिक्री, गयादीन का (बकौल रंगनाथ–) गयादीनवाद– ये सभी **रूमानहीन सामाजिक व्यवस्था में टिके रहने** के उनके पैंतरे ही हैं। ये पैंतरे कभी सफल होते हैं कभी असफल। पुनः शहरी रिक्शेवाले के प्रसंग में नित्यानंद तिवारी जी की शिकायत पर ध्यान दें। प्रसंग के प्रारम्भ में ही शहरी रिक्शेवाले के सन्दर्भ में कथावाचक की टिप्पणी थी (जिसकी तिवारी जी से उपेक्षा हो गई), 'उसका पसीने से लथपथ चेहरा देखकर वेदना का फोटोग्राफ नहीं, बल्कि वेदना का कार्टून आंखों के आगे आ जाता था।' सनीमा देखने और

सिगरेट पीने की डींगों के बावजूद शहरी रिक्शेवाले और गोंडा के रिक्शेवाले की वर्गीय स्थिति एक ही है। बस, दूसरे की स्थिति का तनिक कारुणिक विश्लेषण उसे 'वेदना का फोटोग्राफ' बनाता है जबकि पहले द्वारा उसे ढंकने की असफल कोशिश उसे 'वेदना का कार्टून' बनाती है... और यह ज्यादा कारुणिक है।

राग दरबारी के उत्पीड़ितों के बारे में दूसरी महत्त्वपूर्ण बात यह है कि वे अपने उत्पीड़न को दैवी नियति नहीं मानते हैं। वे जानते हैं कि यह शक्ति-संरचना का हिस्सा है जिसमें फिलहाल वे शोषित पक्ष में होने के लिए अभिशप्त हैं। वे उस गोबर के वंशज हैं जिसने होरी द्वारा 'बड़े लोगों' की चिंताओं और दुखों की बात सुन कर कहा था, 'तो फिर अपना इलाका हमें क्यों नहीं दे देते! हम अपने खेत, बैल, हल, कुदाल सब उन्हें देने को तैयार हैं। करेंगे बदला? यह सब धूर्तता है, निरी मोटमरदी!'[19] रुप्पन बाबू जब कई दिनों बाद चमरही से निकलते हैं तब लेखक इस बदली हुई परिस्थिति का चित्रण यों करता है : 'जमींदारी टूटने का यह नतीजा तो नहीं निकला कि चमरही गांव के भीतर समा जाती या वहां ढंग के दो-चार कुएं और मकान बन जाते, पर पहले जैसा 'गार्ड ऑफ ऑनर' न दिया जाए। इसलिए 'हाय! कहां वे दिन! और कहां आज के दिन!' की दीनता के भाव से बचने के लिए बांभनों ने—और खास तौर से वैद्य जी ने—यथासंभव उधर से निकलना बंद कर दिया था।' और सबसे करारा संवाद चुरइया... जिसने अपने बेटे का नाम चंद्रप्रकाश रखा है और वो उसे चंदपकास उच्चारित करता है—के द्वारा यहां आता है, 'पंचायत चुनाव तो हो गया। अब कौन सा चुनाव होना है, भैया ?' और चुरइया की हिम्मत देखकर अचकचाए रुप्पन बाबू बस यही कह पाते हैं, 'स्साले ! गंजहापन झाड़ रहे हो।'[20]

जहां ये 'फिलहाल' बदलता है वहां दूसरे दृश्य और परिणाम भी देखने को मिल जाते हैं। चुनाव जीतने की तीसरी अर्थात नेवादा तकनीक प्रसंग में ऐसा ही दृश्य है जिसमें दो उम्मीदवारों में से एक ऋग्वेद के पुरुष सूक्त के उद्धरण द्वारा स्वयं को ब्रह्मा के मुख से उत्पन्न बता रहा था :

> वह चबूतरे पर बैठा था और बोलता जाता था। अचानक उसका वाक्य अधूरा ही रह गया। उसे अपनी कमर पर इतनी जोर से चोट का अहसास हुआ कि वह 'तात लात रावन मोहि मारा' कहने लायक भी न रहा। वह चबूतरे से नीचे लुढ़क कर गिरा ही था कि उस पर दस ठोकरें और पड़ गईं और जब उसने आंख खोली तो पता लगा कि संसार स्वप्न है और मोह-निद्रा का त्याग हो चुका है। इसके बाद इस तरह की कई घटनाएं हुईं और ब्राह्मण उम्मीदवार को मालूम हो गया कि पुरुष-ब्रह्मा का मुख पुरुष-ब्रह्मा के पैर से ज्यादा दूर नहीं है। और संक्षेप में जहां मुंह चलता हो और जवाब में लात चलती हो, वहां मुंह बहुत देर तक चल नहीं पाता।[21]

उपन्यास पर एक आरोप यह है कि यह वंचितों के प्रति पर्याप्त संवेदना नहीं दिखाता। *राग दरबारी* दुखों के वर्णन से सायास बचता है। *राग दरबारी* में करुणा की संभावना वाले पर्याप्त दृश्य हैं किन्तु *राग दरबारी* वंचित के मन के भीतर नहीं झांकता, इसके बावजूद उस (वंचित/उत्पीड़ित) की मनःस्थिति को समझने के पर्याप्त संकेत दे देता है। दो उदाहरणों के जरिए बात करें। रंगनाथ और विद्रोही मास्टर लोग जब गयादीन के पास गए हैं, गयादीन अपनी बेटी की बदनामी से हलकान हो उसकी कहीं बाहर शादी कर देने के इच्छुक हैं, वहां गयादीन, जो अपने नामानुसार दीनहीन ही रहते हैं, पहली बार मुस्कुराते हैं। पंक्ति है, 'रंगनाथ समझ गया कि यह मुस्कराहट रो न पाने की मजबूरी से पैदा हुई है।'[22] दूसरा प्रसंग—जब लंगड़ मिसिल पाने के धर्म युद्ध में परास्त हो वापिस जा रहा है। वहां लंगड़ हंसने की कोशिश करने

में रोने लगता है।[23]

आदमी रोने के बजाय हंसने लग जाय और हंसने के बजाय रोने लग जाए, यह दुःख की चरमावस्था है। हो सकता है कि उस स्थिति विशेष में यदि उपन्यासकार लंगड़ के मन के भीतर झांकता तो वहां भी वैसा ही शोकभाव होता जैसा 'गोदान' के अंत में होरी के मन में था लेकिन यह न झांकना *राग दरबारी* के लेखक का सायास निर्णय है। मुझे इसके दो कारण लगते हैं। पहला—ऐसा करके श्रीलाल शुक्ल ने एक प्रकार से लंगड़ के आत्माभिमान की रक्षा की है। हम उसे मूर्ख मान सकते हैं पर कमजोर नहीं। *राग दरबारी* के क्रूर यथार्थ में वैद्य जी जैसा ताकतवर आदमी अपने दुखों का वर्णन करके मानवीय दिखने का प्रयास भले ही कर ले, कोई वंचित अपने दुखों का वर्णन करके कमजोर दिखने की गलती नहीं करता।

दूसरा कारण ज्यादा जटिल है। उपन्यास यदि ग्रामीणों/वंचितों/उत्पीड़ितों के मन में क्या है, इसे झांकने का प्रयास करता तो यह उपन्यास उस दृष्टि का प्रतिनिधित्व नहीं करता जो अभी कर रहा है। इसे अगले खंड में स्पष्ट करने का प्रयास किया जा रहा है।

कथावाचक और कथाकार की भिन्नता यानी असल में कौन किस पर हंस रहा है?

उपन्यास से सर्वाधिक शिकायत यह रही है कि यह ग्रामीण जीवन पर 'संयमविहीन हास्य' का रुख अपनाता है और इस क्रम में त्रासद करुणा का लोप हो जाता है और यह सब उपन्यासकार की दृष्टि के कारण होता है। प्रसिद्ध आलोचक शम्भुनाथ ने लिखा है,

> गांव की रोमानी छवि को श्रीलाल शुक्ल के *राग दरबारी* ने तोड़ा है। यह उपन्यास तोड़ सब कुछ देता है, रचता है सिर्फ कुछ विशिष्ट मुहावरे। एक मुहावरा है, 'सच्चे हिन्दुस्तानी की यही परिभाषा है कि वह इंसान जो कभी भी पान खाने का इंतजाम कर ले और कहीं भी पेशाब करने की जगह ढूंढ़ ले।' गांव की राजनैतिक चेतना पर टिप्पणी के रूप में धूमिल की यह पंक्ति कई बार आई है, 'जिस किसी की दुम उठाकर देखो, मादा ही नजर आता है।' कथाकार अपने अराजकतावादी दृष्टिकोण का सार्वभौमीकरण भी करता है, 'सारे मुल्क में शिवपालगंज ही फैला हुआ है।' कहने के लिए यह उपन्यास देश के लोकतंत्र पर व्यंग्य है, पर वस्तुतः यह गांव की आम जनता का मखौल है और एक तरह से उस पर लांछन भी। कथाकार को मैदान जाते स्त्री-पुरुष असभ्य लगते हैं और उसे बड़ा मजा आता है, जब कोई ट्रक के आते ही वे 'गार्ड ऑफ ऑनर' में तुरंत खड़े हो जाते हैं। कथाकार शिवपालगंज को भीतर से नहीं, बाहर से देखता है, अभिजात शहरी दृष्टि से। साठोत्तरी साहित्य पर निषेधवाद हावी था, *राग दरबारी* इसकी चपेट में आ गया था।[24]

शम्भुनाथ जी की कम से कम एक बात से तो सहमत हुआ जा सकता है कि कथाकार शिवपालगंज को भीतर से नहीं बाहर से, अभिजात शहरी दृष्टि से देखता है। लेकिन सवाल यह है कि क्या यह दृष्टि अवगुण है ? उपन्यास में जिस पात्र का दृष्टिकोण सर्वाधिक प्रमुखता से व्यक्त हुआ है, वह है रंगनाथ। शेष जगह जहां कथावाचक बोलता है वहां भी रंगनाथीय दृष्टि ही विस्तार पाती लगती है। आलोचक वीरेंद्र यादव तो यह मानते हैं कि रंगनाथ 'औपन्यासिक पात्र के आवरण में लेखकीय उपस्थिति' है। दरअसल वीरेंद्र यादव को इस स्वर से ही दिक्कत है। वे लिखते हैं, 'जहां धूमिल भदेस को रचनात्मक शक्ति के रूप में इस्तेमाल करते हुए नागरिकता को कठघरे में खड़ा करते हैं, वहीं श्रीलाल शुक्ल नागरिकता के धरातल पर खड़े होकर भदेस की कपाल क्रिया करते हैं।'[25] उनका मानना है कि

> जहां धूमिल और राजकमल चौधरी 'एंग्री यंग मैन' की शैली में जनतंत्र की समालोचना करते हुए 'एक अदद आदमी' को अपनी रचनात्मक सहानुभूति के केन्द्र में रखते हैं, वहीं श्रीलाल शुक्ल कौतुक मुद्रा अपनाते हुए अपने 'सिनिकल' मुहावरे में उसी 'एक अदद आदमी' को अपने व्यंग्य

बाणों का लक्ष्य बनाने से नहीं चूकते।

यहां मेरा विनम्र मत यह है कि एंग्री यंग मैन की दृष्टि यथार्थवाद के साथ दूर तक नहीं जाती, अमिताभ बच्चन के सन्दर्भ में तो नहीं ही, धूमिल के सन्दर्भ में भी नहीं। मजेदार बात यह है कि खुद श्रीलाल शुक्ल भी इससे मिलती जुलती बात कह चुके हैं, '*राग दरबारी* लिखते हुए मेरे सामने दो ही विकल्प थे :

> या तो मैं उसे 'एंग्री यंग मैन' की मनःस्थिति में लिखता जो कि मैं नहीं था, या उसे सनीचर, रुप्पन बाबू, प्रिंसिपल, वैद्य जी के साथ उठने-बैठने वाले पढ़े लिखे गंवार की तरह लिखता, जो कि मैं था।[26]

यदि इस कथन में 'पढ़े लिखे गंवार' पदबंध के निहितार्थ की पूर्ण उपेक्षा करते हुए श्रीलाल शुक्ल के कथन को जाहिर अर्थ में (फेस वैल्यू पर) लें और वीरेंद्र जी की तर्क शृंखला को मान लें तो हमें मानना होगा कि कथावाचक और कथाकार के विचार तो एक हैं ही, मुख्य पात्र के विचार भी दरअसल कथाकार के ही विचार हैं। कथावाचक के विचार सदा कथाकार के विचार नहीं होते हैं। रेणु के उपन्यासों/कहानियों में इसे देखा जा सकता है। वहां कथावाचक रेणु नहीं होते हैं, वे उस (उदाहरण के लिए मेरीगंज) अंचल के बाशिंदे की ही तरह दृश्य को देखते/दिखाते हैं, विचार/विश्लेषण भी रेणु के रूप में नहीं उसी गांव के बाशिंदे के रूप में करते हैं। विश्वनाथ त्रिपाठी ने बताया है कि इसी कथाकार के दृष्टिलोप और पात्र में परकाया प्रवेश कर उसकी दृष्टि से सब कुछ देखने के कारण हम रेणु की रचनाओं में उस अंचल की धड़कनें सुन पाए हैं।[27] *राग दरबारी* में भी यही है । यह औपन्यासिक पात्र के आवरण में लेखकीय उपस्थिति नहीं बल्कि औपन्यासिक पात्र की दृष्टि का लेखकीय विस्तार है।

यह रंगनाथ कौन है ? रंगनाथ के शिवपालगंज आने के साथ उपन्यास प्रारम्भ होता है और उसके लौटने के फैसले के साथ खत्म। रंगनाथ स्वास्थ्य लाभ के लिए शिवपालगंज आया था, वह स्वस्थ तो हुआ लेकिन यह स्वास्थ्यवर्धन शारीरिक कम था, मानसिक ज्यादा। पहले ही दृश्य में जहां रंगनाथ 'रेलवे के शिकायती कथा साहित्य में अपना योगदान दे के और रेलवे अधिकारियों की निगाह में हास्यास्पद बनकर' स्टेशन से निकला था, श्रीलाल शुक्ल ने इस बात का आभास दे दिया था कि रंगनाथ का ज्ञान सैद्धांतिक ज्यादा है, व्यावहारिक कम।

रंगनाथ शहर से गांव आया है। गांव का गंजहापन उसके सामने धीरे-धीरे प्रकट होता है। छोटे पहलवान द्वारा अपने बाप कुसहर प्रसाद की दुर्दशा देखकर उसका 'खून उबलने' लगता है। लंगड़ के नकल पाने का इतिहास सुनकर वह 'भावुक हो जाता है। ' 'कुछ करना चाहिए' की भावना उसके मन को मथने लगती है। रंगनाथ के लिए अचम्भे का विषय यह है कि जब

> अमरीका ने एक नया उपग्रह छोड़ा था, पाकिस्तान-भारत सीमा पर गोलियां चल रही थीं, गेंहू की कमी के कारण राज्यों का कोटा कम किया जाने वाला था, सुरक्षा समिति में दक्षिण अफ्रीका के कुछ मसलों पर बहस हो रही थी, इन सब अबाबीलों को अपने पंजे में किसी दैत्याकार बाज की तरह दबाकर वह काला-सफेद विज्ञापन अपने तिरछे हरूफ में चीख रहा था : बवासीर! बवासीर![28]

रंगनाथ के शोध के विषय में कथावाचकीय टिप्पणी है, 'हिन्दुस्तानियों ने अपनी पुरानी ज़िंदगी के बारे में अंग्रेजों की मदद से एक विषय की ईजाद की है जिसका नाम इंडोलॉजी है।'[29] ध्यान दें कि श्रीलाल शुक्ल का यह उपन्यास एडवर्ड सईद के पौर्वात्यवाद की अवधारणा दिए जाने के एक दशक पूर्व आया था। उसके अध्ययन की एक बानगी प्रस्तुत करते हुए श्रीलाल शुक्ल

ने इस ज्ञान के 'भंडारण' का चित्र यों दिखाया है :

> उसके दाएं मार्शल और बाईं ओर कनिंघम विराजमान थे। विंटरनित्ज बिलकुल नाक के नीचे थे। कीथ पीछे की ओर पायजामे से सटे थे। स्मिथ पैताने की ओर धकेल दिए गए थे और वहीं उल्टी-पुल्टी हालत में राइस डेविस की झलक दिखाई दे रही थी। पर सी ब्राउन को तकिए ने ढक लिया था। ऐसी भीड़-भाड़ में काशी प्रसाद जायसवाल बिस्तर की एक सिकुड़न के बीच औंधे मुंह पड़े थे। भंडारकर चादर के नीचे से कुछ सहमे हुए झांक रहे थे। इंडोलॉजी की रिसर्च का समां बंध गया था।[30]

इन सभी प्राच्व्यादियों के नाम पर ध्यान दें तो रंगनाथ की इतिहास-दृष्टि और उसके आधार पर निर्मित परिप्रेक्ष्य सहज ही समझ आ जाता है। एडवर्ड सईद की किताब 'ओरियंटलिज्म' 1978 में (यानी *राग दरबारी* के एक दशक बाद में) आई थी। इस किताब में पूर्व के बारे में पश्चिमी दृष्टि की चीरफाड़ करते हुए यह स्थापित किया गया कि पश्चिमी दृष्टि ने पूर्व बनाम पश्चिम को अध्यात्म बनाम भौतिकवाद के जिस रैखिक विभाजन में देखा, उसे जाने-अनजाने पश्चिमी साम्राज्यवाद के विरुद्ध लड़ रहे पूर्व के चिंतकों ने भी अपना लिया। ऊपर उद्धृत तमाम पुरातत्त्ववेत्ता और इतिहासविद अपनी कर्मनिष्ठा के लिए आदरणीय हैं लेकिन रंगनाथ के पढ़ने की शैली को लेखक ने जिस रूपक में प्रस्तुत किया है वह जाहिर करता है कि उसने अध्ययन की कोई आलोचनात्मक दृष्टि विकसित नहीं की है।

> किसी भी सामान्य मूर्ख की तरह उसने एम.ए. करने के बाद तत्काल नौकरी न मिलने के कारण रिसर्च शुरू कर दी थी, पर किसी भी सामान्य बुद्धिमान की तरह वह जानता था कि रिसर्च करने के लिए विश्वविद्यालय में रहना और नित्य प्रति पुस्तकालय में बैठना जरूरी नहीं है।[31] और वास्तव में यहां आ जाने पर रंगनाथ का रवैया उन टूरिस्टों का सा हो गया था जो सड़कें, हवा, इमारतें, पानी, धूप, देशप्रेम, पेड़-पौधे, कमीनापन, शराब, कर्मनिष्ठा, लडकियां और विश्वविद्यालय आदि वस्तुएं अपने देश में नहीं पहचान पाते और उन्हें विदेशों में जाने पर ही देख पाते हैं। तात्पर्य यह कि रंगनाथ की आंखें धूप की ओर देख रही थीं पर दिमाग हमारी प्राचीन संस्कृति में खोया हुआ था, जिसमें पहले से ही सैंकडों चीजें खोई हुई हैं।[32]

स्वर्णिम अतीत के प्राच्यवादी भाष्य के साथ गड्ड-मड्ड यह आधुनिकता मूलतः सुधारवादी तथा भारतीय समाज की असमतल संरचना के विश्लेषण और बदलाव में अक्षम है। इस 'आधुनिकता' को गयादीन के राजनीति को घटिया मानने (अर्थात तटस्थ रहने) के पीछे की राजनीति नहीं नजर आती, इसे एक विद्यालय की बदहाली के असली कारण समझ नहीं आते पर कुछ मास्टरों की लड़ाई में विद्रोह की गूंज सुनाई दे जाती है, इसे सत्ता के प्रतीक दारोगा जी पर कुछ मामूली पहलवानों के हावी हो जाने से हैरानी होती है और इन पहलवानों की डोर किस राजनीतिक शक्ति के हाथ में है यह इसे नजर नहीं आता। इसे जोगनाथ, सनीचर और लंगड़, भिन्न व्यक्तियों की भिन्न परिस्थितियों में भिन्न प्रतिक्रियाएं तो नजर आती हैं और इसके आधार पर यह उनके लफंगे, बेवकूफ, दिवास्वप्नवादी होने की राय भी बना लेती है लेकिन यह देख नहीं पाती कि अंततः इनकी वर्गीय स्थितियां कमोबेश एक हैं और उसने ही इन्हें ऐसा बनाया है। पश्चिमी साम्राज्यवादियों द्वारा एशियाई समाजों को देखने की जो दृष्टि प्रक्षेपित की गई थी, भारतीय चिंतकों में उसका आत्मसातीकरण कैसे हुआ, इसका प्रतिनिधि अंकन है रंगनाथ।

हिन्दी का आम पाठक जिस पात्र के साथ सर्वाधिक तादात्म्य महसूस करता है, वह है रंगनाथ। श्रीलाल शुक्ल यदाकदा रंगनाथ की स्थिति की हास्यास्पद विडम्बना को भी रेखांकित करते चलते हैं, जिससे पाठक को यह मानने की सहूलियत मिल जाती है कि वह रंगनाथ नहीं

है बल्कि इस उपन्यास के सभी पात्रों से बाहर खड़ा होकर वृहद परिप्रेक्ष्य में चीजों को देख रहा है। लेकिन देखने की बात यह है कि यह खुशफहमी तो रंगनाथ को भी थी ! वैसे देखने की बात यह है कि अपनी विडंबनापूर्ण स्थिति को पहचान सकने की क्षमता–इसी क्षमता के कारण पाठक इस रंगनाथीय दृष्टि के साथ तादात्म्य महसूस करता है। अंततः यह भ्रामक और अधूरा सत्य है, उपन्यास धीरे धीरे इसे उजागर करता है।

यदि हम तुलना करें तो पाएंगे कि जितनी जगह रंगनाथ की अवस्थिति की विडंबना आई है, उससे कहीं ज्यादा जगह रंगनाथ की आंखों से देखा गया ग्रामीण गंजहापन आया है। रंगनाथ की दृष्टि और कथावाचक की दृष्टि एक दूसरे को छूती हुई ऐसा आरेख बनाती हैं जिसमें दोनों वृत्त कभी एक दूसरे के दूर-पास आते जाते हैं तो कभी घुलमिल कर एकाकार हो जाते हैं। कभी हम इस वृत्त से बाहर निकलकर कथावाचक को शहरी आधुनिकों के मन में बसी उजड्ड ग्रामीण की छवि पर व्यंग्य करता देखते हैं, 'किसी भी गांव में इक्का दुक्का बंदूकों को छोड़कर हथियार नहीं दिए गए थे। हथियार देने से डर था कि गांव में रहने वाले असभ्य और बर्बर आदमी बंदूकों का इस्तेमाल सीख जाएंगे, जिससे वे एक दूसरे की हत्या करने लगेंगे, खून की नदियां बहने लगेंगी।'[33] (बर्बरता–पूरब के बारे में पहला मिथक–बकौल सईद) कभी इस वृत्त का हिस्सा बनकर रंगनाथ के मन में भी और कथावाचक उवाच में भी बेला के मांसल सौंदर्य और उसकी कामेच्छा की रंगनाथीय इच्छित छवि का वर्णन पढ़ते हैं। (कामुकता–पूरब के बारे में दूसरा मिथक–बकौल सईद) कभी रंगनाथ को गांठ लगाकर नया सम्प्रदाय चलाने के तोष में इतराता देखते हैं, जो पूरब की आध्यात्मिकता की छवि–जो तर्कनिषेध और अंधविश्वास की पूरबीय छवि और इसलिए अंततः तार्किक पश्चिम की श्रेष्ठता तक पहुंचती है–को पुष्ट करती है। दूसरी ओर (शिवपालगंज में अफसरों द्वारा आकर लेक्चर दिए जाने के प्रसंग में) यह भी दिखाती है कि इस तार्किकता के अहम में डूबे आधुनिक दरअसल ग्रामीण यथार्थ से कितने अपरिचित और इसलिए कितने मूर्ख हैं,

> वास्तव में पिछले कई सालों से गांव वालों को फुसला कर बताया जा रहा था कि भारतवर्ष एक खेतिहर देश है। गांव वाले इस बात का विरोध नहीं करते थे, पर प्रत्येक वक्ता शुरू से ही यह मानकर चलता था कि गांव वाले इस बात का विरोध करेंगे। इसीलिए वे एक के बाद दूसरा तर्क ढूंढ़ कर लाते थे और यह साबित करने में लगे रहते थे कि भारतवर्ष एक खेतिहर देश है।[34]

और जिन्हें यह ज्ञान दिया जाता था उनकी प्रतिक्रिया यह थी, 'वे लेक्चर गंजहों के लिए विशेष रूप से दिलचस्प थे, क्योंकि इनमें प्रायः शुरू से ही वक्ता श्रोता को और श्रोता वक्ता को बेवकूफ मानकर चलता था जो कि बातचीत के उद्देश्य से गंजहों के लिए आदर्श परिस्थिति है।'[35]

रंगनाथ–यह नाम अपने आपमें बड़ा प्रतीकवान है। रंगमंच का नाथ अर्थात निर्देशक। रंगनाथ जो अपनी तर्कबुद्धि के साथ शिवपालगंज में 'न्याय की लड़ाई' में 'सही' को ताकत देने गया था, परास्त होता है और उसे यह समझ आता है कि वह रंगमंच का नियंता नहीं बल्कि एक पात्र भर है।

> पांच महीने पहले उस गांव में एक लड़का आया था। जिसका नाम रंगनाथ था। लोग उसके बड़प्पन को पहचानते थे, क्योंकि उसके मामा का नाम वैद्य जी था और इसके अलावा उसमें अपना भी एक बड़प्पन था। उसने इतिहास में एम.ए. किया था। वह देखने में भला और सीधा था पर चाहने पर टेढ़ी बात भी कर लेता था। लगभग प्रत्येक पढ़े-लिखे भारतीय की तरह वह अपने से असंबद्ध प्रत्येक घटना को घटना ही की तरह देखता और उसे भूल जाता और बाद में उसके बारे में परेशान न होता था। इतिहास पढ़ चुकने के कारण उसे राजनीतिक और सामाजिक शोषण और उत्पीड़न

की बहुत सी कहानियां आती थीं, पर उसके दिमाग में कभी यह न आया कि वह भी इतिहास का एक हिस्सा है और अगर चाहे तो इतिहास को बना-बिगाड़ सकता है। वह देश के पच्चानवे प्रतिशत बुद्धिजीवियों में था जिनकी बुद्धि उनको आत्मतोष देती है, उन्हें बहस करने की तमीज सिखाती है, दूसरों का क्या करना चाहिए और क्या न करना चाहिए, इस पर उनसे भाषण कराती है और न करने के मामले में कुछ उनकी भी जिम्मेदारी है इस बेहूदा विचार जो उनसे कोसों दूर रखती है।[36]

इस तरह रंगनाथीय दृष्टि मटियामेट होती है। भारतीय गांवों में जातिवादी–सामंती गठजोड़ की गहरी पैठ को न समझकर प्रतिरोध को संगठित करने की आकांक्षा रखने वाली यह दृष्टि मूलतः रूमानी है। इस रूमानी नजर में प्रतिरोध के लिए संगठित न हो पा रही जनता दरअसल अबोध है, उसे नहीं पता कि जिसे वह अबोध समझ रही है, उसे बखूबी पता है कि इस नजर में उसकी कैसी छवि है। *राग दरबारी* दिखाता है कि यथार्थ रैखिक नहीं बहुआयामी होता है और इस बहुआयामी तंत्र के शिकार हम सब रंगनाथों से बेहतर समझते हैं।

लंगड़ ने जब मिसिल पाने का अपना संकल्प छोड़कर अपनी हार स्वीकार कर ली (और जब रंगनाथ–रुप्पन को भी समझ आ गया कि वे यथास्थिति को नहीं बदल सकते) उस समय हम रंगनाथ को पूरे उपन्यास में पहली बार तटस्थता का लबादा छोड़कर गुर्राते देखते हैं। यह रंगनाथ की नहीं दरअसल ग्रामीण जीवन को रैखिक दृष्टि से देख रहे बुद्धिजीवी पाठक की खीझ/हार है। यह तैंतीसवें अध्याय का अंत है, उपन्यास अपनी परिणति की ओर अग्रसर है। रंगनाथ अपने आपको हैरत से बता रहा है कि वह गुर्रा रहा है, क्यों ? क्या रंगनाथ को यह परिणति समझ आ गई है और उसने इसके साथ तादात्म्य बिठाकर शिवपालगंज की भावी तस्वीर के बारे में सोचना शुरू कर दिया है? पहले सवाल का जवाब–हां, दूसरे का नहीं क्योंकि अगले अध्याय में हम उसे रुप्पन से यह कहते पाते हैं, 'धरती पर सिर्फ एक ही शिवपालगंज नहीं है। हमारे-तुम्हारे लिए सारा मुल्क पड़ा है।' इसके जवाब में रुप्पन का जवाब अब पाठक के समक्ष रंगनाथीय दृष्टि की रूमानी अबोधता स्पष्ट कर देता है,

मुझे तो लगता है दादा, सारे मुल्क में यह शिवपालगंज ही फैला हुआ है।[37]

रुप्पन आगे क्या करेगा इस पर उपन्यास मौन है, पर रंगनाथीय आधुनिकता इस कीचड़ में कभी पांव नहीं डालेगी। उपन्यास के अंत में काव्यात्मकता को छूता 'पलायन संगीत' रंगनाथों की दुनिया हमारे सामने रखता है। अध्यात्म, अतीत, विदेश और (अफसोस!) शराबखाने, कहवाघर, सेमीनार, शोधसंस्थान, विश्वविद्यालय की हवाई दुनिया।

इसके बाद यह पूछना शेष नहीं रह जाता कि दुकानदारों के लुटने और तमाशबीनों के लिए दुकानें लगा लेने वाली इस दुनिया में जो बेवकूफ दिख रहे थे उनके तो कारण और आधार मौजूद थे पर जो 'समझदार' थे उनका हश्र पलायन में क्यों हुआ? आखिरकार *राग दरबारी* के व्यंग्य की धार ने किसे हलाल किया? प्रिंसिपल साहब के बारे में अचानक रंगनाथ को समझ आया था कि वे जितने बेवकूफ नजर आते हैं उतने हैं नहीं और बकौल प्रिंसिपल साहब, 'जैसे बुद्धिमत्ता एक वैल्यू है, वैसे ही बेवकूफी भी अपने आपमें एक वैल्यू है।'[38] इन्हीं प्रिंसिपल साहब द्वारा उपन्यास के अंत में भरत वाक्य कहा गया जो रंगनाथीय दृष्टि की कपाल-क्रिया कर देता है, 'बाबू रंगनाथ, तुम्हारे विचार बहुत ऊंचे हैं। पर कुल मिला कर उससे यही साबित होता है कि तुम गधे हो।'[39] रंगनाथ की ज्ञानोदई आकांक्षाएं खेत रहती हैं और उसे अहसास होता है कि

शोषण और उत्पीड़न की कहानियां रट लेना ही काफी नहीं है और जिस गधे की पीठ पर सारे वेदों, उपनिषदों और पुराणों का बोझ लदा होता है, वह अंतर्राष्ट्रीय विद्वत परिषद का अध्यक्ष बन जाने के बावजूद मनुष्य नहीं हो जाता—वह होने के लिए विद्वता का बोझा ढोने के सिवाय कुछ और भी करना होता है।[40]

अंत में कहना यह है कि *राग दरबारी* का अंशों में पाठ करने से भ्रामक निष्कर्ष पैदा होते हैं और यह वैसे भी किसी रचना का पाठ करने का सही तरीका नहीं है। *राग दरबारी* के अंशों का स्वतन्त्र पाठ संभव था , यह बात उसकी अपार लोकप्रियता का एक कारण भी बनी और अंततः यही बात उसके आलोचकीय मूल्यांकन में बाधा भी बनी। यही दुर्घटना धूमिल के साथ हुई और यही श्रीलाल शुक्ल के साथ। *राग दरबारी* समग्र विश्लेषण मांगता है और हिन्दी आलोचना से अपना दाय भी। *राग दरबारी* का समग्र पाठ हिंदी समाज को भारतीय गांव का वो चेहरा दिखाता है जिसे आधुनिक समाज ने अपने ज्ञान/समझ से विश्लेषित करने और बदलने का दावा किया था पर समझा कभी नहीं था। यह प्रेमचंदोत्तर गांव है। *मैला आंचल* और *आधा गांव* के साथ इसे मिलाकर पढ़ने से इस गांव की मुकम्मल तस्वीर बनती है।

2013

संदर्भ

1. श्रीलाल शुक्ल, *राग दरबारी*, राजकमल प्रकाशन, 1992 (ग्यारहवां संस्करण), पृष्ठ 49.
2. कुंवरनारायण, *आज और आज से पहले*, राजकमल प्रकाशन, 1998, पृष्ठ 272.
3. श्रीलाल शुक्ल, वही, पृष्ठ 328.
4. श्यामाचरण दुबे, *परम्परा, इतिहास बोध और संस्कृति*, राजकमल प्रकाशन, 2008, पृष्ठ 146.
5. नेमिचन्द्र जैन, *जनान्तिक*, संभावना प्रकाशन, 1981, पृष्ठ 53, उद्धृत, मुद्राराक्षस, नेमिचन्द्र जैन, राजकमल प्रकाशन, 2008, पृष्ठ 101.
6. वीरेंद्र यादव, 'छुद्रताओं के महावृत्तांत से महानताओं की छुद्रता तक', सं. अखिलेश, 'श्रीलाल शुक्ल की दुनिया', राजकमल प्रकाशन, 2000, पृष्ठ 47.
7. श्रीलाल शुक्ल, वही, पृष्ठ 5.
8. वही, पृष्ठ 66.
9. वही, पृष्ठ 185.
10. नित्यानंद तिवारी, *राग दरबारी* : व्यंग्य दृष्टि या व्यंग्य लीला(?), सं. भीष्म साहनी आदि, आधुनिक हिन्दी उपन्यास, राजकमल प्रकाशन, 1980, पृष्ठ 247.
11. वही, पृष्ठ 248.
12. सुधीश पचौरी, *तद्भव*(सं. अखिलेश), अंक 1, पृष्ठ 160.
13. श्रीलाल शुक्ल, *राग दरबारी* : संस्मरण, सं. भीष्म साहनी एवं अन्य, आधुनिक हिन्दी उपन्यास, राजकमल प्रकाशन, 1980, पृष्ठ 242.
14. श्रीलाल शुक्ल, *राग दरबारी*, पृष्ठ 68.
15. वही, पृष्ठ 22.
16. वही, पृष्ठ 291.
17. श्रीलाल शुक्ल, *राग दरबारी* : संस्मरण, पृष्ठ 243.
18. श्रीलाल शुक्ल, *राग दरबारी*, पृष्ठ 262.

19. प्रेमचंद, *गोदान*, राजकमल पेपर बैक्स , 1999, पृष्ठ 19.
20. श्रीलाल शुक्ल, वही, पृष्ठ 260.
21. वही, पृष्ठ 205.
22. वही, पृष्ठ 297.
23. वही, पृष्ठ 306.
24. शम्भुनाथ, *संस्कृति की उत्तरकथा*, वाणी प्रकाशन, पृष्ठ 67.
25. वीरेंद्रयादव, वही, पृष्ठ 40.
26. श्रीलाल शुक्ल, *राग दरबारी* : संस्मरण, पृष्ठ 244.
27. विश्वनाथ त्रिपाठी, कुछ कहानियां : कुछ विचार.
28. श्रीलाल शुक्ल, *राग दरबारी*, पृष्ठ 60.
29. वही, पृष्ठ 86.
30. वही, पृष्ठ 86.
31. वही, पृष्ठ 47-48.
32. वही, पृष्ठ 86.
33. वही, पृष्ठ 12.
34. वही, पृष्ठ 57.
35. वही, पृष्ठ 57.
36. वही, पृष्ठ 238.
37. वही, पृष्ठ 313.
38. वही, पृष्ठ 186.
39. वही, पृष्ठ 329-330.
40. वही, पृष्ठ 239.

खंड दो

लोकप्रियता और व्याप्ति

साहित्य अकादमी पुरस्कार पर एक टिप्पणी

कमलेश्वर

हिंदी का साहित्य जगत साहित्य अकादमी पुरस्कार को कभी भी गंभीर चर्चा का विषय नहीं समझता। परंतु जब श्रीलाल शुक्ल के उपन्यास *राग दरबारी* को साहित्य अकादमी की ओर से पुरस्कृत किया गया तो फौरन ही दो सवाल उठ खड़े हुए। पहला यह कि क्या साहित्य अकादमी ने कोई गलती की है? दूसरा यह कि क्या इस उपन्यास में कोई गंभीर कमी है जिस वजह से इसे पुरस्कृत किया गया है?

साहित्य अकादमी इस पर गौर करे, उससे पहले ही *राग दरबारी* उपन्यास पर पर्याप्त चर्चा परिचर्चा हो रही थी। पुरस्कार के बाद अचानक चर्चा-परिचर्चा आकस्मिक रूप से बंद हो गई। प्रबुद्ध पाठकों के हाथों से यह उपन्यास अनुवादकों तथा पाठ्यक्रम बनाने वालों के हाथों में पहुंच कर उनका सिर दर्द बन गया।

काफी लंबे समय तक *राग दरबारी* उत्तर प्रदेश सरकार का भी सिरदर्द बना रहा। चूंकि श्रीलाल शुक्ल सरकारी अफसर थे, अतः उनके लिए यह अनिवार्य था कि वे सरकारी तंत्र की पेचीदा अंधी भूलभुलैया के बीच से गुजरें ताकि इसके प्रकाशन की अनुमति मिल सके। मुझे यह जानकारी नहीं है कि प्रकाशन की अनुमति प्राप्त करने के लिए लेखक को कहां-कहां परिवर्तन करने पड़े। लेकिन इस बात की मुझे निश्चित जानकारी है कि सरकार की अनुमति प्राप्त करने के लिए लेखक को लंबे समय तक इंतजार करना पड़ा था।

अभी भी श्रीलाल शुक्ल एक जिम्मेवार सरकारी अफसर हैं। अफसर होने के नाते और लेखक होने के नाते जिस संघर्ष से उन्हें गुजरना पड़ा, उसके बारे में मर्यादित ढंग से उन्होंने बताया : 'सरकारी नौकरी एक ऐसा तंत्र है जो लेखक के लिए बहुत बड़ी बाधा उपस्थित करता है। चाहे वह सरकारी नौकरी के तहत या सच तो यह है कि किसी भी पेशे के तहत जिसमें सत्तातंत्र के रुख के प्रति अनुकूल रवैया वाला आचरण करना पड़ता है, एक सृजनधर्मी लेखक कला के क्षेत्र में जो रुख अख्यितार करना चाहता है, उसे कमजोर ही करता है। तथ्य तो यह है कि जिस नौकरी को आप पसंद नहीं करते, वैसी नौकरी के जरिए जीविका आपको कुंठित कर देती है और आपके लक्ष्यों से वह आपको विमुख कर देती है।

मेरा यह दृढ़ विश्वास है कि सृजनात्मक लेखन और जीविका का ऐसा पेशा जो आपसे अपने अनुकूल रुख रखने की मांग करता है, दोनों के बीच मेलमिलाप करने का प्रयत्न अनिवार्य रूप से निरर्थक तनाव उत्पन्न करता है और लेखक को घटियापन के गर्त में डाल देता है।'

शायद इसी समझदारी ने उन्हें बचा लिया। चूंकि बुनियादी तौर पर वे कथाकार हैं, अतः उनकी सृजनात्मक प्रतिभा ने जोरदार ढंग से सत्तातंत्र के प्रति अनुकूल रुख की जकड़न को अस्वीकार कर दिया। *राग दरबारी* अब हमारे सामने है। जाहिर है कि उनका वास्तविक संघर्ष

अब शुरू होता है। अब तक जो भी उन्होंने लिखा है, उसके आकलन के आधार पर यह कहा जा सकता है कि अवसरवादिता की गिरफ्त में नहीं आएंगे।

उनका जन्म लखनऊ के पास के एक गांव अतरौली में 31 दिसंबर के दिन 1925 में हुआ था। उनकी शिक्षा-दीक्षा लखनऊ, कानपुर और इलाहाबाद में हुई थी और उत्तर प्रदेश सरकार की प्रशासनिक सेवा के अंतर्गत 1950 में भर्ती हुए थे। उनकी पहली साहित्यिक कृति *'स्वर्णग्राम और वर्षा'* शीर्षक से 1953-54 के आसपास 'निकष' में प्रकाशित हुई थी जो उस दौर की सृजनशील प्रतिभाओं को प्रकाश में लानेवाली प्रभावशाली पत्रिका थी। *राग दरबारी* के पहले उनके दो उल्लेखनीय उपन्यास *सूनी घाटी का सूरज* (1958) और *अज्ञातवास* (1961) नाम से प्रकाशित हुए थे। इन प्रकाशनों के बावजूद 'अंगद के पांव' नामक व्यंग्य कृतियों के संग्रह के माध्यम से उन्हें महत्वपूर्ण लेखक के रूप में पहचान मिली थी। इस पुस्तक ने उन्हें हिंदी के महान व्यंग्यकार के रूप में ख्याति दिलाई थी।

अंगद के पांव की व्यंग्यकृतियों ने हिंदी में एक नई कथनभंगिमा और अछूते ढंग का आस्वाद पैदा किया था। तत्कालीन हिंदीभाषी पाठक समुदाय को ऐसा प्रतीत हुआ मानो गद्य की अंतर्ध्वनियों में यह एक ऐसी भाषाशैली थी जिसने व्यंग्य और वक्रोक्ति का परिपक्व और प्रांजल रूप प्रस्तुत कर दिया है। क्रमशः साहित्यिक क्षितिज पर हरिशंकर परसाई, शरद जोशी और रवींद्रनाथ त्यागी का भी अभ्युदय हो गया। इन तीनों लेखकों के साथ श्रीलाल शुक्ल ने तीक्ष्ण प्रेक्षण और आधुनिकता से भरीपूरी व्यंग्यशैली का हिंदी में विकास और परिष्कार किया।

इन चारों में श्रीलाल शुक्ल थोड़े अलग ढंग का लेखन करने लगे। छोटी-छोटी व्यंग्य-टिप्पणियों के लेखन के बजाय वे व्यापक समकालीन साहित्यिक फलक पर लेखन की दिशा में उन्मुख हो गए। इसी का परिणाम है कि वे एक ऐसा उपन्यास दे सके जिसने अनेकानेक साहित्यिक पूर्वग्रहों को ध्वस्त कर दिया।

राग दरबारी बड़ी गहराई से भारत की यथार्थ दशा का आकलन करता है। शिवपालगंज जैसे गांव के चित्रण के माध्यम से यह उपन्यास भ्रष्ट प्रशासनतंत्र, अव्यवस्था, नपुंसकता, राष्ट्रीय स्तर की दायित्वहीनता और गतिरोध की प्रस्तुति करते हुए बताता है कि किस प्रकार से प्रवृत्तियां पुंजीभूत होकर हमें विकलांग बना रही हैं। यह उपन्यास ऐसी कोई कहानी नहीं है जिसमें चरित्रांकन हो अथवा किसी भौगोलिक अंचल का वर्णन हो। यह तो एक सच्ची कहानी है जिसका नायक शिवपालगंज है अर्थात हिंदुस्तान का कोई भी एक गांव।

खुद-ब-खुद या अपने दौर के टुच्चेपन की खिल्ली उड़ाना, उपहास करना साहस की बात है, साहित्य के क्षेत्र में इस तरह की वर्णनात्मक कला आत्मविश्वास की मांग करती है। *राग दरबारी* इससे भी आगे बढ़ा हुआ कदम है। यह बुद्धि के लिए उद्दीपन का काम करता है। इसके बावजूद पूरी औपन्यासिक कृति में कहीं भी सृजनात्मकता का स्खलन या क्षरण दिखाई नहीं देता। सच्चाई यह है कि कथाकार जानबूझकर आघात नहीं पहुंचाता। वह संपूर्ण संदर्भ में कुछ इस तरह प्रेक्षण कर अंतःप्रवेश करता है कि उससे व्यंग्य और उपहास उत्पन्न होता है। यह कोई नगण्य उपलब्धि नहीं है कि कथाकार ने वैचारिक व्यंग्यात्मकता के तनाव का आद्योपांत निर्वाह किया है। कहीं भी यह तनाव ढीला नहीं पड़ता।,

फणीश्वर नाथ रेणु के उपन्यास 'मैला आंचल', अमृत लाल नागर के उपन्यास 'बूंद और समुद्र' तथा राही मासूम रजा के उपन्यास 'आधा गांव' के बाद श्रीलाल शुक्ल के उपन्यास *राग दरबारी* के प्रकाशन से यह बात प्रमाणित होती है कि हिंदी कथासाहित्य में परिपक्वता-प्रौढ़ता की परंपरा निरंतर जारी है। यह तो स्पष्ट रूप से कहा जा सकता है कि आधुनिक भारतीय

कथासाहित्य के क्षेत्र में *राग दरबारी* एक महान उपलब्धि है।

भारतीय साहित्य जिस दौर के बाद अपनी पहचान या अस्मिता तलाश कर रहा था, उस दौर में उड़िया में *दो सेर धान*, बांग्ला में *गंगा*, मराठी में *रथचक्र*, असमिया में *शतागिज*, मलयालय में *चेमीन* और कन्नड में *संस्कार* जैसी औपन्यासिक कृतियों का प्रकाशन हो चुका था। अतः अब हम उस दौर में दाखिल हो चुके हैं जब हर लेखक भावुकता को तिलांजलि देकर स्वयं अपने लेखन की आलोचनात्मक परख कर रहा है। *राग दरबारी* हमारे इस नए दौर की इन्हीं प्रवृत्तियों का प्रतिनिधित्व करने वाली एक महत्तर कृति है।

हमें आशंका थी कि सरकारी तंत्र की तरफ से *राग दरबारी* के प्रकाशन पर प्रतिकूल प्रतिक्रियाएं आएंगी; पर श्रीलाल शुक्ल का कहना है कि ऐसा कुछ भी घटित नहीं हुआ। वे बताते हैं कि 'सरकारी हलकों में ऐसी किसी किस्म की प्रतिक्रिया नहीं हुई। कला और साहित्य के क्षेत्र के प्रति सरकारी नौकरशाही अपनी सुखद अज्ञानता में पड़ी रहती है। नौकरशाही के अंदर अपने को मुक्त रखने की यह लाक्षणिक प्रवृत्ति ऐसी चीज है जो किसी अफसर के लिए नरकत्रास के समान है।'

बातचीत के दौरान एक भले से सरकारी अफसर ने (जो खुद साहित्य अकादमी से संबंधित हैं) ने अपना दृष्टिकोण बताया ' अगर सचमुच *राग दरबारी* पुरस्कृत करने लायक कृति है तो साहित्य अकादमी को इसे पुरस्कृत करना चाहिए। पर हमें यह नहीं मालूम कि इन लोगों को क्या हो गया है।'

'मालूम नहीं कि क्या हो रहा है' जैसी प्रवृत्ति यह रेखांकित करती है कि *राग दरबारी* जैसे उपन्यास की सचमुच जरूरत है।

इलस्ट्रेटेड वीकली, *30 अगस्त 1970 के अंक में प्रकाशित*
हिंदी रूपांतर : मुरली मनोहर प्रसाद सिंह

नाट्य रूपांतरण से प्रस्तुतीकरण तक

गिरीश रस्तोगी

राग दरबारी उपन्यास नाट्य रूपांतर और प्रस्तुति शृंखलाओं के बाद 'रंगनाथ की वापसी' नाम से राजकमल प्रकाशन से प्रकाशित नाटक के रूप में मेरे सामने है। चित्रों में, दृश्यों में बहुत कुछ है जो चलचित्र की तरह आंखों के सामने आता जाता है। आज से बाईस वर्ष पहले शायद बंसी कौल से बातचीत के दौरान *राग दरबारी* उपन्यास के मंचन के प्रसंग आए थे। मुझे उसकी धुन सी लग गई और बस 76 से 78 तक का समय मेरे लिए एक रोमांचक रचना यात्रा बन गया। उस समय हर गंभीर रंगकर्मी/निर्देशक कुछ अधिक मौलिक, नया, देशव्यापी रंगांदोलन और नाट्यांदोलन से जुड़ा कार्य करने के लिए बेचैन था। यह आकुलता नई संभावनाओं की तलाश की उत्सुकता से भरी थी, दो साल लग गए थे। लगने भी चाहिए थे क्योंकि यह एक सर्जनात्मक खोज थी। नाटक होने में समय नहीं लगा, नाटक बनने में समय लगा। शायद सही नाटक बनने की प्रक्रिया में ही नाटक होने लगता है। श्रीलाल शुक्ल से पत्र-व्यवहार मिलना-जुलना शुरू हुआ। बिना लेखक की अनुमति के नाट्य रूपांतर का सवाल ही नहीं था। अनुमति मिलना बहुत आसान भी नहीं था। अक्सर श्रीलाल शुक्ल ने *राग दरबारी* की जटिलता और उस पर फिल्म बनने की बात बताई। शायद शमा जैदी के प्रसंग आए और *राग दरबारी* की पटकथा आदि के भी। मुझे लगता कि मैं क्यों इसका नाट्य रूपांतरण करना चाहती हूं? आखिर इतने बड़े उपन्यास का गोरखपुर जैसे शहर में मैं क्या कर पाऊंगी? जोखिम और चुनौती मेरे लिए हमेशा प्रेरक रही, आतंककारी नहीं, न नगर की सीमाओं या संस्कृति ने या रंगकर्म की साधनहीनता ने कभी निराश किया। *राग दरबारी* होना है यह जिद मैंने छोड़ी नहीं। वे पत्र आज भी कहीं रखे हैं जरूर, जो मुझे श्रीलाल जी से मिलते रहे। उस संघर्ष के साथ-साथ उपन्यास पढ़ने का क्रम भी चलता रहा। हिंदी में साहित्य और रंगमंच की दूरियां वैसे ही हमेशा रही हैं। साहित्य-जगत रंगमंच को गौण और हीन मानकर चलता है। सातवें आठवें दशक में विभिन्न विधाओं और कलाओं के इतने सूक्ष्म और अंतरंग रिश्ते बने भी नहीं थे या उजागर होने की प्रक्रिया में थे। किसी प्रकार अनुमति मिल गई थी नाट्य रूपांतर की और 76-78 तक का समय मेरे लिए रचना-प्रक्रिया और फिर प्रस्तुतीकरण-प्रक्रिया का था। श्रीलाल जी उत्साहित थे और चितिंत भी थे कि उपन्यास का क्या होगा? बेहद लोकप्रिय उपन्यास था, जिसे देखो वही कहता, 'अच्छा? *राग दरबारी*' कम से कम हर अफसर और कंपटीशन में बैठने वालों ने, यह चौंकना महसूस कराया (मैं साहित्य प्रेमियों की बात नहीं कह रही। उपन्यास के आम पाठक की बात कर रही हूं)। कितनों ने पुस्तकालयों से, मित्रों से (मेरी निजी प्रति तो घूमते-घूमते लौटी ही नहीं), बाजार से ले-ले कर पढ़ा। कुछ महीने एक चर्चा थी, पूरी सरगर्मी थी नगर में, प्रदेश में, देश भर की पत्रिकाओं में।

राग दरबारी पढ़ने में बड़ा आनंद देता था। बतरस, पठनीयता, आस्वाद, चुटकियां और शोखी। सब बड़ा नाटकीय लगता। व्यंग्य, वर्णन-शैली, मुहावरे, बलाघात से भरे शब्द और जीवंत भाषा बहुत प्रभावित करती पर 'नाटक' बनना है। कोई मोह नहीं चलेगा, कोई रस नहीं। बस एक ही रस चाहिए, जो नाटक का हो और नाटक के जरिए सभी का हो सके। बातूनी पाठक को रसज्ञ दर्शक में बदलना एक चुनौती थी। रचनात्मक संकट इसलिए भी था क्योंकि *राग दरबारी* उपन्यास बेतरतीब घटना-प्रसंगों का, असंबद्ध कथानक का और बहुत सारे पात्रों का वृहद् उपन्यास है। न कोई क्रम, न आरंभ, अंत या पात्रों का बना बनाया निजी व्यक्तित्व भी नहीं। देशव्यापी परिस्थितियों से, व्यंग्य से, राजनीति, धर्म, शिक्षा, समाज, अदालत, चोरी, डकैती, थानेदारी और प्रेम आदि के प्रसंगों से देश का चरित्र उभरता है, पात्र स्वयं अपने में संपूर्ण व्यक्तित्व मात्र नहीं रह जाते। इसलिए एक ओर इसका नाट्य रूपांतर असंभव सा काम भी लगा और रह-रह कर उसका देशव्यापी व्यंग्य और मानवीय संवेदना आकृष्ट भी करती रही। एक बार नहीं, उपन्यास को कई-कई बार पढ़ा। कम से कम दस बार। उसके लक्ष्य को, और उसे दर्शकों के सामने पहुंचाने की दृष्टि से नाटक की रूपरेखा पहले मेरे दिल दिमाग में बनी, फिर कागज पर। एक ड्राफ्ट तैयार हुआ बहुत सी काटपीट, हाशिए पर टिप्पणियों, दृश्यों के साथ। फिर उपन्यास पढ़ना, फिर कुछ और बिंदु, फिर दूसरा ड्राफ्ट।

सबसे कठिन था इस कथाविहीन उपन्यास के साथ दर्शक की एकाग्र मानसिकता को बनाए रखना, चलचित्र या डाक्यूमेण्ट्री से, उपन्यास के संसार से बचाए रखना और एक मौलिक नाटक लगने देना। उस समय भी यह सवाल उठ चुके थे कि उपन्यास या कहानी अपने मूल रूप में महत्वपूर्ण होते हुए भी नाट्य रूप और प्रस्तुति में सिर्फ वही नहीं है, वह सर्वथा एक नई सृष्टि है, दृश्य है। हालांकि मेरे दिमाग में संभवतः साहित्य और शिक्षा से जुड़े होने के कारण उपन्यास के मूल रूप की सुरक्षा और लेखक के व्यक्तित्व का दबाव ज्यादा था। यह एक प्रकार की ईमानदारी की शर्त थी। आज रूपांतरण और निर्देशन दोनों में मैं ज्यादा निर्मम हो सकती हूं : एक अच्छी 'रचना' के लिए। बार-बार पढ़ने पर भी सबसे कठिन थी *राग दरबारी* के पूरे दृश्यबंध की कल्पना, क्योंकि बड़ा फैलाव था। इसलिए मैंने सोचना शुरू किया कि इस उपन्यास की मूल संवेदना क्या है? और उस संवेदना से जुड़े केंद्रीय स्थल, केंद्रीय पात्र कौन-कौन से हैं? इस तरह सोचने पर वैद्य जी की हवेली में संबद्ध, उपन्यास के लक्ष्य से सीधे जुड़े तीन केंद्र उजागर हुएः कालेज, कोआपरेटिव यूनियन, गांवसभा। उपन्यास में मुझे कालेज पक्ष पर ज्यादा बल लगा। संभवतः देश के निर्माण और पतन दोनों में शिक्षा संस्थाओं की महत्वपूर्ण भूमिका शुक्ल जी दिखाना भी चाहते हैं। वैद्य जी की सारी योजनाएं उनके चबूतरे पर बनती हैं और उनका विरोध पुलिया पर ही होता है इसलिए नाट्यरूप में वैद्य जी का चबूतरा केंद्रीय दृश्य स्थल बन गया और पुलिया विरोध, निराशा, आक्रोश, मानवीय पीड़ा और प्रतिक्रियाओं का स्थल फिर आसानी से पात्र भी वर्गों में बंट गए। वैद्य जी के इर्दगिर्द घूमने वाले पात्र, विरोधी वर्ग के पात्र, आम जनता के प्रतिनिधि पात्र, युवा वर्ग। बहुत से घटना-प्रसंग, बहुत से पात्र छोड़ने भी पड़े और बहुत से दृश्यों का क्रम भी बदलना पड़ा, कई दृश्यों का संपादन भी जरूरी था, मसलन अदालत के लंबे स्थल। मंचीय जरूरतों को भी ध्यान में रखा गया और चुस्ती एंव व्यंग्यार्थों को भी। वकील और जज के स्वर नेपथ्य से, केवल गवाह या मुजरिम प्रत्यक्ष कठघरे में। सनीचर के प्रधान बनने की विडंबना और मनःस्थिति के लंबे चौड़े वर्णन उपन्यास में हैं जिन्हें समेट कर सांकेतिक और संगीतात्मक ढंग से कीर्तन द्वारा दिखाया गया। उपन्यास में प्रिंसिपल के चरित्र की कुछ कमजोरियों के संकेत मिलते हैं जिन्हें दृश्य माध्यम या संकेतों के द्वारा मूर्त किया गया। उपन्यास की बेला

हमारी प्रस्तुति में तो अपनी ध्वन्यात्मकता, रोमांटिक फुसफुसाहट, चूड़ियों की आवाज और टाइमिंग की खूबसूरती के संयोजन के कारण दर्शकों को कभी भूली ही नहीं। *राग दरबारी* में वर्णित मेले-ठेले, मंदिर के प्रसंगों के आधार पर तीन नारी पात्रों की कल्पना भी की गई। रुप्पन जैसे युवक की मानसिकता, फूहड़ रोमांस और सनीचर की कमजोरी को विकसित और मूर्त करने के लिए दृश्य मूर्त किए गए। श्रीलाल जी के पास वर्णन चित्रों की अद्‌भुक्ष क्षमता है और विलक्षण भाषा संवेदना है। उसी के भीतर से गाली-गलौज, मार-पीट, चोरी-डकैती, शंकर वंदना, सभी एब्सर्ड स्थितियों को नाट्यरूप में एक साथ दिखा कर आज की घचपच स्थिति को संप्रेषित किया था। नाट्यालेख में चोरी के प्रसंग इतनी तीव्र गति और चुस्त दृश्यात्मक ढंग से लिए गए कि उनका सौंदर्य, व्यंग्यार्थ, गत्यात्मकता और प्रस्तुतीकरण के द्वारा पूरे माहौल में छा गए। सारी परिस्थितियों को, भीड़, नारों आदि के स्थलों को, यूनियन के जलसे, चुनाव आदि के दृश्यों को कल्पना द्वारा अधिक संक्षिप्त, सांकेतिक और दृश्य क्रियाओं का अनिवार्य अंग बना कर रचने की कोशिश की गई। प्रयास यह था कि नाटकीय दृष्टि से आलेख और प्रस्तुति अधिक सघन लगे, कम बातूनी लगे। हालांकि वह 'बातूनीपन' बार-बार मोहग्रस्त करता है। उपन्यासकार क्या-क्या दिखाना चाहता है और नाटक में क्या और कैसे संप्रेषित हो सकता है? यही जद्दोजहद शुरू से थी।

प्रायः उपन्यासों के नाट्यांतर में मुख्य समस्या आती है, दर्शकों की मानसिक भूमि तैयार करने की, उपन्यास के कथ्य और वैविध्य को समेटने की, और इसके लिए प्रायः सूत्रधार का उपयोग किया जाता है। मैं अपने मन में पता नहीं क्यों, सूत्रधार का उपयोग बहुत स्वीकार नहीं कर पाती थी। मुझे वह विवश युक्ति जैसी लगती थी। पहले सूत्रधार रखा भी पर एक महीने की रिहर्सल के दौरान बार-बार लगा कि सूत्रधार की उपस्थिति से नाटक में व्यंग्य और अनेकायामी स्थितियों से बनता चला आता वातावरण जैसे टूट रहा है। बाद में उसके स्थान पर आवश्यक प्रसंग पृष्ठभूमि से कमेण्ट्री द्वारा दिए गए। नाट्यालेख तब सीधे शिवपालगंज से शुरू हुआ। कमेण्ट्री में उपन्यास के वर्ण्य स्थलों और शब्दावली में से ही बहुत लिया गया, इससे वह उपन्यास के स्वभाव का ही अंग लगी। वही लय, वही मुहावरा, वही तीखापन और संप्रेष्य अभिप्रायों का नाटकीय आनंद। इस रूप में ही हमने *राग दरबारी* की कई प्रस्तुतियां कीं; देवरिया, गोरखुपर, लखनऊ, कानपुर आदि में। कमेण्ट्री प्रायः बहुत पसंद की गई क्योंकि वह बहुत सप्राण थी। पर कुछ प्रतिक्रियाएं ऐसी भी उभरीं कि थिएटर और कमेण्ट्री! बहुत सारे अनुभवों को भीतर समेटते हुए हम चलते रहे और फिर कई प्रस्तुतियों के बाद नाट्यालेख का यह प्रारूप नटरंग पत्रिका में छपा। काफी पढ़ा गया तब और प्रतिक्रियाएं भी आईं। *राग दरबारी* के नाट्यालेख के प्रकाशन की बात भी राजकमल प्रकाशन से आरंभ हुई। पुस्तक रूप में प्रकाशन के संदर्भ में फिर श्रीलाल शुक्ल से बातचीत हुई और अचानक यह बात उठी कि उपन्यास और विशेषकर उसके नाट्यालेखन में रंगनाथ ही तो दृष्टा, भोक्ता है। उससे अच्छा और विश्वसनीय पात्र कौन हो सकता है जिससे सूत्रधार या उद्‌घोषक का काम लिया जाए और तब रंगनाथ को केंद्र में रखकर सारी स्थिति ज्यादा सार्थक, सहज और आत्मीय लगी। यह अंतिम परिवर्तन हुआ। श्रीलाल जी *राग दरबारी* नाम नहीं चाहते थे। प्रसंग आया नाट्य रूपांतर में नाम बदलने का। कई नाम बदले। मुझे लगा कि 'रंगनाथ की वापसी' में व्यंग्य भी है और मानवीय करुणा, संवेदना भी, आज की त्रासदी भी और नाट्यालेख 'रंगनाथ की वापसी' नाम से छपा। यह 'नाट्यालेख' अपने में पूर्ण है, यह सोचना ही गलत है। मेरी दृष्टि में कोई भी नलाट्लेख पूर्ण नहीं होता। मैं इसमें विरोधी पक्ष के रूप में रामाधीन के चरित्र को उभार कर मंच पर लाना

चाहती थी पर संभव नहीं हुआ। पुस्तक छपने के बाद कई पत्रिकाओं में समीक्षाएं हुईं। समीक्षकों की दृष्टि का भी अंतर होता है। अभी भी 'नाटक' को समझ कर, 'रंगमंच' को अनुभूत कर संतुलित, समग्र समीक्षा नहीं है।

उपन्यास का अंत नाट्यालेख में एक बहुत बड़ी समस्या थी। उपन्यास जिस जगह समाप्त होता है, मंच पर वह दर्शकों के लिए हास्य का उदाहरण बन सकता था, इसलिए उसमें भी थोड़ा हेरफेर करके रंगनाथ के लंबे स्वगत कथन के बाद देश की समूची स्थिति और मानवीय करुणा दोनों को एक साथ सामूहिक दृश्य संकेतों द्वारा उभारा गया। उपन्यास के अंत को लेकर मैं कभी भी आश्वस्त नहीं थी। रंगनाथ के पलायनवाद और उसके अनुभवों के बयान की मैं पक्षधर नहीं थी पर श्रीलाल शुक्ल उस अंत को ज्यों का त्यों रखना चाहते थे पुस्तक में। पलायन को ही वह यथार्थ अनुभव के रूप में रखने का आग्रह करते रहे। पुस्तक छपनी थी। मुझे लगा कि छपना जरूरी है। उसके बाद तो निर्देशक स्वतंत्र हैं इटरप्रिटेश्न के लिए। वही हुआ भी। बाद में राजा बुंदेला और अन्य नए निर्देशकों ने इस नाट्य रूपांतर को मंचित किया लेकिन सभी ने उसके अंत में परिवर्तन किए। मैं तब नई, उत्साही और जिज्ञासु थी। आज से 20-22 वर्ष पहले *राग दरबारी* के नाट्य-रूपांतर और प्रस्तुति शृंखलाओं ने बहुत बड़े मोड़ उपस्थित किए। बहुत से मुद्दे भी उठाए गए साहित्य, रूपांतरण और प्रस्तुतीकरण को लेकर। 'नाट्य रूपांतर' स्वयं एक मौलिक और सर्जनात्मक कृति है, केवल लिखित साहित्य को वाचिक रूप में बदल देना मात्र नहीं। यह एक सूक्ष्म, जटिल, गंभीर प्रक्रिया से, सृजन को गुजरना है। इसके लिए साहित्य के प्रति जिम्मेदार होना जरूरी शर्त है, उतना ही रंगमंच के सर्जनात्मक पक्ष की नजर से उसी के प्रति निर्मम होना भी। शायद आज मैं पुनः *राग दरबारी* को करना चाहूं तो उसका रूप कुछ और हो। वह बहुत अच्छा भी हो सकता है, बुरा भी।

जैसा कि पूरी यात्रा से पता चल रहा है कि मेरे लिए रूपांतरण की रचना-प्रक्रिया और प्रस्तुतीकरण-प्रक्रिया अलग-अलग नहीं रही। कभी आलेख बनाते समय ही उसका मंचविधान, शैलीशिल्प, पात्रों की रूपरेखा ढलती जाती है। पहली बार हमने गोरखपुर क्लब में यहां से वहां तक फैले मुक्ताकाशी मंच की परिकल्पना की। बिखरे प्राकृतिक वातावरण को विशेष अर्थ, जीवंत सौंदर्य दे देना आवश्यक था। एक पुरानी इमारत, रेलिंग, सीढ़ियां वैद्य जी की हवेली बन गईं। बस उसके बाहर एक चबूतरा और बिल्डिंग पर पोस्टर। पास का बड़ा छायादार पेड़ कालेज स्थल बन गया। न जाने कितनी मिट्टी डलवा कर गोल चबूतरा बना। पीछे की ओर एक और इमारत झांकती दिखी तो बोर्ड लगा दिया कोआपरेटिव यूनियन का। कुछ हट कर ग्रामसभा के दृश्य की कल्पना और पूरी मंचीय कल्पना के दो छोरों पर अदालत के दृश्य। जहां-जहां हमने इस खुले मंच की कल्पना में *राग दरबारी* किया वहां अपने उन्मुक्त, चुस्त, नाटकीय माहौल के कारण वह बेहद सफल रहा। खुले आसमान के नीचे भरे जाड़े में जो परिवार सदस्य बच्चों को छोड़ने आए, वे फिर बिना कुर्सी के खड़े देखते ही रह गए। जब भी प्रोसीनियम मंच पर इसी दृश्य परिकल्पना को समेटा लखनऊ में, कानपुर में तो वह प्रभाव सृष्टि नहीं हुई। यद्यपि पचास कलाकारों, जिनमें 9वीं, 11वीं कक्षा के बच्चे भी थे—के साथ भ्रमणशील परंपरा में प्रतिदिन नए स्थान पर शो करना एक रोमांचक संघर्ष यात्रा थी। लखनऊ रवींद्रालय खचाखच भरा। सभी रंगकर्मी थे, साहित्यकार थे। श्रीलाल जी नहीं थे, पर एक माहौल था, उत्सुकता थी, प्रतिकियाएं थीं, शो करके उसी रात कानुपर निकल गए। कानुपर का शो गिरिराज किशोर जी की सहायता से संभव हुआ। लखनऊ की तरह कानपुर में सरगर्मी नहीं थी पर शो अच्छा हुआ। हमारी प्रस्तुति में छोटे पहलवान और बद्री पहलवान अपने डील-डौल, उच्चारण, अभिनय से इतने प्रभावित

कर गए कि लोगों ने पूछा कि ये वाकई पहलवान हैं? वह समय नए-नए कलाकारों के आने का था, एक निष्ठा थी, एक उमंग थी। *राग दरबारी* के बाद *बाणभट्ट की आत्मकथा, छिन्नमस्ता* उपन्यास किए। मेरे लिए ये रचनाएं एक शोध थीं, एक तलाश थीं सृजन की। पाठक समुदाय के लिए *राग दरबारी* के नाट्य रूपांतर से लेकर नाट्य प्रस्तुति तक की यात्रा कितनी विचारोत्तेजक हो सकेगी, कहना मुश्किल है, पर मेरे लिए यह यात्रा बहुत दिलचस्प और संवेदनात्मक रही और उसने बहुत-कुछ सिखाया। हर सृजन एक अभिव्यक्ति है, अभिव्यक्ति का मौलिक आस्वाद है, नई भाषा की तलाश है और अपने समय के साथ, समय के बीच और समय के आगे देखना है। 1982 तक *रंगनाथ की वापसी* प्रकाशित हुई। बंबई में प्रदर्शन भी होने लगे और नटरंग में *राग दरबारी* का नाट्य रूपांतर पढ़ कर श्री शरयू आ. पेडणेकर का पत्र आया कि वह इसे मराठी में अनूदित करना चाहते हैं। श्रीलाल जी से अनुमति ली गई। फिर मराठी अनुवाद छप कर आया। यह एक सर्जनात्मक प्रक्रिया का रोमांचक अंग है।

1999

दूरदर्शन धारावाहिक की तैयारी के बीच...

कृष्ण राघव

यह सन् 1985 की बात है। दिल्ली के एक होटल में बैठ कर हम लोग खाने पर दूरदर्शन धारावाहिक बनाने की बात कर रहे थे। मेरे मुंह से उस समय *राग दरबारी* पर धारावाहिक बनाने की बात निकली। *राग दरबारी* ने उस समय मुझे तंग कर रखा था। उसका एक-एक दृश्य मेरा पीछा करता रहता था। इसका कारण यह था कि सारा *राग दरबारी* मेरे घर में ही उपस्थित था। जिले अलीगढ़ के एक छोटे से गांव में कभी हमारी जमींदारी थी जो तब जाती रही जब सबकी चली गई थी; किंतु हमारे बाबा बेताज जमींदार ही बने रहे। 'वैद्य जी' की तरह वे ब्राह्मण तो नहीं थे और 'नवयुवकों की नामर्दी का शर्तिया इलाज' भी नहीं बेचते थे किंतु 'छंगामल विद्यालय इंटरमीडिएट कालेज' की तर्ज पर गांव के एकमात्र स्कूल के स्वयंभू मैनेजर अवश्य थे। आपस में लोगों को भिड़वाने, मुकदमे लड़ने-लड़वाने और तहसील तथा ब्लाक में अपने अठ्ठे पंजे लगाने के सभी गुर उन्हें आते थे। *राग दरबारी* के एक और चरित्र 'कोआपरेटिव सुपरवाइजर' भी हमारे घर में ही मौजूद थे और वह थे हमारे सगे चाचा जी। गबन कैसे किया जाता है और करने के बाद उसके इल्जाम से साफ-साफ बच कर अपनी उस शूरवीरता का सरेआम बखान करके, अपनी गर्दन तान कर चलने में उन्हें खास महारत हासिल थी। 'सनीचर' हमारे घर में भांग तो नहीं घोटते थे किंतु घर के बाकी सारे काम करने के बाद, नीम के नीचे हाथ के खूंटे के पास (हाथी बहुत पहले ही बिक चुका था, खूंटा ही बचा था) धोक लगा कर धराशाई हो जाया करते थे और चुटकी में भर कर, जांघों के बीच, आंखें मूंद कर, खुजलाने का आनंद लेने से एक दिन भी नहीं चूकते थे। बाबा के मुंह लगे थे सो हम छोटे-बड़ों को जब चाहे तब डांट सकते थे। एक 'रतीराम पहलवान' भी पले हुए थे हमारे यहां जो कुश्ती जीतने पर हनुमान जी के पुराने कलेण्डर को पुचकार-पुचकार कर लड्डू खिलाने का प्रयास करते थे और हार कर आने पर अपनी कोठरी में घुसने से पहले ही अपनी पनही उतारते और अंदर घुसते ही, उसी कलेण्डर पर जूतों की बौछार के साथ ही साथ गालियों का अंबार भी लगा देते थे। बचे हम, तो हम 'रुप्पन' और 'रंगनाथ' का मिश्रण थे। सो *राग दरबारी* से पहले ही हम *राग दरबारी* का खेल, खेल चुके थे। 'गयादीन' लाला की जगह पंडित श्रीराम ठेकेदार ने ले रखी थी और कालेज से लेकर पंचायत तक के सारे मुकदमों की सारी पेचीदगियां हमने अपने बाबा और इनसे बचपन ही में सीख ली थीं। सो *राग दरबारी* जब पढ़ा तो लगा कि हो न हो इस उपन्यास के लेखक की आत्मा हमारे घर में विचरती रही है और उन्हें यहां तक भी पता है कि हमारे बाबा के नाजायज संबंध किन-किन कारणों से कितनों के साथ रहे हैं (बेचारे क्या करते, ऐसा न करते तो गांव की इज्जत को बट्टा लग जाता, न जाने कितनी गांव छोड़ कर भाग जातीं।) इसीलिए जैसे 'बद्री पहलवान' अपने पिता ही नहीं, खानदान की भी बखिया उधेड़ते थे, वैसे

ही कुछ पात्र हमारे यहां भी थे। गरज यह कि बार-बार यही लगा कि श्रीलाल जी ने यह उपन्यास तो हमारे घर और गांव से चुराया है।

इस संशय का निराकरण किया स्वयं श्रीलाल जी ने, जब हम लखनऊ उनका साक्षात्कार करने पहुंचे। यह साक्षात्कार हमने इसलिए फिल्माया था ताकि लेखक अपने उपन्यास के बारे में दर्शकों को जरा ठीक से समझा सके जिससे कम से कम यह भ्रांति तो दूर हो कि यह उपन्यास वह *राग दरबारी* नहीं है जिसे तानसेन ने अकबर को खुश करने के लिए ईजाद किया था। उसी साक्षात्कार में श्रीलाल जी ने जब अपनी सफाई देते हुए कहा, 'दरअसल गांव वालों को हंसते खेलते, जीवन की कठिनाइयों को झेलने की आदत तो होती ही है, उन्हें अपने आप पर हंसना भी खूब आता है।' उन्होंने यह भी कहा कि *राग दरबारी* में उन मूल्यों की ओर इशारा भी है जिनका स्वाधीनता के बाद उत्तरोत्तर विकास होने के बजाय निरंतर ह्रास होता जा रहा है। शिवपालगंज में जिस 'कच्चे माल' को उन्होंने देखा था और सारे भारत में जो इफरात से फैला हुआ था (है) वही हमारे गांव और घर में भी था। शुक्ला जी के बयान से हमारी आंखें खुलीं और यह भ्रम दूर हुआ कि *राग दरबारी* केवल हमारे घर की कहानी है वरन् हमने यह तथ्य ठीक से जाना कि यह गांव-गांव, घर-घर की कहानी है। श्रीलाल जी ने समाज में जिस अवमूल्यन और कदाचरण की ओर इशारा किया था वह निरंतर बढ़ता ही जा रहा है और इसीलिए *राग दरबारी* काल की सीमाओं को पार कर गया है।

बहरहाल हम वहीं दिल्ली के होटल की उसी मेज पर लौट कर आए जहां हम 1985 में खाना खा रहे थे। हमारे साथ दूरदर्शन के उस समय के एक प्रमुख अधिकारी भी थे जिनके हाथ से धारावाहिकों का स्वीकृत होना न होना बंधा था। *राग दरबारी* का नाम लेते ही मानो वे उछल पड़े। उन्होंने कहा, 'यदि *राग दरबारी* बनाने की आप हिम्मत करें तो उसकी मंजूरी दिलाने में मैं आपकी भरसक सहायता करूंगा। हां, मगर शर्त यह है कि आप उसे वहीं जा कर फिल्माएं जहां का वह है और *राग दरबारी* का मुखड़ा गीत आप पंडित भीमसेन जोशी से गवाएं।' हमने दोनों चुनौतियां स्वीकार कर लीं और उन्होंने अपना वादा निबाह दिया। अब बारी थी *राग दरबारी* के अधिकार लेने की। हम श्रीलाल जी को जानते नहीं थे। पता चला कि वे लखनऊ में थे। हमें उनका फोन नंबर तक न पता था। अपने एक संबंधी के जरिए हमने उनका नंबर पता कराया और दिल्ली से फोन पर ही बात की। बिना किसी हील हुज्जत के उन्होंने हमें लखनऊ बुला लिया। एक सादा से कागज पर हाथ से लिख कर मैंने उनसे अनुमति मांगी, उन्होंने क्षण मात्र में स्वीकृति दे दी और हम मन ही मन अवाक रह गए। यहां से हुई उस रिश्ते की शुरुआत जो आज भी कायम है। यह रिश्ता है आशीर्वाद, आदर और स्नेह का जिसके रास्ते में आने को तो कई व्यवधान आए किंतु इसका बिगाड़ कुछ नहीं पाए। *राग दरबारी* के प्रारंभिक दिनों में जब मैं उचित चित्रांकन स्थलों एवं पात्रों की तलाश में था, इतना ही नहीं लखनऊ में कितने ही सहकर्मी भी चाहिए थे तो उन सबको ढुंढ़वाने, मनाने, मेरे साथ काम में लगाने एवं मेरा मार्ग प्रशस्त करने में इनका दिन-रात का साथ रहा। दिनों दिन हम लखनऊ से लेकर मोहनलालगंज तक गांव-गांव न जाने कहा-कहां घूमते रहे और श्रीलाल जी निःस्वार्थ भाव से सदा हमारे साथ रहे। मेरी आदत है कि शूंटिग प्रारंभ करने से पहले मैं अपनी पटकथा को यत्नपूर्वक तैयार कर लेता हूं। मैंने वह पटकथा शुक्ल जी को दिखाई, कृपा करके उन्होंने उसकी न जाने कितनी त्रुटियां दूर कीं। शूटिंग में लगभग हर दिन साथ रहे, कभी-कभी सपरिवार भी। मैं तो ठीक से उनकी आवभगत भी नहीं कर पाया किंतु फिर भी जैसी भी, जिस तरह से भी वे मेरी मदद कर सकते थे, उन्होंने की।

उनके साथ रह कर मैंने उनके फक्कड़, मस्त और रंगीन मिजाज के भरपूर दर्शन किए और उस पर्दे के पीछे एक ऐसा जिज्ञासु, सधा हुआ, नपातुला, ज़हीन, महीन और तेज तर्रार इंसान पाया जिसने जितना पढ़ा है उससे हजार गुना ज्यादा गुना है। कोई भी विषय ऐसा नहीं लगा जिस पर शुक्ल जी बोल न सकते हों अथवा अपना सही मत न व्यक्त कर सकते हों। आजकल लिखने का शौक तो सभी फरमाते हैं और अपने आपको बड़े से बड़ा लेखक मानने और मनवाने में कोई कसर नहीं उठा रखते, जबकि लिखने से पहले (क्षमा करें), उन्होंने पढ़ा कुछ भी नहीं होता। श्रीलाल जी तो पता नहीं क्या-क्या घोंट कर पी गए हैं। उनके सान्निध्य में आने वाले तो उनकी विद्वत्ता एवं तार्किकता का लोहा मानते ही हैं, हमारा तो यह भी मानना है कि *राग दरबारी* अपने मिजाज में गांव की दास्तान होते हुए भी अंतर्राष्ट्रीय और सार्वभौमिक जामा इसलिए पहने हुए है कि श्रीलाल जी की दृष्टि से कोई विषय, साहित्य हो कि संस्कृति, ज्ञान अथवा विज्ञान, राजनीति, कूटनीति, राष्ट्रीय अंतर्राष्ट्रीय कुछ भी छूटा नहीं है। मजाल है कुछ भी उनकी दृष्टि से बच कर निकल जाय। तभी न *राग दरबारी* ऐसा बहुआयामी और कालातीत बन पाया है। उनकी पढ़ाई का उनकी लिखाई में बहुत योगदान है। इसीलिए वैद्यजी की हवेली, 10, डाउनिंग स्ट्रीट, व्हाइट हाउस और क्रेमलिन से टक्कर लेती है। एक ही सांस में वे प्रेमचंद के 'गोदान' और बिमलराय की 'दो बीघा जमीन' फिल्म की बात करते हैं। नितांत आंचलिक भाषा की 'फुट्टफैरी' करते हैं तो संस्कृतिनिष्ठ शब्दों, कविता, विज्ञान और अदालती तथ्यों की साधिकार चर्चा करते हैं।

'क्राइसिस आफ कांशस' और 'क्राइसिस आफ फेथ' जैसी अंग्रेजी बीमारियों की व्याख्या करते-करते आहार, निद्रा, भय, मैथुन पर भी टिप्पणी कर डालते हैं। प्रिंसिपल एवं रुप्पन जैसे पात्रों के लिए भी उनके पास ऐसे कारण हैं कि दूसरे उन्हें करुणा की दृष्टि से देखने पर मजबूर हो जाएं। 'अहा ग्राम्य जीवन भी क्या है' को गांव की पैरोडी बना कर, रंगीन कांच के पर्दे से गांव की खूबसूरती निहारने वाले का रंगीन कांच अपने शब्दों से चकनाचूर करके गांव की दुर्गति का सही दर्शन करा देते हैं। कौन कहता है, *राग दरबारी* निरा व्यंग्य है। इसके 'पलायन संगीत' ने जहां भारत के तथाकथित अतीत और उसके गौरव की धज्जियां उड़ाई हैं वहीं वर्तमान की अवसरवादिता का ऐसा निरूपण किया है कि व्यक्ति घबरा जाता है। वह वास्तव में अपने आप से दूर भागने का प्रयास करने लगता है–दिशाहीनता का मर्मांतक आभास लेकर। यही वह चौराहा है जहां से प्रारंभ हो कर *राग दरबारी* जहां समाप्त भी होता है और मानो रंगनाथ दर्शकों से ही पूछता है, 'आप बता सकते हैं, मैं कहा जाऊं?'

हमने अपने धारावाहिक में इसी को मुखर करने का प्रयास किया था।

दरअसल *राग दरबारी* हमें ठीक से बनाने ही नहीं दिया गया। केवल 13 खंडों में बांट कर ऐसे महाउपन्यास के साथ न्याय करना नितांत असंभव है। कुसहर प्रसाद जैसे न जाने कितने महत्वपूर्ण पात्र तो छुए ही नहीं जा सके। काश! दूरदर्शन हमें छूट देता तो हम उन लोगों को शिकायत का मौका न देते जिन्हें लगा कि *राग दरबारी* में कुछ और भी होना चाहिए था। खेद यही है कि जहां एक ओर लेखक को अपनी इच्छानुसार कितना भी विस्तार देकर लिखने की स्वतंत्रता रहती है, फिल्मकार को नहीं रहती। फिर भी हमारा प्रयास जारी है और *राग दरबारी* को, *राग दरबारी* की तरह प्रस्तुत करने का अरमान अभी भी हमारा बाकी है।

हमारे लिए तो हिंदी भाषा में 'सोद्‌देश्य व्यंग्य' से भी ऊपर 'ब्लैक ह्यूमर' *राग दरबारी* से प्रारंभ होकर *राग दरबारी* पर ही समाप्त हो जाता है। उसी तरह श्रीलाल जी को समझने, उनसे बात करने और उनसे खरी-खरी सुनने की जब इच्छा होती है तो फिर से *राग दरबारी*

पढ़ना प्रारंभ कर देते हैं।

राग दरबारी के निर्माण के समय उन्होंने एक बार कहा था कि आवश्यक नहीं कि हम और आप कल भी उतना ही जल्दी-जल्दी मिलें जितना कि आज क्योंकि आज *राग दरबारी* हमारे और आपके बीच सूत्र है, कल आप कोई और काम करेंगे तो उसमें लीन होंगे, तब कदाचित हमारी मुलाकातें इतनी जल्दी न हों और अनुभूति की तीव्रता भी शायद इतनी न हो। किंतु ऐसा हो नहीं पाया। कम से कम हमारी ओर से तो नहीं। शुक्ल जी के साथ, *राग दरबारी* या बिना *राग दरबारी*, जो समय बीता उसके कई क्षण बड़े अनमोल हैं। उनसे शुक्ल की जो छवि उभरती वह उस मर्द की है जो भरपूर जीवन जीने की कामना रखता है। खाने पीने से लेकर सुंदरता तक, सभी के वे गुण ग्राहक हैं किंतु उनकी दृष्टि हमेशा सर्वश्रेष्ठ पर ही जाकर रुकती है। शुक्ल जी के ये रूप, उनके साथ संगत कर रहे मित्रों को बिना यत्न किए भी दिखते रहते हैं, मुश्किल है उन्हें इसके पार देख पाना। जहां वे अचानक विगलित हो जाते हैं, बालक हो जाते हैं। कभी-कभी बालकों जैसी जिज्ञासा, किलकारियां और मनुहार, देखते ही देखते, एक वीतरागी में बदल जाते हैं। कभी ऐसा भी लगता है कि कुछ समझाते-समझाते रुक गए...मानो सुनने वाले को समझाना आवश्यक न रह गया हो अथवा शून्य में ताकते-ताकते जैसे कुछ बोध हुआ और अचानक एक विस्मृति सी। बस उसके बाद विषयांतर। फिर भी उनके भीतर का शिशु हमेशा जीत जाता है। उनका शिशुवत आग्रह, हठ एवं भोलापन देखने, समझने एवं सहेजने का है। अधिक मदिरापान (मैं तब की बात कर रहा हूं जब मैं उनसे मिलता था) उनमें अपराध बोध जगाता रहा है। बाद में पूछते भी कि अमुक समय तक तो याद है फिर क्या हुआ। किंतु मुझे कभी भी उनका कहा किया बुरा नहीं लगा। अपने संस्कारों के कारण किसी की पूरी तरह खाल खेंचना उनके संकोची स्वभाव के बस की बात नहीं। मन के कष्ट को उधेड़ कर बता पाना वे सूखे-सूखे नहीं कर पाते। मदिरा पान के बाद संकोच, वह भय, हट जाता है और अच्छे-अच्छे तुर्रम खां का अभिमान चूर-चूर करने, उसके कुकर्मों का चिट्ठा खोलने एवं उसकी अज्ञानता की धज्जियां उड़ाने में उन्हें कोई देर न लगती।

उनके एक पत्र के कुछ वाक्य अवश्य उद्धृत करना चाहूंगा। पहले प्रसंग सुन लीजिए। *राग दरबारी* को दोबारा से जनता के बीच पहुंचाने की मेरी बड़ी इच्छा थी। तब जैन टी.वी. नया-नया खुला था। उन्होंने एक नया धारावाहिक मेरे द्वारा बनवाने का झांसा देकर *राग दरबारी* को दिखाने के अधिकार मुझसे मुफ्त में ले लिए। मैं मानता हूं कि यह मेरी जल्दबाजी थी और लालच भी। लालच इसलिए कि मैंने सोचा आम के आम गुठलियों के दाम, *राग दरबारी* एक बार फिर से देखने वालों का मन मोह सकेगा और नया धारावाहिक भी बनाने को मिल जाएगा। स्वार्थपरता तो थी किंतु ऐसी नहीं कि लाभ केवल मुझको ही हो। अगले धारावाहिक की बातचीत भी शुक्ल जी के अन्य लेखन पर आधारित होते हुए ही थी। शुक्ल जी को यह बुरा लगा। मैंने उन्हें समझाने का प्रयास किया। वे कितना समझे यह तो मुझे नहीं पता किंतु उनके पत्र की कुछ पंक्तियां अवश्य पढ़ लीजिए,

> *राग दरबारी* जैन टी.वी. पर देख कर मैं दो ही काम कर सकता था। एक तो यह कि मैं अदालत जाता दूसरा यह कि मैं चुप रह जाता, सो मैंने दूसरा ही काम किया...' इससे और अच्छी तरह मैं श्रीलाल जी के बारे में क्या बताऊं।

राग दरबारी धारावाहिक पर दिल्ली के हाईकोर्ट में मुकदमा भी दाग दिया गया। गिरीश रस्तोगी ने फरमा दिया कि धारावाहिक तो उनके नाटक पर आधारित है। वह नाटक जो आदरणीय

श्रीलाल शुक्ल के *राग दरबारी* पर आधारित है। लिहाजा दूरदर्शन से जो माल मैं लूट रहा हूं उसमें उनका भी हिस्सा होना चाहिए। लोगों ने मुझे समझाया, उकसाया और नाम न लेने की शर्त पर ही बताया कि यह सब श्रीलाल शुक्ल का ही हंगामा है। उन्होंने स्वयं ही उन रस्तोगी को पट्टी पढ़ाई है और यह मुकदमा ठुकवाया है। मेरे ये सारे हितैषी किसी न किसी रूप में श्रीलाल जी के बेहद नजदीक मित्र थे, कुछ तो मेरे भी। किंतु इनमें से एक को भी पता न था कि श्रीलाल जी मेरे मुकदमे की पैरवी खुद करने के लिए, अपने किराए से, लखनऊ से दिल्ली आए, अपने दामाद के यहां रुके, साक्ष्य जुटाने के लिए मुझे अपने साथ सुश्री शीला संधू और उनके राजकमल प्रकाशन ले गए जहां से *राग दरबारी* की 'रायल्टी' से संबंधित बरसों पुराने दस्तावेज निकलवाए, प्रतिलिपियां बनवाईं, सही स्थानों पर उनमें निशान लगाए और अदालत भी मेरे साथ गए। खैर अंत में यह हुआ कि बैंच के दोनों न्यायाधीश महोदय स्वयं *राग दरबारी* देखते थे सो वादी के वकील को केवल इतना कह कर उन्होंने दफा किया कि 'एक ही तो कायदे का सीरियल चल रहा है दूरदर्शन पर, उसे भी आप बंद करवाना चाहते हैं?'

अदालत में घुसने से पहले श्रीलाल जी ने मेरे बाल संवारने के लिए अपना सफेद जेबी कंघा दिया क्योंकि उस समय मेरी जेब में कंघा न था। वह कंघा आज भी मेरे पास स्मृति चिह्न की भांति रखा है। वहीं, बहुत सारे दस्तावेज़ों को रखने के लिए श्रीलाल जी चमड़े का एक बहुत ही सुंदर 'बैग' (जो शायद स्वीडन या कहीं बाहर का था) लाया करते थे। मुझे वह बड़ा अच्छा लगा और बेलाग भाव से मैंने उस थैले की तारीफ कर दी। नितांत निस्पृह भाव से, अत्यंत आत्मीयता के साथ, उन्होंने वह 'हैंडबैग' उसी समय मेरे हवाले कर दिया। वह आज भी मेरे पास है। मैं उसे इस्तेमाल नहीं करता।

उनकी इतनी प्यारी चीज मैंने हथिया ली किंतु उनकी सबसे प्यारी चीज जो भगवान ने छीन ली है। उसे क्या वे उतने ही निस्पृह भाव से ले पाते होंगे, यह जानने की मुझे जिज्ञासा है।

आप समझ गए होंगे कि हमारा इशारा उनकी दिवंगता पत्नी की ओर है जो हम सभी की भाभी भी थीं। शुक्ल जी उन्हें जब चाहते झिड़क देते किंतु उनके बिना एक पल भी रह न पाते। वे इनकी केवल पत्नी ही नहीं थीं। क्या थीं? कभी गया तो पूछंगा किंतु वे बताएंगे अथवा शून्य में ताकते रह जाएंगे, बता नहीं सकता। क्योंकि श्रीलाल शुक्ल जी से मेरी ही मुलाकात एक अर्धविराम पर समाप्त होती है। उस अर्धविराम के इधर-उधर भी बहुत कुछ घटता रहता है। व्यक्त न हो पाता हो, यह दूसरी बात है किंतु अव्यक्त की भी अपनी एक अभिव्यक्ति होती है। मन ही मन रचना और रचनाकार के पठन, मनन एवं चिंतन के रूप में वह अभिव्यक्ति सतत प्रक्रिया के रूप में होती रहती है और जीवन के बहुआयामी प्रश्नों, समस्याओं, संबंधों एवं समाज को समझने में सहायता करती रहती है।

हमें विश्वास है कि यह अर्धविराम, विराम में न बदलेगा, न बदल सकता है।

1999

कुछ यादें...

गिलियन राइट

हिमालय की बर्फीली पहाड़ियों के बीच बसा शिमला शहर। पैलेस होटल चैल के लॉन में बिखरी धूप। यहां *राग दरबारी* पुस्तक पढ़ने के बाद श्रीलाल जी के कृतित्व से मेरा परिचय हुआ। इससे पहले या बाद में किसी भी उपन्यास ने मुझे इतना प्रभावित नहीं किया। पहले तो इसे पढ़कर मुझे बार-बार हंसी आई, दूसरे मैं चकित होकर यह कहने को मजबूर हो गई कि 'यह तो एकदम सच है।' यह एक अनूठी पुस्तक थी जिसे ज्यादा से ज्यादा भाषाओं में अनूदित किया जाना चाहिए था। अब तक लगभग 15 भारतीय भाषाओं में तो यह पुस्तक छप चुकी थी, लेकिन न जाने क्यों अंग्रेजी में इसे अनूदित नहीं किया गया था। दिल्ली आने पर मैं पैंगुइन इंडिया वालों से मिली। वे इसके अंग्रेजी अनुवाद के लिए बड़े उत्सुक थे और जाने क्यों उन्हें यह विश्वास था कि यह कार्य मैं अच्छी तरह से कर सकती हूं। लेखक ने भी बड़ी उदारता और विनम्र भाव से इस प्रस्ताव का स्वागत किया। मुझे अभी तक याद है जब मैं पहली बार अपने अनुवाद का कच्चा मसौदा उन्हें दिखाने के लिए लखनऊ गई थी। बड़ा इमामबाड़ा और हुसैनाबाद छोड़कर बाकी लखनऊ शहर से मैं एकदम अपरिचित थी। चारबाग के बाहर बेहद शोर करने वाले टैम्पो खड़े रहते हैं। मैंने इंदिरा नगर जाने के लिए एक तांगा किराए पर लिया। कमजोर होने के बावजूद तांगे का भूरा घोड़ा कद-काठी से ठीक-ठाक था। तांगे से जाना ठीक ही रहा क्योंकि इंदिरा नगर, चारबाग से जितना मैंने सोचा था उससे कहीं ज्यादा दूर था। उस आवासीय कॉलानी में तांगे से जाना बड़ा अजीब लग रहा था। इतने महान लेखक के साथ मुलाकात की कल्पना से मैं थोड़ा सशंकित सी थी। लेकिन मेरा सोचना गलत साबित हुआ।

श्रीलाल शुक्ल, यदि प्रशासनिक सेवा में नहीं होते तो एक बहुत अच्छे अध्यापक होते। वे अत्यंत मृदुभाषी, विनम्र और खुश रहने वाले तथा धैर्यवान स्वभाव के व्यक्ति हैं। वे मुझे बहुत प्रोत्साहित करते और पूरे अनुवाद के दौरान मददगार रहे। उन्होंने मुझे बहुत स्वतंत्रता दी हुई थी पर साथ ही वे मेरे भटकाव, अर्थात 'हाउलर्स' को बताने में अत्यंत सावधान रहते थे। हम साथ बैठते थे पर अनुवाद के गूढ़ सिद्धांतों पर गंभीर विचार-विमर्श में समय जाया न करते थे। न ही, उन्होंने कभी मुझे अपनी कृति के प्रति अपनी अधिकार भावना महसूस होने दी और न मुझ जैसे अनुवादक, जिसका अनुभव इस क्षेत्र में अत्यंत अल्प था, को यह महसूस होने दिया कि उन्हें मेरी काबिलियत पर कोई संदेह है। सच तो यह है कि उनकी निश्चिंतता और मेरी अनुभवहीनता का एक अजीबोगरीब संयोग बन गया था।

यह उपन्यास एक उपाख्यान के रूप में ग्राम कथाओं की सीरीज है जिसे श्रीलाल शुक्ल लखनऊ में कार्लटन होटल के लॉन में बियर के ग्लासों की खनक के साथ अपने मित्रों, लेखकों, पत्रकारों को सुनाते हैं। इसका उनके मित्रों पर यह प्रभाव पड़ता है कि नैसर्गिक तौर पर इन

कहानियों का मूल स्वर रूढ़ियों को तोड़ने वाला है जो कि ग्रामीण जीवन के समकालीन हिंदी लेखन की धारा के विपरीत है। इस कथानक की उपाख्यानात्मक शैली ही वह आधार है जिसके कारण इस पर सफलतम टीवी सीरीज बनाई जा सकी, जिसमें ओम पुरी जैसे अभिनेता और पंडित भीमसेन जोशी जैसी हस्ती ने संगीत दिया। यही वजह थी कि विदेशी प्रकाशन गृहों के संपादकों की इस पर नजर पड़ी। *राग दरबारी* के उर्दू संस्करण को प्रकाशन से पहले छोटा किया गया और अंग्रेजी के मामले में हमको एक ऐसे प्रकाशक का सामना करना पड़ा था जो पेपरबैक संस्करण या लाभ कमाने के लिए इसे लंबा करना चाहता था। हम दोनों ही को पैंगुइन्स की इसे छोटा करने की मांग से समझौता करना पड़ा। परिणामस्वरूप हमें विद्वज्जनों की इस आलोचना का शिकार होना पड़ा कि *राग दरबारी* का अंग्रेजी अनुवाद मूल से काफी छोटा है। अनुवाद का बचा हुआ हिस्सा अभी भी मेरे पास एक शैल्फ में ऊंचाई पर एक फाइल में रखा हुआ है। सौभाग्यवश दीमक के दो बार के हमले से अभी तक यह बचा हुआ है। संभवतः 81वीं वर्षगांठ के अवसर पर लेखक के लिए यह सर्वश्रेष्ठ भेंट होगी कि *राग दरबारी* के अनुवाद के पूरे अंग्रेजी पाठ को प्रकाशित करवाया जाए।

लेकिन शायद ही ऐसा हो पाए। मेरा विचार है कि श्रीलाल शुक्ल के जीवन के किंचित हिस्से में *राग दरबारी* की असाधारण लोकप्रियता ने उनकी सृजनात्मक क्षमता को एक नई शक्ति प्रदान की होगी। वे अपनी व्यंग्यात्मक शैली से इस कदर जुड़ गए कि उनकी धीर-गंभीर अन्य कृतियां उपेक्षित होने लगीं। सौभागयवश *बिस्रामपुर का संत* जैसी कुछ पुस्तकों की सफलता ने इस संतुलन को कुछ हद तक ठीक किया, यद्यपि, पाठकों के लिए *राग दरबारी* का हमेशा एक विशेष स्थान बना रहेगा।

जहां तक मेरा प्रश्न है, अनुवाद प्रक्रिया में मुझे आनंद आने लगा था। मेरे लिए यह एक मनोरंजक और उच्च शिक्षाप्रद कार्य था और इसमें एक अनुवादक के रूप में जो सबसे महत्वपूर्ण बात मेरे पक्ष में थी वह यह कि लेखक और मुझमें, दोनों में ही विनोद भाव विद्यमान था। *राग दरबारी* में जो विनोद भरा पड़ा है वह मुझमें भी विद्यमान है और निश्चित रूप से उत्तर प्रदेश के प्रत्येक गांव में इसके उदाहरण देखने को मिल सकते हैं। विनोद की यह भागीदारी ही एक महत्वपूर्ण वजह रही है जिसके कारण मैं इसका सफल अनुवाद कर सकी और लोगों ने इसे सराहा।

सत्तर के दशक में जब *राग दरबारी* का पहली बार प्रकाशन हुआ, इसकी आलोचना के मुख्य मुद्दे थे–इसमें कुछ भी नया नहीं था, भ्रष्टाचार, विकास की कमी और राजनीति के पीछे कार्य करने वाली क्रूर शक्तियों के बारे में सिर्फ वह सब कुछ दोहराया गया है जिसे सभी पहले से ही जानते हैं। इन आलोचकों में निश्चित तौर पर विनोद भाव की कमी रही होगी और इस जानकारी की भी कमी रही होगी कि विनोद के माध्यम से कहीं अधिक प्रभावी रूप से और पैनेपन से आलोचना की जा सकती है। सर्वश्रेष्ठ कार्टूनिस्टों में यही प्रतिभा विद्यमान रहती है। शायद यही वजह रही होगी कि पहले के जमाने में शाही दरबारों में मसखरों को, राजा को कड़वे से कड़वे सत्य से अवगत करा देने का अधिकार दिया जाता था, वफादार दरबारियों में इसका उल्लेख करने का साहस नहीं होता था।

एक हजार शब्दों के किसी लेख में विनोदभाव का एक-सा प्रवाह बनाए रखना आसान सी बात है लेकिन *राग दरबारी* में श्रीलाल शुक्ल की यह एक अनूठी उपलब्धि है कि वे पूरी पुस्तक में एक सा ओज, एक ही अंतर्दृष्टि, सारगर्भिता, पैनेपन और बौद्धिक अभिव्यक्तियों का निर्वाह करने में सफल रहे हैं। हास्य की शैली के बिना तथा बगैर किसी प्रत्याशित स्थिति

के भी हास्य की सफलता व्यापक रूप से उसके अभिज्ञान पर निर्भर करती है—विवेचित परिस्थितियों के सत्य से पाठक का अभिज्ञान। हिंदी के मुहावरों में अंग्रेजी की तुलना में कहीं अधिक संप्रेषण सामर्थ्य होती है, यही कारण है कि पुस्तक में कई स्थानों पर मैंने उनका शब्दशः अनुवाद किया है। श्रीलाल शुक्ल को गांव के लघु जगत् की वास्तविकता को उच्च स्तर के हास्य की मनोदशा में चित्रित करने में सफलता मिली है, जिसकी सीमाएं उत्तर प्रदेश की भौगोलिक सीमाओं को पीछे छोड़ देती हैं। *राग दरबारी* की दुनिया का अंतर्निहित सत्य आज भी यही है, यद्यपि बहुत कुछ दांव पर लगा है, और वह भी व्यापक स्तर पर।

यही कारण है कि, इस पुस्तक के प्रथम प्रकाशन से लगभग आधे शतक के बीत जाने के बाद आज भी *राग दरबारी* विभिन्न भारतीय भाषाओं में प्रकाशित किया जा रहा है। नई पीढ़ी को भी इसमें उसकी नई समस्याओं के समाधान मिलते हैं। मैंने कई-कई बार इसे पढ़ा है। मेरा अनुभव रहा है कि ग्रामीण उत्तर प्रदेश के लोग अत्यंत विपत्ति के समय में भी स्वयं उठ खड़े होते हैं और सर्वथा नए जोश से परिस्थितियों का सामना करते हैं। मैं केवल स्वप्न में ही ऐसा करने की सोच सकती हूं। मेरे विचार से *राग दरबारी* के कथ्य में भी यही अजेय भावना निहित है। इस कारण से मैं स्वयं को सौभाग्यशाली समझती हूं कि मुझे इस उपन्यास और उपन्यासकार के साथ सृजनात्मक कार्य करने का अवसर मिला।

अन्य अनेक लोगों की तरह मैं भी कह सकती हूं कि श्रीलाल शुक्ल के कृतित्व से मेरा जीवन समृद्ध हुआ है, और मैं कामना करती हूं कि आने वाले कई वर्षों तक उनकी सृजनशीलता चलती रहे और मेरे जैसे तमाम पाठकों के लिए वे अनेकानेक पुस्तकें लिखें।

2005

अनुवाद के दौरान बातचीत*

गिलियन राइट

दिल्ली के संभ्रांत समाज में *राग दरबारी* के पाठकों की संख्या बहुत ज्यादा नहीं है। किसी भी डिनर पार्टी में मुश्किल से ही ऐसे लोग मिलेंगे जो इस उपन्यास या इसके लेखक को जानते हों। जबकि वहां हाल में प्रकाशित अंग्रेजी उपन्यासों पर जमकर बहस होती है। लेकिन मैंने अबतक अंग्रेजी के जितने भी उपन्यास पढ़े हैं, उनमें उत्तर भारत के सामान्य ग्रामीण जीवन को निकट एवं बारीकी से प्रस्तुत नहीं किया गया है जबकि *राग दरबारी* के प्रत्येक पृष्ठ से उत्तर प्रदेश की मिट्टी की महक फैलती है।

इस उपन्यास के लेखक और एक सेवा निवृत्त सरकारी उच्चाधिकारी श्रीलाल शुक्ल ने अपना पूरा जीवन उत्तर प्रदेश में ही बिताया है। समाज के बारे में उनकी सूक्ष्म दृष्टि और सटीक एवं धारदार व्यंग्य के कारण आज से तीस वर्ष पहले पुस्तक के प्रथम संस्करण के प्रकाशन के समय ही बड़ी संख्या में इस पुस्तक की बिक्री हुई थी और जिन क्षेत्रों में हिंदी पढ़ी समझी जाती है, उनमें इसकी लोकप्रियता निरंतर बनी रही है। लखनऊ के भीड़-भाड़वाले अमीनाबाद मुहल्ले के एक पुस्तक विक्रेता ने मुझे बताया कि *राग दरबारी* की इतनी अधिक बिक्री इसलिए होती है कि इसमें ग्रामीण राजनीति और सरकारी तंत्र के कामकाज के तौर-तरीके का वर्णन बिना किसी लाग-लपेट के किया गया है।

इस उपन्यास के दो प्रमुख विषय हैं—राजनीति और सरकार। उत्तर प्रदेश राजनीतिक दृष्टि से भारत का सबसे शक्तिशाली राज्य है। अक्सर यह कहा जाता है कि इस राज्य का मुख्य उद्योग राजनीति है। श्रीलाल शुक्ल राजनीति की गहरी जड़ में जाकर उसके बारे में लिखते हैं। लेकिन उन्होंने जिस गुटबाजी, भाई-भतीजावाद, और पर्दे के पीछे के राजनीतिक जोड़-तोड़ का वर्णन किया है वे सब राष्ट्रीय समाचार पत्रों के पाठकों के लिए कोई नई और अजनबी बातें नहीं हैं। इनके अतिरिक्त लेखक ने उत्तर प्रदेश की शक्तिशाली ब्यूरोक्रैसी को अपना प्रमुख निशाना बनाया है और आम आदमी के प्रति उनकी उदासीनता और अप्रासंगिकता, अकर्मण्यता तथा राजनीतिज्ञों के साथ के उनके निकट संबंधों के लिए उन्हें उपहास का पात्र बनाया है। उत्तर प्रदेश के एक वरिष्ठ सरकारी अधिकारी ने इस पुस्तक की विषय-वस्तु पर प्रकाश डालते हुए कहा कि यह 'यस मिनिस्टर' का भारतीय रूप है।' लेकिन सच तो यह है कि *राग दरबारी* की कथावस्तु ब्रिटिश टेलिविजन सीरियल 'यस मिनिस्टर' से काफी व्यापक और गंभीर है।

इस पुस्तक का नाम ही इसके कथानक की राजनीतिक दृष्टि को उजागर करता है। *राग दरबारी* भारतीय शास्त्रीय संगीत (हिंदुस्तानी संगीत) के अत्यंत कठिन रागों में से एक है, लेकिन

* गिलियन राइट ने *राग दरबारी* का अंग्रेजी में अनुवाद किया है जो पेंगुइन इंडिया से प्रकाशित है। यह लेख भूमिका की तरह 'ट्रांसलेटर्स नोट' के रूप में अंग्रेजी में ही लिखा गया है।

श्रीलाल शुक्ल ने इसके शाब्दिक अर्थ यानी दरबार में प्रचलित जी हजूरी के रूप में *राग दरबारी* का प्रयोग किया है। इस उपन्यास में *राग दरबारी* का अभिप्राय आज के स्थानीय राजा यानी ग्रामीण नेताओं के दरबारियों द्वारा गाई जानेवाली प्रशंसा की विरुदावली और चापलूसी से है। इस दरबार के प्रधान एक ब्राह्मण व आयुर्वेदिक चिकित्सक वैद्यजी हैं। वैद्यजी अपने गांव शिवपालगंज के राजनीतिक दाव-पेंच के गुरु हैं। इस उपन्यास की कहानी उन्नीस सौ पचास के उत्तरार्ध की है जिसमें लखनऊ जिले के दक्षिण-पूर्व में स्थित रायबरेली जिले के एक साधारण गांव शिवपालगंज पर राजनीतिक तौर से अपना नियंत्रण कायम करने के लिए वैद्यजी की राजनीतिक चालबाजी को उजागर किया गया है। उपन्यास के अन्य प्रमुख पात्र हैं—वैद्यजी का बड़ा बेटा बद्री पहलवान, छोटा बेटा और छात्र नेता रुप्पन बाबू और भांजा रंगनाथ जो पास के शहर से ग्रेजुएट की परीक्षा पास कर चुका है। रंगनाथ बीमारी के इलाज के लिए अपने मामा के गांव शिवपालगंज आया है। यह उपन्यास उसके स्वास्थ्य-लाभ की अवधि का वृत्तांत है। वैद्यजी स्थानीय सहकारिता संघ और कॉलेज पर तो अपना नियंत्रण पहले से ही रख रहे हैं लेकिन इस अवधि के दौरान वे ग्रांम पंचायत पर भी अपना नियंत्रण रखने का अभियान शुरू कर देते हैं। लेकिन गांव के उनके प्रमुख राजनीतिक विरोधी के समर्थन से कालेज के असंतुष्ट शिक्षकों का एक ग्रुप कॉलेज पर वैद्यजी के एकाधिकार को कड़ी चुनौती देता है।

जीर्ण-शीर्ण अवस्था में लखनऊ के महलनुमा कार्लटन होटल में जब मैं श्रीलाल शुक्ल से मिली तो, मैंने यह पूछा कि वैद्यजी के लिए सहकारिता समिति, ग्राम पंचायत और कॉलेज इतना महत्वपूर्ण क्यों हैं जिन पर वे अपना कब्जा बरकरार रखना चाहते हैं। उन्होंने कहा कि 'ये तीनों शिवपालगंज के महत्वपूण संस्थान हैं क्योंकि पचास के दशक के उत्तरार्द्ध और साठ के दशक के प्रारंभ में शिक्षा, सहकारिता और पंचायतें ग्रामीण विकास के लिए तीन प्रमुख मूलाधार मानी जाती थीं, नेहरू युग के नए तीर्थस्थल बड़े उद्योगों के लाभ गांवों तक नहीं पहुंच सके थे। अतः ये तीनों संस्थान परिवर्तन के प्रमुख औजार बन गए थे और गांव के मामलों में अपना नियंत्रण रखने के उद्देश्य से वहां की उच्च जाति के लोग इन संस्थानों को अपने कब्जे में बनाए रखने के दावपेंच भी जल्दी ही सीख गए थे। *राग दरबारी* के सभी मुख्य पात्र ब्राह्मण हैं, जो उस समय के उत्तर प्रदेश के गांवों में अपना वर्चस्व रखते थे और काफी हदतक आज भी इस राज्य में ब्राह्मणों और ठाकुरों का वर्चस्व बना हुआ है।'

श्रीलाल शुक्ल देश की श्रेष्ठ और विशिष्ट भारतीय प्रशासनिक सेवा के सेवा-निवृत्त अधिकारी होने के साथ-साथ एक ऐसे गांव के रहनेवाले हैं, जो शिवपालगंज से बहुत भिन्न नहीं है। वे एक धर्मपरायण ब्राह्मण परिवार के सदस्य भी हैं। इलाहाबाद विश्वविद्यालय से प्राचीन भारतीय इतिहास, अंग्रेजी साहित्य और संस्कृत जैसे विषयों के साथ बी.ए. की परीक्षा पास करने बाद, उन्होंने सरकारी सेवा शुरू की। वे रायबरेली के अलावा मुख्य रूप से लखनऊ के आस-पास ही सेवारत रहे। कुछ समय तक उन्होंने राज्य के सूचना विभाग के निदेशक के पद पर कार्य किया—जब श्री विश्वनाथ प्रताप सिंह उत्तर प्रदेश के मुख्यमंत्री थे और बाद में भारत के प्रधानमंत्री भी बन गए थे। इन्हीं बातों के कारण मैंने, यह सोचा कि *राग दरबारी* बहुत हद तक एक आत्मकथात्मक कृति है।

लेकिन श्रीलाल शुक्ल ने मेरी इस अवधारणा को सिरे से खारिज करते हुए कहा कि यह सच है कि मैं ब्राह्मण हूं लेकिन जब मैं लिखता हूं तो इसे तनिक भी ध्यान में नहीं रखता और *राग दरबारी* में जाति का कोई महत्वपूर्ण स्थान नहीं है क्योंकि उस समय की राजनीति में भी आज की राजनीति की तरह जाति की कोई निणार्यक भूमिका नहीं थी। इसी प्रकार शिवपालगंज

मेरा गांव नहीं है और इस उपन्यास का कोई भी पात्र ऐसा नहीं है जिसे मैं व्यक्तिगत रूप से जानता हूं। उदाहरण के लिए वैद्यजी को ही लीजिए वे तो तीन-चार अलग-अलग प्रकार के लोगों के विलक्षण सम्मिश्रण हैं। और प्रशासनिक सेवा में मेरे होने का यह अर्थ नहीं है कि मैं सरकार के कामकाज के तौर-तरीके की कोई खास अंदरूनी जानकारी रखता हूं अथवा एक ब्यूरोक्रैट की हैसियत से मैंने यह उपन्यास लिखा है। एक लेखक के रूप में मैंने अपने सरकारी ओहदे को अपने लेखकीय व्यक्तित्व से बिलकुल अलग रखा है। आप देखेंगी कि इस पुस्तक में मैंने सहकारिता समिति के बारे में जो कुछ भी लिखा है, उसे प्रदेश के लोग पहले से ही भलीभांति जानते हैं। वस्तुतः *राग दरबारी* के सर्वप्रथम प्रकाशन के बाद इस बात की आलोचना की गई कि उपन्यास में तो वही बातें हैं जो सभी लोग जानते हैं, इसमें कोई नई बात नहीं है। मेरे पास लेखकीय युक्तियां और सुदीर्घ अनुभव हैं, जिनके आधार पर मैं सृजन करता हूं।'

यद्यपि श्रीलाल शुक्ल ने अपने पात्रों के चरित्रों के सृजन में अपने अनुभव का उपयोग किया है। इस उपन्यास के उपाख्यानों का कथानक तो साठ के दशक में इस पुस्तक के लिए प्रस्तुत रूपरेखा की ही सृजनात्मक परिणति है। उसी कार्लटन होटल के लॉन में लंच के अवकाश के समय श्रीलाल शुक्ल ने प्रतिभाशाली साहित्यिकों और पत्रकारों को तीस-चालीस ग्रामीण कथाएं सुनाईं। उन्होंने मुझे बताया कि बीयर का रसास्वादन करते समय ये कहानियां तो अच्छी लगीं 'लेकिन लिखित रूप में नीरस' हैं। परंतु उनके मित्रों ने इस बात पर जोर दिया कि इन कथाओं में कुछ असाधारण बाते हैं। शुक्ल जी ने मुझे बताया कि 'उनके मित्रों ने कहा कि इन कहानियों में सहज-स्वाभाविक रूप से रूढ़िग्रस्तता के प्रति विद्रोह है जो ग्रामीण जीवन पर हिंदी के समसामयिक लेखन में उपलब्ध नहीं है। समसामयिक हिंदी लेखन में या तो ग्रामीण समाज की गरीबी और कंगाली और गरीबों के शोषण को प्रस्तुत किया गया है अथवा आदर्श ग्रामीण परिवेश को।' अतः श्रीलाल शुक्ल ने बिखरे आख्यानों का निर्माण किया जो कथानकों को आपस में जोड़ता है। लेकिन शिवपालगंज का ग्रामीण परिवेश केंद्र-बिंदु बना रहा है जिसने इस उपन्यास को सशक्त और प्रभावशाली बनाया है।

इस परिवेश के कुछ पात्र काफी सोच-विचार कर अपनी बात कहने के अभ्यस्त हैं लेकिन अधिकांश पात्र बिना किसी लाग-लपेट के अपनी बात कहने से परहेज नहीं करते। कुछ सर्वाधिक ध्यान आकर्षित करनेवाले पात्रों में वे पहलवान हैं, जो अखाड़े से देह में कीचड़ और मिट्टी लगाकर बार-बार प्रकट होते हैं अथवा सरसों तेल से मालिश के बाद तेल की तेज गंध के साथ आते हैं। मैंने श्रीलाल शुक्ल से पूछा कि ये पहलवान क्या सचमुच ऐसे ही होते है? उन्होंने बताया कि इस प्रकार की सामूहिक रूप से कुश्ती के अभ्यास का प्रचलन अखाड़े में तो अब बहुत कम रह गया है लेकिन लगभग पचास साल पहले, पचास तथा साठ के दशकों में गांवों में ऐसे पहलवान होते थे। फिर भी मध्य उत्तर प्रदेश के कुछ गांवों में अब भी अखाड़े मौजूद हैं। पहलवानों के अंग-विन्यास और व्यवहार बिलकुल वास्तविक हैं लेकिन आज के लोग शारीरिक शक्ति पर भरोसा नहीं करते, राजनीति में दूसरे किस्म की दादागीरी आ गई है, सो दूसरे प्रकार के पहलवान हैं, जो अपनी शक्ति के रूप में अवैध हथियारों पर भरोसा रखते हैं।

पहलवानों और अन्य पात्रों के क्रियाकलापों में एक मुख्य काम भांग पीना है। श्रीलाल शुक्ल ने भांग पीसने और छानने की कला को अपने बचपन से ही देखा है। उन्होंने मुझे कहा कि 'ठाकुर जाति के लोग हमेशा शराब पीते थे लेकिन ब्राह्मणों एवं बनियों के लिए यह पेय निषिद्ध था। भांग नशे के लिए सामाजिक रूप से एकमात्र स्वीकृत पेय था जो कि थकान से मुक्ति और मनबहलाव का मुख्य साधन माना जाता था। मेरे बचपन में गांव में शाम पांच बजे

भांग पीसने का काम शुरू हो जाता था। शहरों और गांवों के बीच के संबंध निरंतर बढ़ते रहने के कारण स्थितियां बदल रही हैं और गांव के लोग भी शराब पीने से अब परहेज नहीं करते। जबकि पहले ऐसी स्थिति नहीं थी।

श्रीलाल शुक्ल के शिवपालगंज में आश्चर्यजनक रूप से महिलाएं नजर नहीं आतीं। गांव के स्थानीय साहूकार की पुत्री घर की छत पर चढ़कर रंगनाथ को चूमने (भूलवश बद्री समझ कर) के अलावा स्त्रियां सिर्फ गांव में रास्ते पर आती-जाती अथवा रात में काल्पनिक रूप में बिस्तर की मौज-मस्ती में ही दिखाई देती हैं। मैंने लेखक से पूछा कि क्या उनके सुदीर्घ अनुभव के दायरे में ग्रामीण औरतों का कोई अस्तित्व नहीं है?

श्रीलाल शुक्ल ने कहा कि *राग दरबारी* का समाज पुरुष प्रधान है और एक लंबे अरसे तक इंदिरा गांधी के प्रधानमंत्री रहने के बावजूद राजनीति पर अब भी पुरुषों का आधिपत्य बना हुआ है। इनके अलावा मूल्यों में जिन गिरावटों के कारण हास्य व्यंग्य उत्पन्न हो सकते हैं, वे सभी पुरुषों के वास्तविक जीवन से संबंधित हैं। उदाहरण के लिए दल-बदल को ही लीजिए। बहुत कम महिलाएं राजनीतिक लाभ के लिए अपने दल को छोड़कर दूसरे दल की सदस्य बनती हैं। अतः यदि आप राजनीतिक जीवन के गिरते हुए मूल्यों को हास्य-व्यंग्य का विषय बनाना चाहते हैं, तो पुरुषों का चरित्र आपको बहुत ज्यादा अनुकूल लगेगा। मैं नहीं सोचता कि यदि कोई महिला कॉलेज की प्रभारी होती, तो उसका व्यवहार भी वैद्यजी जैसा ही होता।

श्रीलाल शुक्ल परंपरागत सामाजिक मूल्यों में गिरावट के लिए भी पुरुषों को ही जिम्मेदार मानते हैं। उदाहरण के लिए अपने बुजुर्गों के लिए भारतीयों के मन में महान सम्मान की भावना अर्थात पितृभक्ति के असली रूप को वे पाठकों के समक्ष प्रस्तुत करते हैं। इस उपन्यास के दो पात्र छोटे पहलवान और उसके पिता पीढ़ियों से आ रही पारिवारिक परंपरा के अनुसार ही हमेशा एक-दूसरे से लड़ते-झगड़ते रहते हैं। लेखक का तर्क है कि यह भी सामाजिक वास्तविकता का एक रूप है। लेकिन यह भी सच है कि श्रीलाल शुक्ल एक ऐसी सामाजिक व्यवस्था के कटु निंदक हैं जिसने भारत को विगत कई सौ वर्षों से एक सुदृढ़ स्थायी समाज प्रदान किया है। जब मैंने उनका ध्यान इस बात की ओर दिलाया तो, उन्होंने कहा कि

> क्या मैं सचमुच कटु आलोचक बन गया हूं। इसके अलावा मैं कर भी क्या सकता था? आपको यह जानना चाहिए कि आखिर मैं अत्यधिक हास्य-परिहास की मनःस्थिति में यह पुस्तक लिख रहा था।

इस पुस्तक के मनोरंजक व्यंग्य ही कथानक को जीवंत बनाए रखते हैं और श्रीलाल शुक्ल व्यवस्था की जिन खामियों को उजागर करना चाहते हैं उन्हें उपहास-परिहास के रूप में प्रस्तुत करते हैं। लेखक जिस राजनीतिक एवं प्रशासनिक व्यवस्था का वर्णन करते हैं, वह ब्रिटिश हुकूमत से विरासत में मिली है जिसे अंग्रेजों ने अपना साम्राज्य चलाने के लिए बनाया था। इसलिए यह कोई अचरज की बात नहीं है कि भारत जैसे जटिल स्वतंत्र देश के राजकाज के लिए वह व्यवस्था कारगर सिद्ध नहीं हुई। सच्चाई तो यह है कि ब्रिटिश शासन द्वारा लागू अनेक नियम-कानून उनके शासन काल में ही नाकामयाब रहे थे। लेखक ने अदालतों के दृश्य को बार-बार अपना निशाना बनाया है। 1950 के दशक से ही आम जनता अदालतों के कामकाज की शिकायत करती रही है। और जबकि ब्रिटिश प्रशासक क्लीमैन ने इस राज्य (जिसे अब उत्तर प्रदेश कहा जाता है।) का दौरा किया था और उसने देखा था कि यहां के लोग नई ब्रिटिश कानूनी पद्धति की जटिलताओं और भ्रष्टाचार से किस तरह परेशान हैं। अन्य बातों के अतिरिक्त अदालतों में गांव के पेशेवर गवाहों के बयान इस पुस्तक के सर्वाधिक मनोरंजक प्रसंग हैं।

लेखक मानते हैं कि इस प्रकार के हास्यप्रद दृश्य न तो उनके लिए और न उत्तर प्रदेश के लोगों, खासकर गांव के लोगों के लिए नए हैं। यहां के लोग जीवन के विनोदप्रिय पक्ष को देखने की विलक्षण क्षमता रखते हैं। उनकी विनोदप्रियता स्थानीय बोलियों की समृद्ध परंपरा में अभिव्यक्त होती है। श्रीलाल शुक्ल ने विशुद्ध साहित्यिक शैली में *राग दरबारी* की रचना की है लेकिन उन्होंने काफी हद तक सहज बोलचाल की हिंदी के साथ-साथ विभिन्न बोलियां में प्रयुक्त लोकोक्तियों और मुहावरों के हिंदी रूपातंरण का भी इस्तेमाल किया है। हिंदी के अन्य लेखकों ने ऐसा नहीं किया है। उदाहरण के लिए प्रेमचंद तथा ग्रामीण जीवन पर लिखने वाले अनेक लेखकों ने अपने लेखन को प्रामाणिक बनाने के उद्देश्य से आंचलिक शब्दों का बड़े पैमाने पर इस्तेमाल किया है। लेकिन श्रीलाल शुक्ल द्वारा इन अभिव्यक्तियों के अनुवाद का प्रयोग भी *राग दरबारी* में उतना ही ग्रामीण रूप-रंग बिखेरता है। और पाठकों के समक्ष कुछ नए बौद्धिक परिदृश्य भी उपस्थित करता है। उदाहरण के लिए यदि कोई ऐसी बात से प्रसन्न हो जाता है जो उसके लिए नुकसानदेह साबित हो सकती है, उसकी तुलना ऐसे आदमी से की गई है जिसकी पीठ पर यदि कोई पेड़ उग जाए तो वह समझता है कि उसे वृक्ष की छाया का सुख तो मिलेगा ही।

श्रीलाल शुक्ल ने हिंदी और संस्कृत के साथ अंग्रेजी का भी गहन अध्ययन किया है, अतः वे अंग्रेजी में भी आसानी से लिख सकते थे। लेकिन उनका विश्वास है कि लेखक अपनी मातृभाषा में ही सृजनात्मक लेखन कर सकता है। इस सिलसिले में उन्हें अपने चाचा की याद आती है। उनके चाचा बड़े मेधावी छात्र थे। उन्होंने 1913 में अपनी एक पुस्तक की भूमिका अंग्रेजी में लिखी जिसमें व्याकरण की एक भयंकर भूल (डिफनिट आर्टिकल के गलत प्रयोग) के लिए उनके प्रिंसिपल ने उन्हें काफी डांटा-फटकारा था। श्रीलाल शुक्ल ने मुझे बताया कि उनके चाचा को तब एहसास हुआ कि भले ही उन्होंने अंग्रेजी का उच्च अध्ययन किया है, पर यह उनकी मातृभाषा नहीं, अतः इस भाषा में उन्हें नहीं लिखना चाहिए। इसलिए श्रीलाल शुक्ल निरंतर हिंदी में लिख रहे हैं तथा अपने उपन्यास के पाठों को संशोधित और पुनःसंशोधित करने के श्रमसाध्य कार्य के लिए पर्वतीय स्थलों की यात्रा भी करते हैं।

श्रीलाल शुक्ल के लेखन में उनका गंभीर व्यंग्य हमेशा प्रभावशाली बना रहा है लेकिन आजादी के बाद भारत ने जो स्वरूप ग्रहण किया है, उससे उनका अधिकाधिक मोहभंग हुआ है। आंशिक रूप से इसका कारण यह भी है कि वे आजादी के आंदोलन के गौरवपूर्ण दिनों को याद करते हैं जब वे एक आदर्शवादी छात्र थे। अतः अब उन्हें लगता है कि वर्तमान स्थितियां उनकी आशा के अनुरूप नहीं हैं। उनका विचार है कि उन्होंने जब *राग दरबारी* लिखा था उसकी तुलना में आज मूल्यों में इतनी अधिक गिरावट आ गई है कि यह उपन्यास अब पुराना पड़ गया है।

कार्लटन होटल के लॉन में उन्होंने मुझसे कहा कि

> जिस समय मैं इस उपन्यास को लिख रहा था, हम व्यवस्था की मामूली विकृतियों से चिंतित थे, लेकिन अब जो कुछ हो रहा है उसे लिखने के लिए मार्क्वेज की भांति फैंटेसी लिखनी पड़ेगी। *राग दरबारी* तो अब बिलकुल अप्रासंगिक हो गया है।

उनका विचार है कि आज़ादी के बाद से सरकारी कामकाज का स्तर बिलकुल निराशाजनक हो गया है जिसका प्रमाण सहकारिता आंदोलन का पूर्णतः अधःपतन और देश की आधी आबादी का निरक्षर रहना है। उनके अनुसार इसके लिए राजनीति में पैसे का प्रभुत्व और स्थानीय माफिया का बढ़ता हुआ प्रभाव तथा प्रशासन में अधिकाधिक राजनीतिक हस्तक्षेप जिम्मेदार हैं।

अन्य लोग भी उनके इस विचार से सहमत हैं। लखनऊ के एक पत्रकार ने मुझे बताया कि 'अब राजनीतिक नेताओं के बीच भ्रष्टाचार इतना स्वीकार्य हो चुका है कि यह अलग से कोई मुद्दा नहीं रह गया है और अगर कोई अधिकारी रिश्वत के लिए तयशुदा दर पर घूस लेता है तथा उससे ज्यादा की मांग नहीं करता, तो उसे बहुत अच्छा और ईमानदार आदमी माना जाता है।'

अतः श्रीलाल शुक्ल का यह कहना ठीक ही है कि व्यवस्था में विकृतियां बढ़ गई हैं। लेकिन यह व्यवस्था तो वही है जो देश को ब्रिटिश राज से विरासत में मिली थी। इसी वजह से समस्याएं भी वही हैं जिनका वर्णन *राग दरबारी* में किया गया है। इसमें एक मात्र फर्क यह आया है कि आज समस्याएं पहले से काफी पेचीदा हो गई हैं और तब तक बढ़ती रहेंगी जब तक कि भारत की आवश्यकताओं के अनुसार इन समस्याओं का निदान नहीं खोज लिया जाता। यही कारण है कि मैं सोचती हूं कि *राग दरबारी* इस समय भी बहुत प्रासंगिक है। इसके अतिरिक्त उत्तरप्रदेश के दिन-ब-दिन की जिंदगी के बारे में लेखक ने जो विचार व्यकत किए हैं, वे आज भी उतने ही प्रामाणिक हैं, जितने कि पच्चीस साल पहले। पालतू सूअरों के झुंड अब भी अपनी दुलकी चाल में सड़क पार करते हैं, तो एक-दूसरे से देह रगड़ते रहते हैं। ट्रक ड्राइवर हमेशा अपने ट्रक के दरवाजे को पूरा खोलकर बीच सड़क में अपनी गाड़ी खड़ी कर देते हैं ताकि कोई दूसरी गाड़ी आगे न बढ़ सके तथा रोज सुबह और शाम के वक्त महिलाएं एकांत में टोलियां बनाकर मलत्याग के लिए अब भी बाहर देखी जा सकती हैं।

उपन्यास के अंत में वैद्यजी थोड़ा बहुत परिवर्तित लखनऊ शहर में राजनीतिज्ञों और अधिकारियों के साथ संपर्क कर अपने प्रभाव को पुनः प्रतिष्ठित करना चाहते हैं। यहां भी ऐसी अनेक बातों का वर्णन है, जो आज भी विद्यमान हैं। वाहनों की संख्या में वृद्धि तो हुई है लेकिन उनमें अधिकांश सरकारी गाड़ियां हैं। सबसे ज्यादा शान-शौकत वाली एंबेसेडर कार है, जिसमें ऊपर लाल बत्ती और अंदर छोटा पंखा होता है जो पिछली सीट पर बैठे मंत्रियों के मुख पर ठंडी हवा पहुंचाता है। राज्य के सिर्फ 2.5 प्रतिशत लोग अंग्रेजी समझते हैं लेकिन यहां के संभ्रांत वर्ग की यह प्रिय भाषा है और शहर के अच्छे स्कूलों में इस समय भी अंग्रेजी माध्यम से पढ़ाई होती है। ब्रिटिश राज में अंग्रेजों के लिए अंग्रेजों द्वारा बनाए गए हजरतगंज बाजार की दुकानों के साईन बोर्ड अब भी अंग्रेजी में ही हैं। शहर के हर नुक्कड़ पर पान की दुकानें मौजूद हैं और कहीं भी आप दुग्ध-मिश्रित भांग का आनंद उठा सकते हैं। शहर में किसी को भी पेशाब करने की जगह की कोई कमी नहीं है। अधिकारी और राजनेतागण अब भी शहर के शोर और भीड़भाड़ से दूर हरे-भरे क्षेत्रों में रहते हैं। नेताओं के बंगले पर अब भी पैरवी करानेवालों और विभिन्न राजनीतिक गुटों के प्रतिनिधियों की भीड़ लगी रहती है क्योंकि राजनीति संरक्षण देने और संरक्षकों का व्यवसाय बन गई है।

इस बात से इनकार नहीं किया जा सकता है कि अच्छे और बुरे दोनों प्रकार के परिवर्तन हुए हैं। *राग दरबारी* में व्यवस्था के नकारात्मक पक्ष को उजागर किया गया है। लेकिन कुछ सकारात्मक पक्ष भी हैं। उदाहरण के लिए समाज के जिन वर्गों को सदियों से सत्ता से अलग रखा गया था, वे निरंतर सत्ता में अपनी न्यायोचित भागीदारी मांग रहे हैं। इस समय उत्तर प्रदेश के मुख्यमंत्री ऐसी ही एक पिछड़ी जाति के हैं। यह दूसरी बात है कि वे एक पहलवान थे और किसी इंटरमीडियट, कालेज के शिक्षक भी रह चुके हैं। उनके भाई उनके गृह-जिले के सहकारिता संघ और जिला परिषद के प्रधान हैं। इससे यह सिद्ध होता है कि नवोदित राजनीतिक शक्तियां भी इन स्थानीय निकायों पर नियंत्रण रखना उतना ही जरूरी मानती हैं जितना *राग दरबारी*

लिखने के समय था। मुख्यमंत्री के दो प्रमुख कार्यक्रम–हिंदी का प्रयोग बढ़ाना और ग्रामीण महिलाओं के लिए शौचालयों का प्रबंध अब भी उतना ही आवश्यक है जितना उस समय था।

परंतु, *राग दरबारी* की प्रासंगिकता निरंतर बने रहने का ठोस सबूत इसके पाठकों की संख्या में अनवरत विस्तार और वृद्धि है। हिंदी पाठकों की दूसरी पीढ़ी ने इस उपन्यास को एक महत्वपूर्ण रचना के रूप में स्वीकार किया है और पंद्रह अलग-अलग भाषाओं में इसके अनुवाद के बाद यह पूरे देश के पाठकों के लिए सहज ही उपलब्ध है। रंगमंच और टेलीविजन के लिए इसका नाट्य रूपातंरण भी किया गया है। अब अंततः अंग्रेजी में भी यह उपन्यास प्रकाशित हो गया है। मैंने इसके अनुवाद में पुस्तक के मूल भाव को प्रस्तुत करने का हर संभव प्रयास किया है, और यदि मैं इसमें सफल रही हूं, तो मुझे पूर्ण विश्वास है कि इसके अंग्रेजी पाठक भी पुस्तक का स्वागत और सराहना करेंगे।

1991

अनुवाद : नारायण कुमार
2013

जबान मेरी है बात उनकी

अष्टभुजा शुक्ल

बिना किसी कथा-कहानी के किसी उपन्यास की धूम मच जाए, तो कम से कम हिंदी में चौंकाने वाली बात है। यह चौंकाने वाली बात 1968 में हुई तब जब *राग दरबारी* छपकर आया। इससे भी चौंकाने वाली बात यह कि मैंने इसका पहला पारायण 1978 में किया। इस एक दशक में तो किसी का भी 'उद्भव या विकास' पूरा हो जाता है। पर इसके अलावा हो भी क्या सकता था? भारतेंदु जी ने जिस जिले को पहले से ही इतना बदनाम कर रखा है और जिसके एक कस्बे हरैया की बालूशाही ने 'बालू अधिक और शाही कम' के सैंपुल लेकर अपनी अंतरिम रिपोर्ट से सारा मजा ही किरकिरा कर दिया हो और जिस पिछड़े जिले को कोई पिछड़ा या दलित मुख्यमंत्री भी गोद लेने से हिचकिचाता हो, जिस जिले में चेचक के वायरस भी चींटियाचाल से पधारते हों, जिस जिले के संगीतज्ञ भी 'भैरवी' या *राग दरबारी* का नाम न सुने हों, उस जिले के कवि, कमल, दिवाकर, साहित्य उपमुख्य महामहोपाध्याय के अध्ययन कक्ष में *राग दरबारी* छपने के दस साल बाद पहुंचा तो इसमें किसका दोष? पाठक का या लेखक का या प्रकाशक का या स्वप्नदोष का अथवा 'नवयुवकों में आशा संचार करने वाले' छंगामल इंटर कॉलेज, शिवपालगंज के प्रबंधक वैद्य जी का?

अब आप मुझे कुत्ता कहें या मेरी आरती उतारें, एक 'गंजहा' कभी झूठ नहीं बोल सकता और सच्ची बात यह है कि उस *ना चौरहार्यम* वाले विद्या रूपी धन को मैंने कवि-कक्ष से झटक दिया। अब *राग दरबारी* मेरे झोले में था। लेकर वहां से चला तो लगा कि मैंने कोई किताब नहीं बल्कि झोले में मेढ़क भरे हैं। अपठित पंक्तियां भी कुलबुलाती हुई प्रतीत हो रही थीं। कारण उसकी सुनी-पढ़ी लोकप्रियता। साहित्य की नोकप्रिंयता को लेकर हिंदी में काफी नाक-भौं सिकोड़ी जाती है, यंह नोकप्रिंयता क्या है? हनुमान चानीसा भी तो बना नोकप्रिंय है तों वंह उच्चकोंटि कां साहित्य हों जाएंगा? कदापि नहीं महामहिम! साहित्य और लोकप्रियता में तो हाड़-छुरी का वैर है। साहित्य एम.ए. से कम शैक्षिक योग्यता वालों के लिए तो बना ही नहीं है। वह साहित्य भी क्या जो आसानी से बोधगम्य हो। आप चाहें तो 'घास खोद रहे' (उर्फ रिसर्च कर रहे) नवकंजलोचन कंजमुख करकंज पद कंजारुणम् वाले रंगनाथ से तस्दीक कर लें।

गांव लौटते-लौटते शाम हो गई। *राग दरबारी* तुरंत पढ़ डालने की अधीरता में मास्टर मोतीराम की आटा-चक्की की तुरंत शुरू हुई पुकपुकाहट भी नहीं सुनाई दी। सन् 2020 तक विकसित देश का सपना देखने वाले भारत के इस गांव में 1978 तक बिजली को कौन कहे स्वयं उसका खंभा भी नहीं पहुंचा था और इस 2005 तक बिजली के तार बिछ जाने के बावजूद फ्यूज और सही सलामत बल्बों में अंतर लिख पाना पूर्व माध्यमिक विज्ञान के छात्रों के लिए भी कठिन था। एक मजबूत विकल्प की तरह लालटेन का शीशा मजबूती से फूट चुका था और वह किसी

छोटे-मोटे जंतु की चिता की तरह दरवाजे पर जल रहा था। शहीद की तरह जलकर भी लालटेन देश के कार्बन उत्पादन में अपनी क्षमता के अनुसार योगदान कर रहा था। उसमें मिट्टी के तेल की जगह पम्पिंग सेट का डीजल भरा था क्योंकि तेल और चीनी का कोटेदार प्रधान जी के आशीर्वाद से चार-पांच महीने में दो-तीन लीटर और इतने ही ईंटों-खपड़ों के किलोग्रामों से ग्रामवासियों को चीनी वितरित करके ऊर्जा संकट का सामना करते हुए खाद्यान्न को हल करने में पूरे मनोयोग से जुटा हुआ था। उसी लालटेन को हाथ जोड़कर *राग दरबारी* का प्रथम पृष्ठ गरुड़-पुराण की तरह खोला तो अक्षर भुनगों की भांति उड़ते हुए प्रतीत हुए। लेकिन मैं प्रथमग्रासे मच्छिकापातः को झुठलाना चाहता था। अतः आंखों का जन्म पुस्तकों के साथ वही करने के लिए हुआ है जो ट्रकों का सड़कों के साथ वाले न्याय से। पहला पेज प्रवेशिका के छात्र की तरह एक-एक अक्षर जोड़कर पढ़ डाला। अब जिधर देखता हूं उधर ट्रक ही ट्रक है; न एक्सीलेटर, न गियर, न ब्रेक है। यानी कि पूरे गुलिस्तां के लिए एक ही ट्रक काफी है। हिंदुस्तानी समाज के कभी न उखड़ने वाले गवाह की तरह ट्रक खड़ा है। ट्रक एक ट्रेजडी की तरह है, कॉमेडी में ट्रेजडी। व्यंग्य में विडंबना। हंसी-हंसी में बाण। एक-एक वाक्य कराल ब्याल की तरह। सारी टुच्चाइयों, कमीनगी और फूहड़ता को बेधता और तार-तार करता हुआ। भय, यातायात, पुलिस, प्रशासन, नेतागिरी, धौंस, खोखलेपन, रिश्वत और सबकी ऐसी-तैसी करता ट्रक और साक्षर निरक्षरावतार उसका ड्राइवर जिसकी जिरह के आगे रिसर्च का मनसूबा बांधे रंगनाथ की घिग्घी बंध जाती है। यह ट्रक भी है और देश-दशा भी जो न्यूट्रल या टॉप में है। मज्झिम निकाय के लिए यहां जगह कहां? आड़ी-तिरछी भाषा का ऐसा रद्दे पर रद्दा कि हंसिए और हंसते-हंसते रोइए। लेकिन हंसने में ही बेसुध हो गए तो ट्रक के नीचे आते-आते बच जाइए तो ऊपर वाले का शुक्र! ऐसा हिंदी में पहली बार हुआ कि कसैलेपन की चासनी में डूबी हुई व्यंग्य-विनोद की शैली ने बिना किसी रोमांटिक कथासूत्र के ऐसे आयुर्वेदिक लड्डू तैयार किए जिसमें चिरायता, पीपर, मधु, तुलसी और फेविकॉल का अनुपात समान है और अभी तक लोकप्रिय ब्रांड की तरह बटन खोले हुए खड़ा है। जैसे कि ड्राइवर दाहिनी ओर का दरवाजा डैने की तरह खोले हुए सड़क किनारे और बीचोबीच खड़ा है।

जैसे शिवपालगंज में आबकारी विभाग की हर शाखा मौजूद है तथापि उसका केंद्रीय पेय ठंडई है वैसे ही साहित्य जगत में पान पदार्थों के नाना संप्रदाय हैं। ये स्तनपान से शुरू होकर धूम्रपान, मद्यपान, जलपान और तांबूलपान से लेकर रक्तपान तक के संकायों में वर्गीकृत किए जा सकते हैं। इनमें सायंस्मरणीय रवींद्र (तेरा क्या होगा रे...) का नाम आदर के साथ लिया जा सकता है क्योंकि वे अनेक बार, बहुभांति अपने मुंह ही महापियक्कड़ होने की गौरवगाथा गाते रहते हैं। इस तुरियावस्था में वे श्वेत-श्याम रतनार नयनों से सर्फरी भाषा में संवाद पर उतर जाते हैं और उनका शब्द-विवेक कुशाग्र को कुचाग्र पढ़ने में बड़ा सहायक होता है। यह रमन-प्रभाव (नोबुल प्राप्त वैज्ञानिक सी.बी. रमन का विख्यात सिद्धांत) जब अपने उत्कर्ष पर होता है तो चोटी के साहित्यकार नालियों और गड्ढों में गिरे हुए प्राप्त किए जा सकते हैं और मूली तथा उसकी उपमा में फर्क नहीं कर पाते। दोहाई श्रीलाल जी की! दोहरी नागरिकता वाले तमाम कच्चे लोगों के अतिरिक्त साहित्य में कुछ पक्के शिवपाल-गंजहा भी हैं। वे भोलेनाथ की बूटी से हरे-हरे होने और करने के लिए विख्यात हैं। जबकि कविता में एम.ए. आलोचक उसके और अपने पतन के बिंदुओं पर एकाग्र हैं। जब-जब रचना ने आलोचना के चरणों पर अपना सिर रख दिया है, तब-तब आलोचना ने अपने पैर रचना के सिर पर रख दिया है। ऐसी किसी भी प्रकार की पहल, मांग अथवा स्वीकार प्रत्येक दशा में रचना और आलोचना—दोनों

के लिए आत्मघाती सिद्ध हुई है। *राग दरबारी* गवाह है कि उसकी लोकप्रियता पाठकों की बदौलत कायम हुई और मैं! कौसल्या हितकारी, भुज चारी का दुगुना होकर 1958 में लीन्ह मनुज अवतार। अपने प्रगट होने के बीस साल बाद यानी कि 1978 में *राग दरबारी* रूपी रावण-संहिता पढ़ रहा हूं। जिस जवानी की कोई कहानी बन जाती है उस उम्र में मैं गांव में कविता के साथ सोलह कलाएं आजमा चुका था। लेकिन कविगण कहानियां नहीं पढ़ते हैं वाली सूक्ति की धज्जियां उड़ा रहा था। देखा जाय तो एक तरह से *राग दरबारी* सूक्तियों की धज्जियां उड़ाने वाली ही रचना है। उनके चिथड़े-चिथड़े करके, बेपर्द चित्रण के कौशल से ऐसा प्रहसन सामने आता है कि मूकदर्शक एक ही साथ खिलखिलाने और तिलमिलाने लगते हैं। आशय यह कि लिखे-लिखाए, बने-बनाए और सुने-सुनाए आदर्शों की पेडू में मरोड़ उठने लगती है। संगच्छधवं वाला समाज, परित्राणाय साधुनाम वाले थाने, सर्वजनहिताय वाली कचहरियां, आ नो भद्रा वाले विश्वविद्यालय सब कठघरे में खड़े दिखाई देते हैं।

भाषा की ऐसी वक्रता और नुक्ताचीनी की अनूठी व्यंजना पालने के *अंगद के पांव* में ही दिखाई देने लगती थी। और उसके भी पहले 'मैं कुल घालक सत्य तुम्ह कुल पालक दससीस' वाली बोली में तुलसी ने कुछ इसका 'टेलर' दिखा दिया था। उसके भी पूर्व युग में 'सैन्धवम् आनय' जैसे बहुअर्थी उदाहरणों की व्यंजना से पाला पड़ चुका था। यानी कि जीजा जी जेवना जेने बैठे हैं। सामने थाली है तो कुछ न कुछ विदाई की रीति है। साला कहता है–सैन्धवं (नमक, घोड़ा) ले आओ। *राग दरबारी* में इसी विदग्ध और गतिशील भाषा का ऐसा विस्फोट हुआ कि किसी वाक्य या उद्धरण का उदाहरण देने के बजाय आप किसी को पूरी पुस्तक ही उपहार में भेंट कर दें। यह चरित्रों की नहीं बल्कि कथनों और संवादों के बल पर ही टिकी हुई रचना है जिसका एक मुखर संवादी लेखक स्वयं है। यही वजह है कि *राग दरबारी* और श्रीलाल शुक्ल एक-दूसरे के पर्याय हो गए हैं। इस रचना में कोई घटना नहीं बल्कि स्थितियां हैं-बजबजाती हुईं, घिनौनी, काइयांपन और निर्लज्जता से भरी, हेकड़ी और खुदगर्जी में डूबीं, छीछालेदर और प्रवंचना की शिकार। यहां हर चूल ढीली है और सब अपनी जगह से खिसके हुए हैं। फिर भी भ्रम है कि सब अपनी जगह पर अड़े हुए हैं। कोई खुद को भी गाली देता है तो पूरे अभिमान के साथ। इस नरक में सब एक-दूसरे को पटखनी देने की मंशा पाले हुए भी गलबहियां डाले हुए दिखाई देते हैं। ऐसे ढांचे में कविता हो या प्रेम, समाजसेवा हो या न्याय, दर्शन हो या राजनीति, शिक्षा हो या स्वास्थ्य–सबके सब घिसटते और लिथड़े हुए नजर आते हैं। किंतु इस वर्तुल व्यंग्य के पीछे एक क्षुब्ध और संवेदनशील लेखक का तीव्र आक्रोश है। सच तो यह है कि बिना आक्रोश के गहन व्यंग्य संभव ही नहीं हो सकता। इस आक्रोश के मूल में हैं आजादी के देखे गए सपने और उनकी दुखद परिणतियां और इन सपनों के मूल में हैं महात्मा गांधी।

महात्मा गांधी इस पटकथा के पीछे चश्मा लगाए खड़े हैं और परंपरा, न्याय, सत्याग्रह, अहिंसा, बन्धुत्व, सदाचरण, ग्राम स्वराज, ईमानदारी तथा समानता जैसे मूल्यों की अर्थी उठते हुए कातर भाव से देख रहे हैं। इस समाज में 'गांधी चबूतरा' एक प्रतीक की तरह है और शिवपालगंज के गांधीवादी हैं वैद्य जी। पक्के घाघ। गुड़ के बाप कोल्हू और बगुला-भगत। वे ही शिवपालगंज की धुरी हैं। और उनके दोनों लाल बद्री और रुप्पन–दो पहिए। इसी ठेले पर पूरा शिवपालगंज चलता है और यही ठेला पूरे शिवपालगंज में। शिवपालगंज यानी कि पूरे कुएं में भांग पड़ी है। परिणाम? न कोई सीधे बोलता है, न सीधे चलता है–चलई जोंक जिमि वक्रगति जद्यपि सलिल समान। यह एक ऐसा समाज है जिसमें निठल्लेपन की भरमार है–'सनीचर का पेशा वैद्य जी की बैठक में बैठे रहना है' और थाने की दशा–इतने काम हैं कि सब काम ठप्प

पड़े हैं।' और अदालत में न्याय तो दूर भगत को नकल मिलने में ही पूरी जिंदगी बीत जाती है। और साहित्य?

> सभी जानते हैं कि हमारे कवि और कहानीकार वास्तव में दार्शनिक हैं और कविता या कथा साहित्य तो वे सिर्फ यूं ही लिखते हैं। किसी भी सुबुक-सुबुकवादी उपन्यास में पढ़ा जा सकता है कि नायक ने नायिका के जलते हुए होंठों पर होंठ रखे और कहा, नहीं-नहीं, निशी, मैं उसे स्वीकार नहीं कर सकता। वह मेरा सत्य नहीं है। वह तुम्हारा अपना सत्य है। (पृ. 74)

जहां सबके अपने-अपने सत्य हों और वे एक-दूसरे की टांग खींचने की जुगाड़ में हों तो 'स्नो रेस' के अलावा और क्या दिखाई देगा? इसे देखते हुए खड़े हैं गांधी। मुझे लगता है कि गांधी जी की कराह ही इस व्यंग्य-रचना की मूल आत्मा है। इसका सबसे अधिक विचलित करने वाला वाक्य है–'जैसा कि कुछ लोगों को अभी भी मालूम होगा कि गांधी इस देश में पैदा हुए थे।' इसमें एक ऐसी विडंबना निहित है जो व्यंग्य के चुटीले दायरे को लांघकर हिंदुस्तानी मानसिकता की कृतघ्नता और विस्मृति पर झन्नाटेदार थप्पड़ मारती है। आखिर क्या हो गया है देश और समाज को? गांधी को 'बापू' से लेकर 'राष्ट्रपिता' तक की उपाधि से अलंकृत किया गया और उनके उसूलों तथा अवदानों की ऐसी मर्मांतक अवहेलना! तो दूसरी ओर तथाकथित गांधीवादी वैद्य जी से लोलुप संबंध गांठने की ऐसी निर्लज्जता-'जब कभी क्लर्क वैद्य जी को 'चाचा' कहता था, प्रिंसिपल साहब को अफसोस था कि वे उन्हें अपना बाप नहीं कह पाते।' (वही, पृष्ठ 331) और ध्यान देने की बात यह भी है कि जब काम निकालना होता है तो वैद्य जी के बच्चे उन्हें भी 'बापू' से ही संबोधित करते हैं! अन्यथा बाप को बाप नहीं समझते।

यह पतनगाथा वास्तव में 'वतनगाथा' है और इसे जिन साथियों के हवाले छोड़ दिया गया है वे इसके साथ जिना करने से भी नहीं चूकते। मुझे लगता है कि *बिस्रामपुर का संत* के कुंवर जयंती प्रसाद सिंह वैद्यजी के ही विकसित संस्करण हैं। *राग दरबारी* में स्थानीयता की सीमाओं के कारण वैद्यजी केवल मक्कारी, चालबाजी, औपचारिक शालीनता और स्वार्थमयी बुद्धिमत्ता के कारण उतने खुल नहीं पाते जबकि कुंवर जयंती प्रसाद सिंह व्यापक परिदृश्य में ऊंची राजनीति और संभ्रांतता के वलयों के बीच अपेक्षाकृत स्पष्ट और गुरुणाम् गुरु की तरह मंडित होते हुए महापतित का दर्जा प्राप्त कर लेते हैं। बेला ने सुंदरी के रूप में विकास किया है और शिवपालगंज के दस लुक्कड़ों से पिंड छुड़ाकर अकेले जयंती प्रसाद जैसे बरगद की छांव का वरण कर लेती है-नहीं वे ही उसके सम्मोहन में अपना सब कुछ दांव पर लगा देने के लिए आतुर हैं बल्कि लगा देते हैं। वैद्य जी जहां ब्रह्मचर्य के पाठ और कस्बे के निवासी होने से कुंठित और शुष्क हैं वहीं जयंती प्रसाद स्खलन से कुछ उदार लेकिन बेजान। लेखक की सहानुभूति और विरक्ति के एक साथ पात्र। जहां तक भूदान का प्रसंग है और यह *बिस्रामपुर का संत* का मूलाधार है तो *राग दरबारी* में भी भूदान को पेज-डेढ़ पेज तक घसीटा गया है और उसकी परिणतियों का यथेष्ट मखौल भी उड़ाया गया है। इसका थोड़ा ब्योरा यहां जरूरी है :

> गांव के बाहर एक लंबा-चौड़ा मैदान था जो धीरे-धीरे ऊसर बनता जा रहा था। अब उसमें घास तक न उगती थी। उसे देखते ही लगता था, आचार्य बिनोवा भावे को दान के रूप में देने के लिए यह आदर्श जमीन है। और यही हुआ भी था। दो साल पहले इस मैदान को भूदान आंदोलन में दिया गया था। फिर गांव-सभा ने इसे दान के रूप में प्रधान को दिया। प्रधान ने दान के रूप में इसे पहले अपने रिश्तेदारों और दोस्तों को दिया और उसके बचे-खुचे हिस्से को क्रय-विक्रय के सिद्धांत पर कुछ गरीबों और भूमिहीनों को दे दिया... इत्यादि (पृ. 142)।

कुंवर जयंती प्रसाद के भूदान की जमीन में 'ऊसर, बीहड़ और बंजर है।' और आश्चर्यजनक

रूप से *मकान* उपन्यास की उधेड़बुन में 'बंजर जीवन' और 'बंजर गृहस्थी' का उल्लेख आ जाता है। यह बंजरता कहीं न कहीं लेखक के मन की भी प्रतीत होती है, जिसे तोड़कर उर्वर बनाने के लिए वह बार-बार शब्दों के संसार में उतरता है और नए-नए संदर्भों, पात्रों और स्थितियों की गवेषणा में अपने को व्यस्त रखने की तरकीबें ईजाद करता रहता है।

राग दरबारी यथार्थ के भीतर यथार्थों की परतें उघाड़ने वाली रचना है। इसमें हर जगह से ढक्कन उठा लिया गया है और यह काम भाषा तथा जीवन के बीच धंसकर संभव किया गया है। फिर देखिए बेवकूफी की हद तक कि बुद्धिमानी, योगाभ्यास के भीतर का व्यभिचार, दाव-पेंच की उठापटक, रौरव में बजबजाता एक समाज और फूहड़ता तथा अश्लीलता का नंगा नाच। *राग दरबारी* श्रीलाल जी का प्रतिमान है। इसे तोड़ने के लिए वे अपने सृजन में अनेकशः प्रयोग भी करते रहे हैं, भाषा के प्रयोग से छूटकर चरित्रों के अंतर्जगत में भी उन्होंने सार्थक और संवेदनशील पैठ बनाई है। पर केवल भाषा को ही रचना बना देने की अपूर्व सामर्थ्य केवल और केवल *राग दरबारी* में ही चरितार्थ हुई है। यह सही है कि *राग दरबारी* इकहरे स्रोतों, संभावनाओं और आयामों की रचना है लेकिन ऐसे इकहरे कि इस पर दोहरे मानदंड कदापि नहीं लागू किए जा सकते।

भारतेंदु-युग कब का बीत गया लेकिन इनका दिया हुआ अभिशाप हम बस्तीवासी वरदान की तरह सीना तानकर झेल रहे हैं। आखिर एक युग-निर्माता ने हमारे जनपद को ऑटोग्राफ दिया है, यह हमारा पूर्वजी सौभाग्य है-काको कहूं उजाड़। इसका सकारात्मक फल यह है कि अन्य क्षेत्रों के महानुभावों को कौन कहे हम अपने ही क्षेत्रों के विधायकों और कभी-कभी ग्राम प्रधानों तक के दर्शन के लिए पंथ निहारि-निहारि थक जाते हैं। मजबूर होकर हमें ही दर्शन के लिए दर-दर और दुर-दुर घर-घर घूमना पड़ता है। अब तक के मेरे कुछ पछतावों में से एक नागार्जुन से कभी न मिल पाना भी रहा है। शमशेर जी से सुरेंद्र नगर जाकर मिलता तो केदार जी से बांदा में। त्रिलोचन जी, नामवर जी, विद्यानिवास जी, विष्णु जी के दर्शन तो घुणाक्षरन्याय से मिलते ही रहे हैं। अर्थात् साहित्य-संस्कृतिकर्मी ही हमारी हिट लिस्ट में हैं। जनता के बीच तो मेरा 'ऊंच निवास' ही है। एक बार मेरे मित्र कपिलदेव जी को सहसा इलहाम हुआ कि लखनऊ की सैर किए बिना भवसागर पार कर पाना असंभव है, असंभव है, असंभव है! और जाऊंगा तो आपको लेकर, अकेले नहीं। मेरे पूरे इंद्रिय निग्रह की अवहेलना करते हुए कम से कम कान तो खड़े ही हो गए और अपने पैरों पर तो मैं खड़ा ही था। फिर क्या था? चले हैं, चले हैं, चले हैं... की शैली में हम चारबाग उतर पड़े। हमारे स्टेशन से बाहर आते ही अफरा-तफरी मच गई। चौराहे के इर्द-गिर्द रंगनाथ के गणवेश में देश के कुछ भविष्य वर्तमान काल में ही दिखाई देने लगे। चौराहे से एक सम्मानित दूरी पर एक स्टार्ट ट्रक खड़ा था जो तेल बचाओ के अपेल सिद्धांत की घोषणा कर रहा था और सैकड़ों थ्री व्हीलर मिले सुर मेरा-तुम्हारा में विलम्बित आलाप भर रहे थे। ट्रक के दरवाजे के भीतर सिर डालकर एक पुलिस वाला और दरवाजे के बाहर सिर निकालकर ड्राइवर जनांतिक में संवाद बोलकर किसी निष्कर्ष पर पहुंचने ही वाले थे कि पीछे से एक नीली गाड़ी लाल टोपी धारण किए हुए आ पहुंची। पुलिस वाले ने तुरंत ट्रैफिक ठीक करने का ठेका ले लिया और ट्रक किसी शिवपालगंज की ओर महाप्रस्थान कर गया।

हम इस मनोरम दृश्य से महफूज हुए तो मित्र ने पटल पर दो प्रस्ताव रखा। 1. हम जो अपने शिवपालगंज से आ ही रहे हैं तो दुर्विजयगंज आने की जरूरत क्या है! 2. किसी कायदे के साहित्यकार से भेंट करनी चाहिए। हम अचानक पी.सी.ओ. पहुंचे। फोन से एक मित्र को

फोन करके श्रीलाल जी का फोन नंबर मिला और उन्हें फोन कर दिया। इस जमाने में शुभकामना प्रकट करनी हो या शोक-संवेदना फोन तुरंत हाजिर रहता है। दूरसंचार की आदर्श आचार संहिता की इज्जत रखते हुए तीन बार घंटी बजकर खुद चुप हो गई। रीडॉयल किया तो आवाज आई–हलो!

'हां, नमस्कार! हम लोग बाहर से आए हैं और आपसे मिलना चाहते हैं।'

'फिर आवाज आई, 'बाहर से आए हैं तो मुझे भी अभी बाहर निकलना है।' फोन फिर कट गया। मैंने कपिल जी की ओर देखा और उन्होंने मेरी ओर।

हमने आचार्य हजारी प्रसाद का स्मरण किया जो बालू में से तेल निकाल लेने का पक्का इरादा रखते थे। हम एक कदम आगे जाकर घी निकालना चाहते थे। फिर रीडॉयल किया और सुनाई पड़ा–हलो!

मैंने प्रतिवाद किया–'मैं अष्टभुजला शुक्ल बोल रहा हूं।' और जैसे बहरे से बात करते हुए आगे जोड़ा 'हम बस्ती से आए हैं। आपसे मिलना चाहते हैं।'

फिर आवाज आई–'कौन?'

मैंने कहा–'अष्टभुजा शुक्ल, अष्टभुजा शुक्ल। बस्ती से।'

फिर उत्तर मिला–'कौन?' अष्टभुजा शुक्ल? अच्छा अच्छा आइए।

अष्टभुजा जी न? स्वागत है आपका। मैं घर पर ही हूं।'

हमें कलिंग-विजय जैसा संतोष मिला। कपिल जी ने पूछा कि आपकी कभी श्रीलाल जी से भेंट हुई है? मैंने बताया कि अभी नहीं तो कभी नहीं। मेरी नारेबाजी से उन्हें तसल्ली हुई कि हम संघर्ष के ही मार्ग पर आंख मूंदकर चल रहे हैं।

आगे एक मकान था। जो नारायण बनर्जी का भी हो सकता था, जिसका दरवाजा 60 अंश के कोण पर बंद था और खुलने के लिए किसी 30 अंश के चाप की प्रतीक्षा कर रहा था। हम निरस्त्रीकरण की शर्तों का पालन करते हुए शुम्भ-निशुम्भ की तरह प्रकट हुए। एक औसत काया उठकर दरवाजे पर आई। दोनों ओर से हाथ जुड़े और कृपण मुस्कान के साथ श्रीलाल जी हमें कमरे के भीतर ले गए। फिर एक वस्तु उठाते हुए बोले–आचार्य के सम्मान में कुर्ता तो पहन लूं। और उन्होंने सचमुच कुर्ता पहन लिया।

फिर बैठकर कैफियत देने लगे–दरअसल बाहर से लोग आते रहते हैं। इंटरव्यू वगैरह के लिए। इसलिए कभी-कभी ऊबकर टाल देता हूं। पर आपसे मिलने की मेरी भी इच्छा थी। बहुत अच्छा किया आपने। और 'पद-कुपद' वगैरह का जिक्र करने लगे। फिर पांच ही मिनट में कुछ याद करके घर के भीतर की ओर मुड़े। हमने बहुत मंसूबा बांध रखा था कि श्रीलाल जी कुछ न कुछ व्यंग्य बोलेंगे ही। और नहीं तो चेहरा ही व्यंग्यात्मक बनाएंगे। किंतु हमारी आशाओं पर ग्रीष्म ऋतु होते हुए भी तुषारपात हो गया था। वे लौटकर आए तो थोड़ी ही देर में हमारे सामने खाने-पीने की नाना वस्तुएं थीं। जिस मसहरी पर हम और वे बैठे थे उस पर पूरे घर का असबाब तर-ऊपर गंजा हुआ था। उन्होंने बताया कि होली के उपलक्ष्य में घर वगैरह की सफाई होनी है। फिर घंटों अपने गांव, परिवार, नौकरी और देश-विदेश के साहित्य पर चर्चा। हम चलने को हुए तो वे उठकर गेट तक आए। विदा होते समय हम गेट की ओर मुड़े। हमें लगा कि शालीनता के पीछे करुणा, व्यंग्य और आक्रोश हाथ बांधे खड़े हैं।

2005

डाल्टनगंज में शिवपालगंज

रवींद्र त्रिपाठी

ये वो दौर था जब मेरे शहर डाल्टनगंज में *राग दरबारी* पढ़ा गया। ये वो दौर था जब केंद्र में पहली बार बनी गैरकांग्रेसी सरकार बिखरने लगी थी और इंदिरा गांधी फिर से प्रधानमंत्री बन गई थीं। ये वो दौर था जब *राग दरबारी* को छपे दस-बारह साल हो चुके थे। ये वो दौर था जब मेरे शहर के कई लड़के नेता-नुमा छात्र और छात्र-नुमा नेता थे। वे भी देश को बदलना चाहते थे। लेकिन हाथ में कोई काम न होने की वजह से सिर्फ राजनीति में दिलचस्पी रखते थे। चूंकि वे देश को भी बदलने की इच्छा रखते थे और राजनीति को भी, इसलिए साहित्य में भी दिलचस्पी रखते थे। उन्होंने कहीं पढ़ रखा था कि साहित्य राजनीति के आगे-आगे चलता है। चूंकि वे साहित्य पढ़ते थे इसलिए अपने को बाकी राजनीतिज्ञों से बेहतर समझते थे। उनको हिकारत की नजर से भी देखते थे।

इसी दौर में *राग दरबारी* का पाठ हुआ। तब के बिहार और आज के झारखंड के पलामू जिले का मुख्यालय डाल्टनगंज में यह *राग दरबारी* का सामूहिक पाठ था। सामूहिक का यह अर्थ नहीं था कि पूरा शहर उसे पढ़ रहा था। सामूहिक का मतलब ये था कि कि उसे आठ-दस लोग ही पढ़ रहे थे। लेकिन ये आठ-दस लोग ही अपने को पूरे शहर की सांस्कृतिक गतिविधियों का केंद्र समझते थे। इसलिए यह समझ लेना चाहिए कि उसे पूरा शहर ही सामूहिक रूप से पढ़ रहा था। इसमें यह भी जोड़ लेना चाहिए कि *राग दरबारी* के पढ़े हुए अंशों के बारे में शहर के कुछ साहित्यिक अड्डों, चायघरों और कचहरी में चर्चा होती थी। इसलिए इस पाठ-प्रक्रिया के साथ-साथ श्रवण-प्रक्रिया और सुनास-प्रक्रिया भी चलती रहती थी। बीच में ही रुककर आपको ये बता दिया जाए कि ये सुनास-प्रक्रिया क्या है? असल में सुनास डाल्टनगंज के गंजहों द्वारा ईजाद शब्द है। कम से कम इस बात का दावा वहां के लोग करते थे। सुनास एक बीमारी मानी जाती थी। सुनास यानी जबर्दस्ती सुनाना और देर तक सुनाना, इतना सुनाना और इतनी देर तक सुनाना कि सामने वाला पिताश्री-पिताश्री कहने लगे। फिर भी सुनाने वाला इस सबसे निरपेक्ष रहे और सुनाने पर डटा रहे।

उस समय हममें से जो *राग दरबारी* पढ़ रहे थे, उनमें से कुछ को सुनास की बीमारी हो गई थी। किसी चायघर में या कचहरी की किसी दुकान में बैठकर कुछ अंशों को सुनाते। इस दौरान सुनने वाला भी हंसता और सुनाने वाला भी हंसता। *राग दरबारी* से जो अंश सुनाने के लिए प्रयोग में लाए जाते थे उनमें मुख्य थे रंगनाथ के शहर से शिवपालगंज जाने वाला प्रसंग, कुसहर प्रसाद और छोटे पहलवान की लड़ाई, जोगनाथ वाले मुकदमे में अदालत में छोटे पहलवान की गवाही, ग्राम प्रधान के चुनाव वाला प्रसंग।

जैसा कि पहले ही कहा जा चुका है कि *राग दरबारी* के सामूहिक पाठ में कोर-ग्रुप आठ-दस

लोगों का ही था। लेकिन मैं यहां अपने सिवा दो और लोगों की ही चर्चा करूंगा। एक थे कामरेड नंदलाल सिंह। नंदलाल सिंह आजकल डाल्टनगंज में वकालत करते हैं। उस जमाने में भी वे कम्युनिस्ट थे और आज भी हैं। एक ईमानदार कम्युनिस्ट। शायद इसीलिए वे कई कम्युनिस्ट पार्टियों में रहे लेकिन किसी भी कम्युनिस्ट पार्टी में साल-दो साल से ज्यादा नहीं रह पाए। दूसरे थे फैसल अनुराग। फैसल आजकल झारखंड के चर्चित पत्रकार हैं। उस समय छात्र-नेता का जीवन गुजार लेने के बाद वे साहित्य, राजनीति और पत्रकारिता के बीच अपनी जगह तलाश कर रहे थे। जेपी आंदोलन के दौरान वे इसमें सक्रिय थे। साहित्य के छात्र और सुधी अध्येता। एक और सज्जन थे जिनकी चर्चा जरूरी है। उनका नाम शिवशंकर सिंह था। हम सबमें वे सबसे बुजुर्ग थे। राजनीति की बीमारी उन्हें लगभग छूटे हुए भी कई साल हो चुके थे। वे एक प्रेस चलाते थे इसलिए उनके यहां जमावड़ा लगता था। वे भी साहित्य के सुधी पाठक थे और बैठकबाजी के दौरान बीच-बीच में आकर दो-चार जुमले जड़ देते थे। उनके हाजिर-जवाब जुमले कुछ दिनों तक हवा में गूंजते रहते थे।

शिवशंकर सिंह के यहां आठ-दस लोगों के बैठने की जगह थी। और उनके यहां उनकी अनुपस्थिति में भी घंटों बैठा रहा जा सकता था, इसलिए सुबह आठ बजे से रात दस बजे तक उनके घर के आगे वाले बरामदे पर हम लोगों की साहित्यिक गोष्ठी जमती। कभी-कभी शिवशंकर सिंह तो कभी-कभी किसी और की कृपा से चाय भी मिल जाती। चूंकि *राग दरबारी* की एक ही प्रति थी इसलिए यदा-कदा उसके कुछ पृष्ठों का वहां सामूहिक पाठ होता। रात में कोई एक आदमी किताब ले जाता और सबेरे अपने पढ़े का सार-संक्षेप भी सुनाता। कभी-कभी उसी सार-संक्षेप के मूल पाठ को पढ़ा जाता और उसका मजा लिया जाता।

लेकिन इस सिलसिले में जो बात सबसे ज्यादा गौरतलब है वह यह कि *राग दरबारी* पढ़ लेने के बाद उसके चरित्रों को शहर में ढूंढ़ना शुरू किया गया। हममें से लगभग सभी ने महसूस किया कि डाल्टनगंज किसी मामले में शिवपालगंज से कम नहीं है। कुछ की तो राय यह थी कि अगर श्रीलाल शुक्ल डाल्टनगंज में रहे होते तो उन्हें शिवपालगंज से भी ज्यादा दमदार चरित्र मिलते। बहरहाल, इस मामले में सहमति नहीं थी, फिर भी इस बात की खोजबीन शुरू हुई कि आखिकार *राग दरबारी* में वर्णित चरित्रों से मिलते-जुलते हमारे यहां कौन-से चरित्र हैं। इस मुद्दे पर भी मतभेद थे। शहर के कई लोग अलग-अलग चरित्रों के लिए दावेदार थे। हालांकि उन्होंने इसके लिए अपनी तरफ से कोई हलफनामा नहीं पेश किया था। लेकिन *राग दरबारी* के तय पाठक अपनी तरफ से उनके लिए वकालत कर रहे थे।

डाल्टनगंज में भी एक को-ऑपरेटिव बैंक था और उसमें भी गबन होता था। *राग दरबारी* में हुई गबन की राशि छोटी थी, लेकिन डाल्टनगंज के को-ऑपरेटिव बैंक में हुई गबन की राशि बड़ी थी। यही नहीं, उसमें गबन कई बार हो चुका था। उस को-ऑपरेटिव बैंक के जो सचिव थे उनकी खुद की शख्सियत तो वैद्य जी से नहीं मिलती थी लेकिन वैद्य जी वाली चालाकी और चुस्ती उनमें थी। मक्कारी थी। उनके बारे में यह बात सभी जानते थे। उन्होंने अपने कुछ कारिंदे ऐसे रखे थे कि वे अपने नाम से जालसाजी करके एक बड़ी रकम बैंक से निकालते। कुछ रकम वे अपने पास रख लेते बाकी सचिव को दे देते। जब जांच होती तो जेल जाने का काम वे कारिंदे करते थे और उन्हें छुड़वाने का काम सचिव महोदय। जेल से छूटने के बाद वहीं कारिंदा फिर उसी काम में लग जाता।

उसी समय डाल्टनगंज में एक कॉलेज खुला जो एक नेता के नाम पर था। इस कॉलेज के सचिव वही बने जो को-ऑपरेटिव बैंक का सचिव था। कॉलेज की हालत तब भी वैसी ही

थी और आज भी वैसी ही है जैसी *राग दरबारी* के छंगामल इंटर कॉलेज की है। यहां भी जिन शिक्षकों की नियुक्ति हुई उसमें उसी तरह की रिश्तेदारी, भाई-भतीजावाद और जातिवाद का ध्यान रखा गया जैसे छंगामल इंटर कॉलेज में होता है। संयोगवश इस कॉलेज के प्रिंसिपल की शख्सियत *राग दरबारी* के प्रिंसिपल साहब से काफी मिलती थी। इस बात पर आम राय थी कि प्रिंसिपल साहब उनको ही माना जाए।

जिस नेता के नाम पर डाल्टनगंज में कॉलेज खुला था, उनके पुत्र इस कॉलेज में खास दिलचस्पी रखते थे। दरअसल वे रुप्पन बाबू बनने के दावेदार थे। उनकी वजह से ही कॉलेज के शिक्षकों के दो गुट हो गए थे जो आपस में झगड़े और मारपीट तक करते थे। एक गुट की वफादारी नेता-पुत्र के प्रति हो गई और दूसरे की सचिव यानी कॉलेज और को-ऑपरेटिव बैंक के सचिव के प्रति। गुटबाजी का नतीजा यह भी रहा कि इस कॉलेज में पढ़ाई नाम की कोई चीज नहीं बची।

सवाल यह था कि सनीचर का खिताब किसे दिया जाए। नंदलाल सिंह का जोर था कि उनके एक कामरेड साथी को यह खिताब दिया जाना चाहिए। उनके तर्क कई थे। एक तो वे उनके पुराने मित्र थे और अक्सर अंडरवियर में रहते और दूसरा ये कि वे एक नेता के उसी तरह भक्त थे जैसे मूल उपन्यास में सनीचर वैद्य जी का भक्त है। बीजेपी से जुड़े एक नेता को बद्री पहलवान का दर्जा दिया गया। हालांकि कुछ साथी ये मानते थे कि उनको छोटे पहलवान कहा जाना चाहिए क्योंकि अपने पिता से उनके वही संबंध थे जो उपन्यास में छोटे पहलवान और कुसहर प्रसाद के हैं।

इन सारी बातों को याद करने का सिर्फ ये मतलब है कि मेरे शहर में *राग दरबारी* एक घटना की तरह आया। हालांकि इस दौरान हम लोगों ने निजी रूप से और भी कई रचनाएं पढ़ीं लेकिन *राग दरबारी* जैसा सामूहिक पाठ किसी और रचना का नहीं हुआ। इस तरह मेरे शहर में *राग दरबारी* का पढ़ा जाना एक सांस्कृतिक परिघटना साबित हुआ। हालांकि तब यह बात साधरण लगी थी और मनोरंजक भी लेकिन आज उन चीजों को सोचते हुए यह सवाल मन में उठता है कि क्या वजह थी कि डाल्टनगंज में *राग दरबारी* एक सनसनी या सेंसेशन बन कर आया? क्यों उसके चरित्रों के समानांतर चरित्र शहर में खोजे गए? वहीं उसके कुछ अंशों को जबानी याद किया गया और क्यों उन अंशों को बार-बार सुनाने की इच्छा होती है।

कोई वस्तुगत बात तो बताना मुश्किल है लेकिन यह कहा जा सकता है कि इस उपन्यास में इस प्रक्रिया को पहचाना गया जो समाज और राजनीति में शुरू हो गई थी और आज भी जारी है। विद्रूपताएं खूबसूरती को खत्म कर रही थीं। शिवपालगंज था और आज भी है। श्रीलाल शुक्ल के इस उपन्यास पर आरोप लगा कि इसमें सिनिसिज्म है, लीला-भाव है, वर्णन और बयान का एक ऐसा कद है जो पूरे उपन्यास में एक जैसा है। यह आरोप साहित्य के आलोचकों ने लगाया था और वे इस उपन्यास को 'अधूरे साक्षात्कार' से ज्यादा कुछ मानने को तैयार नहीं थे। वैसे तो यह बात कई रचनाओं और कृतियों के बारे में कही जा चुकी है कि उनमें साहित्य की बनी बनाई परिपाटी और समझ से अलग तरह के तत्व थे, इसलिए उन्हें साहित्य में उस तरह की आरंभिक स्वीकृति नहीं मिली जैसी मिलनी चाहिए थी। कई रचनाओं और कृतियों के बारे में यह सच भी है। और *राग दरबारी* के बारे में यह भी नहीं कहा जा सकता है कि उसकी उपेक्षा हुई। उसे सराहना मिली। लेकिन साहित्यिक समाज ने उसे अवरुद्ध कंठ से सराहा। *राग दरबारी* को पाठकों ने पसंद किया, खूब पसंद किया। आज भी करते हैं। शायदी इसी कारण साहित्य के आलोचकों ने 'अगर-मगर किंतु-परंतु' के साथ उसे अच्छा तो बताया लेकिन

दोषों की एक लंबी सूची गिना दी। इसका एक कारण तो शायद यह था कि हर लोकप्रिय रचना साहित्य के आलोचकों की निगाह में संदेहास्पद भी हो जाती है।

यह भी पूछा जा सकता है कि *राग दरबारी* में समाजशास्त्रीय सच्चाई के परे भी क्या वह चीज है जो किसी कृति को एक कालजयी रचना बनाती है। सवाल सीधा है पर इसका जवाब आसान नहीं है। एक तो हिंदी उपन्यास का इतिहास बहुत छोटा है और हिंदी में कितने कालजयी उपन्यास लिखे गए हैं यह भी निश्चयात्मक रूप में कोई कह नहीं सकता। लेकिन यह याद रखना चाहिए कि हर भाषा के साहित्य में कुछ ऐसी रचनाएं होती हैं जो पाठक और साहित्य के बीच सेतु का काम करती हैं यानी अपनी खासियतों से पाठकों को साहित्य की तरफ खींचती हैं। इनमें वे या ऐसे पाठक भी होते हैं जिन्हें पहली बार किसी साहित्यिक रचना को पढ़ने का अवसर मिलता है और ऐसे पाठक भी होते हैं जिन्हें साहित्य में कोई खास रुचि नहीं होती। *राग दरबारी* ऐसी ही रचना है। इस बात का अध्ययन होना चाहिए कि कितने लोग सिर्फ *राग दरबारी* की वजह से साहित्य की ओर आकृष्ट हुए। यह किसी रचना का या किसी लेखक का महिमामंडन नहीं है बल्कि सांस्कृतिक प्रक्रिया के एक पहलू के महत्व को समझने की बात है। आजकल जिसे 'पब्लिक-स्फेयर' कहा जाता है, यह इससे जुड़ी बात है। हो सकता है कि जिन लोगों के बीच *राग दरबारी* लोकप्रिय हुआ उन्हें साहित्य की बारीकियों की बुनियादी जानकारी भी न हो; लेकिन जिन विद्रूपताओं को आसपास देखते हैं, महसूस करते हैं, जिनके प्रति उनके मन में वितृष्णा जागती हो, वे सब उनको *राग दरबारी* में दिखी हों। अपने शहर में पढ़े गए *राग दरबारी* को याद करते हुए मैं यह फिर कहूंगा कि उस सामूहिक पढ़ाई में कुछ लोग साहित्य से गहरे न जुड़े थे। एक-आध तो शायद ऐसे भी थे जिन्होंने पहली बार कोई रचना पढ़ी लेकिन *राग दरबारी* का उन्होंने आस्वाद पूरा लिया। क्या यह सब अपने में खास महत्व नहीं रखता है।

2005

एक बेजोड़ कृति
सूर्यबाला

साहित्य अकादमी के कार्यक्रम में अपनी प्रिय पुस्तक पर बोलना था और सारी अस्त-व्यस्त दिनचर्याओं के बीच मेरे अंदर लगातार यह डिबेट जारी थी कि आखिर इतने वर्षों, बल्कि दशकों तक *राग दरबारी* की लोकप्रियता का राज क्या है? क्योंकि इसी रहस्योद्‌घाटन के साथ, मेरे द्वारा *राग दरबारी* को अपनी प्रिय पुस्तकों में एक, घोषित करने वाली बात को अतिरिक्त समर्थन भी मिलने वाला था। यूं तर्क मेरे पास यथेष्ट थे लेकिन अचानक विचार कौंधा कि श्रीलाल शुक्लजी इन दिनों अस्वस्थ चल रहे हैं, अतः स्वास्थ्य के विषय में पूछने के साथ, दशकों से चर्चित रही इस पुस्तक की लोकप्रियता के विषय में स्वयं उनके मुंह से क्यों न सुना जाए!

फोन तो मिला, श्रीलाल शुक्ल भी, अपनी सहज सस्मित मुद्रा में (शब्दों, लहजे से मुद्रा झांकती नहीं क्या!...) लेकिन कनेक्शन इतनी बुरी तरह लड़खड़ाया हुआ था कि लाख कोशिशों के बावजूद, अपने स्वास्थ्य से लेकर, *राग दरबारी* लिखने के दिनों से जुड़े उनके आत्मीय संवाद का मैं भावार्थ या ध्वन्यर्थ भर ही ग्रहण कर पा रही थी...लेकिन जब मैंने अपना तुरुप प्रश्न सरकाया और उनका उत्तर सुनने के लिए कान फोन के रिसीवर से जड़ दिए तो उनका उत्तर सुन, मुझे स्वयं अपने कानों पर विश्वास न आया।

सोचा था लगभग चार दशकों तक चर्चा-परिचर्चा, आलोचना के साथ-साथ शीर्ष पाठ्यक्रमों में रहने और नाटकों की दुनिया से लेकर सीरियलों तक अपनी पहुंच बनाने वाली इस किताब से जुड़ा कोई भी प्रश्न श्रीलाल शुक्ल को धाराप्रवाह बोलने के लिए उकसाएगा। यूं भी पकी आयु वाले वृद्धों से उनकी प्रिय संतान और रचनाकार से उसकी प्रिय पुस्तक से बढ़कर चर्चा का विषय क्या हो सकता है।...लेकिन मेरे सारे औत्सुक्य पर पानी डालते श्रीलाल शुक्ल कह रहे थे–

'पुस्तक का भाग्य है।'...

मैं भौंचक, अवाक्!... पिछले चालीस वर्षों से गद्य और व्यंग्य-लेखन की मानक, और मील का पत्थर बने अपने उपन्यास को रचने से पहले की अपनी महत्वाकांक्षी योजना, तैयारी, रचने के दर्म्यान हुए अनुभव और समस्याओं के साथ-साथ संतोष और तृप्ति को बांटने और बखानने के बदले वे पुस्तक को उसके भाग्य के हवाले कर निवृत्त हो लिए हैं!... सारे यश, प्रसिद्धि और लोकप्रियता को अपने खाते में डालने के बदले, भाग्य के सुपुर्द, वह भी अपने भाग्य नहीं, पुस्तक के भाग्य को...

प्रति प्रश्नों की झड़ी अब मेरे अंदर लगी थी–देखा! इतना बड़ा साहित्यकार, अपनी पुस्तक की महत्ता को कितनी निस्संगता से ले रहा है। चाहता तो होनहार पुत्र के पिता की तरह पुस्तक की पूरी जन्मकुंडली बांच जाता, क्योंकि पुस्तक की कुंडली के साथ ही तो रचनाकार की ग्रहदशा

भी जुड़ी होती है। लेखक छोटा हो या बड़ा, अपनी पुस्तक, वह भी आई.एम.आई. मार्का गुणवत्ता की मुहरवाली, पर बोलने का अवसर भला क्यों चूकना चाहेगा। बड़ी पुस्तकें रचने के पीछे के कारण और योजनाएं भी बड़ी होती हैं। लेकिन श्रीलाल शुक्ल कह रहे हैं कि पुस्तक का भाग्य है और क्या ...(जो वह इतने लंबे अरसे तक चर्चा के केंद्र में रही..) वरना मेरी उससे ज्यादा मैच्योर कृतियां भी आई हैं। बाद के वर्षों में...उनका आशय *बिस्रामपुर का संत* से था, उनका आशय *राग विराग* से था जो उनकी परवर्ती श्रेष्ठ पुस्तकें हैं लेकिन सवाल यह है कि अपनी दूसरी पुस्तकों का जिक्र करने के बाद भी तो वे *राग दरबारी* पर अपेक्षित महत्व डाल सकते थे! महत्व उन्होंने दूसरी पुस्तकों पर भी नहीं डाला सिर्फ उन्हें लेकर तथ्यगत संकेत कर दिए बस। मेरी इतनी जिज्ञासु हथेली पर एक छोटा-सा जवाब रखा और ढेर सारी दूसरी बातों की ओर मुड़ गए। पूछा–'तैयारी?' ...'हां! की थी', और आत्मविश्वास? (इतनी बड़ी पुस्तक लिखने का?) 'हां, था ना' यह 'आत्मविश्वास' दंभ से कोसों दूर, उनकी प्रतिभा और सहज प्रकृति के साथ घुलामिला एक इत्मीनानी भाव लगा। इतना ही नहीं, मेरे द्वारा दी जा रही प्रशंसात्मक उक्तियों को 'न्यूट्रलाइज', संतुलित करने की, उनकी कोशिश विस्मित करने वाली थी। जैसे 'नहीं, आरोप' भी लगे थे। विरोध में भी लिखा गया था उन दिनों... श्रीपतराय ने...तद्भव में...!'

मैंने बहुत दिनों बाद बुकशेल्फ से *राग दरबारी* उतारकर उसकी धूल झाड़ी थी। तत्क्षण, तीस वर्ष पूर्व का वह समय फ्लैश बैक से कौंध गया जब किशोर बेटे ने, रंगनाथ से कहे गए काइयां प्रिंसिपल के इस वाक्य का रट्टा मार लिया था और जब तब आतिशबाजी के अनार की तरह छोड़ दिया करता–'आपका स्वास्थ्य तो अब बिलकुल टिचन्न जान पड़ता है।'...

आई.आई.टी. का छात्र, छोटा देवर, झल्ले जांघिए पर हमेशा टांग खुजाने वाले घसियारे सनीचर और बादाम पाक तथा स्वर्णभस्म से समृद्ध काया वाले महाखलनायक, वैद्य जी के कांबीनेशन पर चुटकी लेते हुए, रुप्पन, बद्री पहलवान, जोगनाथ और दातादीन से लंगड़ गुरु तक के चरित्रांकन की खूबियां बखानता, अचानक अवसादी हंसी के साथ कहता था–'लेकिन एक बात पर ध्यान दिया आप लोगों ने? अपनी जिस अर्जी की नकल पाने के लिए वह लंगड़ पूरे उपन्यास, लंगड़े पैरों में चीथड़े बांधे, कचहरी के अनथक चक्कर काटता रहा, वह अंत तक उसे नहीं ही मिली!...'

कुल मिलाकर उन दिनों, सत्तर के दशक में, साहित्य का ककहरा भी न जानने वाले मेरे अभियांत्रिकी परिवार में *राग दरबारी* की तूती बोलती थी। (जहां कहां भी वह होती तो) जैसे *गबन, गोदान* के बाद साहित्य एक सर्वथा नए अंदाजे बयां के साथ फिर से जन्मा हो और रंगनाथ की शक्ल में, कुर्त्ते पायजामे के साथ, थैला, लटकाए, मामूली आदमी का यह कल्कि अवतार, शिवपालगंज के सफरनामे पर, सामने खड़े उस ट्रक की ओर चल पड़ा हो।

> (ट्रक) जिसको देखकर यकीन हो जाता है कि इसका जन्म केवल सड़कों के साथ बलात्कार करने के लिए हुआ है।

साठ के उत्तर दशक में यह टटकी उत्प्रेक्षा पढ़ते हुए मैं सकपकाई थी। उपन्यास में आगे पढ़ते (पढ़ते) हुए भी, कई स्थानों पर बेलाग लपेट बयान कर दी गई माहौल की क्रूडिटी और कस्बाई एब्सर्डिटी पर कहीं-कहीं तो सकपका कर दांतों तले जीभ भी दबा ली थी लेकिन रचनाकार को इससे कोई फर्क नहीं पड़ने वाला था। समूचे राष्ट्रीय चरित्र के रोम-रोम में ठुंसे विद्रूप, और विसंगतियां उजागर कर वह हर किसी के 'जायके' की परवाह करते चल ही नहीं सकता। शेक्सपियर ने भले समूचे विश्व को मंच और हमें अभिनेता कहकर छुट्टी पा ली थी लेकिन

राग दरबारी में हमारे सामने जो मंच खुलता है उसके डाइमेंशंस हमें हतप्रभ कर देते हैं, क्योंकि यहां दृश्य पर दृश्य, पर्दे-पर पर्दे, और नेपथ्य से नेपथ्य, इस तरह उजागर होते जाते हैं कि एक छोटे से कस्बे में चल रही हर स्तर की भ्रष्ट गतिविधियों की कारगुजारी देखकर हम दंग रह जाते हैं। हर थोड़ी देर बाद लगता है कि अब खुल गया पूरा पर्दा, देख ली इस नाटक की रेंज; लेकिन हर बार लेखक की रचनात्मक शातिरी हमारे अनुमानों को मात दे देती है। वह जिस कुशलता से इस उपन्यास के चरित्रों, घटनाओं की भीड़ को बेतरतीबी के बावजूद तरतीब देता है, वह रचना प्रबंधन की दृष्टि से बेजोड़ है।

राग दरबारी के भाषाशिल्प के सारे औजार भी लेखक के अपने बनाए हुए हैं यानी पूरी तरह स्वावलंबी कृति। कोई भी पहले के ईजाद किए हुए नहीं। इन औजारों को इस्तेमाल करने का ढंग भी निराला है। पुस्तक के पूरे कैनवास पर एक खांटी किस्म का मामूलीपन इत्मीनान से फैला हुआ है। किसी महान रचना या 'ग्रंथ' की तरह यह आपको आंतकित नहीं करती, न अपने चरण कमलों में झुकने के लिए विवश करती है। किसी शब्द, विचार, स्थापना की जुगाली भी नहीं चलती यहां। न रचनाकार के जीवनदर्शन का घटाटोप ही। किताब और पात्रों की अपनी मौजपरस्ती है। यूं ही चलते हुए अपने कस्बाई अंदाज में कब, कहां सुनार की ठक-ठुक पर लुहार के हथौड़े की 'धम्म' गिरेगी, कहा नहीं जा सकता। हर विद्रूप एक नई भंगिमा, एक नई शक्ल में उभरकर आता है। अभी-अभी जिस तीर से रुप्पन पर निशाना सधता लग रहा था, वही पलटकर छोटे पहलवान को धराशायी करता निकल जाए तो ताज्जुब नहीं। एक चरित्र दूसरे को पटकनी देकर मजे ले ही रहा था कि तत्क्षण उसे भी उसकी औकात समझा दी जाती है। लेखक की शातिरी यह कि बख्शा कोई नहीं गया है, चरित्रों के इस जंगल में।

सिर्फ वैद्यजी के रूप में सार्वभौम भ्रष्ट सत्ता वाला वह अविजित मुखौटा है, जो अपनी साजिशों, षड्यंत्रों के महीन लेकिन मजबूत पकड़ वाले धागों से बंधे सारे पात्रों को मनोनुकूल नचाने की दमखम रखता है। अन्याय की दुहाई देकर इंसाफ मांगने के नाम पर सर उठाने वालों को यह 'मोगांबो' उन्हीं के उस्तरे से मुंड़वा देने की कूबत के साथ पूरे उपन्यास की सत्ता पर काबिज रहता है।

व्यवस्था-तंत्र की अंडर करेंट कारगुजारियों के प्रतीक वैद्यजी, अपने भंग घोटने वाले, लंठ घसियारे, सनीचर को गांवसभा का प्रधान तक बनाने की तरकीब रच लेते हैं और कोई चूं तक नहीं बोल सकता। ऐसा नहीं कि ऐसी घटनाएं हास्य-व्यंग्य का सबब नहीं बनती थीं पहले... लेकिन जिस बेलौसी और दुःस्साहसी गारिमा से इस चरम ऐब्सर्डिटी का निर्वाह किया गया है वह सांस रोककर महसूस करने वाली चीज है और उसके बाद

> गांव सभा की ओर से भंग-भोज की तैयारी है गांधी चबूतरे पर। कई सिल-लोढ़े एक साथ खड़कने लगे।

शिक्षा, राजनीति, पब्लिक सेक्टर से लेकर न्यायपालिका तक, प्रशासन और व्यवस्था के सारे कलपुर्जे यहां बेरहमी से खुले पड़े हैं, जिन्हें जोड़ पाने की कल्पना आपको सहमा देती है। किसी भी तरह कोई उम्मीद, कोई सूरत न नजर आने वाली स्थितियां हैं। वैद्यजी द्वारा स्थापित किए छंगामल विद्यालय में जाइए (जिसे बकौल वैद्यजी, उन्होंने अपने खून से सींचा है।) मास्टर मोतीराम हमेशा की तरह कक्षा में पढ़ाने के बदले अपनी आटा चक्की के लिए 'कल' लाने गए हैं। चूंकि अनुशासन और व्यवस्था बनाए रखना प्रिंसिपल साहब का फर्ज है, अतः वह चिल्लाकर दूसरे मास्टर से कहते हैं :

'भाई मालवीय, जरा यह क्लास भी देख लो'।

मालवीय बोले, 'एक ही पीरिएड में दो क्लासें कैसे ले सकूंगा?'

इस पर प्रिंसिपल उवाच–'ज्यादा कानून मत छांटो। जब से तुम खन्ना के साथ उठने-बैठने लगे हो, तब से तुम्हें हर काम में दिक्कत मालूम होती है।'

मालवीय के लिए क्लर्क का सुझाव आता है कि जैसे एक बस खराब होने पर उसके यात्री दूसरी बस में बिठा लिए जाते हैं, वैसे ही इस क्लास के लड़कों को मालवीय अपनी क्लास में बिठा लें।

तब मालवीय को कहना पड़ा है कि–'पर यह तो नवां दर्जा है, मैं सातवें को पढ़ा रहा हूं।'

इस पर प्रिंसिपल साहब की गर्दन मुड़ी। वे चीखे : 'मैं सब समझता हूं। तुम भी खन्ना की तरह बहस करने लगे हो। मैं सातवें और नवें का फर्क समझता हूं। हमका अब प्रिंसिपली करै न सिखाव भैया। जौन हुकुम है तौन चुप्पै कैरी आउट करौ। समझ्यौ कि नाहीं?'

पाठक समझ जाता है कि खन्ना मास्टर और मालवीय की जड़ें खोदने का काम युद्ध-स्तर पर शुरू हो गया है। मेमना कब तक खैर मनाएगा। और सचमुच अपनी छद्म गरिमा के प्रभामंडल में, अतिशय वेदना का इजहार करते हुए जिस ठंडी नृशंसता से वैद्यजी खन्ना और मालवीय को विद्यालय से त्यागपत्र देने के लिए बाध्य करते हैं वह शिवपालगंज के कस्बे से होते हुए समूचे देश के चरित्र और व्यवस्था के माथे पर प्रश्नचिह्न सा टंगा दिखाता है।

इसलिए शिवपालगंज चारित्रिक पतन की पराकाष्ठा पर पहुंचा संपूर्ण भारत-दर्शन है। उपन्यास आपको गहरे अवसाद और बेबसी में डुबो-डुबोकर हंसाता है और 'जबरा मारे, रोने न दे' की कहावत चरितार्थ करता है। कुछ इस तरह कि यह हमारी नियति है, हम अपनी बेशर्मी पर हंसने के लिए अभिशप्त हैं।

शायद प्रतिभा के ये ही वे डाइमेंशंस हैं जिनकी वजह से अपने आगे-पीछे के दो-ढाई दशकों में लिखी छिटफुट कृतियों के बीच, एक अकेला *राग दरबारी* खड़ा है। पहले तो पहले, बाद में भी दो-ढाई दशकों तक किसी दूसरे प्रतिमान का न खड़ा हो पाना शायद यही सिद्ध करता है कि आसान नहीं था, *राग दरबारी* की परंपरा को चला पाना। इस उपन्यास के तोड़ का दूसरा उपन्यास लिखा जाना। यहां तक कि नब्बे के दशक में आए ज्ञान चतुर्वेदी के दोनों बहुचर्चित व्यंग्य-उपन्यासों, 'नरक-यात्रा' और 'बारामासी' पर अपनी प्रशंसात्मक प्रतिक्रिया देते हुए जब मैंने इन्हें *राग दरबारी* से जोड़ना चाहा तो ज्ञान ने विनम्र शागिर्द की तरह कानों पर हाथ लगा लिए। जाहिर है कि *राग दरबारी* सी कृति उस गहरी दृष्टि, विस्फोटक प्रतिभा और कड़े परिश्रम की मांग करती है जिससे मामूली से ढेले से हथगोले का काम लिया जा सके और चलाने वाले की मुद्रा ऐसी हो जैसे वह ढेला ही फेंक रहा हो।

उपन्यास के समापन तक, चरित्रों, घटनाओं और स्थितियों का नजारा यह कि गांव सभा के प्रधान की गद्दी पर सनीचर घसियारा प्रतिष्ठित है। खन्ना और मालवीय जैसे न्याय की गुहार लगाने वाले अध्यापकों को चार दबंगों के सामने उनके लिए तैयार रखे त्यागपत्रों पर हस्ताक्षर करने के लिए विवश किया जा चुका है, रुप्पन को विरोध करने की सजा के रूप में वैद्यजी शापवत्, उसके उत्तराधिकार से वंचित कर चुके हैं और बड़े बेटे बद्री को, उत्तराधिकार के एवज में, रातोंरात शहर भेज दी गई बेला का किसी अन्य से विवाह चुपचाप स्वीकार लेना पड़ता है। और न्याय व्यवस्था (?) की औपचारिकताओं के तहत, लंगड़ अंत तक समझ नहीं पाता कि आखिर अर्जी की नकल उसे कब तक और कैसे मिलेगी?

अर्थात् समूचे कुत्सित यथार्थ से पलायन के सिवा, आम आदमी के पास कोई रास्ता नहीं बचा है। उसके लिए सत्य, व्यवस्था, औचित्य और न्याय से ज्यादा हास्यास्पद और असंभव कुछ हो ही नहीं सकता।

इसलिए उपन्यास के अंत में सूत्रधार की भूमिका में रचनाकार को सामने आकर साफ-साफ कह देना पड़ता है :

> अगर तुम्हारी किस्मत ही फूटी हो और तुम्हें यहीं रहना ही पड़े तो अलग से हवाई दुनिया बना लो। उस दुनिया में रहो जहां बहुत से बुद्धिजीवी आंखें मूंदकर पड़े हैं।...होटलों और क्लबों में, शराबखाना और कहवाघरों में... पहाड़ी आरामगाहों में जहां कभी न खत्म होने वाले सेमिनार चल रहे हैं।...चुरुट के धुएं, चमकीली जैकेट वाली किताब, गलत किंतु अनिवार्य अंग्रेजी की धुंध वाले विश्वविद्यालयों में...
>
> वह न कर सको तो अतीत में जाकर छिप जाओ... कणाद, पतंजलि...अजंता, एलोरा, एलिफेंटा में...कोणार्क और खजुराहो में... जप, तप, मंत्र में, संत-समागम, ज्योतिष, सामुद्रिक...जहां भी जगह मिले, जाकर छिपे रहो—भागो, भागो, भागो, यथार्थ तुम्हारा पीछा कर रहा है।

इस तरह इतने बड़े उपन्यास के फैलाव को समेटकर रचनाकार, किसी वीतरागी मुद्रा में, पहले की तरह पाठक और पुस्तक के बीच से हट जाता है।

यह पाठक कोई इक्का-दुक्का नहीं, साहित्य के पाठकों की वे पीढ़ियां हैं जिनकी हर उत्तराधिकारी पीढ़ी ने *राग दरबारी* को विरासत के रूप में सहेजा है। यह पाठक उपन्यास सिर्फ पढ़ता नहीं, उससे याराना साध लेता है, क्योंकि लेखक तो पर्दा गिराकर चला जाता है। सिर्फ अंत को छोड़कर पूरा उपन्यास खुद बोलता है, रचनाकार का आभास तक नहीं। यानी पूरा उपन्यास अपने बूते, अपनी सामर्थ्य पर खड़ा है... पिछले चालीस वर्षों से पुस्तक अपने पुरुषार्थ का ही खा रही है, भाग्य का नहीं... इसलिए श्रीलाल शुक्लजी! अपनी पुस्तक के पुरुषार्थ को, भाग्य के खाते में मत डालिए, क्योंकि पिछली सदी के उत्तरार्द्ध ने, पढ़ने, पढ़ाने वालों ने कितने ही ग्रंथ, रचनाओं की भाग्य रेखाएं बदली हैं, लेकिन शायद *राग दरबारी* का अंदाजे बयां ही कुछ और है।...

2011

खंड तीन

बकलमखुद

उपन्यासकार का पक्ष

मेरा लेखन

श्रीलाल शुक्ल

मुझसे मेरे साहित्यिक कैरियर और विचारों पर एक लेख देने को कहा गया है। विचार मांगने जाने में यह पूर्वमान्यता निहित है कि अकादमी पुरस्कार विजेता लेखक कुछ वैसा करने में सक्षम है जिसे हेमिंग्वे 'थिंक पीस' कहते। एक रचनात्मक लेखक के रूप में मुझे चिंतनशील अथवा पांडित्यपूर्ण ध्वनित होने का कोई प्रयास आडंबर लगता है और वह अपनी कमियों के प्रति मेरी जानकारियों में इजाफा भी करता है। रचनात्मक लेखक का एक महान सुख अपने लेखन में दृष्टिकोण के पूर्व अभाव का कोई संदेह जगाए बिना अपने विचारों के बारे में मोहक ढंग से अस्पष्ट बने रहने में है। इसलिए मैंने दूरदर्शिता और सिद्धांत दोनों दृष्टियों से सदैव यह महसूस किया कि लेखक को भद्र मेमने की भूमिका निभाने और अपने को जिबह किए जाने के काम में इच्छापूर्वक सहयोग देने से यथासंभव बचना चाहिए।

लेकिन, यदि पाठकों में मेरे साहित्यिक काम को लेकर कोई जिज्ञासा है तो उसका समाधान मैं अवश्य करना चाहूंगा। यदि किशोरावस्था के अनाचार शुमार न किए जाएं तो साहित्य में मेरे प्रयोग 27 साल की काफी परिपक्व अवस्था से शुरू हुए (सिविल सर्वेंट की हैसियत से मेरा कैरियर पहले ही शुरू हो गया था)। यह 1953-54 की बात है। उस समय मैं उत्तर प्रदेश के बुंदेलखंड में, राठ नामक परम अविकसित क्षेत्र के एक डाकबंगले में रहता था और एक बैटरी वाला रेडियो, दो राइफलें, एक बंदूक, एक खचड़ा ऑस्टिन, मुट्ठी भर किताबें, ज्यादातर रिप्रिंट सोसायटी के प्रकाशन, एकाध पत्रिकाएं, कभी शिकवा न करने वाली बीवी और दो बहुत छोटे बच्चे जिन्होंने स्थानीय बोली के सौंदर्य के प्रति उन्मुख होना भर शुरू किया था—यही मेरे सुख के साधन थे। एक दिन, आकाशवाणी के एक नाटक का धुआंधार (जो आकाशवाणी के नाटकों में हमेशा बलबलाता रहता है) झेलने में अपने को बेकाबू पाकर और लगभग हिंसात्मक विद्रोह करते हुए मैंने 'स्वर्णग्राम और वर्षा' नामक लेख लिखा और उसे धर्मवीर भारती को भेज दिया। आकाशवाणी के उस वर्षा संबंधी नाटक पर मेरी प्रतिक्रिया रेडियो सेट उठाकर पटक देने के मुकाबले में कम हानिकार थी। बहरहाल वह लेख छपा 'निकष' में जो तत्कालीन हिंदी लेखन में एक विशेष स्तर की प्रतिभा के साथ उसी स्तर की स्नॉबरी से जुड़कर निकलने वाला एक नियतकालीन संकलन था। इसके बाद ही भारती से कई जगह से पूछा जाने लगा कि श्रीलाल शुक्ल कौन हैं। विजयदेव नारायण साही, धर्मवीर भारती और केशवचंद्र वर्मा पुराने मित्र थे और उस समय तक लेखक के रूप में प्रतिष्ठित हो चुके थे। इन तीनों ने तय किया कि अब मुझे ऊबे हुए सिविल सर्वेंट की तरह रहना छोड़कर एक लेखक की प्रतिष्ठा के अनुरूप जीवन जीना चाहिए। दफ्तरी भाषा में, मुझे एक मौका दिया गया था, मुझे इसका लाभ उठाने में कोई कसर उठा नहीं रखनी चाहिए—अंग्रेजी की कहावत के अनुसार कोई पत्थर अनपलटा न छोड़ा जाए।

जो पहले पत्थर मैंने पलटे वे थे कहानियां। लेकिन जल्दी ही मैं समझ गया कि यह विधा मेरे लिए बड़ी कठिन और श्रमसाध्य है। उस समय के फैशन, जो कुछ हद तक अब भी चलन में हैं, के आधार पर देखा जाय तो कहानी लेखक के काम के लिए जो अर्हताएं जरूरी थीं, वह थीं—लेखन के साथ-साथ यह दावा करने की अत्यंत मुखर इच्छा कि वह नई जमीन तोड़ रहा है, अपने लेखन के विपणन, समीक्षा और प्रति-समीक्षा के बारे में विपुल पत्राचार की क्षमता तथा किसी साहित्यिक आंदोलन का नेतृत्व करने अथवा किसी भी तरह उसमें शामिल होने या उसका विरोध करने की अथवा उससे इस ढंग से दूर रहने की प्रवृत्ति जो अंततः उसमें शामिल होने या उसका विरोध करने के समान ही हो। संक्षेप में, हिंदी में कहानी लिखने के लिए उस समय जरूरी था ऊर्जा और एक लड़ाकू भावना का सतत प्रदर्शन। मेरे पास ये दोनों पर्याप्त मात्रा में थीं लेकिन मेरे पेशे में मुझे इनका कम से कम इस्तेमाल करने का प्रशिक्षण दिया गया था।

इसलिए मैंने कहानी के बजाय उपन्यास लिखने शुरू किए और कुछ विनोदपूर्ण लघु रचनाएं भी जो अब लगातार अधिकाधिक अग्रसर होने का खतरा दिखा रही हैं। क्यों? इस सवाल का जवाब तो समीक्षक ही ढूंढ़ सकते हैं। मुझे डींग हांके जा सकने लायक संघर्ष का सामना नहीं करना पड़ा। इसके विपरीत, साहित्य जगत ने प्रोत्साहन, सहृदयता और मुझे लगता है, स्नेह से मुझे स्वीकार किया। अब तक मैंने तीन उपन्यास लिखे हैं—इन सभी को उन्होंने प्रकाशित किया है जो यह जानने के लिए जाने जाते हैं कि प्रकाशन क्या है और सौ से अधिक लेख, कहानियां और रेखाचित्र लिखे हैं जिन्हें प्रायः 'व्यंग्यात्मक लेखन' का एक सुविधाजनक नाम दे दिया गया है। इनमें से अधिकांश 1958 तथा 1969 में प्रकाशित मेरे दो संकलनों में आ चुके हैं। मुझे आशा है कि प्रत्यक्षतः मेरी लगभग एक सुव्यवस्थित लेखक की हैसियत है और सभी लेखकों की तरह मैं अनतिदूर भविष्य में एक सचमुच अच्छी किताब लिखने की अपेक्षा करता हूं। किसी दिन मैं कहानी लिखने का दुष्कर काम दोबारा कर सकता हूं या कौन जाने नाटक भी।

1970 में अकादमी पुरस्कार समारोह में दिया गया वक्तव्य
(मूल अंग्रेजी से अनुवादः वंदना मिश्र)

लेखनी-विलास उर्फ़ लिखने की मजबूरी

श्रीलाल शुक्ल

शरतकालीन नैनीताल। इस मौसम में आदमी को यहां अकेले नहीं होना चाहिए। मैं फ्लैट के पास, झील के किनारे, अकेले खड़ा हूं। शाम नीचे घाटी में आ गई है, ऊपर की चोटियों से धूप लाचारी से जा रही है–विक्रमोर्वशीयम् की उर्वशी की तरह, जो स्वर्ग की ओर बढ़ते हुए भी अपनी आंखें नीचे पुरुरवा की ओर लगाए हुए थी।

सीज़न के आखिरी दिन हैं। फिर भी, बंगाल और पंजाब के सैकड़ों जोड़े चारों ओर छितरे हुए हैं। जरूरत से ज्यादा पहने-ओढ़े, रंगे-पुते। रघुवीर सहाय की रंगी-पुती पंजाबिन और धुली-पुंछी बंगालिन का फर्क यहां इतना साफ नहीं। वे प्रवासियों की स्वच्छंदता के साथ पूरी तरह विमोचित हैं। इन्होंने आंख के सामने फैले हुए नैनीताल को अपने घर का आंगन बना लिया है; पार्क, सड़कें, झील–सब कुछ उनकी केलि-शय्या हैं, इस सामूहिक फैशन परेड में एक अजीब-सी निर्वसनता है।

पर मैं इस भीड़ में तभी आ पाता हूं जब वर्तमान मुझे खास तौर से खींचकर लाता है। अपने को परिवेश-बोध से आश्वस्त करने के लिए मैं इलियट की कविता की कुछ पंक्तियां याद करता हूं। कुछ काल्पनिक नाम लेकर 'गु' नाइट.. 'गु' नाइट.. 'गु' नाइट.. 'गु' नाइट.. 'गु' नाइट.. दोहराना चाहता हूं। पर यह झूठी कोशिश है, क्योंकि मेरी किताब के चरित्र मुझे छुटकारा नहीं दे रहे हैं; एक बाईस-तेईस साल की लड़की–चांद–छोटे और रूखे बाल, जींस और कमीज में लगातार, ठंडी जिद के साथ, मुझसे बड़ी देर से कह रही है मैंने यह नहीं कहा था; ऐसा नहीं, ऐसा किया था। मुझे शायद जल्द ही उस अकेले कमरे में वापस लौटना होगा।

पर्यटकों के ये जत्थे, पता नहीं, मुझे क्या समझते होंगे। शायद मैं एक जगह ज्यादा देर खड़ा रहा हूं। मैं अपने आपको अच्छी तरह पहचानता हूं वेदांत के अर्थ में नहीं, शीशे की मदद से; ट्यूबलाइट से जगमगाते एक शेड में, झील के किनारे यह आदमी कुछ इस तरह खड़ा है कि झील और बाजार उसे एक साथ दिख सकते हैं। मैं अपने को इसी तरह देखता हूं। प्रौढ़ता का पहला हमला झेलता हुआ, भला-सा सामान्य चेहरा, दो दिन की बढ़ी दाढ़ी और गले में लिपटे मफलर का साथ, जिसे नाई, धोबी और दर्जी का षडयंत्र कभी-कभी देखने लायक बना देता है।

पर उन्हें मुझसे घबराने की जरूरत नहीं। मैं दलाल, ग्राहक या आवारा नहीं। उनके आर-पार देख रहा हूं। मैं एक किताब लिख रहा हूं। छह घंटे बराबर बैठे रहने के बाद, कलम रखकर मैं यह मौसम देखने, हवाओं को चेहरे पर महसूस करने के लिए बाहर आया हूं। पर चांद मुझे फिर वापस खींच रही है।

मौसम मेरे चारों ओर है जरूर, पर अपना अर्थ खो चुका है। मैं उससे, इन हवाओं से

गुजर चुका हूं। मेरी लड़की ने खत में लिखा है, 'मौसम बहुत सुहाना होगा'; होगा। वर्तमान होते हुए भी वह मेरे लिए अतीत बन चुका है। मौसम है जरूर और देवदारुओं और चीड़ों में हरहराती हुई हवाएं हैं, पर मेरे लिए वह होटल के किसी ऐसे कमरे की खिड़की पर लगे हुए दिलकश पर्दे की तरह है जिसे मैंने कल छोड़ दिया है, जिसकी बाद में याद आएगी।

बचपन की पढ़ी हुई कविता 'सालिट्यूड ऑफ अलेक्जेंडर सेल्कर्क' याद आती है। उसने 'सोसायटी, फ्रेंडशिप एंड लव' की कमी पर बकौल, अंग्रेजी, मुहावरे के हंस-गीत गाया था। यहां मेरे लिए ये होते हुए भी नहीं है। वे मौजूद हैं, पर अपने प्रसंग से हटे हुए हैं, क्योंकि मैं अपनी किताब के पहले प्रारूप का कैदी हूं।

किताब लिखना–घटिया किताब तक लिखना–नरक है।

इस विवरण को आगे बढ़ाने के लिए कुछ देर आत्मकथा के हाशिए पर कलम चलाना चाहता हूं।

मैंने अब तक तीन किताबें लिखी हैं। वैसे कुछ इधर-उधर की जोड़कर कुल पांच किताबें हो गई हैं। हर नई किताब के साथ यह अनुभव और भी तीखा होता जाता है कि किताब लिखने का काम बड़ा उलझा हुआ मसला है।

पहली किताब *सूनी घाटी का सूरज* 19955-56 में लिखी। प्रकाशक ने इसे उपन्यास कहकर छापा है। तब मैं तीसवें साल में चल रहा था और लेखक बनने की जल्दी में था। अतः उसे बस यूं ही लिख गया। कोई तकलीफ नहीं हुई। 'प्रीत्या विजयदेवाय, धर्मवीराय धीमते... केशवाय समर्प्यते' के उत्साह का करिश्मा–यह उपन्यास दरअसल उपन्यास नहीं एक अच्छे उपन्यास की सामग्री का संचयन भर था। मैं इतनी जल्दी में था कि मुझे इसके शीर्षक के लिए वक्त देना भी मुश्किल हो गया था। जब डॉ. लक्ष्मीनारायण लाल ने इसका शीर्षक दिया तो किताब तुरंत छपकर बाजार में आ गई, और तब से अब तक बराबर बनी रही। उनका आभारी हूं। पर सिर्फ शीर्षक की वजह से यह किताब आज तक मेरे लिए अजनबी है। मैंने आगे के लिए तय किया कि किसी मित्र का दिया हुआ बढ़िया शीर्षक लेने के बजाय अपने घटिया शीर्षक से ही काम चलाना चाहिए।

दूसरे उपन्यास का आरंभ शीर्षक से ही हुआ *अज्ञातवास*। वर्ष : 1960। इसे लिखने में पहली बार लिखने का मजा–आया नहीं, चखा। गनीमत थी कि लगभग 100 फुलस्केप पृष्ठ लिखते-लिखते उपन्यास चुक गया; यह दूसरी बात है कि लिखे 400 पृष्ठ होंगे। लिख चुकने पर भी चोटों के दाग बहुत दिन तक मन पर बने रहे।

फिर *राग दरबारी*। इसने लगभग छह साल साल मुझे बीमारी की हालत में रखा। उन गंवार चरित्रों के साथ दिन-रात रहते हुए मेरी जबान खराब हो गई। भद्र महिलाएं खाने की मेज पर कभी-कभी मुझे भौंहें उठाकर देखने लगीं, मैं परिवार से और परिवार मुझसे कतराने लगा। मेरी मुसीबत यह है कि किताब लिखने के लिए कोई जगह वाजिब ही नहीं जान पड़ती। अतः अपना मकान, बीवी-बच्चों, रिश्तेदारों-कृपाकांक्षियों आदि के लिए छोड़कर अलग से दूसरा फ्लैट लिया, वीराने में मोटर खड़ी करके उसकी सीट का महीनों इस्तेमाल किया, दूर-दूर के डाक बंगलों के चक्कर काटे (यानी वह सब किया जो जिम्मेदार गृहस्थ कोई प्रेमिका रखकर उसके लिए करते हैं)। मैं बार-बार ऊपर उठकर उसे पकड़ने की कोशिश में नीचे धंसता गया जिसे मैं किसी भी कीमत पर उपन्यास में लाना चाहता था और इस प्रक्रिया में लगभग ढाई हजार फुलस्केप पृष्ठ लिखे और काटे। इस तरह जैसे-तैसे एक भ्रांतिपूर्ण क्षण में किताब बन गई–यह 'असंतोष का खटराग' (नेमिचंद्र जैन से साभार) और 'महाऊब का महाउपन्यास अपठित रहना ही जिसकी

नियति है' (श्रीपत राय से सधन्यवाद) पूरा हुआ।

तीन साल तक अपने घावों को चाटते रहने के बाद, फिर से अपनी नियति की गुलामी करते हुए मैदान छोड़कर यहां पहाड़ पर अकेला भाग आया हूं और आत्मपीड़न का एक नया सत्र शुरू हुआ है।

यह इरादा नहीं था कि आत्म-दया का नाटक करूं या पाठकों और आलोचकों से सहानुभूति की भीख मांगू। ऐसा भी नहीं कि यह ऐसे लेखक की दुर्गति का वर्णन है जिसका प्रेरणा-स्रोत सूख गया है। सिर्फ यह स्पष्ट करना है कि लेखक को समझना अपने पालतू कुत्ते को समझने के मुकाबले ज्यादा महत्वपूर्ण सामाजिक कार्य है।

वे भाग्यशाली थे जो जंगलों में रहते थे और ग्रंथ-रचना जिनकी जीवन-प्रक्रिया का अंतर्निहित और प्राथमिक अंग थी। उन्हें डूबती हुई बीमा की पॉलिसी, बिके हुए संस्करण के बारे में प्रकाशक की बेरुखी और तीन साल कक्षा में प्रथम आने वाले पुत्र की चिंता, जो अब ऊपर की कक्षाओं में सिर्फ घिसट रहा है, नहीं थी। उन्हें *आत्मजयी* के साथ मोटर-व्यवसाय का, *आत्महत्या के विरुद्ध* के साथ नक्सलपंथ के विवरणों का, *कनुप्रिया* के साथ साप्ताहिक राशिफल का सामंजस्य नहीं बैठाना पड़ता था। वे भाग्यशाली थे जो जंगलों में रहकर कोयल की तरह 'कूजंतं रामरामेति' की मनोदशा में बराबर लिखते रहते थे, जो एक समर्पित व्यक्तित्व की भांति जिसका मन से ध्यान करते थे, उसी को वाणी से उच्चारित करते थे, जिसे वाणी से उच्चारित करते, उसे कर्म द्वारा प्रतिपादित करते थे, जो कर्म से प्रतिपादित करते थे उसी के अनुरूप पूर्णतया तर्कानुबद्ध परिणाम ग्रहण करते थे।

तभी वे पुराण पर पुराण लिख सकते थे, वे एक साथ अनेक मनःस्थितियों के स्वामी बन सकते थे, उसी सांस में वे अध्यात्म के 'न खलु गोपिकानंदनो भवान् सकल-योगिनामंतरात्मदृक्' के साथ शरीर के अर्पण का गीत, 'सुरतनाथ तेऽशुल्क दारिका' सुना सकते थे।

सिरिल कॉलनी के एक उद्धरण का हवाला देते हुए ऐंथानी बर्गेस ने एक जगह समझाया है कि जिसने एक भी किताब लिखी है, वही जान सकता है कि यह काम कितना मुश्किल है, और इसीलिए वह दूसरे लेखक के प्रति, चाहे उसने घटिया किताब ही क्यों न लिखी हो, सहानुभूति का व्यवहार करता है। किताब लिखना दिमाग के लिए कठोर और शरीर के लिए एक कष्टकर कार्य है। इससे तंबाकू की लत पड़ जाती है, काफीन और डेक्सेड्रीन का जरूरत से ज्यादा सहारा लेना पड़ता है, बवासीर, बदहज़मी, अनवरत दुश्चिंता और नामर्दी पैदा होती है।

अपने देश के लेखक विनम्र हैं और बवासीर, बदहजमी आदि को छिपाने के कायल भी। इस लजीलेपन के साथ एक और भी दुर्घटना जुड़ी है, कि उनके बहुत-से आलोचक प्रायः स्वयं लेखक होते हुए भी, लेखक की इस स्थिति से अनभिज्ञ रहने को आलोचना की पहली शर्त मानते हैं तभी हमारी बहुत-सी समीक्षाएं *कठोर नहीं क्रूर होती* हैं। समीक्षकों ही में नहीं, लेखकयशःकामियों में लेखकों के लिए खास तौर से अवज्ञापूर्ण भाव रहता है और उनकी दृष्टि में घटिया किताब लिखना, बावजूद इसके लिए लगभग सभी साहित्यों में घटिया किताबों का अनुपात ज्यादा है, अक्षम्य अपराध है। खास तौर से हिंदी में, जिसमें नियमित गद्य-लेखन की अभी शताब्दी भी पूरी नहीं हुई, यह प्रवृत्ति और भी हास्यास्पद है।

रात हो गई है। इस इमारत में मैं बिलकुल अकेला हूं। नींद की टिकिया हजम करके मेरी नींद दो बजे के करीब टूटती है। फिर दुबारा नहीं आती। 'भावादबोधकलुषा दयितेव रात्रौ निद्रा' के न आने का सुखद बिंब यहां लागू नहीं होता। पहले मैं सोचता हूं, मुझे एकांत में डर लग रहा है। बाहर होने वाला एक खटका मुझे चौंका देता है। पर अचानक मैं अनुभव करता हूं,

यह डर नहीं है। यह मेरे पात्रों की दुश्चिंता है जो मुझे फिर खिड़की के पास पड़ी हुई मेज की ओर खींचेगी, निरर्थक ही क्योंकि जब लेखन का कोई रूखा और ऊबानेवाला प्रसंग होगा तो उस समय मैं लिखूंगा नहीं, सिर्फ खिड़की के बाहर अंधेरे की ओर देखता रहूंगा, और यदि कोई आकर्षक प्रसंग आएगा तो उस समय भी मैं लिखूंगा नहीं, रात में दिवास्वप्न देखूंगा और उस हालत में भी खिड़की के बाहर अंधेरे की ओर देखता रहूंगा।

1971

राग दरबारी : संस्मरण

श्रीलाल शुक्ल

अपनी कृति के बारे में कुछ लिखना भोंडा और अरुचिकर काम है। लगभग अपने प्रेम और सेक्स के अनुभवों को बखानने जैसा। फिर भी, और अपनी प्रवृत्ति और विवेक की मुख़ालिफ़त करते हुए, यह टिप्पणी लिख रहा हूं, खुशी सिर्फ यह है कि इस माध्यम से मैं भीष्म जी के एक अभूतपूर्व आयोजन में शरीक हो रहा हूं।

राग दरबारी की शुरुआत 1960 के आसपास हुई। पर उस वक्त मुझे इसकी संरचना या स्वरूप का पता न था, यह तक तय नहीं था कि मेरे दिमाग में इसकी विधा भी स्पष्ट थी या नहीं और शीर्षक तो मुझे 1967 के अंत तक नहीं मिल पाया। अपनी हर किताब के शीर्षक की तरह *राग दरबारी* का आविष्कार भी इसके प्रेस में जाने के कुछ दिन पहले ही हो सका।

कुछ आरामपसंद समीक्षकों का तरीका है कि किसी किताब पर राय देने के लिए वे उसके शीर्षक को या कवर पर छपी हुई प्रकाशकीय विज्ञप्ति को अपनी समीक्षा का आरंभ-बिंदु बना लेते हैं और जब मन चाहा, लेखक को धुनने के लिए उनका डंडे की तरह इस्तेमाल करते हैं। ऐसे ही एक समीक्षक ने *राग दरबारी* के शीर्षक पर लिखा था कि इससे संगीत के प्रति या तो मेरा अज्ञान सिद्ध होता है या दरबारी जैसे राग के प्रति संवेदनहीनता प्रकट होती है। दूसरों की प्रतिभा और कृतित्व पर राय देकर कृती बनने वाले हर आदमी को बेशक दूसरों को अज्ञानी और जड़ घोषित करने का हक है, कुछ हद तक यह उसके पेशे की मजबूरी भी है, फिर भी किताब पढ़कर कोई भी देख सकता है कि संगीत से इसका कोई सरोकार नहीं है और शायद मेरा समीक्षक भी जानता है कि यह राग उस दरबार का है जिसमें हम देश की आजादी के बाद और उसके बावजूद, आहत-अपंग की तरह डाल दिए गए या पड़े हुए हैं।

यह तो हुई शीर्षक की बात, अब *राग दरबारी* क्यों लिखा गया, इसका सही-सही जवाब खोजना मेरे लिए कठिन है। पर यह सही है कि इसके पीछे दो तत्व काफी सक्रिय थे। पहला, अपने ग्राम-जीवन के प्रति—जिसे मैं भारतीय जीवन की प्रमुख धारा मानता हूं, मेरा अतिशय लगाव और दूसरा, हिंदी-साहित्य में ग्रामीण जीवन के प्रति बनी या बनती हुई रूढ़ियां जो मेरे लिए बरदाश्त के बाहर हैं। इस दूसरी बात को कुछ और स्पष्ट करने की जरूरत है।

प्रेमचंद जैसे कुछ अपवादों को छोड़कर हिंदी-साहित्य में, लगता है, ग्रामीण जीवन के प्रति दो प्रकार की दृष्टियां विकसित हुई हैं और दोनों ही रूढ़ि बन गई हैं। पहली दृष्टि 'अहा ग्राम्य जीवन भी क्या है' वाली है, दूसरी 'चरमर चरमर चूं चरर मरर जा रही चली भैंसागाड़ी' वाली। पहली दृष्टि ग्रामीण परिस्थिति को जोड़ती है जिसकी हास्यास्पद परिणति 'ऊंची अरहर में लुकाछिपी खेलतीं युवतियां मदमाती चुंबन पा प्रेमी युवकों के...' जैसी पंक्तियों में होती है। ग्राम-जीवन की इस फर्जी, रूमानी, संघर्षरहित छवि को रेडियो और सिनेमा ने और भी पुष्ट किया है जिसके

खिलाफ मेरी प्रतिक्रिया 'स्वर्ण ग्राम और वर्षा' या 'पहली चूक' जैसी मेरी आरंभिक रचनाओं में व्यक्त होती है। दूसरी दृष्टि गांव के छोटे किसानों, मजदूरों और दूसरे कमजोर वर्गों को केंद्र बनाकर सामाजिक विषमता और उनके शोषण की कथाओं में परिलक्षित होती है। यह स्वस्थ्य दृष्टि है पर इससे अनुप्राणित साहित्य भी ज्यादातर रस्मी, सतही और प्राणहीन है। उसके प्रणेताओं में अधिकांश का दर्शन (विजन) सतह के नीचे बिलकुल अस्पष्ट है जिससे सामाजिक अन्याय की स्थिति, जो एक विशेष प्रकार की आर्थिक व्यवस्था का सहज परिणाम है, सस्ती भावुकता के माध्यम से अभिव्यक्त होती है और उलझाव भरे मुद्दों का अतिसाधारणीकरण हो जाता है। लेखक का दर्शन स्पष्ट हुआ, तब भी प्रायः समस्या की पकड़ कमजोर या बिखरी हुई नजर आती है।

बहरहाल, *राग दरबारी* के लेखन के समय इन प्रवृत्तियों के बारे में मेरी प्रतिक्रिया बहुत साफ थी, यह दूसरी बात है कि कहीं-कहीं घड़ी का पेंडुलम दूसरी ओर इतना ज्यादा चला गया कि खुद मुझे 'संवेदनहीनता', 'सतहीपन', 'ग्रामीण संस्कृति का उपहास', 'हास्य-व्यंग्य की अति' जैसे आरोपों पर कठघरे में खड़ा किया गया। उपन्यास को सशक्त और अत्यंत महत्वपूर्ण मानने वाले, और कभी-कभी गलत कारणों से भी प्रशंसा करने वाले, आलोचकों की कमी नहीं है, पर कई प्रमुख आलोचकों ने उपर्युक्त आरोपों का उल्लेख किया।

जरूरी नहीं कि समीक्षकों और आलोचकों की हर बात का मेरे पास जवाब हो, और जहां जवाब या सफाई दे सकता हूं, वहां भी मैंने ऐसा करने की हिम्मत नहीं दिखाई है, क्योंकि कोई किताब पूरी करके जब मैं एक नरक से उबरता हूं तो समीक्षकीय खींचतान के दूसरे नरक में धंसने की ताकत मुझमें बाकी नहीं रहती। सिर्फ यह रहता है कि मैं यथाशक्ति अपना दिमाग खुला रखता हूं और कृति की कमजोरी बताने वाली आलोचना के खिलाफ मानसिक किलेबंदी नहीं करता।

पर इस मौके का फायदा लेकर ग्रामजीवन के बारे में मैं अपनी समझ या नासमझी के कुछ पहलू स्पष्ट कर देना चाहता हूं। पहली बात तो यह कि मैं ग्राम जीवन से संबंधित लेखन को सामान्य तथा आंचलिक नहीं मानता, क्योंकि मैं उस जीवन को भारतीय जीवन की मूल धारा मानता हूं। *भारतीय ग्राम्य जीवन की औसत कहानी मेरे लिए सामान्य जीवन के अनुभवों की कहानी है, दुर्लभ प्रांतर और किसी दुर्लभ समुदाय का नृशास्त्रीय अध्ययन नहीं*। यह दंभ की बात है और जन-विरोधी तो है ही कि रेस्त्रां, बार, कॉलिज, ड्राइंग-रूम, दफ्तर आदि के चोंचलों को साहित्य का अंग माना जाय और भारतीय जीवन के सामान्य रूप को, जो गांवों से और अस्सी प्रतिशत से ऊपर जनता से संबद्ध हो, साहित्य में आंचलिकता के खाने में रक्खा जाए। यह समझना भी दंभ और गुस्ताख़ी की बात है कि समाज का बाहरी और सफेदपोश वर्ग ही हमारे सामान्य और सामाजिक-सांस्कृतिक जीवन का अभिव्यंजक है। इस धारणा के अनुसार अंतिम निष्कर्ष तक पहुंचा जाए तो *मैला आंचल, अलग-अलग वैतरणी, आधा गांव* जैसे उपन्यास भारतीय जीवन के सामान्य उपन्यास होंगे और *अंधेरे बंद कमरे* और *वे दिन* आंचलिक उपन्यासों के अच्छे नमूने माने जाएंगे।

दूसरी बात 'हास्य-व्यंग्य की अति' से संबंधित है। अगर *राग दरबारी* परिहासात्मक अवज्ञा, व्यंग्य या 'हाई कमेडी' के मूड में लिखा गया है तो यह बात गांवों के उस मूड से मेल खाती है जहां विपत्तियों और संघर्षों के बावजूद लोग हर छोटी-छोटी बात से अपने को खुश रखने की कोशिश करते हैं। गांव का आदमी अगर सफेद कॉलर वाले शहरी की तरह आत्मदया और कुंठा का शिकार हो जाय और उसे अपने व्यवहारों में भी दिखाने लगे तो जीवित रहना उसके

लिए दुष्कर हो जाएगा और गांव सामूहिक आत्महंताओं के केंद्र हो जाएंगे। विपत्तियों और संघर्षों को झेलने में नियतिवाद ही उनका एकमात्र शास्त्र नहीं है, जीवन के प्रति उनमें एक खुली हुई दृष्टि भी है जो उतने ही कारगर एक-दूसरे अस्त्र की सृष्टि करती है जिसका नाम परिहास-बोध है।

इस वृत्ति की जड़ में जीवन की और स्वभाव की विविधता है। दफ्तर और कारखानों की जिंदगी, जहां लोग एक-सी अनुशासन-संहिता से शासित हैं, व्यक्तिगत विविधताओं को कम करती जाती है और उसी अनुपात में परिहासपरक स्थितियां कम होती जाती हैं। सनीचर, लंगड़ और छोटे पहलवान जैसे पात्र दिल्ली के साउथ ब्लॉक के दफ्तरों में नहीं मिल सकते और पंचायती अदालत के सरपंच और कुसहर प्रसाद का झमेला सुप्रीम कोर्ट में नहीं देखा जा सकता। सामान्य जनजीवन केवल सुरक्षा की अवचेतन भावना से ही आपसी त्रासदी को, आत्मदया से मुक्त होकर, हंसते हुए झेलता है। सघन भावुकता, उबाल के तेवर और नपुंसक आक्रोश उसके स्वभाव के स्थायी अंग नहीं हैं। बहरहाल, *राग दरबारी* लिखते हुए मेरे सामने दो ही विकल्प थे : या तो मैं उसे 'ऐंग्री यंगमैन' की मनःस्थिति में लिखता जो कि मैं नहीं था, या उसे सनीचर, रुप्पन बाबू, प्रिंसिपल, वैद्यजी आदि के साथ उठने-बैठने वाले पढ़े-लिखे गंवार की तरह लिखता, जो कि मैं था। तभी *राग दरबारी* जिस तरह लिखा गया, उसके सिवाय मैं उसे किसी दूसरी तरह नहीं लिख सकता था। बेशक दूसरे लेखक, उदाहरणार्थ श्रीपत राय या नेमिचंद्र जैन इसे दो के बजाय तीसरी या चौथी तरह से भी लिख सकते थे।

हो सकता है कि मेरी स्थिति की परख या अनुभव की पकड़ कहीं-कहीं सही न उतरी हो और पाठक को पूर्णतः आश्वस्त न करती हो। पर इतना तय है कि एक सम्मानित आलोचक की राय के बावजूद, *राग दरबारी* ग्रामीण जीवन की पैरोडी नहीं है। हर लेखक की तरह मुझे भी यह भ्रम है कि *राग दरबारी* में जितना देखा गया है, उसके अलावा भी बहुत कुछ है। मुझे यह उम्मीद भी है कि उस 'बहुत-कुछ' की पहचान करने के लिए खुद लेखक को निबंध न लिखने पड़ेंगे। यह बिलकुल जरूरी नहीं कि खुद लेखक को ही उसकी पहचान हो और पाठकों और आलोचकों का समुदाय अपने-अपने ढंग से उस 'बहुत-कुछ' का अनुसंधान करता रहेगा और उसी क्रम में एक नए साहित्यिक अनुभव का आनंद पाएगा।

1975

कुछ अपनी कुछ आस-पास की

श्रीलाल शुक्ल

मेरे सामने यह प्रश्न बार-बार उठाया गया है कि प्रतिष्ठान से जुड़े रहकर लेखन-कार्य में आपको क्या नुकसान हुआ, क्या नफा हुआ और सचमुच ही अभिव्यक्ति की स्वतंत्रता मात्र को नहीं, अपने चिंतन की स्वतंत्रता को भी आप कहां तक अक्षुण्ण रख सके हैं। यह महत्वपूर्ण सवाल है। इस पर मैंने 1973 में कुछ लिखा था और तब सरकारी सेवा में मेरे बाइस साल हो चुके थे। कुछ मित्रों ने इस सवाल के साथ मेरे सुविधावादी और प्रतिष्ठान-परस्त होने का आरोप भी लगाया था। अपनी उस पुरानी टिप्पणी का अंतिम अंश मैं यहां सुनाऊंगा। उसकी कुछ प्रासंगिकता हो तो आप देखेंगे कि सुविधावादी होने का आरोप तो बकवास है, पर प्रतिष्ठान वाली दिक्कत काफी असली है। मैंने लिखा था :

'प्रतिष्ठान के साथ लेखक का, सृजनशील लेखक का संबंध निश्चय ही ऐसी समस्याओं और तनावों को उभारता है जिन्हें वाक्पटुता से नहीं टाला जा सकता।

'शुरू में मेरे लिए कोई समस्या नहीं थी। *शेर का शिकार* और *अंगद का पांव* जैसी रचनाएं किसी को भी खुश कर सकती हैं और किसी का इनसे कुछ बनता-बिगड़ता नहीं। पर कुछ दिन बाद ही वह नाकाफी जान पड़ने लगा। लगा, यह तट पर बालू के साथ किया गया खिलवाड़ भर है। अपर्याप्ति की इस छटपटाहट का एहसास होते ही कुछ गहराई में जाना अनिवार्य हो जाता है और वहीं से खतरे की शुरुआत होती है।

'मेरी स्थिति के बहुत से लेखक अपने लिए ऐसे तत्वपूर्ण और अमूर्त विषय चुनते हैं जो उनकी रचनात्मक या विश्लेषणात्मक क्षमता के प्रकाशन के लिए काफी-लंबी चौड़ी जमीन दे देते हैं। पर प्रायः यह तटवर्ती लेखन ही होता है जो खतरे की लहर को नहीं छूता। बड़े गहन और गंभीर स्तर का होते हुए भी घूम-फिर कर ऐसा लेखन पुराने सिविल सर्वेन्टों के उस लेखन के समकक्ष हो जाता है, जो पुरातत्व, भाषा-विज्ञान, पशु-पक्षी जगत् आदि पर ग्रंथ लिखा करते थे।

'पर मेरे जैसा लेखक, जिसकी शुरुआत ही व्यंग्य और तीखे लेखन से हुई हो, इस तरह के पलायन से अपने को बहुत दिन तक फुसला नहीं सकता। क्योंकि मेरे लेखन के पीछे सामाजिक जीवन की जिस क्वालिटी का आदर्श है, वह आसानी से मुझे छोड़ने वाला नहीं है। किसी व्यवस्था पर चोट करना मेरा मंतव्य रहा हो या नहीं, इस एहसास से कि चाहने पर भी उस पर चोट नहीं की जा सकती, मेरे लेखन पर एक अस्पष्ट पर निश्चित क्रूर ग्रह की छाया पड़ने लगती है।

'किंतु समस्या का यह पहलू बिलकुल ही स्पष्ट है और इसका हल बहुत मुश्किल नहीं है। किसी भी समय प्रतिष्ठान से अलग होकर इससे छुटकारा लिया जा सकता है। पर समस्या

का दूसरा पहलू इससे ज्यादा क्रूर और कठिन है।

'सवाल व्यक्तित्व के ह्रास का है। बाहर से कोई दबाव न हो, तब भी प्रतिष्ठान के साथ निरंतर संबंध से लेखक का व्यक्तित्व धीरे-धीरे गिरता जाता है। 'स्रवते ब्रह्म तस्यापि भग्नभाण्डात् पयो यथा'–टूटे हुए बर्तन से जैसे पानी, उसी तरह उसका व्यक्तित्व धीरे-धीरे रिस जाता है। यहां बात सिर्फ सरकारी नौकरी की नहीं, उन सब प्रतिष्ठानों से संबंध की है जहां व्यक्ति को एक निर्धारित आचरण का, पूर्वानुभव और पूर्वदृष्टांतों पर आधारित किसी खास चिंतन-परंपरा का अनुसरण करना होता है। जो दिन भर एक ऐसी भाषा और शब्दावली का प्रयोग करता हो जिसके शब्द बरसों के इस्तेमाल से अपनी सारी नई संभावनाएं खो चुके हैं, जिसका सारा चिंतन और आचरण निर्दिष्ट पद्धति और पूर्वदृष्टांत का पिछलगुआ हो, जिसकी धारणाएं और विवेक पूर्वानुभव या किसी दूसरी सत्ता को आत्मसात् करेगा ही जो अच्छे सर्जनात्मक लेखन के खिलाफ हैं। बहुत दिनों तक इन अंतर्विरोधी तत्वों से ताल-मेल बिठाने की कोशिश भले ही की जाय–जैसा कि मैं कर रहा हूं–पर रास्ते के मोड़ पर मीडियाक्रिटी के दलदल का खतरा बराबर बना रहता है।' ध्यान रहे कि यह 1973 का लिखा हुआ है। अंत में कहा है :

> फिलहाल मुझे कोई दूसरा रास्ता नहीं दीखता। पर इस स्थिति के बारे में मुझे कोई भ्रम नहीं है। व्यापार, सरकारी नौकरी या अर्थोपार्जन के ऐसे धन्धे, जो प्रत्यक्ष या अप्रत्यक्ष रूप से हमें राज-सत्ता पर आश्रित रखते हैं, सही-गलत के बारे में हमारी कल्पना को धीरे-धीरे पराश्रित बनाने लगते हैं। तब वे स्थितियां, जिनसे किसी विस्फोट की संभावना निकल सकती थी, सिर्फ, फाइल और काफी के प्याले पर होने वाली बहस का हिस्सा बना जाती हैं, कुव्यवस्था से चिपके रहने के कारण उसे व्यवस्था का सहज अंग मानने की आदत पड़ जाती है और संवेदना, जो सृजन की बुनियादी शर्त है, भोथरी पड़ने लगती है।

अब, इन खतरों का वर्णन मात्र करके मैंने यहां अपने को 'एकटक-लोट' नहीं किया है, छुटकारा नहीं पाया है। मैं मानता हूं कि इसका (प्रतिष्ठान से संलग्नता का) प्रभाव संपूर्ण लेखन पर अवश्य पड़ता है और पड़ा है; मगर यह भी हो सकता है कि मैं इन खतरों का थोड़ी सी अतिशयोक्ति के साथ वर्णन कर रहा हूं। जो भी हो, यह तय है कि इन खतरों का एहसास, उनके बारे में थोड़ी सी भी सजगता अगर मुझमें मौजूद रही तो मैं समझता हूं कि कुछ हद तक वह मेरे लिए रक्षाकवच का काम करती रही। इस सजगता के ही सहारे किसी प्रतिष्ठान से संबंद्ध होकर भी कोई रचनाकार, कोई लेखक, कोई स्वतंत्रचेता मनीषी कुछ हद तक अपने आपकी रक्षा कर सकता है। इसके विपरीत उसको (अपनी प्रतिष्ठानगत स्थिति को) जहां 'जस्टीफाई' करने की, उसको न्यायोचित सिद्ध करने की या उसे हल्का करके यह सिद्ध करने की कोशिश हो कि 'इससे कोई अंतर नहीं पड़ता', वहां मैं सोचता हूं कि खतरा ज्यादा गहरा हो जाता है।

परिवेश और सृजन का जो अंतरसंबंध है उसके तात्विक विवेचन की मुझमें सामर्थ्य नहीं है और इस व्यक्तिगत बातचीत में संभवतः उसकी गुंजायश भी नहीं है। फिर भी अपनी भावना के आधार पर इस पर कुछ कह सकता हूं। यह तो स्पष्ट है कि कोई भी लेखक, विशेष रूप से कोई भी भारतीय लेखक अपने परिवेश को बल्कि अपने समसामयिक, तात्कालिक परिवेश को नजरअंदाज करके रचनात्मक लेखन नहीं कर सकता। उसे नजरअंदाज करना बड़ा कठिन होगा, चाहे वह प्रतिबद्ध लेखक हो या अप्रतिबद्ध। स्वयं मैं किसी लेखकीय संघ या संस्था का कभी सदस्य नहीं रहा, न हूं; वैसे समाज के आकलन के विषय में मैं शोषण-विरोधी विचारधाराओं

से प्रभावित होते हुए भी किसी राजनीतिक सिद्धांत से आबद्ध नहीं हूं। फिर भी, सैद्धांतिक स्तर पर मेरी जो भी सही-गलत अवधारणाएं रही हों, रचनात्मक स्तर पर जहां तक मेरे 'एंड प्रॉडक्ट' का ताल्लुक है, मेरे लेखन में (प्रतिबद्ध लेखकों की तुलना में) कोई मूलभूत अंतर नहीं है। इसका कारण मेरी यह अवधारणा रही है कि भारतीय समाज में रहते हुए, आप उनकी बात जाने दीलिए जिन्होंने अपने अध्ययन या कार्य का क्षेत्र ही ऐसा चुना है जो कि अमूर्त्त है, या दार्शनिक स्तर पर तथाकथित 'शाश्वत सत्यों के अन्वेषण' के प्रति उनको प्रवृत्त करता है, आप यदि सामाजिक परिस्थितियों से विचलित होते हैं और लिखते हैं तो यह निश्चित है कि भारतीय जीवन का चित्रण करते समय आप उसके संघर्ष, उसकी वंचना, उसकी दुरवस्था—इन सबसे अपने आपको बचा नहीं सकते और आप बचाना भी चाहें, यानी यदि आपकी सैद्धांतिक अवधारणाएं ऐसी हैं जो आपको वंचित के साथ, शोषित या कमजोर के साथ नहीं जोड़तीं, तब भी यही होगा कि आपकी सैद्धांतिकता के ऊपर आपकी संवेदनशीलता हावी हो जाएगी, आप नहीं बचा पाएंगे। लुकाच ने ऐसा एक क्लासिकल उदाहरण बाल्ज़क के लेखन से उद्धृत किया है। सामंतवाद के प्रति अपनी सहानुभूति के साथ बाल्ज़क उसके भग्नावशेषों के पक्ष में जो अच्छा हो सकता था, उसे चित्रित करने चले थे अपने यथार्थवादी उपन्यासों में; पर उस प्रसंग में किसानों की स्थिति का जो चित्रण उन्होंने शुरू किया उसमें 'लिखत सुधाकर लिखिगा राहू' वाली घटना हो गई। कहां तो वे दूसरे पक्ष के हामी थे और कहां यह पता लगा कि वे किसानों और खेतिहरों की करुणाजनक हालत का बखान करके वास्तव में उनके लिए पक्षधरता दिखा रहे हैं। ऐसा हो जाता है। लेखक की संवेदनशीलता उसकी पक्षधरता पर कभी-कभी हावी हो जाती है, विशेषतः तब, जबकि उसकी सैद्धांतिकता परिस्थितियों के नग्न यथार्थ से, उनकी गहराई से मेल न खाती हो।

प्रेमचंद का उदाहरण लें। उनका आकलन करते समय बहुत से प्रेमचंद-विशेषज्ञ, जो उनको मात्र प्रगतिशील लेखक मानते हैं, कभी-कभी इस बात की लीपा-पोती करना शुरू करते हैं कि शुरू-शुरू में वे गांधीवादी थे, सुधारवादी थे, लगभग समझौतावादी थे। धीरे-धीरे उनका कायांतरण हुआ। नैतिक मूल्यों और साधनों को लेकर शुरू में वे गांधी-भक्त के रूप में लिख रहे थे, उनके सिद्धांतों और पद्धतियों को—*रंगभूमि* के सूरदास की याद करें—अपने कथा साहित्य से स्पष्ट कर रहे थे, उनकी व्याख्या दे रहे थे। पर प्रेमचंद की निजी सहानुभूति, संवेदना, शोषितों के साथ उनका तादात्म्य गांधीवाद से ज्यादा मुखर सिद्ध हुआ; उसका अतिक्रमण कर गया। गांधी के प्रति उनकी जो श्रद्धा है, वह पीछे रह जाती है, कमजोर आदमी के प्रति उनका जो निजी ढंग का तादात्म्य-भाव है, वह सबल हो जाता है। अभी कुछ दिन पहले *प्रेमाश्रम* के विषय में पढ़ रहा था तो उनका एक वाक्य मिला। *प्रेमाश्रम* में एक ऐसा स्थल आता है जहां गांधीवादी पद्धति का धरना और सत्याग्रह असफल हो जाता है। वहां प्रेमचंद ने अपने एक पात्र के मुंह से कहलाया है कि चलो, 'यह भ्रांति भी टूटी।' यह वाक्य गांधी के सिद्धांतों के विपरीत जा रहा है। मगर अपने आपमें यह गांधी के प्रति कोई अश्रद्धा नहीं प्रकट करता। बस, इतना है कि उस समय की परिस्थिति का प्रेमचंद एक संवेदनात्मक स्तर पर अनुभव करते हैं, उनके आकलन का चरित्र ज्यादा प्रखर है; और गांधीवाद के प्रति उनकी जो अवधारणाएं थीं, वे कमजोर हो रही हैं।

ऐसा लेखकों के साथ हमेशा हुआ है। भारतवर्ष के अधिकांश लेखकों के साथ, जिनमें मैं भी शामिल हूं ऐसा ही हो रहा है। सामाजिक परिस्थितियों के संदर्भ में अधिकांश समाजवेत्ता लेखकों को—और मुझको भी—यह चुनाव करने में कोई कठिनाई नहीं हुई है कि मैं कमजोर के

साथ खड़ा हुआ हूं। जो पहले से ही सशक्त है, (और जिन स्रोतों से उसने शक्ति प्राप्त की है, उन स्रोतों की मुझे पहले से ही जानकारी है;) उन सबको देखते हुए मैं उससे विपरीत खड़ा हुआ हूं। मेरे मन में उनके लिए कहीं-न-कहीं आक्रोश है। मुझसे ज्यादा समर्थ कृतिकार भी हैं जो इस अमानवीय शोषण के खिलाफ खड़े होकर, बिना किसी सैद्धांतिक आग्रह के, कमजोर का पक्ष लेते हैं और जो प्रतिक्रिया संवेदनात्मक आवेग से शुरू होती है, उसका पर्यवसान एक सैद्धांतिक आग्रह में होता है। मेरे साथ यह संवेदनात्मक अनुभव तो है पर आजीवन एक सैद्धांतिक प्रतिबद्धता से मुझे घबराहट होती है। कारण, लेखन मेरे लिए एक स्वच्छंदता का क्षेत्र है, सीमाओं, आग्रहों या प्रतिबद्धताओं का नहीं। आखिरकार प्रतिबद्धता भी एक प्रकार से व्यक्तित्व का परिसीमन ही है।

सैद्धांतिक बहस से अलग जाकर मैं अपने को लगभग उसी रूप में वंचितों के साथ, शोषितों के साथ प्रतिबद्ध मानता हूं जिस रूप में पाब्लो नेरूदा अपने को कम्युनिस्ट होने के लिए डिफेंड करते हैं–भले ही हम दोनों की मान्यताएं अलग-अलग हों और अपनी-अपनी विशिष्ट परिस्थितियों से निर्मित हुई हों, नेरूदा का वक्तव्य उन लेखकों के लिए विशेष रूप से महत्वपूर्ण है जो 'फेंस सिटर' की हैसियत में हैं। उनका कहना था कि 'कम्युनिस्ट बनने के लिए मुझे किसी विशेष अध्ययन की आवश्यकता नहीं हुई; मैं तो अपने अर्जेंटाइना में देख रहा था कि एक आदमी सड़क पर नंगे पांव जा रहा है और दूसरा उसी के पीछे, उसको पीछे छोड़ता हुआ, कैडिलक पर सवार होकर जा रहा है। इन दो में से मैं किसके साथ हूं, यहां मेरा उत्तर स्पष्ट है और वहां इसको समर्थित करते हुए एक राजनीतिक आंदोलन मौजूद था, इसलिए मैं उस राजनीतिक आंदोलन का अंग हो गया।' मेरे साथ भी मलूभूत रूप में कुछ ऐसा ही है। किसी राजनीतिक आंदोलन का अंग न होते हुए भी मेरे मन में इस विषय को लेकर कोई ऊहापोह नहीं है कि इन दो व्यक्तियों में से मुझे किसके साथ खड़ा होना है।

विपन्न के साथ ऐसी सहानुभूति को पश्चिम के संपन्न देशों में लेखक, या उनकी अनुकृति पर साहित्य-सर्जना करने वाले भारतीय लेखक नहीं समझ पाते। वी.एस. नायपॉल जैसे लेखकों को भारतीय साहित्य, आधुनिक भारतीय साहित्य इसीलिए नहीं पसंद आता है क्योंकि उन्हें लगता है कि यह अनावश्यक रूप से भावुकतापूर्ण है। नायपॉल साहब की भारत पर एक बड़ी मशहूर किताब *ऐन एरिया आफ डार्कनेस* बरसों पहले छपी थी। उसमें जब वे भारतीय साहित्य के बारे में लिखना शुरू करते हैं तो कहते हैं : 'मैंने पढ़ने की कोशिश की, प्रेमचंद की बड़ी तारीफ की जाती है, वे मुझको एक 'माइनर फैबुलिस्ट' (अदना नीति कथाकार) लगे।' यह उनका निजी आग्रह हो सकता है, पर वे सारे भारतीय लेखन के विषय में भी कहते हैं कि बड़ा अवसाद का साहित्य–'सैड लिटरेचर' है। उत्सव के अवसर पर, शादी-ब्याह के अवसर पर भी अवसाद है, मृत्यु में अवसाद है ही, लोग भोजन कर रहे हैं तो उसमें भी अवसाद है (याद करें 'दोपहर का भोजन' कहानी की या 'कफन' में मृत्यु के तुरंत बाद पिता-पुत्र के संवाद को, जिसमें पिता अतीत काल में किसी मृत्यु भोज में खाई गई पूड़ी-कचौड़ी आदि को उत्कंठापूर्वक याद करता है!) उधर अंग्रेजी–और दूसरे अनेक योरोपीय उपन्यासों में जब नायक, नायिका को किसी रेस्त्रां में खाना खिलाने ले जाता है तो तीन-तीन पन्नों में सिर्फ भोजन के 'मेनू' के ऊपर लिखा जा रहा है, विभिन्न प्रकार की शराबों का जिक्र हो रहा है। संपन्नतापूर्ण भोजन का वर्णन करना, चटखारे लेकर वर्णन करना और वास्तविक जीवन में भी उसका आनंद उठाना, यह पाश्चात्य कथालेखन का एक स्वतः सिद्ध मूल्य है, वैल्यू है, 'दोपहर का भोजन' या 'कफन' में खाने की क्रिया, उसकी स्मृतियां सिर्फ गलीज हैं; साहित्य की वे अपवंचनाएं हैं।

मुझे लगता है कि बीसवीं शताब्दी का शायद ही कोई अंग्रेजी लेखक हो, बढ़िया लेखक, जिसने उत्तम भोजन के सुखों–'गैस्ट्रोनामिक प्लेजर्स' पर अपने ग्रंथों में कुछ न कुछ नहीं लिखा हो। भुखमरा भारतीय साहित्य उसकी चेतना से बाहर है। छप्पन प्रकार के भोजनों का उल्लेख प्राचीन पारंपरिक साहित्य में हम भले ही सुनते रहें, पर वह आज के लेखक का यथार्थ नहीं, परंपरा-प्रेरित फैंटेसी है। बहरहाल, जहां उत्तम भोजन और पेय का विवरण अपने आपमें एक 'वैल्यू' हो, वहां यथार्थपरक भारतीय लेखन तो अत्यंत अवसादपूर्ण–'सैड लिटरेचर' माना ही जाएगा।

पर भारतीय करें तो क्या करें? उसके चारों ओर जो वातावरण है, उसमें जीवन के उल्लास, उसकी जीवंतता के कुछ क्षण मनाने के लिए वह गिने-चुने क्षण ही निकाल सकता है। पश्चिमी साहित्य की बेफिक्री वह कहां से ला सकता है? 'अब भी दिलकश है तो हुस्न मगर क्या कीजै?'

परिवेश का यह प्रभाव किसी न किसी रूप में समस्त लेखकों को आक्रांत करता है और मैं उससे अछूता नहीं हूं। वास्तव में वह मुझे अपने में पूरी तरह से अंतर्ग्रस्त किए है।

यहीं हमें यथार्थ के स्वरूप पर, जैसा कि उसे मैंने परखा है, विचार करना चाहिए। इसलिए भी कि इसे लेकर आलोचक मित्रों ने मुझ पर आरोप भी लगाए हैं और उनका उत्तर देने की मैंने कोई आवश्यकता इसलिए नहीं समझी कि अपने लेखन की बेहतरी के लिए उन आरोपों से भी अपने काम की बात खींचना मेरी प्राथमिकता थी।

उन्नीसवीं शताब्दी के यथार्थवादी उपन्यासकारों की धारणा, विशेष रूप से फ्रांसीसी उपन्यासकारों की, यह थी कि समाज का, परिस्थितियों का चित्रण संपूर्णतः वस्तुनिष्ठ होना चाहिए। वैसे, बहस इस पर भी हुई है कि 'संपूर्णतः' वस्तुनिष्ठ' चित्रण संभव भी है या नहीं। कहीं न कहीं लेखक की आंख का, उसकी बुद्धि का कैमरा उस चित्रण पर उसके आग्रहों का एक खास रंग तो फेरेगा ही, इतना आसान नहीं कि जिसे आप वस्तुनिष्ठ कहकर पूरी वस्तुनिष्ठता से रच जाएं, वह वस्तुनिष्ठ हो ही। यह हाथी का संपूर्ण विवरण देने जैसा है कि एक पक्ष आप देख पा रहे हैं और दूसरा उपेक्षित है। बल्कि, अव्यक्त, अचीन्हे मानसिक आग्रहों को देखा जाय तो यह उससे भी ज्यादा जटिल है।

अब, बीसवीं सदी में वस्तुनिष्ठ चित्रण मात्र करने की अवधारणा, मुख्यतः कथाकारों के लिए, बहुत ही पुरानी पड़ गई है। इसके लिए सबसे पहला धन्यवाद कैमरा को, सचल कैमरा को दीजिए, टेलीविजन को दीजिए, अन्य दूसरे माध्यमों को दीजिए जो स्थितियों को वैज्ञानिक निष्ठुरता के साथ वस्तुनिष्ठ भाव से चित्रित करते हैं और लेखक की हैसियत से, इन सभी माध्यमों के सामने आप आंख के जरिए किसी स्थिति को वस्तुनिष्ठता के साथ प्रस्तुत करने की लाख चेष्टा करें, शब्द कहीं न कहीं नाकाफी-कमजोर हो जायंगे या इन शब्दचित्रों में आपकी मानसिक भंगिमा कहीं न कहीं इस रूप में आ जायगी कि आपकी वस्तुनिष्ठता विचलित, 'डिस्टर्ब' हो जाएगी और आपकी आत्मपरकता अनजाने ही हावी हो जायगी और यथार्थ की पूरी अवधारणा विकृत हो जायगी।

आज से साठ-सत्तर साल पहले जहां हम पांच-पांच, छः-छः पृष्ठ केवल सेटिंग, पृष्ठभूमि का विवरण देने में जाया करते थे, दूसरे माध्यमों ने उसे भी निरर्थक बना दिया। हम जानते हैं कि मध्य-वित्त व्यक्ति का अगर एक कमरा है तो वह कैसा होगा। तो अब वैसे यथार्थ-चित्रण का कोई विशेष अर्थ नहीं बचा, जो मुख्य चीज रह गई है, वह है यथार्थ का अन्वेषण!

इसे भी हम एक उदाहरण द्वारा समझने की कोशिश करें और उदाहरण के लिए हम लें भ्रष्टाचार। क्या सतह पर पूरे समाज को देखते हुए साहित्य में इतना कह देना, और कई बार,

कई तरह से बता देना काफी है कि सारे नेता या अफसर भ्रष्टाचारी हैं? हिंदी का अधिकांश कथा-साहित्य और व्यंग्य-साहित्य, और विशेषतः मध्यप्रदेश से थोक में आने वाला व्यंग्य-साहित्य केवल इन दो-तीन बातों पर आश्रित है कि सारे नेता भ्रष्टाचारी हैं, अब सफसर बड़े ही संवेदन-शून्य हैं और समाज रसातल को जा रहा है। सवाल उठता है कि ऐसा क्यों है?

हम सर्जनात्मक लेखक से इसका समाजशास्त्रीय उत्तर नहीं चाहते, पर संवेदना और संवीक्षण के स्तर पर वह क्या सोचता है? कोई जरूरी नहीं है कि आप समाजशास्त्र के आचार्य हों, न यही जरूरी है कि आपने इसका कोई बड़ा भारी तात्विक विश्लेषण किया हो, मगर यदि आपकी आंख खुली हुई है, कान आवाज को सुनते हैं और बुद्धि आपका साथ दे रही है, तो थोड़ा गहरे जाते ही आपकी ऊपरी अवधारणाएं बदलने लगती हैं। आप इन स्थितियों को 'कल क्या था?' यानी ऐतिहासिक परिप्रेक्ष्य में देखना शुरू कर देते हैं।

तब कुछ दिलचस्प तथ्य उभरते हैं। भ्रष्टाचार को आप उसके सीमित अर्थ घूस या रिश्वत में देखें। मैं इसकी ऐतिहासिक स्थिति का अध्ययन नहीं कर पाया, पर ऐसा अध्ययन करने की मेरी आकांक्षा है। पर उसके बिना भी मुझे लगता है कि भ्रष्टाचार यानी घूसखोरी, यानी भारतीय पेनल कोड की धारा-161 का अपराध या प्रिवेंशन आफ करप्शन ऐक्ट का अपराध हमारी परंपरा में इतना बड़ा अपराध नहीं है, यह हमारे सामाजिक रीति-रिवाज की, कहें कि संस्कृति की देन है। मध्यकाल में तो यह हमारी दैनंदिन जिंदगी का हिस्सा बना हुआ था–'वे आफ लाइफ!' अंग्रेजों ने इसे अपराध बना दिया!

मध्यकाल की एक प्रसिद्ध घटना है। दिल्ली के शहंशाह फिरोजशाह तुगलक की सवारी निकल रही थी। किले के बाहर फाटक से सटा हुआ एक नौजवान जो तेलंगाना से आया था, खड़ा रो रहा था। बादशाह ने चोबदार से पूछा कि वह क्यों रो रहा है। तब पता चला कि वह तेलंगाना से चलकर दिल्ली आया है, इस उम्मीद पर कि उसे फौज में भर्ती कर लिया जाएगा। मगर यहां का रिक्रूटिंग अफसर उससे एक टका मांग रहा है। बादशाह को बताया गया कि वह गरीब आदमी है, एक टका नहीं दे सकता, इसीलिए रो रहा है। बादशाह ने हुक्म दिया कि रिक्रूटिंग अफसर को इस नौजवान के लिए सरकारी ख़ज़ाने से एक टका दे दिया जाय। पता नहीं कि घटना सच्ची है या झूठी, पर यह तय है कि यहां रिश्वतखोरी वैसा अपराध नहीं है जिसे इंडियन पेनल कोड में लार्ड मैकाले ने दर्ज कर दिया है। आज भी छोटी-मोटी रिश्वत दस्तूरी के तौर पर लेना सामाजिक अपराध नहीं माना जाता। एक अच्छे गृहस्थ का जीवन व्यतीत करते हुए प्रातः काल उठना, भगवान् का स्मरण करना, स्नान के बाद पूजन करना–उसी के साथ दिन-भर रिश्वतखोरी करते रहना, इसमें भारतीय लोक व्यवहार के अनुसार कोई अंतर्विरोध नहीं है, कानून भले ही हो। उसने यह परंपरा से सीखा है। माता-पिता ने उसे प्रार्थनाएं सिखाई हैं, पूजा-पाठ सिखाया है और उसने अपने पिता को देखा है। कलेक्ट्रेट में नौकरी करते हुए, वहां से रोज दो-दो, चार-चार रुपए लाते हुए। एक प्रकार से ये सारी प्रवृत्तियां जो नैतिक दृष्टि से अंतर्विरोधी हैं, एक संश्लिष्ट चरित्र का अंग बन जाती हैं। मैं ऐसे भ्रष्टाचार की वकालत नहीं कर रहा हूं। एक दृष्टि से उसे समझने की कोशिश भर कर रहा हूं। मेरे एक उपन्यास में एक सिपाही, पुलिस कांस्टेबुल का जिक्र आया है, थाने की घूस में बराबर हिस्सा लेने पर भी उसकी हैसियत नहीं है कि अपने बेटे की बी.एस.सी. की फीस दे सके। इसके लिए उसे अपने बहनोई से बराबर रुपए की मांग करनी पड़ती है। तो, रिश्वत के भी, भ्रष्टाचार के भी अनेक रंग हैं, भर्त्सना-योग्य और कुछ दयनीय भी। जरूरी नहीं कि जो भ्रष्टाचारी है, उसके घर की अटैची में साढ़े तीन करोड़ रुपए भरे रखे ही हों।

अब भ्रष्टाचार पर मान लीजिए कि मैं कोई वृहत उपन्यास लिख डालूं, कांस्टेबुल से लेकर डाइरेक्टर जनरल, पुलिस तक को समेटता हुआ भ्रष्टाचार की स्थितियों का चित्रण करता चलूं और इस बात का कोई संकेत न छोड़ूं कि इस सामाजिक दुर्व्यवस्था के क्या कारण हैं, वे कौन तत्व हैं जो उसको सक्रिय बनाते हैं, जो उसे अपरिहार्य बनाए हुए हैं, उस पूरे प्रकरण पर मेरा परसेप्शन क्या है, तो उसका क्या अर्थ होगा? यही कि हम पूरे प्रकरण की चेतना में प्रविष्ट नहीं हो पावेंगे, हम सिर्फ एक खबर पढ़ेंगे। पर जैसे ही इस प्रकरण में कोई जीवंत मानवीय तत्व समाविष्ट हो जायगा, वहीं हमारा पात्र एक 'टाइप' नहीं रहेगा, वह गृहस्थ जीवन में संघर्ष करता हुआ व्यक्ति बनकर हमारे आगे खड़ा हो जाएगा। तब कहीं न कहीं हमारी और उसकी वेव-लेंथ एक बनेगी, इसी प्रक्रिया को मैं 'यथार्थ का अन्वेषण' जैसे पद से अभिहित करता हूं, पर हो सकता है कि इसके लिए कोई दूसरा पद अधिक उपुयक्त हो।

इस पहचान के लिए किसी समाजशास्त्रीय अध्ययन की आवश्यकता नहीं है। केवल साहित्यिक रूढ़ियों की काई छांटने और सिर्फ अपनी नजर से देखने की जरूरत है। दूसरे शब्दों में, लेखकीय 'परसेप्शन' की, उसकी अपनी संवेदनशीलता के इस्तेमाल की जरूरत है। वास्तव में यथार्थ की रूढ़ियां बहुत जल्दी बन जाती हैं, उसकी अवधारणाएं—'कान्सेप्ट' देखते-देखते जड़ पकड़ लेती हैं। उनसे बचने की जरूरत है। हमारे मित्र विजयदेवनारायण साही कहा करते थे कि हिंदी कथा-साहित्य में किसान है तो बेचारा है। यह रूढ़ हो गया है। अब अगर आपने उस किसान की जिंदगी में ठिठोली के तत्व का समावेश कर दिया, या उन्हें हासशील संस्कृति का उदाहरण बनाए बिना उन्हें दारू पीते, गप-शप करते, सहज भाव से दिखा दिया—यानी 'कफन' के पात्रों की तरह नहीं, बल्कि *राग दरबारी* में मेरे कुछ पात्रों की तरह—तो उससे 'बेचारा किसान' की अवधारणा टूटने लगती है और इस अवधारणा से दूर दीखते ही आलोचक का यह आरोप पहले ही से तैयार बैठा हुआ है कि यह लेखक अपनी उदात भारतीय संस्कृति का उपहास कर रहा है, उसे इस जीवन की, इस संस्कृति की, उसके कष्टों की, दुखों को सहन करने की क्षमता की—इस सबकी कोई समझ नहीं, कोई बोध नहीं। व्यक्तिगत आरोप भी हैं कि यह आदमी सरकारी हाकिम है जो कि गांव वाले को डण्डे से भगाकर एक किनारे भर करना जानता है, इसमें कहीं भी कोई संवेदनशीलता नहीं है।

तो, यथार्थ की रूढ़ियों को तोड़ने के भी खतरे हैं और ये बातें भी उन खतरों में शामिल हैं। पर मैंने गांव को इन रूढ़ियों से नहीं, अपनी नजर से जाना है। बचपन से पंद्रह-सोलह साल गांव में ही बिताकर वहां की गरीबी, दैन्य, विवशताएं—ये सब तो जानीं ही, साथ ही सुबह से शाम तक उसकी जीवंतता का भी अनुभव किया, छप्पर के नीचे बैठने वाले निरंतर विलाप ही नहीं करते। शताब्दियों से 'मिस-रूल' को, अनाचार को सहते, झेलते हुए भी जो जीवन के उत्थान-पतनाघातों को सहजता से लेते चलते हैं उनमें मुझको अगर निराला के पेट खलाए हुए भिक्षुक की मूर्ति ही बराबर नजर नहीं आती तो मेरी समझ में नहीं आता कि मैं क्या करूं। उनकी परिहास-प्रियता, जीवन के प्रति उनकी सहजता, एक दूसरे की 'लेग पुलिंग' करने, टांग-खिंचाई करने की प्रवृत्ति—वह ईर्श्यावश हो या शुद्ध परिहास-वश, मैंने यह भी देखा है। अब जहां अनेक समर्थ रचनाकारों द्वारा उनकी दीनता, उनकी संघर्षशीलता, उनके अभाव और उनके द्वारा अभावों को परास्त करने आदि पर इतना लिखा गया है, वहां यथार्थ का यह पक्ष भी मेरी ओर से प्रस्तुत किया गया है, जिसके लिए निवेदन है कि उसे साहित्य-सदन के एक कोने-अंतरे में पड़ा रहने दिया जाय। वहां जिंदगी के हाशिए पर ढकेले हुए-बहुत से 'मार्जिनलाइज्ड' पात्र अपनी-अपनी स्वतंत्र मुद्राओं में आपके सामने आते हैं और आपको सूचित करते हैं कि

अगर आप अपना दृष्टिकोण बदल दें तो यही लोग आपको दिल्ली दरबार के कैबिनेट मंत्रियों जैसे दिखेंगे। उनकी मनोवृत्तियां, उनके वैल्यू सिस्टम एक जैसे हैं, सत्ता हाथ में आते ही ये दोनों समुदाय एक ही तरह से किसी हिचक के बिना उसका दुरुपयोग करेंगे। अपने वंश का प्रभुत्व बढ़ाने में जरा भी संकोच नहीं करेंगे और आज वे भले ही शिवपालगंज के हों, उतनी ही सहजता से वे कल दिल्ली में खप जाएंगे।

1997

(यह 'सृजन और परिवेश' नामक व्याख्यानमाला के अंतर्गत इलाहाबाद संग्रहालय में दिए गए व्याख्यान का लेखक द्वारा किया गया सार-संक्षेप है।)

खंड चार

शख़्सियत

भली सुथरी जिद
रघुवीर सहाय

आज की बांझ राजनीति के जमाने में, जहां हजारों आदमियों के मिलकर पत्थर फेंकने से या एक आदमी के अनशन कर जान दे देने से भी सत्ता के कान पर जूं नहीं रेंगती, वहां श्रीलाल शुक्ल जबर्दस्ती चिकोटी काटते चले जा रहे हैं जैसे कि इससे कोई चेत जाएगा। यह उनकी जिद है इसलिए कि हिंदी के जिस पांव को वह चिकोटी काट रहे हैं वह बड़ी देर से हाथ पर हाथ रखे रहने से सो गया है।

पर कितनी भली है यह जिद! अच्छी, सुथरी, शुद्ध जिद; लेखक का अपना, खास अपना और अकेला तथा आखिरी हथियार। आप जानते हो कि इस समाज में साहित्य से कुछ बदलने वाला नहीं तो जानते रहिए, लेखक आपकी खातिर अपनी आंखें और जुबान बंद नहीं कर सकता। कभी-कभी वह भी समझता है कि वह अपनी छुरी से सिर्फ पानी काट रहा है, मगर जब भी वह खाली वक्त में छुरी पर धार रखता रहता है कि वह पारसी थियेटर में भोंका जाने वाल चक्कू न बन जाय।

श्रीलाल की मुश्किल सिर्फ इतनी ही नहीं। व्यंग्य के मारे बेचारे हिंदी में गद्य लिखते हैं जिसने पिछले पचास वर्षों के साहित्य को कुछ ऐसा सवर्ण बनाकर छोड़ दिया है कि कुछ भी करो, व्यंग्य को वहां अनुसूचित जाति का ही दर्जा मिलता है। पहले तो ऐसा माना जाता था कि व्यंग्य लिखना किसी तरह के मनोरंजन का काम है, फिर जब व्यावसायिक प्रकाशन बढ़ा तो व्यंग्य वाकई मनोरंजन की वस्तु बन गया, और आज ऐसे लेखकों की कमी नहीं जो प्यारी-प्यारी उंगलियों से महीन-महीन गुदगुदी कर पाठक को प्रफुल्ल करते हैं, विचलित नहीं करते।

श्रीलाल को अगर हिंदी के पानी-पांड़ों ने श्रेष्ठ साहित्य के चौके में ही बैठाया तो वह हंसोड़-बिरादरी में भी नहीं दाखिल हुए। उनका व्यक्तित्व ग्राम-शोभा के वर्णन (निकष) से यहां तक विकृति की सृष्टि नहीं, उसकी खोज करता रहा है; इस मामले में वह अपने समकालीन परसाई से काफी भिन्न हैं। जो कि टूटने योग्य है उसे तोड़ ही डालने के कायल हैं। और शरद जोशी या रवींद्रनाथ त्यागी से तो बहुत ही भिन्न हैं जिन्होंने चुनी हुई चीजों पर हंसने-हंसाने में दक्षता अर्जित की है। श्रीलाल, प्रेमचंद और अज्ञेय के अधिक निकट पड़ते हैं जो टूटे मूल्यों की स्थापना के लिए प्रयत्नशील हैं और बंकिम के तो वह बहुत ही निकट हैं क्योंकि वह भी बार-बार उसकी याद दिलाते हैं जो टूट चुका है पर टूटकर नष्ट हो जाने के योग्य नहीं था। यही उनकी जिद है जिसका जिक्र पहले हुआ है। 'भारतीय इतिहास का एक स्वर्णिम पृष्ठ', 'लखनऊ' और 'एक हारे हुए नेता का इंटरव्यू' तीन अलग शैलियां लेखक के मूल स्वर की अच्छी पहचान कराती हैं।

शायद हर व्यंग्य-लेखक की तरह श्रीलाल को भी इस सवाल का सामना करना पड़ सकता

है कि वह समकालीनता वाले हैं या आधुनिकता वाले या प्रतिश्रुति वाले; ऐसे जिज्ञासुओं को इशारा दिया जा सकता है कि व्यर्थताबोध और मृत्युबोध वाले तो वह नहीं ही हैं। एक और अता-पता यह भी बताया जा सकता है कि उनके लेखन का विषय एक समाजिक जानवर है, मानव-प्राणी नहीं। सामाजिक संबंधों को वह सूंघते चलते हैं और वह दिल्ली के नेता के भाषण और बंबई के अभिनेता के गीतों का संबंध अवश्य देख सकते हैं यद्यपि मुझे नहीं मालूम कि उन्होंने इन दोनों से उत्पन्न ऊब पर कोई लेख लिखा है या नहीं। यों ऊब पर श्रीलाल ने बहुत लिखा है, ऊब जो जलसे ने, आदमी और शहर ने पैदा की, और खुद बहुत कम ऊब पैदा करते हुए लिखा है। जब भी कभी ऐसी ऊब से (एक पद्मभूषण का अभिनंदन) वह पाठक को गुजार ले गए हैं तो उन्होंने उसे इतना रिझाया नहीं कि वह उस ऊब से मुक्त हो जाय, इतना चिढ़ाया नहीं कि वह अपने पर तरस खाने लगे और इतना समझाया नहीं कि उसके ज्ञान-चक्षु खुल जायं। श्रीलाल के लिए अपना तनाव इतना रचनात्मक है कि वह इसे इन तीनों स्थितियों में भटकाकर विसर्जित नहीं कर सकते। अपने रचनात्मक तनाव की इस रक्षा में वह नितांत आधुनिक हैं और यहीं पर उनकी भाषा आज की मुद्रा राजनीति के हाथों, भाषा के निरंतर अवमूल्यन के बावजूद, सार्थक हो जाती है। वह प्रतीकों और मिथकों से मुक्त रहकर टूटे शब्दों का ऐसे इंदराज़ करते हैं कि वे कभी अपने टूटे अर्थ स्थापित न कर पाएं। निस्संदेह ऐसे लेखक को व्यंग्य के खाने में रखना निरी दकियानूसी छुआछूत बरतना है, खासकर जब आज का सभी अच्छा रचनात्मक साहित्य व्यंग्य का छुआ पानी पीकर कुजात हो गया हो।

1969

(श्रीलाल शुक्ल की पुस्तक *यहां से वहां* की भूमिका रघुवीर सहाय जी ने लिखी थी। वही भूमिका साभार पुनर्प्रकाशित की जा रही है।–सं)

वे अपना भी मजाक उड़ा देते हैं

शीला संधू

जिंदगी कभी-कभी हमें ऐसे मुकाम पर लाकर खड़ा कर देती है जहां से आगे बढ़ने के लिए हमें नए सिरे से अपने रास्तों का चुनाव करना पड़ता है। ऐसे मौकों पर किया गया फैसला अक्सर आगे आने वाले समय में हमारी जिंदगी की दिशा बदल देता है। सन् 1962-63 मेरी जिंदगी में आने वाले एक ऐसे ही बदलाव का साल था।

मैं लगभग 15 साल से विश्वविद्यालय में पढ़ा रही थी। तभी मेरे सामने देश की प्रमुख प्रकाशन संस्था 'राजकमल प्रकाशन' में काम करने का प्रस्ताव अचानक आया। मैंने इसके लिए कोशिश नहीं की थी, पर जब यह मौका सामने आया तो मैंने बड़ी खुशी से इसे लपक कर हथिया लिया। मुझे लगा कि जैसे मेरे काम करने की दिशा बदली नहीं। मुझे उसी रास्ते पर आगे बढ़ने का मौका मिला है। फर्क इतना ही लगा कि अब तक मैं लिखित शब्द को पढ़ती-पढ़ाती रही थी, और अब मेरा ताल्लुक शब्द को पुस्तक के रूप में आकार देने का होगा। इसे मैंने चुनौती के रूप में खुशी और उत्साह के साथ स्वीकार किया। मैं बेसब्री से उस वक्त का इंतजार करने लगी जब मेरा रिशता सिर्फ शब्द से नहीं शब्दकार से, उसकी कलम से और उसकी रचना प्रक्रिया से होने वाला था।

शुरू-शुरू में कुछ समय तक लेखकों और हिंदी जगत ने मुझे इस तरह देखा कि देखें देवी जी क्या करती हैं। लेकिन मुझे जल्द ही सब लोगों का विश्वास प्राप्त हो गया। राजकमल के लेखकों का एक अपना दायरा था, काफी फैला हुआ जिसमें हर क्षेत्र के लोग शामिल थे। नए ढंग के लेखक को राजकमल में लाने में, बड़े-बड़े नामों को राजकमल के लेखकों की विषय सूची में जोड़ने में, दूसरी भाषाओं की अच्छी रचनाओं के अनुवाद प्रकाशित कराने में मुझे जो मेहनत करनी पड़ी उससे मुझे परेशानी या थकान के बजाय खुशी हासिल होती रही। इस पूरी प्रक्रिया में बहुत से ऐसे दोस्ताना रिश्ते कायम हुए जो प्रकाशक लेखक के बीच व्यावसायिक संबंधों तक सीमित नहीं रहे। श्रीलाल जी एक ऐसे ही दोस्त हैं। केवल अव्वल दर्जे के लेखक के रूप में ही नहीं, एक बहुत अच्छे इंसान के रूप में भी मैं उनकी इज्जत करती हूं, उनकी प्रशंसक हूं और उनकी दोस्ती की कद्र करती हूं। पर मेरा पहला परिचय तो *राग दरबारी* से हुआ था। श्रीलाल जी से तो मैं काफी बाद में मिली। इसलिए बात पहले *राग दरबारी* से ही शुरू कर रही हूं।

मुझे अगर सही याद है तो यह बात 1965-66 की है। राजकमल के सुपरिचित लेखक भगवती बाबू ने मुझे एक पांडुलिपि थमा दी। शीर्षक था *राग दरबारी*। मेरे मन में फौरन खयाल आया, हे भगवान! यह शास्त्रीय संगीत पर कोई विद्वत्तापूर्ण ग्रंथ है! पर उन्होंने मेरा संकोच तुरंत यह सूचना देकर दूर कर दिया कि पांडुलिपि उपन्यास की है। मुझे यह जान कर कुछ

राहत जरूर मिली पर तब भी उसके शीर्षक के बारे में जिज्ञासा और असमंजस बना रहा। उपन्यास पढ़ने के बाद मेरे मन में इस बात को लेकर यकीन हो गया कि यह पुस्तक हमारे सर्वश्रेष्ठ प्रकाशनों में से एक होगी। मेरे भीतर एक इंट्यूटिव फीलिंग थी कि यह पुस्तक बहुत प्रभावी होगी। शायद प्रकाशक की सहज बुद्धि और अनुभव के कारण। पर तब भी इसके शीर्षक को लेकर मैं बहुत आश्वस्त और उत्साहित नहीं थी गोकि अब लगता है कि *राग दरबारी* के अलावा इस उपन्यास का कोई और नाम हो ही नहीं सकता था।

पहला संस्करण हम लोगों ने 1968 में निकाला। पांडुलिपि मिलने और उसके प्रकाशन के बीच जो समय का लंबा अंतराल था, उसकी वजह प्रकाशक की ओर से होने वाली देरी नहीं थी। ऐसा क्यों हुआ, इसकी कहानी दिलचस्प है, जिसका जिक्र मैं जरूर करना चाहती हूं। श्रीलाल जी सरकारी मुलाजिम थे। अपने विभाग से पुस्तक के प्रकाशन की इजाजत लेना उनके लिए जरूरी था। यह सिर्फ औपचारिकता होती है। पर इस मामले में एक वरिष्ठ अधिकारी ने कई तरह के एतराज उठा कर इजाजत देने में टांग अड़ा दी। पूरा एक साल निकल गया। उसने ऐसा क्यों किया यह उसके सिवा कोई नहीं जानता। श्रीलाल जी उसकी इस हरकत से क्षुब्ध और उत्तेजित होकर नौकरी से इस्तीफा देने को तैयार हो गए। बेनेट कोलमेन ने उन्हें वह पद देने की पेशकश की जिसे बाद में रघुवीर सहाय ने संभाला। वात्स्यायन जी उस समय बर्कले जाने की तैयारी कर रहे थे। उन्होंने भी श्रीलाल जी से उन्हें 'दिनमान' का संपादक बनने का आफर दिया। आर्थिक दृष्टि से यह प्रस्ताव बहुत आकर्षक था। लेकिन उसी दौरान किताब को प्रकाशित करने की अनुमति मिल गई और श्रीलाल जी ने अपने सहज स्वभाव के अनुसार वात्स्यायन जी के प्रस्ताव को स्वीकार नहीं किया। दरअसल उनकी लड़ाई सिद्धांत की थी। लिहाजा जब फैसला उनके पक्ष में हो गया तो उन्होंने सरकारी नौकरी में बने रहने का ही निर्णय लिया। मैं सोचती रही कि कितने लोग ऐसे होंगे जो आर्थिक रूप से वैसे आकर्षक प्रस्ताव को स्वीकार करने से अपने को रोक सकते।

आखिर *राग दरबारी* का सजिल्द संस्करण 1968 में प्रकाशित हुआ। सबने दिल खोल कर उसका स्वागत किया। यह साहित्य और हिंदी प्रकाशन जगत की एक महत्वपूर्ण घटना थी। 1970 में इस उपन्यास पर साहित्य अकादमी पुरस्कार श्रीलाल जी को दिया गया और तब से इसके अनेक संस्करण प्रकाशित हो चुके हैं। हर साल नया संस्करण निकलता है। उपन्यास का पेपरबैक संस्करण 1983 में छपा जिसका दसवां संस्करण 1981 में आया और हर साल उसका नया संस्करण छपता रहा है। कभी-कभी तो एक साल में दो संस्करण भी निकले हैं। मेरी जानकारी में हिंदी का कोई और उपन्यास ऐसा नहीं है, जिसका प्रकाशन इतिहास इतनी तेज रफ्तार से बढ़ा हो और क्लासिक की कैटेगरी में अपनी जगह बना ले। फिर गिलियन राइट ने इसका बड़ा अच्छा अंग्रेजी अनुवाद भी किया जो 1992 में पेंगुइन से प्रकाशित हुआ। यह एक ऐसी रचना है जो अपने लिखे जाने के बाद बराबर चर्चा के केंद्र मे रही है। इसकी प्रशंसा सुन कर श्रीलाल जी के चेहरे पर जैसा प्रसन्नता भरा संकोच का भाव आ जाता है वह देखने लायक होता है।

श्रीलाल जी का व्यक्तित्व बड़ा पारदर्शी है। बहुत कम लोगों को ऐसे साफ और सहज स्वभाव की नियामत मिलती है जिसमें कहीं कोई खोट न दिखाई पड़े। आमतौर पर हम सबके व्यक्तित्व दोहरे होते हैं जिसका एक मुखड़ा वह होता है जिसे हम दूसरों के सामने पेश करना चाहते हैं। हम चाहते हैं कि हमारे संपर्क में आने वाले लोग हमें उसी रूप में देखें और पहचानें। हम बराबर अपनी इस दिखाने वाली इमेज को संवारते मांजते रहते हैं। लेकिन इस ऊपरी तह

के नीचे हमारी एक और इमेज होती है जिसे हम खुद ईमानदारी से जानते और पहचानते हैं पर अक्सर हम अपने इस रूप से कतराते और आंख चुराते हैं। हम अपनी ऊपरी इमेज को बनाने संवारने में इतनी मेहनत करते हैं कि धीरे-धीरे खुद यह विश्वास हो जाता है कि हमारी असली इमेज वही है। श्रीलाल जी के साथ ऐसा नहीं है। उनका भीतर और बाहर एक जैसा है। वे भीतर जैसे हैं, अपने को उससे बड़ा प्रोजेक्ट करने की कोशिश करते मैंने उन्हें कभी नहीं देखा। बल्कि इसके ठीक विपरीत वे अपने बड़प्पन को बड़े संकोच से धारण किए रहते हैं। कभी-कभी तो उनके व्यवहार से ऐसा लगता है कि उन्हें अपने आकार का अंदाजा ही नहीं है। अपनी पुस्तकों की बात बड़े तटस्थ ढंग से करते हैं, तकरीबन न्यूट्रल अंदाज में। इससे उनके व्यक्तित्व में जो सहज शालीनता दिखाई पड़ती है वह निपट ईमानादारी के बगैर आ ही नहीं सकती। इसीलिए उन्होंने न कभी पैंतरेबाजी की और न ही कभी जहां तहां गोटियां बैठाने की मजबूरी महसूस की। मैंने कभी उन्हें किसी पुरस्कार के लिए भाग दौड़, पैरवी करते कराते नहीं देखा। शायद इसीलिए उन्हें जब भी कोई पुरस्कार मिला उन्होंने न उसकी नाप जोख की न सहयोगी लेखकों को मिलने वाले पुरस्कारों की राशि से उसकी तुलना करके वे दुखी सुखी हुए। जो मिल गया उसे बड़ी शालीनता के साथ उन्होंने स्वीकार कर लिया। निराशा उन्हें होती है जो पाने की तदबीरें जुटाते हैं और सफल नहीं होते। पर ऐसे मौकों पर श्रीलाल जी का तेवर कुछ और ही होता है। लेखकीय आत्माभिमान से प्रेरित परिहास वाली मुद्रा में वे पुरस्कारों को इंसीडैण्टल मानते हैं।

सरकारी नौकरी की अपनी जिम्मेदारियां होती हैं। और अगर यह नौकरी अफसरी हो तो उसकी उलझनें, बंदिशें और फ्रस्टेशन दूसरे किस्म के होते हैं। पर लेखकों की दुनिया में इन आला अफसरों का कुछ-न-कुछ रौब दाब तो होता ही है। ऐसे उदाहरण भी हैं जो जहां लेखकीय व्यक्तित्व को सरकारी रौब के सहारे कुछ ऐसा वजनी बनाने की कोशिश जारी रहती है जिससे आसपास के लोगों को संकोच और असुविधा ही पैदा होती है। पर श्रीलाल जी का लेखक और अफसर एक मकान की दो मंजिलों में रहने वाले अलग-अलग व्यक्तियों की तरह है। शायद ही कभी उन्होंने लेखक की चर्चा करते हुए यह आभास दिया हो कि वे कुछ अलग, कुछ विशिष्ट, कुछ निराले किस्म के इंसान हैं। इसीलिए उनमें अपने लेखन के प्रति निर्मम रूप से तटस्थ हो जाने की क्षमता है। वे स्थितियों, व्यक्तियों यहां तक कि खुद अपने आपको भी एक बाहरी व्यक्ति की तरह अलग खड़े हो कर देख सकते हैं। अपने लेखन का मूल्य आंक सकते हैं। अपने लेखन के साथ उनका रिश्ता इसी तटस्थता की मजबूत नींव पर बना है। इसीलिए उन्हें कभी अपने लेखन के बारे में न अतिरंजित दावे करने की जरूरत महसूस होती है न प्रायोजित प्रशंसा कराने की, इस काम के लिए सरकारी रौब या तंत्र का इस्तेमाल करने का तो सवाल ही नहीं उठता। वैसे देखा जाए तो ऐसा प्रायः वे लोग करते हैं जिनमें आत्मविश्वास की कमी होती है। ऐसे लोगों को अपने आसपास अपने हर काम पर दाद देने वालों के सहारे की जरूरत पड़ती है ताकि उनका मनोबल बना रहे और बढ़ता रहे। श्रीलाल जी में मनोबल की कोई कमी नहीं है। कभी-कभी तो वह अपने लिखने का भी मजाक उड़ा देते हैं जैसे कि यह कहना कि मैं एक ही वक्त में दो तरह की पुस्तकें लिख सकता हूं।

उनके व्यक्तितव का एक और पक्ष है, जिसकी मैं साक्षी रही हूं। यह उनके व्यक्तित्व का बड़ा मार्मिक और महत्वपूर्ण पक्ष है। श्रीलाल जी बड़े परिवारनिष्ठ व्यक्ति हैं, पत्नी और बच्चों के प्रति पूरी तरह समर्पित। मुझे उनके इस रूप का परिचय तब मिला जब 1991 में उनकी पत्नी गिरिजा जी बीमार हुईं। उनकी बीमारी के छः वर्ष तक बराबर उतार चढ़ाव आते रहे।

छः वर्ष के इस लंबे समय के दौरान श्रीलाल जी ने जितने प्रेम और लगन से उनकी सेवा, उनकी देखरेख की, वैसे उदाहरण बहुत कम देखने में आते हैं। श्रीलाल जी की इस समर्पित सेवा के बावजूद वह चली गईं और 1997 की फरवरी में उनका देहावसान हो गया। इस घटना ने श्रीलाल जी को गहराई तक झकझोर कर रख दिया। वे बेहद टूटे हुए और अकेले पड़ गए। ऐसी टूटन और पीड़ा उन्हीं रिश्तों को लेकर होती है जिन्हें हम बतौर फर्ज अदायगी के सिर्फ निबाहते नहीं, उनसे दिल की गहराइयों तक जुड़े होते हैं। जो हमारी जिंदगी का एक अनिवार्य हिस्सा होते हैं और उनके न रहने पर हमें लगता है कि हमारे व्यक्तित्व का एक हिस्सा टूट कर हमसे अलग हो गया है। आहिस्ता-आहिस्ता इस पर्सनल ग्रीफ से वह निकले और फिर लेखन की तरफ आए। उनकी पुस्तक *बिस्रामपुर का संत* हाल में ही आई है, फिर बच्चों के लिए एक लघु उपन्यास लिखा है और आगे भी लिखते रहेंगे। यह हम सबको आश्वस्त करता है कि उनके अंदर एक खजाना है।

अपनी सरकारी नौकरी को लेकर भी ऐसा नहीं हुआ कि वे पूरी तरह निश्चिंत रहे हों। शायद ऐसा हो भी नहीं सकता। समय-समय पर परेशानियों और समस्याओं ने उन्हें अपनी गिरफ्त में लिया। पर उन्होंने बराबर बड़े धीरज और लचीलेपन से उन पर काबू पाया। वे इतने आत्मविश्वासी और धीर व्यक्ति हैं कि स्थितियां उन पर हावी नहीं हो पातीं; वे ही जैसे-तैसे उन पर काबू पा लेते हैं। और दूसरों के बारे में संतुलित दृष्टिकोण के कारण उनके व्यक्तित्व में एक अद्‌भुत गुण पैदा हो गया है। वहां किसी से ईर्ष्या करने के लिए कोई गुंजायश नहीं है। मुझे कभी नहीं लगता कि सहयोगी रचनाकारों के लिए उनके मन में प्रतिस्पर्धा की कोई भावना पैदा हुई हो। वे खुद जिस मुकाम पर हैं उसके बारे में जैसे पूरी तरह संतुष्ट हैं। शायद यही वजह है कि पच्चीस-छब्बीस सालों की लंबी अवधि में, मैंने उन्हें कभी किसी की निंदा करते नहीं सुना। यह विशेषता कितनी विरल है, कहने की जरूरत नहीं।

जिन लोगों में आत्मविश्वास होता है, अक्सर वे ही लोग विश्वसनीय भी होते हैं। श्रीलाल जी के साथ मित्रता के लंबे अर्से के बीच कई बार ऐसा मौका आया जब मैंने अपनी व्यक्तिगत समस्याओं में उन्हें साझीदार बनाया। ठीक इसी तरह उन्होंने भी अपनी जिंदगी के उतार-चढ़ावों के दरम्यान आने वाली उलझनों में मुझ पर भरोसा किया। पर हम दोनों ने ही बाहर इसका जिक्र कभी किसी से नहीं किया। शायद यही भरोसामंदी हमारी मित्रता की पहचान भी है और उसका आधार भी। आपाधापी के वर्तमान माहौल में भरोसेमंद दोस्तों का होना कितना मूल्यवान अनुभव है, इसे वे ही समझ सकते हैं जिनके पास यह दौलत है। मैं विश्वास से कह सकती हूं कि इस मामले में मैं खासी खुशनसीब हूं और इसका श्रेय श्रीलाल जी जैसे दोस्तों को ही है।

1999

एक स्वाभाविक गद्यकार

गोविंद मिश्र

श्रीलाल जी के साथ बैठकें तो ढेरों हुई होगी, इस वक्त कुछ खासतौर से याद आ रही हैं।

लखनऊ में उनका घर। खाने के पहले सुरापान... छक कर। उसके बाद मुझे गेस्ट हाउस जाना था, जहां मैं ठहरा था। अब श्रीलाल जी की जिद कि वे ही मुझे छोड़ कर आएंगे। उनकी मेहमाननवाजी वहां तक ठीक थी वे एक दो बार कहें और मैं सुन लूं। मैं तिपहिया पकड़ कर जाना चाहता था... लेकिन देखा कि मेहमाननवाजी जिद की तरह बढ़ी चली जा रही थी। उन्होंने अपना स्कूटर निकाल लिया और मुझे पीछे बैठने के लिए कहा। श्रीलाल जी उन दिनों साल के छः माह शराब छोड़े रहते थे, छः माह पीते थे... और इन छः माहों में सूखे महीनों की कसर निकाल लेते। मेरी बदनसीबी कि ये उनके रोजे वाले महीने नहीं थे। वे उस बिंदु पर खाने के लिए उठे थे जब जुबान लड़खड़ाने लगी थी... जो कुछ भी वे बोलते उनके होठों पर फड़फड़ा कर रह जाता... जैसे हल्की हवा में पत्तियां सरसराती हों। श्रीलाल जी ने जब स्कूटर निकाला तो मैं बहुत डर गया। मैं उन दिनों कमसिन नहीं तो जवान तो था ही, बाल बच्चों वाला भी हो गया था। मैंने अपना जीवन बीमा भी नहीं कराया था। मैंने बहुत टालमटोल...फिर अनुनय-विनय की लेकिन श्रीलाल जी जैसे हथियार निकाल मैदान में खड़े थे, युद्ध के लिए। उनकी मेहमाननवाजी, जिद के आगे पहुंच अब अड़ियल बन गई थी। वे अपनी हथेली को स्कूटर की गद्दी पर बार-बार मार रहे थे। मैं फिर भी हिचकिचाता दिखा तो उन्होंने अंग्रेजी में धमकी दी (बहुत पीने के बाद वे अंग्रेजी में आ जाते हैं यह भी मेरा तजुर्बा हो चुका था), शब्द अस्पष्ट थे लेकिन कुछ इधर-उधर से मैंने पकड़ लिए : 'यू आर क्वश्चनिंग माई कंफीडैन्स। आइ हेव टु प्रूव नाउ!' हालत यहां तक पहुंच गई कि अब अगर मैं चुपचाप स्कूटर पर नहीं बैठा तो श्रीलाल जी स्कूटर एक तरफ पटक मुझे एकाध झापड़ रसीद कर देंगे। (वैसे वे बहुत ही शालीन हैं पर कसरतिया भी रहे हैं...मुझे याद था) मैं इस तरह स्कूटर की पिछली सीट पर बैठा जैसे जान-बूझ कर खुद को मौत के मुंह में डाल रहा हूं। श्रीलाल जी ने सिर्फ एक बार पूछा, बैठ गए...? और एक लात मार स्कूटर स्टार्ट कर दिया। फिर दौड़ता स्कूटर, लगती हवा और श्रीलाल जी के अनवरत चलते होंठ थे। वे क्या कह रहे थे वह समझना तो दूर मैंने सुनने की भी कोशिश करनी छोड़ दी थी। उस समय तो मेरे भीतर बाहर सिर्फ प्रार्थना थी... प्रार्थना।

गेस्ट हाउस के गेट पर मुझे चौकस छोड़ा श्रीलाल जी ने , फरफराते हुए लौट भी गए। मैंने जब उनके घर फोन करके भाभी जी से पूछ लिया कि वे ठीकठाक पहुंच गए... तभी मैं सामान्य हो सका।

क्या अल्हड़ता, अक्खड़ता, मस्ती।

दूसरा दृश्य हाल ही का है। दिल्ली के शेखसराय में एक फ्लैट। भाभी जी बीमार थीं।

श्रीलाल जी पीना, घूमना, पढ़ना, लिखना... सब छोड़ कर उनकी तीमारदारी में लगे हुए थे। उन्हें छोड़ कहीं जाते तक नहीं थे। वहीं भाभी जी उसी फ्लैट में पिछली बार मुझसे शिकायत कर रही थीं, 'मैंने इनसे कितना कहा, बैठे रहते हो...(थोड़ा सुरीली आवाज में गाते हुए बोलती थीं वे) जा...आ...ओ, घू... ऊ...मो...घूमो फिरोगे नहीं तो लिखोगे कैसे!' अब वे ज्यादा बीमार थीं और खाट से आ लगी थीं। श्रीलाल जी ने कार भेज कर (मेरा स्टेटस बढ़ा दिया था उन्होंने) मुझे बुलवा लिया था। मेरे लिए शराब निकाली उन्होंने...खुद पक्का परहेज। जितनी शालीन पोशाक उतना ही शालीन आचरण। भीतर कोई आत्मदया नहीं, न लिख पाने की शिकायत... पत्नी की बीमारी को लेकर कोई झुझलाहट, कुछ नहीं। सहजता से सब अपने भीतर समाए हुए एकदम शांत भाव से बातें कर रहे थे और यह भी नहीं कि पत्नी की बीमारी की ही बातें... उनसे जल्दी निपट वे दीगर चर्चा पर आ गए थे। एकदम संतुलित और जैसे हर चीज से तटस्थ। बहुत बाद में दोस्तोव्स्की के प्रसिद्ध वाक्य 'सुंदरता ही संसार को बचाएगी' में सुंदरता को व्याख्यायित करते हुए मैंने कहा था, 'श्रीलाल जी सब कुछ छोड़ पत्नी की तीमारदारी में लग जाते हैं, यह सुंदरता है।'

कहां यह सौंदर्य...करीब-करीब संत सा यह व्यक्ति, कहां वह अड़ियल, बिगड़ैल पहलवान छाप... जो स्कूटर की गद्दी पर यों बार-बार हाथ मार रहा था जैसे कुश्ती के लिए ताल ठोंक रहा हो।

और यहीं कहीं... इन दो कुश्तियों के बीच के संधिबिंदु पर कहीं बैठी हुई है उनकी सर्जनात्मकता... जो यथार्थ की ओर ज्यादा झुके होते हुए भी सौंदर्य को नकारती नहीं। याद आती है शीला संधू के घर की एक पार्टी, जहां तीन चार पैग के बाद श्रीलाल जी मुझे कोहनी मार-मार कर एक सुंदरी के बारे में पूछ रहे थे... 'हू इज शी... हू इज शी... (वे अंग्रेजी बोलने वाले बिंदु तक आ पहुंचे थे) और उनके ताजा उपन्यास *बिस्रामपुर का संत* में भी सुंदरी है...वह सो रही थी।

> 'बाल तकिये पर बिखरे हुए थे, गर्मी के मारे शायद वह उन्हें सिर के आसपास बिखेर कर ही सोई थी। वह सीधी लेटी हुई थी, दाहिनी बांह आंख को ढंकती हुई मत्थे के ऊपर आ गई थी, दूसरी छिटक कर पलंग के किनारे की ओर चली गई थी। एक घुटना मुड़ कर ऊपर की ओर उठ आया था और साड़ी के ऊपर खिंच जाने से उसकी सुडौल पिंडली का निचला हिस्सा बाहर झलक रहा था। उसके जिस्म पर पतली खादी का हल्के भूरे रंग का ब्लाउज था, उसके नीचे ब्रा नहीं थी, गर्मी के कारण उसे निकाल दिया गया होगा। ब्लाउज के नीचे उसके उरोज गहरी नींद संयमित सांस के साथ हल्की लहरों पर चलती हुई नाव की तरह उठ रहे थे, गिर रहे थे।...

बारीकी से देखते हैं सौंदर्य, लेकिन सौंदर्य की प्रतिक्रिया जो कविता में उठ जाती है। वह नहीं मिलेगा उनके यहां सौंदर्य में बह जाना नहीं, डूब जाना नहीं... शायद इसीलिए कि वे व्यंग्यकार, यथार्थबोधी हैं... लेकिन शायद इसी कारण यह भी है कि उनके उपन्यासों में वह गहराई नहीं मिलती जिसकी अपेक्षा उपन्यास से होती है। शायद उनका व्यंग्यकार उन्हें इस गहराई में उतरने से रोकता हो, यह हो सकता है। यह भी सही है कि उपन्यासों में उनका व्यंग्यकार खूब काबू में रहता है। कुछ आधुनिक कथाकार जो हर बात को 'आयरौनिकल' देखने के आदी हो जाते हैं। जीवन की हर स्थिति को ट्विस्ट करके देखते हैं, उस पर हंसते हैं, सिनिक से दिखते हैं... ऐसा नहीं है श्रीलाल जी के यहां। वे व्यंग्यकार हैं, उपन्यास में उपन्यासकार। उपन्यासों में हर पात्र संतुलित ढंग से और पूरे ब्योरों में उकेरा जाता है। उन्हें सहानुभूति भी देता है लेखक,

मजाक नहीं उड़ाता उनका। उपन्यासों में कुछ मुद्दों पर लेखकीय टिप्पणी में हो लेता है यह सब, पर पात्रों के साथ नहीं... यह कमाल का संतुलन है। मनोहर श्याम जोशी के उपन्यसों में भी गहराई के लिए मन तरसता रहता है, वहां वह संतुलन भी नहीं है जो श्रीलाल जी के यहां है, जो उपन्यासों में होना चाहिए। ... जोशी जी के यहां जैसे उपन्यासकार एक ऊपर के मंच पर बैठा हर चीज पर, पात्रों पर हंस रहा, सबका मजाक उड़ा रहा है। अब कहने को कह लीजिए कि उस आयरौनिकल अंदाज से जो अनावृत्त होता है वह असल है...लेकिन जोशी जी के उपन्यास जो अपने पूरेपन में प्रभाव छोड़ते हैं वह अनावृत्त होने वाले इस या उस तत्व का नहीं होता... उस आयरनी का होता है जो उनका अंदाज है। इसके बरक्स उपन्यास की सारी तृप्तियां श्रीलाल जी के यहां मिल जाती हैं... कथारस...कथा की डालें मोटी से पतली से होते हुए फुनगियों तक तरह-तरह के पात्र अपने पूरे डिटेल्स में उकेरे हुए और सबसे ऊपर विषय का पूरा बौद्धिक विश्लेषण, कहीं-कहीं जीवन पर टिप्पणियां भी...एक संसार की सृष्टि अपने पूरे फैलाव के साथ...लेकिन वे रह जाते हैं श्रीलाल शुक्ल के उपन्यास ही...वह चीज जो उपन्यास को लेखक के हाथ से छिटका कर उससे आगे की चीज बन जाने दे, रचना लेखक से पृथक, लेखक के बावजूद एक बड़ा व्यक्तित्व प्राप्त कर ले... यह नहीं हो पाता। और मेरा ख्याल है कि इसका एक ही कारण है... श्रीलाल जी का सौंदर्य से नहीं, सौंदर्य में डूबने से परहेज। आकर्षण तो है... पर जल्दी ही वे संतुलन की तरफ लौट आते हैं। सौंदर्य ही में तो वह ताकत है कि लेखक को डुबो दे, बहा ले जाय... वहां जहां रचना रचनाकार से छूट कर कुछ की कुछ हो जाय।

श्रीलाल शुक्ल को लेकर एक बात और भी कही जाती है कि *राग दरबारी* जैसे प्रसिद्ध और लोकप्रिय उपन्यास ने ही उनकी सीमारेखा भी तय कर दी है। मैं दो चीजों पर अक्सर सोचता रहा हूं... यह तो हो सकता है कि आपकी कोई रचना अति प्रसिद्धि पा ले, उसके मुकाबले कोई बेहतर रचना भी पीछे रह जाए... लेकिन अति प्रसिद्ध रचना आपको पार जाने से रोकने लगे, यह कैसे हो सकता है और श्रीलाल जी के साथ यह नहीं हुआ है। ...इसका उदाहरण *सीमाएं टूटती हैं* जिसमें उन्होंने *राग दरबारी* की सीमांए निश्चित तोड़ी हैं... यहां वे मानव मन में गहरे उतरे हैं। लेकिन जैसे हर लेखक की एक खास जमीन हो जाती है... वैसे ही श्रीलाल जी *राग दरबारी* वाली जमीन की ओर बार-बार लौटते हैं और इससे ही गड़बड़ियां पैदा होती हैं। श्रीलाल शुक्ल के ताजा उपन्यास *बिस्रामपुर का संत* और कमलाकांत त्रिपाठी जैसे नए रचनाकार के उपन्यास 'बेदखल' में ज्यादा फर्क नहीं दिखाई देता। दूसरे ने 'अवध आंदोलन' का विषय लेकर उपन्यास लिख डाला तो पहले ने 'भूदान आंदोलन' को लेकर। बार-बार याद आता है कि वह रस, वैसा संसार...पूर्ण संसार, वह लयमयता जो *राग दरबारी* में थी...जो पाठक को उसके अपने संसार से हटा कर, उपन्यास के संसार में ले जाकर डुबा देती है, वह यहां नहीं है। पाठक विषय के विभिन्न पक्षों की सतह पर घिसटता लाभान्वित होता रहता है...बीच-बीच में सुंदरी, जयश्री आदि के प्रसंग ऊष्मा लाते हैं... पर वे जीवंत पात्र कहां जो *राग दरबारी* में थे, जीवन से सीधे उठाए गए। मैं जिस तरह तुलना कर रहा हूं... यही शायद गलत है। तुलना न होती अगर श्रीलाल जी जीवन के एकदम किसी अलग किस्म के पक्ष को, दूसरे ढंग से उठा सकते।... और यहीं उनका यथार्थवाद आड़े आता है। वे संबंधों की विराट, जटिल और गहरी दुनिया में नहीं घुसते।

(*सीमाएं टूटती हैं* में कुछ-कुछ यही हुआ और इसलिए उस उपन्यास में ताजगी है)... शायद श्रीलाल जी को सामाजिक यथार्थ, तंत्र का यथार्थ आज के जीवन की बड़ी त्रासदी लगता है,

कदाचित यह है भी (मैंने भी इस तरह के उपन्यास/कहानियां लिखी हैं लेकिन मैं पिसते व्यक्ति, उस पर पड़ती मार पर उतर-उतर आया... वे रचनाएं कैसी बनीं, नहीं जानता... लेकिन मेरी दुनिया ही वह थी... व्यक्ति की दुनिया, वहां भी उसकी भीतरी दुनिया)... श्रीलाल जी सामाजिक यथार्थ के उस टुकड़े का खाका खींचने में ज्यादा व्यस्त हो जाते हैं। फिर उपन्यास उस विषय पर एक अच्छी खासी 'स्टडी' तो बन जाता है पर पात्रों की आदमियत पीछे छूट जाती है, उनके पारस्परिक संबंध, उनका तनाव पीछे छूट जाता है। बेशक इतनी 'स्टडी' वह नहीं होती कि आदमी की दुनिया ही नदारद दिखे लेकिन आदमी की दुनिया की संश्लिष्टता, जटिलता और सबसे ऊपर उसकी गरमाहट वहां नहीं होती। एक यह बात भी गौरतलब है कि सामाजिक यथार्थ, तो बदलने वाली चीज है, वह आज कुछ है, कल कुछ और... स्त्री-पुरुष की, आदमी-आदमी के, आदमी तंत्र के... ये हमेशा रहने वाली चीजें हैं। इसलिए हर भाषा और हर युग में वे साहित्य के विषय रहे। फिर भी, श्रीलाल जी उन पर बहुत न ठहर यथार्थ के उस टुकड़े की तरफ ज्यादा भागते हैं जो परिवर्तनशील हैं। बावजूद इसके उनका हर उपन्यास, कदाचित हर रचना एक स्तर के नीचे कभी नहीं उतरती... वह एक बड़ी या बहुत अच्छी भले ही न बन पाए, एक साफ सुथरी, अच्छी रचना हर बार होती है।

जिन्होंने श्रीलाल जी के साथ छोटी बैठकें की हैं, उन्हें मस्ती में गपियाते देखा है... सुनाते चले जाएंगे एक के बाद दूसरा किस्सा, किस्से से फूटते दूसरे किस्से, उप किस्से.. क्या याद्दाश्त है। जैसे किस्सों का अथाह कुंड हो भीतर जिससे भलभल झरनों की तरह बहते चले आते हैं किस्से...किस्से पर किस्से... तब वे किसी दूसरे को आसानी से बोलने भी नहीं देते, असहिष्णुता की वजह से नहीं... इसलिए कि उनके किस्से चुकते ही नहीं, किस्से बेताब होते हैं बाहर आने को, कभी-कभी तो साफ-साफ शब्द भी नहीं निकलते, पत्तियों से होंठ फड़फड़ाते चले जाते हैं...अपना बोला वे ही समझ पाते हैं, पर श्रीलाल जी बोले जा रहे हैं...बोले जा रहे हैं... जिन्होंने उन्हें इस तरह किस्से सुनाते, गपियाते देखा है वे समझ सकते हैं अगर मैं कहूं कि श्रीलाल जी स्वाभाविक गद्यकार हैं, उपन्यास लिखना उनके यहां ऐसी नैसर्गिकता से आता है जैसे सांस लेना, जरा भी बनावट, मेहनत का अहसास नहीं...और मौजूदा उपन्यासकारों में इस तरह के वे अकेले उपन्यासकार हैं, मेरी समझ में... जहां साहित्य या किसी विधा विशेष की विशिष्टिता इतनी सहजता (सरलता नहीं) में तब्दील हो जाती है कि लगे ही नहीं आप लिखे हुए से गुजर रहे हैं, जैसे कि किसी बस्ती की एक गली से दूसरी, दूसरी से तीसरी में निकलते चले जा रहे हैं... बस। कलाविहीनता की यह कला बड़े रचनाकारों को भी उनके सबसे उत्कर्ष काल में मिलती है... जो श्रीलाल शुक्ल को उनके स्वभाव के कारण, शायद पैदाइशी ही मिली हुई है। उनकी प्राप्ति यह है कि इस प्रकृति-प्रदत्त स्वाभाविक सहजता को उन्होंने न तो उलीच कर जाया किया और न ही शिक्षा, अनुभव, जानकारियां, किसी वाद में विश्वास आदि से इसे कलुषित होने दिया है। उनके व्यंग्यकार से इस चीज को सबसे बड़ा खतरा था... लेकिन श्रीलाल जी उससे भी इसे बचा ले गए। वह अपनी निष्कलुषता में आज भी *बिस्रामपुर का संत* में उतरी है। क्योंकि वह श्रीलाल जी के व्यक्तित्व में आज भी है। श्रीलाल जी जो आज तक लिख सके हैं, लिखते जा रहे हैं, उसका रहस्य भी इसी में छिपा हुआ है। यथार्थपरक लेखन की तरफ झुकता है उनका मन लेकिन किसी वाद या किसी विचारधारा में आ-मस्तक डूब जाना तो दूर वे उससे कोसों दूर रहे हैं। उन्होंने कई बार कहा भी है कि वे तो दफ्तर की दासता से मुक्त महसूस करने के लिए लिखते हैं...तो फिर किसी वाद या विचारधारा की दासता कैसे पकड़ लें। उन्होंने स्वयं को खुला रखा है और इसी बीच रह सकी है वह सहजता जिसका

जिक्र मैंने ऊपर किया है। उनकी यथार्थपरकता भी कठोर, आक्रामक यथार्थपरकता नहीं है... उसमें कोमलता का एक पुट रहता है... जिस आंख से वे यथार्थ को देखते हैं, उकेरते हैं उसमें करुणा के रंग हैं। इसीलिए जहां वे यथार्थ की पूरी दारुणता को भी उकेर रहे होते हैं, वह जीवन-खंड भी तपती धूप के टुकड़े की तरह चिलमिलाता नहीं, अंततः एक कारुणिक आस्वाद ही छोड़ता है...वही जो कला का इष्ट है। चिलमिलाते टुकड़े को तो हम ठीक से देख भी नहीं सकते, कारुणिक अंदाज में दिखाया गया सत्य एक टीस, कसक बन पीछे छूट जाता है, देर तक हमारे भीतर कलपता रहता है।

तद्भव, *1999*

श्रीलाल शुक्ल

अखिलेश

श्रीलाल शुक्ल हिंदी साहित्यकारों में अद्वितीय शख्सियत हैं। इस अर्थ में अद्वितीय नहीं कि वह बहुत महान हैं या सर्वश्रेष्ठ हैं बल्कि इस अर्थ में कि जैसे वह हैं, वैसा कोई नहीं है। सबके जैसे मगर सबसे विशिष्ट हैं श्रीलाल शुक्ल।

अधिसंख्य लेखक प्रेम, बेवफाई जैसे मौकों पर जहां आहें भरेंगे, हाय-हाय करेंगे, वहां श्रीलाल शुक्ल मुस्कराएंगे, चुटकी लेंगे। यह प्रवृत्ति उनके लेखन में ही नहीं, जीवन में भी है। चीजों में छिपे हुए सच, विद्रूप और बेतुकेपन को पहचानने की गहरी दृष्टि है उनके पास, यह उनकी उस जीवन शैली से उपजा है जो आडंबर, प्रपंच और अहंकार को नापसंद करती है। इसीलिए उनके लेखन में उक्त तीनों का लगातार मानमर्दन होता रहता है।

दूसरी तरफ अन्य लोग जिन वस्तुओं, ब्यौरों, स्थितियों को हंसी-मज़ाक में लेते हैं, श्रीलाल जी उनकी गहराई में निहित विडंबना तथा दारुणपन के कारण उदास हो सकते हैं; लोग दूसरों पर हंसते हैं, खुद पर मुग्ध होते हैं। लेखन में व्यंग्य के इतने तीखे प्रयोग के बावजूद श्रीलाल जी को मैंने कभी किसी व्यक्ति के बारे में हल्के स्तर की बात करते नहीं सुना। सर्वप्रिय निंदारस के मामले में वह नीरस ही कहे जाएंगे। यदि बहुत उत्साहित हुए तो किसी रूपक या श्लोक के जरिए तथ्य को धराशायी कर देंगे।

इसी तरह अमूमन लोगों की आदत होती है दूसरों पर हंसने की और खुद पर फ़िदा रहने की लेकिन श्रीलाल शुक्ल खुद पर बेपनाह हंसने की ताकत रखते हैं। अपनी कमजोरियों, कमियों का इतने प्रेम से बखान करते हुए किसी और का मिलना मुश्किल है। यही नहीं, सामने वाला यदि सच्चे हृदय से भी उनकी उपलिब्धयों, गुणों, सुखों का जिक्र करे तो वह जल्दी ही बात बदल देने की कोशिश करेंगे। फिर बताएंगे कि असलियत नहीं है यह। ये सब तो अति मामूली और क्षणभंगुर हैं। वह कुछ ऐसी व्यंग्यात्मक और हास्यपरक टिप्पणियां करेंगे कि पूरा प्रसंग प्रहसन में तब्दील हो उठे। उलट भी यहीं है। वह दुखों-समस्याओं को जीतने नहीं देते। स्वयं भले आपको बगैर घनिष्ठता के अपनी एकदम निजी परेशानियां बता दें लेकिन जहां आपने अफसोस या सहानुभूति जतानी शुरू की, वह हल्की-फुल्की बात करके माहौल की दिशा मोड़ देंगे।

लगता है कि सर्वोत्तम सुख हो या विकट कष्ट या आनंद या अवसाद, सफलता, बाधा जैसी कोई चीज़, श्रीलाल शुक्ल उसे अपने से बड़ा और शक्तिशाली नहीं बनने देते। शायद इसीलिए उनकी रचनाओं में कोई भी मनुष्य के जीवन से बड़ा नहीं होने पाता। जिसने भी अपना कद बड़ा करने की जुर्रत की, तीक्ष्ण व्यंग्य से उसकी धज का बिगड़ना निश्चित।

श्रीलाल शुक्ल का व्यक्तित्व इस मायने में भी विलक्षण है कि वह विरुद्धों के ऐसे

सामंजस्य से बना हुआ है जो सुंदरता और कशिश पैदा करता है। उनमें एक तरफ मोहनलाल का ग्रामीण अवधी बसा है तो दूसरी तरफ उ.प्र. शासन का बड़ा अफ़सर। वह कभी-कभी सूट-बूट पहन कर कार चलाते हुए नपी-तुली सम्मान भरी चाल चलते हुए विशिष्ट जन लगते हैं, तो कभी धोती-कुर्ता, या पायजामा-कुर्ता पहने ठेठ देशज भाषा का इस्तेमाल करते हुए मामूली गृहस्थ। वह आपके घर में या अपने घर में बहुत घुल-मिलकर इस तरह बतियाएंगे कि आपको लगेगा आप उनके निकटस्थ हैं। लेकिन सार्वजनिक समारोह-उत्सवों में हो सकता है कि आपके नमस्ते के ज़वाब में वह सिर हिलाकर आगे बढ़ जाएं। उनमें लोक और शास्त्र दोनों चरम पर मौजूद है।

वह एक तरफ आधुनिक साहित्य के–विदेशी भाषाओं के साहित्य के गहन अध्येता हैं तो दूसरी तरफ वह संस्कृत साहित्य के उद्धरण पर उद्धरण दे सकते हैं। भक्तिकाल की कविताओं, रीतिकाल, छायावाद की कविताओं के बहुत से महत्वपूर्ण अंश उन्हें कंठस्थ हैं। इससे भी आगे बढ़ें तो देखेंगे कि उच्चकोटि के साहित्य तथा सामाजिक अध्ययन संबंधी ग्रंथों का अध्येता यह कथाकार जासूसी थ्रिलर (हॉबी के तौर पर) पढ़ता है। इसी तरह शास्त्रीय संगीत के समझदार रसज्ञ श्रीलाल शुक्ल को हिंदी सिनेमा की मार-पीट वाली फिल्में भी पसंद हैं बकौल उनके 'इन फिल्मों की अस्वाभाविकता–एबसर्डिटी विशेष प्रिय है, जिसमें जजमेंट को सस्पेंड कर दिया जाता है।' इसी तरह मैंने पाया है कि वह बहुत हंसने-हंसाने के बावजूद बहुत उदास हैं। जब वह बोलते हैं तो चुप से दिखते हैं, या वह ऐसा आभास देते हैं कि उनका व्यापक संपर्क है मगर लगता है कि वह अकेले से हैं–इस वेदना में कि उन्हें कोई समझ नहीं पा रहा है। लेकिन ऐसा कभी-कभी ही होता है। अक्सर वह जीवन में रचे-बसे जीवन से सबसे मिलते हैं।

जीवन श्रीलाल शुक्ल के यहां समग्र है। वह ऐसे लेखक हैं जिनका संपर्क लेखकों की तुलना में गैरलेखकों से ज्यादा है। इनमें समाज के विभिन्न स्तरों के लोग हैं। इसकी एक छोटी झलक उनके जन्मदिन 31 दिसंबर को पा सकते हैं, जब उन्हें बधाई देने वालों में तरह-तरह के लोग होते हैं। अनुभव और जीवन की यही व्याप्ति उनके लेखन में संपूर्णता की चमक भरती है। उनका लेखन सामान्य जनता पर पड़ने वाले प्रभावों तक ही सीमित न रहकर तंत्र के यथार्थ को भी जिस तरह गिरफ्त में लेता है, वह इसी व्यापक सामाजिकता के कारण।

पर श्रीलाल शुक्ल को मूलतः यानी कि हार्दिक रूप से एक साधारण भारतीय नागरिक का चेहरा अधिक भाता है। जैसे वह लोगों के यहां शादी-ब्याह पर, सुख-दुख में ज़रूर पहुंचते हैं। पूरी रस्म निभाते हैं। रिश्तों-नातों-संबंधों के निर्वाह में वह खांटी आम हिंदुस्तानी हैं।

उत्तर प्रदेश शासन में वह महत्वपूर्ण अधिकारी के रूप में अनेक विशिष्ट पदों पर काम कर चुके हैं। उनके परिचितों में, मित्रों में, बहुत से, अधिकारी-मंत्री हैं लेकिन आप उन्हें साधारण शहरी नागरिक की भांति टेलीफोन, बिजली के बिल के काम में, रोजमर्रा के सामानों की ख़रीद में, आए दिन की समस्याओं-परेशानियों से टकराते-झुंझलाते देखेंगे। आप पाएंगे कि ख़राब सड़क, बिजली गुल होने, नल में पानी न आने जैसी मुसीबतों को कोस रहे हैं। वह अपने इंदिरानगर मुहल्ले में सूअरों की सघन हाजिरी से खिन्न हैं तो भीतर नल में पानी न आने पर कभी बाहर के नल से बाल्टी भर-भर कर भीतर ले जा रहे हैं। उनके सुसंस्कृत ड्राइंगरूम में किसी देहाती आदमी से उनके अवधी में बात करने का दृश्य आम फहम है। कई बार तो ऐसा होता है कि उसी ड्राइंगरूम में कोई कथित बड़ा आदमी विराजमान है और कोई साधारण श्रीलाल शुक्ल, दोनों से बिना किसी दुविधा के बातचीत जारी रखे हैं। इस प्रसंग में एक दिलचस्प दृश्य है कि उनके ड्राइंगरूम में टी.वी. रखा है, जिस पर उनसे अधिक उनके नौकर और उसके परिवार का

अधिकार है। नौकर का कहना ठीक नहीं है क्योंकि वह परिवार के सदस्य की तरह ही है। तो श्रीलाल शुक्ल पढ़ रहे हैं या किसी से वार्ता कर रहे हैं मगर यदि नौकर 'साबू' या उसके घर के किसी सदस्य का मन टी.वी. देखने का है तो टी.वी. खुलेगा। भले उन्हें दूसरे कमरे में जाना पड़े। उनकी रुचि समाचार में है और दूसरे किसी की जी.टी.वी. की फिल्म में, तो श्रीलाल जी की इच्छा धरी रह जाएगी।

अपनी करीब दस साल की पोती से खेलने का दृश्य अद्‌भुत है। इस छोटी-सी बच्ची की भी भावनाओं का, विचारों का बहुत आदर करते हैं वह। उससे खेलते हुए उनके चेहरे पर वात्सल्य का आह्लाद चमकता है। वह डॉक्टर का अभिनय करती हुई आएगी इंजेक्शन लगाने। श्रीलाल जी मरीज का अभिनय करते हुए आस्तीन ऊपर उठा रहे हैं।

अपनी पत्नी को कितना प्यार और उनका कितना खयाल करते हैं। वह सुबह दूर तक टहलने का नियम श्रीलाल शुक्ल का पुराना है। अक्सर वह टहलकर लौटते समय कभी वरिष्ठ कवि लीलाधर जगूड़ी के यहां, कभी-कभी मेरे यहां भी आ जाते हैं। कभी ऐसे लोगों के यहां जिनसे मेरा परिचय नहीं। लेकिन पहले वह लौटते तो अकेले थे लेकिन निकलते पत्नी के साथ थे। कुछ दूर पत्नी के साथ अपेक्षाकृत धीरे-धीरे चलते। कुछ दूर जिसे पर्याप्त दूरी माना जा सकता है चलने के बाद वह पत्नी को वापस कर देते थे और खुद तेज़-तेज़ चलते हुए लंबी यात्रा कर डालते थे। मगर पिछले दो-तीन वर्षों से उनकी पत्नी बीमार हैं। सबसे दुखद यह कि उनकी याददाश्त क्षीण हो गई है। संगीत साहित्य रसज्ञ, विदुषी, वह लिखना तक भूल गईं। मैंने कई बार देखा कि अकेले दोनों बैठे हैं। श्रीलाल शुक्ल उनको लिखना सिखा रहे हैं। किसी किताब से वह कुछ पढ़ते हैं। वह लिखती हैं। उसे सुधार कर फिर लिखाते हैं। श्रीलाल जी किसी अच्छी पुस्तक को पढ़कर सुनाते हुए कई बार पाया है उनको। मुझे श्रीलाल जी का सुनाया एक श्लोक याद आता है जिसके एक अंश का भाव कुछ इस प्रकार था :

> यदि कोई विद्या सीखनी है तो समझो कि तुम अजर-अमर हो। यानी कि विद्या सीखने की कोई अवस्था नहीं होती।

उक्त श्लोक में यह भी है कि यदि कोई काम करना है तो उसे जल्दी से जल्दी कर डालो। श्रीलाल शुक्ल अपने लेखन में लगातार सक्रिय रहते हैं। नहीं लिख पाते तो उनको तकलीफ रहती है। दरअसल यह तकलीफ भी रचनात्मक प्रक्रिया का एक हिस्सा है। वह उपन्यास, कहानियां, स्तंभ लेखन में व्यस्त रहते हैं। इनसे वक्त मिला तो वह आलोचनात्मक-समीक्षात्मक काम भी करते हैं। वृंदावन लाल वर्मा जी उनके प्रिय उपन्यासकार हैं और अमृतलाल नागर पर उनकी पुस्तकें इसका साक्ष्य हैं। पर शायद उन्हें सर्वाधिक प्रिय और महत्वपूर्ण उपन्यास लिखना लगता है। उपन्यास लिखने को लेकर वह खास सहूलियतें भी चाहते हैं जैसे वह घर में रहकर उपन्यास नहीं लिख पाते। इसके लिए किसी दूसरे शहर में जाकर रहते हैं। जैसे कि पिछले दिनों दो बार करीब पंद्रह-पंद्रह दिनों प्रवास पर जा चुके हैं उसे पूरा करने के लिए। कुछ और भी यात्राएं संभावित हैं।

हालांकि उनकी सभी कृतियों को प्रकाशक लालच से देखते हैं। क्योंकि पाठकों में श्रीलाल शुक्ल हिंदी के सर्वाधिक लोकप्रिय गंभीर लेखक हैं। उनकी किसी भी कृति के तीन से कम के संस्करण नहीं हुए हैं। *राग दरबारी* के तो लगभग बीस संस्करण छप चुके हैं। आप समझ सकते होंगे कि उन पर प्रकाशकों का कितना दबाव होगा। खास तौर पर उपन्यास के लिए। मगर वह लेखन में पूर्णतावादी हैं। एक रचना पर कई-कई बार काम करते हैं। वह उपन्यासों

के भी कई-कई ड्राफ्ट तैयार करते हैं।

श्रीलाल शुक्ल को अपनी सबसे महत्वपूर्ण कृति *राग दरबारी* नहीं लगती। वह *मकान* और *पहला पड़ाव* को ज्यादा मान देते हैं। उसकी वजह यह बताते हैं : *राग दरबारी* मेरी परफेक्ट कृति नहीं है। आज मुझे लगता है कि मैं उसमें बहुत सारा परिवर्तन कर सकता हूं। जबकि *मकान* और *पहला पड़ाव* के साथ ऐसा नहीं है। लेकिन वह *राग दरबारी* पर लगे इस आरोप को खारिज करते हैं कि उसमें ग्रामीण जीवन के प्रति अवसादपूर्ण रूख है। उसका उपहास किया गया है। उनका कहना है, *राग दरबारी* में हास-परिहास की शैली को इसलिए ग्रहण किया गया है कि लाख मुसीबतों के बीच भी ग्रामीण जीवन में हास-परिहास पर्याप्त रूप से मौजूद रहता है।

श्रीलाल शुक्ल के यहां ग्रामीण समाज का नया यथार्थ जीवंत हुआ है। गांव के प्रति रोमांटिक बोध के चलन के विपरीत यहां यथार्थपूर्ण बिंबों की छटा है। ऐसा लग सकता है कि श्रीलाल शुक्ल को गांव बहुत भाता है। लेकिन वह चौंका देते हैं : 'गांव से मेरा क्षीण संपर्क है। जो मेरी जमीन थी, वह मैंने बेच दी है।' इसका उन्हें अफसोस भी नहीं है, 'मुझे बिलकुल अफसोस नहीं है। क्योंकि मैंने गांव के जीवन पर लिखा भले है लेकिन बचपन की यादों को छोड़कर मेरे जेहन में गांव की अच्छी स्मृतियां नहीं हैं।' ये खराब स्मृतियां ही शायद उन्हें ग्रामीण जीवन को देखने की अभिनव दृष्टि देती हैं जो रुक्ष, भेदक और निर्मम है।

अब वह लखनऊ में ही रहना चाहते हैं। ऐसा नहीं कि लखनऊ उन्हें बहुत रास आता है। दरअसल उनके शब्दों में 'अब यहां रहने का अभ्यास हो गया है।'

कोई विशेष इच्छा? इस प्रश्न के उत्तर में वह कहते हैं : 'जो अभी तक नहीं लिख पाया हूं, लिखूं।' खान-पान में कोई विशेष रुचि न रखने वाले श्रीलाल शुक्ल की दिलचस्पी का प्रमुख विषय जीवन और लेखन ही है। इस प्रसंग में उनकी इस भावना को भी जोड़ना चाहिए, 'विगत ज़िंदगी को लेकर मुझे पछतावा, है कि उसमें मैं अधिक काम कर सकता था लेकिन न कर सका।' यह तो बात है कुछ नए काम करने की। लेकिन उन्होंने पंद्रह साल पहले एक नाटक भी लिखना शुरू किया था। आधा लिखा भी। सुनकर लेखक, रंगकर्मी मित्र अभिभूत भी हुए लेकिन वह आज तक पूरा नहीं हो सका। पूरा हो सका तो नाटक में एक महान कथाकार का हस्तक्षेप देखना सुखद होगा।

श्रीलाल शुक्ल सांप्रदायिकता से घोर वितृष्णा करते हैं। 6 दिसंबर को बाबरी मस्जिद के ध्वंस के बाद लखनऊ में हुए सांप्रदायिकता विरोधी मार्च का नेतृत्व कर चुके हैं। उसमें उत्साहपूर्वक शामिल हुए हैं। हालांकि व्यक्तिगत रूप में धार्मिक आस्था के व्यक्ति हैं। इस आस्था और अपने धार्मिक विश्वास को तर्केतर स्थिति में ग्रहण करते रहे हैं। उनकी भक्ति में कर्मकाण्ड का कोई स्थान नहीं है। धार्मिक होने के बावजूद मेंने उन्हें ज्योतिष वगैरह में जिज्ञासु कभी नहीं पाया है। जैसाकि शुरू में उल्लेख किया गया है कि श्रीलाल शुक्ल में विरोधाभास का सौंदर्य है। उनके व्यक्तित्व में बहुत सारी चीजें एक दूसरे को काटती रहती हैं और एक दूसरे से अंतःक्रिया भी करती रहती हैं।

कथाक्रम, 1995

शराफत के पचास साल

अरुण प्रकाश

आलोचना, बहुधा अपनी ही करनी पर विलाप करती है और उसका एक ही बिंदु होता है, उपेक्षा। अचानक याद आता है अमुक जी की उपेक्षा की गई। आलोचक तमुक जी की आंखें भर आती हैं, स्टीरियोफोनिक गला भी घरघराने लगता है। मुझे यह पश्चाताप का दृश्य अच्छा लगता है। यह तात्कालिक है। तमुक जी का हृदय परिवर्तन नहीं होने वाला। वे फिर किसी रचनाकार की उपेक्षा पर रोएंगे। उपेक्षा किसने की? तमुक जी किसी का, और का छोड़िए, खुद का भी नाम नहीं लेंगे। उपेक्षा क्यों की? इसके उत्तर में सनातन बहाने हैं। सबसे दिलचस्प मोड़ कब हुआ? इस प्रश्न के दो उत्तर हैं : 'उपेक्षा का मुझे पता था, पर मैं अन्य परियोजनाओं में व्यस्त था, अथवा मुझे तो आज ही पता चला कि उनकी उपेक्षा हुई है।' ये उत्तर देश-काल, प्रश्नकर्त्ता की हैसियत आदि के मद्देनजर दे दिए जाते हैं। हिंदी आलोचना के इतिहास में 'उपेक्षा : विमर्श और निष्कर्ष' जैसा अध्याय जोड़ा जाना चाहिए।

'वसुधा' का परसाई जी पर केंद्रित विशेषांक (संपादक : रमाकांत श्रीवास्तव) में हमारे मित्र पुरुषोत्तम अग्रवाल ने लिखा है : 'परसाई पर आलोचना का ध्यान न जाना परसाई के नामाकूल जनसंपर्क विभाग की वजह से भी हो सकता है, लेकिन समस्या का एक गहनतर पहलू भी है।...

मुझे लगता है कि मामला गहनतर नहीं, गहनतम है। इसकी जड़ आधुनिकतावाद में है। रचना में राजनीति से परहेज उसी का सूत्र है।

तीस-चालीस साल पहले अपनी गर्दिश पर विलाप कर पाठकों को रिझाने का चलन था। श्रीलाल जी ने भी 'गर्दिश के दिन' स्तंभ में लिखा। निहायत सादा और शराफत से भरा आलेख। पाठक को विलाप पर रिझाने की कोई अदा नहीं। परसाई जी ने लिखा, 'मैं उन बेहया लेखकों में हूं जो अपने बारे में कहने से नहीं सकुचाते।' लिखा कम, अपने बारे में संकोच से छिपाया ज्यादा। बल भी दिया तो अपने साधारण पर। श्रीलाल ही हयादार लेखक हैं। मुझे पता है पाठकों को रिझाने का चलन आज भी है। पहले लेखक पाठकों को 'गर्दिश के दिन' पढ़ने के लिए पाठकों के पास अनुरोध-पत्र भेजा करता था। एक लेखक बात-बात पर आत्महत्या की धमकी देता है। पिछले बारह साल से वह ऐसा कर रहा है। कारण अजीब है—प्रेमिका फोन नहीं करती। बीवी मायके नहीं जाती (जाए तब तो प्रेमिका घर आए), बारह सालों में वह आत्महत्या करने में सफल नहीं हुआ। मकड़े की तरह वह आत्महत्या की दीवार पर चढ़ने में लगा है। चढ़ता है... फिसलता है। पीठ में चोट लगती है तो शहर भर को फोन पर बताता है। 'आओ! मुझे सहानुभूति दो! मुझ पर तरस खाओ।' सबको छोड़ कर राष्ट्र लेखक के पीठ दर्द की चिंता करने लगे, यह होता नहीं। तब लेखक हत्यारे, लंपट, क्रूर, पाजी समय को कोसता है। काश कोई

संपादक फिर 'गर्दिश के दिन' जैसा कॉलम शुरू कर दे। आत्म-विलाप का जो गंदला जल विराट रचना-डैम में भरा पड़ा है, वह बाहर आ जाएगा और देश आत्म-विलाप के जल में डूब जाएगा। संघर्ष, वर्ण-संघर्ष, हड़ताल, असंतोष सबसे पीछा छूट जाएगा। श्रीलाल जी ने यह सब नहीं किया। उनका 'गार्दिश के दिन', 'सुख भरे दिन आयो रे' जैसा गीत लगता है। दिखावा, पाखंड, ग्लैमर उनमें है ही नहीं।

श्रीलाल जी ने खुद लिखा है–*शेर का शिकार* और *अंगद का पांव* जैसी रचनाएं किसी को भी खुश कर सकती हैं और किसी का इससे कुछ बनता-बिगड़ता नहीं है, पर कुछ दिन बाद ही यह नाकाफी जान पड़ने लगा। लगा, यह तट पर बालू के साथ किया गया खिलवाड़ भर है। *राग दरबारी* इसी कमतरी के एहसास का परिणाम है। श्रीलाल जी दो स्थलों पर उसे कोलाज नॉवेल कहते हैं। पर ममता कालिया को दिए गए साक्षात्कार में उसे 'डॉक्यूमेंटरी नॉवेल' भी कहा है। कहीं भी व्यंग्य उपन्यास नहीं कहा।

टोन भी अजीब चीज है। दुधमुंहे बच्चों को भाषा की तमीज नहीं होती पर वे मां का टोन समझते हैं–लाड़, प्यार, क्रोध, मजाक, खिलंदड़ापन को वे भांप जाते हैं। आगे वे सब बड़े होते हैं तो उपहास, विडंबना, कटाक्ष, कंट्रास्ट, व्यग्रता, उत्साह, जोश, भय, अति भावातिरेक, सहजता भी भांपने लगते हैं। उदात्त, मर्यादित, शांत, संतुलित, गंभीर, समदर्शी आवेग, उमंग, जोश, मद, मौज, समदर्शी भाव होते हैं–यह व्यंग्य टोन के विरुद्ध भाव है। आपको पक्ष लेना होगा। पक्षपात न करें, पक्षधरता तो चाहिए ही। यह समदर्शिता उन्हें शंकाकुलता के कगार तक ले जाती है। सिनिसिज्म आधुनिकतावादी साहित्यिक आंदोलन का परिणाम था। हर कुछ गलत है। चोर भी, सिपाही भी। वे जिस उत्साह से शिवपालगंज के अभिजनों को निशाना बनाते हैं, उसी त्वरा से सड़क के किनारे हगने वाले गरीबों को। परसाई जी पर टिप्पणी करते हुए श्रीलाल जी ने कहा है, 'उनके व्यंग्य में असंतोष का मुख्य आधार आज की राजनीतिक और सामाजिक मूल्यहीनता है जिसके प्रति उनकी दृष्टि एक ऐसे कलाकार की है जो विपन्नों, वंचितों और संघर्षशील वर्गों के प्रति स्पष्ट रूप से प्रतिबद्ध है।' हरिशंकर परसाई और श्रीलाल शुक्ल में यही अंतर भी है।

जहां कविता, उपन्यास, कहानी, नाटक आदि को अलग-अलग खानों में बांटकर आलोचनात्मक अध्ययन करने का रिवाज रहा हो, वहां रूपहीन व्यंग्य पर आलोचना क्यों ध्यान देती? व्यंग्य कोई विधा न थी, टोन था। हिंदी में वह अधिकांशतः निबंधों में प्रकट हुआ। कुछ कहानियां भी उस टोन में लिखी गईं, रघुवीर सहाय जैसों ने कविता में भी इसका उपयोग किया। श्रीलाल जी इसे उपन्यास में भी घसीट ले गए। इस टोन का रचनात्मक प्रयोग क्लासिक स्तर तक पहुंचाया।

श्रीलाल जी उपन्यासकार ही हैं। *राग दरबारी* का जो टोन है, भाषा है, वह *सीमाएं टूटती हैं, आदमी का जहर, मकान, पहला पड़ाव* या *बिस्रामपुर का संत* में कहां है? कुछ व्यंग्यात्मक निबंधों और *राग दरबारी* में व्यंग्य-टोन की प्रमुखता के कारण उसे व्यंग्य उपन्यास जैसी संज्ञा देना हिंदी आलोचना की भेड़ियाधसान प्रकृति का ही नमूना है।

अंग्रेजी के लिए नहीं, एकतान व्यंग्य टोन में पूरा उपन्यास लिखा जाए हिंदी के लिए ये नई बात थी। *राग दरबारी* का महत्व यह भी है कि व्यंग्य के जिस टोन को सुगम संगीत या ठुमरी, टप्पा, दादरा, कजरी जैसे उप-शास्त्रीय गायन के ही अनुकूल समझा जाता था, उसी टोन में श्रीलाल जी ने खयाल-गायकी पेश कर दिया। साहित्य संसार चमत्कृत। फिर सब फटाफट हो गया। हिंदी में 45 वर्ष का साहित्यकार युवा ही कहलाता है। निहायत ही कम उम्र में उन्हें

साहित्य अकादेमी पुरस्कार दे दिया गया। *राग दरबारी* क्लासिक मान लिया गया। यह पाठ्यक्रमों में आ गया। *गर्दिश के दिन* लिखने की अब जरूरत नहीं थी। श्रीलाल जी ने *गर्दिश के दिन* में अपनी रुचि को क्लासिक बताया है। उनके उपन्यासों की संरचना में क्लासिक तत्व है और इसकी पड़ताल होनी चाहिए।

व्यंग्य बदनामी का काम है। श्रीलाल जी ठहरे शरीफ आदमी। वैसे उन्हें मुंहफट, मूर्ख, साहसी लोग पसंद हैं। एक बार इंदौर कथा-समारोह में मैं नामवर जी की स्थापनाओं के विरुद्ध बढ़-चढ़ कर बोला। सबसे पहली बधाई श्रीलाल जी ने दी। मुझे समझ में आ गया, 'यार! हरीफ होना भी बुरा नहीं है'। श्रीलाल जी खुद शराफत छोड़ नहीं सकते थे, पर हरीफों की पीठ ठोंकते हैं। बहरहाल, उन्होंने व्यंग्य छोड़ दिया। लेकिन व्यंग्य का स्टिग्मा बड़ा तगड़ा होता है। कितना भी खुरचो, नहीं छूटेगा। मुझे भाई वीरेंद्र यादव ने बताया, 'श्रीलाल जी पर लेख लिखा। उसमें उनकी आलोचना की। नाराज होना तो छोड़िए, श्रीलाल जी ने उलटे तारीफ की और मेलजोल बढ़ा दिया।' मुझे आश्चर्य नहीं हुआ। श्रीलाल जी पहले दरजे के शरीफ हैं। ज्यादा शराफत मुझे इरिटेट करती है। मैं होता तो मानहानि का मुकदमा ठोंक देता। आलोचक का काम होता है प्रशंसा लिखना। प्रशंसा ही लिखने वाला आदर्श आलोचक होता है। ऐसा शरीफ आदमी व्यंग्य के मैदान में क्या टिकेगा? इस आदमी का कोई 'नूईसेंस वैल्यू' ही नहीं है। इसके विरुद्ध तो कोई भी कुछ लिख देगा। इस लिहाज से परसाई और शरद जोशी वीर लेखक थे। बड़े आलोचकों की हिम्मत नहीं हुई कि इन पर कलम चलाएं। विश्वनाथ त्रिपाठी ने परसाई जी पर एक पुस्तिका लिखी पर वह 'विनय पत्रिका' जैसी है।

श्रीलाल जी में अकड़फूं भी नहीं। आपके पहले, वही नमस्कार कर लेंगे। वे व्यंग्य की सिविल परंपरा के हैं। रिटायर हुए तो हो गए। कहीं विश्वविद्यालय में, किसी संस्था में अध्यक्ष बनकर बैठ जाते। कोई पत्रिका पकड़ लेते। कुछ नहीं किया बस रिटायर होते रहे। अभी भी रिटायर ही हो रहे हैं। उन्हें इसी में मजा आता है। आडंबर करना आता नहीं। चेले-चपाटे नहीं हैं। अपना ढोल नहीं पिटवाते। उनका हर उपन्यास, टोन, भाषा, कथ्य, चरित्र, कथा-स्थिति के लिहाज से भिन्न है। यह भिन्नता वे चुपके से रचते हैं। 'रहस्य' जैसे अछूत विषय पर उपन्यास लिखने पर अपनी रचनात्मक साहसिकता का बखान न करेंगे, न करवाएंगे।

आप और वस्तु के बीच एक निश्चित संबंध को ही विधा माना जाता रहा है। विधाओं के अपने नियम होते हैं। लेकिन व्यंग्य विधागत नियमों से ऊपर है। उसकी अपनी कोई विधा भी नहीं है। व्यंग्य अपना रूप बदलता रहता है। 'शिवशंभू के चिट्ठे' तो पत्र-शैली में हैं। हरिशंकर परसाई ने रेखाचित्र, कहानी, निबंध तीनों विधाओं में व्यंग्य का उपयोग किया। उन्होंने तो उपन्यास, साक्षात्कार, प्रश्नोत्तरी आदि को आजमाया।

विधा एक कार्यक्रम जैसी चीज होती है जिसके अपने सृजनात्मक नियम होते हैं, जिसके तहत अंतर्वस्तु के रूप में ढाल कर कलात्मक अभिव्यक्ति की जाती है। संस्कृति में बदलाव के साथ-साथ विधा के भीतर भी रूपगत, कथ्य और अभिव्यक्ति में बदलाव आता है। कविता में तुक की विदाई, छंदविहीनता आई तब भी उसे हम कविता क्यों कहते हैं? गीत या गजल में राजनीतिक अंतर्वस्तु पहले नहीं आती थी, अब खूब आती है फिर भी वह गीत क्यों है?

कुछ विदेशी विद्वानों ने व्यंग्य को शैली के अंतर्गत रखा तो कुछ जर्मन विद्वानों ने इसे उप-विधा की संज्ञा दी। कुछ ने इसे उप-साहित्य कह दिया। वस्तुतः व्यंग्य कोई भी रूप ले सकता है जैसे जल पात्र का आकार ग्रहण कर लेता है। कविता में, विशेषकर रघुवीर सहाय

की कविता व्यंग्य है और खूब है, और वह पद्य में है, तो उसे कौन-सी विधा का नाम देंगे?

इतिहास, सभ्यता और संस्कृति के अलग-अलग दौरों में अलग-अलग विधाएं प्रमुखता प्राप्त करती हैं। व्यंग्य विधा नहीं है, फिर भी वह अपने को अनुकूलित कर लेता है। नाटक से उसका पुराना रिश्ता रहा है। क्लासिक नाटकों में विदूषक अनिवार्य रूप से उपस्थित मिलता है, पर हम उसे व्यंग्य-नाटक नहीं कहते। व्यंग्य को विधा-दृष्टि के बजाय सौंदर्य दृष्टि से देखने की जरूरत है। कभी जो व्यंग्य था आज उसे फूहड़ कह देते हैं। व्यंग्य सांस्कृतिक आलोचना है तो उसे असामाजिक कार्यवाही भी कह दें।

तार्किक और कल्याणकारी सुधार ही व्यंग्य का सामाजिक सरोकार रहा है। यही हमें शरद जोशी, श्रीलाल शुक्ल और रवींद्रनाथ त्यागी में दीखता है। परसाई व्यवस्थावादी नहीं हैं। हां, वे गरीबों, मजदूरों के पक्षधर हैं। *एक लड़की पांच दीवाने* जैसी रचना वे ही लिख सकते थे। गरीबों से प्यार करने के लिए दुर्गंध को बर्दाश्त करने वाली नाक होनी चाहिए। निर्धनों, निरक्षरों की फूहड़ता को माफ करने की उदारता होनी चाहिए। श्रीलाल जी कोई भी दुर्गंध बर्दाश्त नहीं करते। इसीलिए मैं उन्हें 'सिविक रचनाकार' कहता हूं। उनके सृजन दौर को शराफ़त के पचास साल कहा जा सकता है।

व्यंग्य रचनाकार खुद को सामाजिक-सांस्कृतिक सुधार का ठेकेदार समझते हैं। लेकिन व्यंग्य सुधार करने में लड़खड़ा जाता है, जब वह अपनी मंशा जाहिर कर देता है। वस्तुतः ऐसा व्यंग्य उल्टा प्रभाव डालता है। सुधार ही मजाक का विषय बन जाता है। सुधार को पाठक अगंभीर मानने लगते हैं। व्यंग्यकार बहुधा ऐसे भंडाफोड़ पर जोर देने लगते हैं जो सुधार से सीधे नहीं जुड़ा हो, तो वह पाठक पर सकारात्मक असर नहीं छोड़ता। मेरे जानते व्यंग्य-रचना में लेखक का प्राधिकार, उसकी बेचैनी अधिक महत्वपूर्ण होती है। यह प्राधिकार उसे नैतिकता, नागरिकता और स्वप्न में प्राप्त होती है। वह आलोच्य लक्ष्य को बाहर-भीतर से मथता है, एक निस्पृहता के साथ अपनी टिप्पणी करता है, अपने प्राधिकार के साथ आलोच्य लक्ष्य के मर्म पर प्रहार करता है।

प्रायः व्यंग्य-रचनाकार की बात सुन, उसकी रचना पढ़ लोग हंस देते हैं। कार्टूनिस्ट की पिटाई नहीं होती। लोग वाह-वाह करते हैं। क्या उसे समाज व्यंग्य-कटाक्ष करने का विशेषाधिकार देता है? नहीं! यदि आप अमूर्त्त, अमहत्वपूर्ण लक्ष्यों पर निशाना साधते हैं तो कोई कुछ नहीं कहेगा। परसाई जी कहते थे प्रधानमंत्री पर लिखना आसान है, स्थानीय थानेदार पर नहीं। प्रधानमंत्री दूर हैं, थानेदार पास है और उसके पास लाठी भी है। हो सकता है, ईनाम-इकराम भी मिले। दरबार में जगह भी। बीरबल को अकबर ने जगह दी थी कि नहीं। परसाई को संघियों ने पीट दिया तो उन्होंने लिखा, 'मेरा लिखना सार्थक हो गया।'

पक्के तौर पर नहीं कह सकता कि श्रीलाल जी की पिटाई हुई या नहीं। लेकिन कच्चे तौर पर कह सकता हूं-श्रीलाल जी नहीं पिटे। थानेदार ने नहीं पीटा। नौकरी से निलंबित नहीं हुए, बर्खास्त नहीं हुए। जेल नहीं गए। गुलाम भारत में जेल से लौटा कवि हीरो होता था। लखनऊ वाले तहजीबदार हैं। अखिलेश, वीरेंद्र यादव उन्हें पिटवा नहीं सकते। पटना होता तो मैं पिटवा देता। शरद जोशी ने लिख दिया, 'हम बिहार जाकर नरभसा गए। उसके बाद पिटाई के डर से फिर कभी बिहार नहीं गए और सार्थक होने से बच गए।'

पिट जाना व्यंग्य-रचनाकार की सार्थकता है। इसकी व्यवस्था भी उसे खुद करनी होती है। देर सही, अस्सी के हुए तो क्या हुआ श्रीलाल जी को अपनी पिटाई का इंतजाम कर लेना चाहिए। उन्होंने *मकान* उपन्यास लिखा। मैंने सोचा बिल्डर, ठेकेदार उन्हें पीट देंगे। *बिस्रामपुर*

का संत आया तो मुझे उम्मीद थी कि जागीरदार, सर्वोदयी उन्हें पीट देंगे। लेकिन वैसा नहीं हुआ। मुझे पता नहीं, क्यों वे पिटाई से बच जाते हैं। असल में उत्तर प्रदेश वाले अपनी इस प्रतिभा को नहीं पहचान पाए वरना वे अब तक उन्हें पीट-पीट कर सार्थक बना चुके होते।

श्रीलाल शुक्ल बड़े महत्वपूर्ण उपन्यासकार हैं। उनकी मूल रचनाशीलता का संधान उनके उपन्यासों में करना चाहिए न कि उनके व्यंग्य-निबंधों में। वहां से सिर्फ एक कतरा हाथ लगेगा।

2005

●●●